CHRONIQUE
DE LA RÉGENCE
ET DU RÈGNE DE LOUIS XV

Imprimerie de P.-A. BOURDIER et Cie, 30, rue Mazarine.

CHRONIQUE
DE LA RÉGENCE
ET DU RÈGNE DE LOUIS XV
(1718-1763)

ou

JOURNAL DE BARBIER
AVOCAT AU PARLEMENT DE PARIS

PREMIÈRE ÉDITION COMPLÈTE

CONFORME AU MANUSCRIT AUTOGRAPHE DE L'AUTEUR

Publiée avec l'autorisation de S. E. M. le Ministre de l'Instruction publique

ACCOMPAGNÉE DE NOTES ET ÉCLAIRCISSEMENTS
ET SUIVIE D'UN INDEX

HUITIÈME SÉRIE

(1762-1763)

PARIS
CHARPENTIER, LIBRAIRE-ÉDITEUR
QUAI DE L'ÉCOLE, 28

1857

JOURNAL DE BARBIER

ANNÉE 1762.

Janvier.

Avis des évêques relativement aux jésuites. — Le duc de Choiseul reçoit la Toison-d'Or. — L'Angleterre déclare la guerre à l'Espagne. — Le comte de Choiseul est nommé chevalier du Saint-Esprit. — Aventure à Versailles; le sieur de La Chaux rompu vif.

Les évêques ont remis leur avis au Roi, au sujet des jésuites, jeudi 31 décembre.

On dit ici que M. le cardinal de Luynes et quarante-quatre autres archevêques et évêques sont d'avis que les jésuites ont été et sont encore très-utiles dans le royaume, et qu'on ne peut rien leur reprocher ni sur la doctrine qu'ils enseignent, ni sur leur conduite; que M. l'évêque de Soissons a envoyé au Roi son avis séparément, et que six autres, compris le cardinal de Choiseul et un autre évêque de Choiseul, sont un peu plus contre les jésuites, dans les constitutions desquels il est à propos de faire des changements. C'est d'après ces avis que les conseillers d'État nommés commissaires par le Roi doivent donner leur avis sur cet objet.

L'on se doute bien que, dans la fermentation où l'on est depuis longtemps, les quarante-cinq évêques favorables aux jésuites sont très-blâmés dans le public; les autres paroissent encore trop mous, car on voudroit bien les faire chasser une bonne fois pour toutes; en tout cas, en bonne politique, les évêques ont mal fait d'être ainsi partagés; ils ont grande raison d'être unis pour se soutenir eux-mêmes. L'on verra ce que cela deviendra, mais l'on croit assez communément qu'ils ne seront point chassés du royaume.

Le roi d'Espagne a envoyé à M. le duc de Choiseul la Toison-d'Or, en reconnoissance de ses services pour le traité d'alliance entre la France et l'Espagne, et le Roi a donné le cordon bleu à M. de Grimaldi, ambassadeur d'Espagne ici.

Le Roi a fait aussi chevalier de l'Ordre du Saint-Esprit M. le comte de Choiseul, cousin du duc et ministre des affaires étrangères.

On dit que le 4 de ce mois, l'ambassadeur d'Angleterre en Espagne a déclaré positivement la guerre au roi d'Espagne, de la part du Roi son maître; ainsi voilà la guerre entamée. On ne dit rien encore de positif de ce qui se fait par rapport au roi de Portugal et aux Hollandois.

Il paroît, d'après la gazette, que différents particuliers dans les provinces font des soumissions de sommes pour aider à la construction de vaisseaux, dont il paroît que nous avons besoin plus que jamais.

Histoire triste, malheureuse et critique, arrivée à Versailles le mercredi 6, jour des Rois, dans le Louvre même, avant le souper du Roi. Il y avoit ce jour-là grand couvert. Un garde du corps du Roi, nommé, dit-on, de Lassau ou de La Chaux, étant sorti de la salle des gardes pour acheter du tabac, a passé par la galerie des princes, est descendu ensuite dans un corridor fort long, qui conduit du côté du contrôle général, pour sortir à peu près vis-à-vis du grand commun.

Dans ce corridor, très-mal éclairé comme cela est à Versailles, à neuf heures du soir environ, ce garde du corps a été trouvé par terre, sans connoissance, ayant quelques blessures et son épée cassée. On a appelé du secours, et on a averti sur-le-champ M. le comte de Saint-Florentin, ministre de la maison du Roi, et le grand prévôt de l'hôtel ou son lieutenant, pour dresser procès-verbal et l'interroger sur les faits.

Cette histoire, parvenue à Paris, on y a dit le lendemain jeudi, dans la journée, que ce garde avoit rencontré dans le corridor deux hommes, l'un en habit vert avec un petit bordé d'or et un couteau de chasse, l'autre en abbé, sans rabat, et des cheveux plats, lesquels lui ont demandé poliment s'il ne pourroit leur procurer le moyen d'entrer au grand couvert[1], qu'ils n'avoient jamais vu, étant étrangers ou gens de province; que le garde leur ayant répondu qu'il n'avoit aucun crédit pour cela, ils avoient fait de nouvelles instances, jusqu'à lui offrir de l'argent; que le garde ayant fait des réflexions, les avoit engagés à le suivre et à monter aux appartements; que ceux-ci avoient cessé de le suivre, disant qu'ils s'en retournoient, puisque cela étoit si difficile; que le garde voyant cela, les avoit suivis dans le corridor, avoit mis l'épée à la main pour les arrêter; que son épée avoit été cassée; que ces deux hommes s'étoient jetés sur lui, lui avoient donné plusieurs coups de couteau de chasse, l'avoient laissé dans cet état et s'étoient échappés. Cette histoire a fait bien du bruit dans Paris et a donné lieu à bien des raisonnements.

Mais le samedi 9 de ce mois, tout cela est tombé; on a dit à Versailles que ce garde étoit un mauvais sujet, autrefois protestant, et qui, par son abjuration, s'étoit procuré la protection de Madame Adélaïde; que c'étoit un homme à imagination; qu'il avoit eu peut-être quelque querelle particulière ou même que, sans querelle, il avoit inventé cette histoire pour marquer son zèle et pour obtenir quelque pension ou récompense; qu'il n'avoit point de véritable blessure; que son habit étoit seulement taillé sur les bras et autres endroits, ce qu'il avoit fait lui-même. Cela s'est ainsi répandu dans Paris, ce qui a tranquillisé le public; cependant il y a toujours des gens inquiets qui trouvent du louche dans cette der-

---

1. Un fait certain est que l'on a fait sur-le-champ de grandes perquisitions dans les cabarets de Versailles et même sur les chemins jusqu'à Sèvres.
(*Note de Barbier.*)

nière édition, car cela a été conté de bien des façons. Il y a apparence qu'on n'a arrêté ni l'homme vert ni l'abbé, mais on dit comme chose sûre que, dimanche 10, on a conduit ledit garde du corps à la Bastille. Il mériteroit une plus grande punition, s'il avoit été capable d'imaginer une fable de cette espèce.

Du vendredi 8 de ce mois. Il y a eu assemblée des Chambres au sujet de l'affaire des jésuites, apparemment pour savoir ce que le procureur général a fait à ce sujet; on n'a rien fait, et l'assemblée est remise au 9 février; on veut peut-être voir ce qu'il résultera de l'avis des évêques et des conseillers d'État, commissaires du Roi. C'est au mois d'avril qu'il faut attendre la grande décision de cette affaire, en exécution des arrêts du mois d'août dernier. Le public continue à être toujours très-indisposé contre eux.

Le sieur de La Chaux, garde du corps, a été transféré de la Bastille au grand Châtelet, pour son procès lui être fait, apparemment par attribution; car naturellement il étoit justiciable de la prévôté de l'hôtel, à moins que son transport à la Bastille ne l'ait tiré de sa juridiction ordinaire.

On a instruit le procès; il n'y avoit point de confrontation, d'autant qu'il n'y avoit point de témoins; mais heureusement qu'on a trouvé, dans les poches de l'accusé, un grattoir avec lequel il s'étoit fait de très-légères blessures et taillardé son habit en plusieurs endroits. Sur la représentation de cet instrument, l'accusé a tout avoué, c'est-à-dire que toute l'histoire qu'il avoit déclarée d'abord étoit fausse, et que le tout étoit de son imagination, dans l'espérance d'avoir une pension.

On dit que, lors de son interrogatoire dernier, il a pleuré très-amèrement et qu'il a même fait pleurer tous ses juges, en disant qu'il n'avoit pas imaginé ni prévu que cela pût affecter le Roi à un certain point, ni faire une telle sensation dans le public. Il est cependant vrai qu'en conséquence de sa première déclaration, en contrefaisant l'homme très-blessé, on avoit fait sur-le-champ des recherches, et que l'on avoit arrêté plusieurs personnes sur les chemins autour de Versailles.

Quoi qu'il en soit, attendu la conséquence, le sieur de La Chaux, par sentence du Châtelet, a été condamné à être rompu vif et à faire amende honorable devant l'église Notre-Dame, au Louvre [1] et à la Grève, devant l'Hôtel de Ville, préalablement appliqué à la question ordinaire et extraordinaire, comme étant crime de lèse-majesté au second chef [2].

On a trouvé un exemple d'un pareil crime, presque dans les mêmes circonstances, d'un soldat suivant la Cour, se disant chevalier Géorgien, trouvé couché par terre blessé et couvert de sang, dans le château de Fontainebleau, où étoit Louis XIII, en 1629. Son procès instruit par des conseillers d'État commissaires du Roi, et sur son aveu de la fausseté de ce qu'il avoit dit d'abord, il a fait amende honorable et il a été rompu vif à Fontainebleau. Ce fait se trouve dans un livre intitulé : *le Trésor des merveilles de la maison royale de Fontainebleau*, fait par le supérieur du couvent de l'Ordre de la Sainte-Trinité [3], fondé audit château, imprimé à Paris chez Cramoisy, en 1642. On a imprimé et l'on vend cet extrait à présent.

On en cite encore un autre exemple sous Henri III, rapporté, dit-on, dans le journal d'Henri III, où l'accusé a eu la tête coupée.

1. Devant la porte des Tuileries. (*Note de Barbier.*)
2. Voici encore une de ces cruautés qui déshonorent la législation du dix-huitième siècle. Tout se réduisait de la part de ce malheureux à un mensonge fort blâmable sans doute, mais qui, en définitive, n'avait fait de tort à personne, et il en est puni par le plus cruel supplice. Il est étonnant que de pareils arrêts aient pu être rendus dans une société chrétienne, et ce sera l'éternel honneur de Louis XVI d'avoir, le premier parmi les Rois de sa race, commencé la réaction contre ces barbaries, en abolissant la torture. Cet acte seul aurait dû suffire à rendre sa vie inviolable. Ch. Louandre.
3. Le R. P. F. Pierre Dan. Paris, Cramoisy, 1632, in-folio.

Sur l'appel qui a été interjeté de la sentence ci-dessus par le procureur du Roi au Châtelet, le sieur de La Chaux a été transféré à la Conciergerie mercredi au soir, 27 de ce mois ; on dit que depuis il a demandé l'assemblée des Chambres, Tournelle et Grand'Chambre, parce qu'il est bon gentilhomme.

On croit assez communément que le Roi, par sa bonté ordinaire[1], ne souffrira pas que ce garde du corps, qui sera bien et dûment dégradé, perde la vie, et qu'il y aura commutation de peine en une prison perpétuelle dans quelque château.

Cependant on pense qu'on devroit lui laisser faire ses trois amendes honorables, pour rendre publics le jugement et la vérité du fait, pour ôter toute l'impression qu'a faite dans le public à Paris, dans tout le royaume et même dans les pays étrangers, la première nouvelle telle qu'elle s'est répandue le jeudi, lendemain des Rois.

Février.

Supplice de de La Chaux. — Délibérations du Parlement au sujet des jésuites. — Débats entre le Parlement de Bourgogne et les États de cette province. — MM. Titon gagnent leur cause. — Correspondance entre le Pape et le Roi au sujet des jésuites. — Projet de sécularisation de ces religieux. — Arrêt du Parlement de Rouen qui prononce la dissolution de la Société de Jésus dans la Normandie. — Conseil des dépêches à Marly. — Le maréchal de Broglie remet un mémoire au Roi ; il est disgracié. — Les jésuites de Laon. — La tragédie de *Tancrède*. — D'Estrées et Soubise commandent en chef. — Le Parlement de Paris ordonne la fermeture de vingt-six maisons de jésuites. — Réquisitoire de La Chalotais. — La charge de colonel des Suisses et Grisons. — Le comte d'Eu. — La principauté de Dombes.

Le sieur Truche de La Chaux n'a point fait usage de ses lettres de noblesse ; il n'y a point eu assemblée de la

[1]. C'est une justice qu'il faut rendre à Louis XV ; il a, pendant toute la durée de son règne, accordé un très-grand nombre de grâces et de commutations, comme on peut le voir principalement dans les papiers du procureur général Joly de Fleury. Le public, en pensant qu'il ferait grâce à de La Chaux, pouvait s'autoriser de nombreux exemples pour espérer que cette grâce serait accordée. Nous ignorons par quels motifs elle fut refusée.

Grand'Chambre avec la Tournelle; il n'a été jugé à la Tournelle que le lundi 11 février. Il étoit bien gentilhomme, car l'arrêt porte *écuyer*, ci-devant garde du corps. C'étoit la veille de la Purification, en sorte qu'on a eu le temps d'en instruire le Roi et de solliciter pour sa grâce. On dit qu'il tient à un grand de la Cour. L'arrêt n'a infirmé la sentence du Châtelet qu'en ce qu'il étoit condamné à être rompu vif; la Cour le condamne seulement à être pendu.

Il n'a point été question de l'arrêt que le jeudi matin 4 février, qu'il a été crié et vendu. On a cru qu'il y avoit eu difficulté au Conseil pour la grâce; car une partie du public s'y attendoit jusqu'au dernier moment; cependant, point de grâce. Le jeudi après midi, il est sorti du Grand-Châtelet, où la Cour l'avoit renvoyé, dans un tombereau, pour faire ses amendes honorables; après quoi il est revenu à la Grève, où il a été réellement pendu, sur les quatre heures et demie, avec une grande affluence de peuple qui a été témoin d'une très-grande résignation. Il avoit écriteaux devant et derrière, portant : *Fabricateur d'impostures contre la sûreté du Roi et la fidélité de la nation.*

L'arrêt contient tous les faits imaginés par cet imposteur[1], et qu'il a déclarés d'abord à Versailles avec quelque différence sur la première nouvelle; mais les faits principaux qu'il a avoué avoir déclarés faussement, sont : qu'il a été assassiné par deux particuliers, supposés vêtus l'un en habit ecclésiastique, l'autre en habit vert, lesquels lui avoient demandé de les faire entrer au grand couvert ou de les faire trouver sur le passage du Roi; sur son refus, lui ont fait connoître leur mauvais dessein en disant que leur motif étoit de *délivrer un peuple de l'oppression et de donner toutes les forces convenables à une religion anéantie;* et il est dit dans l'arrêt qu'il a

1. Il a déclaré qu'il méditoit cette imposture depuis le mois d'octobre.
(*Note de Barbier.*)

persisté pendant plusieurs jours, tant verbalement que judiciairement, dans son imposture.

Ce sieur de La Chaux étoit un esprit à projets, puisque l'on dit qu'il avoit fait une fausse abjuration, uniquement pour avoir une pension, et autres faits qu'on lui impute. Quoique fou, il faut qu'il eût un esprit bien mauvais pour avoir supposé une phrase entortillée : *de donner des forces à une religion anéantie*, on ne sait ce que cela veut dire ; en tous cas, par sa malignité, il méritoit au moins la punition qu'il a eue.

Du dimanche 7, on a pris le deuil à cause de la mort de l'impératrice de Russie, pour trois semaines, ce qui comprendra tout le carnaval[1].

Du 9, assemblée du Parlement, au sujet des mémoires des villes du ressort pour l'établissement de colléges à la place des jésuites. MM. les gens du Roi ont rendu compte qu'ils avoient reçu plusieurs mémoires qu'ils n'avoient pas encore eu le temps d'examiner. La Cour a ordonné qu'ils prendroient des conclusions sur iceux mémoires, principalement pour les villes où il n'y avoit point d'autre collége que des jésuites, lesquels, par le dernier arrêt du mois d'août, doivent fermer au 1er avril prochain ; pour quoi l'assemblée remise à vendredi prochain 12 du mois.

En second lieu, comme par ces derniers arrêts chaque maison des jésuites devoit donner un état de leur établissement, du nombre de jésuites, de leurs noms et autres détails, et que cela n'a pas été apparemment exécuté, il a été ordonné à MM. les gens du Roi de prendre des conclusions sur l'inexécution de ces arrêts, pour quoi l'assemblée remise à mercredi 16 février.

Il paroît que MM. du Parlement entendent faire cette affaire exactement. On avoit parlé d'une déclaration que le Roi devoit envoyer au Parlement ; il n'en est point

---

1. Du 3 février, changement dans les spectacles, article oublié. Voir le mois de mars. (*Note de Barbier.*)

question. On dit que le Roi l'avoit envoyée au Pape, c'est-à-dire le projet, et qu'il n'avoit été du goût ni du Pape ni du général des jésuites; mais il n'y a rien de certain à cet égard.

Affaire du Parlement de Bourgogne avec les États de cette province, au sujet des impositions des vingtièmes sur les biens, et autres droits dont les édits ont été enregistrés au Parlement de Dijon, et qui ont été reçus et consentis par les États. Les élus des États, chargés de la répartition et de la perception de ces droits, ont agi en conséquence, et ont voulu faire publier et afficher les ordonnances relatives à cet objet. Le Parlement s'y est opposé, attendu l'enregistrement des édits qui, selon le langage présent, fait partie de la loi et même donnent toute la force à la loi; et, par quelque arrêt, a fait défense aux élus d'exercer aucune autorité à ce sujet. Il y a eu arrêt du Conseil favorable aux élus; sur quoi, remontrances du Parlement envoyées en Cour, et mémoire des élus qui ont établi la supériorité des États par leur ancienneté sur le Parlement, dont l'établissement étoit même l'ouvrage des États, de façon que le Conseil a donné gain de cause aux élus et a fait défense au Parlement de les troubler dans leur administration; de quoi le Parlement de Dijon, très-mécontent, s'est retiré et a quitté le service de la justice, qui est toujours un parti vif pour soutenir des prétentions. On dit, en conséquence, que le Roi a envoyé dix-sept lettres de cachet pour exiler plusieurs magistrats de ce Parlement, ce qui peut occasionner une affaire sérieuse[1].

On ne parle point ici de cette nouvelle.

Du vendredi 12, assemblée des Chambres, dans laquelle il paroit qu'il n'y a rien été décidé.

L'affaire de MM. Titon, père et fils et autres, a été jugée, les Chambres assemblées, en leur faveur; ils ont

---

1. Le fait est certain; les officiers du Parlement sont exilés à Dijon même, et il n'y a plus de Parlement. (*Note de Barbier.*)

été déchargés des faits contenus dans la plainte.

On parle toujours du projet de déclaration envoyé par le Roi à Rome, au sujet des jésuites. On dit généralement que le Pape a écrit au Roi qu'il ne pourroit, ni ses successeurs, rien changer dans les statuts et constitutions des jésuites, lesquels avoient été approuvés et confirmés par le concile de Trente dernier, concile général, lequel, à la vérité, n'a pas été reçu en France, sur tout ce qui ne regarde que la discipline. A l'égard du général des jésuites, on dit qu'il a répondu qu'il ne connoissoit point d'autre supérieur que le Pape ; le Pape a même ajouté qu'une bonne partie des évêques de France, assemblés dernièrement chez M. le cardinal de Luynes, n'avoient rien trouvé dans ces statuts qui fût contraire au gouvernement et au bien de l'État.

Cette affaire devient très-embarrassante pour le Roi et son Conseil, d'autant plus que le Parlement voudra suivre l'exécution de son projet pour le 1ᵉʳ avril, qui est même adopté par les trois quarts du public, dont le système paroît être de détruire, non-seulement les colléges, mais le corps entier de religion[1] des jésuites en France, et, au lieu de renvoyer deux ou trois mille jésuites françois qui tiennent à plusieurs familles, de séculariser tous les membres qui deviendront simples ecclésiastiques, et sur les biens des maisons des jésuites de France, de leur fournir une pension à chacun pour leur subsistance, qui s'éteindra à mesure de ceux qui mourront ; ce sera une opération de calcul. On dit même que c'est le plan d'un arrêt tout nouveau du Parlement de Rouen à leur égard. Cet arrêt du Parlement de Rouen, toutes les Chambres assemblées, est du 12 février présent mois ; il est très-vif.

La Cour, faisant droit sur l'appel comme d'abus, de M. le procureur général, de l'institut, constitutions, statuts des jésuites, ensemble des vœux par eux faits de s'y conformer, dit qu'il y a abus ; en conséquence, or-

---

1. *Religion* est ici pour *ordre religieux*.

donne que le recueil desdits statuts, en deux volumes in-folio, imprimé à Prague en 1757, sera lacéré et brûlé par l'exécuteur de la haute justice, comme attentatoire à toute autorité spirituelle et temporelle, irréligieux et impie; défend à tous sujets du Roi de vivre en commun sous l'empire de tels règlements; leur enjoint de vider les maisons des jésuites, avant le 1er juillet prochain, pour se retirer en tels lieux qu'il leur plaira, et y vivre cléricalement, sous l'autorité des ordinaires, à peine contre les contrevenants d'être poursuivis extraordinairement; ordonne que ledit arrêt sera signifié sans délai aux trois maisons des jésuites de la ville de Rouen, et, dans quinzaine, à toutes les maisons étant dans le ressort dudit Parlement. En outre, la Cour députe le sieur de Maisons, conseiller, et le commet pour saisir tous les biens, meubles et immeubles, et faire inventaire de tous les titres, papiers, registres, dans lesdites maisons de Rouen, assisté d'un substitut de M. le procureur général, et commet les juges royaux pour faire la même chose dans toutes les maisons des jésuites des villes du ressort; lesquels conseillers et juges royaux établiront des gardiens et séquestres dans lesdites maisons, et délivreront les deniers nécessaires pour la subsistance desdites maisons et séminaires jusqu'au 1er juillet prochain; après lequel temps tous les prêtres et écoliers desdites maisons seront tenus de vider les lieux avant le 1er juillet; et que tous les meubles ou effets mobiliers seront vendus. Cet arrêt est fort étendu et dispose, dans tous les cas, pour la dissolution totale de toutes les maisons de jésuites dans le ressort du Parlement de Normandie, en ordonnant que, dans six semaines, tous les maires et échevins des villes enverront des mémoires au procureur général, pour les moyens de pourvoir d'ailleurs à l'éducation de la jeunesse.

En parlant d'anciennes lettres-patentes, au sujet des jésuites, de 1595 et de 1603, sous Henri IV, il est bien dit : *Enregistrées en la classe du Parlement séant à Paris.*

Cet arrêt est au plus vif; il a été signifié mardi 16 de ce mois; apparemment que la saisie des effets et l'inventaire des titres et registres ont été exécutés. Cet arrêt se vend publiquement dans Paris, et est, en général, du goût de la plus grande partie du public.

Depuis cet arrêt du 12, dont les ministres ont eu sur-le-champ connoissance, il ne transpire rien de la part du ministère. Cela fait même quasi soupçonner que l'extinction de cette société pourroit être consentie par la Cour, pour procurer la tranquillité dans le royaume et dans les esprits; et que le Parlement de Paris ne fera plus que suivre ce qui a été entamé par un coup d'autorité par le Parlement de Rouen; c'est ce qui se verra ici au 1er avril prochain par la fermeture du collége de Louis-le-Grand.

Mardi 16 février, le Roi étant à Marly, il y a eu un grand Conseil des dépêches au sujet des jésuites, où même les conseillers d'État, qui avoient été commis pour l'examen de leurs statuts, ont été appelés; en conséquence duquel l'on dit généralement qu'il y a un arrêt du Conseil d'État qui casse l'arrêt du Parlement de Rouen du 12 de ce mois; mais cet arrêt n'est pas encore public.

Autre nouvelle. Depuis plus d'un mois M. le maréchal duc de Broglie est à Versailles avec le comte de Broglie, son frère, lieutenant général. On a su qu'il avoit présenté au Roi un mémoire pour justifier sa conduite et ses opérations, depuis qu'il commande l'armée, et de la dernière campagne; il l'a fait d'office et sans que personne lui demandât ce compte. Ce mémoire influoit un peu indirectement sur M. le prince de Soubise, maréchal de France, qui est aussi en Cour. On dit que M. le duc de Choiseul, ministre de la guerre, qui est allié de M. le duc maréchal de Broglie par leurs femmes, toutes deux filles de MM. Croizat, avoit fait son possible pour l'empêcher de donner ce mémoire; mais le maréchal de Broglie, bon homme de guerre, bon citoyen et fort doux, se laisse, dit-on, conduire par le comte de Broglie, qui est un homme très-vif et une tête chaude. M. le maréchal de Soubise a été obligé de représenter des lettres de M. le maréchal de Broglie, en sorte que le Roi, dans un Conseil d'État, a fait examiner le mémoire en question et les lettres, dont le résultat a été, dit-on, que le mémoire est démenti par les propres lettres du maréchal de Broglie, ce qui a indisposé le Roi, au point que non-seulement il a exilé M. le maréchal de Broglie et le comte, son frère, à Broglie[1], mais même qu'il lui a ôté son commandement, ce qui est une grande punition. Le Roi, dit-on, lui a écrit quelle étoit la raison de son exil. Les deux frères et madame la maréchale sont partis le mercredi 17, ce qui a fort étonné le public, qui paroissoit fort disposé pour le maréchal de Broglie, et fort chagriné M. le Dauphin, qui a toujours été son protecteur contre le maréchal de Belle-Isle; mais il paroît que l'on est fort revenu sur son mémoire.

On ne sait point encore quel maréchal de France commandera à sa place.

Du mardi 16, le Parlement s'est assemblé sur les mémoires des villes envoyés et rapportés par M. le procureur général. On dit, comme chose sûre, qu'il y a eu arrêt par rapport aux jésuites de la ville de Laon, qui leur ordonne de vider leur collége pour le 1er avril, et un autre pour la ville de Mauriac en Auvergne. Le Parlement s'est assemblé depuis, tous les jours de la semaine jusqu'au dimanche gras, 21 de ce mois, pour les mêmes objets; leurs arrêts ou arrêtés à cet égard ne sont point encore connus, apparemment qu'on ne les impri-

[1]. Duché-pairie sur la rivière de Ternant, aujourd'hui chef-lieu de canton du département de l'Eure, à dix kilomètres de Bernay. Le maréchal de Belle-Isle y demeura en exil jusqu'en 1764. DE LA VILLEGILLE.

mera pas séparément. L'assemblée doit être remise à vendredi prochain 26.

Le public a été tellement indisposé de l'exil de M. le maréchal de Broglie, que deux jours après on représentoit à la Comédie-Françoise la tragédie de *Tancrède*, de M. de Voltaire, dans laquelle, au sujet d'un événement, il y a ce vers :

> C'est le sort des héros d'être persécutés.

Sur-le-champ il y a eu un grand murmure; on a battu des mains pendant près d'un quart d'heure; le public assemblé ne respecte rien, et cela est bien flatteur pour le maréchal de Broglie. Il y a eu défense de représenter la pièce.

Il a été arrêté au Conseil, et il y a dans la *Gazette de France*, que les maréchaux d'Estrées et de Soubise commanderont les armées; mais on ne sait pas bien positivement les arrangements entre ces deux généraux, et l'on en parle différemment.

Du vendredi 26 février, les Chambres se sont assemblées matin et soir, et elles ont fait de même le samedi 27. On dit que sur les mémoires qui leur ont été rapportés par MM. les gens du Roi, ils ont arrêté les arrangements de vingt-six maisons de jésuites dans leur ressort. Ce n'est que pour les détails, car, pour le fond, il est toujours arrêté, non-seulement pour la fermeture des classes, mais même peut-être pour évacuer par les jésuites chacune des maisons au 1er avril prochain.

Il ne paroît encore de jugements contre les jésuites que de trois Parlements : celui de Paris, de Rouen et de Rennes. Il paroît dans le public un réquisitoire du procureur général du Parlement de Rennes[1], que l'on regarde comme un chef-d'œuvre contre cette société.

Mais il y aura quelque chose de nouveau aujourd'hui dimanche 27; M. le premier président, messieurs les

---

1. Louis-René de Caradeuc de La Chalotais.

gens du Roi et peut-être deux autres présidents doivent aller à Versailles[1], comme mandés par le Roi. On croit que c'est pour leur donner une déclaration, au sujet des jésuites, et c'est peut-être à ce sujet que le Parlement a pressé la besogne. Il ne transpire rien de ce que peut contenir cette déclaration, si c'est pour retarder les opérations ou si elle regarde le fond; il est à présumer qu'elle ne sera pas totalement à l'avantage des jésuites, d'autant plus que, dans le Conseil des Dépêches, ils ont eu, dit-on, plus de voix contre eux que pour; mais malgré cela, comme il faut toujours conserver l'autorité royale, il y a apparence que cette déclaration sera satisfaisante et du goût du Parlement, en sorte que cela pourroit donner lieu à des tracasseries entre le ministère et le Parlement.

Autre nouvelle du jour. M. le comte d'Eu, prince légitimé, fils de M. le duc du Maine, s'est démis de sa charge de colonel général des suisses et grisons, laquelle est donnée à M. le duc de Choiseul, ministre; c'est une grande place; on dit qu'il paye cela huit cent mille livres; on verra cela dans la gazette.

De plus, M. le comte d'Eu est prince souverain de Dombes et de Trévoux qui est à sept ou huit lieues de Lyon et de Dijon[2]. On dit que le comte d'Eu remet cette principauté au Roi, par échange avec la terre d'Armenvilliers, en Brie[3]; terre de cinquante-cinq mille livres de rente, et avec la forêt de Crécy. Le Roi a acheté cette.

---

1. Le fait n'est pas vrai, le premier président ni les gens du Roi n'ont été à Versailles. (*Note de Barbier.*)

2. On comprend difficilement que Barbier ait pu commettre une erreur aussi grossière. La distance entre Lyon et Dijon étant de cent quatre-vingt-douze kilomètres, Trévoux, situé à vingt kilomètres de la première de ces villes, se trouve à cent soixante-douze de la seconde. De La Villegille.

3. A vingt-quatre kilomètres au nord de Melun. Le parc, qui renfermait un étang de cent quarante à cent cinquante hectares de superficie, était célèbre surtout par ses charmilles. Elles ont été gravées dans la *Théorie et pratique du jardinage*, par Roger Shabol. Paris, 1774, 2 vol. in-12. (*Idem.*)

terre de M. de Beringhen, premier écuyer, à ce sujet.

On dit que cet échange a été arrêté, il y a quinze jours, et l'on croit que ce sont messieurs les fermiers généraux, à qui on a demandé six millions encore nouvellement, qui ont donné ce projet; attendu que Dombes étoit l'asile et le refuge d'un grand nombre de contrebandiers, qu'il étoit difficile de poursuivre, par les formalités à observer dans une souveraineté indépendante[1].

Mars.

Arrêts du Parlement relatifs à la fermeture des colléges des jésuites. — Le Conseil supérieur d'Artois refuse de reconnaître l'autorité du Parlement dans cette affaire. — Bruits de Paris au sujet des jésuites. — Déclaration du Roi relative à ces religieux. — Réquisitoire de La Chalotais. — Incendie dans Paris. — La foire Saint-Germain est détruite. — Changements dans les spectacles de Paris. — Le Parlement examine les mémoires envoyés par les villes au sujet des colléges des jésuites. — Arrêté du Parlement. — Le *parallèle de la conduite du clergé avec celle du Parlement* est brûlé par le bourreau. — Les extraits des statuts sont présentés au Roi. — Arrêt du Parlement de Rouen. — Les jésuites renvoient leurs pensionnaires. — Les Anglais s'emparent de la Martinique. — Brochure du père Griffet.

Pendant les huit ou dix jours du mois, le Parlement s'est assemblé tous les jours pour continuer sa besogne, c'est-à-dire à rendre des arrêts pour toutes les villes où il y a des colléges de jésuites, sur les mémoires envoyés par les échevins, juges royaux ou universités, à l'effet des mesures à prendre pour l'établissement de nouveaux

---

1. Dombes, ancienne principauté située entre la Bresse, le Lyonnais, le Beaujolais et le Mâconnais; sa capitale était Trévoux. Elle a eu pendant plusieurs siècles des souverains particuliers dont l'indépendance fut reconnue par Louis XIV. Ce prince, dans des lettres-patentes, déclare que le seigneur de Dombes n'est point à son égard comme un vassal, mais seulement comme un souverain à l'égard d'un autre souverain plus puissant. Possédée successivement par les sires de Villars, les seigneurs de Thoires, et, enfin, par les princes de Bourbon (Louis de Bourbon l'ayant achetée, en 1402, du dernier sire de Thoires), la principauté de Dombes fut enfin concédée, en 1762, par Louis-Charles de Bourbon, comte d'Eu, au roi Louis XV, qui lui donna en échange d'autres domaines; c'est de cet échange dont il est parlé ci-dessus. Réuni depuis à la couronne, le pays de Dombes fit partie du gouvernement de Bourgogne. Il est actuellement compris dans le département de l'Ain.

colléges. Ces arrêts ont été envoyés par M. le procureur général à ses substituts, c'est-à-dire aux procureurs du Roi de ces villes, à l'effet de les faire signifier et exécuter, ce qui consistoit à prendre l'état des maisons des jésuites, à faire la saisie et inventaire de tous les effets mobiliers et de tous les registres et papiers, avec injonction, à ce que l'on dit, de vider leurs maisons au 1er avril prochain, en pourvoyant à leur subsistance. Il y a eu trente et tant d'arrêts rendus sur ces objets; on attendoit même l'impression d'un arrêt du Parlement et d'une collection des principaux griefs de la doctrine des jésuites, sur le régicide, par extraits, et en françois, pour être à portée de tout le monde; et de la conduite que les jésuites françois ont tenue par différentes époques, au sujet des livres des jésuites étrangers. On disoit qu'il y a au moins quarante ouvriers chez Simon, imprimeur du Parlement; mais il n'a encore rien paru jusqu'au 14 de ce mois.

Il y a une affaire grave par rapport au Conseil supérieur d'Artois; cette province est dans le ressort du Parlement de Paris, et les Artésiens sont soupçonnés d'être fort portés pour les jésuites.

Il faut observer que le Conseil supérieur d'Artois a le privilége de rendre des arrêts et de juger en dernier ressort dans les affaires criminelles et dans celles des aides. L'arrêt du Parlement, concernant l'Artois, a été envoyé à ce Conseil supérieur pour le faire publier au bailliage d'Arras et autres; sur cela, le Conseil s'est assemblé, et a arrêté que, comme il paroissoit que le Parlement procédoit criminellement contre les jésuites, comme coupables d'une doctrine meurtrière dans la personne des rois, ils n'avoient aucun ordre à recevoir à cet égard, et défenses aux baillis d'Artois d'exécuter ledit arrêt du Parlement.

Cet arrêté a été envoyé par un bailli d'Artois à M. le procureur général, qui en a référé à la Cour, sur quoi

2.

elle s'est assemblée samedi 13 mars, d'où il pourra résulter quelque chose contre ledit Conseil supérieur.

Du vendredi 12 mars, assemblée des Chambres. Il y a déjà plusieurs jours qu'on parloit dans le public d'une déclaration que le ministère devoit envoyer au Parlement, au sujet des jésuites; d'un autre côté, on disoit que le Roi en avoit envoyé un projet au pape, et qu'il avoit même fait écrire au général des jésuites à Rome; l'on ajoutoit que le Pape avoit répondu qu'il ne pouvoit rien changer à des statuts confirmés par les bulles de plusieurs papes et approuvés tout récemment en France, dans la dernière assemblée, de près de quarante évêques. Que le général des jésuites avoit répondu, de son côté, qu'il ne connoissoit point d'autre souverain que le Pape, et que si en France, on n'étoit point content des jésuites avec leurs statuts, il n'y avoit qu'à les renvoyer à Rome.

Tel étoit le bruit de Paris, d'où l'on concluoit que le Roi et le ministère devant être peu satisfaits de pareilles réponses, il étoit à présumer qu'il n'y auroit point de déclaration, et que le Roi laisseroit agir le Parlement de Paris et ceux de Rouen et de Rennes, qui sont ceux qui ont parlé jusqu'ici.

Cependant, mardi 9 mars, il est arrivé à M. le procureur général, une déclaration[1] du Roi, sur l'affaire des jésuites, contenant dix-huit articles; M. le procureur général en a rendu compte à M. le premier président; on en a communiqué des copies aux Chambres pour en prendre connoissance, et l'on a indiqué l'assemblée des Chambres, à ce sujet, pour vendredi 12 mars.

Ceci fait la nouvelle de tout Paris, d'autant plus indisposé contre les jésuites, que le discours et réquisitoire de M. de La Chalotais[2], procureur général du

---

1. C'est un édit et non pas une déclaration. (*Note de Barbier.*)
2. La Chalotais (Louis-René de Caradeuc de), procureur général au Parlement de Bretagne, né à Rennes le 6 mars 1701, mort le 12 juillet 1785. La Chalotais, lié avec Duclos, son compatriote, avec d'Alembert, l'abbé Mably

Parlement de Bretagne, est entre les mains de tout le monde, y en ayant eu plusieurs éditions; c'est, en effet, le plus savant et le meilleur ouvrage qu'on ait fait encore contre eux. Il n'est pas aussi vif que l'arrêt du Parlement de Rouen; on y parle, avec quelque ménagement, des jésuites actuellement en France, mais on y prouve qu'une Société pareille avec des statuts tels que les leurs, affectée de l'infaillibilité du pape et d'une soumission aveugle à la volonté d'un général italien, nourrie d'ailleurs dans les principes de cette ancienne doctrine meurtrière contre les souverains, ne peut et ne doit pas subsister dans un État et dans un gouvernement tel que la

et d'autres gens de lettres, a provoqué la destruction des jésuites, tandis que la Cour hésitait encore sur le parti à prendre à leur égard. Le 1er décembre 1761, La Chalotais commença devant les Chambres assemblées la lecture de son premier *Compte rendu des constitutions des jésuites*. Le second *Compte rendu* fut lu au mois de mars 1762. L'impulsion fut donnée; les procureurs généraux des autres Cours imitèrent l'exemple de La Chalotais, et les jésuites furent supprimés; mais ils étaient chargés de l'éducation publique; il fallait songer à les remplacer dans ce ministère. Il terminait le second *Compte rendu* par supplier le Roi d'ordonner qu'on travaillât à un nouveau plan d'éducation; c'était aussi un des principaux objets de ses réquisitoires de 1761 et 1762. Il présenta, le 24 mars 1763, au Parlement de Bretagne, son *Essai d'éducation nationale, ou Plan d'études pour la jeunesse*, qui fut imprimé in-12. Dans cet ouvrage, comme dans ses réquisitoires, il soutenait que l'éducation donnée par les jésuites était vicieuse. (*Biogr. univ.* de Michaud.) — Le Parlement de Rennes avait porté un coup violent à la puissante société des jésuites. En Bretagne, cette société n'existait plus de fait; mais on y disait hautement que ses membres, rendus à la vie privée, conservaient un profond ressentiment contre le Parlement et surtout contre le procureur général La Chalotais..... Le duc d'Aiguillon, commandant de la province, était en outre accusé d'affinités cachées avec l'ordre proscrit. On prétendait qu'ils agissaient de concert dans le but de perdre aux yeux de la Cour et le Parlement et la noblesse, qui se prêtaient un mutuel appui.

Bientôt le Parlement et les États crurent que le gouvernement attentait, par quelques édits bursaux, aux droits, franchises et libertés de la province. Le Parlement refusa d'enregistrer les édits. La Chalotais fit des réquisitoires; la Cour des remontrances et des arrêts. La lutte devint si vive que les officiers du Parlement, à l'exception de douze, signèrent l'acte de leur démission le 22 mai 1765. La Chalotais fut arrêté le 11 novembre, et conduit dans la citadelle de Saint-Malo. — Voir, sur La Chalotais, ses malheurs et son procès: A. Marteville, *Rennes moderne*, in-18, t. III, p. 85-113.

France, en sorte que la conséquence est de détruire cette Société et d'en séculariser tous les membres.

Du vendredi 12, sur le rapport qui a été fait à l'assemblée des Chambres, de cette déclaration, il a été arrêté qu'elle seroit examinée par des commissaires, chez M. le premier président, pour faire le rapport de leurs opérations, lundi prochain 15 mars.

On ne sait pas précisément dans le public ce que contient cette déclaration, mais il en a transpiré quelque chose : 1° Il n'est point question ni de fermeture des colléges, ni de sécularisation des jésuites ; il est, au contraire, dit-on, marqué par un article, que tout ce qui a été fait par le Parlement de Paris et autres depuis le mois de juillet dernier, c'est-à-dire avant les deux arrêts du Parlement de Paris, du 6 août 1761, sera regardé comme nul et comme non avenu. Ainsi cela casse nommément l'arrêt du Parlement de Rouen du 12 février 1762 ; 2° les autres articles contiennent des conditions et des arrangements pour éclairer leur conduite, soit sur la manière dont ils conduiront leurs études pour l'enseignement des écoliers ; soit pour leur faire soutenir tous les ans des thèses, dans lesquelles ils marqueront leur soumission aux quatre articles de la déclaration de 1682 ; soit pour les rendre soumis à la juridiction des évêques dont ils étoient exempts ; soit pour l'administration intérieure de leurs maisons, qui dépendra des cinq principaux des jésuites qui seront élus tous les trois ans ; on ne sait pas bien s'il y a quelque article qui regarde leurs statuts.

Il est toujours certain que le même jour, mardi 9 mars, le ministère a envoyé cette même déclaration aux douze Parlements du royaume et aux Conseils supérieurs d'Alsace et de Roussillon, apparemment afin d'empêcher que les autres Parlements ne statuent rien de nouveau sur cette affaire.

Le bruit général de Paris, dans la disposition où est

le public, est que cette déclaration est très-mal rédigée ; qu'elle contient des contradictions, qu'elle ne contentera pas même les jésuites et qu'elle ne peut être reçue ni enregistrée par le Parlement : on ne sait pas même à qui des ministres attribuer cet ouvrage.

On sera peut-être mieux instruit lundi prochain ; on peut dire seulement en général que si cette déclaration étoit enregistrée, même avec des modifications, tout l'ouvrage et le travail fait par le Parlement de Paris, depuis huit mois, seroient en pure perte, et, qui plus est, que le projet entrepris par le Parlement, de détruire et anéantir cette Société, seroit un coup manqué totalement ; car, quelques conditions qu'il y ait à leur égard dans cette déclaration, et qu'elle ait du temps pour éviter le grand coup qu'on vouloit lui porter, elle se relèvera dans la suite par sa politique ordinaire, et surtout étant protégée de M. le Dauphin, de la Reine et de la maison royale. On soupçonne que cette déclaration est l'ouvrage de M. le chancelier de Lamoignon, qui les protége, ainsi que les Lamoignon, depuis longtemps, à remonter à l'illustre premier président ; car quoique le public en général, surtout à cause du jansénisme, crie contre ces bons Pères, ils ne laissent pas d'avoir des amis, soit dans la grande robe, soit dans les gens de qualité.

Il n'y a point eu encore d'assemblée des Chambres du Parlement, sur le travail des commissaires au sujet de la déclaration du Roi pour les jésuites.

Du mercredi 17 mars, incendie considérable dans Paris.

La foire Saint-Germain, dépendante de l'abbaye Saint-Germain-des-Prés, contient un espace assez considérable en carré, avec un grand préau ; on y entre par la rue des Quatre-Vents, du côté de la rue de Tournon, et par la rue du Four, et elle rend par derrière vers la rue des Canettes, du côté de Saint-Sulpice.

Cet emplacement étoit bien couvert et partagé en plusieurs rues garnies de loges ou boutiques, bâties en bois et planches. Les principales rues, du côté de la rue de Tournon, étoient occupées par des marchands de bijouterie, d'ébénistes, de sculpteurs, de modes, de tableaux, de cafés, de lingères, de danseurs de corde, de marionnettes, de bateleurs faisant des tours de curiosité ou ayant des animaux curieux. Les autres rues du côté du faubourg Saint-Germain étoient remplies, pendant les premiers quinze jours, de marchands forains pour toutes sortes d'étoffes de laine. C'étoit le privilége d'une foire franche, et après ce temps expiré, ces loges et boutiques étoient louées par toutes sortes d'ouvriers de Paris qui en faisoient des magasins ; toutes les loges de cette foire, ou du moins une grande partie, appartenoient à des particuliers qui les avoient acquises apparemment de l'abbaye, par emplacement, et qui les louoient comme un autre bien.

Cette foire étoit, il y a quarante ans, très-brillante, parce qu'on y jouoit aux dés publiquement dans les boutiques ; elle étoit un peu tombée depuis la défense de ce jeu, mais elle étoit toujours occupée et remplie.

Mercredi 17, à trois heures du matin, le feu a pris, dit-on, dans la loge du nommé Nicolet, bateleur, dans le jeu duquel on avoit tiré de l'artifice. Il faisoit froid et vent ; peu de secours prompt à une pareille heure. Le feu, ne trouvant de résistance que dans des planches et de vieux bois, a fait en peu de temps un progrès considérable. On a apporté tout le secours de la police ; guet, soldats aux gardes, moines, les magistrats, premier président, procureur général, lieutenant de police et autres, les commissaires, tout y est venu et y a passé une partie de la nuit et le jour, mais il n'a pas été possible de l'arrêter ; tout a été consumé, et ce grand emplacement de loges et de boutiques est une place entièrement vide. Le feu a été si violent, que les gros murs des maisons de la rue du Petit-Bourbon, qui bordent, par derrière, la foire, ont été calcinés et endommagés, quoiqu'il y eût un contre-mur entre deux; les flammes ont été même sur la voûte de Saint-Sulpice, au-dessus de la chapelle de la Vierge, et ont fait effet sur les plombs. On juge par là qu'il y a eu beaucoup de perte pour les marchands de la foire, qui, dans la nuit, n'ont pas pu avoir le temps de sauver leurs marchandises et leurs effets. Cela a causé un grand désastre; il paroissoit encore du feu dans l'intérieur de la foire à deux heures après midi.

Ce malheur est en quelque façon moins important, à cause du changement dans les spectacles de Paris. Il y avoit, tous les ans, soit à la foire de Saint-Germain, depuis le 3 février jusqu'au dimanche des Rameaux, soit à la foire de Saint-Laurent, depuis la fin de juillet jusqu'en septembre, un spectacle d'un opéra comique qui y attiroit beaucoup de monde et qui étoit fort à la mode, ce qui attiroit toujours du monde dans ces foires. Comme cet opéra comique faisoit beaucoup de tort aux autres spectacles de Paris, surtout à la Comédie italienne, il n'y a point eu cette année d'opéra comique à la foire de Saint-Germain, qui se tenoit dans une salle assez vieille qui avoit son entrée dans le préau de cette foire, du côté de la rue des Boucheries, parce que, par arrêt du Conseil, l'opéra comique a été joint et uni à la Comédie italienne pour toute l'année, ce qui ne composera plus qu'un même spectacle où, depuis le 3 février, il y a un grand concours de monde. Cette réunion a fait bien des difficultés au Conseil, non-seulement pour les arrangements qu'il a fallu prendre avec l'Opéra, pour permettre les chants et les danses, mais parce que l'opéra comique, dans les foires, dépendoit de la police et, par conséquent, du ministre du département de Paris; et qu'au moyen de cette réunion il devient sous la direction des premiers gentilshommes de la chambre du Roi. On conçoit aisément que, si cette réunion se soutient et dure du temps, cela auroit fait tomber absolument la foire de Saint-Germain, ainsi que la foire de Saint-Laurent, qui appartient à MM. de Saint-Lazare, dont les loges et boutiques n'auroient plus été louées.

Il n'y a donc pas d'apparence, après le malheur de cet incendie, qu'on prenne le parti de faire rebâtir la foire de Saint-Germain, et l'on ne sait pas s'il n'y aura pas quelque autre destination de ce grand emplacement, qui pourroit même être un objet plus avantageux à l'abbaye de Saint-Germain dans les circonstances présentes.

Le Roi, sur la somme qui a été offerte par les six corps des marchands de Paris, pour la construction d'un vaisseau, a remis la somme de deux cent mille livres au profit des marchands de la foire Saint-Germain, pour les indemniser en partie des pertes qu'ils ont faites.

On dit qu'il y a eu presque plus d'effets volés que perdus dans ce désastre; il y a même des ordonnances de police affichées pour représenter et porter les marchandises égarées dans une salle des Grands-Augustins, sinon qu'on poursuivroit ceux soupçonnés d'en avoir soustrait et enlevé.

Depuis le 17 mars jusqu'au 24, il y a eu nombre d'assemblées de Chambres au Parlement, mais uniquement pour travailler sur les mémoires que la Cour a demandés à toutes les villes du ressort où il y a des maisons ou collége des jésuites, dont les échevins, juges royaux et universités se sont assemblés pour envoyer des procès-verbaux sur l'établissement desdits jésuites dans lesdites villes, sur leur conduite et enseignement; et sur les mesures qu'ils auroient à prendre dans lesdites villes, pour l'établissement de nouveaux colléges pour l'éducation de la jeunesse.

Comme le ressort du Parlement de Paris est fort étendu, et qu'il y a presque trente maisons de jésuites, tous ces procès-verbaux ont demandé des examens particuliers; et il y a eu des arrêtés de la Cour pour chacune de ces villes, pour faire exécuter, par les substituts de M. le procureur général, les arrêts de la Cour, du 6 août 1761, ce qui a demandé du travail. On dit même que l'Université de Paris a proposé des sujets en nombre suffisant pour former des professeurs dans les colléges.

On a été un peu surpris que le Parlement, ayant cet édit depuis le 9 mars, ait continué de faire des opérations contraires à l'esprit de l'édit. Il y a apparence que la politique du Parlement a été, en continuant ce travail, d'arriver au 1er avril, qui est prochain, pour faire l'exécution de ses arrêts par rapport à la fermeture des classes, au renvoi des pensionnaires qui sont ici à Paris, quoiqu'en petit nombre, ainsi qu'à la cessation du noviciat, tant à Paris que dans les villes du ressort; ce qui est la principale opération pour détruire ou du moins abattre cette Société. On est même surpris que depuis le 9 mars le ministère n'ait point donné des ordres au Parlement pour presser l'examen de cet édit par les commissaires nommés, à l'effet de procéder ensuite, dans l'assemblée générale des Chambres, à l'enregistrement de l'édit, soit pour le modifier, soit pour supplier le Roi de le retirer. Cette inaction de la part du ministère, jusqu'à la dernière assemblée des Chambres du 21 de ce mois, a fait songer à bien des personnes qu'il y avoit un consentement tacite du ministère à l'exécution des arrêts de la Cour du 6 août dernier, d'autant qu'il y a apparence que n'y ayant rien de nouveau au sujet de l'édit devant le 1er avril, les jésuites eux-mêmes se mettront en règle pour fermer les classes et remercier les pensionnaires.

Quoi qu'il en soit, cette politique peut paroître extraordinaire ; car s'il s'ensuit l'inexécution de l'édit, comme il y a apparence que le Parlement ne consentira pas à annuler tout ce qu'il a fait à ce sujet jusqu'ici, et même qu'on lui a laissé faire, cela ne fera encore que compromettre l'autorité royale.

Depuis cette année, et sur l'exemple du Parlement de

Paris, il n'y a eu jusqu'ici que quatre Parlements qui aient ordonné, sur le réquisitoire des procureurs généraux, la représentation des statuts imprimés en 1757, pour en rendre compte à leurs Cours, savoir : les Parlements de Rouen, de Rennes, d'Aix et de Bordeaux, ce qui se vend ici à Paris; mais tous ces arrêts sont antérieurs à la réception de l'édit du Roi; les délais même accordés aux jésuites sont aux mois de juillet et août, en sorte que c'est au Parlement de Paris à donner le ton sur l'exécution au 1er avril.

On dit que l'assemblée des Chambres, pour, sur le rapport des commissaires, décider du sort de l'édit, est positivement pour demain, vendredi 26 mars, à neuf heures du matin.

Du vendredi 26 mars, les Chambres se sont assemblées, à neuf heures du matin jusqu'à deux heures après midi, sur le rapport des commissaires, au sujet de l'édit envoyé au Parlement.

ARRÊTÉ DE LA COUR, DU 26 MARS.

« La Cour, délibérant sur l'édit du présent mois de mars concernant la société et compagnie des soi-disant jésuites, et considérant qu'un corps et société civile n'existe que par la fixation de son régime et de ses constitutions; que celles desdits jésuites n'ont jamais été revêtues de lettres-patentes ; que ledit seigneur Roi ne juge pas à propos de les en revêtir actuellement; que d'ailleurs les bulles, brefs, formules de vœux, constitutions et décrets de ladite société sont soumis à l'événement de l'appel comme d'abus interjeté par le procureur général du Roi, sur lequel ladite société est juridiquement intimée; qu'en conséquence, il répugneroit à tout ordre public et judiciaire de donner un acte légal audit institut, avant de juger s'il peut être admis en lui-même et s'il peut être ramené aux règles, maximes et usages du royaume, par des constitutions généralement approuvées par la puissance spirituelle, présentées par le chef et les membres qui les doivent observer, et autorisées par la puissance souveraine dans les formes légales :

« A arrêté qu'il n'y a lieu de délibérer, quant à présent, sur la vérification, n'estimant pas néanmoins qu'il soit nécessaire de fixer les représentations qu'elle auroit à faire audit seigneur Roi sur ledit édit, attendu la conviction où elle est que les extraits qui doivent être présentés audit seigneur Roi par le procureur général, en exécution de l'arrêt de la Cour du 5 de ce mois, de la doctrine, favorable à tous crimes, soutenue dans tous les temps et persévéramment par ladite société, fixeront toute l'attention dudit seigneur Roi, et la décideront à perdre de vue tout ce qui pourroit tendre à donner un état légal à ladite société. »

Au moyen de cet arrêté, point d'enregistrement du nouvel édit, qui est comme renvoyé au Roi, sous prétexte d'attendre et le jugement de la Cour sur l'appel comme d'abus du procureur général, et les extraits de tout ce qui s'est fait par les jésuites, soit par livres, thèses ou autrement, à l'impression de quoi le Parlement fait travailler depuis longtemps chez Simon, imprimeur, dont on doit présenter un exemplaire au Roi et envoyer à tous les évêques du royaume.

Mais, depuis ce temps-là, le Parlement a rendu peut-être trente arrêts pour supprimer les colléges des jésuites dans toutes les villes du ressort et en substituer d'autres en leur place. L'époque de l'exécution des arrêts de la Cour, du 6 août 1761, est pour le 1er avril 1762, c'est-à-dire dans cinq jours, soit pour les colléges, soit pour les noviciats.

Quand cela sera exécuté, quelque déclaration qu'il vienne après cela de la part du Roi, il ne sera plus possible de rétablir ces maisons ; cette société tombera d'elle-même, sans qu'il soit besoin de les chasser du royaume ou de les séculariser, et le Parlement sera parvenu au point de l'éteindre et de lui ôter toute considération dans le public.

Il s'agit donc de voir à présent quelle sera la conduite du ministère.

Du samedi 27, autre assemblée des Chambres à neuf heures du matin.

Dudit jour 27 mars, arrêt du Parlement de Paris, toutes Chambres assemblées, suivant l'usage présent, qui a condamné à être brûlée, par la main du bourreau, une brochure intitulée : *Parallèle de la conduite du clergé avec celle du Parlement, à l'égard des jésuites*, comme ledit écrit étant injurieux aux évêques et à l'épiscopat, contraire au respect qui leur est dû, et comme tendant, par un parallèle coupable et odieux, à compromettre la magistrature avec le sacerdoce.

Du dimanche 28 mars, M. Molé, premier président, en exécution d'un arrêt de la Cour, du 5 de ce mois, s'est rendu à Versailles pour présenter à Sa Majesté l'arrêt de vendredi dernier 26 mars, ensemble le gros cahier d'extraits de la doctrine des jésuites répandue dans les livres de leur société, et qu'ils ont, dit-on, soutenue persévéramment jusqu'à présent.

M. le premier président a fait au Roi un petit discours sur cette doctrine exécrable qui autorisoit toutes sortes de crimes. Le Roi a dit ensuite à M. le premier président qu'il étoit surpris du retardement que son Parlement avoit apporté à l'enregistrement de son édit. Le premier président a donné pour excuse l'appel comme d'abus, qui n'est pas jugé, et les extraits que l'on vouloit présenter à Sa Majesté, comme dans l'arrêté du 26. Le Roi a pris ces extraits, qu'il a remis à M. le chancelier, et a dit à M. le premier président qu'il les feroit examiner dans son Conseil, après quoi il feroit savoir ses intentions à son Parlement.

Mais le Roi n'a pas dit qu'il défendoit à son Parlement de faire aucune démarche et de ne pas aller en avant jusqu'à ce qu'il eût fait savoir ses intentions, en sorte que le Parlement continuera ses opérations, tant à Paris que dans les villes du ressort, pour l'exécution de ses arrêts du 6 août au 1er avril, c'est-à-dire jeudi prochain.

Aussi le Parlement a-t-il été content de cette réponse, ce qui fait penser à bien des gens que le Roi abandonne les jésuites, que cela est de concert, et qu'il n'a envoyé cet édit, assez mal conçu, que pour se rendre aux importunités de la famille royale.

Arrêt du Parlement de Rouen du 27 mars[1], au sujet de l'édit du Roi, de ce mois, envoyé audit Parlement, tendant au rétablissement de ceux qui se disoient ci-devant de la Compagnie de Jésus.

Il résulte de cet arrêt, rendu toutes les Chambres assemblées, qu'il n'est pas possible de recevoir ni d'enregistrer cet édit, ni de concilier, par quelque réforme que ce soit, les statuts de cette société et de sa doctrine avec les maximes du royaume, l'ordre public et la sûreté de la personne sacrée du Roi.

Cet arrêt est fort et dressé en très-bons termes. Ce Parlement parle des jésuites comme étant sécularisés, et cette société ne subsistant plus en Normandie.

Le Roi, sans trop s'embarrasser de ce que cela deviendra, est parti, lundi 29, pour le château de Choisy, d'où il ne reviendra que mercredi 31, au soir, veille de l'époque pour l'exécution des arrêts.

Du mercredi 31 mars, les jésuites ont exécuté d'eux-mêmes les arrêts de la Cour; ils avoient écrit à tous les parents de leurs pensionnaires, pour les retirer, et, dans cette journée, tous les pensionnaires ont déménagé, jusqu'aux étrangers, comme Espagnols, Américains, etc., qu'ils ont envoyés chez des maîtres de pension, en attendant la destination de ceux qui en prenoient soin. Il y

1. Que l'on vend à Paris ce 30 mars. (*Note de Barbier.*)

avoit même dix Arméniens de fondation royale, pour lesquels le Roi payoit dix mille livres par an, dont cinq des pays occidentaux et cinq François ; ces jeunes gens faisoient leurs études aux Jésuites, et, à un certain âge, on les envoyoit à Constantinople et dans le Levant pour apprendre les langues turque et arabe ; le ministère les destinoit ensuite aux emplois d'interprètes à la Porte ou de consuls dans les Échelles du Levant ; les supérieurs des Jésuites ont demandé permission au ministre de les envoyer dans une maison particulière, jusqu'à ce que le ministère eût pris le parti de transférer cette fondation dans un autre collége de Paris.

Les jésuites ont renvoyé pareillement tous les novices qui étoient dans la maison du noviciat ; cela a été exécuté de façon que le Parlement envoyant faire la visite de ces maisons, colléges et noviciats et dresser procès-verbal, on a trouvé tous les lieux vides et vagues.

Cette expédition a fait tort à bien des gens, domestiques ou ouvriers, et fournisseurs, dans le voisinage de ce collége, qui gagnoient leur vie ; mais dans les grands changements, il y a toujours des malheureux.

Une nouvelle encore plus intéressante, c'est que les Anglois se sont emparés de l'île de la Martinique, à la fin de février, cela se trouve dans la *Gazette de France*. Dieu veuille qu'ils n'aient pas pris aussi l'escadre de sept ou huit vaisseaux qu'on avoit envoyés pour secourir cette île.

On peut dire que le Parlement n'a pas choisi un temps et des circonstances bien favorables pour faire une révolution générale dans le royaume, telle que l'expulsion des jésuites et le changement des colléges, pour l'éducation de la jeunesse, qui n'a pu qu'inquiéter et fatiguer le Roi et le ministère.

Apparemment qu'après Pâques, le Parlement travaillera à juger l'appel comme d'abus du procureur général, des bulles des papes, des statuts, constitutions et vœux de la société des jésuites, pour achever cette besogne.

Il paroît, depuis quelques jours, une brochure que l'on attribue au père Griffet[1], jésuite, intitulée : *Remarques sur l'ouvrage de M. de La Chalotais, procureur général du Parlement de Bretagne*. L'auteur de cette brochure le dément sur tout, le défie de justifier, l'accuse de partialité sans examen et le tourne même en ridicule en plusieurs endroits. Cette brochure est vive en parlant d'un procureur général ; il y a quelque apparence qu'elle sera flétrie au Parlement de Bretagne ; l'auteur n'épargne pas même le public « ignorant en « général, qui prend des préjugés à la mode, souvent « sans avoir lu ou du moins sans avoir réfléchi sur ce « qu'il a lu. » Et, en effet, ce portrait est naturel à tous égards.

Avril.

Procès-verbaux des visites des maisons des jésuites. — On parle de la séparation des ducs et pairs d'avec le Parlement. — Ils établissent leurs archives au Louvre. — Ils présentent un mémoire au Roi. — M. de Villaret. — De nouveaux colléges sont établis dans plusieurs villes. — Fausse nouvelle au sujet du confesseur du Roi. — On parle de la paix. — Le Roi envoie des troupes en Espagne. — Le Parlement ordonne que le scellé soit mis dans toutes les maisons des jésuites ; ce qui s'exécute pour Paris. — Les jésuites vendent leurs meubles secrètement. — Requête des Lioncy. — Refus de sacrements à Saint-Cloud. — Le vicaire de Saint-Médard. — *Remarques* sur le réquisitoire de M. de La Chalotais. — Arrêt relatif à l'inventaire et au séquestre des biens des jésuites.

Du vendredi 2 avril, assemblée des Chambres, pour entendre les procès-verbaux dressés de la visite des

[1] Griffet (Henri), jésuite, né à Moulins en 1698. Admis dans la société à l'âge de dix-sept ans, il fut presque aussitôt chargé de suppléer le fameux père Porée, qui professait alors les belles-lettres au collége de Louis-le-Grand. Il remplit cette tâche difficile d'une manière distinguée. Il renonça ensuite à l'enseignement et prêcha à Paris et à Versailles, et obtint le titre de prédicateur ordinaire du Roi. Il prit avec courage la défense des jésuites attaqués par des ennemis nombreux et puissants, et après leur suppression, il se retira à Bruxelles, où il mourut à soixante-quatorze ans, le 22 février 1771. Ses

maisons tant du collége que du noviciat des jésuites, pour constater l'exécution des arrêts de la Cour, au 1er avril, par un ou plusieurs commissaires de la Cour, nommés à cet effet; en sorte que tout est bien en règle. On voit paroître à mesure, dans Paris, des arrêts de plusieurs Parlements, comme Grenoble, Besançon, du Conseil de Roussillon, qui demandent la communication des statuts et constitutions de la société, imprimés en 1757, même des titres de leur établissement, à l'occasion de l'édit du mois de mars qui a été envoyé à tous les Parlements.

On soupçonne que si cet édit du Roi, qui étoit en faveur des jésuites pour les maintenir dans l'exercice de leurs colléges, sauf quelques conditions et modifications, n'a été envoyé, le même jour 9 mars, à tous les Parlements, que pour les faire parler sur le compte des jésuites, et comme il y a apparence qu'ils seront tous contre eux, pour détruire leurs colléges, et même cette société, pour autoriser sur cette réunion et ce vœu commun le coup qu'on veut leur porter, il est toujours vrai que cet événement paroît singulier aux gens qui pensent sans partialité, mais l'exécution de tous ces arrêts, qui ont indiqué des termes différents, conduira jusqu'aux vacances.

Comme mardi 6 de ce mois est le dernier jour du Palais, il y a espérance que ce sera après la Quasimodo qu'il sera question de juger l'appel comme d'abus des bulles des papes, pour l'établissement de cette société, et de leurs statuts et constitutions. On verra que le Parlement de Paris suivra l'exemple du Parlement de Rouen, qui a tout cassé et annulé, et qui a sécularisé tous les jésuites de son ressort, pour sortir de leurs mai-

---

ouvrages appartiennent les uns à l'histoire, les autres à la théologie. Il a publié plusieurs pièces dans l'affaire des jésuites, et fourni des matériaux pour l'*Apologie* de cet institut célèbre, par Cérutti, 1762, 3 vol. in-12. Le père Griffet était un très-bon prédicateur.

sons au 1ᵉʳ juillet, et jusque-là tous leurs biens en séquestre, et leurs maisons gouvernées par des économes laïques.

Mais ce n'est pas tout : il se répand depuis quelques jours une nouvelle singulière, c'est la séparation de corps des ducs et pairs d'avec le Parlement[1]; cela seroit

1. Nous avons dit, dans une note du précédent volume, que la partie du *Journal* de Barbier qui concerne les Parlements était l'une des plus importantes. Pour justifier cette assertion, nous croyons devoir mettre ici sous les yeux des lecteurs le programme suivant, mis au concours par l'Académie des sciences morales dans la séance du 2 mai 1857, programme qui se trouve parfaitement rempli pour ce qui concerne le dix-huitième siècle par notre *Journal*.

« L'Académie rappelle qu'elle a également proposé, pour l'année 1858, le sujet de prix suivant :

« Rechercher quel a été le caractère politique de l'institution des Parlements
« en France, depuis le règne de Philippe le Bel jusqu'à la révolution de
« 1789. »

PROGRAMME.

Les concurrents devront remonter à l'origine du Parlement de France, c'est-à-dire à l'époque où il apparaît dans l'histoire sous ce nom et sous celui de Cour du Roi, avec le triple caractère d'assemblée féodale, de conseil du gouvernement et de cour de justice.

« Lorsque, sous Philippe le Bel, et par suite de l'institution des états généraux, de la Chambre des Comptes et du Grand-Conseil, la Cour de justice se détache de la Cour du Roi, et retient seule le nom de Parlement, les concurrents auront à déterminer quelles furent les attributions de ce Parlement purement judiciaire, soit comme tribunal souverain connaissant des appels des justices inférieures, soit comme gardien du domaine royal et des revenus de la couronne. Ils rechercheront quels droits purent résulter de cette double nature d'attributions ; si, par exemple, elle autorisait le Parlement à intervenir par voie de règlement dans l'administration civile des communautés et bailliages, et à contrôler l'impôt.

« Plus tard, lorsque la Cour des pairs, par sa réunion au Parlement, apporte à ce corps la connaissance des crimes de haute trahison, et celle de toutes les affaires où les pairs, les maréchaux, les évêques, les communautés ecclésiastiques et civiles sont en cause, les concurrents rechercheront quelles furent les attributions du Parlement en matière de crimes d'État, et jusqu'à quel point il en résulta pour lui le droit d'intervenir dans la police du royaume et de faire des règlements de sûreté publique. Ils rechercheront également l'origine des prétentions du Parlement au règlement des matières religieuses.

Ils devront encore examiner comment le Parlement, chargé dès le principe de l'enregistrement des lois, édits et ordonnances, en inféra le droit

sérieux; mais voici ce qui a donné lieu à cette nouvelle :

Sur l'invitation faite aux princes du sang et aux ducs et pairs, au mois de décembre 1760, de se rendre à l'assemblée des Chambres le 9 janvier 1761, au sujet de l'affaire du Parlement de Besançon, dont trente magistrats étoient exilés, il y eut une assemblée des princes et des pairs, le 3 janvier, chez M. le duc d'Orléans, premier prince du sang, qui leur fit entendre que le Roi, sans vouloir donner atteinte à leurs droits, ne trouveroit pas bon qu'ils déférassent à cette invitation; ils n'allèrent pas au Palais.

Mais la Cour, dans son arrêté du 9 janvier 1761, réclama et fit valoir les priviléges des pairs de France et de la pairie, comme étant un droit national et qui appartient à la couronne et à l'État, qui ne peut admettre aucune dérogation ou altération forcée ou volontaire, consigné dans les ordonnances du royaume, dont le

d'examen de ces actes et celui de remontrance et de refus d'enregistrement.

« La constitution du Parlement devra être l'objet d'une étude attentive. D'ambulatoire qu'il était d'abord et attaché à la personne des rois, à quelle époque et comment devint-il sédentaire? D'unique qu'il était primitivement, comme la royauté dont il représentait la justice, à quelle époque fut-il scindé en Parlements locaux? A quelles causes convient-il d'attribuer ce morcellement, qui commença dès le règne de Philippe le Bel, s'arrêta bientôt, et, repris au quinzième siècle, se poursuivit avec persistance et régularité? Les concurrents indiqueront les circonstances sous l'influence desquelles furent fondés successivement les Parlements provinciaux; quels liens les rattachèrent ensemble et au Parlement de Paris; enfin quelle fut sur eux l'action de la couronne, soit pour favoriser en certains cas, soit pour combattre leur union. Ce sont là des points importants qu'il sera utile d'éclaircir. On devra étudier en particulier le caractère de certains Parlements qui reçoivent mission d'administrer les provinces en l'absence des gouverneurs, et semblent institués expressément comme pouvoirs administratifs et politiques.

« Enfin, les concurrents étudieront les changements que la vénalité des charges, devenue peu à peu une institution de l'État, put apporter non-seulement dans la composition, mais dans le caractère des Parlements, et ils exposeront sommairement les vicissitudes de leur rôle politique dans les événements qui se sont écoulés depuis le commencement du seizième siècle jusqu'à la révolution française. »

libre et entier exercice a été de tout temps et doit être à l'avenir essentiellement attaché à la constitution de l'État.

A cette occasion, MM. les princes et les ducs et pairs, ayant envie de prendre connoissance de leurs droits et priviléges, ont demandé au Roi, dans le cours ou la fin de l'année 1761, de leur accorder un logement dans le Louvre, pour y établir leurs archives, ce qui leur a été accordé; ils ont pris pour garde de leurs archives M. Moreau, avocat au Parlement, qui est en Cour, en qualité d'avocat des finances, pour dresser les édits et déclarations, homme d'esprit, pour rassembler dans ces archives les titres et ordonnances du Roi, concernant la pairie; cela lui a fait une affaire avec l'ordre des avocats qui vouloient le rayer du tableau : il s'en est tiré en disant que c'étoit son frère qui étoit garde des archives et qu'il étoit, lui, simplement conseil.

Mais cette année, et depuis peu, les ducs et pairs ont présenté au Roi un mémoire qui n'a été signé, à la vérité, que de vingt-deux et auxquels messieurs les princes du sang n'ont pas voulu se joindre, par lequel ils prétendent se séparer du corps du Parlement, en disant que le Parlement n'étoit dans l'origine qu'un tribunal de justice simplement, qu'il n'est point la Cour des pairs, laquelle ne peut être convoquée que par le Roi et qui ne peut être Cour des pairs qu'autant que le Roi y préside : ce qui deviendroit une affaire sérieuse de droit public, et que l'on peut même regarder comme très-embarrassée dans notre histoire de France et dans nos différents historiens.

On dit que ce mémoire n'a pas été bien reçu du Roi, cela pourroit être; cependant, il est vrai, au rapport des gens instruits que les ducs et pairs ont nommé entre eux six commissaires pour examiner les actes et titres qui sont dans ces archives. Ces commissaires sont, entre autres : M. l'archevêque de Paris, M. le duc de Chaulnes,

M. le maréchal duc de Richelieu, M. le duc de Duras, etc.

Il est encore vrai que les ducs et pairs ont pris pour secrétaire de la pairie, M. de Villaret[1], homme de lettres, qui continue l'histoire de France, de l'abbé Velly, depuis sa mort. M. de Villaret a, dit-on, six mille livres d'appointements et son logement au Louvre.

On ne sait pas bien précisément quelles sont les prétentions de ces ducs et pairs, à qui le Parlement ne disoit rien. On a de la peine à croire que cette association vienne de pur caprice et sans objet, et qu'elle ne soit pas suscitée sourdement par quelque puissance supérieure, pour faire une diversion et arrêter les entreprises du Parlement ; mais en quel tribunal jugera-t-on leur différend ?

Au surplus, l'affaire des jésuites va au plus mal pour eux. Plus de collége de Louis-le-Grand ; les jésuites ont présenté eux-mêmes leurs titres et papiers, à l'inventaire desquels on travaille actuellement ; plus de noviciat ; et l'on dit que dans presque toutes les villes du ressort, comme Lyon, Auxerre, Orléans, Châlons, Amiens et autres, tous les colléges nouveaux sont meublés de principaux et de professeurs, et que les études sont en plein exercice. Cela étant ainsi, il n'est plus possible de s'imaginer qu'ils puissent être rétablis. Tous les autres Parlements ont suivi le même plan pour l'examen des statuts et pour refuser l'enregistrement du dernier édit du

---

[1]. Villaret (Claude), historien, né à Paris, vers 1717, mort en 1766. Villaret était un grand ami du plaisir, et ses affaires domestiques se dérangèrent à tel point qu'il se vit forcé de sortir de Paris, en 1748. Il courut la province comme comédien, et obtint même les applaudissements de la Cour à Compiègne. Il quitta bientôt cette profession et revint à Paris, où ses amis le firent nommer premier commis de la Chambre des Comptes. Son application aux recherches, et ses progrès rapides dans la science historique, déterminèrent les libraires Desaint et Saillant à le choisir pour continuateur de Velly, dont l'œuvre ne comptait encore que sept volumes. Il conduisit ce travail jusqu'au tome XVII (c'est-à-dire de 1329 à 1469). Les dix volumes qu'on lui doit sont, sans contredit, la partie la moins défectueuse de l'ouvrage.
(*Biogr. universelle*, de Michaud.)

Roi ; et à l'égard du Parlement de Paris, comme la grande opération est faite, ce n'est, dit-on, que le 6 août prochain qu'il sera question de statuer sur l'appel comme d'abus des bulles, des statuts et des vœux ; il arrivera même que quantité de jésuites prendront leur parti d'eux-mêmes pour se retirer de la Société.

On dit assez communément que le projet des ducs et pairs est tombé, on n'en parle plus : le ministère ne doit point souffrir de pareilles nouveautés et prétentions qui d'ailleurs n'ont aucun fondement.

Pendant la vacance du Parlement, dans la quinzaine de Pâques, il n'y a eu rien de nouveau pour les jésuites, mais les jansénistes ont fait courir le bruit que le Roi avoit donné ordre au Père Desmarets, jésuite, son confesseur, de se retirer dans la maison professe de Paris, et d'en avertir tous les jésuites, confesseurs de la famille royale, qui sont à Versailles, ou du moins, que cet ordre, qui seroit le dernier coup pour les jésuites, s'exécuteroit le 19 de ce mois, lendemain de la Quasimodo. On disoit que le Roi avoit choisi pour son confesseur le curé de Saint-Louis, de Versailles, qui est un lazariste[1] ; mais le jour de la Quasimodo, les jésuites étoient comme à l'ordinaire chez le Roi, et on ne parloit de rien à ce sujet à Versailles, où cette nouvelle avoit fait sensation. Elle paroît fausse.

Lundi 19, le Roi est parti pour Choisy, pour deux parties de chasse jusqu'au jeudi 22.

Ce qu'il y a de mieux, c'est que depuis quatre jours, on parle d'une paix générale pour l'Allemagne seulement, ce qui nous soulageroit beaucoup et seroit un

---

1. Les *lazaristes* tirent leur nom du prieuré de Saint-Lazare, qui fut cédé à saint Vincent de Paul, lequel y installa les prêtres qu'il s'était associés pour évangéliser les campagnes. Leur véritable nom est celui de *prêtres de la mission*. Ils se vouent à la direction des séminaires et à la conversion des infidèles. Ils ont des établissements nombreux en Perse, dans le Levant et dans l'Océanie, et vivent sous la règle donnée par leur saint fondateur, et qu'Urbain VIII approuva l'an 1632.

grand acheminement pour la paix sur mer avec les Anglois.

M. le maréchal d'Estrées est parti pour l'armée, le 21 ou le 22 de ce mois.

M. le prince de Conti est parti le vendredi 23, au matin, mais on n'en parle pas moins de paix, entre la reine de Hongrie, le roi de Prusse et nous.

Le Roi envoie sept à huit mille hommes au roi d'Espagne, sous le commandement de M. le prince de ......[1], lieutenant général. Les lettres de sa commission lui ont été expédiées, il y a bien quinze jours. Toutes ces opérations se font lentement, ainsi que celles d'Espagne.

Du vendredi 23. Il y a eu assemblée des Chambres pour l'affaire des jésuites. On a d'abord fait le rapport de l'exécution des arrêts particuliers du Parlement, pour les différentes villes du ressort, pour les colléges, et ensuite on a travaillé à la suite du projet.

Arrêt du 23, qui ordonne que le scellé sera mis dans toutes les maisons des jésuites, et que leurs biens meubles et immeubles seront mis en séquestre.

Cet arrêt sera apparemment exécuté tout de suite, pour les trois maisons de Paris, et ensuite dans tout le ressort; c'est ce que le Parlement de Rouen a exécuté, il y a déjà du temps. On ne sera pas longtemps ici, dit-on, à travailler sur l'appel comme d'abus, on n'attendra pas le mois d'août. Dans de pareilles entreprises, il faut porter coup sur coup, crainte des événements et des révolutions.

Un coup bien intéressant à présent pour le parti du Parlement, est d'ôter aux jésuites, surtout à Paris, la prédication et la confession, ce qui est difficile, parce que ces pouvoirs dépendent régulièrement de M. l'archevêque de Paris, ainsi que des autres évêques dans

---

1. *Mot illisible.* Nous pensons cependant qu'il s'agit du prince de Beauvau, qui était capitaine des gardes du corps.

leurs diocèses. Il faut voir comment l'on s'y prendra pour passer par-dessus ces règles, et comment le clergé, qui va s'assembler incessamment, prendra cela.

L'arrêt du vendredi 23 a été exécuté dans le jour. A quatre heures après midi, six huissiers de la Cour sont partis dans des fiacres, avec deux recors de la porte de Paris, savoir : trois qui se sont rendus à la maison professe, au collége Louis-le-Grand et au noviciat, et trois dans leurs maisons de campagne, à Ménilmontant, à la maison du feu Père de la Chaise, confesseur de Louis XIV, où vont les Pères de la maison professe, en récréation, tous les jeudis, à Gentilly et à Montrouge, qui sont pour le collége et le noviciat.

Dans chacune de ces maisons, chaque huissier a mis les scellés et saisi[1] les meubles et effets et papiers, et ont remis leur vacation au lendemain; et il y avoit encore quelques recors qui avoient eu ordre de se rendre séparément dans ces maisons.

Cet arrêt sera, dit-on, exécuté à Paris lundi 26, imprimé et envoyé par M. le procureur général à ses substituts, dans toutes les villes du ressort[2].

On dit que les Lioncy, créanciers des jésuites, avoient présenté requête au Parlement, il y a quelques jours, contenant que depuis l'accommodement fait entre eux et les jésuites, qui avoient pris des termes pour le payement, ils avoient appris qu'ils venoient ici et détournoient la plupart de leurs effets, pour demander permission de les saisir et arrêter, et que pour éviter une pareille discussion, il avoit paru plus convenable de la faire à la requête de M. le premier président.

L'arrêt du 23 porte aussi qu'il sera informé des ventes qu'ils peuvent en avoir faites, ou des endroits où ils peuvent les avoir déposés.

---

1. Ces saisies se sont faites très-tranquillement. (*Note de Barbier.*)
2. Lundi, il se transportera des commissaires de la Cour dans chaque maison pour l'inventaire. (*Idem.*)

Du samedi 24 avril. Assemblée des Chambres.

Une religieuse des Ursulines de Saint-Cloud, malade, a demandé les sacrements. Un prêtre de Saint-Cloud ne les a voulu apporter qu'à condition de signer la constitution *Unigenitus*, et de blâmer la conduite du Parlement. Arrêt qui a décrété de prise de corps ledit prêtre.

Le vicaire de Saint-Médard, qui étoit dans les prisons de l'officialité, sur la réclamation faite par l'official, il a été dit par une ordonnance dudit official, que par l'examen qu'il avoit fait de la procédure, il n'avoit rien trouvé qui eût trait au cas privilégié, et qui demandât l'adjonction du juge civil, attendu qu'il n'avoit aucune inspection sur ce qui regarde les sacrements[1]. Arrêt qui ordonne que ledit vicaire sera transféré des prisons de l'officialité dans celles du Châtelet, pour son procès lui être fait en la manière accoutumée.

L'embrouillement de tout ceci ne fait qu'augmenter de plus en plus.

Arrêt du samedi 24. Le réquisitoire de M. de La Chalotais, procureur général du Parlement de Rennes, aux Chambres, au mois de décembre 1761, imprimé ici, qui est une brochure assez étendue pour la critique des statuts, constitutions et de la doctrine de la Société de Jésus, a fait beaucoup d'impression dans Paris, comme on a dit ci-dessus, et comme étant le meilleur ouvrage qu'on ait fait contre eux. Depuis que les jésuites ont obtenu la permission tacite de faire imprimer des réponses en justification des choses qu'on leur impute, il a paru, il y a environ deux mois, une brochure, intitulée : *Remarques sur le réquisitoire de M. de La Chalotais*, procureur général au Parlement de Bretagne, sans nom d'auteur et d'imprimeur, qui s'est vendue dans Paris. Cette réponse, que l'on attribue au Père Griffet, jésuite, est non-seulement solide, mais c'est une critique légère et piquante sur le compte de M. de La Chalotais.

---

1. Cette phrase est reproduite textuellement.

Le 24 de ce mois, MM. les gens du Roi ont dénoncé aux Chambres assemblées cette brochure contenant des réponses ironiques et indécentes.

Par l'arrêt, la Cour l'a condamnée à être brûlée par la main du bourreau, comme étant, cet écrit, calomnieux, injurieux et contraire au respect dû à la magistrature, avec défenses, etc. Il est ordonné qu'il sera informé contre tous imprimeurs et colporteurs, mais il n'est pas dit contre l'auteur.

Cet arrêt a été exécuté le lundi 26, au pied du grand escalier.

Cette condamnation fera lire cet écrit du Père Griffet par bien des gens prévenus, qui ne se donnoient pas la peine de lire les écrits et justification pour les jésuites; d'ailleurs il paroît de l'affectation de condamner un écrit qui ne regarde pas les magistrats du Parlement de Paris, surtout dans les circonstances des poursuites vives et réelles que l'on fait ici actuellement contre les jésuites.

A l'égard de l'arrêt du vendredi 23, au sujet de la saisie de tous les biens meubles et immeubles, inventaire des titres, papiers, registres de recettes et dépenses, et de l'établissement des séquestres, tant dans les maisons des jésuites de Paris, dans la ville et maisons de campagne, que dans toutes les maisons des jésuites, en général, dans le ressort du Parlement de Paris, cet arrêt, qui est très-bien rédigé et dans toutes les formes, a été imprimé, publié et affiché lundi 26.

Pour dresser ces procès-verbaux à la requête de M. le procureur général, en présence d'un de ses substituts, MM. de Bretignières et Goislart se sont transportés dans la maison professe, dans le collége de Clermont, autrement de Louis-le-Grand; MM. Pasquier et Charlet, dans la maison du Noviciat; MM. Sahuguet et Maron, dans la maison de Mont-Louis; à Ménilmontant, MM. Pelot et Bèze du Lys; dans la maison de Montrouge, MM. Farzonel et Berthelot de Versigny; et dans celle de Gentilly, MM. Chalmette et de Gourgues; desquels procès-verbaux encommencés il sera rendu compte aux Chambres, mardi 27; et dans les villes du ressort, par les officiers des siéges.

Ordonne que tous les biens sans exception, soit à Paris, soit aux autres villes, seront saisis, arrêtés et mis sous la main du Roi et justice, et à iceux établis gardiens; et à iceux biens établis des économes et séquestres, lesquels feront les recouvrements et donneront seuls quittances aux fermiers, locataires et débiteurs, même aux payeurs de rentes sur la ville, et rendront compte de tout, soit à M. le procureur général, soit à ses substituts.

Autorise les officiers des bailliages et sénéchaussées, de pourvoir au payement des appointements des nouveaux maîtres établis dans les colléges, fixés par les délibérations, à commencer du 1er avril, comme aussi à ce qu'il faudra remettre aux supérieurs des maisons, pour l'entretien et la nourriture des soi-disant jésuites; à l'effet de quoi seront, les séquestres, tenus de vider leurs mains.

Du mardi 27. Assemblée des Chambres pour le compte rendu de l'exécution dudit arrêt, à Paris.

Du vendredi 30 avril. Arrêt de la Cour qui nomme des séquestres.

Mai.

Le conseil d'État des parties. — Cérémonial de ce Conseil. — La maison de M. le comte de Provence. — Ouverture de l'assemblée du clergé. — Invasion du Portugal par les Espagnols. — Don gratuit du clergé. — Mesdames de France à Plombières.

Lundi 3 mai. Le Roi a assisté au Conseil d'État des parties avec le Dauphin, qui se tient dans une salle à ce destinée, en bas, dans la galerie du château de Versailles, proche la chapelle. C'est M. le chancelier qui y préside. Il est composé des conseillers d'État dont tous les ministres font partie, et de maîtres des Requêtes. Le fauteuil du Roi y est toujours vacant, pourquoi les maîtres des Requêtes y rapportent debout. Les affaires sont les demandes en cassation des arrêts des Parlements du royaume. Il y avoit, dit-on, cent ans environ que le Roi n'y avoit assisté.

La nouvelle de ce Conseil, qui avoit été annoncé, a fait tenir bien des propos. On croyoit que c'étoit pour l'affaire des jésuites, et il ne s'agissoit que de deux affaires ordinaires : l'une touchant le Parlement de Bordeaux, l'autre, pour les chanoines de la Sainte-Chapelle de Vincennes.

Ce Conseil a duré près de trois heures. On dit que c'est la simple curiosité qui y a amené le Roi, et qu'il ne le tiendra pas de sitôt. Il n'en est dit autre chose dans la *Gazette de France*, sinon que ceux qui avoient accompagné le Roi, de son appartement jusqu'à cette salle, Sa Majesté étant entrée avec M. le Dauphin, ont été obligés de se retirer; que les gardes du corps étoient en dehors, et que les secrétaires et greffiers de ce Conseil étoient derrière le fauteuil du Roi. Effectivement, M. le prince de Beauvau, capitaine des gardes du corps, qui vouloit entrer avec le Roi, a été obligé de rester dehors.

Ce n'est que par la suite qu'on verra si quelque objet de politique a eu part à la tenue de ce Conseil par le Roi.

On a formé une maison à M. le comte de Provence, second fils de France, qui est considérable par le nombre d'officiers, gouverneur, sous-gouverneur, grand maître de la garde-robe, surintendant de sa maison, précepteur, sous-précepteur et six gentilshommes; ce sont en partie les mêmes que ceux de M. le duc de Berry. Leurs commissions ont été scellées au sceau le 5 de ce mois.

Le 6, le Roi a fait la revue de ses mousquetaires dans le bois de Boulogne, au rond de Mortemar, et de là a soupé à La Muette avec la famille royale.

Arrêt du Parlement du 5, sur les opérations conséquentes des arrêts précédents contre les jésuites.

Jeudi 6 mai. Ouverture de l'assemblée du clergé aux Grands-Augustins, par une messe du Saint Esprit et un très-beau sermon par M. de Brienne, évêque de Condom, sur l'amour de la patrie, dans lequel il n'y a eu rien sur l'affaire des jésuites. M. l'archevêque de Narbonne est président. Ils ne sont que quatorze évêques et autant d'abbés.

Lundi 10, a été l'assemblée du clergé pour les affaires.

Le roi de Portugal, par une déclaration bien précise, s'est déterminé à rester neutre et à ne pas s'unir avec les rois d'Espagne et de France contre les Anglois; les Espagnols sont entrés dans le Portugal.

Le clergé a accordé au Roi un don gratuit de sept millions cinq cent mille livres, et a offert un million pour la marine.

Il y a encore neuf voyages du Roi à son château de Saint-Hubert pour cet été, outre les deux qu'il a faits depuis quinze jours.

Mesdames de France, Adélaïde et Victoire[1], sont allées à Plombières pour prendre encore les eaux ; elles y sont arrivées le 29. Le roi Stanislas les y accompagne, les ramènera à Versailles, et fait la dépense de ces voyages. Mesdames ont emmené avec elles un jésuite, leur confesseur à l'ordinaire; cependant, peu à peu, les Parlements parlent et agissent contre eux à peu près sur le plan du Parlement de Paris.

---

1. Un jour, dit madame Campan dans ses *Mémoires*, le Roi me trouva seule dans le cabinet de Madame Victoire, et me demanda où était *Coche*; et comme j'ouvrais de grands yeux, il renouvela sa question, mais sans que je comprisse davantage. Quand il fut sorti, je demandai à Madame de qui il avait voulu parler. Elle me dit que c'était d'elle, et m'expliqua d'un grand sang-froid qu'étant la plus grosse de ses filles, le Roi lui avait donné le nom d'amitié de *Coche*; qu'il appelait Madame Adélaïde *Loque*, Madame Sophie *Graille*, Madame Louise *Chiffe* (*Mémoires* de madame Campan. Paris, 1822, in-8, t. I, p. 15.)

Juin.

Le Parlement fait brûler l'*Émile* de Rousseau. — Détails sur le livre et l'auteur. — Les maréchaux d'Estrées et Soubise battus près de Cassel.

Le Parlement a fait brûler par la main du bourreau, le 11 de ce mois, un livre en quatre volumes in-8°, de Jean-Jacques Rousseau, intitulé *Émile ou l'Education*, imprimé, est-il dit, à La Haye; c'est un élève qu'il instruit à mesure qu'il vient en âge. Il y a un mois que ce livre fait du bruit et qu'il s'est distribué dans Paris, où l'on connoît l'esprit philosophique de cet auteur, qui écrit au-dessus de tout; il y justifie toutes les religions, la révélation, suivant le récit même qu'en fait M. l'avocat général dans sa dénonciation, jusqu'à dire *qu'on peut être sauvé sans croire en Dieu, attendu l'ignorance invincible de la divinité, qui peut excuser l'homme*, et autres systèmes de cette force.

Comme son nom est à découvert dans le frontispice du livre, la Cour, par l'arrêt, l'a décrété de prise de corps. Rousseau étoit homme à se laisser prendre et à soutenir la vérité de son livre; mais on dit qu'un de ses bons amis l'a fait monter en chaise de poste pour le faire sortir de France. Son livre s'est vendu dix-huit livres et vaut à présent deux louis; on compte qu'il sera réimprimé en Hollande. Cet ami est M. le duc de Luxembourg, qui l'a fait cacher; on ne croit pas qu'il se soit retiré à Genève.

L'assemblée du clergé est finie à la fin de ce mois. Le clergé en corps a été, le 27, rendre ses respects au Roi, suivant l'usage; on dit que les évêques ont écrit au Roi une lettre très-forte pour les jésuites, mais il n'en paroît rien dans le public.

MM. les maréchaux d'Estrées et de Soubise ont eu un avantage sur le prince Ferdinand, qui dérange le plan de ses opérations; au moyen de quoi toute notre armée est rassemblée sous Cassel, dont le prince Ferdinand vouloit s'emparer. Quel que soit le détail de cette affaire, c'est toujours beaucoup pour un commencement de campagne.

Mais il est toujours certain que les Russes et la Suède ont fait leur paix avec le roi de Prusse.

La nouvelle ci-dessus n'est pas véritable, quoique fondée en apparence sur la gazette ; les nouvelles de l'armée sont opposées : le prince Ferdinand a fait une marche avec quatre-vingt-un mille hommes sans que nos généraux en aient été instruits ; le prince Ferdinand nous a surpris contre Cassel ; nous avons été battus ; nous avons perdu deux mille hommes tant tués que prisonniers ; on nous a pris bien des bagages ; on nous a poursuivis ; nous avons été obligés de passer une rivière ; le prince Ferdinand s'est emparé d'un poste avantageux, et sans M. de Stainville, frère de M. le duc de Choiseul, qui a soutenu, l'affaire auroit été plus sérieuse. Nous avons cependant dans ces cantons plus de cent mille hommes. On dit que les soldats disoient tout haut que cela ne seroit point arrivé avec M. de Broglie. Cette dernière nouvelle est générale.

Juillet.

Mort de Crébillon. — Les comédiens lui font célébrer un service. — L'affaire des jésuites va son train dans tous les Parlements. — Le sieur Maillet, vicaire de Saint-Leu. — Le sieur Bimont, grand janséniste. — Les mousquetaires du Roi. — Révolution en Russie. — Mort de Pierre III.

M. Jolyot de Crébillon, de l'Académie françoise et autres, poëte d'une grande réputation par le nombre de belles tragédies qu'il a données au Théâtre-François, est mort le mois dernier, âgé de quatre-vingt-neuf ans.

Les comédiens françois ont voulu honorer sa mémoire par un service ; ils se sont adressés à la paroisse de Saint-Sulpice et aux Cordeliers, qui les ont refusés, et ils ont été admis par la commanderie de Saint-Jean-de-Latran.

on dit du consentement de M. le prince de Conti, grand prieur de l'ordre. Ce service y a été célébré mardi 10 de ce mois, avec grande pompe, avec des billets de la part de MM. les comédiens françois, pensionnaires du Roi. Il y avoit plus de cent musiciens; les directeurs de l'Opéra y avoient envoyé trois de leurs musiciens; il y a eu même, dit-on, trente-huit louis d'or à l'offrande. Bonne aubaine pour le curé[1]; cela fait un titre de catholicité pour les comédiens.

L'affaire des jésuites va son train dans tous les Parlements; ils sont déjà sortis et renvoyés de la ville de Rouen.

La fermentation règne ici dans tous les esprits. Il y a eu le mois dernier une querelle entre les avocats qui plaident au Châtelet et M. Chardon, lieutenant particulier, au sujet d'une réprimande qu'il a faite à un, à l'audience, qui avoit dit à son confrère qu'il en imposoit à la Cour; les avocats ont pris parti, ont cessé de plaider. M. le premier président a voulu accommoder cette affaire; mais depuis, cela s'est rebrouillé; cela se porte au Parlement après plusieurs assemblées des avocats au Palais, et cela est sérieux.

Cette réprimande de la part de M. Chardon n'a été faite à une audience que quinze jours après celle où l'un des avocats avoit insulté l'autre; depuis l'entremise de M. le premier président, M. Chardon avoit été rendre une visite à M. Merlet, bâtonnier des avocats, ainsi que cela étoit convenu pour une espèce de réparation, sans qu'il eût été question de quoi que ce soit dans cette visite; mais quelques conseillers du Châtelet, qui sont vifs, ont assemblé la compagnie, et il a été fait des arrêtés à ce sujet. Les avocats se sont pourvus au Parlement, qui, par arrêt, a ordonné que le Châtelet remettrait ces ar-

1. La tolérance qu'avait montrée ce curé eut au contraire pour résultat de le faire suspendre pendant six mois; il fut en outre condamné à donner aux pauvres le produit du service. DE LA VILLEGILLE.

rêtés à M. le procureur général dans les vingt-quatre heures, à quoi MM. du Châtelet n'ont pas voulu obéir.

En conséquence, les avocats plaidant au Châtelet se sont assemblés le 20 juillet, et le 22 au matin ils ont arrêté qu'ils ne reparoîtroient plus au Châtelet, n'étant pas convenable qu'ils plaidassent devant des officiers qui manquoient de respect pour les arrêts de la Cour.

Du 22, ils ont cessé d'aller plaider.

Les officiers du Châtelet ont une autre affaire avec le Parlement, pour la réception d'un procureur qu'ils ont refusé, parce qu'il n'avoit été que huit ans clerc au Châtelet au lieu de dix, quoique ce procureur justifiât que dans ces deux années il eût été clerc au Parlement. Il a appelé de l'ordonnance du Châtelet à la Grand'Chambre, où, après plusieurs incidents, il y a eu arrêt qui a ordonné qu'il seroit reçu. Sur la signification de l'arrêt, les officiers du Châtelet, assemblés, ont persisté à refuser la réception, attendu qu'ils étoient les maîtres de cette discipline pour leurs officiers; sur quoi MM. du Châtelet ont référé de cette contestation aux Chambres assemblées du Parlement, laquelle assemblée se tient aujourd'hui 23 juillet.

Sentence du Châtelet du 8 juillet 1762, qui a condamné au bannissement perpétuel hors du royaume le sieur Maillet, premier vicaire de la paroisse de Saint-Leu et desservant d'icelle par l'absence du curé, pour avoir fait le refus *schismatique* de célébrer le service fondé par le sieur abbé Bimont, et accepté par la fabrique de cette paroisse.

Le sieur Bimont étoit un ancien vicaire de Saint-Leu, grand janséniste, qui a fondé un service en 1759. On croit qu'à sa mort il y a eu des contestations pour les sacrements; sa nièce, sa légataire universelle, a fait des procédures pour l'exécution de sa fondation, laquelle a été acceptée par la fabrique, par acte du 15 février 1761, mais, sur les sommations faites aux prêtres de célébrer le service, difficultés de leur part, entre autres par le sieur Maillet. Le service, en vertu de sentence, a été fait néanmoins par un des prêtres. Le sieur Maillet a été décrété d'ajournement personnel; il s'est absenté; décret de prise de corps, et enfin la sentence dont il s'agit, qui a été exécutée par défaut, avec un tableau planté en place de Grève le jeudi 29 juillet. Le sieur Maillet, en conséquence, a perdu une bonne place, et est apparemment à la charge de M. l'archevêque de Paris, qui n'est pas dans des circonstances bien favorables pour vouloir inquiéter les prêtres sous prétexte de jansénisme.

Affaire du détachement des mousquetaires du Roi, des deux compagnies en garnison à Dunkerque, avec les gendarmes, chevau-légers et gardes du corps. Dans la salle de la Comédie, les mousquetaires ont voulu s'emparer d'un banc qui étoit affecté pour les officiers de l'état-major de la place, c'est-à-dire des officiers de tous les corps étant en garnison dans la ville, sous prétexte que tous les officiers subalternes payant leur part par l'abonnement de la comédie, il ne devoit point y avoir de préférence pour l'état-major pour les places; ce qui a formé une dispute où les mousquetaires ont marqué apparemment trop de vivacité, malgré les remontrances des commandants. Sur l'avis donné en Cour, on a ordonné aux mousquetaires gris et noirs de revenir à Paris par forme de punition; à leur arrivée, ils ont tous été mis aux arrêts. Cette affaire a été rapportée au Conseil du Roi par les commandants des deux compagnies, mercredi 28 de ce mois, où elle doit avoir été jugée par le Roi. Il y a eu quatorze mousquetaires cassés comme les plus mutins, sept gris et sept noirs, et ils ont été condamnés, les uns à quatre années de prison, les autres à trois et à deux ans, selon la gravité de leur espèce de rébellion; cela sera encore adouci.

Grande nouvelle pour la France, par rapport à la Russie.

Après la mort de l'impératrice de Russie [1], arrivée dans le mois de janvier, le grand-duc de Russie, Charles-Pierre-Ulric, duc de Holstein Gottorp, ayant épousé Catherine-Alexowna d'Anhalt Zerbst, a été reconnu et proclamé empereur de toutes les Russies; mais aussitôt son avénement au trône, on a dit ici que c'étoit un prince très-borné et aimant à boire.

En effet, Pierre III s'est lié avec le roi de Prusse qui s'étoit emparé de son esprit; il lui a rendu des places dont les Russes s'étoient emparés, et il lui a donné une partie des troupes de l'armée pour agir contre l'impératrice, reine de Hongrie, et la France; il a fait des changements dans l'intérieur de ses États; il a confisqué et réuni à son domaine tous les biens du clergé, et il a assigné de simples pensions aux évêques et ministres de la religion grecque, et il a fait construire un temple luthérien où il assistait régulièrement à l'office. Ce changement dans la religion grecque a indisposé les peuples et a donné lieu à une conspiration qui a eu son effet. Son dessein étoit, dit-on, de répudier l'impératrice, sa femme, de déclarer un fils de huit ans, bâtard, et d'épouser la fille du chancelier Voronsow.

Le 28 juin, qui est parmi nous le 9 juillet, la conjuration a éclaté. L'impératrice, à la tête de quinze mille hommes, a fait arrêter Pierre III, son mari, qui a été enfermé, et elle a été proclamée impératrice de toutes les Russies, sous le nom de Catherine II. Cette importante révolution s'est accomplie et exécutée sans aucun trouble. L'impératrice en a donné avis aux ministres des puissances étrangères, qui ont été rendre leurs respects à l'impératrice. Il n'y avoit pas de temps à perdre; tous les projets du czar Pierre III devoient être exécutés le 10 juillet.

Sept jours après le couronnement de l'impératrice de Russie, le czar Pierre III, fils du duc de Holstein-Gottorp

---

1. Élisabeth Petrowna.   (*Note de Barbier.*)

et neveu de la dernière impératrice, est décédé d'un accident hémorroïdal. On se doutoit bien qu'il ne survivroit pas longtemps après sa déposition [1]. L'impératrice de Russie a fait revenir les troupes que le czar avoit fait passer au roi de Prusse.

Quoiqu'elle ne fasse point de guerre au roi de Prusse, elle est en possession du royaume de Prusse, où il y a un gouverneur russe, et de la Poméranie.

On ne sait pas encore ce que cela produira pour l'avancement de la paix. Le général autrichien a eu quelques petits avantages sur les troupes prussiennes, et il ne se passe rien en Allemagne entre les maréchaux de France et le prince Ferdinand.

Août.

Nouvelles diverses. — Mort de M. Berryer. — Les maisons des jésuites de Paris sont évacuées. — Ces religieux se retirent de divers côtés.

L'ambassadeur de Russie, qui est toujours resté à Paris, a fait part au Roi de l'avénement de la princesse d'Anhalt au trône impérial de Russie; mais il n'a pas encore notifié la mort du czar Pierre III.

Le Roi continue toujours ses voyages dans les différents châteaux, pour la chasse à l'ordinaire.

La dissolution totale de la société des jésuites se réalise [2], par les arrêts rendus par le Parlement, le 6 de ce mois et jours suivants.

1. Il fut étranglé dans la citadelle de Ropschen, le 17 juillet, par Alexis Orloff. Ce fut Catherine qui fit déclarer officiellement qu'il était mort d'une colique *hémorroïdale*. Voir, sur cette affaire, le curieux ouvrage de Rulhière, qui fut publié après la mort de Catherine : *Histoire de la révolution de Russie en* 1762.

2. Les Parlements ne les ont condamnés que sur quelques règles de leur institut que le Roi pouvait réformer, sur des maximes horribles, il est vrai, mais méprisées, publiées pour la plupart par des jésuites étrangers, et désavouées formellement depuis peu par les jésuites français.

Il y a toujours dans les grandes affaires un prétexte qu'on met en avant, et une cause véritable qu'on dissimule. Le prétexte de la punition des jésuites était le danger prétendu de leurs mauvais livres, que personne ne lit : la

M. Berryer, garde des sceaux et secrétaire d'État, est mort d'une attaque d'apoplexie ou d'épilepsie, qui lui a repris vivement depuis quinze jours, dimanche 15 de ce mois, et il a été enterré, à Versailles, mardi 17. On ne sait point encore si le Roi reprendra les sceaux ou s'il les donnera; il est à Choisy et n'en reviendra que vendredi 20 août.

Toutes les maisons des jésuites, à Paris, sont évacuées; les économes nommés en sont en possession, et les églises de la rue Saint-Antoine et du noviciat, faubourg Saint-Germain, sont desservies par quelques prêtres de Saint-Paul et de Saint-Sulpice, pour des messes seulement.

Les jésuites, confesseurs du Roi et de la famille royale, à Versailles, y sont restés, et sont en manteau long, soutane et rabat, comme prêtres. Plusieurs jésuites de réputation sont retirés, à Paris et à Versailles, dans des maisons particulières de seigneurs ou gens riches [1].

Il y a encore bien des Parlements où il n'y a rien de

cause était le crédit dont ils avaient longtemps abusé. Il leur est arrivé, dans un siècle de lumière et de modération, ce qui arriva aux Templiers dans un siècle d'ignorance et de barbarie ; l'orgueil perdit les uns et les autres : mais les jésuites ont été traités dans leur disgrâce avec douceur, et les Templiers le furent avec cruauté. Enfin le Roi, par un édit solennel, en 1764, abolit dans ses États cet ordre qui avait toujours eu des personnages estimables, mais plus de brouillons, et qui fut pendant deux cents ans un sujet de discorde.

Ce n'est ni Sanchez, ni Lessius, ni Escobar, ni des absurdités de casuistes, qui ont perdu les jésuites; c'est Le Tellier, c'est la bulle qui les a exterminés dans presque toute la France. La charrue que le jésuite Le Tellier avait fait passer sur les ruines de Port-Royal a produit, au bout de soixante ans, les fruits qu'ils recueillent aujourd'hui. VOLTAIRE.

1. Comme chez madame la comtesse de Marsac, gouvernante des enfants de France, M. le duc de Lavauguyon, gouverneur de M. le duc de Berry, madame la princesse de Carignan et autres à Paris; chez M. l'archevêque, chez M. de Nicolaï, premier président de la Chambre des Comptes, M. le chancelier de Lamoignon et plusieurs particuliers.

Plusieurs jésuites ont été retirés aux dépens de plusieurs fortes communautés de religieuses, qui leur ont loué des appartements dans leur voisinage et où elles les nourrissent. (*Note de Barbier.*)

décidé définitivement à leur égard, ce qui doit impatienter les jansénistes.

Septembre.

Le Roi continue de tenir les sceaux. — La nouvelle de la paix s'accrédite. — Le duc de Nivernois est nommé ministre plénipotentiaire en Angleterre. — Le duc de Bedford. — La princesse Christine de Saxe. — Le duc de Nivernais à Londres. — Le duc de Bedford à Paris. — Abolition du droit d'aubaine. — Voyages du Roi pour la chasse. — Le Roi supprime vingt-huit commissions aux Requêtes du Palais; il nomme M. Feydeau de Brou garde des sceaux.

Il n'y a rien encore de décidé pour les sceaux. Le Roi ne s'est pas déclaré s'il les garderoit, ou s'il nommeroit à cette belle place; mais, en attendant, il scelle lui-même et seul, sans tenir le sceau, de certaines choses : par exemple, il a scellé l'échange de la principauté de Dombes avec le duché de Gisors et Vernon, qu'il avoit de M. le maréchal de Belle-Isle. Cet échange a été enregistré, à la fin d'août, au Parlement, ainsi que l'érection d'une terre en comté pour M. de Boulogne, ci-devant contrôleur général; mais les lettres de grâces, les provisions et autres choses restent en souffrance.

Grande nouvelle à Paris. Il y a longtemps que l'on parle d'arrangement de paix entre la France et l'Angleterre; mais la nouvelle se justifie par la *Gazette de France* du 3 septembre, où il est dit que, le 1er de ce mois, le Roi a dit à M. de Nivernois[1] qu'il l'avoit choisi

---

1. Les talents du duc de Nivernais furent éprouvés par une mission bien épineuse, dont il fut chargé en 1762. La France, épuisée par une longue guerre, où l'avait engagée une alliance impolitique avec l'Autriche, soupirait après la paix. Le duc de Nivernais lui procura ce bienfait, en se concertant avec lord Bute, premier ministre de Georges III, récemment monté sur le trône d'Angleterre. Un traité définitif fut conclu entre les deux nations, le 10 février 1763. Le duc avait eu à la fois contre lui les victoires multipliées de l'Angleterre et de la Prusse, l'influence de Pitt (lord Chatham), infatigable ennemi du nom français, et le cri de la nation anglaise, qui tout entière repoussait le vœu de son Roi pour la paix. Cette opposition de l'Angleterre au repos du continent était si forte, que six ans après, en 1769, elle éclata de nouveau, à l'occasion d'une récomposition du Parlement. Un des membres

pour aller, en qualité de son ministre plénipotentiaire, exécuter une commission importante auprès du roi de la Grande-Bretagne ; qu'il doit être rendu à Calais, le 6 de ce mois, pour passer à Londres, dans le yacht sur lequel M. le duc de Bedfort doit venir, en la même qualité, en France, de la part du roi d'Angleterre.

Les équipages que le duc de Nivernois prépare depuis du temps sont, dit-on, magnifiques. On dit aussi que le duc de Bedfort a un million cinq cent mille livres de rentes.

Tous les effets royaux ont pris grande faveur depuis quinze jours.

La princesse Christine de Saxe, sœur de madame la Dauphine, est arrivée à Versailles ces jours-ci, sous le nom de la comtesse de Henneberg, à cause du cérémonial apparemment, pour passer ici l'hiver.

Le premier bruit ici a été que le duc de Nivernois avoit été insulté par la populace, à Londres, qu'on lui avoit jeté de la boue dans son carrosse, fondé sur ce que le peuple anglois étoit contre la paix. Ces bruits se répandent à Paris par des gens malintentionnés contre le gouvernement.

Mais, depuis quelques jours, les nouvelles ont changé, suivant des lettres qu'on a reçues, qu'au contraire, M. le duc de Nivernois avoit été reçu avec de grandes acclamations, qu'on avoit même jeté des fleurs au-devant de son carrosse. Apparemment que le nombre des royalistes, à Londres, est plus nombreux que les partisans de M. Pitt, ci-devant ministre, et porté pour la continuation de la guerre, et que M. de Nivernois a été reçu à la Cour d'Angleterre le plus favorablement qu'il est possible.

élus, le docteur Musgrave, accusa tout le cabinet de Londres de s'être laissé corrompre, et d'avoir livré, pour l'or de la France, les vrais intérêts du pays. Le résultat de cette accusation fut l'expulsion de Musgrave de la Chambre des Communes, et la justification évidente de l'ambassadeur français, au caractère duquel on rendit un éclatant hommage. (*Biogr. univ.* de Michaud.)

A l'égard du duc de Bedfort, il a été présenté au Roi, à la Reine et à toute la famille royale, par l'introducteur des ambassadeurs, le 17 de ce mois, et il devoit bien s'attendre à être bien reçu tant par la Cour que par les Parisiens.

Il n'a pas encore beaucoup représenté dans Paris; il est logé dans la rue du Colombier, faubourg Saint-Germain, dans un hôtel garni assez ordinaire, quoiqu'il soit fort riche. On le dit extrêmement ménager.

Les nouvelles de la paix s'accréditent, tant par l'avantage qu'a remporté M. le prince de Condé que par le peu de succès des Anglois sur l'entreprise de la Havane, en Amérique, appartenant à l'Espagne, ce qui coûtera bien de l'argent aux Anglois; et les troupes du roi d'Espagne et de France font des progrès dans le Portugal, ce qui intéresse beaucoup les Anglois. On craignoit même que le roi d'Espagne eût de la peine à consentir à la paix [1].

Mais, suivant toute apparence, la paix est bien avancée, par une nouvelle assez générale, que le roi

---

[1]. L'Angleterre, à qui les articles du pacte de famille n'étaient pas bien connus, demanda qu'ils lui fussent communiqués, d'un ton qui blessa la fierté castillane. Charles III, pour toute réponse, se plaignit de l'insolence de l'ambassadeur britannique, et la guerre fut déclarée.

Les armements formidables de l'Angleterre neutralisèrent les forces navales de l'Espagne et la mirent dans l'impossibilité de secourir ses colonies... La Havane, qui aurait dû avoir une nombreuse garnison, avait au plus quinze cents hommes pour sa défense. On savait qu'une flotte anglaise considérable passait le canal de Bahama. Les quinze vaisseaux espagnols, mouillés en rade, se réunissant à trois vaisseaux français, nouvellement arrivés, pouvaient se porter au-devant de l'ennemi et l'arrêter dans sa marche. L'amiral Pocock, dans l'impossibilité de se former en bataille au milieu des dangers du canal, n'aurait pas osé forcer la ligne espagnole, s'il l'eût trouvée solidement embossée au débarquement. En le faisant, il courait risque d'être battu, et de toute manière ces quinze vaisseaux n'auraient pas servi de trophées à l'Angleterre. Les ennemis trouvèrent dans cette colonie d'immenses richesses. Ils frappèrent la Havane d'une contribution de cinq millions de piastres.

DE TOCQUEVILLE.

Voir aussi le comte de Lapeyrouse-Bonfils, *Hist. de la marine française*. Paris, 1845, in-8°, t. II, p. 327-28.

d'Angleterre renvoie à la France, dans des vaisseaux, grand nombre de prisonniers françois, principalement en matelots, qu'on retenoit depuis la guerre. M. le duc de Bedfort va prendre, dit-on, un hôtel magnifique dans le faubourg Saint-Germain, et fait faire de beaux équipages.

De plus, on a enregistré, le 5 de ce mois, au Parlement, des lettres-patentes du Roi, qui ne sont publiques que depuis quelques jours, qui abolissent le droit d'aubaine et accordent des priviléges respectifs entre les sujets des rois d'Espagne et de Naples et de la France, ce qui prouve une bonne intelligence avec le roi d'Espagne, au sujet de la paix.

Depuis le commencement de ce mois, le Roi a fait, toutes les semaines, des voyages à son château de Choisy, pour la chasse dans la forêt de Sénart. Mercredi 22, toute la famille royale et la sœur de madame la Dauphine y ont été, et, le 4 du mois d'octobre, le Roi et la famille royale partent pour un grand voyage de six semaines, à Fontainebleau, où, dit-on, il y aura des fêtes, ce qui annonce assez la paix.

Le Roi revient samedi 25 de ce mois, à Versailles; mais il ne s'est pas encore déterminé sur le choix d'un garde des sceaux, ni à les tenir lui-même, quoique M. le comte de Saint-Florentin, ministre, ait été sollicité tant par le grand-audiencier de France et le garde des rôles, que par le procureur général du Grand-Conseil, pour représenter au Roi la nécessité qu'il y a de les tenir d'une façon ou d'autre, à cause de la quantité d'expéditions qui sont à sceller. Le Roi a par exemple scellé lui-même, avec le comte de Saint-Florentin, le 5 septembre, un édit enregistré le 7 au Parlement, pour la suppression de vingt-huit commissions, qu'avoient séparément les officiers des Requêtes du Palais depuis très-longtemps, sur le pied de vingt mille livres chacune, indépendamment de leurs charges de conseillers au Parlement, dont il sera fait le remboursement en temps et lieu, et jusqu'à ce, le payement de l'intérêt de mille livres par an, avec la conservation de leurs droits, et fonctions à l'ordinaire, jusqu'à ce qu'il y ait été pourvû autrement. Messieurs des Requêtes du Palais s'étoient plaints, que cet excédant du prix de vingt mille livres empêchoit la vente des charges, ce qui interrompoit le service dans les deux Chambres. On ne prévoit pas aisément quelle peut être l'idée du ministre, dans cet édit, eu égard à bien des circonstances. Il est néanmoins à présumer que le Parlement n'a trouvé aucun inconvénient, parce qu'il a été enregistré purement et simplement, toutes les Chambres assemblées.

Dimanche 26, le Roi a donné les sceaux à M. Feydeau de Brou, doyen du Conseil d'État, et conseiller au Conseil royal et au Conseil des dépêches. Il étoit à sa terre de Brou, par delà l'abbaye de Chelles, où il a reçu le courrier de M. le comte de Saint-Florentin, lundi au soir, et il est revenu à Paris, mardi 28. M. de Brou est un homme de quatre-vingts ans, ainsi que M. le chancelier de Lamoignon. M. de Brou a perdu un fils unique, intendant de Rouen, mort de la petite vérole à trente ans; il a trois filles mariées, dont l'une à M. de Boulogne, intendant des finances, que cela illustrera toujours.

Octobre.

Voyage du Roi à Fontainebleau. — Représentation de *Psyché*. — La paix ne se termine pas. — Inquiétudes des jansénistes.

Le 4 de ce mois, le Roi est parti pour Fontainebleau; c'est, cette année, un grand voyage de six semaines. La Reine et toute la famille royale sont de ce voyage, les ministres et les bureaux, comme cela étoit ci-devant. Il y a un grand monde. M. le duc de Bedfort, ministre plénipotentiaire d'Angleterre, y a un hôtel. Il y a, trois fois la semaine, comédie françoise ou italienne.

Jeudi 13 de ce mois, il y a eu la représentation de *Psyché*, par les acteurs de l'Opéra. Toutes les femmes de la Cour y sont pleines de diamants et de la plus grande magnificence. Madame la duchesse de Bedfort, qui est arrivée ici avec sa nièce, en a été témoin. C'est une bonne politique, du moins, de faire voir aux Anglois que toutes nos pertes ne nous ont pas réduits à l'indigence.

Mais l'ouvrage de la paix ne se termine pas, malgré les bruits qui en ont couru. La prise de la Havane, par les Anglois sur les Espagnols, l'a retardée, et en a pu changer les conditions. On espère d'autant plus, que les Anglois, hors le bas peuple, en ont tout autant d'envie que nous.

L'affaire des jésuites est finie à Paris ; mais elle va lentement dans plusieurs autres Parlements, ce qui donne de l'inquiétude aux francs jansénistes, qui comptent beaucoup sur la ruine entière de cette société.

Novembre.

Signature des préliminaires de la paix. — Conditions de cette paix. — Suspension d'armes en Allemagne. — Réforme de dix régiments. — M. Bertin, ministre d'État.

Le 3 novembre, les préliminaires de la paix ont été signés à Fontainebleau, entre la France, l'Angleterre et l'Espagne.

Ils ont été imprimés ici, après le retour des ratifications ; les conditions en sont très-avantageuses et très-honorables pour l'Angleterre. Nous rendons Port-Mahon ; nous abandonnons tout le Canada ; on nous abandonne une petite île très-insuffisante pour la pêche de la morue. Nous abandonnons, en Afrique, le Sénégal, côte très-importante pour la traite des nègres ; on nous rend Pondichéry, dans les Indes, qui a été dévasté ; on nous rend la Martinique, la Guadeloupe et Belle-Isle, mais il n'est question d'aucune satisfaction pour tous les vaisseaux qu'on nous a pris dans les premières hostilités de la part des Anglois. Ils rendent la Havane à l'Espagne, qui perd les vaisseaux qui y ont été pris et des sommes considérables en argent, que l'Angleterre a fait distribuer depuis à leurs officiers généraux et autres et aux soldats, et l'Espagne a cessé les prétentions qu'elle faisoit valoir sur le Portugal allié des Anglois.

Aussi, les différents discours qui ont été faits au roi d'Angleterre, par les Chambres de son Parlement, retentissent de louanges sur les avantages considérables, et l'honneur considérable que le Roi a procuré à ses royaumes; et en effet, cette paix est bien la preuve du mauvais état des affaires de la France.

La paix n'est point faite en Allemagne, entre la reine de Hongrie, l'Empire et le roi de Prusse, qui a toujours continué ses vexations; mais il y a une suspension d'armes pour l'hiver, encore n'est-elle pas bien assurée. Comme nous devons retirer nos troupes d'Allemagne, le Roi a rendu des ordonnances : l'une du 20 de ce mois, pour arrangement dans les milices; l'autre du 25, par laquelle il réforme dix régiments sous des conditions, pour les officiers, assez désavantageuses pour eux, ce qui fera bien des mécontents.

M. Bertin, contrôleur général des finances, a été fait ministre d'État et a pris place au Conseil.

Décembre.

Fêtes à Versailles. — M. de Choiseul est créé duc de Praslin. — M. de La Roche-Aymon, archevêque de Reims. — Vente du mobilier des jésuites. — Inventaire de leurs biens. — Ordonnances relatives à l'armée. — Chanson.

Depuis le retour du Roi à Versailles, il y a eu deux voyages à Choisy, et des fêtes pendant trois jours, de comédies et d'opéras; toute la famille royale y étoit. M. le comte de Choiseul, ministre des affaires étrangères, cousin de M. le duc de Choiseul, créé duc et pair par le Roi, au mois de novembre, sous le nom de duc de Praslin, a été reçu et a pris séance au Parlement le 20 décembre. M. le duc d'Orléans, les autres princes du sang, et la plupart des pairs ecclésiastiques et séculiers, ont assisté à cette réception.

M. de la Roche-Aymon, archevêque de Narbonne, grand aumônier de France, a été nommé, par le Roi, à l'archevêché de Reims, et par conséquent premier pair.

L'affaire des jésuites est toujours dans la même position, c'est-à-dire qu'elle est toujours suivie avec la même activité de la part du Parlement. On continue de vendre tous les effets mobiliers des trois maisons des jésuites de Paris, tant les vases sacrés que des ornements d'églises et les tableaux, dont il y en a de fort beaux.

Ces ventes sont indiquées dans les *Petites Affiches*, comme pour les ventes des particuliers, et elles se continueront au mois de janvier. On fait travailler assidûment aux inventaires des bibliothèques de la maison professe et du Collége, qui sont considérables, de manière que cela soit achevé au plus tard au mois de juillet 1763, à l'effet du moins d'être en état de vendre, si cette vente doit avoir lieu.

Les quatre commissaires [1] nommés par le gouvernement n'ont pas cessé de travailler sur les mémoires, envoyés par les procureurs du Roi et juges de tous les bailliages, pour arriver à connoître le montant de tous les biens et revenus des maisons et colléges, qui sont dans le ressort; la quantité des ci-devant jésuites qui ont passé l'âge de trente-trois ans, et à fixer sur le résidu de leurs biens les pensions que l'on pourra accorder, à chacun de ces ci-devant jésuites à présent sécularisés.

---

1. Ces commissaires sont : M. Rolland, président des Requêtes du Palais, M. Roussel, M. Laverdy et M....., conseillers des Enquêtes.
(*Note de Barbier.*)

Il y en a toujours un grand nombre en Cour, habillés en simples ecclésiastiques, soit en habit long, soit comme des abbés, et une quantité assez considérable retirés dans les maisons particulières de seigneurs et de gens riches. Mais il n'y a à peu près que les jésuites connus, et de réputation, qui aient trouvé ces secours et ces retraites. Tous les jésuites qui étoient dans les différentes provinces et villes du ressort, auront trouvé difficilement de pareilles retraites.

Le Roi, dans son Conseil de la guerre, avec M. le duc de Choiseul qui en est ministre, a rendu plusieurs ordonnances dans le mois de décembre, pour la réforme et une nouvelle discipline dans l'infanterie, la cavalerie, les dragons et les hussards pour ce qui est conservé.

Tous les officiers en général se plaignent de ces opérations, et à ce sujet il a couru une chanson à l'occasion des jésuites, sur l'air : *Jeanneton, l'amour lui-même etc.*

> Capitaines qu'on réforme,
> Et qui partout publiez,
> Que c'est injustice énorme
> De vous voir ainsi rayés,
> C'est en vain que chacun crie,
> Un coup plus inattendu
>   Nous pétrifie.
> Jésus lui-même a perdu
>   Sa Compagnie.

ANNÉE 1763.

Janvier.

On travaille à la paix en Allemagne. — Fêtes pour la paix. — M. le Dauphin reprend de la gaieté. — Hiver rigoureux. — Les impôts sont continués malgré la paix. — Mécontentement des officiers réformés. — Plaisanterie sur les jésuites.

Tous les ministres respectifs de France, Espagne, Angleterre et Portugal, travaillent apparemment à faire le traité définitif de la paix, relativement aux préliminaires.

Il paroît aussi par les gazettes qu'on travaille à la paix d'Allemagne, entre l'impératrice, reine de Hongrie, le roi de Pologne, électeur de Saxe, et le roi de Prusse, pour parvenir à rendre le repos et la tranquillité à tous les États de l'empire, qui ont beaucoup souffert dans cette guerre[1]. Tous les électeurs et princes de l'empire ont des ministres à la Diète générale, pour donner les moyens de parvenir à ce but; mais cet ouvrage sera plus difficile.

En considération de la paix, il y a eu depuis le 1er janvier des fêtes, tant à Versailles qu'à Paris. L'ambassadeur d'Espagne a donné un bal magnifique dans

---

[1]. La guerre dite de Sept ans, entreprise avec tant de démence et soutenue avec tant de fureur, avait, selon le calcul de Frédéric II, coûté : à la Prusse, la vie de cent quatre-vingt mille soldats ; à la Russie, cent vingt mille ; à l'Autriche, cent quarante mille ; à la France, deux cent mille ; à l'Angleterre, y compris les alliés à sa solde, cent soixante mille ; à la Suède, vingt-cinq mille ; aux troupes des Cercles, vingt-huit mille. Et de même que cette effroyable boucherie n'avait eu sur le continent de l'Europe, pour résultat, aucune conquête, elle n'avait non plus établi aucun principe, ou politique ou religieux, d'autant qu'il n'y en avait aucun qui fût en jeu. La vengeance et une cupidité insensée l'avaient allumée ; chacun avait voulu gagner, chacun s'aperçut enfin qu'il n'avait pu que perdre. SISMONDI.

son hôtel, tous les vendredis; et il y a bal tous les lundis à Versailles, dans la salle de spectacle que l'on a agrandie, et un opéra toutes les semaines, sans compter les comédies ordinaires, françoise et italienne. M. le Dauphin et toute la famille royale prennent part à ces divertissements. M. le Dauphin a été longtemps qu'il maigrissoit et paraissoit être dans une mélancolie inquiétante; mais on dit à présent qu'il se porte mieux et qu'il a repris de la gaieté. L'ouvrage de la paix y a sans doute contribué.

Il y a longtemps qu'on n'a vu ici, en France, un hiver aussi long et aussi rude. La grande gelée a commencé vers le 18 décembre, et la rivière a charrié; mais sur la fin de décembre, elle a été prise entièrement et elle a continué de n'être qu'une glace jusqu'au 29 de ce mois de janvier, que le dégel a commencé à se déclarer peu à peu, heureusement. Tous les chantiers sont presque vides par la quantité de bois qui a été brûlé. Toutes les provisions de Carême, qui commence au 14 février, ont été arrêtées; mais comme il a plu le 29 et le 30, on espère que les glaces seront débarrassées au commencement de février.

On travaille sur les nouvelles ordonnances, non-seulement à la réforme d'une partie des troupes, mais à de nouveaux arrangements de discipline, pour les troupes qui seront conservées. On disoit aussi qu'on travailloit à des arrangements pour les finances; mais on dit à présent qu'il n'y aura point de changement jusqu'au mois d'octobre prochain, en sorte que tous les impôts, quoique forts, continueront d'avoir lieu cette année comme l'année dernière.

Cette réforme, tant dans l'infanterie que cavalerie, dragons et autres troupes, fait bien des mécontents. On murmure de ce que des officiers, qui ont treize à quinze ans de service, n'ont que quatre ou six cents livres de pension qu'ils sont obligés de manger dans leurs provinces, jusqu'à ce qu'il y ait occasion de les remplacer. Cela portera quelque argent dans les provinces, mais cela gênera la liberté.

Il y a longtemps, des plaisants ont fait environ huit vers sur les plaintes d'un officier touchant cette réforme, à qui on répond qu'il a grand tort de se plaindre, puisque *Jésus* [1], qui n'avoit qu'une compagnie, la perd entièrement. En effet, la dissolution des jésuites va grand train, tant à Paris que dans les autres Parlements, à l'exception de trois ou quatre.

Février.

Lettres-patentes pour la régie des nouveaux colléges, et les procès à l'occasion de la vente des biens des jésuites. — Signature des traités de paix. — La statue équestre du Roi est placée sur son piédestal. — Plaisanteries du peuple à ce sujet. — Envoi successif des régiments à Saint-Domingue.

On a enregistré au Parlement un édit du Roi et deux lettres-patentes : le premier, pour l'établissement de bureaux de juges royaux et municipaux, pour la direction et la régie des nouveaux colléges dans les villes du royaume. Les lettres-patentes sont pour fixer les procédures, dans les ventes par décret des biens et domaines des jésuites, à l'effet de ménager les frais, et pour attribuer au bureau des économats la recette des revenus des bénéfices, qui avoient été unis aux maisons des jésuites, ce qui a été enregistré au Parlement les 3 et 5 de ce mois.

D'après ces édits et lettres, qu'on regarde même comme ayant été rédigés au Palais, on ne doute plus que le Roi ne donne les mains et n'autorise la dissolution entière de la société des jésuites. Ces édits seront apparemment envoyés à tous les Parlements, ce qui fera parler quelques Parlements qui sont en arrière, pour déclarer l'abus de leur institut, et pour faire vendre

---

[1]. C'est à cette plaisanterie que se rapportent les huit vers qui terminent l'année 1762.

leurs biens. Cet événement surprend toujours bien du monde, et fait conjecturer qu'il y a quelques agents secrets en Cour.

On a annoncé, dans la *Gazette de France*, que le 10 de ce mois, il a été signé ici, à Paris, chez M. le duc de Bedfort, ambassadeur plénipotentiaire du roi d'Angleterre, le traité définitif de paix entre la France, l'Angleterre, l'Espagne et le Portugal. On n'en sait pas positivement les conditions, mais on se doute bien qu'elles sont fort désavantageuses pour nous, et toutes à la gloire de l'Angleterre. Il en a coûté aussi beaucoup à l'Espagne, pour le peu de temps qu'elle a pris part à cette guerre.

On a annoncé aussi dans la *Gazette*, que le 15 du mois, il a été signé en Allemagne, par les plénipotentiaires des puissances, deux traités de paix définitifs : l'un entre l'impératrice, reine de Hongrie, et le roi de Prusse; l'autre entre le roi de Prusse et l'électeur de Saxe, roi de Pologne; en sorte que la paix est conclue généralement entre toutes les puissances; et tous les princes particuliers d'Allemagne ont retiré leurs contingents.

Le 23 de ce mois, on a placé la statue équestre du Roi sur le piédestal qui étoit dans la nouvelle place, vis-à-vis le pont tournant des Tuileries. Cette statue a été trois jours à venir de l'atelier qui étoit au Roule; il y avoit grand monde pour voir la mécanique de cette opération qui étoit conduite par un charpentier de Saint-Denis, homme très-entendu. M. le gouverneur de Paris, le prévôt des marchands et les échevins étoient sous des tentes; madame la marquise de Pompadour, M. le duc de Choiseul, le maréchal prince de Soubise et autres. Mais comme dans l'affluence du peuple, il y a toujours des frondeurs et gens malintentionnés, on dit qu'on a arrêté soit dans la marche, soit dans la place, des personnes qui tenoient des propos indécents de ce que la statue alloit très-doucement ; que l'un disoit que le Roi alloit comme on le menoit ; qu'on auroit de la peine à le faire passer au delà de l'hôtel de Pompadour [1] ; que pour descendre sur le piédestal, il étoit entre quatre grues, en faisant allusion aux ministres, et plusieurs autres mauvais discours.

On va travailler à présent à polir la statue et à accommoder le piédestal ; et la dédicace et la cérémonie ne se feront que dans le mois de mai, avec de grandes réjouissances.

Suivant les nouvelles ordonnances pour la réforme et la discipline des troupes, il est dit que l'on fera passer successivement, c'est-à-dire à leur tour, six régiments dans l'île de Saint-Domingue. On craint qu'il ne meure bien de nos François dans cette île, et les officiers ne sont pas contents de pareilles garnisons à onze cents lieues de France.

Mars.

Réjouissances populaires à l'occasion de la paix.

Après quelques jours d'un beau temps et doux, le froid et la gelée ont repris vers le 8 de ce mois ; on ne s'attendoit pas à cela. On attend les ratifications d'Espagne et de Portugal, mais comme le public est impatient et quelquefois incrédule, on fait des préparatifs pour tirer du canon et pour des amphithéâtres de musique pour le peuple, dans les places publiques. Le courrier est arrivé jeudi 10 de ce mois, et dimanche 13, on a réalisé ces réjouissances pour le peuple, qui a beaucoup bu et même dansé jusqu'à minuit dans les places ; comme ceci n'étoit qu'une annonce et une confirmation de la paix, il n'y a eu ni *Te Deum*, ni feu d'artifice. On dit même que cette cérémonie populaire ne s'étoit jamais faite. Il y a apparence que la véritable publication de la

---

1. L'Élysée, rue du Faubourg-Saint-Honoré.

paix ne se fera qu'après le retour du voyage de Compiègne.

Avril.

Incendie de l'Opéra. — Le feu gagne le Palais-Royal. — Projet d'une nouvelle salle d'opéra. — La salle des machines aux Tuileries. — Le duc de Choiseul achète Chanteloup. — Anéantissement de la Société de Jésus.

Le mercredi 6 avril, lendemain des fêtes de Pâques, le feu a pris, sur les neuf heures du matin, sur le théâtre de l'Opéra, par la faute d'ouvriers qui faisoient sécher des peintures sur les toiles, pour préparer la salle pour l'opéra du mardi 12 avril; il devoit même y avoir un bal pour la capitation des acteurs.

Le feu a pris à la grande toile qui étoit baissée, et qui a bientôt gagné le cintre, où tout le bois et autres matières combustibles ont formé un incendie sérieux que les ouvriers n'ont pas pu arrêter, d'autant qu'à cause de la vacance du théâtre, il n'y avoit point d'eau dans les tonneaux et qu'ils ont trop tardé à demander du secours : tout l'Opéra, salle, loges, plafonds, décorations et machines de théâtre ont été consumés[1].

Le feu a gagné la partie du Palais-Royal qui étoit contiguë à la salle de l'Opéra, et y a causé assez de dommages; la calotte du grand escalier a écroulé entièrement. Le toit et la charpente de l'aile du bâtiment à droite, dans la première cour, jusqu'à la rue Saint-Honoré, ont été brûlés et découverts ainsi que quelques vieux bâtiments, derrière le grand escalier, qui tenoient au théâtre, où plusieurs personnes qui avoient des logements ont été obligées de déménager et de jeter les meubles par les fenêtres.

M. le duc de Chartres, qui étoit dans son appartement

---

1. On a sauvé heureusement le clavecin qui étoit resté dans l'orchestre, qui paroît assez laid, mais qui est, au dire de tout le monde, le clavecin le plus parfait de l'Europe, très-ancien et qui n'a point de prix.

(*Note de Barbier.*)

sur le jardin, a eu toutes les attentions nécessaires pour faire donner à manger à tous ceux qui ont donné du secours : capucins, soldats aux gardes, même à plusieurs officiers qui y ont donné la main.

Il a paru pendant deux jours des vestiges de feu, et l'on y jetoit de l'eau continuellement. Il est question du remède.

Le Roi a fait dire par une lettre du ministre, le dimanche 10 avril, à tous les acteurs, actrices et autres employés à l'Opéra, qu'ils fussent tranquilles sur leur sort et que leurs appointements courroient comme à l'ordinaire.

Il y a eu ensuite de grands projets sur la construction d'une nouvelle salle d'Opéra, qu'étant obligé de faire à neuf, le Roi souhaite que ce soit une salle de spectacle digne de la ville de Paris, attendu que celle qui a été brûlée étoit la plus simple et plus petite salle d'Opéra, non-seulement de l'Europe, mais même du royaume, car la nouvelle salle de la ville de Lyon, bâtie par M. Soufflot[1], architecte du Roi, est, dit-on, vaste et belle.

On disoit d'abord qu'on la construiroit dans la place

---

1. Soufflot (Jacques-Germain), près d'Auxerre, en 1714, mort le 29 août 1781. Il a construit à Lyon l'*Hôtel du Change*, qui sert aujourd'hui de temple aux protestants, et la salle de la Comédie, l'une des plus belles de France, et l'*Hôtel-Dieu*, ainsi que l'église de Sainte-Geneviève de Paris. C'est à lui qu'on doit les dessins et les plans de l'École de Médecine, la maison du duc de Lauzun, le Château-d'Eau de la rue de l'Arbre-Sec, le Trésor et la grande sacristie de Notre-Dame de Paris. Il avait traduit en vers, avec autant de grâce que de précision, plusieurs morceaux de Métastase. Il a fait lui-même son épitaphe, qu'on a placée au bas de son portrait ; elle est ainsi conçue :

> Pour maître, dans son art, il n'eut que la nature ;
> Il aima qu'au talent on joignît la droiture :
> Plus d'un rival jaloux, qui fut son ennemi,
> S'il eût connu son cœur, eût été son ami.

On a de Soufflot une *Suite de plans, coupes, profils*, etc., de trois temples antiques tels qu'ils existaient, en 1750, dans la bourgade de Pæstum, et un *Recueil de plusieurs parties d'architecture*.

du Carrousel, à l'endroit qui forme une pointe, entre la rue de l'Échelle et la rue Saint-Nicaise, en abattant des bâtiments peu considérables jusqu'au magasin actuel de l'Opéra, rue Saint-Nicaise.

Mais on a fait entendre à M. le duc d'Orléans que rien n'étoit plus grand pour ce prince que d'avoir le spectacle de l'opéra dans son palais, comme il y étoit depuis longtemps, à qui l'ancienne salle brûlée appartient et encore d'autres terrains; en sorte que, sur la demande de M. le duc d'Orléans, le Roi a consenti que cette salle fût construite dans le même endroit où elle étoit, rue Saint-Honoré, dans une autre forme et dans une autre position, de manière à être isolée du Palais-Royal, pour éviter l'inconvénient d'incendie.

Il s'agit donc aujourd'hui de plans et d'arrangements qui ont bien des difficultés.

M. le duc d'Orléans a l'emplacement de l'ancienne salle, et d'autres du côté de la Cour des Fontaines, qu'il n'a pas achevé de bâtir. Le Corps de Ville de Paris, qui a toujours la propriété de la direction de l'Opéra, dont il n'a loué que le privilége aux sieurs Francœur et Rebelles, directeurs pour trente années, a acquis quelques maisons sur l'ancien cul-de-sac de l'Opéra; mais si l'on veut, comme on le dit, bâtir la nouvelle salle en long, sur la rue Saint-Honoré, jusqu'à la rue des Bons-Enfants, il faudra acheter et abattre huit ou neuf maisons, ce qui fera une dépense assez considérable, indépendamment de la bâtisse de la salle. Il s'agira de voir les mesures que l'on prendra à ce sujet.

Mais comme ce projet ne peut guère être exécuté que dans deux ou trois ans, et qu'il est intéressant de continuer, au peuple de Paris et aux étrangers, le spectacle de l'Opéra, le Roi a bien voulu donner, en attendant, le théâtre de la salle des Machines des Tuileries, qui est plus grand que la salle et le théâtre de l'ancien spectacle.

Cette salle des Tuileries étoit employée, depuis cinq ans, à un magasin de l'Opéra et de messieurs des menus plaisirs du Roi; ce qui étoit bien dommage. On commence à présent à déboucher cette salle, pour construire la salle de spectacle et un théâtre, avec ce qui est nécessaire pour l'exploitation, ce qui ne pourra guère être mis en état, quelque diligence que l'on fasse, avant le 1er août.

Les voyages du Roi dans les petites maisons se font toujours comme à l'ordinaire; on n'en parle même plus dans la *Gazette de France*.

M. le duc de Choiseul, ministre de la guerre et de la marine, et que l'on regarde comme le principal ministre, a acheté la terre de Chanteloup, qui est une terre considérable du côté d'Amboise.

La fortune rapide de cette maison, en dignités, grandes charges et richesses, cause bien des jaloux et fait parler tout le public, jusqu'à dire que le duc, qui n'avoit pas autrefois plus de mille livres de revenu, a aujourd'hui plus d'un million de rentes.

L'anéantissement de la société des jésuites, depuis que le Roi s'est déclaré par des lettres-patentes, se réalise dans les Parlements qui jusqu'ici avoient gardé le silence; en sorte qu'on n'en parle plus. On regarde cela comme une affaire faite et décidée; leurs pensions alimentaires ne sont pourtant pas encore réglées et les créanciers ne sont pas payés.

Mai.

Nouveaux arrangements pour les finances. — Le Parlement fait des remontrances à ce sujet. — Le Roi tient un lit de justice au Parlement.

Le Roi et toute la famille royale sont allés, le 1er de ce mois, au beau château de Marly, jusqu'au 17 du mois. Pendant ce voyage, le Roi a fait plusieurs courses et couché à Choisy, à Bellevue ou à Saint-Hubert.

M. le contrôleur général travaille depuis longtemps à de nouveaux arrangements de finances pour mettre le Roi en état de payer ses dettes. On a envoyé plusieurs édits et déclarations au Parlement, en projets seulement, qui ont été envoyés à Versailles, et enfin on a renvoyé les édits au Parlement. On ne sait pas précisément ce qu'ils portent; suppression d'un côté du troisième vingtième et du doublement de capitation; et de l'autre, une nouvelle taxe, et d'autres objets qui paroissent indisposer le public.

Ce qui est de certain, c'est que le Parlement les ayant examinés a arrêté des remontrances; le Roi, dit-on, a défendu les remontrances et demandé les objets d'icelles.

Mardi 17, le Parlement a été assemblé depuis dix heures jusqu'à cinq heures sonnées, et le soir les commissaires ordinaires de la Cour ont dû se rendre chez le premier président pour donner une forme à ces objets de remontrances.

Le ministère voudroit finir cette affaire-ci avant le 21 juin, que doivent commencer les trois jours de réjouissances pour la publication de la paix et pour la cérémonie de la statue du Roi.

On disoit dans Paris qu'il devoit y avoir un lit de justice à Versailles, samedi 21 mai; mais cela est bien difficile, attendu que le Roi est parti le 17 pour Saint-Hubert, d'où il ne doit revenir que le vendredi 20 au soir.

On ne parle plus que de ces édits, chacun pour ce qu'il en sait; ce qui a totalement fait oublier les jésuites.

M. le duc de Choiseul a profité de ce dernier voyage du Roi à Saint-Hubert, pour aller faire un tour à sa nouvelle acquisition de Chanteloup près Amboise.

Jeudi 19, le Parlement s'est assemblé pour lire les objets de remontrances, l'assemblée a fini à dix heures, et sur-le-champ M. le premier président est parti pour porter au Roi ces objets, à Saint-Hubert, à neuf lieues de Paris.

Le Roi a pris ces objets et n'a dit autre chose au premier président, sinon qu'il feroit savoir ses intentions à son Parlement, dont le premier président a rendu compte à la compagnie, le vendredi 20 au matin, au moyen de quoi il n'y a pas de lit de justice samedi 21. Le Palais n'ouvrira à l'ordinaire que lundi 30 mai, lendemain de la Trinité.

On dit que ces objets frappent sur tous les points des édits et déclarations ; on ne sait plus ce qui arrivera.

Le Roi a passé les fêtes à Versailles ; il y a eu apparemment quelque conseil pour déterminer la réponse du Roi au Parlement sur leurs représentations. Jeudi est la revue des gardes françoises et suisses dans la plaine des Sablons, après quoi le Roi fera plusieurs petits voyages à l'ordinaire : on craint toujours qu'il n'y ait un lit de justice. Si on a tant besoin d'argent pour payer les dettes, on auroit aussi bien fait de laisser pour quelques années les trois vingtièmes et le doublement de la capitation, sans vouloir faire tant de changements dans les finances.

La revue s'est faite à l'ordinaire ; la Reine, madame la Dauphine y étoient, avec les princesses et grand concours des carrosses de Paris et du peuple.

Messieurs du Parlement s'étoient arrangés pour rentrer tous, lundi 30 mai. On parle toujours diversement d'un lit de justice ; il n'y a point d'ordre précis ; mais les intendants des menus et le garde des meubles, qui doivent fournir tout ce qui est nécessaire, préparent toutes choses à toutes fins.

Lundi 30, le Roi ne s'est point expliqué sur les objets de remontrances, mais le grand-maître des cérémonies est venu au Palais avertir le Parlement de se tenir prêt, mardi matin 31, pour recevoir le Roi, qui viendra tenir son lit de justice au Palais. Cette nouvelle est mal reçue de tout le public, qui tend à mettre des impôts pendant la paix et à la veille des fêtes pour la publication d'icelle.

Du mardi 31 mai, le Roi, qui avoit couché à La Muette, au bois de Boulogne, s'est rendu à onze heures sonnées, au Palais, pour le lit de justice. Il étoit dans un carrosse avec ses principaux officiers, accompagné du grand cortége de toute sa maison à l'ordinaire. Après avoir entendu la messe à la Sainte-Chapelle, il s'est rendu dans la Grand'Chambre; les princes du sang, les ducs et pairs qui ont droit d'y assister y étoient, ainsi que le Parlement et M. le chancelier de Lamoignon, qui, à quatre-vingts ans, a fait le discours accoutumé pour faire lire et enregistrer un édit et deux déclarations. M. le garde des sceaux n'y a point de séance. Cette assemblée n'a fini qu'à une heure sonnée, et le Roi s'en est retourné avec le même cortége.

Il y avoit à l'ordinaire un grand concours de peuple, mais on a remarqué qu'à l'entrée et à la sortie du Roi on n'a crié en aucun endroit : « Vive le Roi, » apparemment attendu l'objet de ce lit de justice.

Ce qui est de singulier, c'est que personne ne sait, dans le public s'entend, ce que contiennent ces édits; chacun en parle diversement, si ce n'est pour les articles de la suppression du troisième vingtième et du doublement de la capitation; il y a eu un grand secret sur le contenu de ces édits, même de la part des magistrats.

Avant le lit de justice, il y a eu des protestations de la part du Parlement, comme à l'ordinaire, sur ce que les suffrages ne sont pas libres dans cette assemblée, attendu que le chancelier va dans les rangs demander les avis, seulement pour la forme, et que personne n'ose parler; cela se passe en révérences.

Juin.

Nouveaux projets financiers. — *Mémoire des richesses de la France.* — Le Parlement proteste contre le lit de justice. — Procès au sujet du collége des jésuites, rue Saint-Jacques. — Plaintes des ambassadeurs étrangers au sujet des édits sur les rentes. — Remontrances du Parlement au sujet des impôts. — *Richesses de l'État.* — Fêtes à Choisy. — Bénédiction des drapeaux des gardes de la ville de Paris. — Préparatifs de l'inauguration de la statue de Louis XV. — *Doutes modestes sur le mémoire des richesses de l'État.* — Inauguration de la statue de Louis XV. — Le cortége de l'Hôtel de Ville. — Concert aux Tuileries. — Mensonges de la *Gazette de France*. — Grand feu d'artifice. — Orage violent; robes et habits gâtés. — Joutes sur l'eau. — Les deux feux d'artifice. — Les jardins et l'illumination de la marquise de Pompadour. — Remontrances du Parlement au sujet de la liquidation des dettes de l'État. — Réponse du Roi. — Arrêtés du Conseil pour le remboursement des effets royaux.

Mercredi 1er juin, le Parlement, au sortir de l'audience, a été assemblé pendant plus de deux heures; on ne sait pas pourquoi, mais on croit que c'est relativement aux édits enregistrés dans le lit de justice.

On dit même qu'il y a un nouveau système sur le tapis, qu'il paroit un petit mémoire in-4°, intitulé : *Mémoire des richesses de la France*, où il est question d'établir une taille réelle sur les terres et une taxe personnelle par tête dans tout le royaume; que de seize millions d'habitants que l'on compte, cette taxe ne regarderoit que deux millions de personnes par différentes classes, ce qui seroit modique pour les particuliers, produiroit un revenu immense pour le Roi et feroit cesser les différents impôts.

Il y a déjà longtemps que ce projet a été imaginé, soit par M. de Mirabeau, soit par M. de Silhouette, ci-devant contrôleur général, et qu'il a été apparemment perfectionné depuis peu.

On dit qu'il y a très-peu d'exemplaires de ce mémoire imprimé, qu'on en a envoyé plusieurs à M. le duc d'Orléans, pour en distribuer, et qu'il y en a aussi un au Parlement. Il seroit singulier et en même temps humiliant pour le Conseil du Roi, si ce lit de justice n'avoit pas plus d'exécution que celui tenu du temps de M. de Silhouette, c'est ce que l'on verra dans la suite.

Il est marqué, dans la *Gazette de France* du vendredi 3 juin, que, le mardi 31 mai, le Roi est venu tenir son lit de justice au Palais, où *il a fait* enregistrer deux édits et une déclaration, et, le même jour, on a crié dans Paris les deux édits et déclaration.

ARRÊTÉ DE L'ASSEMBLÉE DES CHAMBRES DU 1ᵉʳ JUIN.

« La Cour délibérant, en exécution de l'arrêté du 30 mai, sur ce qui s'est passé au lit de justice, a arrêté qu'il sera dressé procès-verbal de tout ce qui a été dit et fait audit lit de justice; déclarant ladite Cour qu'elle n'a pas donné son avis; persistant au surplus dans son arrêté du 30 mai, protestant en outre contre les différentes innovations du jour d'hier, soit en prenant des opinions, soit autrement; ensemble contre l'enregistrement fait des édits et déclarations, comme ledit enregistrement tendant à la subversion des lois fondamentales du royaume, de la conservation desquelles dépend le bonheur et la *liberté légitime* dudit seigneur Roi, et la sûreté des droits mêmes de la Couronne.

« Arrête en outre qu'il sera fait, audit seigneur Roi, de très-humbles et très-respectueuses remontrances, tant sur la forme que sur le fond; et que pour en fixer les objets, les commissaires nommés s'assembleront mardi 7 du présent mois. »

On dit que cette assemblée a été très-vive; qu'il a été question, et même que peu s'en est fallu qu'on n'eût ajourné M. le duc de Biron, colonel du régiment des gardes françoises, et M. le marquis de Dreux, grand maître des cérémonies, pour assister à l'assemblée des Chambres, apparemment pour quelque contravention de leur part aux usages accoutumés. Il est heureux que cet avis n'ait point passé par les....[1] que cela pouvoit avoir.

1. *Mot illisible.*

Au surplus, ces édits qui intéressent bien du monde, sans compter les étrangers, font du bruit; tout le monde présume qu'ils n'auront pas lieu ; à peine les comprend-on ; on se plaint que, par ces arrangements, on fait manquer le Roi à ses engagements, sur les secours qu'il a été obligé de demander à ses sujets, et que ceux-ci lui ont fournis pour soutenir la guerre. C'étoit au Conseil du Roi à en faire un meilleur usage et à empêcher les déprédations.

Du mardi 7 juin, on a continué, les Chambres assemblées, de plaider la cause entre M. le procureur général du Roi et les créanciers des jésuites, au sujet de la propriété du collége des Jésuites, rue Saint-Jacques. M. l'avocat général a parlé, et l'affaire a été remise au vendredi 10 de ce mois; elle ne sera pas encore décidée si tôt.

Tout le monde dit que les ambassadeurs étrangers qui sont ici se sont plaints au ministre de l'édit touchant les rentes, attendu que les Hollandois, Génois, Genévois, Anglois, ont placé ici des fonds considérables en rentes viagères et en tontines, sur la foi des édits enregistrés, et que ces représentations ont fait impression sur le ministère.

On a imprimé et l'on vend les objets des remontrances du 19 mai dernier, que le Roi avoit demandés au Parlement. Il n'y a point eu de jour pour les porter au Roi ; en tout cas, si le Roi en a eu connoissance par la voie de ses ministres, on n'y a point eu égard, puisque le lit de justice a été tenu peu de temps après. Ces objets sont assez bien détaillés ; mais on croit que les remontrances auxquelles le Parlement travaille seront bien plus fortes, pour faire connoître les déprédations et vexations qui se commettent dans la perception des différents impôts et le danger où est l'État. Il est dit dans les objets que le Roi n'avoit que deux cent cinquante millions en 1749, et que l'on fournissoit à toutes les dépenses ;

qu'il a aujourd'hui bien près de trois cent cinquante millions, et que tout État qui dépense au delà de sa recette est bien près de sa ruine, d'autant que les impositions d'impôts ont leur terme.

Le public est très-disposé à sentir tout l'effet des remontrances que l'on attend, car on a imprimé de nouveau le mémoire intitulé : *Richesse de l'État*[1]. Tout le public l'a entre les mains, le peuple même raisonne en conséquence et en souhaite l'exécution ; tous les gens de métier même se taxent volontairement, dans la conversation, à une somme annuelle au-dessus de ce que l'auteur du mémoire paroit demander ; il seroit facile de travailler d'après ce mémoire et de réaliser ce projet dans l'exécution, ce qui produiroit un revenu immense pour le Roi et un soulagement pour les différents ordres de l'État. Les seules personnes intéressées à conserver les gens de finances y perdroient. On ne sait pas encore quel effet ce mémoire produira ; on dit communément que l'auteur anonyme est un conseiller au Parlement. Mais tout ceci fait tenir de très-mauvais propos dans le public sur la dépense du Roi, ou du moins sur celle qu'on lui fait faire.

Lundi 13 de ce mois, le Roi, dans son château de Choisy, a donné trois jours de suite une belle fête, opéra, comédie françoise et italienne, où toute la famille royale étoit. Madame la marquise-duchesse de Pompadour est revenue pour cette fête, le 11 ou le 12, de sa terre de Ménars, où elle a passé huit jours, et où on disoit qu'il y a eu pendant ces huit jours un très-grand concours de courtisans qui alloient et venoient. La dépense de cette fête de Choisy fait encore murmurer, par rapport aux édits nouveaux, et fait encore plus souhaiter l'exécution du projet des richesses de l'État.

Tout se prépare à la nouvelle place de Louis XV, vis-à-vis les Tuileries, pour trois jours de fêtes qui com-

---

1. Par Roussel de La Tour, conseiller au Parlement.

menceront lundi 20 de ce mois, la première pour l'inauguration ou la dédicace de la statue du Roi[1], la seconde pour la publication de la paix dans Paris et à cette place, et la troisième pour un feu d'artifice sur la rivière, vis-à-vis du palais Bourbon.

On ne se presse point d'imprimer l'œuvre et de vendre le procès-verbal du lit de justice du 31 mars, comme cela se pratique ordinairement; on croit que c'est par rapport au discours de M. le premier président, qui est très-fort contre les édits et la mauvaise administration des finances.

Du samedi 18 juin. Depuis trente ans, le corps de Ville de Paris avoit, dit-on, coutume de faire bénir les drapeaux de sa troupe de trois cents gardes[2], tous les ans, à l'église

---

[1]. En 1748, Louis XV ayant accordé au prévôt et aux échevins de Paris l'autorisation de lui élever une statue équestre, on s'occupa de choisir un emplacement. Plus de soixante projets furent proposés; enfin le Roi désigna le vaste terrain encore inculte et abandonné qui fut depuis la place Louis XV. Vingt-huit plans furent soumis au Roi sans obtenir son approbation. Gabriel les revit et en tira un dernier projet qui fut exécuté. Quatre fossés, destinés à être plantés d'arbres, furent creusés et entourés de balustrades; ils ont été comblés en 1852. Huit pavillons s'élevèrent aux angles de la place pour servir de piédestaux à des groupes de statues; les deux bâtiments du garde-meuble, dont l'un sert aujourd'hui d'hôtel au ministre de la marine, garnirent la façade septentrionale de la place; enfin une statue équestre, œuvre de Bouchardon, portée sur un piédestal que Pigale avait orné aux quatre angles de figures allégoriques, fut inaugurée le 20 juin 1763. Les figures de Pigalé représentant la Force, la Prudence, la Justice et l'amour de la Paix attirèrent à Louis XV une sanglante épigramme. Un matin on trouva ces deux vers affichés sur la base de la statue :

> Grotesque monument, infâme piédestal!
> Les vertus sont à pied, le vice est à cheval.

Quelques jours après, on lisait encore sur le monument :

> Il est ici comme à Versailles;
> Il est sans cœur et sans entrailles!

Enfin on y plaça sur un papier l'inscription suivante :

> *Statua statuæ* (image d'une image).

L'Assemblée législative fit démolir cette statue en 1792.
Voir : *Guide cicerone de Paris*, publié par M. Hachette. —

[2]. Ces gardes, connus sous le nom générique d'*archers de ville*, se divi-

de Saint-Jean, sa paroisse. Auparavant cela se faisoit à Notre-Dame. On a repris cet ancien usage, et aujourd'hui cette cérémonie s'est faite à Notre-Dame; et M. l'archevêque de Paris a donné à dîner au prévôt des marchands et échevins de cette ville.

Du dimanche 19. Malgré les plaintes du public sur l'édit de remboursement annoncé des rentes perpétuelles, viagères et tontines sur la ville, surtout du nouveau sol pour livre, car le sel est augmenté de deux liards par livre, l'entrée du vin de deux sols six deniers au delà des cinquante livres par muid de vin, il y avoit un concours de monde aux Tuileries, des plus grands, pour voir les préparatifs de la place Louis XV, du feu sur l'eau et des constructions des loges dans les jardins du palais Bourbon[1] et des hôtels voisins, ensemble, des échafauds sur la rive de la rivière, pour louer des places au public pour voir le feu. Il est vrai que cela forme un spectacle assez beau; les loges pour M. le duc de Chevreuse, gouverneur de Paris, M. de Pontcarré, prévôt des marchands, des échevins, de messieurs des bâtiments, sont tendues en dedans de serge rouge et en dehors de damas avec des galons d'or faux; il en est de même des loges dans les jardins de l'hôtel de Lassai[2], occupé par M. le comte de Lauraguais-Brancas, et des hôtels sur la même ligne. Il y aura, outre cela, de quoi

---

saient à cette époque en trois compagnies, portant les noms d'*arbalétriers*, d'*archers*, d'*arquebusiers*. Une quatrième compagnie, sous le titre de *fusiliers*, y fut ajoutée en 1769.   DE LA VILLEGILLE.

1. Ce palais, construit en 1722, par la duchesse de Bourbon, et qui avait été acquis par le prince de Condé, reçut des augmentations successives pendant près d'un demi-siècle. Le corps de logis principal a été démoli, et la salle des séances du Corps législatif en occupe l'emplacement.
(Idem.)

2. L'hôtel de Lassai, attenant au Palais-Bourbon du côté du couchant, se trouva compris plus tard dans les dépendances de ce palais. Depuis la vente qui a été faite du Palais-Bourbon à l'État par le duc d'Aumale, en 1843, l'ancien hôtel de Lassai a été affecté aux logements des présidents des diverses assemblées législatives.   *(Idem.)*

placer un peuple innombrable. Tout le monde est donc ou paroît être en grande joie, et, de plus, tous les hôtels garnis et auberges, dans Paris, sont remplis d'étrangers ou de gens de province : cela n'annonce pas une grande réussite pour les remontrances que propose le Parlement au sujet des édits.

Depuis quelques jours, il paroît dans le public un écrit anonyme intitulé : *Doutes modestes sur le Mémoire des richesses de l'Etat.* Ce dernier écrit critique fort celui des *Richesses de l'État*, et veut montrer le faux et l'impossibilité de son exécution. On attribue dans le public celui des *Doutes* à quelqu'un chargé par les fermiers généraux, tous opposés au projet général de réformation, qui en effet demanderoit bien des changements.

Lundi 20 de ce mois, il y a eu assemblée du Parlement, dans laquelle on a lu les nouvelles remontrances au Roi sur les édits du lit de justice. On dit que M. le premier président les a portées à Sa Majesté, laquelle a promis de donner sa réponse vendredi 24, c'est-à-dire après l'exécution de toutes les fêtes publiques.

Lundi 20, le corps de l'Hôtel de Ville a fait la dédicace de la nouvelle statue équestre du Roi dans la nouvelle place; cette marche à cheval a été très-belle. Outre le prévôt des marchands, les quatre échevins, conseillers de ville et quartiniers, on avoit mandé trente-deux notables de Paris, comme avocats et notaires; on n'y admet point de procureurs. Pour récompenser le zèle de messieurs de ville, le Roi a honoré les deux premiers échevins, qui sont le sieur Mercier, conseiller de ville, et le sieur Babille, avocat au Parlement, du collier de l'ordre de Saint-Michel, qu'ils avoient sur eux, pour cette cérémonie, pour la première fois, avec dispense de faire les preuves requises pour cet ordre. Dans les notables ci-dessus mandés, il y avoit le fils de M. le prévôt des marchands, maître des Requêtes, un conseiller au Grand-Conseil, un maître des Comptes, un conseiller de la Cour des Aides et quelques conseillers au Châtelet.

Cette marche est sortie à onze heures de l'Hôtel de Ville, a été prendre M. le duc de Chevreuse, gouverneur de Paris, en son hôtel, rue Saint-Dominique, faubourg Saint-Germain, est venue gagner le Pont-Royal, est entrée par le guichet neuf de Marigny dans la place du Carrousel, par la rue de l'Échelle et dans la rue Saint-Honoré et la rue Royale, qui entre dans la place Louis XV. Le cortége de M. le gouverneur de Paris étoit au plus magnifique : un grand nombre de domestiques en livrée, pages, gentilshommes et sa compagnie des gardes, chevaux de main avec des housses brodées, le tout habillé à neuf superbement. M. le duc de Chevreuse étoit à cheval, entre M. le prévôt des marchands et le premier échevin.

La cérémonie de cette dédicace consiste à faire le grand tour de la place, après de se rapprocher de la statue, que chacun salue, et l'on dresse un procès-verbal. On ne dit point s'il y avoit quelqu'un, comme ministre ou autre, pour recevoir le corps de ville. Ensuite cette marche est venue tout le long du quai des Tuileries reconduire le gouverneur de Paris à son hôtel, et puis le prévôt des marchands à l'Hôtel de Ville ; point d'autre repas à l'Hôtel de Ville qu'un déjeuner avant la marche [1].

Lundi au soir, grand concert comme à la fête de saint Louis, aux Tuileries, où tout le peuple entroit ; la grande allée étoit illuminée par une terrine sur un poteau, entre chaque arbre de cette allée, ce qui faisoit un très-bel effet. A neuf heures, tout le tour de la place étoit aussi illuminé de terrines et de grandes girandoles ; des échafauds ornés dans les coins, où l'on distribuoit du vin, pain et cervelas, d'autres avec de la musique, et

---

1. Il est dit, dans la *Gazette* du 27, qu'à cette inauguration il y eut de grandes acclamations de joie de la part d'un peuple innombrable. On ne s'est point aperçu de ces acclamations. (*Note de Barbier.*)

d'autres où il y avoit des parades avec des joueurs qui étoient sur le boulevard.

Mais malheureusement cette fête et ces illuminations n'ont pas duré plus d'une demi-heure après la fin du jour ; tout cela a été troublé par un orage considérable, éclairs, tonnerre, pluie affreuse ; en sorte qu'en un demi-quart d'heure tout a été éteint et nombre de curieux percés de la pluie, ce qui a été une très-triste aventure[1].

Mardi 21. MM. le prévôt des marchands, le corps de ville, point de gouverneur, M. le lieutenant général de police, une partie des officiers du Châtelet, commissaires et huissiers, ont parcouru pendant neuf heures, à cheval, tout Paris pour faire, avec les hérauts d'armes, la publication de la paix dans toutes les places publiques et marchés de la ville de Paris. Cette marche et cette cavalcade étoient très-nombreuses et très-belles.

Mercredi 22, jour destiné pour le grand feu de joie sur l'eau et pour la grande illumination de la place Louis XV, on avoit construit dans le jardin du palais Bourbon dix-neuf loges couvertes, garnies de toile rouge, et dans les séparations, de damas cramoisi, avec un lustre au haut de chaque loge, qui étoient pour M. le duc de Chevreuse, gouverneur de Paris, pour madame la marquise de Pompadour, M. le prévôt des marchands, M. le marquis de Marigny ; pour chacun des quatre échevins, le procureur du Roi de la ville, MM. des bâtiments du Roi et autres, qui pouvoient tenir près de deux mille personnes, entre autres tous les étrangers de distinction. L'hôtel de Lassai, occupé à présent par M. le duc de Brancas, les autres hôtels contigus, sur les terrasses des jardins, tous les bords de la rivière de ce côté-là, étoient

---

[1]. Il est dit, dans la *Gazette de France* du 27 juin, que tout le peuple a dansé dans la place une grande partie de la nuit, ce qui n'est point vrai, puisque l'orage prit avant neuf heures et demie, que je vis tout éteindre dans un quart d'heure et qu'il ne put rester qui que ce soit dans la place ni dans les Tuileries. Cet orage a duré plus d'une demi-heure. Je l'ai essuyé, à la vérité en carrosse, dans mon retour. *(Note de Barbier.)*

garnis d'échafauds et de chaises, ainsi que tous les bords au-dessous du chemin du quai des Tuileries et sur la terrasse des Tuileries, ce qui devoit contenir un nombre prodigieux de monde.

A deux heures et demie, une petite pluie est survenue qui a été suivie d'un orage considérable en pluie, éclairs et tonnerre, lequel cependant a fini un peu avant quatre heures; mais une infinité de femmes et d'hommes, qui par prudence avoient été de bonne heure pour avoir des places, ont été très-incommodés de cet orage, et beaucoup de robes et d'habits gâtés.

Le ciel s'est éclairci, et le reste de la soirée a été assez beau; en sorte que toutes les places se sont remplies peu à peu, ce qui formoit un fort beau spectacle. Entre cinq et six heures, la fête a commencé par des joutes sur la rivière de nombreux mariniers dans des bateaux, ce qui a amusé le peuple; cela a été long.

Pendant ce temps, le Parlement, le Conseil, les Cours souveraines et le Corps de Ville, se sont rendus à Notre-Dame, où l'on a chanté un *Te Deum*, qui n'a fini qu'à plus de six heures.

A neuf heures et demie, on a commencé à tirer le feu d'artifice, qui étoit exécuté par les artificiers françois et les artificiers italiens. Le feu des premiers a été assez beau et assez bien exécuté, mais celui des Italiens n'a point été tiré et a entièrement manqué, parce que l'artifice avoit été totalement endommagé par l'orage de l'après-midi; on n'avoit pas pris la précaution de le couvrir, et c'étoit celui qui devoit être le plus galant pour les pièces d'artifice. Cela a fort dérangé la fête.

Le petit Cours de la Reine étoit rempli de chaises et de monde; on n'a point laissé de carrosses le long du Cours sur le grand chemin.

A dix heures, on a allumé l'illumination de la place, qui étoit très-belle, surtout par l'effet des deux bâtiments du fond, couverts d'une belle charpente.

Comme madame la marquise de Pompadour avoit fait préparer dans ses jardins[1], qui donnent dans le grand Cours, de quoi faire une très-belle illumination[2], qu'on n'a même allumée qu'après celle de la place, tout le peuple y a couru, quoiqu'au milieu des boues, ainsi que les carrosses qui venoient de toutes parts, même du quartier du palais Bourbon[3]; on a été obligé d'attendre la fin de cette illumination; de façon que le grand Cours s'est trouvé rempli jusqu'à sa maison, dans les deux allées, de sept files de carrosses à trois et quatre rangées; de manière que pendant près de trois heures il n'étoit pas possible d'avancer, reculer ni tourner pour s'en aller. J'ai attendu ainsi jusqu'à deux heures et demie. Jusqu'à M. le duc de Chartres qui étoit dans l'embarras comme les autres. A la fin, la file a marché, et il faut avouer que cette illumination étoit au plus étendu, au plus magnifique et au plus galant; tout le monde est convenu qu'elle surpassoit de beaucoup celle de la place, et à près de trois heures, tous les carrosses de ceux qui avoient été souper depuis le feu y abondoient à la file; ce qui a duré presque toute la nuit, ou plutôt le jour. On peut croire que bien des gens l'ont trouvée trop belle. Madame la marquise avoit soupé dans le petit logement de M. le marquis de Marigny, son frère, au bout de la terrasse des Tuileries, et est venue ensuite entrer dans son jardin par le Cours.

Du vendredi 24, jour de la Saint-Jean. M. le premier

---

1. Les jardins de l'hôtel d'Évreux (le palais de l'Élysée), bâti par le duc d'Évreux en 1718, et dont madame de Pompadour avait fait l'acquisition.
DE LA VILLEGILLE.

2. MM. les ambassadeurs de l'Empereur, d'Espagne et de Sardaigne, avoient fait aussi de très-belles illuminations à leurs hôtels.
La *Gazette de France* du 27 juin ne parle point de l'illumination de madame de Pompadour, non plus que de celles des ambassadeurs dont elle auroit dû faire mention par rapport aux Cours étrangères.
(*Note de Barbier.*)

3. Il faut remarquer qu'à cette époque il n'existait aucun pont entre le pont Royal et le pont de Sèvres.

président a été à Versailles pour la réponse du Roi aux remontrances du Parlement, au sujet des édits et déclarations du mois d'avril, pour la liquidation des dettes de l'État.

RÉPONSE DU ROI DU 24.

« Je suis sensible aux efforts que mon peuple a faits
« pendant la guerre; j'aurois voulu pouvoir le soulager,
« et j'avois prévu les observations de mon Parlement;
« mais les charges de l'État m'ont obligé de donner mes
« édits, auxquels je ne puis rien changer. Mon Parle-
« ment en verra l'avantage dans l'exécution. »

Du samedi 25. Assemblée du Parlement sur la réponse du Roi; mais, comme il y avoit grand nombre de messieurs qui n'étoient pas revenus de campagne, surtout des Enquêtes, il a été arrêté qu'ils seroient avertis de se trouver au Palais vendredi 1er juillet, pour délibérer. Et il a paru quatre arrêtés du Conseil du 19 juin, pour le remboursement de tous les différents effets royaux, pour lesquels le Roi paye des intérêts, d'année en année, avec l'épargne de leur extinction, ce qui comprend depuis 1764 jusqu'à 1786. Cela sera long, mais dans ces différents arrêts du Conseil, qui sont assez obcurs, il ne paroît pas être question ni des rentes viagères, ni des tontines. On verra si le Parlement fera quelques observations sur ces arrêts du Conseil. On ne destine, pour les remboursements des différentes dettes indiquées jusqu'ici dans ces arrêts, que vingt millions par an, dans la caisse des amortissements; et l'on se réserve sur les revenus du Roi ordinaires, et le produit de tous les impôts.

On a imprimé les remontrances du Parlement sur les édits du lit de justice. Elles sont assez fortes contre l'administration des financiers, et contre les ministres ou autres qui ont la confiance du Roi; elles frappent sur tous les objets de ces édits, et des nouveaux impôts, et font entendre que de pareilles opérations tendent à la ruine de l'État.

On a imprimé aussi, à la suite de ces remontrances, la réponse du Roi, qui est courte et dans le même sens que celle ci-dessus, sans autre différence que dans l'arrangement des phrases.

Mais on a observé que ces remontrances sont du 24 de juin, jour de Saint-Jean, et ont été présentées au Roi, ce jour, par M. le premier président, et que la réponse du Roi à son Parlement est du même jour, 24 juin, ce qui fait voir que le Roi, ni même son Conseil, n'ont pris aucunes connaissances de ces remontrances, et par conséquent l'inutilité des peines que se donne le Parlement.

En exécution de ces édits, le nouvel impôt du sol pour livre sur tous les droits des fermes, comme sur le sel et autres denrées, se lève actuellement indépendamment des remontrances.

Du jeudi 30 juin. Le Roi a fait à Marly, au Trou d'Enfer, la grande revue de sa maison en cavalerie, grenadiers à cheval, les quatre compagnies des gardes du corps, les deux compagnies des mousquetaires, les gendarmes et les chevau-légers, tous habillés de neuf, laquelle revue ne se fait que tous les quatre ans; la Reine et toute la famille royale ont passé dans les rangs en carrosses. Il y avoit un grand concours de carrosses d'ambassadeurs, d'étrangers et de Paris. La matinée a été assez belle; la revue ne s'est faite qu'à quatre heures, et l'après-midi a été très-vilain, tant par le vent que par la pluie, qui a repris à plusieurs fois. Il n'a pas été question d'acclamations de : *Vive le Roi.*

Juillet.

Le Parlement prépare d'itératives remontrances au sujet des finances. — Les deux Choiseul. — La France se trouve dans une position critique. — Les jésuites et M. le Dauphin. — Feu d'artifice. — Voyage du Roi à Compiègne. — Représentation donnée par les acteurs de l'Opéra. — Brochures au sujet du mémoire intitulé : *Richesse de l'État.* — Sermon prophétique à Sainte-Marguerite, faubourg Saint-Antoine. — Remontrances du Parlement de Rouen. — Récoltes ruinées par des orages. — Le comte de Lauraguais fait un discours en faveur de l'inoculation ; arrêt du Parlement au sujet de cette pratique. — Lettre du comte de Lauraguais ; il est envoyé à la citadelle de Metz. — Le Roi donne au duc de Choiseul le bailliage de Haguenau.

Du vendredi 1er juillet. Le Parlement s'est assemblé au sujet de la dernière réponse du Roi. On dit qu'on a arrêté d'itératives remontrances, et que l'on y travaille ; elles doivent être plus fortes que les premières, contre les ministres, sur la déprédation et la dissipation des finances, dont le ministère présent ne devait justifier d'aucun emploi ni détail au Parlement ; ce qui est fort opposé à leurs prétentions si souvent réitérées depuis douze ans, qu'aucun édit ni ordonnance ne peuvent point passer pour loi dans le royaume, ni avoir d'exécution, qu'autant qu'ils sont autorisés par la vérification et l'enregistrement du Parlement de Paris et même des autres Parlements, qui ne forment plus, selon eux, qu'un seul et même corps du Parlement de France.

Il s'agit d'abord de savoir quelle sera la conduite des autres Parlements, par rapport à ces édits, et l'administration des finances du royaume ; mais, quant à présent, il est à présumer que ces itératives remontrances n'auront pas plus de succès que les premières, d'autant que la plénitude du ministère est aujourd'hui entre les mains de M. le duc de Choiseul, ministre de la guerre et de la marine, et de M. de Choiseul, duc de Praslin, son cousin, ministre des affaires étrangères, qui sont effectivement de la plus ancienne noblesse, hauts et absolus en conséquence, et qui regardent le Parlement de Paris et autres comme de simples tribunaux, et les officiers d'iceux comme de simples gens de loi, malgré l'association qu'il y a des princes et des ducs et pairs au Parlement de Paris, lesquels paroissent, par politique, ne prendre aucune part aux vues de patriotisme et aux assertions du Parlement pour le bien de l'État et même pour la gloire du Roi.

D'où l'on peut dire que l'État, en général, se trouve dans une position critique et fort compliquée. Les jansénistes, qui ne pensent qu'à leur querelle de religion, sont parvenus à leur but par la destruction de la société des jésuites, qui semble consommée par l'accord et l'union de tous les Parlements du royaume; ce qui a été ensuite autorisé, par politique, par lettres-patentes du Roi, enregistrées avec empressement.

Cette destruction de ladite société, dont il ne sera plus question dans peu d'années, ôte à M. le Dauphin un corps de conseil de gens d'esprit et instruits pour les affaires du gouvernement et les suites qui en dépendent; il ne reste plus que les Parlements pour y pourvoir. Si on parvient, à présent, à diminuer leur autorité et leurs prétendus droits, il n'y aura plus d'obstacle à un despotisme assuré ; si, au contraire, les Parlements s'unissent pour s'y opposer par de fortes démarches, cela ne peut être suivi que d'une révolution générale dans l'État, qui seroit un événement très-dangereux, et qui pourroit engager les Anglois et autres puissances à profiter des circonstances pour chercher le prétexte d'une guerre, à l'effet d'abaisser la puissance françoise qui les blesse depuis plusieurs siècles.

Du dimanche 3 juillet. Comme le feu d'artifice sur l'eau, du 22 juin, avoit manqué, de la part des artificiers italiens, à cause de l'orage qui avoit gâté l'artifice, le Corps de Ville a fait tirer le feu de ces artificiers pour le peuple, sans aucune cérémonie. Il a été assez bien exécuté, mais très-court. Il y avoit autant de monde qu'au premier feu, depuis le Pont-Royal jusqu'au bout du Cours des Tuileries, et sur les bords de la rivière, des deux côtés. Ce spectacle étoit beaucoup plus divertissant que le feu.

Du mardi 5, le Roi est parti le matin pour Compiègne[1];

---

1. Le Roi n'y avoit point été depuis la guerre. (Note de Barbier.)

c'est un voyage de six semaines. Le 6, la Reine et toute la famille royale sont parties; tous les ministres et les bureaux marchent. Il y avoit longtemps que ce voyage n'avoit eu lieu.

Paris va se vider peu à peu. A l'occasion des fêtes, il y a eu un très-grand nombre d'étrangers et de gens de province.

Comme il n'y a plus d'Opéra, les danseurs et danseuses, qui ont toujours leurs appointements, n'ont rien à faire; mais à l'occasion de la paix et d'une petite pièce analogue, qui est *l'Anglais à Bordeaux* [1], les principaux et principales danseuses de l'Opéra se sont liés avec les comédiens françois, et y exécutent un très-joli ballet, par zèle et sans aucune rétribution; ce qui, depuis quinze jours, attire tout Paris à la Comédie-Françoise. Toutes les loges sont toujours louées d'avance. La Comédie ne leur fournit que les gants; aussi, par reconnaissance, jeudi 7, les comédiens françois ont donné un très-grand souper à tous les acteurs-danseurs de l'Opéra. On dit qu'il y avoit cent personnes. On n'avoit point vu jusqu'ici un pareil spectacle à Paris.

Il y a toujours quelques arrêts du Conseil, au sujet de la vente des biens des jésuites, même dans les colonies d'Amérique; mais ces opérations seront longues.

Le Parlement travaille à de secondes remontrances, par rapport aux édits du lit de justice; mais ce sera...
....[2] Le temps se passe, les nouveaux droits se lèvent toujours en attendant, le Roi est absent, la seconde réponse sera différée, et les vacances du Parlement viendront.

Au sujet du mémoire, intitulé: *Richesse de l'État*, on voit plusieurs brochures, soit pour, soit contre; mais il ne paroit pas que le ministère ait aucun égard à tous

---

1. Comédie en un acte et en vers libres, par Favart.
2. Ici se trouvent dans le manuscrit deux mots qui ne présentent aucun sens et que nous laissons en blanc.

ces projets pour la liquidation des dettes de l'État.

Le mardi 26 juillet, tout le Châtelet s'est assemblé, au sujet d'une dénonciation qui a été faite d'un sermon prononcé le 20, jour de Sainte-Marguerite, dans la paroisse de Sainte-Marguerite, faubourg Saint-Antoine, par le sieur Labatte, prêtre de Saint-Eustache, dans lequel on dit qu'il a hasardé cette proposition :

« Dans le règne précédent, le prince marquoit sa
« religion en protégeant les ministres de l'Église ; sous
« ce règne-ci, le prince met sa religion à détruire les
« monastères ; les magistrats persécutent l'innocent et
« oppriment la religion ; les esprits se contiennent par
« une modération forcée et une politique momentanée ;
« tôt ou tard la révolution éclatera dans un royaume
« où le sceptre et l'encensoir s'entre-choquent sans cesse ;
« la crise est violente, et la révolution ne peut être que
« très-prochaine. »

Ce discours est très-séditieux, surtout dans une paroisse qui est du parti moliniste et dont le curé a été un de ceux qui ont été bannis par le Parlement, il y a quelques années. On dit aussi que le sieur Labatte a représenté à M. le lieutenant de police le cahier de son sermon, dans lequel ces phrases ne sont pas ; mais il se pourroit faire qu'il les y eût ajoutées de mémoire. On dit que nombre de personnes les ont entendues. Il a été décrété d'assigné pour être ouï au Châtelet ; on ne sait pas ce que cela deviendra. En tout cas, que cela soit vrai ou non, il est toujours très-dangereux que ce prétendu morceau de sermon se répande dans Paris par des copies.

Le Parlement de Rouen n'a point enregistré les édits et déclaration du Roi, au sujet des finances et des impôts. Le 16 de ce mois, il a arrêté des objets de remontrances qui ont été imprimées et vendues ici, à Paris, dès le 19. Ces remontrances sont au plus fort contre le gouvernement et contre les ministres qui, sans les nommer, sont trop désignés comme gens dont le seul objet est leur intérêt et leur ambition. Ce Parlement demande au Roi de lui envoyer un état des revenus du Roi et des dettes de l'État, pour pouvoir y apporter remède. Ce n'est pas comme Parlement particulier de Rouen, mais comme classe du Parlement général, séant à Rouen, suivant le système présent ; elles font du bruit dans Paris. Il s'agit de voir ce que le ministère fera à cet égard. Le Parlement de Rouen demande aussi fortement qu'il n'y ait plus qu'un seul impôt sur les sujets du Roi. Il n'est point encore question des autres Parlements, au sujet de ces édits [1].

Au surplus, il y a longtemps qu'on n'a vu une année aussi extraordinaire que celle-ci. Les gazettes de France de ce mois de juillet ne parlent que des orages arrivés dans différentes provinces du royaume, qui ruinent toutes les récoltes dont l'apparence promettoit beaucoup.

M. le comte de Lauraguais, fils du duc de Villars-Brancas, a prononcé, à l'Académie des sciences, un discours en faveur du système de l'inoculation [2] pour la

1. Sur ces remontrances, M. le chancelier a écrit une lettre au Parlement, par laquelle il lui reproche l'abus qu'il fait du pouvoir que Sa Majesté lui a confié, jusqu'à lui demander compte de son administration.
(*Note de Barbier.*)

2. Le comte de Lauraguais écrivit, en 1763, sur l'inoculation et se montra chaud partisan de cette découverte, dont l'utilité était alors fort contestée. La vive polémique à laquelle il se livra à ce sujet, fut même pour lui l'origine de ces mesures répressives de la part du pouvoir, qui ne se renouvelèrent que trop souvent par la suite. Un mémoire, qu'il avait lu à l'Académie sur l'inoculation, le fit envoyer à la citadelle de Metz. Il fallait assurément toute l'originalité de son caractère pour trouver dans un pareil travail matière à des épigrammes plus que malignes contre les mœurs des médecins et même contre celles des magistrats. Ses liaisons avec plusieurs femmes de théâtre firent beaucoup de bruit. La célèbre Sophie Arnould fut celle qui le captiva le plus longtemps, et les divers incidents d'une intimité qui se prolongea pendant plusieurs années devinrent l'aliment de la chronique scandaleuse : on les a rappelés dans une foule de brochures, de pamphlets, et surtout dans une comédie-vaudeville donnée au théâtre du Palais-Royal en 1833, sous le titre de *Sophie Arnould*. (*Biogr. univ.* de Michaud, *Supplément.*) — On voit, d'après ce que dit Barbier ci-dessous, que ce n'est point le *Mémoire* lu à

petite vérole, lequel système a eu bien des sectateurs, surtout dans les personnes de distinction, jusqu'à M. le duc d'Orléans, premier prince du sang, qui a fait inoculer M. le duc de Chartres et la princesse, ses deux enfants; et, depuis peu, la fille de M. le duc de Chevreuse, gouverneur de Paris, mariée à M. le duc de Pecquigny[1], fils du duc de Chaulnes, de la même maison, a été inoculée avec succès. C'est au sujet de ce système que le Parlement a rendu un arrêt provisoire, le 8 juin de cette année, qui ordonne que la Faculté de médecine donnera son avis sur l'avantage et les inconvénients de l'inoculation; aussi bien que la Faculté de théologie, sur le cas de conscience, pour savoir s'il est permis de se procurer une maladie qu'on pourroit ne pas avoir; et, par provision, défense à toutes personnes de se faire inoculer dans les villes et faubourgs, mais seulement à la campagne, et de ne se communiquer dans le monde que six semaines après leur guérison, sur ce que les personnes inoculées, qui n'avoient aucune marque sur le visage, alloient et venoient dans Paris, et que le mauvais air de la petite vérole qui est procurée par l'inoculation pouvoit se communiquer à d'autres personnes.

Sur cela, M. le comte de Lauraguais, qui est homme d'esprit, mais un peu léger, qui ne vit point avec sa femme, et qui, depuis longtemps, a pour maîtresse mademoiselle Arnould, actrice chantante de l'Opéra, a distribué une lettre pour toujours soutenir l'inoculation, dans laquelle il critique l'arrêt du Parlement, surtout par rapport à la réquisition de l'avis de messieurs de la Sorbonne, en disant que cela pourroit se proposer s'il s'agissoit du sacrement de pénitence ou de la consécration, parce que, dit-il, *ces choses sont sans conséquence.*

l'Académie, mais bien une lettre contre le Parlement, qui fit envoyer le duc de Lauraguais à Metz.

1. Marie-Joseph d'Albert-d'Ailly, connu d'abord sous le nom de vidame d'Amiens.

Cette lettre, qui n'est point imprimée ni absolument publique, étant néanmoins venue à la connoissance du ministère, M. le comte de Lauraguais, par lettre de cachet du Roi, a été envoyé dans la citadelle de Metz.

Le Roi a donné, depuis peu, à M. le duc de Choiseul le grand bailliage de Haguenau, qui rapporte cinquante-cinq mille livres de rente; c'est un beau présent. Ce bailliage étoit dans la maison de Châtillon, dont le dernier mâle est mort depuis peu; en sorte que cette grande et ancienne maison se trouve éteinte. Ces bailliages sont comme des espèces de bénéfices qui consistent en terres. On dit que M. l'évêque de Strasbourg en a plusieurs à sa nomination. Par cette faveur, M. le duc de Choiseul, qui est regardé dans le public comme premier ministre, devient puissamment riche par tous les postes et emplois, ce qui ne peut lui attirer que la jalousie de nombre de grands seigneurs du royaume.

Août.

Les députés du Parlement se rendent auprès du Roi à Compiègne. — Conférences des ministres au sujet des finances. — Intrigues de Cour. — Réponse du Roi au sujet des remontrances du Parlement. — Le prince de Condé et la Cour des Aides. — Le duc d'Harcourt est envoyé auprès du Parlement de Rouen. — Vive opposition de ce Parlement. — Arrêt du conseil d'État qui annule l'arrêt du Parlement de Rouen. — Déclaration du Roi relativement à la publication des remontrances des Parlements. — Le Parlement de Bordeaux.

Mardi 9 août, jour indiqué par le Roi, M. le premier président et deux présidents se sont transportés, le matin, à Compiègne, pour présenter au Roi les itératives remontrances du Parlement, au sujet des édits du lit de justice. Le Roi les a reçues, et a dit qu'il tiendroit un conseil dans le jour même pour les examiner et qu'il leur rendroit la réponse.

Après le conseil, le Roi leur a dit qu'il étoit persuadé des bonnes intentions de son Parlement et de son zèle pour le bien public, mais que Sa Majesté ne pouvoit rien changer à la réponse qu'elle leur avoit donnée, et que son Parlement devoit mettre des bornes à son zèle. Après quoi, MM. les présidents se sont retirés, sont partis de Compiègne et ne sont arrivés à Paris qu'à plus de minuit.

Du jeudi 11, assemblée des Chambres pour apprendre la réponse du Roi; sur quoi, le Parlement a arrêté que, par des commissions, il seroit avisé à ce qu'il conviendroit faire sur cette réponse qui n'étoit pas autrement satisfaisante.

Il y a, dit-on, beaucoup de fermentation à Compiègne, sur plusieurs objets, surtout entre M. le contrôleur général, qui croit avoir fait ce qu'il pouvoit faire de mieux, et le duc de Choiseul, qui a, dit-on, des conférences particulières avec le sieur de La Fourbonnaye[1], qui étoit lié avec M. de Silhouette, ci-devant contrôleur général, pour prendre des instructions sur l'administration des finances, dont, à ce qu'on dit, M. Bertin, contrôleur général actuel, s'est plaint au Roi.

Il y a aussi en Cour de la jalousie contre M. le duc de Choiseul, au sujet du bailliage d'Haguenau, de cinquante-cinq mille livres de rente, dont le Roi l'a gratifié. Toutes ces intrigues de Cour n'arrangent pas les affaires publiques.

Réponse du Roi, le mardi 9 août, à MM. les présidents, députés aux remontrances du Parlement :

« Je viens de faire lire en ma présence les remon-
« trances de mon Parlement, elles ne me font point
« changer de façon de penser. Il n'appartient qu'à moi
« seul de décider si la nécessité des secours que je de-
« mande est réelle et absolue. Les doutes que l'on veut
« élever, sur l'utilité des plans que je me suis proposés,
« ne peuvent que retarder le soulagement que je désire
« procurer à mes peuples. Au surplus, je veux bien
« prendre en bonne part les nouvelles démarches de

1. Lisez *Forbonnais*.

« mon Parlement, mais je vous charge de lui dire que
« son zèle doit avoir des bornes. »

Cette réponse est bien plus analogue au pouvoir monarchique que bien d'autres, qu'on fait faire au Roi depuis plusieurs années; mais aussi elle est bien opposée aux prétentions et aux principes établis depuis plusieurs années par les Parlements ne composant plus qu'un seul corps, et cela détruit en quelque sorte tous les effets de l'enregistrement, que l'on regarde comme loi fondamentale du royaume.

Il faut voir dans la première assemblée ce que les commissaires et les Chambres feront à cet égard.

Il a été arrêté de faire encore de troisièmes remontrances, auxquelles les commissaires travaillent, et qui ne pourront être présentées au Roi qu'après son retour de Compiègne.

On comptoit avoir ces jours-ci les itératives remontrances, imprimées avec la réponse du Roi, du 9 août; mais la police a fait défenses à Simon, imprimeur du Parlement, sous peine de prison, de continuer cette impression.

M. le prince de Condé a fait publier, au nom du Roi, les édits et déclarations, le 6 juin dernier, à la Cour des Aides. Cette Cour a présenté au Roi des remontrances, où est la plainte de cette forme de publication, par laquelle les magistrats n'ont pas eu la liberté de délibérer sur les édits que le Roi leur envoie. Elle entre aussi dans le fond des édits et des impositions; dans la cause de l'épuisement de l'État chargé de dettes; elle critique l'administration des finances et blâme les vexations des financiers.

Sur les remontrances du Parlement de Rouen, qui, comme on a dit, sont très-fortes contre le gouvernement présent, le Roi a envoyé, à Rouen, M. le duc d'Harcourt, lieutenant général de la province de Normandie, pour faire publier et enregistrer les édits et déclaration du mois d'avril dernier.

Sur la nouvelle de l'arrivée de M. le duc d'Harcourt, le Parlement s'est assemblé. Arrêté du mercredi 17 août, par lequel on a fait d'abord renouveler, à tous les magistrats, le serment de garder le secret; qu'il sera sursis à la députation; qu'il ne lui sera rendu aucun des honneurs accoutumés; que dans le cas où le duc d'Harcourt apporteroit des ordres du Roi, il sera dit par M. le premier président, que la Cour ne peut, ne doit et n'entend délibérer à l'occasion des ordres du Roi adressés à icelle, en présence de ceux qui sont porteurs desdits ordres; que le duc d'Harcourt doit se retirer; que s'il refuse, la Cour proteste contre les différentes transcriptions qui se feroient sur les registres; qu'elle lèvera la séance, se réservant de se rassembler aussitôt la sortie du duc d'Harcourt, pour délibérer sur ce qui auroit été fait au préjudice des lois fondamentales du royaume.

Arrêté du 18 août; que M. le premier président instruira M. le duc d'Harcourt des protestations faites par le Parlement, contre tous les actes de violence que l'on renouvelle en toutes occasions, pour priver les magistrats de la liberté de leur délibération; qu'ils réclameront sans cesse les lois fondamentales, suivant lesquelles *le Parlement, associé au ministère de la législation, n'est point appelé à la vérification des édits royaux pour les approuver aveuglément;* que la Cour ne peut concourir à la ruine de la nation et au triomphe des oppresseurs publics; qu'elle se propose de contribuer, autant qu'il est en elle, à la gloire du Roi, au bonheur des peuples et au rétablissement de la chose publique, par la substitution d'une administration équitable, au désordre de celle sous le poids de laquelle la nation gémit.... Et de rappeler au duc d'Harcourt que le serment, par lui prêté comme pair de France et membre du Parlement, auroit dû l'empêcher de se charger d'ordres contraires au service du Roi et à ses vrais intérêts.

M. le duc d'Harcourt, entré au palais, a fait transcrire les édits et déclaration sur les registres. MM. du Parlement étoient retirés dans leurs Chambres, et sont rentrés après le départ de M. le duc d'Harcourt.

On dit qu'ils ont rendu un arrêt[1], portant défenses à tous receveurs et préposés de recevoir les droits mentionnés dans les édits, sous peine d'être traités comme concussionnaires. M. le duc d'Harcourt a empêché qu'il soit imprimé; mais le Parlement l'a fait signifier à tous les receveurs dans le ressort.

Cette conduite du Parlement de Rouen est très-vive, surtout l'assertion de *l'Association du Parlement au ministère de la législation*, non pas pour le Parlement de Rouen, en particulier, mais pour ce qu'on veut entendre aujourd'hui par *Parlement de France*, composé des différentes classes. Comme cela attaque essentiellement l'autorité royale, cet arrêté fera grand bruit dans Paris, et l'on attend ce que le gouvernement fera à cet égard.

Arrêt du Conseil d'État du 24 août, après la tenue du Conseil des dépêches, qui casse et annule l'arrêté et l'arrêt du Parlement de Rouen du 18 août, le procès-verbal du 19, et la publication dudit arrêt faite à l'audience de la Grand'Chambre, comme attentatoire à l'autorité du Roi, et contraire à l'obéissance et à la fidélité qui lui sont dues; ordonne que le tout sera rayé et biffé des registres, et le présent arrêt inscrit en marge. Fait défenses à toutes personnes d'apporter à l'exécution de l'édit du mois d'avril, et de la déclaration du 24 du même mois, aucun retour[2] ni empêchement, à peine d'être poursuivis extraordinairement, suivant la rigueur des ordonnances[3].

1. Le Parlement l'avoit fait afficher écrit à la main; M. le duc d'Harcourt a fait arracher ces copies par les gens de la maréchaussée qui étoient avec lui. (*Note de Barbier.*)
2. C'est sans doute *retard* que Barbier a voulu dire.
3. Une estampe, gravée secrètement à Rouen, circula de main en main;

Il est dit dans cet arrêt que le Roi n'a pu voir, sans indignation, le contenu et les termes indécents de l'arrêté du 18 août, et que, de plus, le Parlement a perdu tout le respect qu'il doit à l'autorité royale, en déclarant nulle la publication, faite par le duc d'Harcourt, de l'édit et de la déclaration du mois d'avril.

Le Parlement de Rouen est présentement en vacances. On dit qu'il y a depuis quelques jours, à la suite de la Cour, le premier président et huit magistrats de ce Parlement. Quoi qu'il en soit, les commis et préposés à la perception de ces impôts doivent être inquiets au sujet des ordres du Roi et de ceux du Parlement, sur ce qui arrivera après les vacances.

Dimanche 28, les gens du Roi ont été demander jour au Roi, à Versailles, pour recevoir les très-humbles représentations de son Parlement de Paris, au sujet de la réponse du Roi aux secondes remontrances du Parlement, lesquelles n'ont point encore paru imprimées. On dit que le Roi les a remis au dimanche 4 septembre, seulement avec la petite députation.

Arrêt du Conseil du 27 août 1763, qui supprime l'imprimé des remontrances du Parlement de Rouen au Roi, au sujet de l'édit et de la déclaration du mois d'avril dernier; ensemble d'une lettre de M. le chancelier et du Parlement de Rouen, en réponse à ses remontrances; fait défense à tous imprimeurs et colporteurs d'en im-

---

elle était intitulée : *Remontrances du Parlement de Rouen*. Auprès de Louis XV, séant sur son trône, s'étaient venues asseoir, par surprise, l'*Ambition*, la *Flatterie*, la *Cupidité*, la *Fraude* et l'*Envie*. La France, à leur aspect, déplorait ses malheurs. On voyait ses habitants attristés, ses laboureurs gémir de la corvée, déplorer la ruine de l'agriculture. Puis, soudain, la Vérité paraissait, montrant à Louis XV les magistrats du Parlement agenouillés, prêts à lui parler, à l'éclairer. Avec eux s'approchaient la *Religion*, la *Justice*, la *Prudence*, redemandant près de son trône, leurs places un instant usurpées.

On lisait au bas de cette estampe :

« *Qui vult videre, videat.* »

Floquet, *Hist. du Parlement de Normandie*, t. VI, p. 569.

primer, vendre et distribuer, sous peine d'être poursuivis extraordinairement; et enjoint au lieutenant général de police de Paris, et à tous les intendants de province, de tenir la main à l'exécution du présent arrêt.

Le Roi dit, dans cet arrêt, « qu'il n'a pu voir, avec in-
« différence, la licence et l'infidélité trahir le secret de
« cette précieuse correspondance, qui doit porter au
« pied du trône la voix libre du zèle de ses Parlements,
« et leur renvoyer ensuite les instructions par lesquelles
« sa sagesse veut bien éclairer l'obéissance qu'ils doivent
« aux lois. »

Autre arrêt du Conseil du même jour, 27 août, qui supprime pareillement des arrêtés de la Cour du Parlement de Rouen, au sujet des mêmes édits et déclaration, avec les mêmes défenses et la même injonction, tant au lieutenant de police de Paris qu'à tous les intendants des provinces.

Le Roi dit, dans cet arrêt, « qu'il a vu avec autant
« d'étonnement que d'indignation que des personnes
« malintentionnées eussent osé publier des actes qui
« ont été improuvés par Sa Majesté, comme contraires
« au respect qui lui est dû et comme attentatoires à son
« autorité; que cette publicité ne peut tendre qu'à
« alarmer le zèle des peuples et à suspendre l'obéissance
« qu'ils lui doivent; qu'elle ne doute point que son
« Parlement de Rouen ne punisse, suivant la rigueur
« des ordonnances, ceux dont la malignité a livré à la
« curiosité publique de pareils actes, même ceux qui,
« dans son corps, auroient par cette infidélité également
« violé et les lois du royaume et le secret qu'ils ont
« promis par leur serment. »

Jusqu'ici, et depuis du temps, ils laissoient imprimer leurs remontrances ou leurs arrêtés, pour instruire les peuples des démarches qu'ils faisoient en leur faveur, contre les différentes dispositions du ministère, et pour se les rendre favorables. Il paroît, par les deux arrêts ci-dessus, que le Roi condamne ces abus, et que l'intention du ministère est de défendre et d'empêcher à l'avenir, et dans tous les Parlements, l'impression de ces actes que Sa Majesté regarde comme secrets entre le Roi et ses Parlements.

On verra, par la suite, comment le Parlement de Rouen et celui de Paris, et les autres, regarderont ces défenses.

Malgré ces défenses, on a imprimé et vendu dans Paris les itératives remontrances du Parlement de Paris, du 27 août, qui sont très-longues, fort détaillées, sur l'administration des finances, sur les frais considérables de la régie des fermes, et sur la déprédation des sommes que le peuple paye au Roi pour les impôts. Le ministre avoit envoyé défenses à Simon, imprimeur du Parlement, de les imprimer.

On a aussi imprimé et vendu dans Paris, et même dans la grande salle du Palais, les objets de remontrances arrêtées au Parlement de Bordeaux, le 29 du mois d'août, sur les mêmes édits et déclarations qu'il n'entend point enregistrer. Ces remontrances sont mieux travaillées que celles de Paris, sans sortir du respect dû à l'autorité royale. Elles commencent par une phrase hardie et effrayante :

« Qu'il sera représenté au Roi : 1° Qu'il est un terme auquel les empires ne doivent laisser, avec le souvenir qu'ils ont été, que celui des causes qui précipitèrent leur chute, et que son Parlement prépareroit ce funeste moment pour la France, par l'enregistrement desdits édits et déclarations, etc. »

Septembre.

Le Roi supprime divers arrêtés des Parlements. — Le duc de Richelieu est envoyé à Bordeaux. — Les Parlements s'obstinent à refuser l'enregistrement des édits du Roi. — Arrêt du Parlement relatif aux clercs des procureurs. — Le duc de Randan et le Parlement de Besançon. — Déclaration du Roi relative aux rentes viagères. — Lutte entre le ministère et divers

Parlements. — Le duc de Fitz-James est envoyé au Parlement de Toulouse.

ARRÊT DU CONSEIL D'ÉTAT DU ROI DU 2 SEPTEMBRE.

« Le Roi, pour réprimer la licence avec laquelle on continue de distribuer, dans le public, les délibérations le plus secrètes *de ses Parlements*, supprime non-seulement l'extrait des registres du Parlement de Bordeaux du 19 août, mais fait défenses à tous imprimeurs, libraires et colporteurs, d'imprimer, vendre et débiter aucuns arrêts, arrêtés, remontrances ou autres actes émanés de ses Cours supérieures, « s'il n'appert d'une
« disposition expresse, dans lesdits actes, par laquelle
« ladite impression et publication ait été ordonnée, à
« peine contre les imprimeurs d'être déchus des droits
« de leur maîtrise, et les colporteurs d'être arrêtés par
« voie de police, livrés aux tribunaux qui doivent con-
« noître ce genre de délit, et soumis à des punitions
« afflictives suivant les ordonnances. » Cet arrêt est pour toutes les provinces du royaume.

On dit que M. le maréchal de Richelieu, gouverneur de Bordeaux, est parti pour y faire enregistrer, au nom du Roi, lesdits édits et déclarations; mais en même temps, on dit que ledit Parlement est décidé à ne point obéir.

Du dimanche 4 septembre. M. le premier président Molé et deux présidents se sont rendus à Versailles, et ont fait au Roi, après la messe, les représentations arrêtées.

RÉPONSE DU ROI.

« Je veux bien encore regarder les nouvelles repré-
« sentations de mon Parlement comme effet de son
« zèle. Il doit assez connoître mes bontés pour croire
« que j'aurois égard à ses instances réitérées, si je n'é-
« tois assuré que la libération de l'État et le soulage-

« ment de mes sujets dépendent de l'exécution de mes
« édits et déclaration. »

Du lundi 5 septembre, assemblée des Chambres. On n'a rien arrêté. L'on a remis seulement à délibérer sur la réponse du Roi du 4 septembre, après la rentrée du Parlement au 25 novembre, ce qui donne le temps de respirer à Paris ; et l'on payera toujours, en attendant, les droits anciens et les nouveaux.

Il paroît qu'en général, les Parlements s'accorderont à refuser l'enregistrement des édits et déclarations du lit de justice. Ils conviennent en général que le Roi est maître de faire les dépenses convenables, pour soutenir l'État et la majesté du trône, et même pour ses plaisirs et amusements; mais ils disent qu'on ne doit point employer les impôts, dont on charge les peuples, à donner des pensions inutiles, à des dépenses superflues, et à enrichir des gens de la Cour par des libéralités peu mesurées, aux dépens de la subsistance des peuples [1]. Comme la déprédation est constante par ces objets et par le désordre, dans la régie des fermes et la cupidité de ceux qui font les dépenses du Roi en tout genre, les Parlements voudroient bien entrer dans les détails et dans l'administration intérieure des finances. Ils auront peine à obtenir cette partie d'autorité qui détruiroit entière-

---

[1]. L'accroissement de la dette publique devenait chaque jour plus menaçant; et le Parlement de Rouen ne craignit pas de dire au Roi, le 5 août 1763 : « Votre peuple, Sire, est malheureux, tout annonce cette affligeante vérité; vos Cours de Parlement, seuls organes de la nation, ne cessent de le dire... Un déluge d'impôts et de servitudes ravage impitoyablement nos villes et nos campagnes. Les biens, l'industrie, la personne des citoyens, tout est en proie à la bursalité; la pauvreté même et la pitié qui l'assiste sont devenues ses tributaires et ses victimes. La ferme des Aides, dont les règlements attaquent toutes les conditions et le commerce en général, pèse sur le pauvre en particulier de la manière la plus inhumaine..... Si la charité fait offrir à un malheureux un secours quelconque, dont la nature soit du ressort des Aides, l'aumône est un crime aux yeux du traitant. Sous un roi très-chrétien, c'est une contravention punissable d'amende. La ferme des gabelles ne présente pas un spectacle moins révoltant, etc. » SISMONDI, t. XXIX, p. 287.

ment celle des ministres; il est à présumer seulement que, pendant le voyage de Fontainebleau, le Roi pourra accorder quelque changement sur ce qui a été fait, pour adoucir les esprits, mais qu'on ne travaillera pas efficacement pour remédier au mal pour l'avenir.

Arrêt du Parlement du 5 septembre, portant règlement pour les clercs du Parlement, du Châtelet et autres juridictions, payant pension ou non, et portant défenses de porter épées, couteaux de chasse, cannes ou bâtons dans les maisons des conseillers au Palais, chez les avocats et procureurs, dans la ville, faubourgs et banlieue de Paris, sous peine d'être arrêtés et mis en prison. Cet arrêt contient aussi plusieurs articles de règlements à observer par les procureurs pour faire exécuter par leurs clercs le présent arrêt.

Ce règlement, dont on ne sait pas positivement la cause, embrasse tous les clercs, ce qui les oblige d'être en noir et en cheveux longs, pour n'être pas confondus avec les domestiques, attendu la dépense à laquelle cela les obligera pour leur habillement.

Arrêt du 7 septembre, qui supprime l'imprimé des réponses aux objets des remontrances du Parlement de Bordeaux.

M. le duc de Randan, lieutenant général pour le Roi en Franche-Comté, s'est transporté au Parlement de Besançon pour enregistrer les édits du dernier lit de justice. Il n'a pas été mieux accueilli que M. le duc d'Harcourt à Rouen; tout le Parlement s'est retiré, surtout parce que les ordres portoient défenses de délibérer. M. le duc de Randan, en présence du premier président et des gens du Roi, a fait faire l'enregistrement sur les registres. Après son départ, messieurs se sont assemblés, et par arrêt ont déclaré nul ledit enregistrement.

On ne sait pas encore ce que fait M. le duc de Richelieu à Bordeaux, et M. le duc de Fitz-James à Toulouse; mais il paroît qu'il y aura union entre tous les Parlements pour refuser ces nouveaux édits, ce qui donnera de l'embarras au ministère.

Déclaration du Roi du 26 juin, qui n'a été enregistrée au Parlement que le 5 septembre, et vendue et publiée que le 13, par laquelle le Roi prescrit des formalités nouvelles, pour fournir par les créanciers de rentes viagères et de tontines, des certificats de vie, soit par ceux qui résident dans le royaume, soit par les étrangers.

Cette déclaration a été faite apparemment pour faire entendre au public que le Roi n'est pas dans le dessein de rembourser si tôt les rentes viagères et de tontines, sans quoi il auroit été inutile de prendre de si grandes précautions pour les certificats de vie. Ces difficultés serviront aussi à retarder le payement des tontines et accroissements, au commencement de l'année 1764.

On dit assez généralement qu'au Parlement de Bordeaux et à celui de Toulouse, on a fait rayer et biffer l'enregistrement que M. le duc de Richelieu et le duc de Fitz-James avoient fait mettre sur les registres. Pendant ce temps-là, on ne perçoit pas les droits nouveaux établis par les édits du lit de justice.

Il faut attendre le mois de novembre, après le retour du Roi de Fontainebleau et la rentrée des Parlements, pour voir qui l'emportera du ministre ou des Parlements, qui ont grande envie d'étendre leur autorité, pour prendre connaissance de l'administration des finances.

Arrêt du Conseil du 15 septembre, qui casse un arrêté du Parlement de Grenoble du 6 septembre, par lequel il a protesté d'avance contre la publication de l'édit, et de la déclaration du mois d'avril, et a déclaré ladite publication nulle, illégale et de nul effet; ordonne que ledit arrêté sera rayé et biffé des registres.

Arrêt du Conseil du 15 septembre, qui casse et annulle l'arrêté du Parlement de Bordeaux du 7 septembre, qui a déclaré nulle la publication de l'édit du mois.

d'avril, des arrêts du Conseil des 19 et 20 septembre; un arrêté du 14 septembre du Parlement de Toulouse, où ce Parlement, sous prétexte de s'occuper des affaires publiques, avoit prorogé leurs séances, lesquelles assemblées doivent être regardées comme illicites autrement que par la permission du Roi; l'autre arrêt casse l'arrêt dudit Parlement du 15 septembre comme illicitement assemblé, par lequel il a fait défenses d'exécuter l'édit et déclaration du mois d'avril, qui avoient été publiés dans ledit Parlement par ordre du Roi, le 13 septembre.

Le Roi se contente par tous ces arrêts de casser ces arrêtés comme attentatoires à son autorité et à l'obéissance qui est due à ses ordres.

M. le duc de Fitz-James, porteur des ordres du Roi, a pris des mesures pour empêcher messieurs du Parlement de Toulouse de s'assembler davantage; il a mis aux arrêts dans leurs maisons tous les membres du Parlement, on dit même avec une sentinelle à leur porte. On dit aussi que M. l'archevêque de Toulouse leur a donné permission de faire dire la messe dans leurs maisons, pour n'avoir aucun prétexte de sortir. Il s'agit de savoir comment ils trouveront cette exécution militaire, après les vacances, quand ils rentreront en fonctions.

Les édits du mois d'avril n'ont été envoyés que ces jours-ci au Parlement d'Aix en Provence, qui est en vacances, mais qui rentre plutôt que les autres. On saura comment se passera l'enregistrement.

Octobre.

Entrée de l'ambassadeur de Venise à Paris. — M. de Lamoignon est exilé. — Le Roi retire les sceaux à M. Feydeau de Brou. — Le président de Maupeou est nommé garde des sceaux. — Les prétentions du duc de Choiseul. — M. Molé donne sa démission. — Mort du roi Auguste, électeur de Saxe. — Le Roi fait une visite à la Dauphine, à l'occasion de la mort de son père. — Fausse nouvelle au sujet du prince Édouard.

Le dimanche 2 octobre, M. l'ambassadeur de Venise

a fait son entrée publique à Paris. Grande affluence de monde, attendu qu'il n'y en avoit eu depuis six à sept ans. Il ne s'en fait plus que de Rome et des républiques.

Mardi 4, il aura son audience de congé à Versailles à l'ordinaire. L'après-midi le Roi ira coucher à Choisy, et le mercredi il partira pour Fontainebleau, dont le voyage sera de six semaines. La Reine et Mesdames de France y vont, et non madame la Dauphine, à cause de sa grossesse. M. le Dauphin n'y fera des voyages que pour les conseils d'État. On y prépare de grandes fêtes.

Grande nouvelles à Paris. M. de Lamoignon, chancelier de France, qui n'a pas voulu apparemment donner la démission de sa charge, est exilé à sa terre de Malesherbes, contre Pithiviers, laquelle il aime beaucoup. Il se plaignoit de n'avoir pas le temps d'y aller. Il peut se contenter à présent. Il conserve par conséquent son titre et ses honneurs de chancelier. Cela prouve qu'il est faux que lorsqu'il fut fait chancelier il avoit donné au Roi sa démission en blanc.

Ce n'est pas tout. Lundi 3 de ce mois, M. Feydeau de Brou, garde des sceaux, étant dans sa terre à quatre lieues de Paris, en attendant le voyage de Fontainebleau, le Roi a écrit et lui a envoyé M. Feydeau de Marville, conseiller d'État, son cousin, pour reprendre de lui les sceaux de France; il a reçu cette nouvelle avec beaucoup de tranquillité. A la vérité, la lettre du Roi est des plus obligeantes; elle commence ainsi : « M. de Brou, les « affaires de l'État m'obligent de reprendre les sceaux, « que je vous avois confiés. Ce n'est ni mécontentement « de vous ni disgrâce; je vous conserve tous vos hon- « neurs, vos droits et vos émoluments; » Et elle finit en disant que ce qu'il pourroit demander au Roi pour sa famille, il peut être sûr de n'être point refusé; et il est certain que cette lettre, telle qu'elle est, est assurément plus satisfaisante pour un homme de quatre-vingt-un à quatre-vingt-deux ans, et plus honorable, que tous les brevets de charge quelconque.

M. de Marville a rapporté au Roi, ou du moins dans son cabinet, les sceaux, lundi au soir très-tard; c'est apparemment M. le comte de Saint-Florentin, ministre, qui les a reçus, attendu que le Roi étoit parti pour Choisy. Tout ceci se fait si secrètement, que mardi matin M. de Brou ne savoit pas lui-même quel étoit son successeur. Cela est positif. Cela n'a transpiré dans Paris, pour certaines gens, que le mardi au soir ou le mercredi matin.

Ce grand changement dans le ministère regardoit un homme respectable qui a de l'esprit, qui a joué un grand rôle dans les annales jansénistes, dans le temps des troubles du Parlement avec le Roi, qui est M. de Maupeou, ancien premier président du Parlement. Le Parlement s'est brouillé avec lui en 1757, l'a soupçonné d'avoir trahi sa compagnie pour la Cour, lui a donné bien des déboires; en sorte qu'il a été obligé de donner la démission de sa place dans les vacances de 1757. M. Molé, second président, a été nommé à sa place, et l'on a dit dans le temps que le Roi avoit été obligé de le sacrifier, afin d'avoir la paix avec le Parlement.

Mais on ne songeoit plus ici à M. l'ancien premier président de Maupeou; c'est lui que le Roi, au commencement de ce mois d'octobre, a nommé vice-chancelier de France et garde des sceaux. Il a soixante-quatorze ans et souvent attaqué de goutte, mais avec toute sa tête et son esprit. Voilà tout d'un coup une grande élévation pour lui et pour son fils, actuellement second président du Parlement, fort estimé, et qui a toujours bien rempli sa charge. M. de Maupeou n'est pas riche et avoit besoin de la place de garde des sceaux pour soutenir celle de vice-chancelier. Tous les gens de ce pays-ci ont été à sa porte, mercredi 5, pour se faire écrire; il se dispose à partir pour Fontainebleau, et il doit, dit-on, prêter serment entre les mains du Roi, samedi 8.

Comme tout le monde a été étonné de ce changement secret et subit que M. de Maupeou savoit cependant, dit-on, il y a plus de quinze jours, cela fait raisonner pour deviner quels en ont été la cause et le motif, et à quoi attribuer cette réunion des deux premières charges du royaume sur une seule tête.

Autre anecdote. Mardi 4, M. de Choiseul, duc de Praslin, en qualité de ministre des affaires étrangères, devoit présenter à l'audience du Roi l'ambassadeur de Venise; il s'en est excusé lundi au soir, sur une indisposition, en sorte que M. le comte de Saint-Florentin a été obligé de le remplacer; mais on dit que cette excuse est à cause d'un cérémonial. A cette audience, le Roi, sur son trône, salue l'ambassadeur et se recouvre; alors l'ambassadeur, qui représente une tête couronnée, se recouvre aussi, et les princes du sang, ceux de la maison de Lorraine et de la maison de Bouillon se couvrent aussi, mais non pas les ducs et pairs qui sont dans la salle d'audience. On dit donc que le duc de Praslin a prétendu que le titre de duc et pair étant la première dignité du royaume, il devoit avoir le droit de se couvrir devant le Roi, ainsi que l'ambassadeur. Cette prétention est nouvelle, en ce qu'il n'y a point eu jusqu'ici de ducs et pairs secrétaires d'État des affaires étrangères, et comme il n'y a plus souvent de ces cérémonies, il a voulu éviter celle-ci, sauf à régler ce prétendu droit.

Lors de cette cérémonie, il n'y avoit dans le cabinet du Roi aucuns princes du sang ni de ducs, mais seulement le maréchal prince de Soubise, qui s'est apparemment couvert, un premier valet de chambre du Roi, et M. le duc de Luxembourg qui, comme capitaine des gardes du corps, étoit obligé d'y être.

Il est dit dans la *Gazette de France* du lundi 10 octobre, que le sieur Feydeau de Brou s'étant démis de sa charge de garde des sceaux, Sa Majesté l'a donnée au sieur de Maupeou, et y a joint le titre de vice-chancelier, lequel fait n'est pas véritable. Le Roi, comme ci-dessus, a envoyé retirer les sceaux; mais M. de Brou ne s'étoit point démis de cette charge; il n'en savoit rien lorsque M. de Marville est arrivé à Brou, et il s'attendoit bien à aller à Fontainebleau.

Dimanche 9 octobre, M. de Maupeou a prêté serment à Fontainebleau en qualité de garde des sceaux et de vice-chancelier.

Autre changement. M. Molé, premier président du Parlement de Paris, a donné au Roi la démission de sa charge, que le Roi a donnée à M. de Maupeou, second président; en sorte que le père occupe les deux premières charges du royaume, de chancelier et de garde des sceaux, et le fils se trouve à la tête du premier Parlement; on dit même que le Roi lui a conservé sa charge de président à mortier pour son fils, qui n'a que douze ans. Voilà une faveur des plus décidées sur cette famille; on ne sait pas si ces changements sont du goût de messieurs des Enquêtes du Parlement et des jansénistes.

Autre événement. Le roi Auguste, électeur de Saxe et roi de Pologne, père de madame la Dauphine, est mort à Dresde le 5 de ce mois, âgé de soixante-sept ans; le Roi, suivant la gazette, prendra le deuil demain mardi 18, pour trois semaines. Cela fera bien de l'embarras pour toutes les personnes qui sont à Fontainebleau.

Il est à craindre que cette mort ne cause du trouble dans le nord et en Allemagne pour l'élection d'un roi de Pologne.

Mardi 18, le Roi est revenu l'après-midi de Fontainebleau à Versailles, en violet, pour complimenter madame la Dauphine sur la mort de son père, avec Madame.... et Madame Louise. Mercredi 19, il a diné à Versailles et en est parti à deux heures pour retourner à

Fontainebleau avec les deux princesses, où le Roi devoit tenir Conseil royal à sept heures.

Il y a une nouvelle intéressante[1]. On a écrit de Dresde que le 13 le prince Édouard, autrement le Prétendant, y étoit arrivé pour passer en Pologne; on ne parloit plus de ce prince depuis très-longtemps; et l'on a su seulement qu'il s'étoit retiré incognito dans le château de Navarre, à dix-huit lieues de Paris, chez M. le duc de Bouillon, son oncle, qui avoit épousé la princesse Sobieska, Clémentine; le Prétendant est fils du chevalier de Saint-Georges Stuart, reconnu à Rome pour roi d'Angleterre, lequel vit encore, et d'une princesse Sobieska; en sorte qu'il est arrière-petit-fils de Jean Sobieski, qui a été le plus grand roi de Pologne, où il a par conséquent beaucoup de parents et de partisans. Ce prince, en partant de Dresde pour la Pologne, a été suivi et accompagné de tous les seigneurs polonois qui étoient à Dresde; apparemment qu'il a des prétentions sur cette couronne; cela fait un candidat de conséquence pour l'élection. Il n'est point encore parlé de ce fait dans la *Gazette de France*.

Fontainebleau a été très-brillant par les divertissements et les fêtes magnifiques, et par le concours de monde et surtout des étrangers, ce qui continuera jusqu'au retour de la Cour.

A l'égard de ce qui se passe au Conseil sur les affaires présentes et sur les disputes des Parlements, chacun en raisonne ici à sa façon, c'est-à-dire sans rien savoir.

Novembre.

Réception de M. de Maupeou fils comme premier président. — Enregistrement des divers édits. — Grande fermentation dans les Parlements du royaume.

Samedi 12 novembre. Le Parlement, qui étoit très-nombreux et plus qu'à l'ordinaire, est entré dans la

---

[1]. Cette nouvelle est absolument fausse; elle a été faite à plaisir par quelque nouvelliste. *(Note de Barbier.)*

Grand'Chambre avant dix heures. Il a été d'abord question de la réception de M. le président de Maupeou fils dans la place de premier président, ce qui n'a fait aucune difficulté et n'en pouvoit pas faire, étant second président. Il a été reçu par M. le président Turgot, qui s'est fait apporter au Palais, étant presque impotent.

Ensuite les gens du Roi ont présenté un édit portant création de la charge de garde des sceaux, et création d'une charge de vice-chancelier en faveur de M. de Maupeou père, ancien premier président du Parlement. La Cour a enregistré les lettres pour la charge de garde des sceaux, mais il y a eu plus de difficultés pour celle de vice-chancelier, attendu que c'est chose nouvelle. Il y a eu quarante-trois voix pour enregistrer purement et simplement, et cinquante et une voix pour faire une députation à M. le chancelier de Lamoignon, à Malesherbes, pour savoir de lui s'il étoit encore en état de faire les fonctions de sa charge. Cette députation a été faite : il a répondu vraisemblablement qu'il s'agissoit seulement des ordres et de la volonté du Roi, auxquels il avoit toujours été soumis indépendamment de son état personnel. On dit ici qu'une pareille députation n'est que de forme et qu'il y en a des exemples; en sorte que l'enregistrement à cet égard se fera.

Ces cérémonies ont duré jusqu'à midi, que le Parlement s'est rendu à la salle pour la messe rouge, après quoi le dîner chez le premier président a commencé à près de trois heures; il étoit au plus magnifique; il y avoit grand monde et il a été gai.

Ce même jour 12 novembre, la Reine et Mesdames de France sont parties de Fontainebleau pour revenir à Versailles; les Conseils et les fêtes avoient cessé. Lundi 14, le Roi est parti de Fontainebleau et est venu coucher au château de Choisy, où il est resté jusqu'au mercredi 16.

On dit qu'on a travaillé à Fontainebleau pour l'arrangement des finances et la conciliation des Parlements, ce qui n'est pas chose aisée par rapport aux derniers édits et déclarations; en sorte que l'on compte que le Roi sera obligé de reculer. C'est ce qui se verra à la véritable rentrée du Parlement, qui sera lundi 21, jour des harangues, et mercredi 23, jour des mercuriales.

Il y a eu jusqu'ici une grande fermentation dans la plus grande partie des Parlements du royaume, sur le refus d'enregistrer l'édit et les déclarations du mois d'avril dernier, au sujet des impôts, et surtout à Grenoble, contre le marquis du Mesnil; à Besançon, contre le duc de Randan; à Rouen, contre le duc d'Harcourt; à Toulouse, contre le duc de Fitz-James, tous lieutenants généraux pour le Roi dans ces provinces, et porteurs des ordres du Roi pour faire enregistrer forcément ces édits et déclaration du mois d'avril, jusque-là que le Parlement de Rouen a donné la démission de ses charges, au nombre de plus de quatre-vingts; qu'il y a eu des décrets de prise de corps contre ces messieurs porteurs des ordres, en sorte qu'on n'a point perçu les droits nouveaux dans ces provinces. Il y a eu des relations imprimées de tout ce qui s'est passé à ce sujet.

Le ministère se trouvant embarrassé, le Roi a envoyé au Parlement une nouvelle déclaration et des lettres-patentes datées du 21 novembre, jour de la rentrée, mais on n'a su qu'imparfaitement ce qu'elles contenaient.

Le Parlement s'est assemblé et a nommé des commissaires pour les examiner et en rendre compte à la Cour.

Décembre.

M. de Lamoignon est sollicité de donner sa démission de chancelier. — Analyse de la dernière déclaration du Roi. — Projet d'un cadastre général. — Lettre anonyme adressée au Parlement. — L'*Anti-Financier*. — Le Roi annonce aux députés du Parlement qu'il va mettre ordre aux finances. — Députation du Parlement auprès du Roi. — Le duc de Choiseul et M. Bertin ne sont pas d'accord. — Les Canadiens ne veulent point de la domination anglaise. — Malversations commises par l'administration du Canada. — Jugement qui condamne divers employés de cette administration. — M. Bertin donne sa démission de contrôleur général; il est remplacé par M. de Laverdy. — Les collèges des jésuites. — Que fera le ministère? — La fermentation continue dans les Parlements. — M. Bertin nommé secrétaire d'État. — Enregistrement par ordre du Roi des édits du mois d'avril. — Affaires du Parlement de Toulouse. — Poursuites contre le duc de Fitz-James. — Assemblée des ducs et pairs chez le duc d'Orléans, ensuite à la Grand'Chambre. — Le Parlement de Paris annule le décret rendu par le Parlement de Toulouse contre le duc de Fitz-James. — Réflexions sur le système politique des Parlements. — Le marquis du Mesnil. — L'archevêque de Paris veut renouveler les querelles.

Le ministère a envoyé plusieurs personnes auprès de M. le chancelier de Lamoignon, à sa terre de Malesherbes, pour le déterminer, soit par des offres, soit par des menaces, à donner la démission de sa charge, mais il a tenu ferme, et comme on a vu qu'on n'enregistreroit point la nomination de vice-chancelier en titre d'office, M. de Maupeou, garde des sceaux, a retiré l'édit; il continue pourtant de faire les fonctions sans lettres enregistrées, du moins à certains égards.

La difficulté est de donner à M. de Maupeou un titre pour avoir correspondance avec les Parlements du royaume. On dit que le Roi lui donnera la quatrième charge de secrétaire d'État, qu'avoit M. Berryer et qui est vacante, et qu'on lui donnera dans son département les Parlements qui sont dans celui de M. le contrôleur général.

A l'égard de la nouvelle déclaration du 21 novembre, dont les commissaires ont rendu compte à la Cour, elle a été enregistrée jeudi 17 décembre, avec des modifications.

Cette déclaration contient quinze articles, dans lesquels on a refondu les édits et déclaration du mois d'avril, sans en parler[1], sans dire qu'on révoque, qu'on supprime ni qu'on interprète, afin de ne pas toucher au lit de justice; mais au fond, il n'y a d'autre adoucisse-

---

1. Du lit de justice, lequel, à proprement parler, devient à présent inutile, malgré tous les embarras que cela a causés dans les Parlements.

(*Note de Barbier.*)

ment réel que pour le centième denier, qui n'aura lieu que conformément à une ancienne déclaration du 26 décembre 1750; car pour le sixième sol par livre sur tous les droits, il est expressément conservé, et l'on n'emploiera que vingt millions par an sur la caisse des amortissements pour l'acquittement des dettes de l'État. En sorte que le Parlement, qui a si fort crié par ses remontrances contre ces édits, pour le soulagement du peuple, ayant enregistré, les peuples ne se trouvent point soulagés, d'autant que le centième denier supprimé ne les regardoit pas; ils payeront toujours les deux vingtièmes, les deux sols pour livre, tous les anciens impôts et l'augmentation du sixième sol sur toutes les denrées et autres choses.

Mais le Roi ordonne que tous les Parlements, Chambres des Comptes et Cours des Aides du royaume, lui adressent des mémoires contenant des moyens de perfectionner et simplifier l'établissement, la répartition, le recouvrement, l'emploi et la comptabilité de tout ce qui compose l'état des finances; le Roi annonce ensuite, par des lettres-patentes du même jour 21, qu'il établit une commission de plusieurs personnes, au nombre desquelles seront : quatre personnes du Parlement, deux de la Chambre des Comptes et deux de la Cour des Aides, pour examiner ces mémoires, les comparer, donner leurs avis, en rendre compte à Sa Majesté, pour, par elle, prendre un parti touchant l'administration des finances.

Voilà donc les Parlements qui commencent à s'initier dans la connoissance des finances.

Le Roi insiste toujours dans la confection d'un cadastre général de tous les biens du royaume, sans excepter ceux du domaine ni ceux des ecclésiastiques, pour former une imposition juste et égale sur tous les sujets du Roi.

Le Parlement a enregistré cette déclaration avec des modifications : 1º que le premier vingtième ne durera que dix ans, à compter de la paix; 2° que les premier et second vingtièmes seront perçus sur les rôles actuels, sans pouvoir être augmentés. Le Parlement a, en outre, supplié le Roi de retrancher absolument les dépenses non véritablement nécessaires, et beaucoup d'économie dans les dépenses indispensables; et arrêté de faire au Roi une députation à ce sujet. Dans cette déclaration, le Roi emploie les termes de règles, de lois, de maximes du royaume pour se concilier la bienveillance du Parlement et des peuples. Il est dit que cette commission extraordinaire, qui sera formée par le Roi, commencera à s'assembler au 1er avril 1764.

Le 1er décembre, jour de l'enregistrement, il est arrivé, à ce que l'on dit, une chose assez singulière. Pendant l'assemblée des Chambres, on a apporté, par la voie de la petite poste de Paris, une lettre remise à un huissier pour M. le président; en diligence il l'a ouverte et a trouvé une seconde enveloppe : *Aux Chambres assemblées*, qu'il a fallu leur communiquer, par laquelle l'auteur anonyme engageoit messieurs du Parlement à ne point enregistrer la déclaration, dont l'enregistrement pourroit être suivi de très-grands malheurs. Si cela est vrai, d'où peut venir un pareil avis?

On dit aussi que les Parlements du royaume sont indisposés contre celui de Paris, d'avoir enregistré.

Le Parlement de Rouen, qui a envoyé sa démission, est toujours sans fonctions.

La grande difficulté est ici l'établissement d'un impôt unique et la suppression des fermiers généraux et de tous les droits, ce qui paroît être le vœu des Parlements et du public.

Il paroît, depuis ce mois-ci, une brochure intitulée : *l'Anti-Financier*. L'auteur anonyme commence par un discours pathétique au Parlement de France, dont il fait un pompeux éloge, et un grand étalage des grandes prétentions parlementaires pour l'antiquité, et comme étant le sénat de la nation, sans lequel le souverain ne peut rien faire qui ne soit utile au peuple. Cet auteur est bon janséniste et grand parlementaire. Ensuite, il tombe sur les fermiers généraux, dont il découvre à peu près toutes les vexations, et dont la suppression est selon lui le seul moyen de rétablir et de conserver l'État. Ce système est opposé à celui de M. Bertin, contrôleur général, qui a d'ailleurs de bonnes intentions.

Cette brochure est fort bien écrite et fera impression sur le public. Le 6 de ce mois, on a commencé à en faire la recherche chez les libraires où l'on trouve ces brochures, ce qui les fait vendre plus cher, et ensuite elle sera apparemment supprimée par un arrêt : elle n'est pas dans les principes d'une autorité monarchique.

Au surplus, on ne croit pas que les opérations annoncées par la déclaration soient si promptes.

Jeudi 8 décembre, s'est faite la députation annoncée par l'enregistrement de la dernière, à l'effet de supplier Sa Majesté de travailler au retranchement de ses dépenses; elle n'étoit composée que de M. le premier président de Maupeou et de deux présidents. Le Roi les a bien reçus, et il a fait des compliments au Parlement sur son zèle et sur son enregistrement; il l'a aussi assuré qu'il travailleroit sans relâche à l'arrangement de ses finances, de manière à contenter tous ses Parlements.

Toute cette politique est singulière, car l'on dit que M. le duc de Choiseul et M. Bertin, contrôleur général, ne sont pas bien d'accord sur les opérations de l'administration promise pour les finances; d'ailleurs tous les Parlements du royaume, du moins la plus grande partie, ainsi que le public en général, demandent la suppression des fermiers généraux et l'établissement d'un impôt unique et simplifié, c'est-à-dire un droit général sur tous les biens-fonds, et une capitation dans les villes. M. le contrôleur général veut conserver les finances et les entrées; cela n'est pas aisé à concilier, ni même l'opération pour un changement aussi général. Il faut attendre quelles seront les vues et les projets des différents Parlements dans les mémoires qu'ils enverront, ainsi que le travail de cette commission que le Roi a promis d'établir, et qui doit s'établir dans le mois d'août prochain.

En attendant, le Roi est parti, lundi 12, pour un petit voyage à Choisy[1], d'où il reviendra mercredi au soir 14.

Si le ministère ne songe, comme il a toujours fait, qu'à gagner du temps, amuser le public par ce remboursement annoncé de vingt millions de la caisse des amortissements, et laisse les choses dans l'état où elles sont, il pourroit se tromper, n'y ayant pas apparence que la paix dure aussi longtemps qu'on voudroit l'espérer.

Nous avons cédé Québec et tout le Canada aux Anglois, mais les sauvages de ce canton de l'Amérique n'en veulent pas; ils se sont assemblés, dit-on, en corps de troupes de quarante mille hommes, et ils ont déclaré hautement aux généraux anglois qu'ils ne vouloient reconnoître pour leur père que le roi de France; il y a peut-être parmi eux quelques François réfugiés qui les excitent. Quoiqu'il n'y ait point en cela de notre faute, la nation angloise nous en fera peut-être une querelle. Le roi d'Angleterre a fait la paix, mais la nation n'en est pas contente; elle fait même quelques hostilités dans les possessions de peu de conséquence qu'on nous a laissées, joint aux événements qui peuvent arriver dans l'Allemagne, et, en un mot, nous serions très-mal à notre aise si, dans quatre ou cinq années, il falloit songer à une guerre, ce qui fait qu'on ne peut pas trop tôt travailler sérieusement et au retranchement effectif des dépenses et au plan d'une administration avantageuse dans les finances.

1. Il devoit y aller, mais le voyage n'a pas eu lieu. *(Note de Barbier.)*

Il y a environ près d'un an qu'on a établi une grande commission, composée de M. de Sartine, lieutenant général de police et président de la commission, et de conseillers au Châtelet de Paris, au sujet des malversations commises à Québec et dans le Canada par ceux qui y étoient employés par le ministère, pour l'administration des finances dans ce pays. Après leur retour en France, à la paix d'octobre 1762, on en a arrêté plusieurs, qui étoient à la Bastille. L'instruction de ce procès criminel a été très-longue et difficile par la vérification de leurs papiers, et pour entendre tous les témoins dont on a eu besoin; c'est M. Dupont, conseiller au Châtelet, qui en étoit le rapporteur et qui a beaucoup travaillé.

Enfin, cette affaire, qui faisoit la curiosité du public, a été jugée ou du moins le jugement n'a été consommé que samedi au soir, 10 de ce mois; et dimanche matin, M. de Sartine et M. Dupont ont été à Versailles porter au Roi ce jugement, dont on ne sait pas encore au vrai toutes les particularités.

On dit ici, dans le public, en général:

1° Que M. Bigot, qui étoit intendant du Canada, fils, dit-on, d'un conseiller au Parlement de Bordeaux, est banni à perpétuité du royaume et condamné à mille livres d'amende envers le Roi et en quinze cent mille livres de restitution.

2° M. Varrin, qui étoit trésorier, banni de même, mille livres d'amende et huit cent mille livres de restitution.

3° M. Cadet, munitionnaire général des troupes, banni pour neuf ans, trois cents livres d'amende, six mille livres de restitution.

4° M. Péan, major, plus amplement informé pendant six mois et gardera prison, les preuves réservées; on compte que c'est le mieux traité.

5° Pour les employés subalternes, cinq admonestés, vingt et un renvoyés.

6° Six hors de Cour, dont M. le marquis de Vaudreuil,

vice-amiral et gouverneur du Canada, est du nombre : le hors de Cour ne justifie pas absolument.

Les preuves, dit-on, n'étoient pas assez fortes pour la condamnation à mort; mais ces bannissements et ces restitutions feront toujours un exemple pour empêcher à l'avenir les malversations. Les sieurs Bigot et Cadet, depuis leur retour du Canada, avoient acheté ici des terres considérables et faisoient beaucoup de dépense. On compte que ce jugement sera imprimé et rendu public; on en saura mieux les détails.

Du lundi 12 décembre, grande nouvelle à Paris. M. Bertin, contrôleur général des finances, a donné au Roi la démission de sa place; il y a déjà quelque temps qu'on parloit de quelques changements dans le ministère. M. Bertin étoit cependant fort soutenu par madame la marquise de Pompadour.

Mais ce qui a le plus étonné le public, c'est son successeur : le Roi a donné cette place de contrôleur général à M. de Laverdy, conseiller au Parlement, de la première Chambre des Enquêtes; c'est un jeune homme de quarante et un ans, fils de feu M. de L'Averdy, fameux avocat au Parlement, et qui a épousé la fille de M. de Vins qui a quitté le commerce, qui étoit un gros marchand de draps dans la rue Saint-Honoré, et fort riche.

Au surplus, M. de L'Averdy[1] est un homme d'esprit

1. L'Averdy (Clément-Charles-François de), né à Paris en 1723, mort sur l'échafaud révolutionnaire en 1793, était conseiller au Parlement lorsque madame de Pompadour, aidée du duc de Choiseul, le fit nommer en décembre 1763 contrôleur général des finances. L'argent était rare, les dissipations scandaleuses et les circonstances difficiles. Un écrit satirique publié sous le nom de Noël, à l'époque de sa nomination, peignit sous des couleurs trop vraies l'apparition d'un homme honnête et impuissant dans le ministère des finances.

> N'ayant de confiance
> Qu'au poupon nouveau-né,
> De L'Averdy s'avance
> D'un air tout consterné,
> Disant : Puisqu'en ce jour
> Vous êtes notre oracle;
> Jésus, je me livre à vos soins

et un grand travailleur; c'est lui qui a été un des quatre commissaires du Parlement dans l'affaire des jésuites, qui a fait une bonne partie des comptes rendus des différents colléges, et entre autres un grand compte rendu par lui, aux Chambres assemblées le 12 novembre dernier, historiquement de tous les colléges fondés anciennement dans Paris où il y avoit des bourses, dont le nombre est considérable et dans lesquels il n'y avoit plus d'exercice, sur quoi le Roi a donné des lettres-patentes, le 21 novembre dernier, pour la translation et l'établissement dans le collége de Louis le Grand, du collége de Lisieux, ainsi que des boursiers des colléges de Paris où il ne se trouve plus de plein exercice, et du tribunal des archives et des assemblées de l'université de Paris, en sorte que le collége de ces pauvres jésuites, qui conservera toujours le titre de collége de Louis le Grand et de fondation royale, est abandonné à l'université de Paris.

Ce grand ouvrage a fait beaucoup d'honneur à M. de L'Averdy.

Mais on n'en est pas moins surpris que le Roi ait tiré d'une des Chambres des Enquêtes du Parlement de Paris, un contrôleur général janséniste[1] et parlementaire, suivant les apparences, dans les circonstances présentes, au préjudice des gens du Conseil, comme intendants des finances et maîtres des Requêtes, qui sont dans les in-

Pour subvenir à nos besoins ;
Il nous faut un miracle.

Comme il n'avait pas répondu à l'attente générale, des couplets satiriques célébrèrent sa retraite. Le Français se vengea et se consola d'être grevé de quelques impôts de plus en chantant ce refrain :

Le Roi dimanche
Dit à L'Averdy :
Va-t-en lundi. BRESSON.

1. L'on dit d'autre côté que c'est défunt M. Berryer, garde des sceaux et homme très-instruit, qui avoit conseillé au Roi de jeter les yeux sur M. de L'Averdy comme très-capable pour la place de contrôleur général.

(*Note de Barbier.*)

tendances de province et qui sont présumés plus versés dans les matières de finances. On dit cependant qu'il a travaillé sur ces objets lors des remontrances du Parlement; on dit aussi qu'on avoit jeté les yeux sur un autre conseiller au Parlement, M. Lambert, homme de beaucoup d'esprit, mais qui a remercié, et l'on croit que M. de Laverdy a été choisi par le crédit de MM. de Maupeou, père et fils, vice-chancelier et premier président dont il est fort ami. Que devient dans tout ceci le crédit de M. de Choiseul dont on ne parle presque point?

Quoi qu'il en soit, les politiques sont assez embarrassés sur les vues et le plan du ministère, surtout dans les circonstances présentes, où les Parlements du royaume entreprennent de plus en plus sur l'autorité royale. La fermentation des Parlements continue toujours à Bordeaux, à Grenoble dont le Parlement a décrété de prise de corps M. le marquis du Mesnil, commandant de la province, et poursuit vivement la procédure de ce décret qu'il faudra purger; à Rouen, le Parlement et le bailliage ne font point de fonctions; à Toulouse, le Parlement s'est assemblé, mais ils n'ont point voulu admettre avec eux M. Bastard, premier président de ce Parlement, qu'ils ont traité de traître à la compagnie; il y a encore du mouvement dans d'autres Parlements.

Il s'agit de savoir à présent si tous les Parlements enregistreront la dernière déclaration du Roi et les lettres-patentes du 21 novembre dernier, sans autres modifications que celles du Parlement de Paris; s'ils enverront les mémoires que le Roi leur demande touchant l'administration générale des finances, et s'ils se contenteront des opérations que doit faire sur ces mémoires la commission qui sera ici établie par le Roi.

On espère apparemment que le vice-chancelier, M. de Maupeou, premier président, et M. de Laverdy, contrôleur général, parviendront, par leur esprit, à apaiser et à réunir dans un point de vue tous ces différents Parlements. C'est ce que l'on verra, car jusqu'ici rien n'avance pour le payement des dettes. Il est toujours dû trois années de gages à tous les officiers et domestiques de la maison du Roi et de la maison royale.

Le Roi a donné à M. Bertin la charge de secrétaire d'État qu'avoit M. Berryer et qui avoit été supprimée; on dit qu'il aura le commerce dans son département[1], ce qui n'est pas encore réglé. On parle beaucoup d'économie et de modestie de la part de M. de Laverdy; lui et sa femme ne jouissoient tout au plus que de quinze mille livres de rentes, ils vivoient bourgeoisement; le train de la Cour ne leur convenoit pas trop. Il est certain que M. de Laverdy avoit refusé la place, sous prétexte d'insuffisance dans la matière des finances, et que M. de Laverdy a demandé la permission de conserver toujours sa place de conseiller au Parlement, à tout événement.

Quoi qu'il en soit, chacun est toujours surpris de cette aventure; on dit généralement que c'est M. de Laverdy qui a fait la déclaration du 21 novembre, et que ce sont MM. de Maupeou, père et fils, qui lui ont procuré cette bonne fortune; d'autres disent que c'est madame de Pompadour et M. le duc de Choiseul; un peu, dit-on, par politique de Cour, pour amuser le public, en prenant un conseiller du Parlement, et voir comment il s'en tirera dans des circonstances aussi embrouillées.

Autre nouvelle. M. le duc de Fitz-James, porteur des ordres du Roi, pour l'enregistrement des édits du mois d'avril, les a fait transcrire sur les registres, sur le refus du Parlement, et est resté au Palais jusqu'à minuit, qui étoit le dernier jour de la tenue du Parlement; ces messieurs, malgré les vacances, se sont assemblés d'office, ont prorogé le Parlement et ont procédé à la radiation de ce qui avoit été mis sur les registres; sur quoi M. le

---

[1]. *Gazette de France* : On a ôté des provinces du département de M. le comte de Saint-Florentin pour en faire un à M. Bertin. (*Note de Barbier.*)

duc de Fitz-James, pour arrêter cette entreprise, a fait entourer de soldats le Palais, dans le mois de septembre, avec défense d'y laisser entrer les magistrats; et voyant que ces mesures n'étoient pas encore suffisantes, il a pris le parti de mettre aux arrêts chacun de ces messieurs dans leurs maisons, avec des sentinelles à leurs portes pour les empêcher d'en sortir : sur quoi M. l'archevêque de Toulouse a cru être obligé de leur donner la permission de faire dire la messe dans leurs maisons.

Mais après la rentrée du Parlement, à la fin de novembre, sur les procès-verbaux qui avoient été dressés de ces violences, par arrêt du 17 décembre, le Parlement de Toulouse, après avoir fait préalablement des mercuriales à M. Bastard, leur premier président, a décrété de prise de corps M. le duc de Fitz-James, et a ordonné la saisie et annotation de ses biens, sous prétexte d'avoir excédé les pouvoirs qui lui avoient été donnés par le Roi, et comme tel, criminel de lèse-Majesté, au second chef; ordonné, en outre, qu'il seroit informé contre lui, par-devant deux conseillers.

Et en même temps, ils ont envoyé lesdits procès-verbaux, décret de prise de corps et autres pièces, à la Cour de Parlement, séant à Paris, attendu qu'elle est éminemment la Cour des pairs, et plus à portée de convoquer lesdits pairs, pour le procès être fait et parfait audit duc de Fitz-James, suivant la rigueur des ordonnances.

En cet état, on dit que M. le duc de Fitz-James a écrit à M. le duc d'Orléans, premier prince du sang, pour se plaindre de l'attentat commis par le Parlement de Toulouse sur les droits de la pairie de France. Ce qui est de certain, messieurs les princes du sang et les ducs et pairs laïques et ecclésiastiques se sont rendus, samedi matin 24 décembre, par permission du Roi, au Palais-Royal, chez M. le duc d'Orléans.

Il a été arrêté dans cette assemblée, que jeudi matin 29, ils se rendroient dans la Grand'Chambre du Parlement; ce qui a été fait.

Du jeudi 29, MM. le duc d'Orléans, le duc de Chartres, prince de Condé, comte de Clermont, prince de Conti, le comte de La Marche, son fils (il ne manquoit que M. le duc de Penthièvre et M. le comte d'Eu), ainsi que grand nombre de ducs et pairs, l'archevêque de Paris et autres se sont rendus en la Grand'Chambre, en grand cortége et magnificence, chacun de leur côté; et quoiqu'il ne fût question que de la Grand'Chambre, tous messieurs des Enquêtes et Requêtes s'y sont aussi rendus.

M. le duc d'Orléans a dénoncé à cette auguste assemblée le décret de prise de corps, décerné par le Parlement de Toulouse et la plainte de M. le duc de Fitz-James.

M. le procureur général a observé que, messieurs les princes et ducs étant venus de leur chef, cette assemblée n'étoit pas régulière, parce qu'elle devoit se faire en vertu d'une convocation générale à chacun d'eux, de la part du Parlement; sur quoi, après une séance de deux heures, il a été arrêté que cette convocation se feroit dans le jour par des huissiers de la Cour, et M. le premier président a été chargé de se rendre à Versailles, pour inviter le Roi à venir au Palais le lendemain vendredi, pour présider à cette assemblée si ce jour lui convenoit.

Du vendredi 30 décembre. Tous les princes du sang se sont rendus au Palais, mais le Roi n'y est pas venu, et l'on s'en doutoit bien; il a été question de discuter le décret dans la forme et pour la compétence.

Arrêt par lequel la Cour, à qui appartient essentiellement et *uniquement* le droit de juger les pairs de France, a déclaré nul le décret de prise de corps décerné par le Parlement de Toulouse, contre M. le duc de Fitz-James, et remis l'assemblée à demain samedi, pour délibérer sur le fond de l'affaire.

Le vendredi, après midi, M. le premier président et deux présidents, ont été à Versailles, pour informer le Roi de ce qui s'étoit passé et pour prendre ses ordres; le Roi leur a dit qu'il s'étoit fait rendre compte des procès-verbaux et informations faits à Toulouse, au sujet de M. le duc de Fitz-James, et qu'il n'y avoit rien trouvé qui ne fût conforme aux ordres qu'il avoit donnés à M. le duc de Fitz-James; d'autres disent même que le Roi avoit fait défense de procéder sur le fond.

Du samedi 31 décembre. Les princes du sang et les ducs et pairs se sont rendus le matin, au Palais, à l'assemblée des Chambres, à la Grand'Chambre. On y a rendu compte de la réponse du Roi, au sujet de la conduite de M. le duc de Fitz-James (on dit même que le Roi l'avoit constatée par une lettre au Parlement); on y a examiné la plainte de M. le procureur général du Parlement de Toulouse, et les procédures faites jusqu'au… Il y a eu quatre-vingt-neuf voix pour faire des remontrances au Roi, et cinquante et tant, dit-on, pour continuer le procès contre M. de Fitz-James.

Sur quoi, toute la Cour a nommé des commissaires, savoir les princes du sang et ducs et pairs, des conseillers de Grand'Chambre et des Enquêtes, pour s'assembler, mercredi 4 janvier, dans la Chambre de Saint-Louis, et pour y arrêter les objets de remontrances à présenter au Roi, relativement apparemment à sa réponse du vendredi, au sujet des ordres qu'il avoit donnés.

Et ledit jour, samedi, on a obtenu une commission du grand sceau, et M. le procureur général de Paris a envoyé un huissier de la Cour, à Toulouse, pour signifier audit Parlement l'arrêt de Paris, du vendredi 30, qui déclare nul le décret.

Cette affaire devient critique et forme une corvée pour les princes et ducs, dont ils ne sont pas encore quittes.

Les jansénistes et les parlementaires ne sont pas contents de l'arrêt du vendredi, qui paroît donner atteinte au système nouveau du *Parlement de France*, faisant un seul corps composé de tous les Parlements du royaume, en qui l'on devroit supposer une égalité de droits et de pouvoir, d'autant que le Parlement de Toulouse avoit paru, par son arrêt du 15 décembre, vouloir reconnoître, dans le Parlement séant à Paris, le droit de tenir la Cour des Pairs.

Il est à craindre que cela ne produise une dissension des Parlements, ce que le ministère désireroit fort. Les Parlements de Bordeaux, Rouen, Besançon, Grenoble, Toulouse et autres pouvoient croire que le Parlement de Paris ne les avoit engagés dans ce système, d'un seul Parlement de France et de la division des classes, que pour les faire participer dans le parti de la destruction des jésuites; et qu'à présent que cette société paroît entièrement détruite, le Parlement de Paris n'est plus si jaloux de cette association des Parlements et prétend conserver et rentrer dans la supériorité dont il a joui jusqu'à présent.

L'on verra, par la suite, soit au sujet des remontrances auxquelles le Parlement doit travailler, soit par la conduite que va tenir le Parlement de Toulouse et que tiendront les autres Parlements, ce que deviendra ce prétendu schisme des tribunaux.

A l'égard du Parlement de Grenoble, qui a pareillement décrété de prise de corps M. le marquis du Mesnil, commandant de la province, et chargé des ordres du Roi pour l'enregistrement des édits, le Roi l'a fait, cette année, depuis sa mission, grand-croix de l'ordre de Saint-Louis, qui n'étoit que commandeur, ce qui prouve que Sa Majesté a été contente de tout ce qu'il a fait; et, en même temps, le Roi a mandé, dans ce mois-ci, dix des membres du Parlement de Grenoble, pour se rendre à la Cour et y rendre compte de leur conduite.

M. l'archevêque de Paris, toujours entêté dans ses principes, vouloit renouveler quelque querelle; il a fait et même fait imprimer une instruction pastorale, contenant, dit-on, trois objets : l'incompétence des tribunaux à traiter des affaires ecclésiastiques, la justification des jésuites sur les reproches que le Parlement leur a faits, dans les assertions au sujet de leur doctrine, et l'infidélité de ces assertions dans la citation des livres desdits jésuites.

Le ministère, averti de cela, a arrêté l'impression, avec des menaces à l'imprimeur de M. l'archevêque ; et il a défendu audit prélat, de la part du Roi, de faire paroître cet ouvrage, sous peine d'exil au château de Pierre-Encise, à Lyon, suivant la lettre de cachet dont il étoit porteur ; cependant, on dit qu'il y en a quelques exemplaires dans Paris, imprimés peut-être ailleurs. On dit aussi que cette instruction a été signée de dix ou douze évêques; on croyoit même qu'il en seroit question dans les assemblées du Parlement et des Pairs, mais M. l'archevêque y est venu, comme les autres, et il n'en a point été question.

Que M. l'archevêque ait raison ou non, dans le fond de l'affaire, à la bonne heure; mais c'est toujours, de sa part, une imprudence marquée de renouveler cette affaire des jésuites à présent, dans les circonstances critiques où le ministère est assez embarrassé avec la plupart des Parlements du royaume, et où l'affaire la plus importante est d'adoucir les impôts, et néanmoins de trouver les moyens d'acquitter les dettes de l'État qui sont considérables.

L'arrêt du Parlement de Paris, avec les princes et pairs, du 30 décembre, a été imprimé par la suite, dont tel est le dispositif :

« Notredite Cour, toutes les Chambres assemblées,
« suffisamment garnie de pairs, en vertu de la convo-
« cation ordonnée par l'arrêt du jour d'hier, toujours

« existante et *essentiellement et uniquement notre Cour*
« *des Pairs*, a dit et déclaré que, par l'arrêt du Parle-
« ment de Toulouse, du 17 décembre de la présente
« année 1763, il a été incompétemment décrété contre
« le duc de Fitz-James, pair de France, et, en cette qua-
« lité, justiciable de notre Cour des Pairs seulement ; en
« conséquence, déclare ledit décret et tout ce qui s'en
« est ensuivi ou pourroit s'ensuivre, nul. Fait défenses
« à tous huissiers d'en faire suite, sous telle peine qu'il
« appartiendra.

« Donné en notre Cour de Parlement, toutes les
« Chambres assemblées, le 30 décembre, l'an de grâce
« 1763, et de notre règne le dix-neuvième. »

Il paroîtroit, suivant les termes de cet arrêt, que le Parlement de Paris a voulu se conserver le privilége exclusif de juger les pairs, et qu'il renonçoit plutôt à l'association des autres Parlements pour ne composer qu'un seul Parlement de France ; mais il faut observer ici que c'est le Roi qui parle réellement, et qu'il ne se sert point de l'expression de Parlement *séant* à Toulouse.

FIN DU JOURNAL DE BARBIER.

JOURNAL DE POLICE

SOUS LOUIS XV

(1742-1743)

Note de l'éditeur. — Le curieux *Journal* que nous publions ici, à la suite de celui de l'avocat Barbier, a déjà été imprimé en 1834, dans la *Revue rétrospective*, par le savant M. Taschereau, et c'est à sa bienveillance habituelle que nous devons de le réimprimer aujourd'hui avec les mêmes renseignements qui accompagnaient la première publication.

A la prise de la Bastille, le 14 juillet 1789, au milieu de la dispersion des archives de ce fort, un manuscrit in-folio fut enlevé par un des vainqueurs ou plutôt peut-être par un des héros qui, après l'affaire, étaient venus à leur secours. Ce volume, couvert en parchemin, porte pour suscription : *Minutes pour le ministère*, 1742. Il résultera pour les lecteurs, comme il résulte pour nous, de la lecture d'une foule d'articles, que les nouvelles qu'il renferme étaient des bruits recueillis dans les lieux publics et dans les salons particuliers, par des mouchards de bon ton, qui les rédigeaient dans l'arrière-cabinet du lieutenant général de police. Celui-ci, après avoir pris connaissance de la minute, qui porte ses initiales et son paraphe, en envoyait expédition à ceux des ministres avec lesquels il correspondait, supprimant sans doute les indications qui n'étaient qu'à son adresse. Ainsi, nous aimons à croire que la désignation des maisons plus que suspectes, signalées à la date des 18 et 31 août 1742, n'eût été d'aucune utilité à M. de Maurepas ou à M. de Breteuil.

Le bulletin de chaque jour portait un numéro. Le premier du registre est numéroté 63, et le dernier 457. Si nous ne pouvons savoir si cette tâche fut poussée plus loin que ce chiffre, du moins nous n'ignorons pas que cette besogne n'était entreprise que depuis 62 jours quand ce registre fut commencé.

Si l'on excepte dans ce *Journal* les éloges obligés du lieutenant général, M. de Marville, éloges dont le retour s'explique facilement par le retour des époques d'émargement; si l'on excepte encore les dénonciations contre Voltaire, dont la langue envenimée devait en effet causer un surcroît de besogne fort dépitant pour les écouteurs et les rapporteurs, on y trouvera une reproduction qui doit être fidèle, parce qu'elle est souvent hardie, des causeries d'alors; on y trouvera surtout plus d'une curieuse révélation. C'est ainsi que l'article du 8 août 1742 nous apprend que les *Nouvelles*, dites *à la main*, alors qu'elles paraissaient, étaient permises par la police, qui, sans nul doute, se servait de cette voie pour accréditer, démentir ou dénaturer les faits [1]. La *Chronique* que nous donnons, n'ayant jamais été écrite que pour la coulisse, et non pour le parterre, ces altérations eussent été là sans objet.

Si un événement mémorable a ouvert à ce registre les portes de la Bastille, un hasard, dont nous devons nous louer également, l'a fait postérieurement tomber aux mains d'un de nos amis [2], qui a eu assez de patience pour le déchiffrer, de tact pour l'apprécier et d'obligeance pour nous le donner en communication.

Juillet.

27 juillet. — L'aventure de M. Pâris se confirme et commence à percer; on dit que M. de Breteuil a signé l'ordre qui a été envoyé à M. de Sauvigny et que M. Pâ-

---

1. « Si les *Nouvelles à la main* étaient remises, il conviendrait que le public fût informé de la vérité. »
2. M. Victor Schœlcher.

ris demande à la Cour que les dénonciateurs soient punis. Le Roi n'a été informé que depuis six jours de cet événement. Sa Majesté en a paru surprise, à ce qu'on assure, et s'est mise à rêver. On est dans l'attente à la Cour d'un changement; il y a des personnes de la première considération qui parieroient pour huit jours.

La place de conseiller d'État vacante n'est pas, dit-on, donnée, quoique l'on pense toujours que M. de Lesteville en sera pourvu. On ne l'assure pas, parce que M. Bignon continue à se donner des mouvements, qu'il va souvent chez madame de Mailly et chez les ministres; et qu'on soupçonne le vent du bureau en sa faveur.

On dit que M. le maréchal de Coigny sera envoyé en Bavière pour prendre le commandement de l'armée de M. d'Harcourt. Le bruit de l'augmentation dans la cavalerie se confirme; on assure dix hommes par compagnie. On dit à l'oreille que M. le cardinal a des quarts d'heure où son raisonnement louche, et que, malgré les soins que Barjac se donne pour dérober cette connaissance, on s'en est aperçu plusieurs fois. On répond que le bruit est faux, que Son Éminence jouit d'une parfaite santé, et que toutes les apparences sont qu'elle la conservera encore longtemps : les uns s'en réjouissent, le plus grand nombre aspire au changement.

28 juillet. — Sur les suites de l'aventure de M. Pâris, on dit M. de Montmartel dans la résolution de ne pas conserver la direction des vivres. Il fut dit hier à l'Opéra que le seul moyen pour le réhabiliter est de le faire contrôleur général.

IMPROMPTU FAIT À UN SOUPER CHEZ MADAME LA DUCHESSE
DE LUXEMBOURG SUR CHASSÉ.

Avez-vous entendu Chassé
Dans la pastorale d'*Issé?*

> Ce n'est plus cette voix tonnante,
> Ce ne sont plus ces grands éclats,
> C'est un gentilhomme qui chante
> Et qui ne se fatigue pas.

29 juillet. — Il fut assuré hier, par un officier qui a dîné chez M. de Breteuil, que le ministre avoit bien voulu rapporter qu'il avoit reçu une lettre de M. de Broglie avant-hier, qui lui marquoit qu'il avoit des vivres pour six mois à peu près, et que son armée étoit en état de tenir bon pendant ce temps, jusqu'à ce que les projets auxquels on travailloit eussent leur exécution ; qu'à l'égard des fourrages, ils étoient rares ; mais que M. de Breteuil savoit qu'il étoit officier de cavalerie, et qu'il en faisoit son affaire. Cette nouvelle, qui s'est répandue sur-le-champ à Paris, a fait un bon effet : on se persuadoit que les affaires étoient dans un bien plus mauvais état.

On a répandu hier le bruit que les dénonciateurs de MM. Pâris sont arrêtés, ce qui a fait un bon effet. On en nomme trois : le sieur Carlier, frère du secrétaire de M. le duc de Villeroy, et deux autres particuliers, qu'on assure avoir été, il y a huit mois, à Bicêtre. Le public les condamne à une amende honorable et à être pendus. On assure que de quelque manière que la Cour en use à l'occasion de MM. Pâris, leur crédit en souffrira beaucoup, surtout en pays étrangers, en cas que leurs correspondants n'aient pas de provisions, et qu'il soit question de crédit. On fait sans cesse l'apologie de MM. Pâris. Le nombre de leurs partisans est au-dessus de tout ce qu'on voudroit exprimer.

M. le contrôleur général, que le public a coutume de condamner, est fort loué sur ce qu'on assure qu'il a fort condamné la démarche de M. le Cardinal. On l'interprète à la Cour différemment. On y assure que les recherches faites en Dauphiné n'avoient pas pour objet MM. Pâris, et qu'elles ont été faites dans un château qui ne leur appartenoit pas, et non dans celui de Cerpes, comme on l'a publié.

Le Roi est de retour à Versailles, où Sa Majesté restera toute cette semaine; on prétend qu'elle y restera encore l'autre, et qu'il sera expédié deux ou trois affaires qui tiennent fort à cœur au gouvernement.

On voit, dans la *Gazette d'Utrecht*, une lettre écrite pour justifier la conduite du roi de Prusse, qui est fort adroite, et qui paroît être publiée pour donner une couleur favorable à sa défection.

M. le Cardinal ne se porte pas aussi bien qu'à l'ordinaire, et M. le contrôleur général se porte mieux.

Il s'est dit hier que madame de Tencin était partie le même jour à quatre heures du matin, ce qui est faux; elle n'est partie qu'aujourd'hui.

Les gazettes étrangères sont remplies de nouvelles désagréables, ce qui afflige fort le public. Les lettres des provinces portent qu'on y est dans la dernière consternation.

30 *juillet.* — M. de Breteuil va chez le maréchal de Puységur consulter les affaires de Flandre.

Le bruit qui s'est répandu hier que les Anglois avoient fait signifier au gouverneur de Toulon que, s'il continuoit à recevoir dans son port les vaisseaux espagnols, ils bombarderoient la ville, a été regardé comme une fanfaronnade dont on fait peu de cas; mais il donne lieu à de tristes réflexions par l'obligation où l'on se trouve de la souffrir d'une nation altière, pour laquelle le François a de l'antipathie naturellement. On craint que l'impunité ne la fasse passer des menaces à l'insulte. On se rappelle tout ce qu'elle a fait depuis le commencement de la guerre avec l'Espagne pour nous marquer sa mauvaise volonté, et l'on ne doute pas que dans les circonstances présentes elle ne mette en usage tout son crédit pour s'opposer à une paix qui fait aujourd'hui l'objet de tous les vœux.

L'on renouvelle les discours qui ont été tenus à l'occasion de M. le duc de Fleury et de son lieutenant-colonel. On prétend que l'aventure est vraie, et qu'elle ne pèche que par les circonstances. Voici la manière dont elle se publie aujourd'hui :

M. le duc de Fleury ayant voulu continuer un badinage avec son lieutenant-colonel, qui déplut à une partie des officiers, est pressé d'en faire raison. Ce seigneur disparoît sous prétexte du service du Roi, vient à la Cour, où il consulte M. le Cardinal sur le parti qu'il a à prendre.

Son Éminence le renvoie à son régiment après lui avoir fait sentir qu'il s'est mis dans l'obligation de satisfaire aux usages ordinaires. Arrivé au régiment, six officiers de son corps épousent sa querelle. On se bat sept contre sept. M. d'Argenson, qu'on avoit dit tué d'un coup de tonnerre, et qui étoit un des tenants du duc de Fleury, est tombé sur le carreau, percé de deux coups d'épée, aussi bien que trois autres. M. le duc de Fleury a été blessé légèrement; les combattants ont été séparés.

C'est M. de La Michaudière qui a été fait chef du conseil de M. le prince de Condé. On en dit beaucoup de bien.

On prétend que M. le Cardinal est fort baissé depuis quelque temps, et que la Cour est occupée à prendre de sérieuses mesures pour le remplacer. Les partisans de M. de Belle-Isle se donnent de grands mouvements et font passer leur patron pour le plus grand génie de l'Europe, et pour le plus capable de succéder à M. le Cardinal.

Ceux de M. de Tencin publient que cette Éminence a toutes les grandes parties de l'homme d'État; qu'il s'est attaché toute sa vie aux détails qui servent à faire fleurir le commerce et à rendre les peuples heureux, et que s'il parvient à cette grande place, il aura bientôt rendu à la France le lustre qu'elle semble avoir perdu depuis quelques années.

On ne doute pas que les premiers courriers qui parviennent n'apprennent de tristes nouvelles. On y est préparé.

31 *juillet*. — Les nouvelles qu'on a répandues hier dans le public l'ont fait passer de la consternation aux plus flatteuses espérances. Une lettre de Prague du 20 a occasionné ce changement. Elle porte que M. le maréchal de Broglie, à la faveur d'une fausse attaque faite par M. de Belle-Isle, étoit sorti de son camp par le côté opposé avec six mille cinq cents chevaux, et deux mille grenadiers d'élite; qu'il avoit pris la route d'Égra, où il y avoit apparence qu'il arriveroit sans obstacle; qu'il y trouveroit neuf bataillons de milice que le comte de Lanoy n'avoit pu faire passer à Prague, et qu'avec ce corps, se trouvant fort de quinze mille cinq cents hommes, il iroit au-devant de M. le duc d'Harcourt, qui devoit le joindre avec dix-neuf mille hommes, selon les ordres qu'il en avoit reçus; qu'il paroissoit que le projet, après la jonction, étoit de revenir à Prague, et d'attaquer le prince Charles, en cas qu'il s'obstinât à conserver son camp; ce que feroit M. de Belle-Isle de son côté au premier signal. Cette nouvelle est d'autant plus agréable, qu'elle assure que M. de Thermes a reçu des renforts qui le mettent en état de n'avoir rien à craindre de M. de Kevenhuller. Il est passé de son camp de Platting dans celui de M. d'Harcourt qui est très-avantageux.

Les Autrichiens, les malveillants, et les gens inquiets, semblent s'être ligués pour faire tomber cette nouvelle. Ils prétendent qu'elle a été débitée par ordre de la Cour, pour donner le change au public, et qu'avant peu on apprendra des malheurs qu'on auroit dû prévoir, et qui sont arrivés par la mauvaise administration de ceux qui sont à la tête des affaires.

Les Allemands qui sont à Paris débitent les plus désagréables bruits, ils prédisent que la France est à la veille de sa décadence, que la reine de Hongrie a formé des projets pour la réduire, qui seront appuyés par presque toutes les puissances de l'Europe ; que cette princesse a juré qu'elle ne feroit aucun accommodement sans que M. de Belle-Isle lui fût livré, pour lequel elle a conçu une haine implacable et qu'il s'est attirée, disent-ils, par les discours indécents qu'il a tenus contre cette reine ; il y en a plusieurs ; et le comte de Porta, qui a une maison à Chaillot, soutient qu'avant peu l'on verra l'Empereur à Saint-Germain à la charge de la France et dépouillé de tous ses États.

Des gens distingués qui ont été écoutés, disoient hier que M. de Belle-Isle avoit été désigné par le Roi pour être premier ministre ; que malgré la cabale contraire, on le verroit dans peu à la tête des affaires ; que ses partisans parloient fort haut, et avoient eu l'imprudence de dire que leur patron avoit une liste de ceux qui lui étoient contraires, et qu'il sauroit bien les abaisser ; qu'il ne craignoit pas les ministres qui tentoient de le croiser ; qu'il avoit des moyens infaillibles pour anéantir leurs mesures, et que ceux qui lui avoient été le plus contraires seroient les premiers à rechercher son appui.

Août.

1er août. — Les ennemis de la tranquillité publique et du gouvernement ont rejeté le public dans l'incertitude et la désolation ; ils ont combattu avec tant de force la nouvelle sortie de M. de Broglie de Prague, qu'il avoit adoptée avec tant de vivacité, qu'ils sont parvenus à la rendre suspecte, ou tout au moins à la rendre douteuse. Ils publient que le ministère étant instruit de l'inquiétude générale, a cru devoir la calmer par quelques apparences de succès ; qu'outre cela, voulant qu'on ne fît plus de réflexions sur ce qui est arrivé en Dauphiné, à l'occasion de MM. Pâris, il a fait répandre exprès les détails dont on a parlé dans la feuille précédente, auxquels on a donné des circonstances apparentes, pour l'occuper du moins jusqu'à ce qu'il pût l'être par d'autres endroits; en un mot, ceux dont on parle répandent qu'il n'y a plus rien à compter en Bohême, que les ennemis ont pris des mesures si certaines pour que les François ne puissent pas être secourus, qu'on doit s'attendre à leur voir subir la loi qu'il plaira à la reine de Hongrie de leur imposer.

Il y a bien des gens qui ont trouvé extraordinaire que M. de Séchelles ait été préféré pour la place de conseiller d'État; mais le plus grand nombre l'approuve, et surtout le militaire qui est depuis longtemps déclaré en sa faveur.

Les ministres s'assemblent fréquemment à la Cour; on tire beaucoup de conjectures à ce sujet, mais il n'y en a aucune qui fasse penser que le secret transpire; cependant on s'attend toujours à un changement.

Le Roi part samedi pour Choisy, où Sa Majesté restera jusqu'à jeudi prochain.

On compte sur une négociation concertée avec les Hollandois et surtout le voyage de M. de Seckendorf à Berlin. Le retour de M. le comte de Saxe à l'armée du Roi a tranquillisé, à ce qu'on assure, le ministère. On publie que la Czarine a de la bienveillance, depuis quelque temps, pour les François, et que la figure de M. le comte de Saxe, pour lequel elle avoit toujours eu de la bonne volonté, et la cour assidue qu'il lui a faite, n'ont pas peu contribué à la prévenir agréablement en leur faveur. La politique des ruelles ne garde pas le silence sur le voyage de ce seigneur à Moscou.

2 *août*. — Ce n'est qu'avec difficulté qu'on est parvenu à s'éclaircir du mystère qui règne depuis quelques jours dans les entretiens des personnes d'une certaine

distinction, il a pour objet l'éloignement de M. le Cardinal. Tous les partis sont réunis contre l'Éminence. La voix générale commence à percer; elle décide que c'est risquer la fortune de l'État que de garder plus longtemps des ménagements. On prétend que les ministres se sont assemblés plusieurs fois pour examiner cette importante question, et qu'ils sont convenus de faire leurs représentations au Roi sur le danger éminent où le royaume se trouve. On doit rendre à M. le Cardinal toute la justice due à son rôle : on s'est toujours fait honneur de travailler sous ce ministre, tant que son esprit a conservé la vigueur requise pour les affaires. Mais depuis que son grand âge a affaibli son jugement, on croit qu'il est du devoir des ministres de faire remarquer au souverain combien il est important de prendre des mesures pour empêcher une décadence totale. Tous ceux qui approchent le Roi sont convenus, à ce qu'on assure, de mettre toute dissimulation bas et de seconder les ministres. On attend d'instant en instant l'effet de ces résolutions; on croit qu'avant le retour du Roi de Choisy cette importante affaire sera décidée. Ce qui est positif, c'est qu'il y a de grands mouvements à la Cour.

On prétend aussi qu'il y a trois partis qui agissent secrètement pour succéder à la place de premier ministre. Les ressorts qui font mouvoir leurs brigues, sont : MM. de Belle-Isle, de Chauvelin et le cardinal de Tencin. Le plus accrédité semble être celui de M. de Belle-Isle. La maison de Toulouse, les princes légitimes, les petits cabinets agissent, dit-on, en sa faveur. Il a contre lui le ministère, presque tous les généraux et le public. Les détails à ce sujet seroient immenses. On doute fort que le Roi prononcé en sa faveur, en cas qu'il soit vrai que Sa Majesté fasse de sérieuses réflexions.

M. de Chauvelin n'a actuellement contre lui que sa disgrâce. Tout le monde lui accorde la capacité requise pour occuper avec dignité la place de premier ministre.

A l'égard de M. le cardinal de Tencin, on le craint; le passé fait tirer des conséquences pour l'avenir. On convient de sa pénétration, de ses lumières et de son habileté; mais on ne peut se résoudre à désirer qu'il soit préféré. Ses partisans publient que si cette Éminence est consultée, elle ne sera point chargée du timon de l'État, qu'elle désire la retraite, et que, contente de son état, elle ne pourroit se résoudre à le changer, surtout dans les circonstances présentes, à moins d'un ordre exprès de Sa Majesté.

L'affaire de MM. Pâris continue à faire beaucoup de bruit; on attend avec impatience ce qu'il sera décidé à leur occasion.

Les bruits qui courent sur les affaires de Bohême sont les plus désavantageux. On est surpris qu'on permette la lecture des gazettes étrangères qui inspirent au public la défiance et le jettent de plus en plus dans la consternation.

3 août. — On dit hautement que la Cour fait ouvrir toutes les lettres qui viennent de l'armée, ce qui occasionne la défiance et la circonspection. La grande police se tiendra vendredi prochain.

Le parti contraire à M. le Cardinal, est, dit-on, fort redouté. On prétend que l'air radieux, ferme et serein avec lequel Son Éminence a paru dans le dernier conseil, où l'on espéroit porter les grands coups, a dérangé tous les projets. La manière dont le Roi continue à en user avec ce premier ministre dément les bruits qui ont couru sur ce sujet, et suspend l'opinion où l'on étoit de sa retraite prochaine. Cependant les courtisans qui se prétendent bien instruits continuent d'assurer qu'avant peu le ministère changera de face, et que, malgré toutes les mesures que l'on prend pour dérober le faible de M. le Cardinal, on ne sera pas longtemps sans en être informé.

On demande quelles sont les raisons pour lesquelles on ne prend point un parti. Les partisans de M. de Belle-Isle frondent le ministère et disent hautement que les jalousies particulières ont empêché le bien général, que M. le maréchal de Belle-Isle auroit triomphé depuis longtemps des forces de la reine de Hongrie s'il avoit été secondé, que son projet étoit infaillible, mais que loin de lui en faciliter l'exécution, on a fait tout ce qu'il falloit pour le faire échouer. Les murmures commencent à gagner l'état mitoyen ; il y a à craindre qu'ils ne passent au peuple à la première occasion.

> — Adieu, monsieur le cardinal.
> En vérité, je suis bien mal,
> Mais de mon sort ce qui me pique
> N'est pas de mourir hydropique,
> C'est de mourir comme un Cursay,
> Cocu, peu riche et méprisé.

4 août. — L'on assure hautement à Londres que le traité entre les Anglois et les Hollandois est signé depuis le discours que le Roi a fait à son Parlement. L'on est persuadé que le mémoire de milord Stairs aux États généraux a fait beaucoup d'effet ; les détails où il entre sur l'impuissance où la France est d'agir, a fait beaucoup d'impression sur les esprits.

> — On s'étonne, mais sans raison,
> Que de son nouveau Salomon,
> Voltaire s'annonce l'apôtre :
> Sa pagode peut-elle être autre?
> N'est-il pas juste qu'un fripon
> Pour son saint en choisisse un autre?

5 août. — La manière dont l'on débite qu'un commis de M. de La Borde a été enlevé a été trouvée singulière ; M. de Marville ayant été informé, dit-on, que cet homme parloit imprudemment, et étant dans l'usage de ne point agir sans lumière, ordonna à trois exempts de bonnes façons de joindre adroitement cet homme et de le faire parler. Ils en trouvèrent l'occasion au Luxembourg sur un banc où il étoit seul, et où ils le joignirent. Le commis ne démentit point les rapports qu'on avoit faits de lui. Il rendit l'histoire qui a couru sur M. le duc de Fleury. Lorsqu'on fut à la veille de se séparer, un des exempts proposa un fiacre, sous prétexte qu'étant tous du même quartier ils en profiteroient. Sous une couleur vraisemblable, on leva les volets du carrosse dès qu'on fut dans Paris, et après plusieurs tours, les exempts déclarèrent au commis qui ils étoient, et pourquoi ils l'arrêtoient. Ils le firent monter dans un appartement, le firent bien souper, l'enfermèrent la nuit dans sa chambre, et le lendemain le firent remonter en carrosse, et lui donnèrent la liberté, en l'avertissant qu'on lui faisoit grâce pour cette fois-ci, mais qu'il apprît à l'avenir à être plus retenu dans ses discours.

Les lettres du 21, d'Antibes, portent que don Philippe en étoit parti le 18 pour se rendre à Grasse, que le 30 il a dû prendre la route de Draguignan, d'où il partoit pour se mettre à la tête de son armée qui défile vers Barcelonnette, où l'on doit forcer le passage du Piémont.

Le bruit s'est répandu hier au soir que le roi de Sardaigne étoit gagné d'accord avec l'Espagne; on craint cette nouvelle douteuse, elle a été reçue du public avec la plus grande satisfaction.

Les délateurs de M. Pâris, sont: un ci-devant huissier de la chancellerie, et Chilly, frère d'un homme attaché à M. le duc de Villeroi.

M. Rollin, fermier général, est plus mal ce matin.

Les lettres du 26, de Bavière, ne marquent point que M. le comte de Saxe y est arrivé, comme on l'a publié. Celles du 20 de Dantzig apprennent qu'il étoit dans cette ville le 18.

Le fils Duval, maître à danser, a certifié hier que M. l'abbé de Broglie, sur des plaintes faites par l'abbé d'Harcourt, lui avoit dit qu'il convenoit qu'un officier qui étoit subordonné ne fût point haut et qu'il exécutât à la lettre les ordres de son général. On ne croit pas un mot des rapports de ce maître à danser.

M. de Rieux a quitté la Camargo et a repris la poulette Mariette, à qui il a envoyé douze plats d'argent. La Camargo préfère Gelyot à ce président.

Voltaire fait jouer jeudi prochain la tragédie de *Mahomet* qu'il a fait répéter hier devant quelques personnes de distinction.

La petite Coupé s'est entêtée d'un greluchon étranger. Le milord Staford qui a été averti qu'elle vouloit s'enfuir avec lui a fait tapage. Tout est raccommodé.

La petite Le Breton a renvoyé Berger, et sa place est remplie.

L'on trouve extraordinaire la conduite de Gruère, garde du Trésor royal, qui passe les après-dînées à l'Arbre des Grâces avec la Carville, tandis que Dupré se mord les doigts chez la demoiselle, et qu'il lui prépare les mercuriales à son retour.

M. Pâris de Montmartel a travaillé avant-hier avec M. le Cardinal et avec M. de Maurepas; et il causera jeudi une partie de l'après-dînée avec M. de Breteuil. Le bruit court à cette occasion qu'il doit être honoré d'une distinction par le Roi, qui prouvera combien Sa Majesté est satisfaite de ses bons services, et qu'il n'y a rien de désagréable dans l'aventure qui a été publiée à son occasion.

Il s'est battu hier après le dîner deux hommes devant le café d'Estrées, rue de l'Arbre-Sec, dont l'un a été blessé de deux coups d'épée. Ces gens passent pour être du commun.

La grâce qui a été faite à M. de Chauvelin, à qui la Cour a accordé des lettres de président à mortier honoraire, a surpris tout le monde, avec d'autant plus de raison qu'il n'y a pas d'exemple de cette faveur dans les règnes précédents. Les politiques tirent des conséquences agréables pour M. de Chauvelin, son oncle. On ne seroit point surpris actuellement si ce ministre disgracié revenoit à la Cour. Le nombre de ses partisans augmente tous les jours.

L'on assure qu'à l'avenir le Palais-Royal sera fermé à neuf heures précises. Tous les gens de bien applaudissent d'avance à ce règlement, et le désirent en cas qu'il soit douteux. On prétend que c'est grâce aux représentations de M. de Marville à M. le duc d'Orléans que cette police aura lieu, et ce magistrat est fort loué d'avoir instruit le prince de l'indécence qui règne toutes les nuits dans le jardin de son palais.

La manière dont s'est conduit M. de Marville, dans la discussion occasionnée pour le portrait de la veuve du général La Motte, a été fort applaudie hier dans le public, sur le rapport qui en a été fait par Messieurs les membres de l'Académie de peinture ; on ajoute aux circonstances de cette aventure que le magistrat a pris sous sa protection la dame peintre et qu'il l'a présentée à madame de Marville en l'engageant à lui faire faire son portrait ; on loue aussi beaucoup tous les soins qu'il se donne pour que le désordre ne continue pas à régner à Paris.

On désire que M. de Marville fasse des mercuriales aux commissaires dont la plupart protégent ouvertement les femmes de mauvaise vie, et ne veillent pas à la propreté des rues de traverse, ou remettent les amendes à ceux qui sont justement taxés.

Il court sur le soir un nombre de pauvres très-grand, dont la plupart demandent la charité avec insolence.

On remarque aussi que la guerre n'a point enlevé tous les spadassins aux mauvais sujets de Paris. Ces gens couchent chez celles qu'ils soutiennent, à tour de rôle, pour ne pas être connus. Une enquête d'inspecteurs ou d'exempts dans les quartiers feroit reconnoître la plupart des auteurs des scandales occasionnés dans les maisons où leur industrie les a installés.

7 août. — Le changement auquel on s'étoit attendu à la Cour paroît être différé encore de quelque temps.

La manière obligeante avec laquelle le Roi en a usé pendant son séjour à Versailles toutes les fois qu'il a paru aux yeux de la Cour avec le cardinal, manifeste que Sa Majesté n'est point prévenue contre ce ministre, comme on le disoit sourdement. D'ailleurs le parti qu'on croyoit être le dominant est absolument tombé. Il est vrai que pendant cinq jours l'on s'est attendu à voir arriver de moment en moment M. le cardinal de Tencin; bien des courtisans croient même que le premier ministre, instruit de ce qui se disoit à cette occasion, a confirmé ce bruit par politique, afin que Sa Majesté s'en expliquât, sachant son éloignement pour ce sujet.

On prétend effectivement que le Roi a déclaré, lorsqu'il a appris ce qui se publioit, que tant qu'il régneroit, M. de Tencin n'auroit point de part aux affaires, et qu'il n'auroit jamais de prêtre pour premier ministre. Cette décision formelle a rendu au parti de M. de Belle-Isle toute sa confiance. On croit même que de tous les prétendants c'est celui qui est le plus digne de l'être, et qui conviendra le mieux à tous les esprits.

Quoique l'on assure que M. le Cardinal jouisse d'une parfaite santé, bien des gens disent que Son Éminence sur la fin du jour a des foiblesses et des absences qui annoncent une fin prochaine.

Les conséquences qu'on a tirées de la faveur accordée à M. de Chauvelin ne paroissent pas fondées. L'on sait que Messieurs les présidents à mortier se donnent de grands mouvements pour empêcher l'enregistrement des lettres honoraires de président à mortier, et qu'ils doivent faire des remontrances au Roi et au ministre à ce sujet. On croit aussi qu'il est question de remettre les choses au Grand-Conseil sur le pied où elles étoient auparavant. On assure même que le projet, avant que d'accorder des lettres à M. de Chauvelin, étoit de le créer premier président de cette Cour.

On dit que madame de Mailly est venue se promener à Saint-Ouen, il y a quelques jours, et que le marquis de Meaux avoit l'honneur de l'accompagner.

M. le duc de Gèvres va demain à Choisy; ce seigneur paroît fort bien avec le Roi.

La salle des machines des Tuileries a été donnée à l'Opéra pour lui servir d'un second magasin. L'on est fort mécontent du sieur Servandoni qui l'a fort délabrée par ses spectacles, et il n'aura plus la liberté, à l'avenir, d'en donner au public. On dit qu'au lieu d'avoir tiré parti de ceux qu'il a donnés les années précédentes, ils ont été l'occasion de plus de quarante mille francs dont il s'est endetté.

On dit que Chassé s'est battu vendredi dernier à la sortie de l'Opéra, mais cela n'est pas confirmé.

On trouve extraordinaire qu'il paroisse dans les dernières gazettes une lettre de M. le Cardinal, par laquelle cette Éminence se justifie des bruits qui ont couru sur ce qu'il avoit voulu faire la paix en secret, avec la reine de Hongrie, à l'insu de ses alliés.

Il paroît un écrit, qu'on dit imprimé à La Haye, sur les affaires du temps. C'est *le Pater* et *l'Ave Maria commentés* : par le *Pater* le Roi est sous-entendu, et par l'*Ave* la reine de Hongrie. Il n'est pas facile de trouver cet écrit.

L'on va remettre incessamment *les Éléments*; *Hippolyte et Aricie* de Rameau et de l'abbé Pellegrin succédera, et *Phaéton* sera donné après la rentrée. Ce spectacle va très-mal.

On doute que la tragédie de *Mahomet* de Voltaire réussisse. Ce poëte n'est pas aimé.

8 août. — M. le duc d'Orléans demande que Marchein, haute-contre, n'entre point à l'Opéra.

Le parti de M. de Chauvelin se fortifie de jour en jour. La grâce accordée au neveu sert de prétexte pour se souvenir du mérite de l'oncle. Soit que le public soit persuadé que cet ancien ministre a des talents supérieurs, ou que sa disgrâce l'ait attendri, on désire hautement qu'il soit remis en place, et l'on est extrêmement prévenu en sa faveur.

On publie que MM. Pâris ont pris le grand ton à la Cour, et qu'ils prétendent des distinctions qui prouvent, en France et dans les pays étrangers, qu'ils ont été mal à propos suspectés. Leurs amis poussent trop loin leurs raisonnements à ce sujet. On croit que M. le Cardinal a trouvé les moyens d'assoupir cette affaire, et que MM. Pâris n'ont point de part à toutes les imprudences qui se débitent à leur occasion.

On est fort étonné dans le public de ce que M. le Cardinal existe, et qu'il soit encore en place. Après les bruits positifs qui avoient été répandus de sa mauvaise santé, et les brigues puissantes qui se tramoient contre Son Éminence, on s'attendoit d'heure en heure à apprendre sa retraite. On dit que ses ennemis sont confondus, et qu'on est beaucoup plus réservé sur le compte de ce ministre qu'on ne l'a jamais été.

La tragédie que Voltaire doit faire jouer cette semaine donne occasion aux réflexions du public sur cet auteur. Il paroît qu'il est décrié généralement. On est parfaitement persuadé que la lettre au roi de Prusse, qu'il a désavouée, est certainement de lui. On cite M. de La Reynière, qui l'a eue entre les mains, et qui l'a remise à M. le Cardinal. On rapporte que Voltaire, ayant été pour se disculper auprès de M. de Mailly, en avoit été très-mal reçu, et que tous ceux qui l'avoient protégé jusque-là n'ont pas voulu se mêler de cette affaire. Malgré la protection de madame la duchesse de Luxembourg, on prétend qu'elle lui a fait défendre sa porte, aussi bien que toutes les personnes de considération. Madame du Châtelet est examinée avec des yeux aussi sévères; on trouve singulier qu'une femme de qualité conduise par la main un homme qui s'est rendu l'objet du mépris général. On dit, par dérision, qu'il faut bien se donner de garde de la voir, qu'elle a trop d'esprit, et qu'elle peut rester avec Voltaire, qui doit lui tenir lieu de tout. On ne lui fait pas plus de quartier sur ses galanteries. Le sieur Dinart, gouverneur de son fils, n'a été choisi, dit-on, pour cet emploi, que parce qu'il se pique d'être sans religion.

L'on ne dit pas des choses avantageuses de la pièce de Voltaire, on s'attend qu'elle aura un mauvais succès. L'auteur prétend cependant qu'elle ne sera pas sujette à l'approbation de la police. Si les *Nouvelles à la main* étoient remises, il conviendroit que le public fût informé de la vérité.

9 août. — L'on assure dans les maisons d'une certaine distinction, que dans le dernier conseil, où le Roi ne se rendit qu'à huit heures, M. le Cardinal s'étoit proposé de déplacer M. le contrôleur général, et de faire donner sa place à M. d'Argenson, dans l'idée où Son Éminence étoit que ce ministre n'assisteroit pas ce jour au Conseil, à cause de son incommodité. L'anecdote rapporte que M. Orry, soupçonnant les mauvaises intentions du premier ministre à son égard, s'étoit fait apporter au Conseil, où il avoit parlé avec beaucoup de fermeté sur la situation des affaires, et qu'à la fin de son discours il avoit fait comprendre que la gloire du Roi et celle de la nation souffroient de l'indécision et de la timidité dont on se conduisoit dans des circonstances aussi importantes que celles où la France se trouvoit; que Sa Majesté ayant demandé si l'on avoit des fonds pour soutenir de grandes opérations, M. le contrôleur général avoit répondu qu'il en faisoit son affaire, et que dès qu'il s'agiroit de rendre à l'État sa splendeur, et d'empêcher qu'il ne perdît de sa gloire, il trouveroit soixante millions, et que tous les François feroient leur possible pour donner des preuves de leur zèle au Roi. L'on ajoute que le Roi a paru fort satisfait de ces assurances, et qu'il a conclu qu'il vouloit qu'on fît tout ce qu'il convenoit pour faire une paix honorable, et en attendant pour qu'on soutienne la guerre contre la reine de Hongrie, jusqu'à ce que l'Empereur eût l'état qui convenoit à sa dignité.

On continue à dire que les brigues subsistent toujours à la Cour, et que les partisans des prétendants au ministère agissent avec plus de chaleur que jamais. On nomme un quatrième aspirant. On prétend que M. de Maurepas a lieu, plus que les autres, d'espérer la préférence. Le Roi le considère, la Cour ne lui est pas opposée, le public l'aime; en un mot il paroît que tous les vœux sont pour lui; cependant on n'ignore pas qu'il a des ennemis; mais ils sont anonymes, on les soupçonne et l'on ne les nomme pas.

Les créatures de M. de Chauvelin font sonner toujours bien haut la distinction accordée à son neveu, ils répandent même que cet ancien ministre a été consulté sur les affaires présentes, et que ses avis seront suivis de l'exécution; ils portent la confiance au point d'assurer qu'on lui a offert de venir prendre la place de ministre des affaires étrangères, et qu'on le reverra dans peu à la Cour.

Une personne en place demanda hier à un particulier à quel taux étoient les actions; sur ce qu'il fut répondu qu'elles étoient à deux mille dix, il répondit : « Quoi! « elles ne sont qu'à cela? » réponse qui a donné lieu à bien des conjectures.

10 *août*. — M. le duc de Chartres reçoit les compliments de la Cour sur son mariage avec mademoiselle de Conti, qui a été déclaré avant-hier. M. le duc d'Orléans s'est jeté à Sainte-Geneviève pour trois semaines, pour implorer les miséricordes de Dieu pour les futurs époux.

L'on dit que les ministres, pour éviter un principal, après la mort ou la retraite de M. le Cardinal, ont pris un parti qui passe pour être aussi adroit qu'il sera favorable pour la nation, s'il a lieu : c'est de travailler ensemble et d'être en état les jours de Conseil de mettre en peu de mots le Roi au fait des affaires courantes, afin que ce travail ne le fatigue point, et que Sa Majesté puisse y prendre du goût. On croit que l'intention même de notre maître est de s'en tenir à son Conseil et de n'avoir point de premier ministre. On ne doute pas en ce cas que M. de Maurepas n'ait un puissant crédit; sans être adoré, ce ministre est fort considéré.

L'on continue à dire que les présidents à mortier se donnent de grands mouvements sur la faveur accordée à M. de Chauvelin.

La pièce de Voltaire a été jouée hier; on ne trouve pas l'intrigue très-intéressante; Voltaire s'est peint dans le caractère de Mahomet. L'on est surpris que l'on ait permis la représentation de cette pièce, où il y a des traits hardis et pour la religion et pour la politique; celui qui envisage les préjugés de la nature comme une habitude a révolté. Malgré tous les gens apostés pour la réussite plénière de cette pièce, et que Voltaire soit descendu dans le parterre, il s'en faut beaucoup que l'applaudissement ait été général. Il y a de beaux vers, de belles situations; la reconnoissance du père et des enfants n'a point aussi touché que la cabale a voulu l'insinuer.

M. le comte de Clermont a envoyé chercher, ces jours derniers, le sieur de La Roche, qui a bâti la grande maison de la rue des Bons-Enfants, vis-à-vis de chez mademoiselle Dumaine, dans l'espoir de l'engager à donner un appartement chez lui à la Saint-Germain. La Roche s'est tiré de cet embarras avec autant d'esprit que de respect.

12 août. — Il semble que depuis quelques jours le

public soit moins indisposé contre M. le Cardinal qu'il ne l'étoit précédemment. On se rappelle la sagesse de son ministère et toutes les bonnes qualités qu'on ne peut refuser à Son Éminence.

Le public a fort approuvé l'arrêt du Parlement, qui condamne M. de Fimarcon aux dépens, et qui met son appel au néant. Il se débite des traits de cet homme qui le rendent l'objet du mépris de tout le monde; sous prétexte d'un grand souper, son rôtisseur, rue de l'Arbre-Sec, lui avoit confié non-seulement toute sa vaisselle d'argent, mais en avoit encore emprunté. M. de Fimarcon la mit en gage, et le rôtisseur en est non-seulement pour les frais de son souper, mais encore pour l'argent qu'il est obligé de rendre pour retirer sa vaisselle d'argent.

La dame Dargerin, connue par bien des endroits, et qui, pour dernière ressource, s'est avisée de faire le métier de complaisante et de prêter son appartement aux femmes obsédées de leurs maris ou de leurs amants, ou à des filles de bonnes maisons, qui, sous quelque prétexte, trouvent le secret de s'échapper, a rassemblé hier, à neuf heures, tout le Palais-Royal par un concert des plus éclatants. On dit que c'est pour annoncer à tous ceux qui ont besoin de son ministère, qu'elle loge sur le Palais-Royal.

13 *août*. — Il paroît, d'après toutes les lettres qui arrivent des provinces, qu'on s'y attend à un changement de ministère; on en parle moins aujourd'hui à Paris qu'à l'ordinaire; cependant les gens qui se prétendent bien instruits annoncent qu'avant quinze jours il y aura des nouvelles importantes à ce sujet.

Quoiqu'on assure que le roi de Portugal soit entièrement rétabli de sa maladie, on débite ici qu'il mourra sous peu; il y a longtemps qu'on le prédit à Madrid.

L'on a des raisons positives pour croire que les brigues ont plus lieu à la Cour que jamais. Le parti de

M. le cardinal de Tencin, qui paroissoit affaibli, reprend, à ce qu'on pense, beaucoup de vigueur. Celui de M. de Belle-Isle est toujours le prédominant. L'on soupçonne dans le public la nouvelle prochaine d'un grand événement.

14 août. — On disoit hier à la Cour que Son Éminence s'est déterminée à mander M. le cardinal de Tencin, et que cette nouvelle qui s'est répandue, peut-être sans fondement, a été reçue sans éloignement. Le désir que tous les bons François marquent pour la gloire du Roi leur rendra toujours cher tout ce qu'ils croiront capable de soutenir avec éclat la dignité du ministère et celle de la nation.

Le Roi a soupé hier à la Muette. Sa Majesté part mardi pour Choisy, où elle séjournera jusqu'à mardi prochain. M. de Marville s'est rendu à la Cour dimanche et en est revenu hier au soir. Le public revoit toujours avec plaisir ce magistrat.

16 août. — On trouve fort surprenant que dans l'article de France, en date du 8, il soit avancé que M. le cardinal de Tencin est nommé adjoint du premier ministre, et que le sieur Chaban, premier commis de la police, doit être employé avec distinction dans les affaires étrangères.

Ce n'est pas la première fois que cette gazette parle des mêmes choses de différentes manières, ce qui a occasionné beaucoup de raisonnements qui ne méritent pas la peine d'être relevés. Une personne de la première considération disoit hier, à ce sujet, que la véritable cause de ce qu'on parloit si souvent du cardinal de Tencin étoit que des prétendants au ministère le craignoient, et qu'ils faisoient insérer dans les nouvelles publiques ce qui a été dit, afin de réveiller l'attention du premier ministre, ou lui donner de l'inquiétude. L'auteur de la feuille pense avoir deviné le fait. Depuis que les *Nouvelles à la main* sont supprimées, quelque auteur anonyme continue à fournir une feuille à Cologne. L'embarras où il se trouve de la remplir le fait recourir à des conjectures ; il est peut-être attaché à ceux dont il emploie les noms si souvent, et le gazetier, qui n'a point d'autres nouvelles que les siennes, en fait usage dans l'article de Paris, sans s'embarrasser si elles sont sensées ou si elles ne le sont pas.

Ces discours, occasionnés au sujet dont on vient de parler, ont fait demander qui étoit M. Chaban ; il s'est trouvé des gens qui ont assuré qu'il avoit du mérite et de l'habileté, et qu'il étoit fort digne de cet emploi.

17 août. — Le parti que M. le Cardinal a pris de se rendre à Draves, maison appartenant à un de ses secrétaires, M. Monglas, à portée de Choisy, donne lieu à bien des conjectures. Ceux qui respirent après un changement se flattent que le Roi se trouvera gêné par cette proximité, qu'il ne pourra s'en taire devant ceux qui ont sa confiance, et qu'on profitera habilement de cette occasion pour renvoyer M. le Cardinal à Issy, ou du moins pour faire sentir à Son Éminence que son voyage à Draves déplaît, ce qui pourroit lui donner du dégoût et la porter elle-même à demander à se retirer.

Tous ceux qui sont contraires à M. le Cardinal prétendent que si ce prélat s'est approché de Choisy sans l'agrément exprès du Roi, il n'y a aucun doute que cela ne hâtera le changement qu'ils espèrent. Les créatures de Son Éminence soutiennent que le Roi a engagé M. le Cardinal à s'approcher de Choisy, dans la vue de conférer plus souvent avec ce ministre, et qu'il est plus agréablement avec le Roi que jamais.

On ajoutoit à tous les raisonnements qui ont été faits à ce sujet, que M. le Cardinal étoit bien informé qu'il devoit être question, dans ces voyages de Choisy, d'entrevues secrètes, où on traiteroit de nouveaux arrangements. Son Éminence s'étoit mise à portée de veiller les démarches des courtisans et d'apprendre quels étoient ceux qu'on introduisoit à Choisy secrètement.

On dit que M. le procureur général a écrit une grande lettre à M. de Marville, par laquelle il entre dans un grand détail à l'occasion de la tragédie de Voltaire, dans laquelle il se trouve des choses hardies sur le déisme qui méritent la plus sérieuse attention. Le public, qui a toujours trouvé extraordinaire qu'on ait souffert la représentation de cette pièce, est persuadé que M. le lieutenant général de police n'y a eu aucune part, et qu'au contraire elle n'eût pas été jouée s'il en avoit été le maître absolu. Les spéculatifs prétendent aussi qu'il a été imprudent de souffrir que la religion de Mahomet fût jouée sur le théâtre, dans les circonstances d'amitié renouvelée avec le Grand Seigneur et scellée par l'ambassade qu'il a envoyée en France. On contoit que si cette pièce est imprimée, qu'elle sera envoyée à Zaed Effendi, et que le grand seigneur pourra s'en plaindre à M. de Castellanne, notre ambassadeur à sa Cour.

18 août. — L'ordonnance du Roi qui a paru hier pour l'augmentation de dix maîtres par compagnie dans toute la cavalerie de France, a donné lieu à quelques observations. Les militaires prétendent que les capitaines qui ne sont pas riches se trouvent fort embarrassés, que soixante livres que le Roi leur donne pour chaque homme, et trente livres pour les fournitures, ne les indemniseront que d'une partie de la dépense qu'ils seront obligés de faire, puisque le Roi, ne fournissant que l'étoffe pour l'habillement, le cheval tout nu et les armes, le buffle, le chapeau, les bottes, les menues fournitures et la selle, et tout ce qui sert au cheval, consommeront deux fois au moins la gratification accordée. On est encore surpris que les carabiniers soient sur le même ton de la cavalerie ordinaire. On prévoit aussi bien des difficultés pour la manière de faire des recrues, et l'on auroit désiré que la Cour eût donné quelque facilité pour cet article, et qu'elle se fût expliquée plus clairement dans ceux qui ont rapport à l'habillement.

Le sieur Renaud, commissaire des guerres, qui s'est distingué à l'escalade de Prague, qui est parti du 6 de cette ville, chargé, à ce que l'on soupçonne, d'une commission particulière par les généraux françois, fut présenté au Roi mardi dernier, et fut gratifié d'une croix de Saint-Louis et d'une pension.

Un fils de feu M. Hérault, âgé de huit ans, est mort hier entre sept et huit heures du soir au collége. Cette nouvelle a donné lieu de dire beaucoup de bien de feu M. Hérault, et de faire quelques observations sur les obligations que le public a au magistrat qui lui a succédé, qui, par sa prévoyance et son habileté, a prévu des malheurs que la disette des blés auroit occasionnés, si l'on n'avoit pas trouvé les moyens d'en faire venir à Paris.

M. le cardinal de Fleury est retourné hier à Issy. M. de Pont de Veyle, neveu du cardinal de Tencin, part dimanche, à quatre heures du matin, pour se rendre à Lyon, où il séjournera quelque temps.

Le public a fort approuvé la suppression de la tragédie de Voltaire. Cet auteur part mardi prochain pour Bruxelles avec madame la marquise du Châtelet.

Il y a un cabaret à bière, au coin de la rue Ogniard, à côté d'un chapelier, rue Saint-Martin, qui sert d'entrepôt aux raccrocheuses et aux crocs du quartier.

Dans la rue Thibautodé, chez une fruitière, au-dessus d'un perruquier, vis-à-vis l'arche Marion, l'on y exerce le même métier.

19 *août*. — L'ordre de début qui avoit été accordé aux danseurs que M. le comte de Saxe protége, et qu'il avoit recommandés, a été retiré par l'intendant des Menus, par ordre de M. le duc d'Aumont, et il est défendu aux comédiens italiens de les faire danser sur leur théâtre. Le sieur Thuret a envoyé hier un huissier à chaîne avec un commissaire pour les mêmes fins ; on ne les croit pas assez dociles pour obéir.

M. le cardinal de Fleury ne retourne à Issy qu'aujourd'hui. Le sieur de Lacretelle, sachant que le chevalier de Mouhy avoit les vers qui ont été faits sur Voltaire, les lui a demandés hier pour les faire voir, a-t-il dit, à M. de Marville, chez lequel il devoit dîner.

ÉPIGRAMME.

Sache, ennemi du grand Rousseau,
Digne ami du petit La Marre,
Du mont sacré noir étourneau,
Aigle aux yeux du vulgaire ignare,
Voltaire, on ne te retient pas,
Cours, vole, au fond des Pays-Bas
Replonge ta muse infernale;
Loin, pour jamais, loin de nos yeux,
Avec ton squelette odieux,
L'ennui, l'horreur et le scandale.

20 août. — Le voyage que M. le Cardinal a fait à Draves continue à faire l'objet des réflexions de bien des gens. On prétend que Son Éminence y a vu M. de Chauvelin, qui avoit eu ordre de s'y rendre, et qu'il a conféré deux jours avec cet ancien garde des sceaux : on porte la supposition au point de prétendre que les dernières mesures qui ont été prises pour la continuation de la guerre, sont parties de cette source, et qu'avant peu l'on verra de grands changements. Enfin l'on assure que M. le Cardinal met tout en usage pour barrer M. le comte de Belle-Isle, dont les brigues supérieures l'approchent à grands pas du ministère, et qu'on recourt à tous les moyens qui pourront l'en éloigner.

Les partisans de la reine de Hongrie et les gazettes étrangères ont fait l'effet qu'on en devoit attendre. Le public est dans la consternation. L'on croit tout perdu en Italie pour les Espagnols, et l'on n'a pas meilleure opinion des affaires en Bohême. On n'a plus aucune confiance aux nouvelles qui publient des avantages. On regarde comme supposé par le ministère le détail qui a été publié de l'avantage remporté par M. de Broglie en Bohême le 27. L'impudence des mauvais François l'emporte sur la sécurité et sur la confiance que les bons ont de la valeur des François et de l'habileté des généraux. Ils n'osent plus se flatter. A peine avance-t-on une nouvelle agréable qu'elle est détruite un moment après par tout ce qu'il y a de plus fâcheux. Les mécontents, du nombre desquels sont les militaires qui n'ont pas été employés, les protestants; les Génevois et surtout les brigues des prétendants au ministère tiennent perpétuellement le public en alarme. On ne ménage point les termes; on attribue à la foiblesse du ministère tous les inconvénients occasionnés par le hasard.

Voltaire part demain avec la marquise du Châtelet pour Bruxelles. L'abbé Desfontaines se vante que c'est à lui qu'il doit la suppression de sa pièce, par les démarches qu'il a faites auprès de M. l'abbé de Fleury pour faire sentir l'indécence de sa tragédie.

L'on a des raisons pour croire que......... passe de Bruxelles en Prusse : il a fait faire des épreuves des caractères d'imprimerie et plusieurs commissions pour ce monarque, et il a assuré l'imprimeur des fermes qui lui a remis hier des épreuves pour Berlin, qu'il comptoit les vendre lui-même avant peu. Bien des gens sont surpris qu'on laisse échapper Voltaire, qui, dans les suites, peut devenir encore plus dangereux.

21 *août*. — Il se répand depuis hier une copie manuscrite d'une lettre du 14 juillet, écrite par M. le cardinal de Fleury, qui surprend extraordinairement tous ceux qui en ont connoissance, et le nombre en est grand, parce que cette lettre est extraite dans les gazettes d'Utrecht, et insérée tout entière dans celle de Leyde, que plusieurs personnes font venir. L'esprit de cette épître est une justification de la part de Son Éminence, et des assurances positives qu'elle n'a aucune part à la pré-

sente guerre, et qu'on doit l'imputer à une personne que tout le monde connoît. Sans nommer le maréchal de Belle-Isle, il est si parfaitement désigné, que son nom se place naturellement au bout de la phrase. On ne peut rien de plus fort que les plaintes de M. le Cardinal contre le général dans cette lettre, et de plus hasardé que les motifs assignés pour porter la reine de Hongrie à la paix. On est dans une surprise extrême que Son Éminence soit entrée dans des détails qui semblent déchiffrer le mystère du cabinet. Les gens sensés ne peuvent se persuader que M. le Cardinal en soit véritablement l'auteur; mais comme le plus grand nombre n'est pas le plus raisonnable, cet écrit fait l'effet qu'on vouloit sans doute qu'il fît. Le cri général porte contre Son Éminence, et il n'y a pas lieu de douter que toutes les provinces et les pays étrangers ne soient dupes de cette supposition.

L'on se plaint beaucoup de l'ordre signifié hier aux Italiens, pour que la danseuse nouvelle et son mari ne dansent plus. Le public fait le procès aux directeurs de l'Opéra, qui le privent d'un amusement qu'il désiroit avec ardeur. Les comédiens, piqués, n'ont pas voulu jouer, et tout Paris, qui étoit accouru pour voir la belle danseuse s'en est retourné en murmurant.

L'on a arrêté ces jours passés, à Versailles, le capitaine Montauban, à la sortie des bureaux de M. le comte de Maurepas.

Le Roi revient aujourd'hui à la Cour. Le bruit continue à courir que M. de Chauvelin est à Paris incognito; mais il est sans fondement. Il n'en est pas de même de la longue conférence que M. le Cardinal a eue avec le Roi à Choisy. L'on sait qu'elle a duré trois heures, et que Son Éminence en est sortie triomphante. L'on assure que les brigues à la Cour sont plus fortes que jamais.

22 août. — Depuis le retour de M. le Cardinal de Draves, on parle de Son Éminence avec plus de modération; on remarque même que ceux qui prenoient à tâche de faire courir des bruits désagréables sur son compte, sont beaucoup plus tranquilles. Qu'ils se lassent de répéter sans cesse les mêmes choses, ou qu'ils soient instruits des soins que M. de Marville se donne pour contenir les gens inquiets, il seroit à désirer que le même changement s'opérât à la Cour.

Le public, informé que M. de Marville avoit envoyé à Bicêtre un cordelier surpris couché entre deux femmes, a fort applaudi à cette correction.

On est révolté contre l'auteur des *Observations* pour avoir fait l'apologie de *Paméla*, et fort surpris qu'on ait accordé un privilége pour l'impression d'un ouvrage dont la préface fait l'éloge des Anglois et insulte à toute la nation. On dit du bien d'une critique qui porte le titre de *Lettre à l'abbé Desfontaines sur* Paméla, parce qu'elle relève ce cynique abbé. Elle a été imprimée sans permission chez Prault père, quai de Gèvres. Je trouve dans cet écrit des traits assez fins et rendus avec liberté.

L'aîné des fils de feu M. Hérault est mort hier à onze heures. Les jansénistes ne donnent pas des preuves de leur charité dans cette occasion.

Voltaire est parti ce matin. Il tint hier des discours qui prouvent qu'il a le cœur ulcéré. Il a engagé M. La Croisette à dire du bien de lui à M. de Marville et à trouver le secret de lui persuader qu'il pensoit comme il disoit.

23 *août*. — La lettre qu'on attribue à M. le Cardinal écrite à M. de Kœnigseck, dont on a fait mention dans la feuille du 21 août, continue à faire beaucoup de bruit et un très-mauvais effet. On dit hautement que cette pièce fait tort à la gloire du Roi. En effet, les termes singuliers avec lesquels il semble qu'on se justifie portent directement contre la gloire du Roi et son autorité royale.

On a bien voulu insinuer que cette pièce est fabriquée à Vienne et répandue dans le public par les ordres de la reine de Hongrie. On répond que si cela étoit, elle ne seroit pas insérée dans toutes les nouvelles publiques, comme elle l'est aujourd'hui dans son entier. Les partisans de M. le Cardinal désirent que Son Éminence y mette ordre, et en cas qu'il soit vrai qu'elle ait écrit cette lettre, d'expliquer des traits qui frappent tout le monde et qui inspirent de l'inquiétude à tous les bons François pour l'avenir.

Les sieurs Bernard et de Saint-Cyr ont assuré hier que les *Nouvelles à la main* continuent d'avoir cours, malgré la suppression. Sur le doute qu'on a formé, on a offert de le justifier.

24 août. — On prétend que dans les derniers conseils il a été question de la conduite indécente des Anglois à l'égard de la France, et qu'on a parlé avec chaleur de l'insensibilité qu'on faisoit paroître sur les insultes perpétuelles qu'on essuie de leur part, qui compromettoient la gloire du Roi, celle de la nation en général, et qui sembloient exiger qu'on leur déclarât la guerre pour se mettre à couvert des reproches de toute l'Europe. On assure que M. le Cardinal a été insensible à tout ce qui s'est dit à cette occasion et qu'il a répondu de manière à faire penser que la paix est prochaine et qu'elle est préférable, dans les circonstances présentes, à toute autre considération.

L'on pourroit espérer un accommodement entre l'Empereur et la reine de Hongrie si l'Angleterre vouloit s'y prêter; mais ses vues pour le commerce de l'Amérique qu'elle ambitionne sont un obstacle difficile à lever. Le conseil d'Espagne ne veut entendre à aucune conciliation pour cet égard.

La véritable cause de toutes les fausses nouvelles qui se débitent provient de ce qu'il n'en transpire aucune. La vivacité de la nation semble exiger qu'au lieu de la vérité, le ministère lui en présente au moins l'ombre. Les esprits inquiets profitent de ces moments d'impatience, pour inspirer la défiance et le mécontentement; ce qui ne manque jamais de produire des plaintes contre les ministres et contre le gouvernement.

C'est en vain que les *Fouquetistes*[1], c'est le nom qu'on donne aux partisans de M. de Belle-Isle, ont tenté d'insinuer que M. de Broglie avoit fait bien des fautes. Tout le militaire s'est révolté contre une calomnie si marquée. L'examen qu'on a fait de sa conduite, depuis son arrivée en Bohême, a rappelé tant de beaux traits en sa faveur que ce tableau a réveillé la considération publique, et lui a fait donner des éloges qu'il semble mériter justement. Les esprits sans partialité rendent justice à M. de Belle-Isle et conviennent qu'il a toutes les parties de l'homme de guerre et de celui de cabinet.

Les courtisans ne parlent que de brigues et de changements à la Cour; à Paris l'on espère ou l'on craint, et cela selon les nouvelles vraies ou fausses qui sont publiées. Ce qui se débite le matin est annulé le soir : tout est perdu dans des quarts d'heure; dans d'autres, la France triomphe; tous ses ennemis sont à ses genoux.

La nouvelle du retour de M. de La Chetardie, qui est parti des États de l'impératrice de Russie, fait publier une anecdote. On prétend que cet ambassadeur, qui avoit l'honneur de lui plaire, ne fut pas ménagé avec le respect convenable. Les gens mieux instruits attribuent son retour au besoin que l'État a d'un sujet qui sache négocier pour l'employer à l'œuvre de la paix qu'on ne perd point de vue et à laquelle on travaille sérieusement.

L'on est fort circonspect depuis quelques jours sur les affaires du temps.

26 *août*. — Le Roi part ce soir pour Choisy, où Sa Majesté restera jusqu'à jeudi. M. de Gèvres, qui devoit

---

1. Le maréchal était petit-fils du surintendant Fouquet.
(*Note de M. Taschereau.*)

aller à Saint-Ouen, couchera à Paris. Il paroît que ce seigneur est beaucoup mieux à la Cour qu'il ne l'étoit précédemment.

L'on dit à la Cour que, depuis l'affaire de M. Pâris, le Roi n'a plus la même confiance qu'il avoit en M. le Cardinal, et qu'il s'instruit tous les jours de la véritable situation des affaires de son royaume pour se mettre en état de le gouverner lui-même. On prétend qu'il occupe une partie de son temps, soit à la Cour ou à Choisy, à les examiner sérieusement. L'on se persuade aussi que le crédit de M. de Belle-Isle est fort diminué, et qu'on n'a plus la même opinion de sa judiciaire et de ses talents pour la politique, et encore moins pour la guerre. Plus on va en avant, plus l'on parle du mérite de M. de Chauvelin. On ne doute pas que dans peu cet ancien ministre ne soit rappelé.

On parle de plusieurs occasions où le Roi s'est expliqué en maître. La dernière qu'on cite a rapport à M. de Coigny : M. le Cardinal, dit-on, et plusieurs autres personnes en place avoient proposé, pour commander en Flandre, M. de Montmorency ou M. d'Asfeld, en cas qu'il fût nécessaire d'y envoyer un général. Le Roi, de son propre mouvement, a nommé M. de Coigny. On lui a dépêché un courrier à Orly, et on prétend que, depuis son arrivée, Sa Majesté a conféré plusieurs fois avec ce maréchal. L'on ajoute qu'il est question dans les conseils du parti qu'on prendra avec l'Angleterre, et que le Roi paroît fort porté à lui déclarer la guerre; il n'y a cependant encore rien de décidé sur ce sujet, quoique bien des gens se persuadent que la résolution en est prise, et qu'on attend la première occasion pour la publier.

L'aventure du sieur Dubrochat est contée différemment. On dit qu'il s'est brûlé la cervelle, parce qu'il comptoit être fermier général; d'autres publient que la seule raison est qu'il avoit prêté quarante mille livres à madame la duchesse de ...., qui, pour l'intérêt, devoit avoir des complaisances; et qu'ayant des preuves qu'il ne devoit compter ni sur l'intérêt ni sur le capital, la tête lui avoit tourné. L'abbé de Chauvelin est le premier qui a répandu cette nouvelle à la Comédie-Italienne.

27 août. — M. le maréchal de Noailles a commencé hier à recevoir les compliments sur ce que le Roi, avant de partir, l'a nommé pour commander son armée en Flandre. Il y a bien des mécontents à cette occasion; mais le public a beaucoup applaudi ce choix. On n'est pas aussi favorablement prévenu sur le compte de M. de Coigny. M. Bignon, qui est nommé intendant de cette armée, est, dit-on, fort capable de remplir cette charge. Cette place a été extraordinairement sollicitée.

La discussion arrivée à l'Hôtel Dauphin et au Palais-Royal entre deux personnes, dont l'une parloit avec impudence sur les affaires présentes, a réveillé la haine qu'on a conçue pour les Génevois et pour tous leurs adhérents. On loue beaucoup M. de Marville de s'être fait rendre compte de cette affaire, et des ordres qu'il a donnés. Le sieur Barançois, ancien brigadier, a été mandé, dit-on, par le magistrat, à ce sujet, et on dit qu'il s'est excusé de faire son rapport, ce qui a été généralement désapprouvé, et dit à lui-même, parce qu'on ne doit point ménager les gens ingrats et les ennemis de l'État.

L'on disoit hier, à la sortie de l'Opéra, que la guerre étoit déclarée aux Anglois.

28 août. — M. le maréchal de Noailles part samedi pour se rendre en Flandre. On sait qu'il a mis en usage tous les moyens possibles pour ne pas être honoré de cette faveur. L'on prétend que toutes ses vues secrètes tendoient au ministère et à en éloigner les prétendants. Il ne doute pas que la pénétration de M. de Belle-Isle n'ait découvert ses desseins, et que sa politique ne soit la cause de son voyage. Tout a concouru pour l'éloigner. M. le Cardinal lui-même a saisi le prétexte, à ce qu'on assure, avec joie, pour ne pas être croisé dans les arrangements qu'il prend pour que sa place ne soit, à l'avenir, remplie que par le Roi.

L'on dit à la Cour que M. le Cardinal a de fréquentes faiblesses, qu'il ne peut aller loin, et que le Roi en est si prévenu, qu'il y a des arrangements déjà faits en cas que sa mort arrive tout à coup. La lettre que son Éminence a écrite à M. de Kœnigseck, dont on a déjà parlé, fait aujourd'hui l'objet des réflexions des courtisans. Le public, qui étoit incertain sur ce chapitre, en est aujourd'hui parfaitement convaincu à cause d'une seconde lettre que M. le Cardinal a écrite au même ministre, par laquelle il se plaint de l'indiscrétion de M. de Kœnigseck en l'assurant qu'il saura se corriger ; l'on trouve que c'est un peu tard. Cette lettre, qui est fort intéressante par les termes dont elle est conçue, est tout entière dans la *Gazette d'Utrecht*.

Le nouveau titre, dont on vient de décorer M. d'Argenson, a donné lieu à bien des raisonnements. On le juge très-capable de tenir sa place au Conseil, et de pousser sa fortune plus loin; mais on craint son genre d'esprit qu'il sait replier et tourner comme il lui plaît, pour venir à ses fins. On dit que, quand il n'aime pas, il sait desservir avec toutes les apparences de l'affection la plus intime. On parle différemment de M. le cardinal de Tencin, qui, à ce que l'on assure, est aussi nommé ministre. On ne lui reproche que d'avoir servi la Cour avec trop de passion lorsqu'elle croyoit devoir assujettir les jansénistes ; mais on lui donne, outre les plus grandes qualités pour les affaires, celle d'être droit, humain, et de ne se laisser jamais prévenir. Ses ennemis secrets publient que la santé de ce Cardinal est fort altérée, et qu'il n'y a pas d'apparence qu'il puisse jamais revenir à la Cour; mais on sait que ses incommodités ont cessé depuis qu'il a quitté Rome, dont l'air préjudiciait à son tempérament.

On dit que le Roi a fait entendre plusieurs fois qu'il n'avoit plus de premier ministre, et qu'il gouverneroit lui-même. L'on ajoute que Sa Majesté est entièrement déterminée à pousser la guerre avec vigueur, et qu'on travaille au moyen de la soutenir.

Les espérances de M. de Chauvelin ne paroissent plus fondées; celles de M. de Belle-Isle se soutiennent encore, mais à moins que la mort ou la disgrâce ne diminue le nombre de ses ennemis, il n'y a pas d'apparence qu'on le voie à la place où ses partisans le placent depuis longtemps. Le sieur du Plessis travaille plus que jamais à donner des marques de son zèle. Il y a bien des gens qui sont surpris de la liberté avec laquelle il s'explique sur le ministère des Richelieu, Mazarin et Louvois. Il auroit dû être plus circonspect.

29 août. — Les sentiments sont partagés sur les dispositions nouvelles que la Cour vient de faire. Les uns prétendent que M. le Cardinal n'a jamais eu plus de crédit, les autres qu'il l'a perdu entièrement. Les premiers allèguent, pour soutenir leur opinion, que Son Éminence dispose toujours de tout, que les ministres n'opèrent rien sans lui, que ce qui vient d'être ordonné par la Cour est son ouvrage; que le voyage de M. le maréchal de Noailles en Flandre est moins une faveur d'un ennemi qu'un exil honorable pour avoir tenté de prévenir le Roi sur son compte, et que s'il a nommé deux ministres nouveaux, c'est pour les opposer aux brigues de M. de Belle-Isle qui commençoient à l'inquiéter; qu'il a été le maître de faire la paix; mais qu'étant informé des brigues tramées pour le déplacer, il a concilié la gloire du Roi avec sa politique particulière, pour tenir éloignés ceux qui aspiroient à sa place, jusqu'à ce qu'il ait dissipé les nuages qu'ils ont élevés;

que l'arrêt de Parlement, prononcé contre les théologiens de Reims, rendu contre l'esprit de la Cour, prouve suffisamment que ce premier ministre est toujours tout puissant, et que tous les bruits répandus à cette occasion ne sont publiés que par des gens mal instruits et mal intentionnés.

Le parti opposé répond que, depuis les ordres expédiés en Dauphiné contre MM. Pâris, son Éminence a perdu la confiance du Roi, et que, sans une considération fondée sur le préjugé et sur l'habitude, ce ministre auroit été remercié depuis longtemps; que, s'il a continué d'administrer les affaires, ce n'est qu'à son âge, à l'opinion de sa fin prochaine et aux circonstances présentes qu'il en est redevable; que le départ de M. le maréchal de Noailles fait plus contre que pour; que si Son Éminence avoit été la maîtresse dans cette occasion, M. de Coigny auroit été préféré, mais que le bien de l'État l'a emporté dans cette disposition sur tous les autres égards, parce qu'il étoit nécessaire d'envoyer en Flandre un sujet qui fût en même temps politique et général; on n'avoit pu choisir que M. de Noailles qui réunit à la fois ces deux grandes qualités.

On ne conteste pas que M. le Cardinal n'ait consenti à la nomination des deux nouveaux ministres, mais on nie que ce soit son ouvrage; on assure que le Roi, dans la résolution de régir à l'avenir ses affaires, a trouvé à propos de fortifier son conseil de deux sujets dont on connoît la capacité, afin de rendre aux étrangers une confiance que la faiblesse du ministère éloignoit tous les jours. Pour appuyer ce sentiment d'une preuve valable, on cite le retour de M. de Tencin que Son Éminence semble avoir toujours craint, et qui, selon l'opinion publique, n'avoit été envoyé à Rome que pour la tranquilliser.

Tous les détails dans lesquels on entre à ce sujet sont infinis et chargés d'anecdotes et de faits accommodés selon les différentes opinions. Le parti contraire s'appuie fort sur le mauvais effet qu'il prétend qu'ont fait les lettres écrites à M. de Koenigseck, non-seulement dans les pays étrangers, mais à la Cour, et sur la santé chancelante du Cardinal. Les créatures de Son Éminence trouvent ridicules ces graves observations, et, pour couper court à tous les bruits répandus sur son compte, ils répondent que la preuve la plus complète qu'ils puissent alléguer est que M. le Cardinal est en place, qu'il dispose, avec l'agrément du Roi, de tout, et que, les opérations du ministère faites de son consentement ou non, il n'en est pas moins vrai qu'il est à la tête des affaires et que tous les gens en place travaillent sous lui.

30 *août*. — Plus on est éclairé par les rayons de la fortune, plus on est exposé à la censure publique. MM. de Tencin et d'Argenson le prouvent à tous les moments du jour.

Un article de la *Gazette d'Utrecht*, où l'on annonçoit, il y a plus de quinze jours, que M. le cardinal de Tencin devoit être nommé dans peu adjoint, et que le sieur Chaban occuperoit une place distinguée dans les affaires étrangères, a donné lieu aux raisonnements suivants : que M. le cardinal de Tencin est le politique le plus fin et le plus adroit de l'Europe ; qu'avant son départ pour Rome, il avoit pris des mesures certaines pour être parfaitement instruit de ce qui se passoit à la Cour et à Paris, afin de se conduire selon les circonstances pour arriver au but auquel il aspiroit depuis longtemps ; qu'il avoit trouvé le secret de placer plusieurs de ses créatures dans différents bureaux des ministères, par lesquels il étoit averti de ce qui s'y passoit ; que le sieur Chaban, qui lui a été de tout temps attaché, n'avoit été placé à la police que pour le même objet ; que du temps de feu M. Hérault, il se servoit d'une femme qui servoit au même emploi, et que, malgré toutes les perquisitions faites pour découvrir ses allures, il n'avoit jamais été possible de pénétrer les mystères auxquels elle étoit employée. Enfin, ce qui vient d'arriver fait ajouter que cette Éminence a un démon familier et qu'il n'est pas douteux qu'avant peu il n'occupe la première place dans le Conseil et ne soit le plus accrédité de tous les ministres. Ce n'est que lundi prochain que ce nouveau ministre sera de retour.

Si M. d'Argenson a des partisans, le nombre de ceux qui lui sont contraires ne lui fait pas de grâce : on convient qu'il a de l'esprit, qu'il est insinuant et très-propre à se soutenir à la Cour, mais on ne le croit point capable d'occuper une grande place. On dit qu'il hait le travail; qu'il sacrifie les nuits au plaisir, qu'il ne peut se lever matin, et qu'autant il paroît affable à l'extérieur, autant et plus est-il brusque et emporté avec ceux qui le voient dans l'intérieur de la maison. Un de ses valets de chambre, nommé La Feste, qui lui étoit sincèrement attaché, mourut de langueur pour ses mauvais traitements. Le sieur de Manurit est le seul, dit-on, qui sait le captiver, parce qu'il connoît ses goûts, qu'il sait les réveiller, et lui procure sans cesse de nouveaux plaisirs.

L'on prétend que M. le Cardinal ne l'a mis en place que pour chagriner M. Orry qu'il veut absolument éloigner. On dit hautement qu'avant peu ce nouveau ministre sera contrôleur général.

On attribue le retour de M. le cardinal de Tencin au désir qu'a Son Éminence d'éloigner pour jamais M. de Chauvelin du ministère.

On donne à M. de Brou l'intendance de Paris, et celle de Valenciennes à M. Bignon, avec la première place vacante de conseiller d'État.

La Cour est dans un grand mouvement, et l'on s'attend à des changements dans le ministère. Lord Stairs a présenté de nouveaux mémoires aux États-Généraux. Le roi d'Angleterre doit passer la semaine prochaine en Flandre. Le roi de Prusse est arrivé à Vezel. L'on dit que la paix est faite; mais on n'est pas encore disposé à le croire.

31 août. — On n'ignore plus les raisons secrètes qui ont fait révoquer les lettres-patentes de président à mortier honoraire qui avoient été accordées à M. de Chauvelin. On assure que M. le Cardinal ayant eu avis que ce magistrat avoit écrit l'Histoire de son ministère, s'étoit fait rendre compte de ce fait par des gens à qui elle avoit été lue, et qu'ayant été frappé de l'indécence de cet écrit qui touchoit autant le Roi que sa personne, puisque l'objet de l'auteur tendoit à établir la foiblesse du ministère, il en avoit parlé à Sa Majesté qui en avoit été fort aigrie et qui avoit ordonné la révocation de ces lettres. L'anecdote ajoute que Son Éminence, après sa conférence avec le Roi, avoit envoyé chercher M. de Chauvelin, l'avoit averti qu'il étoit instruit, et avoit exigé absolument que l'histoire en question lui fût remise; que M. de Chauvelin s'étoit d'abord troublé, puis qu'il avoit voulu nier le fait, mais que Son Éminence s'étoit expliquée en des termes si positifs sur la certitude qu'il avoit du fait, que l'auteur de l'Histoire en étoit convenu, en avoit fait ses excuses, et avoit remis le manuscrit original et deux copies. L'on ignore si cette aventure aura des suites; mais, comme on soupçonne que l'ancien garde des sceaux est compromis dans cette affaire, on ne fait aucun doute que les mesures que M. le Cardinal a prises ne soient telles qu'il ne remettra jamais les pieds à la Cour. On ajoute encore beaucoup d'autres circonstances, mais elles seroient très-longues à détailler.

On parle d'une nouvelle loterie dont MM. Despuech, banquiers, rue Saint-Roch, se prétendent les auteurs : on assure que le plan est actuellement entre les mains de M. Boulogne pour être examiné et rapporté. Les billets seront de quinze cents livres; ceux qui seront blancs rapporteront cent vingt livres de rente viagère. Le fonds est de trente millions. Lesdits Despuech se plaignent que la Cour ne fait jamais honneur aux auteurs des projets qu'elle met en exécution; qu'ils en ont déjà donné un pour le tabac qui a produit de grosses sommes, sans qu'il ait été question d'eux; qu'ils en ont un par lequel Sa Majesté auroit toujours cent vaisseaux de guerre, sans qu'il en coûtât rien au Roi et au public, mais qu'après les épreuves qu'ils ont faites du peu d'attention que le ministère marque pour ceux qui travaillent pour le bien de l'État, ils n'ont garde à l'avenir de donner des avis.

On dit que la nomination des deux ministres est due à la connoissance que M. le Cardinal a eue que les ministres s'étoient ligués pour le déplacer, et que, pour ne pas être la victime de nouvelles brigues, il avoit été bien aise de s'étayer de deux sujets qui pussent dans le conseil fortifier son crédit.

On prétend que Prague est en danger, et l'on tremble que M. le maréchal de Maillebois n'arrive pas à temps.

On assure que M. d'Argenson régira l'intendance et la librairie jusqu'à la fin de l'année.

On a proposé à la Cour la création d'un nouveau régiment.

On dit que l'on devroit former une troupe de grenadiers nègres pour servir dans une armée sur le pied d'enfants perdus, parce que cette espèce d'hommes est élevée au mépris de la mort et dans le préjugé de vaincre ou de mourir.

On assure que c'est contre le sentiment de M. le Cardinal que l'armée de M. de Maillebois a quitté la Westphalie; que tous ses projets tendoient à la paix. Le sentiment général est en sa faveur. La Cour est contre Son Éminence; mais le citoyen de Paris et la province sont entièrement déclarés pour elle.

Il y a une demoiselle chez un tourneur en chaises, au troisième, maison neuve, dans la rue Maubuée, qui invite, avec un air de décence, à monter tous ceux dont les regards se portent vers elle.

Le nombre des mères qui prostituent leurs filles devient de jour en jour plus grand ; à peine le jour est-il baissé qu'elles vont à la quête, et les exemples scandalisent plus qu'ils ne corrigent, et ne peuvent servir tout au plus qu'à contenir l'effronterie de celles qui se portent à ces extrémités.

Septembre.

1ᵉʳ septembre. — L'on dit que la tragédie de *Mahomet* a été imprimée à Meaux, qu'elle paroît ici et qu'elle coûte six livres. Si ce bruit est vrai, M. de Marville en sera sur-le-champ informé.

L'on a lu hier des vers fort vifs sur le retour de M. de Tencin. Cette Éminence doit s'attendre à de pareils traits de la part de ses ennemis. A l'égard du public et des gens sensés, ce qu'on vient de faire en sa faveur a été fort applaudi. On rend justice à ses talents et à toutes les qualités qu'on lui connoît pour la politique. Ce qu'il y a de certain, c'est que la nomination des ministres a fait un très-bon effet pour M. le Cardinal. On donnoit ce ministre pour un esprit soupçonneux, défiant, et qui vouloit absolument gouverner seul. L'on est entièrement revenu de ces préventions. On publie que le seul bien de l'État a toujours été son point de vue, et qu'il sacrifie jusqu'à ses propres ressentiments, lorsqu'il est question de manifester son zèle pour les intérêts du Roi.

Si le grand nombre d'étrangers, de mécontents et d'esprits inquiets ne répandoient pas à tous les moments du jour les nouvelles les plus désagréables, la confiance seroit à présent parfaitement établie ; mais les bruits sourds qu'on publie que Prague est en danger, qu'on est à la veille d'apprendre les nouvelles les plus fâcheuses, qu'il ne faut plus compter sur les armées du Roi en Bohême, que les Anglois et d'autres puissances s'unissent pour attaquer nos frontières, que l'État est obéré par les sommes immenses qui passent dans les pays étrangers, et que pour suffire à toutes ces charges qui augmentent tous les jours, on doit s'attendre à de nouvelles impositions et à voir manquer les payements des rentes de l'Hôtel-de-Ville; toutes ces pernicieuses nouvelles étonnent, inquiètent et resserrent les bourses. S'ils continuent, l'argent deviendra encore plus rare. Il n'y a qu'une déclaration du Roi qui puisse tranquilliser les esprits, et quelques exemples de sévérité contre ceux qui inspirent la défiance. Les Génevois, les Allemands réfugiés à Paris et les protestants sont les plus inquiets et ceux qui parlent avec le plus de liberté.

— 2 *septembre*. — L'on s'attend de jour en jour que la Cour nommera d'autres ministres pour les affaires relatives à la guerre. Les Fouquétistes répandent que si M. le Cardinal ne l'a point fait encore, c'est qu'il est dans l'incertitude sur le choix et sur la manière dont il en usera envers M. le maréchal, leur patron, qui est si digne, disent-ils, de porter ce titre. Ils prétendent que, malgré la nécessité qui requiert cette nomination, elle n'aura point lieu tant que Son Éminence vivra, son intention n'étant point de donner l'entrée du Conseil à un sujet aussi éclairé, pour des raisons aisées à imaginer. Ils font envisager le retour de M. le cardinal de Tencin comme une époque dont la France aura lieu de se repentir, et disent hautement que, dans cette occasion, M. le Cardinal a préféré ses intérêts particuliers à la cause générale et au bien de l'État.

Malgré l'assurance avec laquelle ils annoncent des bruits, le public ne doute pas que le Conseil ne soit fortifié de sujets militaires. Il nomme MM. les maréchaux de Puységur et de Noailles. Jusqu'ici le premier a toujours été consulté pour les opérations militaires, et l'on rend cette justice à M. le Cardinal qu'il a toujours fait honneur au vrai mérite et à la vertu.

On assure que M. de Fresnes n'est pas dans l'intention de se charger de la librairie; on nomme M. d'Ormesson pour cette place. Le public semble indiquer M. de Marville. On parle de sa facilité pour le travail, et d'une justesse dans l'esprit qui lui fait saisir sur-le-champ toutes les difficultés qui se présentent dans les affaires ; quoiqu'il soit surchargé, on ne doute pas qu'il ne la remplirait à l'approbation générale. Presque tous les gens de lettres le désirent à leur tête, dans la confiance qu'il rendra à la librairie le lustre qu'elle a perdu depuis quelque temps, dont les librairies étrangères ont profité habilement.

3 septembre. — L'on fait courir le bruit que l'envoyé d'Angleterre, ayant averti M. le cardinal qu'il avoit ordre de se retirer, Son Éminence lui avoit répondu : « Vous m'avez prévenu, Monsieur, de deux heures ; « j'allois vous faire signifier les ordres du Roi, dont « l'intention est que vous sortiez de ses États. »

L'on débite des nouvelles bien singulières : on ôte le titre de chancelier à M. d'Aguesseau et on en décore M. d'Argenson. Les sceaux restent à M. le chancelier. On ôte les affaires étrangères à M. Amelot, on les donne à M. de Tencin. Le département de la guerre est pour M. de Séchelles ; l'intendance de Paris à M. Turgot. M. Amelot est indemnisé par la place de contrôleur général. Pour M. Orry, on l'envoie se reposer à Bercy. Et tout d'une voix, malgré le retour apparent de sa santé et l'habileté de son esculape, on ne lui donne pas trois mois à vivre.

Mademoiselle Carville, surnommée la Dinde, a eu une grande querelle avec un soldat aux gardes, dans les coulisses, parce qu'elle s'obstinoit à y rester malgré la consigne. Dans son chagrin, elle s'est écriée : « Il n'y a « donc plus qu'à me chasser de l'Opéra ! »

M. de Bagestan a fait l'acquisition d'une fille de magasin qui est bien faite et qui a du talent.

4 septembre. — On attend avec beaucoup d'impatience M. le cardinal de Tencin, parce qu'on se persuade que, dans le Conseil où siégeront les nouveaux ministres, il sera décidé de bien des choses importantes. Outre les sujets nouveaux, dont la feuille précédente a parlé, on nomme M. le duc de Chatillon et M. d'Asfeld : pour le dernier, on en doute beaucoup, parce que les gens bien instruits n'ignorent pas que tous les bruits désavantageux qui ont été répandus au commencement de la guerre sont partis des bureaux de ce général. On débite que M. de Ségur, en faisant sa tournée dans les places dont il est inspecteur, dans le pays Messin, a eu le malheur d'être précipité dans son carrosse, et d'être si cruellement mutilé, que tout l'art du chirurgien n'a pu l'empêcher de payer le tribut à la nature ; son postillon a été tué roide, et son cocher a eu les deux jambes cassées. On compte encore cette nouvelle différemment, comme il en est presque toujours de toutes celles qu'on publie.

5 septembre. — La demoiselle Dalbré a été hier la cause, au Palais-Royal, d'un mouvement tumultueux entre sept et huit heures du soir. Elle fut suivie par tout le monde, et, si on n'avoit prudemment pris le parti de la faire retirer, on ne sait ce qui en seroit arrivé. Les uns disent que l'insolence de deux jeunes gens qui lui ont tenu des discours indécents, est l'origine de la querelle ; d'autres, que cette demoiselle vient tous les soirs chercher fortune, qu'elle est hardie, et qu'elle s'est attirée ce qui lui est arrivé. Ce qu'il y a de vrai, c'est que les promenades publiques, dès que la nuit commence à tomber, se remplissent de mauvais sujets de l'un et de l'autre sexe, qui se livrent effrontément à leurs désirs. Les gens sages trouvent extraordinaire que les concierges ne s'opposent pas à cette licence. Il seroit aisé de faire des exemples ; ils s'offrent à tous les moments, et ils contiendroient sûrement, ou, du moins, le désordre ne seroit pas si apparent.

11 septembre. — Le retard de l'arrivée de M. le cardinal de Tencin donne lieu à bien des raisonnements et à bien des conjectures. L'on a d'abord débité qu'il avoit reçu des ordres pour rester à son archevêché jusqu'à ce que la Cour le mandât; puis, que cette Éminence, peu contente d'un titre purement honoraire, n'avoit pas cru qu'il fût de son intérêt et de sa gloire de reparoître à la Cour sans s'expliquer sur les fonctions qu'il y rempliroit; que M. le cardinal de Fleury, en l'attachant au ministère, n'avoit pas prétendu lui procurer les occasions de s'y installer, et que son unique vue, en le faisant paroître sur les rangs, avoit été d'ôter tout espoir aux prétendants à la place, surtout à M. de Chauvelin, pour lequel son éloignement étoit plus grand que jamais. Selon les apparences, toutes les réflexions qu'on fait sur ce sujet vont tomber. L'on attend M. le cardinal de Tencin jeudi ou vendredi, et l'on assure qu'il se trouvera au Conseil dimanche prochain.

14 septembre. — M. le cardinal de Tencin fut hier, depuis huit heures du matin jusqu'à onze heures, enfermé avec M. le cardinal de Fleury à Issy. Cette Éminence loge à côté de madame de Tencin, sa sœur, qui n'arrivera de Lyon que le 20 du mois prochain à Paris. Les Fouquétistes assurent que le nouveau ministre jouera le même rôle sous M. de Fleury que M. le cardinal de Mazarin sous Richelieu. Ce qu'il y a de certain, c'est que si les anciens préjugés se réveillent, presque tout le monde convient que cette Éminence est habile et qu'elle peut rendre de bons services au Roi et à l'État.

On fait courir le bruit que le roi de Portugal ne se porte pas bien, et que les bains ne lui font pas l'effet qu'il s'en étoit promis.

Les esprits dangereux, qui ne parlent jamais que pour inspirer de l'inquiétude, publient que M. le Cardinal a fait toucher en dernier lieu cent cinquante mille écus au ministère de Suède pour contre-balancer le crédit des ministres d'Angleterre.

On a des avis de ce pays que presque tous les membres de la prochaine Diète sont arrivés; mais on dit que les humeurs fermentent tellement dans tous les esprits qu'il pourroit bien arriver un changement très-grand dans le ministère.

21 septembre. — Malgré les bruits avantageux qui courent sur les affaires de Bohême, on remarque un fond d'inquiétude et de tristesse chez les gens en place et sur la physionomie de ceux qui sont connus pour être bien instruits, qui préparent à de mauvaises nouvelles. On tremble que Prague ne soit pris : pour le public il est dans la bonne foi, et s'attend de jour en jour à apprendre définitivement la levée du siége. Il se repaît même de nouveaux avantages remportés, suppose-t-il, dans une nouvelle sortie du 29.

L'on se conduit à la Cour avec plus de circonspection que jamais. On dit que M. le cardinal de Fleury devient de plus en plus défiant et soupçonneux, qu'il continue à être jaloux de la faveur du Roi, et qu'il veille extraordinairement sur les démarches de ceux qui travaillent à s'insinuer dans les bonnes grâces du Roi. On prétend que M. le duc de Gèvres se trouve fort embarrassé à cette occasion, et que ce seigneur, de crainte de donner lieu à Son Éminence de se plaindre de lui, s'observe beaucoup à cet égard. On dit que le Roi lui ayant envoyé dire de venir dîner à Choisy au dernier voyage, il s'en excusoit sur une incommodité et ne s'y trouva pas. On assure qu'outre ces inquiétudes, ce gentilhomme de la Chambre est réduit dans la situation la plus triste, qu'il n'a pas un sol et qu'il manque réellement du nécessaire. On tient cette anecdote de M. Thuret, qui, pressé de trouver des ressources, ne sait plus à quel saint se vouer.

22 septembre. — Il y eut hier à midi et demi Conseil d'État auquel se trouvèrent MM. les cardinaux de Fleury et de Tencin, MM. de Maurepas et d'Argenson et

MM. Amelot et de Breteuil. Il n'est pas d'usage que qui que ce soit ait des chaises ; mais depuis la dernière maladie de Son Éminence, le Roi a fait substituer à son tabouret un siége à dos, et au lieu de la droite du Roi qu'elle occupoit ordinairement, elle est placée immédiatement à la gauche de Sa Majesté, afin qu'en cas que M. le duc d'Orléans survînt, elle ne soit pas obligée de changer de place et de porter sa chaise. M. le cardinal de Tencin est à la droite du Roi au Conseil, suivi de M. Amelot, etc. M. de Breteuil est à l'autre bout de la table vis-à-vis Sa Majesté. M. d'Argenson est placé à la gauche. Il y a eu trois Conseils depuis mercredi.

On a remarqué que M. le cardinal de Tencin a fait sa cour avec la dernière exactitude, qu'il s'est toujours trouvé au lever du Roi, à la messe, au retour de la chasse, et qu'il a vu plusieurs fois le jour M. le cardinal de Fleury, madame de Mailly, les ministres et surtout M. de Maurepas.

On a été surpris à la Cour que l'on ait fait des ministres, et que M. de Saint-Florentin, qui est secrétaire d'État depuis longtemps, n'ait pas été nommé. L'on a aussi remarqué que depuis que le Conseil est fortifié le Roi marque plus de goût pour le travail. Le Conseil a duré hier deux heures. Sa Majesté est sortie à trois heures et demie pour tirer et n'est revenue qu'à six, part pour Choisy dimanche et ne revient que samedi.

23 septembre. — Un particulier a présenté à la Reine une robe d'étoffe d'or, sans aucune couture, par le moyen d'un métier imaginé pour cet effet ; mais cette mode nouvelle a paru trop chère et trop peu utile pour mériter l'attention de la Cour.

24 septembre. — A huit heures un demi-quart, dans la rue Richelieu, entre celle des Boucheries et la fontaine, vis-à-vis un cabaret, on trouva hier un homme étendu dans la rue comme mort. Dans la crainte que la sortie de l'Opéra ne le fît écraser par le premier carrosse, on avertit au cabaret et à plusieurs portes voisines ; un garçon chirurgien survint, qui le jugea mort ; mais après lui avoir fait avaler du sel, il cracha le sang et donna signe de vie. On a fait aussi avertir le guet qui est survenu. Il y a apparence que l'on rendra compte à M. de Marville de ce qu'est devenu cet homme.

L'on parle toujours du mariage de madame de France avec le duc de Savoie, et l'on dit M. de La Rochefoucauld parti pour cette occasion.

On marie mademoiselle de La Garde à M. Joly de Fleury, avocat général. Ceux qui prétendent être mieux instruits disent que le chevalier de Polignac sera préféré parce qu'il a des enfants d'elle qui doivent être légitimés. On compte que cette demoiselle aura, à la mort de son père, cent cinquante mille livres de rente.

25 septembre. — Le peuple a fort approuvé la publication d'une sentence de police qui a été rendue contre le nommé Siroc et sa femme, qui retiroient chez eux des femmes de mauvaise vie. La joie a été générale sur le pavé de Paris à cette occasion. Le public, tout d'une voix, est convenu que l'on n'avoit point encore eu de lieutenant général de police à Paris qui ait été plus exact et qui soit plus facile à aborder. On a saisi cette occasion pour apprendre à ceux qui n'étoient pas bien instruits, les obligations que la ville de Paris a eues à ce magistrat dans le temps de la disette du pain, soins qui ont évité un grand nombre de malheurs.

26 septembre. — L'on tire beaucoup de conséquences à la Cour sur la retraite de quinze jours que M. le Cardinal fait à Issy. On prétend que Son Éminence est dans le dessein de quitter les affaires et qu'elle a pris ce parti pour la méditer ; d'autres, que s'étant aperçu que le Roi n'a plus la même confiance que par le passé, elle croit devoir prévoir les suites de ce qui peut arriver. Les politiques pensent que M. le Cardinal, ayant dessein de substituer à sa place M. le cardinal de Tencin, le ministre a trouvé à propos de lui procurer les occasions de travailler seul avec le Roi, pour l'accréditer et accoutumer Sa Majesté à ce ministre. Le sentiment le plus général est que Son Éminence se trouvant affaiblie, veut éprouver si le repos raffermira sa santé, afin de continuer à travailler, ou de se retirer entièrement en cas qu'elle reconnoisse que la tranquillité soit nécessaire pour la conservation de ses jours.

On dit que M. le comte de Maurepas est fort bien avec madame de Mailly à présent, et que les raisons qui les éloignoient ne subsistent plus.

M. le cardinal de Tencin est parti hier pour Issy, à midi et demi, où Son Éminence a dû passer la journée.

27 septembre. — L'on a écrit à M. de Clermont pour l'engager à céder sa maison à M. le cardinal de Tencin, à qui elle plait et convient fort. On ne doute point que ce seigneur ne condescende aux désirs de cette Éminence, dans l'idée qu'elle peut être utile à son avancement et à celui de ses enfants. Son intendant, de qui l'on tient cette anecdote, assure que s'il cède sa maison il lui en coûtera parce qu'il l'aime extraordinairement.

28 septembre. — Les esprits inquiets continuent à répandre que jamais la France ne s'est trouvée dans un état plus critique, et que si le ministère ne trouve pas les moyens de prévenir les malheurs dont elle est menacée, elle aura lieu de regretter avant peu de s'être engagée dans une guerre qui a réveillé l'envie de toutes les puissances de l'Europe.

On a parlé des raisons qui ont obligé M. le duc d'Orléans de se retirer du Conseil, et les partisans de cette maison publient à ce sujet des anecdotes intéressantes et qui font tort à Son Éminence de Fleury et au contrôleur général.

29 septembre. — Les princes du sang se plaignent qu'ils ne sont point écoutés, et que, quand ils ont voulu faire certaines représentations au Conseil, elles ont été reçues sans égard à leur dignité. On rapporte sur cela que M. le duc d'Orléans, s'étant plaint un jour au Conseil du peu de considération que M. de La Galaisière avoit marquée pour madame la duchesse de Lorraine, M. le contrôleur général avoit répondu qu'il n'en étoit rien. Sur quoi M. le duc d'Orléans, piqué, avoit répondu que puisqu'on doutoit de son témoignage il alloit donc le prouver, et il tira de sa poche une lettre de la duchesse de Lorraine. Une autre fois, M. le duc d'Orléans mit sur la table du Conseil, dans le temps de la disette des blés, du pain qu'il avoit fait venir des provinces, pour faire comprendre l'état déplorable où elles étoient réduites. Le peu d'attention, disent les princes, qu'on a marqué pour leurs avis les disculpe envers le public et les dispense de tenir leur place au Conseil, où l'on montre aussi peu de considération pour le zèle qu'ils ont pour les intérêts du Roi et de l'État. Voilà les discours qui se tiennent lorsqu'il est question du Conseil et des princes du sang.

La *Gazette de France* qui doit paroître ce matin parlera de la levée du siége de Prague. Les étrangers applaudissent beaucoup à la prudence avec laquelle cet écrit public est rédigé.

Octobre.

4 octobre. — Rameau et Royer se sont querellés il y a deux jours, en plein café, et le sieur Simare, qui est très-brusque, intervint dans la querelle; sur ce que Rameau lui demanda ce qu'il vouloit : « Vous donner vingt « coups de pieds dans le ventre en sortant, » répondit Simare, et si on ne l'eût pas arrêté il lui auroit tenu parole.

Mademoiselle Le Maure sollicite pour faire obtenir au sieur Morel la direction de l'Opéra-Comique; mais il ne paroît pas que Thuret, malgré ses promesses, la lui accorde. Son intention paroît être de s'en charger lui-même pendant un temps pour le remettre sur un bon pied. Il dit que M. le comte de Clermont lui a promis un passage pour aller de la Foire à ce théâtre, et il prétend qu'on lui accordera bien des grâces qu'on n'accorderoit pas à des fermiers.

5 octobre. — L'on assure que M. le marquis de Breteuil de deux nuits en passe une, tant il est surchargé d'affaires. Ceux qui se croient bien instruits, disent que le ministre travaille avec beaucoup de difficulté.

Les bruits qui courent sur quelques assassinats qui se sont commis à Paris, ont été sitôt augmentés que chacun prend des mesures, le soir, pour ne pas s'exposer à un malheur. L'on disoit hier que M. de Marville a dû faire arrêter cette nuit trois hommes, fort dangereux et de la compagnie de ceux qui assomment les passants avec des bâtons plombés. L'on a saisi cette occasion pour faire remarquer les soins que se donne ce magistrat pour la sûreté des citoyens.

Plusieurs personnes remarquèrent hier en passant en carrosse sur les boulevards, entre la porte Saint-Martin et la porte Saint-Denis, qu'il y avoit du guet déguisé, ventre à terre, couché sur leurs armes : ce qui fait présumer qu'il se méditoit quelque capture contre les voleurs dont il est tant parlé.

6 octobre. — L'impératrice de Russie, en donnant l'audience de congé à M. le marquis de La Chetardie, l'a reçu chevalier de son ordre et lui a fait des présents en bijoux pour plus d'un million et demi. La chronique assure que cette princesse avoit lieu d'être contente de cet ambassadeur de plus d'une façon.

7 octobre. — L'assassinat de M. Chamois et de ceux qui ont eu le malheur de se trouver dans le même cas, fixe aujourd'hui l'attention des grands et des petits. Ceux qui se plaisent à semer l'inquiétude font le malheur une fois plus grand qu'il n'est, et inspirent la crainte à tout le monde. Ils débitent qu'il y a plusieurs compagnies de ces assassins, et qu'ils feront encore bien du mal avant qu'on puisse les détruire; que les assassins seront d'autant plus nombreux qu'ils savent eux-mêmes qu'ils ne peuvent être punis sans preuve, parce que, soit que le passant tombe mort du coup, ou qu'il ne soit que blessé, il n'est pas en état d'affirmer le fait, le saisissement en ce dernier cas faisant aisément perdre la mémoire des traits. Après s'être entretenu de tout ce qui a rapport à ce sujet, on cite les exemples passés et l'on expose les moyens par lesquels on pourroit remédier à ces malheurs. On se plaint de l'indolence du guet à pied et de son peu de valeur, on ne le trouve pas assez nombreux. On voudroit qu'on fût plus attentif à faire vider la ville à quatre mille gens sans aveu, qui n'ont ni affaire, ni feu, ni lieu, et qui, quand ils sont décriés à un certain point, s'abandonnent aux dernières exaltations pour avoir de quoi vivre. Il n'est pas possible de rendre tout ce qui s'est dit hier à ce sujet, et les mauvais raisonnements de ceux qui n'aiment pas la police.

La prise d'un Suisse qui a passé hier par la rue Saint-Honoré, à huit heures du soir, suivi du guet à pied et à cheval, a fait un fort bon effet. Le bruit s'est répandu dans l'instant que cet homme étoit de la bande des assassins. On a cru, pour la tranquillité publique, devoir le confirmer.

Malgré l'air simple et décent de la jolie madame Testart, femme de l'estimateur en tableaux et en bijoux, on rapportoit hier que Cupi, frère de la Camargo, suppléoit aux années du mari, et que la première fois que l'amant saisit une occasion favorable, une curieuse entendit qu'elle s'écrioit : « Mais que vous êtes hardi... « Ah! quoi! malgré tout ce que je vous dis, vous osez « toujours. » A tout cela, dit l'histoire, Cupi ne répondoit que par des *ah! ah!*

14 octobre. — L'écrit que les comédiens françois ont

fait publier contre l'abbé Desfontaines a fait beaucoup de bruit; on est surpris qu'on ait souffert cette licence, et quoique cet auteur critique ne soit point aimé, on craint que cette tolérance n'enhardisse d'autres libelles.

Les soins que M. de Marville s'est donnés pour purger la ville des assassins qui ont tant fait de bruit, ont fait beaucoup d'honneur à ce magistrat, et lui ont attiré beaucoup de louanges.

L'on attribue le succès de la parodie d'*Hippolyte et Aricie*, à la manière naturelle dont mademoiselle Sylvie a copié mademoiselle Lemaure et Deshayes Chassé. Du reste, les jeux de mots n'ont pas été du goût de tout le monde.

15 *octobre*. — La demoiselle Lemaignan, qui est connue sous d'autres noms, que les sieurs de Sauveterre, de Berthier, de Saint-Lubin, et la robe et l'épée ont connue, vend actuellement ses meubles, et se retire, sans qu'on ait pénétré dans quels quartiers ou climats elle a dessein de se retirer.

16 *octobre*. — L'on assure que M. le marquis de Sassenage est nommé chevalier d'honneur de la Reine; que les princes qui partent pour la Flandre ont pris congé avant-hier du Roi; que Sa Majesté a cédé aux importunités de M. le comte de Clermont, et que ce prince servira aussi en Flandre; qu'il y aura bien des nouvelles à la Cour cette semaine; que plusieurs de nos évêques se donnent de grands mouvements pour être faits cardinaux; que par la mort du cardinal Gotti il vaque actuellement dans le sacré collége quinze chapeaux; que ce Cardinal étoit de l'ordre de Saint-Dominique, et que, dans le dernier conclave, il avoit eu beaucoup de voix pour être élu; que le Saint-Père a promis trois chapeaux pour la France, à la nomination du Roi.

On dit que quatre archers de la maréchaussée, qui ont assassiné et volé un particulier sur le chemin de

Vaugirard, ont été arrêtés, qu'ils ont été conduits au Châtelet, et qu'on travaille à leur procès.

18 *octobre*. — Sur le bruit qui a couru que le président Molé avoit été député à M. de Marville pour lui faire des représentations sur la police, on a pris le parti du magistrat, et l'on a répondu que le Parlement devoit, avant tout, travailler à corriger plusieurs de ses membres, dont la mauvaise conduite est si publique, que, jusqu'au pavé de Paris, tout en est imbu.

19 *octobre*. — L'on dit que mademoiselle Le Duc se prépare à suivre le comte de Clermont à l'armée, habillée en homme, et que cette princesse a beaucoup mieux joué son rôle, lorsqu'il fut question du départ de son amant, qu'elle ne le joue à l'Opéra. Les beaux sentiments ont eu lieu, la scène étoit touchante, les pleurs ont imbibé le parquet, on s'est juré de ne se quitter jamais. Cependant on prétend que le voyage n'aura pas lieu, qu'il y a eu des avis donnés à la Cour à ce sujet, et des représentations faites pour ne point donner ce cadeau à l'armée. M. le président de Rieux se flatte de bien des choses; il a eu l'imprudence d'en parler, et l'on dit qu'il est recommandé de la bonne manière, et que, si la demoiselle reste à Paris, il y aura des gens alertes pour donner les étrivières à ceux qui voudroient manquer de respect.

20 *octobre*. — Lorsqu'il est question de doute sur une nouvelle, on s'en rapporte ordinairement à la *Gazette de France*, parce qu'on suppose que la Cour fournissant les articles, elle n'en fait insérer que de vrais. Les ministres étrangers sont assez de cette opinion.

21 *octobre*. — Il y a des gens à Paris qui semblent être payés pour inspirer de la défiance et de l'inquiétude. Ceux de cette sorte ont tellement assuré à tout le monde qu'il y a six jours que les malles de Prague et de l'armée de M. de Maillebois sont arrivées, et qu'elles ne sont

pas distribuées, parce qu'on les ramène à la Cour, pour qu'elle soit instruite sur le chapitre de ceux qui écrivent des nouvelles ou qui sont dangereux, qu'on ne peut faire revenir le public sur cette supposition; mais ce qui paroit encore de plus singulier dans cette occasion, c'est que ce qui se passe de secret dans les bureaux de la poste transpire et qu'on n'en puisse douter : on sait jusqu'aux noms des premiers commis qui font la visite des lettres. On n'ignore pas que, dès que les lettres étrangères sont arrivées, le sieur de Javille s'en empare, qu'il s'enferme avec ses commis, et que les fermiers même des postes ne soient obligés d'attendre jusqu'à ce que l'ouverture des lettres ait été faite et qu'on ait pris une note pour informer la Cour. On ajoute qu'il arrive souvent que tel qui ne s'y attend pas se trouve enlevé de chez lui et conduit à la Bastille, et cela parce que, dans sa bonne foi, il a confié des secrets ou des mécontentements à la poste, qui sont parvenus, par son infidélité, au gouvernement.

22 octobre. — On murmure hautement à la Cour contre la conduite de M. de Maillebois. Le silence que l'on garde sur ce qui se passe en Bohême étonne extrêmement. La mauvaise humeur où l'on est, à cette occasion, a fait faire des informations. On dit que M. de Maillebois fête plus Bacchus que Mars, qu'il passe les nuits à table, et qu'il donne si souvent dans les excès de plusieurs natures qu'il se trouve le lendemain hors d'état de vaquer aux opérations militaires.

24 octobre. — Mademoiselle de Sens étoit hier à l'Opéra. Mademoiselle Lemaure, qui devoit chanter, n'a pas paru; une dispute entre elle et M. l'abbé de La Garde en a été la cause. Elle veut qu'il lui tienne compagnie; il n'est pas docile à ses volontés, et ses vapeurs lui prennent; mademoiselle Julie a occupé pour elle avec un succès médiocre.

M. le duc de Richelieu est parti hier, sur le soir,

pour la Flandre. Il laisse une dame fort aimable chez lui, à qui le sieur Royer montre la musique depuis quelque temps.

On disoit hier, dans une loge de l'Opéra, que M. de Fimarcon ne seroit pas longtemps au Fort-l'Évêque, et, autant qu'on en a pu juger par ce qui s'est dit à l'oreille, ce prisonnier travaille à se sauver, et l'une des personnes de la loge est fort contente de cette évasion.

Mademoiselle Coupée est grosse, et passe pour la plus voluptueuse fille qu'il y ait à Paris.

25 *octobre.* — Tous les passants, et surtout les étrangers, s'arrêtent pour lire une enseigne élevée dans la rue Saint-Antoine, qui annonce la boutique par ces mots : *A l'Empereur des François*. Elle a paru singulière et occasionne beaucoup de raisonnements.

27 *octobre.* — L'on continue de débiter des nouvelles désagréables sur nos affaires en Bohême, et des particularités de la mésintelligence de M. de Maillebois et de M. le comte de Saxe ; le public est pour ce dernier, et le fait maréchal de France sans parler du préalable de la catholicité. On prétend que M. de Maillebois, ayant eu peur d'être attaqué dans son camp, envoya un ordre à M. de Saxe de venir le joindre avec ses troupes, ce qu'il fit à regret, parce qu'il prévit que les ennemis s'empareroient du poste qu'il occupoit, dès qu'il se retireroit, ce qui arriva. On ajoute qu'à son arrivée il s'étoit plaint à M. de Maillebois, et que ce général ayant fait assembler un conseil de guerre, se flattant que sa conduite seroit approuvée, il avoit eu le désagrément du contraire et celui d'être chansonné, comme il arrive toujours en pareil cas.

Voici les couplets qu'on chantoit hier, dans les coulisses, sur ce sujet :

Air : *Voici les dragons qui viennent.*
Voici les François qui viennent,
Hongrois, sauvons-nous (*bis*).

— Nenni, s'écria la Reine,
C'est Maillebois qui les mène,
Je m'en f...

On badine fort sur le compte de nos généraux. L'une des plaisanteries est que la reine de Hongrie est une jument bien difficile à ferrer; on demande pourquoi : « C'est, répond-on, qu'elle a trois maréchaux à ses « trousses qui n'en peuvent venir à bout. »

29 *octobre*. — L'on continue de chansonner M. de Maillebois. L'on dit que sans le zèle de M. le comte de Saxe pour la France, qu'il se seroit retiré, et qu'il n'en a pas fait un mystère à ce maréchal. On dit que le Roi commence à s'intéresser vivement aux affaires de son État, et qu'il marque dans le particulier beaucoup d'inquiétudes.

Dans le monde galant, il n'est question que de vers sur plusieurs aventures qui sont arrivées. Celle du comte d'Estaing a fort amusé les gens du bon ton. Mademoiselle Hernie, dont il a soin, a été surprise avec Dupré par la Carville, qui a fait tapage, dans un état à ne pas lui faire douter que son amant lui étoit infidèle, et que sa bonne amie se moquoit à la fois de son amant et de sa crédulité.

30 *octobre*. — Une demoiselle de Versailles, et qui n'est pas plus sage qu'il ne le faut, a donné lieu à une scène assez bouffonne. Mécontente d'un garde du Roi qui avoit été son amant, elle s'est travestie en homme, a voulu lui faire mettre deux fois l'épée à la main. L'aventure s'est dénouée par un rendez-vous où l'on s'est servi d'autres armes pour terminer le différend.

Novembre.

1er *novembre*. — L'on fait courir le bruit que la princesse de Conti envoya chercher le dernier courrier qui est arrivé de l'armée de M. de Maillebois, et qu'elle lui demanda pourquoi il ne lui avoit point apporté de lettres du prince son fils ; que, sur ce qu'il assura qu'il n'en avoit été chargé d'aucune, elle le traita avec beaucoup de hauteur, en lui disant qu'il ne devoit pas ignorer qu'il étoit de son devoir, en pareil cas, d'aller chez un prince du sang avant que de partir, pour prendre ses ordres, et qu'elle trouveroit bien les moyens de lui faire sentir combien elle étoit offensée de son peu d'attention. Le courrier s'est justifié en apprenant à la princesse que M. le maréchal de Maillebois lui avoit défendu de se charger d'aucune lettre, et surtout de celles du prince de Conti. Ce discours, qui est répandu dans le public, y fait un fort mauvais effet, aussi bien que celui qui fut publié depuis quelques jours, qu'il avoit été défendu à tous les officiers des armées de mander aucunes nouvelles. On juge par là que les affaires sont au plus mal, puisqu'on prend tant de précautions pour les dérober.

3 novembre. — On est fort étonné à Paris qu'on n'exécute point les criminels arrêtés pour assassinats. On a beau dire qu'il n'est pas possible de faire justice sans des preuves avérées, on répond que, dans le cas présent, il falloit aider aux preuves et donner des exemples, et l'on s'en prend aux juges qui ne veulent pas travailler, dit-on, dans les vacances, et qui préfèrent leur repos à leur campagne, à celui de tout le public.

5 novembre. — L'événement qui vient d'arriver à la Cour occasionne autant d'étonnement que de conjectures pour l'avenir. Il y avoit plus de six semaines qu'on s'apercevoit que madame de Mailly n'étoit plus si bien avec le Roi que par le passé ; mais comme on savoit qu'il y avoit quelquefois des brouilleries dans ce commerce, on n'y faisoit qu'une légère attention, et l'on ne prévoyoit pas que les choses dussent jamais aller si loin. Les détails de la disgrâce de madame de Mailly sont contés différemment ; les uns prétendent qu'elle a commencé du jour qu'elle s'est démise de sa place de dame du palais; d'autres pour avoir reçu chez elle plusieurs personnes qui n'étoient point agréables au Roi. Ceux qui croient mieux connoître la carte soutiennent que la véritable raison du changement du Roi vient de ce que madame de La Tournelle lui avoit plu beaucoup, et qu'elle a l'esprit plus solide et plus agréable que madame de Mailly, dont tous les agréments dans le commerce ne consistoient qu'en beaucoup de vivacité, de causticité et d'enjouement. Les spéculatifs qui tournent tout du côté de l'intrigue politique, prétendent que M. le Cardinal s'étant aperçu que madame de Mailly le croisoit en tout, avoit trouvé le secret d'inspirer du dégoût au Roi, et avoit fait prévenir madame de La Tournelle sur le parti qu'elle avoit à prendre dans cette occasion, en lui faisant donner avis que si le projet avoit lieu, elle n'entendit à rien que sa rivale ne fût éloignée. Ceux qui connoissent bien Son Éminence assurent que le fait est supposé, et que M. le Cardinal n'a eu aucune part à ce qui vient d'arriver.

6 novembre. — M. le duc de Richelieu s'étoit aperçu, il y a quelque temps, que le Roi commençoit à avoir du dégoût pour madame de Mailly, et ayant surpris des regards sur madame de La Tournelle qui sembloient indiquer de la complaisance pour elle, forma le projet d'entrer dans la confiance du Roi et d'opérer les changements qui sont arrivés. Pour cet effet, il se rendit plus assidu que jamais chez le Roi, rendit des visites fréquentes à madame de La Tournelle et mit toutes ses visites à profit. Lorsque les occasions le mettoient à portée de parler de madame de La Tournelle au Roi, il vantoit ses charmes, la douceur de son caractère, la finesse de son esprit, et, quand il étoit temps quelquefois de hasarder, faisoit entendre au Roi qu'elle avoit un goût secret pour Sa Majesté. Par là, il préparoit peu à peu le cœur de Sa Majesté à l'inconstance. Lorsqu'il se trouvoit vis-à-vis de madame de La Tournelle, il

n'étoit question que des choses flatteuses que le Roi lui disoit sans cesse d'elle. Enfin, toutes ces menées ayant fait l'effet qu'on en attendoit, le Roi, pressé par le dégoût ou par ses amours, ordonne à M. de Richelieu de parler à madame de La Tournelle et de lui faire part du désir qu'il avoit de vivre avec elle. La réponse qui fut faite, si elle est vraie, prouve la pénétration de madame de La Tournelle : « Je n'ignore pas, dit-elle à M. de Riche-
« lieu, en souriant, ce que le Roi pense en ma faveur ;
« je m'en suis aperçue, il y a plus de deux mois, mais
« je conçois, par ce que vous m'annoncez, que vous avez
« autant de part au goût que Sa Majesté marque pour
« moi que mes charmes. Je vous cacherois inutilement
« que je ne suis pas indifférente aux nouvelles que vous
« m'apprenez ; mais comme, dans une occasion aussi
« délicate, on ne sauroit être trop bien conseillé, je ne
« veux d'autre guide que vous.... » L'anecdote porte que M. de Richelieu lui traça la conduite qu'elle devoit suivre, qu'elle exigeât pour préalable que madame de Mailly sortiroit de la Cour, que le Roi lui écriroit, et enfin qu'elle auroit le même état que madame de Montespan. Madame de Mailly, ayant été avertie sur-le-champ, se rendit chez madame de Toulouse, où elle pleura beaucoup. Le résultat fut qu'elle se rendroit à Paris, à l'hôtel de Toulouse, jusqu'à nouvel ordre.

Sur les plaintes faites par madame de Mailly qu'elle étoit endettée, sans mari et sans aucune ressource, le Roi a répondu qu'il l'avoit accablée de bienfaits, et qu'en dernier lieu elle avoit touché sept mille louis d'or, pour la place de fermier général qu'il avoit accordée à M. Bouret, en sa considération.

Il y a eu un mouvement extraordinaire à la Cour.

Il n'y a pas longtemps que le roi d'Angleterre ayant surpris sa maîtresse avec un rival, dans une situation à ne point douter de son infidélité, lui pardonna ; mais un malheureux hasard pour cette maîtresse ayant fait que le Roi, en voulant s'asseoir, se laissa tomber par terre, et ayant cru que c'étoit une mauvaise plaisanterie de la part de cette femme, la renvoya, et en a repris une autre que l'on dit être fille de M. de Walpole.

On travaille à l'ameublement de madame de La Tournelle, et il est certain qu'elle sera maîtresse déclarée.

7 novembre. — Il faut que madame de La Tournelle soit fort aimée à la Cour, ou que ses créatures soient en grand nombre; tout ce qui se dit à son égard est avantageux. On assure que la première des conditions qu'elle a exigées, en formant des liaisons avec le Roi, a été que Sa Majesté en useroit avec la Reine comme il en avoit usé pendant les premières années de son mariage. Le discours qu'on dit qu'elle a tenu à cette occasion a prévenu tout le public en sa faveur. Il porte en substance que la Reine étant encore assez jeune pour avoir des enfants, il étoit de l'intérêt de l'État qu'elle en eût, et qu'il n'étoit pas de la gloire du Roi, sous quelque prétexte que ce fût, de se dispenser d'un devoir auquel le bonheur de ses peuples étoit attaché.

On parle d'une réponse que le Roi a faite à M. le Cardinal sur la nouvelle du jour. Son Éminence ayant été avertie de la disgrâce de madame de Mailly et du nouveau choix qu'il faisoit, se rendit chez Sa Majesté dans l'intention sans doute de faire des représentations convenables à sa robe. A peine eut-il ouvert la bouche, que le Roi l'interrompit en lui disant qu'en lui abandonnant le soin de ses affaires, il n'avoit pas prétendu lui donner aucun droit sur sa personne. On parle ici avec une grande liberté de cette aventure, et il est surprenant que l'on soit aussi peu réservé qu'on l'est dans toutes les occasions tant sur ce qui a rapport au Roi que sur les affaires du gouvernement.

On fit courir hier le bruit, dans la matinée, que madame de Mailly étoit retournée à la Cour, mais on sait qu'il n'en est rien. Il est vrai qu'elle comptoit partir la nuit pour s'y rendre, et qu'elle avoit donné l'ordre pour qu'on lui tînt sa chaise prête; mais lorsqu'on vint l'avertir que les chevaux étoient mis, elle dit qu'elle ne partiroit pas et continua à pleurer.

8 *novembre*. — Madame de Congé n'a pas perdu, dit-on, l'espérance de l'emporter sur madame de La Tournelle. Le Roi a des moments d'incertitude dont elle se flatte de profiter. M. le Cardinal, qui n'a pu parvenir à représenter au Roi le tort que le commerce de madame de La Tournelle fera à sa gloire dans toute l'Europe, et surtout dans son royaume, où ce commerce est envisagé comme monstrueux à cause des principes de la religion, a écrit à Sa Majesté avec autant de force que de liberté, pour l'engager à ne pas aller plus loin avec madame de La Tournelle. On prétend que depuis la lecture de cette lettre, le Roi a paru sombre et rêveur, que Sa Majesté a marqué des humeurs qui ont été d'autant plus remarquables qu'elle a coutume de parler toujours avec beaucoup de bonté à ceux qui la servent et qui l'environnent. L'on dit que ce monarque a la conscience timorée, et que, frappé sans doute des vérités que Son Éminence lui a annoncées, il hésite à se déclarer entièrement. On dit que son confesseur, s'étant présenté à la porte de son cabinet pour entrer, a été renvoyé. On infère de là que le Roi ne veut plus rien écouter, et l'on ne doute pas que le premier voyage de Choisy ne décide de tout.

9 *novembre*. — Madame de La Tournelle donne, dit-on, beaucoup de soins au Roi par ses scrupules et par les combats qu'elle livre avant de se rendre. Il y a deux jours qu'on faisoit courir le bruit que tous les arrangements avoient été arrêtés, et qu'elle avoit été introduite, par le petit escalier de madame la comtesse de Toulouse, dans les appartements sur la petite cour; mais on croit être moralement sûr que madame de La Tournelle a exigé du Roi qu'il ne seroit point encore question d'aucune liaison particulière, jusqu'au retour de Choisy,

où il n'est pas encore certain qu'elle aille, quoiqu'on l'assure à la Cour. Il y a bien des courtisans qui se persuadent que cette conduite est étudiée. Quoi qu'il en soit, elle réussit. Sa Majesté marque beaucoup d'impatience et d'empressement pour madame de La Tournelle, et le courtisan éclairé lui fait en foule la cour, ce qu'elle soutient avec autant de dignité que d'égards.

Tandis que tout rit à cette dame, les regrets et le désespoir sont le partage de madame de Mailly. A Paris, les nuits se passent à faire des projets, et les jours à envoyer chercher tous les gens qu'elle se persuade lui être attachés, pour les consulter sur le parti qu'elle a à prendre. On dit qu'elle envoya un exprès avant-hier à M. de Gèvres, pour le prier de descendre chez elle en arrivant de Versailles. On n'ignore pas que ce seigneur a pris la résolution de ne point venir à Paris pendant l'absence du Roi, non-seulement à cause de cette prière, mais encore parce qu'ayant été fort lié avec madame de Mailly, il se seroit trouvé dans l'indispensable obligation de la voir pendant son séjour à Paris, ce qui eût pu ne pas plaire au Roi ou à madame de La Tournelle, au lieu qu'en restant à la Cour, sous prétexte d'indisposition, il échappe à l'empressement et aux pleurs de madame de Mailly.

Il est certain que cette dame aimoit sincèrement le Roi. Cependant il y a des gens qui prétendent que toutes ses fureurs aboutiront à rentrer dans le monde et à s'en consoler avec un homme qu'on n'a point nommé.

10 novembre. — Le Roi va lundi à Choisy, où il restera jusqu'au vendredi ; il y a cinq dames de nommées pour ce voyage ; on dit beaucoup de choses à ce sujet. Les bons François gémissent de la licence avec laquelle on parle de leur maître, et désireroient qu'on fît quelques exemples pour apprendre aux imprudents à se taire et à respecter ce qu'ils doivent respecter.

Il y eut mardi dernier une contestation à l'Opéra

entre les sergents de la garde et un particulier. L'on a donné le tort aux sergents. L'Opéra ne se soutient plus que par des billets donnés, et il y en avoit hier plus de deux cents.

11 *novembre.* — Il y eut hier répétition générale à l'Opéra, et ordre à la porte de n'y laisser entrer personne. M. de Maurepas devoit s'y trouver avec quelques seigneurs. Madame de La Tournelle doit y venir aux premières représentations, en cas que son état ne soit pas décidé. Il n'est pas encore certain qu'il soit déclaré, comme on l'avoit annoncé d'abord. On dit que madame de Mailly va se rendre dans ses terres et qu'elle ne veut plus reparoître à la Cour.

L'on attribue la mort du chevalier de Villefort au chagrin qu'il a ressenti de la perte de ses bijoux et de son argent qui lui ont été enlevés, pendant qu'il dormoit, par la sentinelle qui étoit en faction auprès de sa porte.

12 *novembre.* — L'on dit que le Roi est parti hier pour Choisy : les dames qui sont du voyage sont : mademoiselle de La Roche-sur-Yon, mesdames de La Tournelle, de Flavacourt, de Rustek, d'Antin, de Luynes, etc.

On dit à la Cour que madame de La Tournelle vit avec une grande réserve avec le Roi; que Sa Majesté n'a pas été contente de ses rigueurs et des motifs qu'elle allègue pour ne point déférer à ses désirs; qu'on est dans l'incertitude de la suite de cette intrigue; qu'il y a bien des gens qui croient que madame de Mailly pourroit bien revenir à la Cour, que ses créatures agissent dans cette vue, et que, si l'état de madame de La Tournelle n'est pas entièrement décidé au voyage de Choisy, il y a tout à parier qu'elle ne parviendra pas au but qu'elle s'est proposé.

14 *novembre.* — L'on dit que le Roi s'est expliqué avec M. le cardinal de Fleury en des termes assez vifs,

avant son départ pour Choisy; sur les rapports qui lui ont été faits de la liberté qu'on se donnoit de parler sur ses goûts secrets, et a marqué une sorte de ressentiment de ce qu'on étoit si peu réservé. On s'est aperçu que Sa Majesté avoit montré beaucoup de froid à plusieurs des seigneurs qui l'approchent souvent. On disoit hier dans une loge de l'Opéra, où étoient des femmes de qualité, que le Roi avoit des émissaires secrets qui lui rendoient compte de tout ce qui se passoit à la Cour, et que ces personnes étoient des gens de distinction et qui entroient partout. Une duchesse, qui avoit entendu tout ce qui se dit à cette occasion, assura que ce bruit avoit été répandu par ordre du Cardinal, afin qu'on se tînt sur ses gardes lorsqu'on parloit du Roi, et qu'on fût plus réservé à l'avenir sur ce chapitre.

Le bruit court que madame de Mailly se flatte encore d'être rappelée, parce que le Roi n'a jamais parlé d'elle, depuis son départ, qu'en des termes qui faisoient connoître qu'il se souvenoit toujours d'elle avec plaisir; ce qu'on attribue à la fermeté de madame de La Tournelle, qui ne veut rien rabattre de ses premières prétentions.

15 novembre. — Le voyage du Roi à Choisy a été fort triste jusqu'ici, surtout le premier jour. Madame de La Tournelle boude Sa Majesté, et Sa Majesté ne fait pas, sans doute, ce qu'il faut pour la mettre de bonne humeur. Le Roi fit la partie de Mademoiselle; madame de La Tournelle ne joua point, parce que les cartes lui furent présentées froidement.

Le Roi se coucha de fort bonne heure, et madame de La Tournelle rêva, causa, s'agita jusqu'au point du jour.

On est à présent persuadé que madame de La Tournelle sera sur le même ton que madame sa sœur dans cette aventure, c'est-à-dire qu'elle ne sera pas déclarée.

Madame de Mailly continue à vivre dans l'agitation

la plus cruelle; l'espoir, la crainte, la fureur la transportent tour à tour. Les nuits se passent à méditer sa disgrâce et à s'arroser de ses larmes : elle fait pitié. Ceux bien instruits de sa vie assurent qu'elle s'est portée plusieurs fois à des extrémités contre ses jours, et qu'on continue à l'observer. Ceux qui lui sont attachés espèrent que les visites qu'elle commence à recevoir diminueront insensiblement sa douleur. Le seul moyen qu'on a trouvé jusqu'ici pour la calmer, a été de lui faire entendre que le Roi n'étoit point encore décidé sur son choix; que son appartement n'étoit pas donné, et que la politique avoit plus de part à son éloignement que toute autre raison.

17 *novembre*. — Le Roi est revenu hier avant sept heures, et ne paroît pas de bonne humeur. Avant-hier au soir, un valet de chambre de madame de Mailly, qui avoit une lettre à lui rendre de la part de sa maîtresse, la lui présenta en passant dans le salon. Le Roi, en la recevant, demanda de qui elle étoit, et, en étant instruit, il la rendit sans l'ouvrir, et ordonna qu'à l'avenir on ne souffrît point que personne lui en présentât.

On dit qu'on a eu la témérité de mettre un placard à la porte de Choisy, avec une inscription si hardie, qu'on ne l'ose répéter. On est indigné qu'on manque à ce point de respect au Roi, et on seroit enchanté que le coupable fût arrêté, et servît une bonne fois d'exemple en pareille occasion.

18 *novembre*. — Il ne paroît pas que les mouvements que madame la comtesse de Toulouse se donne pour reprendre son crédit auprès du Roi réussissent. La dernière fois que cette princesse parla au Roi en faveur de madame de Mailly, Sa Majesté lui répondit qu'elle désiroit qu'on ne l'entretînt plus de cette matière; et sur ce que la comtesse de Toulouse voulut insister, le Roi ajouta : « Eh, madame! il y a plus d'un an que cela « m'ennuie; il me semble que c'est bien assez! »

19 novembre. — Tout est mystère aujourd'hui à la Cour. La mauvaise humeur du Roi rend tout le monde circonspect. Madame de La Tournelle se conduit avec beaucoup de réserve. Elle a été deux jours sans être visitée du Roi. On tire beaucoup de conjectures. Mademoiselle La Roche-sur-Yon a beaucoup gagné de crédit pendant le voyage de Choisy, aussi bien que madame de Rustek. Il se minute une partie. Il n'y a plus d'espérance sur le retour de madame de Mailly ; cependant on assure qu'elle s'en flatte toujours.

20 novembre. — L'on dit à l'oreille, à la Cour, que madame de La Tournelle s'est enfin décidée sur le compte du Roi, et que Sa Majesté n'a plus à se plaindre de sa complaisance. On conjecture par les empressements qui lui sont marqués, que cet attachement lui donnera la plus grande faveur. L'on remarque sur le visage du Roi plus de satisfaction et plus de tranquillité, et la connoissance qu'on a du caractère de la favorite fait présupposer qu'elle fera usage de son crédit, et qu'on aura besoin de sa faveur dans toutes les occasions.

Messieurs de l'Académie françoise ont député, dit-on, en dernier lieu, un de leurs membres à M. de Pont-de-Veyle pour lui offrir d'être de leur corps. On prétend que M. de Pont-de-Veyle a répondu qu'il étoit sensible à l'honneur que l'Académie vouloit lui faire, mais qu'ayant lieu de juger que cette grâce ne lui étoit faite qu'en considération du retour de M. le cardinal de Tencin à la Cour, puisque tant qu'il avoit été absent il n'en avoit pas été question, il ne croyoit pas devoir occuper une place qui devoit être donnée au mérite et non à la faveur. M. Roy, le poëte, a débité hier cette anecdote en public avec un grand nombre d'autres contre cette Académie, qu'il seroit trop long de rapporter. Dans toutes les occasions, il ne l'épargne pas.

22 novembre. — Madame de Mailly se flatte toujours qu'elle sera rappelée à la Cour, parce que ceux qui l'approchent la tiennent dans cette humeur, pour empêcher les effets de sa vivacité qui l'ont plusieurs fois mise à la veille d'attenter à ses jours. Il s'en faut cependant beaucoup pour que son espérance soit fondée. Son sort est décidé : le Roi paye une partie de ses dettes, lui assigne quarante mille livres de rentes, et lui donne un logement au Luxembourg. Elle n'est pas encore instruite de cet arrangement ; on ménage sa douleur et l'on attend un moment favorable pour lui faire comprendre que si elle n'accepte pas ces grâces avec les ménagements convenables, elle risque un exil et une disgrâce complets.

Le Roi est parti pour Choisy mardi dernier, où Sa Majesté restera jusqu'à samedi. Les dames qui ont été nommées pour le voyage précédent, sont de celui-ci, à la réserve de madame de Rustek. On dit que madame de La Tournelle a désiré qu'elle n'en fût pas, et cela parce qu'elle s'est mis dans l'esprit que cette dame avoit des attentions pour le Roi, qui sembloient en vouloir à son cœur. L'on sait que madame de La Tournelle a tous les lieux du monde d'être contente du Roi. Sa Majesté n'a des yeux que pour elle, et n'a jamais été si amoureux. La semaine prochaine il n'y aura pas de voyage à Choisy, à cause que madame de La Tournelle est de semaine auprès de la Reine ; mais pour la dédommager de cette contrainte, les dames souperont dans les petits cabinets, comme cela a été pendant un certain temps.

Madame la marquise du Châtelet est arrivée l'avant-dernière nuit avec M. de Voltaire. Cet auteur, qui ne se porte pas bien, a fait prier le chevalier de Mouhy de passer chez lui, et lui a écrit pour l'engager à parler de l'impression de son *Mahomet*, et avertir le public que les trois éditions qu'on en a faites à Paris ont été imprimées sur des copies infidèles, et que la véritable édition s'imprime actuellement à Londres et à Amsterdam ; ce que M. de Mouhy n'a pas cru devoir faire sans un ordre de M. de Marville.

Dans un entretien fort long que le chevalier de Mouhy a eu avec madame du Châtelet, il a compris que M. de Voltaire avoit l'honneur d'être en liaison avec le ministère, et, pour s'en mieux éclaircir, il s'est procuré une conversation avec M. de Voltaire, et il a trouvé le secret de le faire parler ; et même, sur les doutes qu'il a feint d'avoir, M. de Voltaire lui a montré une lettre de M. le cardinal de Fleury qui commence par ces mots : *Vous dites tout d'or, monsieur ; j'ai fait part de votre lettre au Roi, qui en a été fort content.* Cette lettre est de six pages, et contient sans doute des instructions pour ménager une affaire.

M. de Voltaire a prié M. de Mouhy d'apprendre adroitement à M. de Marville qu'il est bien avec M. le Cardinal, et lorsqu'il est arrivé chez madame du Châtelet, M. le président de Ménières prenoit le café avec elle.

23 *novembre*. — Le crédit de madame de La Tournelle augmente tous les jours ; on ne doute pas qu'avant peu elle n'en donne des preuves authentiques. En attendant, on prétend qu'elle demande cinquante mille livres par mois, une terre de trente mille livres de rentes, hôtel à Paris et à la Cour, et pour cinq cent mille francs de diamants. Elle désire encore que les dettes de madame de Mailly soient payées ; qu'on lui assigne quarante mille livres de pension, et qu'on lui donne un logement au Luxembourg.

M. le duc de Richelieu a vu, dit-on, madame de Mailly, qui l'a reçu avec des politesses ironiques. Depuis ce temps, on l'appelle le président de La Tournelle. Madame de Mailly s'est attirée la compassion de tout le monde. Elle a la voix publique et la réputation de n'avoir fait usage de sa faveur que pour faire du bien. On loue aussi son désintéressement et la bonté de son cœur.

M. le marquis de Nesle est enfin parvenu à ne plus vivre de l'auberge, ou, pour mieux dire, son crédit étant absolument épuisé, il a été obligé de faire faire son pot-au-feu chez lui, et, pour cet effet, a acheté de la vaisselle de terre.

L'on dit que madame de Tencin se donne de grands mouvements pour faire obtenir une place à l'Académie à M. de Marivaux, et l'on assure qu'il est décidé qu'elle y est parvenue; la cabale tourne en ridicule l'Académie pour ce choix, et l'on dit qu'à l'avenir elle ne pourra plus trouver de sujets. L'abbé d'Olivet, son propre membre, n'est pas son apologiste.

24 *novembre*. — Malgré l'habileté du sieur Capron et l'opinion que tout le monde a de sa réputation, il cassa avant-hier deux dents au Roi, en les lui accommodant, et l'on a admiré la patience de Sa Majesté, qui a souffert extraordinairement sans se plaindre et sans dire des choses trop désagréables à ce dentiste. Ce n'est pas la première fois qu'on se plaint de lui dans le monde sur de semblables sujets.

Lundi prochain, les comédiens françois donneront la première représentation du *Comte de Warwick*, par M. de Cahuzac, attaché à M. le comte de Saint-Florentin.

Il est confirmé que M. de Marivaux sera de l'Académie.

L'on parla hier, dans une loge où se trouvoient trois dames de qualité et M. de Meulan, de M. de Marville, et l'on en dit beaucoup de bien. Cela vint à propos de l'attention qu'il avoit pour la recommandation des gens de qualité.

25 *novembre*. — Il paroit encore de nouvelles chansons sur madame de La Tournelle. On dit qu'elles lui ont été adressées par la poste, et qu'après en avoir ri la première, elle avoit assuré que si elle conservoit la faveur du Roi, elle trouveroit bien le moyen d'arrêter

la licence avec laquelle on écrivoit et l'on parloit sur certains articles. On assure que cette dame a beaucoup de fermeté, et l'on s'attend qu'il sera beaucoup plus question d'elle que de madame de Mailly.

26 novembre. — L'auteur eut hier un long entretien, à l'Opéra, avec M. le duc de Villars et plusieurs autres seigneurs, et ne perdit pas l'occasion de pénétrer les différentes idées du courtisan dans les circonstances présentes. Tout ce qu'il put comprendre est que madame de La Tournelle est moins aimée que madame de Mailly, qui est fort regrettée.

27 novembre. — Le voyage de Choisy s'est passé avec une grande gaieté. Le Roi y a été d'une humeur charmante. Madame de La Tournelle acquiert de jour en jour plus de crédit. M. le duc de Richelieu a souvent l'honneur d'amuser le Roi et devient plus à la mode que jamais.

28 novembre. — Les jansénistes ont fait courir le bruit que le Père Lémery, ayant été député par la Société, non pour faire des représentations au Roi sur l'irrégularité de sa nouvelle passion, mais pour faire entendre à Sa Majesté, qu'à cause des conséquences qui résultent de son éloignement des sacrements, pour sa réputation parmi les princes, et surtout dans son royaume, il devoit se conduire dans cette occasion comme avoit fait le feu Roi, qui n'avoit jamais cessé de satisfaire aux devoirs de religion, par le tempérament qui avoit été pris de le faire communier en blanc, ce qui pouvoit être pratiqué dans le cas où il se trouvoit; que le Roi, après avoir écouté jusqu'au bout son confesseur, l'avoit renvoyé avec ordre de ne se point présenter qu'il ne fût appelé; et avoir paru fort mécontent du Père Lémery et de la Société. Cette anecdote, qu'on suppose être vraie et à laquelle on ajoute l'exil pour le Père Léméry, donne lieu à bien des raisonnements; mais ce qu'il y a de singulier, c'est que bien loin que la conduite du Roi dans cette occasion soit blâmée, les dévots même l'approuvent et disent que la révérence que Sa Majesté montre dans cette occasion pour les sacrements, en ne voulant point s'en approcher indignement, prouve son respect pour la religion, et, en cette considération, on rejette sur sa jeunesse de certains égarements, avec l'espoir que tôt ou tard le monarque rentrera dans la voie du salut.

L'on dit que malgré les conseils qu'on a donnés à la Reine de ne pas marquer d'aigreur à madame de La Tournelle, qu'elle lui montre beaucoup de froid, ce qui fait présumer que cette dame du palais ne conservera pas longtemps cette place.

29 *novembre*. — La pièce de M. de Cahuzac a essuyé toutes les rigueurs du parterre. Elle est tombée tout à plat. Le premier acte a été trouvé admirable, et l'on étoit dans les plus heureuses dispositions du monde pour *le Comte de Warwick* s'il avoit pu donner lieu de conserver, le reste de la pièce, les préventions favorables que son début avoit d'abord inspirées.

L'on assure que le sort de madame de Mailly est absolument décidé. Elle a fait l'impossible pour qu'elle pût demeurer à Versailles, en promettant qu'elle ne mettroit pas les pieds au château; mais vainement : elle occupera un appartement au Luxembourg, et sera pensionnée de quarante mille livres de rentes, les dettes exigibles payées.

Décembre.

1ᵉʳ *décembre*. — L'hôpital de Strasbourg, autrement *Raspelhaus*, a obtenu une loterie dont le fonds est, si l'on ne se trompe, de deux cent quarante mille livres. Les directeurs demandent qu'elle soit affichée à Paris. On doute que cette grâce soit accordée.

Le roman de *Cythéride*[1] a quelque réputation; on le

---

1. Par Bret. Paphos (Paris), 1743, in-12. (*Note de M. Taschereau.*)

trouve bien écrit, mais on en désapprouve le ton. *Les Étrennes de la Saint-Jean*, qu'on attribue à M. de Caylus, ne sont pas du goût des gens délicats.

2 décembre. — Il n'est pas vrai que le sort de madame de Mailly soit décidé, mais le jour en est pris à mardi. M. le contrôleur général doit se rendre chez elle, lui faire part de l'intention du Roi, lui porter de l'argent, et, en un mot, faire un arrangement général pour ses affaires.

Les chansons sur les dames font beaucoup de bruit à la Cour.

M. de Voltaire se loue beaucoup de M. de Marville; il doit, cette semaine, conférer avec ce magistrat. L'on dit que M. de Marville ne lui sera point contraire, pourvu qu'il soit tranquille et qu'il ne le force pas à l'inquiéter.

Une femme de quatre-vingt-dix ans est accouchée dans la rue de la Perle.

3 décembre. — Mademoiselle de la Roche-sur-Yon est mécontente d'être toujours des parties du Roi. Madame de La Tournelle commence à prendre des tons; on ne doute pas que, dans peu, elle ne fasse connoître toutes les prérogatives attachées à son état.

4 décembre. — La cabale de M. de Belle-Isle se donne de grands mouvements pour empêcher que M. le cardinal de Tencin ne vienne en faveur. Pour y parvenir l'on a voulu faire entendre à madame de La Tournelle que cette Éminence avoit blâmé plusieurs fois les complaisances que le Roi avoit pour elle, en supposant que la première chose à laquelle il s'attacheroit, s'il devenoit premier ministre, ce seroit de lui nuire, en jetant dans l'esprit de Sa Majesté des inquiétudes sur ce commerce. On prétend que l'adresse avec laquelle on a fait naître de la défiance dans l'esprit de cette dame a fort réussi, et l'on se flatte qu'avec le temps on parviendra à le rendre tout à fait suspect.

L'on assure encore que madame de Mailly a pris le parti de céder de bonne grâce à son sort, qu'elle a écrit à madame de La Tournelle pour lui faire des excuses de ses emportements contre elle. Dans cette lettre elle lui trace, dit-on, la voie qu'elle doit suivre pour conserver les bonnes grâces du Roi et lui nomme ceux dont elle doit se défier pour ne pas fournir de prétexte à l'inconstance du Roi. M. le comte d'Eu fait sa cour régulièrement à madame de La Tournelle.

5 *décembre*. — M. d'Argenson, le ministre, fait sa cour exactement à madame de La Tournelle, et ménage tout le monde à la Cour. Ses partisans se remuent à Paris, et il n'y a presque point d'assemblée où l'on ne vante sa douceur, son aménité, ses lumières et sa capacité ; cependant les personnes qui le connoissent bien, savent que jamais mortel n'a été si brusque ; que dans son domestique il est insupportable ; qu'un de ses valets de chambre, nommé La Ferté, qui le servoit depuis longtemps, est mort de chagrin ; qu'il passe les nuits dans la débauche, qu'il feint de travailler aisément et qu'il travaille avec difficulté ; qu'il est cauteleux et dessert sous main ceux qui ne lui plaisent pas, avec les apparences de l'amitié. La franchise est une qualité dont il ne s'est jamais piqué. On le dit une des créatures de M. de Belle-Isle, la plus décidée.

6 *décembre*. — Madame la duchesse a fait beaucoup de façons pour répondre à l'honneur que le Roi lui a fait de la nommer pour le voyage de Choisy, qui aura lieu lundi prochain et qui sera de cinq jours. Cette princesse a répondu en minaudant, selon sa coutume, qu'elle n'étoit plus d'un âge à suivre les plaisirs. Elle s'est rendue cependant, en disant que le Roi trouvoit toujours le secret de lui faire faire tout ce que bon lui sembloit.

L'Académie est fort maltraitée. Voici des vers qu'on a faits à l'occasion de la réception prochaine de Marivaux, qu'on a retenus de mémoire et dont on a pu oublier quelque chose :

> Pour couronner ses travaux,
> Fontenelle met Marivaux
> A la célèbre Académie.
> *N'a-t-il donc tant vécu que pour cette infamie?*

7 décembre. — Madame de Mailly avoit paru prendre son parti, mais depuis quelques jours elle s'afflige beaucoup. L'on prétend que c'est depuis qu'elle sait que le Roi est venu à Paris.

8 décembre. — Une des femmes qui vont à Choisy, et qui soupent dans les petits cabinets, entretint ces jours passés le Roi, et, pour venir à son but, a posé pour principe de l'attachement que le feu roi avoit eu pour madame de Maintenon, le soin qu'elle avoit de lui procurer les plus aimables fortunes dans l'intérieur de son propre appartement, sans que jamais ces parties aient été sues par personne. L'on prétend que cette manière de s'exercer a été du goût du Roi ; mais comme on a moins de discrétion dans ce temps qu'on n'en avoit dans celui dont on vient de parler, on a su dans les vingt-quatre heures cette particularité, et il n'y a pas de doute qu'elle ne soit versifiée si elle ne l'est déjà.

M. de Voltaire a prié M. de Mouhy de faire sa cour à M. de Marville. Il paroît qu'il le craint beaucoup. Sur l'apologie faite par ledit de Mouhy, de ce magistrat, devant madame du Châtelet, M. de Voltaire répondit qu'avec d'aussi grands talents, M. de Marville iroit loin. M. de Voltaire se plaint cependant que dans les feuilles qu'on donne journellement au Roi, il a été maltraité, et, selon ce qu'il a dit à ce sujet, il paroît qu'il n'est pas si bien en Cour qu'il avoit voulu le persuader à tout le monde.

9 décembre. — Le mariage de mademoiselle de La Garde amuse fort ceux qui la connoissent. Autant on a trouvé qu'elle avoit de l'esprit en se faisant séparer de biens dans son contrat de mariage, autant et plus on se moque de M. de Polignac, qui a passé cet important article, en faveur de l'équipage de chasse qu'elle lui a accordé, dans la vue, sans doute, de le distraire de ce qu'il perdroit de cet important côté. On dit ordinairement un corps sans âme, mais en parlant de mademoiselle de La Garde on peut dire, une âme sans corps.

M. Lallemant-Lebetz est chargé d'arranger les affaires de madame de Mailly. Au lieu d'un appartement au Luxembourg, on lui donne celui de madame de Ventadour aux Tuileries.

11 *décembre.* — Madame de Mailly occupe l'appartement des Tuileries dont on a parlé, en attendant une maison appartenant au Roi, dans la rue Saint-Thomas du Louvre qui lui est destinée. Ses dettes seront payées, mais il n'est point encore question de celles de M. de Mailly.

13 *décembre.* — Madame de La Tournelle s'est déclarée en faveur de M. de Maurepas, et l'on augure favorablement de l'augmentation du crédit de ce ministre, en cas qu'il y ait un changement dans le ministère, comme on s'y attend de jour en jour. Madame de Mailly, à ce qu'on disoit hier, en faisant confidence de ses chagrins à une personne qui ne l'a pas abandonnée dans sa disgrâce, a assuré qu'elle avoit un moyen infaillible pour retourner à la Cour quand elle le voudroit.

15 *décembre.* — Le Roi est d'une gaieté extrême à ce qu'on assure, et c'est avec regret que Sa Majesté part aujourd'hui de Choisy.

Madame la duchesse a mis tout le monde en train. L'on a chanté, dansé en rond beaucoup de rondeaux du temps du feu Roi et de la régence, et l'on dit que le Roi à son tour a mené le branle, et qu'au lieu des rondeaux anciens, il a chanté ceux qui courent, ce qui a donné aux plaisirs un vif qu'ils n'avoient pas eu jusqu'ici.

Les ministres n'ont pas été épargnés dans les vaudevilles dont il est question.

> Amelot semble un usurier,
> Voilà ce que c'est que de bégayer.
> Il est moqué de l'étranger,
> Ce petit ivrogne
> Lourd pour sa besogne;
> Il a toujours l'air d'un écolier,
> Voilà ce que c'est que de bégayer.

Il y a une faveur si grande pour les vaudevilles, qu'il n'y a pas jusqu'aux bourgeois de la rue Saint-Denis qui ne se livrent aux parodies.

17 décembre. — Une personne de première distinction a assuré hier que le Roi commençoit fort à se lasser de la liberté qu'on se donnoit de le chansonner. Lorsque le couplet des Deux Sœurs lui a été montré il s'est retourné en disant : *Je m'en f...* Une de celles qui l'a encore le plus piqué est celle qui suit, dont le défaut de mémoire a pu défigurer les vers :

> L'une est presque en oubli, l'autre presque en poussière;
> La troisième est en pied; la quatrième attend
> Pour faire place à la dernière.
> Choisir une famille entière,
> Est-ce être infidèle ou constant?

Madame de La Tournelle est entrée en semaine aujourd'hui. Le Roi lui a accordé un *bon* pour la première place de fermier général qui vaquera. Les fermiers généraux qui en ont été informés ont offert quatre mille louis pour nommer à cette place, ce qui leur a été refusé.

Il y a des vers sur le départ de M. de Richelieu dans sa chaise de poste, faite en forme de lit, dans laquelle quatre armoires sont pratiquées, avec toutes les commodités d'un homme malade dans sa chambre. Le ridicule qu'on a donné à ce seigneur a amusé toute la Cour, et malgré l'opinion où on est de sa faveur, on a remarqué que le Roi n'a point paru fâché des plaisanteries qu'on a faites de ce duc. Plaisanterie ou vérité, l'on débite qu'il est en train d'épouser mademoiselle de Chauvelin, et que l'on promet un million à madame de La Tournelle et à lui, s'il parvient à faire rappeler M. de Chauvelin.

18 *décembre.* — L'on prétend que la faveur de M. le duc de Richelieu est un peu déclinée. L'on a fait entendre à madame de La Tournelle que, si elle se livroit aux conseils de ce duc, elle s'en trouveroit mal tôt ou tard.

M. de Maurepas a été sensible au trait que ce courtisan lui a porté. Le Roi, en lisant les vers où les ministres sont si peu ménagés, s'écria : « Voyez, le public « aime Maurepas; il n'est point maltraité. » M. de Richelieu repartit sans réflexion : « Ah! je n'en suis pas « surpris, c'est lui qui les a faits. » La Cour et la ville ont désapprouvé ce duc, et l'on a partagé sincèrement le chagrin qu'une pareille imprudence a dû causer à M. de Maurepas. On dit que M. de La Rochefoucauld a fait des démarches pour la réparer.

19 *décembre.* — La surprise du public a été extrême à l'arrivée de madame de La Tournelle à l'Opéra. Après que la curiosité avide s'est satisfaite, les raisonnements ont succédé. Presque tout le monde a applaudi au goût du Roi. L'on fut soigneusement informé d'une partie de ce qui s'est dit sur ce sujet. Rien que de flatteur pour madame de La Tournelle. Des femmes surannées ont murmuré, quelques sottes gens ont tenu de sots propos, trop pitoyables pour être rapportés.

Il y a eu une contestation dans une loge où étoient des personnes du premier rang, sur le sujet dont on vient de parler. Il s'agissoit de convenir si madame de La Tournelle avoit bien ou mal fait dans le mouvement qu'a occasionné la préférence du Roi pour elle, de se montrer à Paris, aussi publiquement. Le sentiment opposé a prétendu que c'étoit afficher un attachement qui n'est pas applaudi de tout le monde, et que, dans les circonstances présentes, il est plus prudent de ne point donner occasion à de nouveaux murmures; mais on a répondu que le Roi n'étoit point dans le cas, comme ses sujets, de ménager de certaines considérations, encore moins de rendre compte de ses actions; que l'on avoit pris le grand parti, et que c'étoit le meilleur moyen d'en imposer aux mauvais raisonnements.

Il est toujours question de vers sur le même sujet. En cas que M. de Marville n'eût point ceux dont suivent les premiers couplets, il les aura sur-le-champ.

> Grand Roi, que vous avez d'esprit
> D'avoir renvoyé la Mailly.
> Quelle haridelle aviez-vous là?
> *Alleluia.*

> Contre une belle,
> Une requête on présenta.
> L'Amour, la jugeant criminelle,
> Aussitôt l'affaire appointa
> A La Tournelle.

> Chantons une ritournelle
> Sur la belle La Tournelle,
> Qui la Mailly débusqua;
> Ramonez-ci, ramonez-là.

> Et l'on voit son Éminence,
> Ce grand soutien de la France,
> Qui se f... de tout cela.

20 *décembre*. — Le cardinal écrit au Roi tous les jours. Le Roi a confié un article de sa lettre d'avant-hier à madame de La Tournelle. On dit que cette favorite a voulu voir la lettre entière, et que le Roi, après lui avoir assuré que ce qu'il ne lui montroit pas ne pouvoit être vu, avoit jeté la lettre dans le feu; que madame de La Tournelle avoit laissé entrevoir beaucoup d'humeur à cette occasion, et que le monarque, après avoir voulu l'apaiser, s'étoit retiré fort mécontent.

La fureur de rimer est plus forte que jamais, les vers suivants le prouveront.

> Trois cardinaux sont fameux en ce jour :
> Fleury brille par sa prudence;
> Tencin, au Conseil, à son tour,
> Montre son éloquence;
> Et La Tournelle mainte fois
> Fait voir son Éminence.
> De ce dernier le monarque fait choix
> Pour gouverner la France.

22 *décembre*. — Une femme de madame la duchesse de Boufflers a eu l'indiscrétion de faire part d'un secret qu'on ignoroit. Voici les vers qui paroissent à cette occasion.

Sur l'air du *Prévôt des marchands*.

> Luxembourg doit être à la Cour
> Reçu des mieux à son retour.
> Admirez quel excès de zèle
> La Boufflers a su mettre en jeu,
> Car, pour lui gagner La Tournelle,
> Elle couche avec Richelieu.

Il est devenu de mode de danser en rond le rondeau dont voici le premier couplet, parce qu'on sait que le Roi l'a dansé en dernier lieu à la Muette :

> Le Maurepas est chancelant,
> Voilà ce que c'est que d'être impuissant.
> Il a beau faire l'important,

Bredouiller et rire,
Lorgner et médire,
Richelieu dit en le chassant :
Voilà ce que c'est que d'être impuissant.

Il y a sept couplets de ce rondeau.

23 décembre. — L'on assure que le Roi a eu une explication avec madame de La Tournelle au sujet de M. de Richelieu, qui a fait cesser le froid de Sa Majesté pour M. de Maurepas, et fort diminué la faveur de M. de Richelieu. Le fait est que le Roi, ayant été informé que madame de La Tournelle recevoit tous les jours une lettre de ce seigneur, a trouvé le moyen d'en intercepter une dans laquelle il se trouvoit des conseils pour se maintenir dans la faveur, qui tendoient tous à éloigner une partie de ceux qui étoient le plus attachés à Sa Majesté. Cette conduite, qui a sans doute déplu au Roi, l'a porté à s'en expliquer à madame de La Tournelle. L'on pense que M. de Richelieu s'en est mal trouvé et qu'il ne reviendra pas si tôt à la Cour qu'il se l'étoit persuadé.

On croit que le Roi ira à l'Opéra vendredi prochain. L'on espère que les raisons qui empêchent ordinairement tous les mois mademoiselle Lemaure de chanter seront cessées d'ici à ce jour.

L'on dit que madame de La Tournelle a besoin d'argent, et que deux personnes qui lui sont attachées lui ont proposé de lui en faire prêter, ce qu'elle a refusé parce qu'elle ne veut point s'endetter. Il y auroit un moyen certain pour qu'elle en eût : un mot dit à messieurs les fermiers généraux sur le sou d'étrennes lui vaudroit au moins une centaine de mille francs.

24 décembre. — Les uns prétendent que madame de La Tournelle s'est entièrement déterminée en faveur de M. de Tencin; d'autres, qu'elle se sert de tout son crédit pour l'éloigner. Si l'on s'en rapporte à ceux qui doivent être le mieux instruits, il n'y a pas de doute, depuis le départ de madame de Mailly, que les cabinets ne parlent en sa faveur.

On a tout lieu de croire qu'on fait des démarches pour apprendre quels sont les auteurs des vers hardis qui paroissent depuis quelque temps contre la Cour. Le nombre de ces poésies augmente tous les jours, et le Roi lui-même est en butte à leur malignité.

27 *décembre.* — L'emprisonnement des libraires, dont on parle dans la feuille précédente[1], fait beaucoup de bruit; comme on ignore les véritables motifs qui y ont donné lieu, et qu'on n'est pas prévenu en faveur de M. de Voltaire, presque tout le monde lui donne le tort. On hasarda hier un moyen pour obliger ce poëte à laisser en repos ces libraires; c'est de présenter requête contre lui à M. le procureur général, et d'user de recommandation. Didot passe pour être honnête homme; M. d'Argenson le protége, et l'on dit que ce nouveau ministre s'est expliqué, à ce sujet, de manière à faire croire que M. de Voltaire aura du chagrin avant peu.

28 *décembre.* — On dit qu'il y a eu plusieurs personnes d'arrêtées et conduites à la Bastille, pour avoir parlé avec trop de liberté. Que ce bruit soit faux ou non, il fait un fort bon effet et contient les discoureurs.

On dit que deux ou trois femmes de qualité ont contrefait un bon du Roi pour lever de l'argent d'une place de fermier général, et que l'on n'est pas disposé à les ménager.

Le bruit se répand qu'il y a trois projets prêts à être mis à exécution pour avoir de l'argent, et que les édits ou déclarations en conséquence paroîtront dans le courant de janvier.

30 *décembre.* — L'auteur de *Julien l'Apostat*[2], et

---

[1]. On ne trouve pas dans la minute la précédente mention à laquelle on renvoie ici. (*Note de M. Taschereau.*)

[2]. La Bletterie. (*Idem.*)

M. de Mairan, sont en concurrence pour remplir la place de l'Académie françoise, vacante par la mort de M. de Saint-Aulaire ; il est faux que l'abbé Trublet se donne du mouvement à ce sujet, comme on en fait courir le bruit.

31 *décembre.* — L'aventure du bon du Roi, contrefait pour la place de fermier général, continue à faire la matière des conversations. Madame de Listeney est mise en scène. L'on rappelle des anecdotes assez singulières, entre lesquelles on conte qu'elle offrit autrefois de procurer d'heureux moments au gros M. de Saint-Cyr, sous-fermier, pour dix louis.

Il est fort question des belles étrennes que le Roi donnera à madame de La Tournelle.

1743.

Janvier.

2 *janvier.* — L'on parle aujourd'hui bien différemment de l'histoire du bon du Roi, pour la place de fermier général, qu'on ne le faisoit il y a quelques jours. On prétend que le Roi l'avoit signé réellement. Les gens sages attribuent à l'oubli la négation du maître ; les plus hardis ne feignent point de dire que cette affaire s'étant faite sans que M. le Cardinal en fût instruit, l'on avoit hésité d'en convenir dans les premiers jours. M. Bigore, qui avoit reçu deux mille écus pour négocier cette grâce, avoit été mis à la Bastille ; et comme il s'est pleinement justifié, à ce que l'on dit, il a été élargi. Les femmes qui ont été compromises dans cette affaire ont eu la mercuriale. Le sieur Mabile a eu, de son côté, la tête lavée par le Cardinal ; cela ne

l'empêche pas de se montrer dans le monde, et l'on trouve qu'il fait bien.

L'on fait beaucoup de raisonnements sur une tabatière de mille écus donnée à madame de Mailly ; sur les inquiétudes de madame de La Tournelle à l'occasion de ce présent ; sur une conférence que les deux sœurs ont eue ensemble dernièrement.

On dit que madame de La Tournelle occupe beaucoup le Roi par ses humeurs, qu'elle est jalouse et emportée, mais que, malgré tout cela, sa faveur s'affermit de plus en plus.

4 janvier. — L'on soupçonne que le sieur Voltaire est en relation avec le roi de Prusse ; il lui est échappé hier qu'il pourra bien arriver qu'il emporteroit, la campagne prochaine, la Poméranie. Ce poëte a chargé hier l'auteur de cette feuille de trouver une occasion favorable pour faire entendre à M. de Marville qu'il lui étoit fort attaché, et qu'il ne parloit jamais de ce magistrat que pour faire sentir à tout le monde qu'avec autant d'esprit et de lumières qu'il en avoit, il devoit nécessairement être appelé, un jour, aux premières dignités du royaume.

5 janvier. — On prétend qu'il y a eu quelques difficultés entre le Roi et madame de La Tournelle, à l'occasion d'une lettre du duc d'Agenois.

6 janvier. — Le Roi a fait présent à madame de La Tournelle d'une montre qu'il avoit fait faire pour madame de Mailly, dont la boîte est de laque enrichie de diamants ; et madame de La Tournelle a donné pour étrennes à Sa Majesté, un almanach dont la couverture est de la Chine, enrichie de son chiffre de diamants. M. le duc de Richelieu est en relation intime avec la favorite.

Il y a beaucoup de noëls et de vers sur les ministres et sur le gouvernement ; mais depuis les soins que se donne M. de Marville pour en connoître les auteurs, ils paroissent avec plus de difficulté. On trouve aussi qu'on parle avec moins de liberté qu'on ne le faisoit précédemment sur les affaires du gouvernement.

8 janvier. — Les vers suivants donnent une idée de l'opinion qu'on a, à la Cour, de M. le duc de Richelieu :

Air de *Joconde.*

Ce mignon qu'Amour a sucé,
Ce légat de Cythère,
Prétend qu'il doit être placé
Dans le haut ministère.
S'il arrivoit jamais qu'il fût
A l'État secourable,
Ce seroit au cas qu'il fallût
Avoir recours au diable.

10 janvier. — Le public est si prévenu que le bon du Roi, pour la place de fermier général, est véritablement bon, qu'il n'est pas possible de le désabuser, quoiqu'on apporte des preuves assez fortes pour convaincre les opinions. Le ministère ne pouvoit rien faire de mieux que de faire arrêter Laval et Bigore. Lorsqu'on apprendra qu'il a été conduit samedi dernier à la Bastille, et que le Roi a fait paroître, dans cette occasion, du ressentiment, on conviendra peut-être de la prévention où l'on est aujourd'hui. Les airs mystérieux du sieur de Mabile dans cette affaire, qui a mieux aimé qu'on crût dans le monde qu'on lui faisoit une injustice que d'y passer pour dupe, ont donné lieu à l'opinion dont on vient de parler.

On a été fort étonné dans le monde de la scène qui s'est passée hier dans la rue Bailleul (les coups de bâton donnés par M. Dubreuil à l'avocat Domène)[1] ; mais il se dit d'une voix que l'avocat a tort, et que cet exemple servira peut-être à contenir ces messieurs dans leurs plaidoyers, et à épargner la réputation de ceux

---

1. C'est de l'avocat Domyné dont il s'agit ici. Voir le tome III, p. 409 et suivantes.

contre lesquels ils plaident. On rend responsables les juges de ce qui est arrivé, parce qu'ils souffrent qu'on les amuse à l'audience de déclamations et d'invectives, ou d'anecdotes piquantes qui ne devroient jamais être rapportées. On ne croit pas que l'avocat revienne de tant de coups de bâton. On dit qu'il a la tête ouverte en plusieurs endroits, et qu'on l'a rapporté chez lui évanoui.

12 *janvier*. — L'on est fort surpris que la place de chancelier de la Reine soit à vendre, et qu'elle n'ait pas été donnée à M. le comte de Saint-Florentin, pour lequel la Reine l'avoit demandée. On dit que ce qui peut revenir de cette charge n'étoit pas un objet digne de l'attention de la Cour, pour ne point se servir d'autres termes. M. Molé voudroit bien en être pourvu à deux cent quarante mille francs; mais on assure que M. le Cardinal ne la donnera pas à moins de cent mille écus. M. d'Auriac, neveu de M. Castagnet, est aussi sur les rangs, et plusieurs autres; mais on croit que M. Molé sera préféré. Plusieurs personnes prétendent que cette charge a été donnée à M. le Cardinal pour marier une de ses nièces.

13 *janvier*. — On rapporte un trait de Londres aussi hardi que singulier, et qui prouve combien la confiance qu'on a en M. de Belle-Isle est désapprouvée des étrangers.

On dit qu'un particulier de la Chambre des Communes, apostrophant le lord Casteret, qui a la faveur du roi de la Grande-Bretagne, s'écria qu'il étoit d'une conséquence extrême de faire tomber ce favori. « Vous
« voyez, continua-t-il, mes fidèles compatriotes, à
« combien de maux est exposé un État quand le sou-
« verain se livre avec trop d'aveuglement aux conseils
« pernicieux d'un favori. L'exemple que vous avez en
« France doit vous faire trembler. Belle-Isle a tout bou-
« leversé ce royaume. Heureux si, en écrasant la France,

« les ruines ne nous écrasent pas. Chassons donc Cas-
« téret, etc. »

16 *janvier*. — Toute la journée s'est passée hier
dans l'attente d'apprendre de moment en moment la
mort de M. le Cardinal. Il arriva un courrier d'Issy
vers onze heures, à M. le cardinal de Tencin, qui partit
sur-le-champ. Cette Éminence avoit vu la veille M. le
cardinal de Fleury, et avoit conféré une demi-heure
avec lui. Tous les ministres se rendent à Issy l'après-
dîner, aussi bien que M. de Marville. M. de Maurepas,
qui devoit aller le matin à Choisy, n'y fut pas.

L'on dit que le Roi a marqué beaucoup d'inquiétude
hier, toute la journée. Les uns disent qu'il est fort touché; d'autres, qu'il cache à peine sa satisfaction de se
voir délivré d'un ministre qui le contraignoit en tout,
et dont l'ascendant étoit tel sur lui, qu'il ne pouvoit
décider de rien sans son aveu.

On publie qu'avant-hier le contrôleur général travailla avec Sa Majesté; et depuis ce temps le bruit s'est
répandu que le Roi a déclaré qu'il prendroit les rênes
du gouvernement, qu'il admettroit encore quelques
sujets à ses conseils pour le fortifier; que M. de Tencin auroit le département des affaires ecclésiastiques
et la feuille des bénéfices, et qu'il seroit consulté dans
toutes les affaires délicates, comme très-capable de les
bien conduire; que M. Amelot seroit remercié.

Les ennemis du cardinal de Tencin font courir le
bruit extravagant que M. de Fleury lui dit, le lendemain du jour que M. d'Argenson fut nommé au département de la guerre, qu'il avoit songé à lui, et qu'il
l'avoit pourvu d'une place dont il seroit content; que, sur
ce préambule, M. de Tencin s'étoit répandu en de longs
remercîments, pensant que cette Éminence l'avoit fait
agréer, par le Roi, premier ministre; mais que son étonnement avoit été extrême lorsqu'il avoit appris que cette
place ne consistoit qu'en celle d'être reçu à l'Académie.

L'on publie un second bruit, au moins aussi singulier, sur M. de Chauvelin; on prétend que son parti, depuis quelques jours, est le plus fort, et qu'il y a un million de consigné pour madame de La Tournelle, au cas qu'il soit rappelé à la Cour, pourvu qu'on lui rende seulement le département des affaires étrangères qu'il avoit géré auparavant. Bien des gens assurent qu'il est à Paris, et qu'il doit être présenté au Roi par madame de La Tournelle, dans le moment que M. de Fleury aura les yeux fermés.

17 janvier. — Le public qui avoit été fort étonné de ce que le Roi n'avoit point encore été voir M. le Cardinal, a fort applaudi à la visite que Sa Majesté lui a faite. Les rois n'ont jamais cru manquer à leur grandeur en donnant à un sujet fidèle, après de longues années de service, cette marque de bonté et de distinction, et l'on a même été surpris que le Roi, à qui l'on attribue beaucoup de sensibilité et d'amour pour le Cardinal, ait attendu l'extrémité pour honorer son premier ministre de cette faveur.

L'habileté avec laquelle M. de Tencin a déterminé M. le cardinal de Fleury a recevoir ses sacrements a surpris les personnes qui connoissent particulièrement le premier ministre, qui sembloit craindre de s'acquitter de ces derniers devoirs. Le public n'ignore pas que Son Éminence craint la mort, et qu'elle a toujours regardé les derniers sacrements comme un passe-port pour le tombeau. Non-seulement M. le cardinal de Tencin est parvenu à le guérir de cette fausse opinion, mais même on assure qu'il l'a aussi déterminé à faire hier son testament.

18 janvier. — Malgré tous les efforts que les Bellisiens[1] mettent en usage aussi bien que le parti opposé à M. le cardinal de Tencin, pour faire croire au public que la visite que le Roi a rendue avant-hier à

1. Les partisans du maréchal de Belle-Isle.

M. le Cardinal a été sans conséquence, Sa Majesté s'étant retirée, prétendent-ils, au bout de cinq minutes, sans qu'il y eût rien de dit de particulier, on a eu grand soin de démentir cette supposition en apprenant que le Roi est entré, en effet, chez M. le Cardinal, accompagné de sept ou huit personnes, mais que Sa Majesté ayant compris que Son Éminence désiroit de lui parler en secret, s'étoit approchée fort près pour l'écouter; que les ministres qui étoient dans la chambre ne s'étant pas retirés d'abord, et le Roi ayant tourné la tête comme pour faire comprendre qu'il vouloit demeurer seul, on avoit fait retirer tout le monde; qu'alors le Roi s'étoit assis sur le lit de Son Éminence, et que la conférence avoit été d'un gros quart d'heure; que M. le cardinal de Tencin avoit reconduit Sa Majesté jusqu'à son carrosse, et qu'on avoit remarqué qu'elle avoit les yeux rouges, qu'elle étoit fort touchée, et qu'elle n'avoit pas proféré une parole.

Du côté de M. le cardinal de Fleury, on le trouva fort ému en rentrant dans sa chambre et les yeux mouillés de pleurs, et on a été obligé de le changer de lit, sa nature ayant défailli; on a été même étonné que le Roi ait pu soutenir aussi longtemps cette mauvaise odeur.

On prétend que les ministres, qui savoient l'heure où le Roi devoit arriver chez M. le Cardinal, s'étoient donné le mot pour ne point sortir de la chambre, afin d'empêcher, s'il étoit possible, que le Cardinal parlât pour la dernière fois au Roi.

Les Bellisiens rapportent que Son Éminence ayant obligé M. du Moulin à lui accuser la vérité de son état, elle avoit dit, après qu'il eut avoué qu'elle étoit en péril, qu'elle avoit toujours eu bonne opinion de M. du Moulin, mais qu'elle commençoit à connoître qu'il avoit peu d'esprit. La raillerie roule sur ce que M. le Cardinal ne peut pas, disent-ils, se persuader qu'il doit mourir, et qu'il traite de stupides tous ceux qui l'ont trouvé en danger dans cette maladie, qu'il ne traite que d'un rhume un peu trop négligé.

On s'est fort amusé à la Cour des vers suivants, et, s'ils passent dans le public, ils ne feront pas un bon effet pour celui contre lequel ils sont faits.

Sur l'air d'*Un abbé dans un coin*.

Quand Belle-Isle est parti
    Une nuit
De Prague à petit bruit,
    Il dit,
  Voyant la lune ;
Lumière de mes jours,
Astre de ma fortune,
Conduisez-moi toujours.

20 janvier. — Le public commence à s'impatienter de ce que M. le Cardinal traînasse si longtemps; comme on ne se flatte point qu'à son âge il puisse reprendre une véritable santé, ceux mêmes qui ne lui veulent point de mal voudroient que Dieu mît fin à ses peines, et ceux qui ont bonnes raisons pour souhaiter sa fin, soulagent leur impatience en tâchant de persuader qu'il n'est pas possible qu'elle puisse être encore longtemps retardée. L'exemple de M. de Saint-Aulaire, qui a langui pendant deux mois, fait quelquefois penser que la maladie de Son Éminence pourroit bien avoir le même cours. L'on assure que les Cours étrangères ne veulent entendre à aucune négociation avec les ministres françois jusqu'à ce que Son Éminence soit morte et que le Roi ait mis à la tête des affaires un ministre dont elles aient assez bonne opinion pour traiter solidement. Les étrangers se plaignent qu'ils n'ont jamais pu faire aucun fond sur les paroles de M. le Cardinal.

On se moque hautement du président de Rieux, et l'on trouve surprenant que la Cour et le Parlement ne fassent pas cesser une conduite aussi irrégulière pour un magistrat. Mardi dernier, il fit porter une superbe collation à la loge de mademoiselle Dazincour pour qu'elle régalât ses bonnes amies, parce qu'elle avoit tiré les rois la veille et que la fève lui étoit tombée.

22 janvier. — L'on publie que M. le duc d'Orléans ne s'est rendu pour le Conseil à Versailles, qu'après avoir été mandé une seconde fois par le Roi. Ceux qui désirent qu'il n'y ait point de premier ministre assurent que Sa Majesté, indécise sur le parti qu'elle a à prendre dans les circonstances prochaines, a été conseillée d'appeler auprès d'elle M. le duc d'Orléans, pour le consulter sur un point si important. On assure que ce prince a promis d'être exact aux Conseils dès que le Roi se chargera lui-même de l'administration de son royaume. On dit beaucoup de choses à ce sujet qu'il seroit trop long de répéter.

23 janvier. — On blâme fort M. le duc d'Orléans de n'avoir point parlé, dans les occasions présentes, avec une respectueuse fermeté. On prétend que le général de Sainte-Geneviève, et un moine qui a sa confiance, font actuellement tous leurs efforts pour l'engager à ne point quitter le Roi jusqu'à ce qu'il ait inspiré à Sa Majesté la mâle résolution de se mettre à la tête des affaires.

26 janvier. — Le bruit de la mort de M. le Cardinal s'est répandu hier trois fois, à onze heures, à deux heures et à six. On prétend que le Roi a déclaré hier, en apprenant que Son Éminence ne pouvoit pas aller loin, qu'il n'y auroit plus de premier ministre, et que M. le duc d'Orléans seroit chef de son Conseil. Le public n'est point prévenu de cette opinion.

27 janvier. — Le bruit de la mort de M. le Cardinal ne s'est répandu hier que vers les six heures du soir; il y avoit si longtemps qu'on s'y étoit attendu, qu'elle n'a causé ni surprise ni aucun autre sentiment, malgré l'assurance avec laquelle elle a été répandue. Il y avoit encore hier au soir bien des gens qui en doutoient. M. le duc d'Aumont, qui étoit hier à l'Académie, l'ignoroit. On assure que M. le duc d'Orléans est à la tête des affaires en qualité de chef du Conseil. La gent dévote a sans doute publié ce bruit. On rend toute la justice possible à ce prince; mais on craint que sa dévotion et le conseil des moines ne fassent tort à ses bonnes qualités. On voudroit un ministre qui ne fût prévenu que d'un seul objet, l'unique bien de l'État.

28 janvier. — On assure que les fréquentes visites de M. de Marville ont pour objet l'affaire du bon du Roi, contrefait, et que ce magistrat est nommé commissaire pour cette partie, et qu'en cas de preuve il y aura un exemple.

Le bruit est répandu que l'on travaille à un arrangement pour la milice à Paris, et comme on assure que tous les corps de métiers seront dans le cas de tirer, il y a beaucoup de murmures à cette occasion.

29 janvier. — Les jansénistes sont dans de grandes inquiétudes sur ce qui s'est passé hier à Versailles, à l'occasion du sieur l'abbé de La Bletterie, que l'Académie avoit élu. Le Roi répondit à M. Hardion, qui lui vint demander son approbation pour cette nomination, qu'il ne savoit s'il l'agréoit, et, après le Conseil, Sa Majesté envoya chercher ledit sieur Hardion et lui dit qu'elle ne vouloit point du sieur de La Bletterie et que l'Académie en pouvoit choisir un autre. Cette fermeté du Roi a fait un effet admirable dans le monde : on s'étoit persuadé fort mal à propos que ce monarque n'avoit pas la force de rien faire de son propre mouvement, et que, toujours docile, il ne parloit jamais que par l'instigation de M. le Cardinal. Il n'est plus question à présent que des bonnes qualités du Roi : on lui attribue d'être impénétrable, discret, et de ne jamais parler à ceux qu'il aime le plus de ses secrets d'État, qui sont sacrés, ce qui fait la sûreté du gouvernement.

Les vers suivants sur M. le Cardinal paroissent depuis

hier à la Cour et ne sont point encore connus à Paris :

> Sans richesses et sans éclat,
> Se bornant au pouvoir suprême,
> Il n'a vécu que pour lui-même
> Et meurt pour le bien de l'État.

On vend, sous le manteau, deux livres, l'un intitulé : *Liberté nouvelle de penser*, et l'autre, *la Religion du siècle*, et un roman intitulé : *Confessions de la baronne de* ***[1].

30 janvier. — La mort de M. le cardinal de Fleury a été sue à Paris avant deux heures. Quoiqu'on s'y attendît, elle a fait faire un mouvement : le premier étoit de s'en réjouir comme d'une bonne nouvelle; le second, l'impatience d'apprendre de quelle manière le Roi se décideroit à cette occasion. Ce bon ou mauvais mot a couru sur-le-champ : *le cardinal de Fleury est mort; vive le Roi!*

Environ vers les cinq heures du soir, il s'est débité que le Roi avoit déclaré aux ministres assemblés qu'il prenoit les rênes du gouvernement. Il a nommé M. l'archevêque de Rouen son premier aumônier, et l'abbé Fleury premier aumônier de la Reine, et a donné la feuille des bénéfices à M. de Maurepas.

Le public a marqué une joie extrême de ces dispositions, surtout de celle qui a pour objet qu'il n'y aura pas de premier ministre.

31 janvier. — Le public est dans l'opinion que le Roi ne sera pas longtemps sans se décharger du soin du travail. On prétend qu'il y aura dans peu bien des changements à la Cour. L'on rapporte que les ministres travaillent à l'envi à s'accréditer dans l'esprit du Roi, que M. de Maurepas paroît avoir beaucoup de faveur, mais

---

[1]. Par de Nœufville Montador; Amsterdam (Paris), 1743, 2 parties in-12.
(*Note de M. Taschereau.*)

que M. le contrôleur général paroît l'emporter sur tous les autres.

Cependant deux femmes de qualité, qui étoient hier à la Comédie Françoise, et qu'on a jugées bien instruites de ce qui se passe à la Cour, disoient, en s'entretenant de ce sujet, que M. d'Argenson étoit extraordinairement bien dans l'esprit du Roi ; qu'il avoit trouvé le secret de lui plaire et de l'amuser. L'une d'elles fit un portrait de ce ministre fort avantageux, et soutint que, s'il travailloit sérieusement à captiver le souverain, elle ne doutoit pas qu'il ne prît le dessus sur tous ses concurrents.

A l'égard du cardinal de Tencin, il fut dit qu'il ne falloit pas s'en rapporter aux apparences, qui sembloient toutes contre lui à présent ; mais que, comme il étoit effectivement homme de mérite et nécessaire, il n'étoit pas douteux qu'on ne fît usage de ses talents et de sa capacité.

La joie que la Reine a, dit-on, marquée à la mort de M. le Cardinal n'a pas plu au Roi.

Février.

1er *février*. — Il se répand parmi les gens d'une certaine distinction, que pendant la maladie de M. le cardinal de Fleury, la crainte de voir succéder M. de Tencin à cette Éminence avoit suggéré à ses ennemis de répandre les bruits les plus désavantageux à sa réputation, et, pour mettre le Roi dans la nécessité de perdre toutes les idées qu'il pouvoit avoir prises en sa faveur, on avoit adressé à Sa Majesté des Mémoires horribles du caractère de cette Éminence, de sa religion et d'une ambition si démesurée, qu'il falloit s'attendre à tous les excès où elle pourroit être poussée.

Sans avoir vu ces Mémoires, on conçoit par ce qu'on en rapporte qu'on a fait envisager au Roi des malheurs certains pour l'État, si Sa Majesté se servoit en aucune manière de cette Éminence. On prétend que, malgré l'équité du Roi qui le met au-dessus de toutes les voies d'insinuation, Sa Majesté a été tellement frappée de ces bruits, qu'elle a dissimulé à peine son éloignement.

On ignore de quelle manière M. de Tencin a vu répandre les grâces où il se flattoit peut-être d'avoir part; mais on publie à Paris que son chagrin a été si vif, qu'il a été obligé de se faire saigner plusieurs fois pour en arrêter le cours. Le bruit se débite encore qu'on l'a reçu si froidement à la Cour, depuis qu'on ne peut plus douter que le Roi a pris son parti, qu'il doit s'en retourner à Lyon. Ceux qui ne ménagent rien disent plus : que le Roi lui a fait dire qu'il étoit le maître de se rendre à son archevêché quand il lui plairoit. Il se dit tant de choses sur le compte de cette Éminence, qu'elles feroient la matière de plusieurs jours de travail.

2 février. — On n'est pas pleinement persuadé que le Roi se donnera longtemps le soin de gouverner lui-même son royaume. Les opinions sont différentes à ce sujet. Les uns croient que Sa Majesté n'a pris le parti de faire la déclaration dont on a parlé après la mort du Cardinal, que pour couper court aux brigues dont elle étoit sans cesse obsédée, et afin d'être en état de juger par elle-même du mérite de celui sur qui elle se reposera du soin des affaires de l'État. D'autres pensent que c'est de la meilleure foi du monde que le Roi s'est déterminé à prendre les rênes du gouvernement, parce qu'on lui a fait entendre mille fois que ses peuples le désiroient ardemment. Le courtisan attribue à madame de La Tournelle cette résolution, comme la plus intéressée dans cette affaire.

3 février — L'on croyoit à la Cour que madame de La Tournelle seroit faite duchesse, et l'on disoit qu'en présentant madame de Lauraguais, le Roi devoit lui dire : « Madame la duchesse de Châteauroux, asseyez-vous; » mais on prétend que ce projet n'a jamais eu lieu.

On dit que cette favorite est grosse et qu'elle sera décorée de ce titre après ses couches.

4 février. — On dit que M. de Voltaire a recherché l'honneur de faire le panégyrique de M. le cardinal de Fleury, et que le Roi lui en a donné l'agrément. Ce bruit a déplu à l'Académie, a fait blâmer Voltaire d'y avoir donné lieu, et fait penser, s'il est fondé, qu'on a dessein de ne ménager ni le Parlement, ni l'Académie, ni le public, par des raisons trop connues pour être rapportées.

On dit que les reparties vives et spirituelles de madame la duchesse de Lauraguais amusent fort le Roi.

5 février. — Les discours faits à l'Académie à l'occasion de la réception de M. le duc de Nivernois et de M. de Marivaux ont fort occupé le public. Celui de M. de Nivernois a été trouvé fort élégant et léger. Les transitions ont été admirées; mais l'on a été surpris qu'on ait mêlé dans ces louanges du Roi et du cardinal de Fleury de certains traits sur l'état présent des affaires qui donnent lieu de pénétrer les intentions du ministère. Le public qui aime les choses hardies a marqué sa satisfaction par des applaudissements réitérés. L'on n'a pas été content du discours de M. de Marivaux. Cependant il s'est trouvé plusieurs gens d'esprit qui ont préféré la naïveté de ses expressions aux tours académiques auxquels on est accoutumé.

Pour le discours de M. l'archevêque de Sens[1], il a assommé l'assemblée; il a été d'une longueur d'autant plus ennuyeuse que rien de fin n'en a diminué le cours. Sans le respect dû au lieu et à l'assemblée, il n'y a pas de doute qu'il n'eût été interrompu; mais les longs éclats de rire dont on a honoré sa mercuriale à M. de Marivaux sur son *Paysan parvenu*, ont dû lui faire comprendre ce qu'on pensoit de lui. *Marie Alacoque* n'a pas été ou-

---

1. Languet, dont il a été souvent question dans le *Journal* de Barbier.

bliée; enfin rien de plus singulier ne s'est jamais passé à l'Académie.

Le voyage que le Roi doit faire à Choisy, dimanche prochain, fait comprendre que les soins du gouvernement ne tiendront pas Sa Majesté à Versailles plus souvent que précédemment. Il y a beaucoup de propos à ce sujet.

6 *février*. — Le sieur de Voltaire a été hier plus d'une heure, dans la matinée, avec M. de Maurepas, et l'on conjecture de là, dans le public, que ce poëte sera de l'Académie malgré tous les obstacles qui semblent s'y opposer.

Le sieur Roy publie sur les toits qu'il n'en sera jamais, que le Parlement s'y opposeroit; que M. l'archevêque, dans son dernier discours, lui a formellement et publiquement donné l'exclusion; qu'il seroit honteux à l'Académie de recevoir dans son corps un sujet sans religion, et qui, dans un poëme, autrefois, a déchiré plusieurs de ses membres (*le Bourbier*). En vomissant son venin, Roy proteste qu'il est le meilleur des amis de Voltaire, mais qu'il l'est encore plus de la vérité.

Il y a bien des gens qui ignorent que Voltaire est occupé à autre chose qu'à faire des vers. Il a plusieurs secrétaires, et l'on assure qu'il travaille à des Mémoires pour l'État.

Le discours qu'a fait l'archevêque de Sens à l'Académie est l'objet de la raillerie publique. Ce prélat trouve très-peu de défenseurs.

On parle sans cesse de la milice, et tout le monde est dans une agitation extraordinaire à ce sujet. On désire avec ardeur un règlement pour régler les États, et surtout le nombre de domestiques. On prétend qu'en renvoyant, par ce règlement, vingt mille laquais, les villes et les campagnes s'en trouveroient mieux, et que les recrues se feroient beaucoup plus aisément.

8 *février*. — On dit que le crédit de madame de La

Tournelle chancelle, et que mademoiselle de La Guiche s'attire de favorables regards; que M. le duc de Richelieu n'est pas si accrédité qu'on se le persuade, et qu'il ne trouvera pas les choses à son retour dans la situation où il les a laissées. On l'attendoit hier sur le soir.

9 février. — On dit que M. de Richelieu est dans une grande faveur, et qu'il a été reçu du Roi avec bien des bontés. On craint que le ministère ne se désunisse, et qu'il ne se laisse subjuguer par un favori. On craint plus le Belle-Isle que M. de Richelieu.

10 *février.* — Madame de Boufflers fait beaucoup parler d'elle à la Cour. Elle vient de sacrifier sept mille francs pour un seul habit; ce qui lui a attiré la chanson qui suit :

> Pourquoi tant de magnificence?
> Pauvre Boufflers, en conscience,
> Crois-tu coucher avec le Roi?
> Malgré ta parure et ton zèle,
> Il ne fera jamais de toi
> Qu'une méchante m..........

Quoique le public doive être habitué à voir partout mademoiselle Le Duc et le prince (le comte de Clermont) qui l'honore de son ardeur, on a été fort surpris hier, à la sortie de la Comédie italienne, que ce prince fasse éclairer, avec quatre bougies, cette fille, et qu'il marche devant elle comme un écuyer.

11 *février.* — Un bruit se répand depuis deux jours, qui devroit être expliqué dès sa naissance. On se persuade que sous le nom d'un conseil de conscience, qu'on dit déjà établi, et dont on nomme les sujets, le Roi, gagné par les Cours de Rome et d'Espagne, va établir l'inquisition. On est dans de grandes inquiétudes sur cette nouvelle; on tremble qu'elle ne soit fondée, et elle occasionne déjà beaucoup de fermentation dans les esprits. On ne doute plus de la faveur de M. le duc de Richelieu. On dit qu'il a soupé plusieurs fois avec le Roi, et qu'il a

donné à souper lui-même à mesdames de La Tournelle et de Flavacourt, dans son appartement à Versailles. On prétend que, dès que le Cardinal a eu les yeux fermés, le Roi a envoyé au duc un courrier pour le faire revenir sur-le-champ.

12 février. — Le public n'est pas content du conseil de conscience dont on parle toujours, et encore moins des sujets dont il dit qu'il sera composé. M. l'archevêque de Sens est détesté généralement, et regardé comme un homme dangereux s'il a jamais un certain crédit. La manière avec laquelle il s'est déclaré en dernier lieu à l'Académie, sur de certains sujets qu'il en exclut pour jamais, a fait naître des réflexions qui s'expliquent aujourd'hui à l'occasion de Voltaire. On a avancé comme question décidée que, quand il auroit tout le crédit du monde, il ne devoit pas se flatter d'être admis à l'Académie, dès que le procureur général et M. de Sens lui étoient contraires, comme si le moindre désir du Roi ne prévaloit pas par dessus de pareils égards.

14 février. — L'on a trouvé le projet de la milice fort simple et fort ménagé. Ceux qui sont dans l'usage de tout condamner, et qui avoient annoncé du trouble et de la confusion dans ce projet, prétendent que la Cour a fait ses réserves, et que l'ordonnance qui paroit n'est qu'un préalable simple dont les opérations seront compliquées. Le peuple, qui ne juge des choses que de la manière dont on les présente, ne paroît point alarmé. Ce qu'on doit prévoir sont beaucoup de tours de passe-passe qui vont avoir lieu. Beaucoup de ceux qui sont dans le cas de tirer la milice recourent à des moyens pour ne pas y être exposés. Le plus répété sera celui de passer pour être à un maître, et, depuis hier, plus de cent personnes se sont présentées en différentes maisons, à titre de domestiques, pour avoir un état et ne pas être inscrites sur les listes. On est surpris que l'ordonnance n'ait pas fait mention de ce point, mais la bonne opinion qu'on a de M. de Marville, qui a été choisi pour les opérations de cette levée, fait qu'on est sans inquiétude sur ce sujet.

On dit madame de La Tournelle grosse de près de quatre mois.

15 février. — Quoiqu'on s'attende depuis plus d'un mois à voir paroître l'ordonnance pour la levée de la milice dans cette ville, et qu'on se persuade que personne n'en sera exempt, pas même les gens mariés, les affiches ont fait un mouvement étonnant dans le public; quelque bien raisonnée que soit l'explication de l'ordonnance, le peuple l'explique à sa manière et selon ses différentes passions. Il faudra toute l'habileté et la prudence du magistrat pour parvenir tranquillement à faire cette opération; et l'on dit avec raison que, de toutes les choses dont la Cour pouvoit le charger, il ne pouvoit lui en tomber une plus difficile et plus pénible que cette levée, surtout dans un temps aussi critique que celui-ci. L'on s'est donné tous les soins concevables pour démêler l'effet de la publication dont il est question. L'on a remarqué un mécontentement général, et, selon les apparences, la fermentation sera plus ou moins grande, selon la manière dont les officiers, commis par M. de Marville pour cette levée, en useront; il faudra tout à la fois user de fermeté et de douceur, et surtout éviter de charger les métiers grossiers et pénibles; celui des bouchers, les manœuvres, la halle et les gens de peine des faubourgs, et surtout du faubourg Saint-Antoine, paroissent devoir être traités avec plus de ménagement : l'on a remarqué par leurs discours qu'ils ne subiront pas tranquillement les ordres de la Cour. Il se disoit hier aux boucheries de Paris que les fainéants de laquais ne tireront pas; qu'ils ne tireroient pas non plus, et qu'on verroit. Un moyen infaillible pour prévenir un mouvement populaire, est d'avoir des gens dans les cabarets voisins des lieux où il y a des marchés, qui mettent la main sur le collet à ceux qui excitent à la sédition. On croit aussi que le jour où l'on tirera la milice, toutes les troupes doivent être sous les armes, afin de tenir le peuple en respect. On pense aussi qu'il faut éviter de tirer la milice dans les lieux trop voisins des marchés. Le vieux Louvre paroît fort propre pour cette opération ; en cas de sédition, il n'y a pas à craindre qu'elle se répande dans les autres quartiers de Paris.

17 *février*. — Le ministère ne sauroit trop prendre de mesures pour la levée de la milice. On a recueilli tous les différents discours qui se tiennent, non-seulement chez le bon bourgeois, mais même parmi le peuple, dans les marchés et dans une partie des endroits publics. Ils tendent tous à un murmure général, et chez le bas peuple à la révolte ; ils ont déchiré une partie des affiches ; ils raisonnent sur les termes de l'ordonnance, et soutiennent avec insolence que, dans une affaire qu'on donne pour le bien général du royaume, personne ne doit être excepté. C'est cette exception qui leur tient à cœur, et qui servira de prétexte. L'imprudence de quelques commissaires ne contribue pas peu aux mauvais discours qui se tiennent sans cesse sur ce sujet. Ils disent formellement que les mémoires manuscrits qui leur ont été fournis par M. de Marville sont si diffus, si vagues, si louches et si peu raisonnés, qu'ils n'y entendent rien, et qu'ils ne peuvent rien opérer de raisonnable. Enfin, si l'on ne remédie de bonne heure à cette fermentation, il n'y a pas de doute qu'elle n'occasionne de fâcheux mouvements.

Il court un autre bruit fort capable de mettre les choses au pis : l'on a fait entendre dans plusieurs quartiers de Paris, que la crainte d'une révolte avoit fait prendre le parti de laisser tomber cette affaire et de ne point faire tirer la milice. Comme le peuple désire ardemment que le bruit soit vrai, il n'est pas douteux que lorsque l'on y procédera il ne marque beaucoup d'aigreur.

On demande à quel sujet on assemble tant de troupes ; quelle raison on a pour vouloir faire la guerre dans le temps qu'aucune puissance ne s'est déclarée contre nous, et à quel propos on continue à lever le dixième de la milice dans Paris, extrémité à laquelle on ne doit avoir recours que dans les besoins extrêmes de l'État. On conclut de toutes les réflexions que ces points importants occasionnent, et de ce qui s'est passé depuis deux ans, que l'État est mal gouverné. Il y a des gens hardis qui publient que le ministère est trop faible pour que la France se tire avec honneur des fausses démarches dans lesquelles trop de facilité l'a entraînée.

20 février. — M. le prévôt des marchands ayant été, dit-on, requis, par les six corps des métiers, de faire des représentations au Roi sur la justice qu'il y auroit de les exempter des charges de la milice, après en avoir conféré avec MM. les échevins, se rendit, accompagné de plusieurs, pour faire à Sa Majesté d'humbles représentations. L'histoire porte que le Roi, ayant été informé du sujet de leur venue, leur signifia qu'ils eussent à obéir, et qu'il ne vouloit entendre aucune réflexion de leur part ; qu'étant même informé de quelques murmures sur son ordonnance, il prétendoit qu'elle eût son plein et entier effet, et qu'on ne fît aucune grâce à ceux qui seroient convaincus d'avoir voulu porter le peuple à la sédition. Ce bruit, que les gens bien instruits ne croient pas, est passé parmi le peuple et a fait un fort bon effet. L'on a l'opinion que le Roi est ferme ; et comme on n'a plus le prétexte d'un premier ministre pour se plaindre, on murmure, on se plaint, mais il ne paroît pas qu'on ose aller plus loin. Cependant, on a entendu dire hier à l'Opéra, dans une loge voisine de celle de madame la duchesse de Luxembourg, qui y étoit avec madame de Boufflers, qu'une vingtaine de femmes de la place Maubert, après avoir beaucoup criaillé contre la milice, avoient menacé de faire un mauvais parti aux officiers qui voudroient enlever leurs enfants, et qu'après deux jours elles avoient changé d'avis et avoient formé la résolution, lorsque M. le duc d'Orléans passeroit pour aller à Sainte-Geneviève ou en reviendroit, d'arrêter son carrosse, d'exposer leurs plaintes à ce prince, et de l'engager à demander au Roi la révocation de la milice, ou du moins une modération et une exemption formelle pour les enfants des veuves et des femmes âgées, et pour l'aîné des familles, dernier article, dit-on, qui a été insinué par des marchands du quartier qui ne veulent point paroître, mais qui font exciter sous main. On a ajouté que le projet avoit été arrêté, mais qu'une vendeuse de poisson, qu'on a coutume d'écouter, s'étoit moquée de ce projet, en disant que M. le duc d'Orléans n'étoit propre qu'à dire des patenôtres, et ne vivoit que pour lui seul, et qu'il feroit bien mieux de se faire moine que d'occuper un rang dont il remplissoit si mal les fonctions.

21 *février*. — Le succès de la *Mérope* a été des plus éclatants qu'il y ait jamais eus. Le parterre a non-seulement applaudi à tout rompre, mais même a demandé mille fois que Voltaire parût sur le théâtre, pour lui marquer sa joie et son contentement. Mesdames de Boufflers et de Luxembourg ont fait tout ce qu'elles ont pu pour engager ce poëte à satisfaire l'empressement du public; mais il s'est retiré de leur loge avec un air soumis, après avoir baisé la main de madame de Luxembourg. Les sieurs Roy et Cahuzac ont pensé tomber en faiblesse, ce qu'on a jugé par la pâleur mortelle dont leurs visages se sont couverts. Il y avoit une cabale qui avoit annoncé que la pièce tomberoit, et elle a été au désespoir de voir ses prédictions démenties.

24 *février*. — On est dans l'opinion, à la Cour, que le Roi commence à se lasser du poids des affaires, et qu'avant trois mois il en confiera le soin à un ministre favori. On prétend que Sa Majesté, s'étant fait rendre compte des sommes que lui avoit coûtées la dernière campagne, avoit paru d'une surprise extrême à la vue de cet état, surtout lorsqu'il avoit été prouvé que, malgré le dixième, les revenus de Sa Majesté étoient arriérés de deux ans. Les réflexions faites en conséquence sont, dit-on, de consentir que l'Empereur fasse un accommodement avec la reine de Hongrie, de se tenir sur la défensive, de ne rien entreprendre cette année, et de trouver des moyens de faire des fonds sans toucher davantage aux revenus du Roi.

M. le comte de Saxe fut hier, pendant toute la représentation de la *Mérope*, dans l'amphithéâtre, avec mademoiselle Dangeville, et la régala de liqueurs fraiches. Des gens qui lui sont attachés apprirent au parterre qu'il étoit à la Comédie, et firent leurs efforts pour l'engager à battre des mains; mais ils n'y purent parvenir sans qu'on en ait pu deviner la raison. Il est vrai que, depuis quelques jours, le public est de fort mauvaise humeur.

25 février. — Le bruit court que M. l'évêque de Mirepoix s'est donné l'abbaye de Corbie, l'une des meilleures dont le Roi pouvoit le gratifier, et qu'avant de proposer aucun sujet à Sa Majesté, il s'étoit mis humblement en tête de la feuille. Il paroît, par la manière dont on parle sur le compte de ce prélat, qu'il n'est pas aimé, et que sa fortune est extraordinairement jalousée.

26 février. — Il n'est question, parmi les gens de lettres, que du discours de M. l'archevêque de Sens. Voici l'épigramme qui a été faite à ce sujet :

> A brocher des romans un mondain risque peu :
> S'il amuse, on le lit; s'il endort, on s'en moque;
>   Mais un prélat met plus au jeu :
> Croyez-moi, Monseigneur, jetons tous deux au feu
>   *Mariane* et dame *Alacoque.*

27 février. — On dit que le Roi reçoit, deux jours de

la semaine, dans ses petits appartements, deux particuliers avec lesquels il travaille aux affaires de l'État, qui sont les mêmes dont se servoit feu M. le Cardinal.

L'on disoit hier que le peu de masques qui ont paru dans les rues étoient des gens apostés par ordre de M. de Marville, pour dérober au public l'affreuse tristesse dont Paris est dévoré. L'on a passé hier presque toute la journée, jusqu'à dix heures du soir, à étudier l'humeur du peuple en différents quartiers. On juge qu'il est excité par un parti; on dit que ce sont les jansénistes; on n'en est pas encore bien informé; mais on n'ignore pas que les marchands et les bons bourgeois sont en partie coupables de ses murmures et de ses résolutions dans toutes les occasions.

28 février. — L'on a démêlé trois raisons principales qui sont la cause de l'humeur qui fermente à Paris : la première est l'opinion où tout le monde est que la milice sera tirée tous les ans, tant que la guerre durera; la seconde, le bruit répandu que le Roi est prévenu contre son peuple; que, dans cet esprit, il doit s'attendre, pendant son règne, à toutes sortes de rigueurs; la troisième raison, qu'il y a des troupes qui s'approchent de Paris, parce que l'intention du Roi est que la milice soit tirée à la dernière rigueur, et qu'au moindre murmure les mutins soient châtiés.

On a remarqué une partie des moyens dont les garçons en boutique et autres se servent pour éviter de tirer la milice. Les uns passent au service des filles de l'Opéra, les autres dans les maisons religieuses et dans celles des étrangers. Un nommé Boisson, grand garçon, bien bâti, demeurant chez l'Esprit, perruquier privilégié sur la place du vieux Louvre, est entré chez milord Stafford, lequel, avant que de le recevoir, demanda s'il ne se compromettoit point, et il lui fut répondu que non.

Un nommé Caron, ci-devant garçon perruquier, bien

fait, a pris l'épée, et se fait passer pour valet de chambre. En un mot, si chaque officier de M. de Marville fait son devoir, il n'y a pas de jour qu'il n'en découvre un nombre considérable.

Les garçons bouchers marchoient hier au soir dans les rues par troupes. Le grand moyen pour les dissiper, ce seroit d'engager tous ceux qui battent le pavé pendant la nuit. Ce moyen les rendroit sages et serviroit d'exemple aux autres.

Mars.

1ᵉʳ *mars*. — L'on disoit hier, dans les meilleures maisons de Paris, que le Roi, ayant été informé des troubles que causoit son ordonnance pour la milice, avoit eu envie de la retirer, et qu'une partie des ministres avoient été de ce sentiment, mais que l'assurance que M. de Marville avoit donnée, qu'il n'y auroit aucun danger à la mettre à exécution, avoit fait résoudre de se tenir à ce projet.

Quoiqu'on soit bien informé que cette opinion est fausse, et qu'il est positif, au contraire, que le Roi a marqué beaucoup de fermeté dans les représentations qui lui ont été faites à ce sujet, n'a voulu entendre à aucune modification, et a paru aigri qu'on ait osé murmurer contre des décisions générales pour tous ses sujets, on dit que ce n'est que M. de Marville à qui l'on doit s'en prendre, et qu'il a été bien aise de profiter de cette occasion pour donner bonne opinion de lui au Roi, afin d'être chargé, à l'avenir, d'affaires plus importantes. Ce bruit n'est pas encore passé parmi le peuple, et il est à désirer que cela n'arrive point; la canaille se croiroit en droit de se plaindre hautement; et cela pourroit aller loin.

En raisonnant de cette matière, une personne de qualité disoit hier, en badinant, que M. le duc d'Aumont ne seroit point fâché que le peuple mît le feu à sa maison, parce que le Roi la lui feroit remettre en meilleur état qu'elle n'est aujourd'hui.

On dit hautement que les jansénistes, qui ont beaucoup de crédit parmi le peuple, en font un mauvais usage, et qu'ils travaillent à l'aigrir. On s'est donné des soins pour examiner la conduite de plusieurs, sans qu'on ait rien trouvé qui vérifiât cette conjecture. Il est vrai que, chez tous les citoyens qui se font honneur de janséniser, on y parle avec trop de liberté. Il y a un nommé M. Paul, dans le quartier de M. de Marville, qui n'en cède à personne sur cette matière, et qui passe sa vie à débiter les miracles de M. Pâris.

2 mars. — Le bruit qui s'est répandu que le Roi avoit donné des ordres secrets à M. de Marville pour qu'il fît pendre sur-le-champ les premiers mutins qui remueroient lorsqu'on tirera la milice, a fait un effet admirable, et l'on a lieu de croire, à présent, que, malgré la mauvaise humeur des Parisiens, il n'y en a pas un seul qui ose courir les risques d'un exemple.

3 mars. — M. le comte de Clermont est dans la désolation, et ronge son frein à Berny. Il est positif que la petite Leduc lui a donné son congé. Le motif de la querelle vient de ce que le prince vouloit qu'elle quittât l'Opéra; et la petite fille lui a signifié qu'elle vouloit y rester. Les reproches de la part de l'amant ont suivi ce refus; la demoiselle s'est retranchée sur l'ennui dont elle étoit dévorée depuis qu'elle étoit sa maîtresse. Les gros mots et les menaces ont succédé. Ces procédés ont aigri la demoiselle; elle a profité de l'absence du prince pour renvoyer tous les domestiques qu'elle tenoit de lui, pour lui mander qu'elle ne vouloit jamais le revoir. On dit que la petite Clairon pourra bien consoler M. de Clermont des rigueurs de mademoiselle Leduc.

4 mars. — On dit que M. de Clermont a fait la paix avec mademoiselle Leduc, et que tout est raccommodé.

5 mars. — On a commencé à croire aujourd'hui que

tous les mouvements que s'est donnés M. le maréchal de Belle-Isle, depuis qu'il est ici, seront infructueux; soit que ses vues secrètes aient été soupçonnées, ou que les ministres se soient assurés de l'esprit du Roi, depuis la mort de M. le Cardinal, on a lieu de croire que l'arrivée de M. de Belle-Isle ne les alarme plus. Quelque crédit que madame de La Tournelle ait, l'on est dans l'opinion qu'elle ne lui servira de rien dans cette occasion, pas même à lui faire obtenir le commandement de l'armée de la Moselle. Les vieux courtisans disoient hier que le règne de M. le maréchal est passé, et que, s'il n'est pas assez sage pour retourner dans son gouvernement dans le temps, il pourroit bien avoir le désagrément d'être renvoyé. Ceux qui approchent le Roi tous les jours remarquent que ce prince n'est sensible qu'à la dissipation et à ses plaisirs, et que tout ce qui s'appelle affaire l'éloigne et l'ennuie; dans cet esprit, il s'en est tenu aux arrangements qui se sont trouvés naturellement faits à la mort du cardinal de Fleury, parce qu'il n'en a rien coûté à son indolence; et, par la même raison, on prévoit qu'ils subsisteront, à moins que les ministres connoissent assez peu leur intérêt pour sortir de cette uniformité; en ce cas, on ne doute pas que le Roi ne soit entraîné par le tourbillon, ou, pour mieux dire, par le parti le plus fort.

6 mars. — Sur l'étonnement que le public a marqué, des choses libres et hardies qui sont dans la comédie nouvelle de *Paméla*, il s'est trouvé des gens qui ont dit qu'il ne falloit pas s'en étonner, parce que M. de Marville avoit des raisons de plaisir pour protéger les Italiens. On parle des mœurs de ce magistrat, et on lui attribue à la fois le goût de deux plaisirs bien opposés.

8 mars. — La promotion des colonels a fait hier une partie des raisonnements de la Cour, et l'on a beaucoup parlé à Paris de M. de Marville. L'on fait courir des bruits sur son compte, qui ne paroissent nullement fondés; mais comme il est moralement impossible que, dans la place où il est, il ne se trouve souvent forcé de désobliger, quelques ennemis ont donné crédit à ces bruits, et se plaisent à les publier.

On disoit hier à midi, partout, que ce magistrat étoit renvoyé, et que sa place étoit donnée. On en donnoit plusieurs raisons aussi malignes que peu apparentes : la première, qu'il s'étoit fort mal conduit dans le projet de la milice, et que son instruction par écrit, aux commissaires, n'avoit pas été applaudie et avoit pensé causer une émotion à Paris; la seconde, qu'il avoit semé des discours sur cette milice dont il avoit désapprouvé le projet, qui étoient revenus à M. d'Argenson, qui s'en étoit plaint aux autres ministres.

On dit aussi qu'il y a eu quelques manœuvres de la part des commissaires, dont M. de Marville a eu connoissance, et dont il n'a pas fait rapport à la Cour ; il a été question aussi de ses mœurs; mais on s'est entretenu si bas à ce sujet, qu'il a été impossible de rien entendre de suivi sur ce point. Sur le soir, ce bruit a varié à l'avantage de ce magistrat; l'on a assuré qu'il étoit nommé à l'intendance de Tours, et que celui qui en étoit pourvu étoit fait conseiller d'État.

L'on est informé qu'il n'y a pas un mot de vrai à tous ces bruits, et qu'au contraire, on est fort content de M. de Marville, tant par la manière dont il se conduit dans l'affaire de la Bastille, que pour celle de la milice, qu'il traite avec tous les ménagements convenables à un travail aussi délicat.

9 *mars*. — L'on rapporte que Sa Majesté a voulu juger par elle-même du discours de M. l'archevêque de Sens, dont le ridicule a fait tant de bruit, et qu'elle s'arrêta à l'endroit où il est parlé de sa nation, et qu'elle s'écria que le trait étoit impertinent, et qu'elle lui en parleroit.

M. le prince de Conti arrive après-demain; il est très-bien dans l'esprit du Roi.

10 *mars*. — Quelque ridicule que soit le bruit qui s'est répandu que M. de Marville n'est plus en place, il continue à courir avec plus d'unanimité que ces jours passés : il n'y a pas moyen de faire entendre raison au peuple sur cela. Quand on renvoie les opiniâtres à l'hôtel d'Aumont, pour se détromper, ils répondent que ce magistrat exerce jusqu'à ce que M. de La Briffe, qui le remplace, soit arrivé.

L'on s'est donné des soins pour découvrir ce qui a pu donner lieu à ce bruit, sans en être satisfait. Les gens de qualité raisonnent très-différemment sur cela ; parmi le peuple l'opinion est que la Cour, craignant que l'opération de la milice n'occasionnât une révolte, a cru convenable, pour l'apaiser, de révoquer M. de Marville, comme en étant l'auteur.

Il court une liste de titres de livres qui font la critique d'une partie des ministres et de la Cour. Il paroît aussi la copie d'une lettre écrite par M. de Voltaire à M. l'évêque de Mirepoix, qui trouve beaucoup de censeurs.

12 *mars*. — Le public ignore encore les raisons secrètes qui ont donné lieu à tous les bruits qui ont couru sur le compte de M. de Marville : il n'y a que des gens qui s'attachent à examiner avec soin les choses qui ont démêlé la mauvaise humeur des ministres contre ce magistrat, pour avoir osé, sans leur aveu, travailler avec le Roi, il y eut hier, dimanche, huit jours. Ils sont d'autant plus piqués de ce qu'ils appellent une présomption sans égale, qu'ils ignorent par quel chemin M. de Marville a pénétré dans le cabinet et de quel secret il s'est servi pour s'affranchir du joug de M. de Maurepas, et se faire appeler par le Roi. Le fait a paru si grave, surtout à deux de nos ministres, qu'on a traité cette affaire avec peut-être plus de soins que celles de l'État même ; on devoit en parler même au Roi et employer des moyens pour éloigner ce magistrat ; mais après un

mûr examen, il a été convenu de suspendre, dans l'espérance que M. de Marville, intimidé par tous les bruits qui ont couru sur son compte, et par la crainte de se mettre tous les ministres à dos, reprendroit de lui-même les premiers errements; mais la bonne conduite que ce magistrat a tenue dans une occasion aussi délicate, fait connoître qu'il est aussi bon courtisan qu'habile homme; il a travaillé avant-hier avec le Roi, et, sans affecter aucun air, il s'est conduit de manière que les ministres mêmes ne peuvent s'empêcher d'en convenir.

Il y a eu un démêlé fort sérieux ces jours derniers entre M. le prince de Dombes et M. d'Argenson, à l'occasion d'une compagnie que demandoit ce prince pour M. de Talleyrand. Il n'y a pas de choses piquantes et désobligeantes que le prince de Dombes n'ait dites au ministre de ce qu'il ne parût point se prêter à sa recommandation. On loue M. d'Argenson de sa modération; il a fort rougi, mais il n'a pas répondu.

L'on a entre les mains un édit du roi Théodore, qui est un morceau singulier; il parle en seigneur et maître, ordonne le bannissement perpétuel de plusieurs traîtres et des Génois, dénomme particulièrement deux prêtres, se déclare pour la reine de Hongrie et l'ennemi des puissances qui lui sont contraires.

Il y a beaucoup de mouvement à la Cour.

15 mars. — On assuroit hier à l'Opéra que le Roi avoit fait dire à M. le maréchal de Belle-Isle, par M. d'Argenson, qu'il oublioit le passé, mais qu'à l'avenir ce maréchal ne se mêlât ni directement ni indirectement des affaires, soit au dedans, soit au dehors du royaume. Les partisans de ce général sont fort abattus; il y en a cependant quelques-uns qui soutiennent que tous les bruits qui courent sur le compte de ce maréchal sont faux, et qu'il n'est pas possible que le Roi puisse se passer de lui.

On publie que le Parlement s'oppose à l'enregistrement des lettres de duc accordées par le Roi à M. de Belle-Isle, ce qui n'est pas vraisemblable. On dit beaucoup de bien du Roi sur les grâces qu'il vient d'accorder à la famille de feu M. le cardinal de Fleury, et sur la manière dont il s'est conduit depuis la mort de ce ministre. On a fort bonne opinion de son génie et de son discernement; et malgré l'insinuation de certaines gens qui prétendent qu'il y a un souterrain à la Cour qui donne le branle à toutes les affaires et qui conduit le Roi, on est persuadé que ce monarque agit par lui-même, et que les ministres n'ont du crédit qu'autant qu'il se trouve conforme au bien de l'État.

On parle d'une Histoire de M. le cardinal de Tencin, qui a paru à Lyon; on s'est donné des soins pour vérifier ce bruit; mais il y a apparence qu'il est mal fondé.

15 mars. — On trouve que la position où est actuellement M. de Marville est fort épineuse, parce qu'il n'est pas douteux que ce magistrat n'ait été appelé par le Roi même deux fois de suite pour travailler avec Sa Majesté; on attend avec impatience de quelle manière elle en usera dimanche prochain. On a remarqué que M. de Marville a beaucoup de partisans à la Cour, et l'on sait qu'un ministre a pris le bon parti dans cette occasion, en disant que M. de Marville ne pouvant se dispenser d'obéir aux ordres du Roi, on ne pouvoit sans injustice lui savoir mauvais gré d'avoir travaillé avec Sa Majesté.

La grâce que le Roi a faite à M. de Vattan en le nommant conseiller d'État, prouve de plus en plus combien Sa Majesté a à cœur la mémoire de M. le cardinal de Fleury, et le plaisir qu'elle a lorsqu'il est question de faire du bien à ceux que cette Éminence aimoit. On dit tous les biens du monde de la manière dont le Roi se conduit; l'on a grande opinion de son règne.

Les officiers murmurent beaucoup de ce qu'il est décidé qu'on ne donnera plus de croix de Saint-Louis à ceux qui demanderont des retraites; mais le Roi s'est expliqué, à cette occasion, de manière qu'il n'y a pas lieu de croire que Sa Majesté excepte personne de la loi.

16 *mars*. — Les courtisans timides sont dans la persuasion, à la Cour, que M. de Marville ne se soutiendra pas longtemps en place, et prétendent qu'il ne pouvoit rien lui arriver de plus désagréable que l'honneur dangereux que le Roi lui a fait. On ne doute pas que lundi prochain Sa Majesté ne l'appelle à Versailles, et cette chose, toute simple qu'elle est, occasionne un nombre infini de raisonnements.

Le plus unanime est qu'il ne faut pas se persuader que M. de Marville ait recherché l'honneur dont il est question, et encore moins qu'il ait trouvé des amis qui aient travaillé à le lui procurer; mais on veut absolument que les petits cabinets aient porté le Roi à prendre ce parti pour diminuer le crédit des autres ministres, ou, pour mieux dire, pour les empêcher de devenir puissants. On a fait concevoir à Sa Majesté que par ce moyen elle seroit instruite de tout ce qui se disoit à Paris, tant de tous ses ministres que sur sa propre personne; ce qui étoit important pour juger de la manière dont ses sujets pensoient de son gouvernement, et si tous ceux qui sont en place faisoient leur devoir : vérités qui ne parvenoient guère au trône par la voie des ministres.

Pour ce qui est des inquiétudes qu'on suppose à M. de Marville, les gens sensés ne voient pas ce qui peut les lui occasionner; en cas que le Roi ait réglé de travailler avec ce magistrat comme avec ses ministres, on est fort persuadé que M. de Marville ne craindra que de voir cesser trop tôt cet honneur, et qu'il a trop bonne opinion de son maître pour croire qu'il risque quelque chose en le servant. L'on a été d'une surprise extrême de tous les raisonnements qu'on a entendu faire à Versailles à cette occasion, et beaucoup plus qu'on parle si longtemps la même chose.

On prétend qu'avant de partir de Versailles, en dernier lieu, M. de Belle-Isle avoit engagé madame de Luynes à lui procurer une visite chez madame de La Tournelle; mais qu'après l'avoir pressée pour la porter à le permettre, madame de La Tournelle avoit répondu que, n'ayant jamais été en liaison avec M. de Belle-Isle, elle ne voyoit aucune nécessité de commencer. Un premier gentilhomme de la Chambre soutint hier que ce trait devoit être faux, prétendant être certain que M. de Belle-Isle n'avoit pas eu besoin de faire, en dernier lieu, cette prière, puisqu'il savoit de science certaine que, quelques jours après son arrivée, il avoit vu madame de La Tournelle chez madame de Luynes avec madame la duchesse de Lauraguais. M. le contrôleur général ignoroit absolument que le Roi eût nommé M. de Vattan conseiller d'État, et en a été un peu piqué, se persuadant qu'il feroit accorder cette grâce à M. de La Galaizière. On dit même que dans la gazette le Roi ayant lu M. de La Galaizière, il avoit effacé ce nom et mis celui de Vattan au-dessus.

17 *mars.* — Le peuple de Paris est dans la sécurité que la Cour n'est plus dans l'intention de tirer la milice, et il en regarde pour preuve indubitable le départ des gardes françoises et suisses qu'on dit devoir se mettre en marche les 20, 22 et 27.

Quoiqu'il soit exactement vrai qu'il n'y ait rien à craindre de la mauvaise humeur du citoyen, et que le moindre exemple le fasse rentrer dans le devoir en cas qu'il s'en écarte, on trouve cependant imprudent de hasarder un mouvement qui arrivera infailliblement, si l'on ne fait au moins un tirage avant le départ des troupes, afin de juger si l'on peut achever cette opération après.

L'on a observé que, depuis que l'on est informé de leur départ, les bas ouvriers, garçons bouchers, serruriers, maréchaux, etc., ne parlent de la milice qu'avec dérision et mépris, et se moquent de tous les soins qu'on s'est donnés pour les mesurer, enregistrer, etc., dans l'opinion où ils sont qu'on ne risquera pas un mouvement général.

On se plaint fortement à Paris et dans les provinces que toutes les affaires relatives à M. le chancelier ne finissent point, parce que, sa défiance le portant à tout voir par ses yeux, il n'est pas possible que tous les intéressés ne souffrent beaucoup du retard qu'elle occasionne.

18 mars. — On se plaint toujours que le Roi ne mette pas ses côtes en état de défense, et qu'elles soient tous les jours exposées à des affronts de la part des Anglois.

22 mars. — Il se répand des nouvelles si bizarres qu'on hésite quelquefois de les rapporter. On dit aujourd'hui que l'on vient de découvrir quelle avoit été la cause de la mortalité qui avoit fait perdre tant de troupes, et qu'on a arrêté un apothicaire qui avoit été gagné par des émissaires de la reine de Hongrie pour empoisonner toutes les drogues employées dans les hôpitaux.

L'on publie un autre bruit qui n'est pas moins extraordinaire : l'on prétend qu'il y a des lettres de Turin qui apprennent que le comte de Gage avoit fait tirer à quatre chevaux son secrétaire, parce qu'il avoit découvert que cet homme entretenoit des intelligences avec les Piémontois et les Autrichiens, et qu'il découvroit aux généraux ennemis tous les secrets des conseils et leur donnoit avis de tout ce qui se passoit dans le cabinet de son maître.

23 mars. — Le bruit est publié que M. de La Chétardie doit retourner en Russie, et cela fournit matière à des réflexions délicates et galantes. On disoit hier à cette occasion que, puisqu'on n'est pas assez heureux pour avoir des sujets capables de négocier, on devroit du moins envoyer pour ministres dans les pays étrangers des hommes assez aimables pour plaire. Les portraits qu'on a faits de ceux qui sont actuellement à Vienne, en Espagne, à Londres, etc., ne sont point flattés. On désespère de parvenir à rien d'heureux tant que l'on n'emploiera pas dans les Cours étrangères de meilleurs négociateurs.

Outre les soupers ordinaires des cabinets, il y en a encore de plus particuliers. M. le duc de Richelieu n'est pas de ceux-là. Madame la duchesse de Lauraguais a presque autant de faveurs que madame de La Tournelle.

24 *mars*. — Le Roi a donné l'appartement de feu M. le Cardinal à M. le duc d'Aumont; on veut l'attribuer à la faveur, mais c'est pure justice. M. le duc d'Aumont étoit trop petitement logé. On fait beaucoup de cas de ce seigneur, et tout le monde convient qu'il fait sa cour sans bassesse, et jamais aux dépens de personne. On lui trouve un peu trop d'opinion de son esprit; il en auroit davantage s'il ne faisoit pas quelquefois réflexion qu'il en a.

Les créatures de M. de Belle-Isle se donnent de grands mouvements pour dérober au public ce qui se passe sur le compte de ce maréchal; mais les vers qui suivent ne donnent pas de la confiance sur tout ce qu'ils débitent:

> Belle-Isle, fameux empirique,
> Grand novateur en politique,
> Dans ses projets vrai fanatique.
> Homme de guerre sans pratique,
> Chargé de la haine publique,
> Porte à Bizy sa sciatique.

25 *mars*. — Le bruit continue à être répandu dans le petit bourgeois, que M. de Marville est à la Bastille de samedi au soir, et dans le public plus éclairé, qu'il n'y est pas encore, mais qu'il y sera avant peu. Depuis quelques jours, on tient beaucoup de discours sur le compte de ce magistrat. L'inquiétude qu'on a eue sur ce sujet a conduit l'auteur, hier, dans tous les endroits où l'on s'as-

semble. L'on a entendu dire à l'Opéra que M. de Belle-Isle étoit de fort mauvaise humeur contre les ministres, et qu'il ne faisoit pas leur apologie; à la Comédie-Françoise, que le voyage de Choisy décideroit de bien des choses, et qu'il étoit question de remercier un ministre; à la Comédie-Italienne, que le Roi s'étoit fait rendre compte de toutes les lettres de cachet qui avoient été expédiées pendant le ministère; que le nombre alloit à plus de cinquante mille, et que Sa Majesté en avoit marqué tant de chagrin, qu'elle avoit décidé que dorénavant on n'en expédieroit plus qu'elle n'en connût les raisons, et qu'elle ne les signât.

Il doit, dit-on, paroître un édit, avant peu, qui concernera les monnaies.

L'affaire de la milice a fort diminué l'amour des Parisiens pour le Roi. Le bruit qui s'est répandu depuis deux ou trois jours, que M. le contrôleur général est la première cause de cet arrangement, lui a remis tout le monde à dos; mais pour se mettre à couvert de ces mauvaises impressions, on prétend qu'il met tout en usage pour diminuer le crédit des autres ministres, et que par le canal de M. de Marville, qui lui a, dit-on, l'obligation de travailler avec le Roi, il fait rendre au Roi les comptes qui conviennent à sa politique et à ses intérêts.

26 mars. — M. de Mirepoix donne, dit-on, de jour en jour de nouvelles preuves de son ambition et de son humeur altière et sévère; on craint extraordinairement qu'il ne surprenne la confiance du Roi. Les gens de qualité ont pour lui un éloignement invincible. On assure que M. le cardinal de Rohan a essuyé de lui un refus humiliant, à l'occasion du prince Constantin, pour lequel il lui avoit demandé l'abbaye de Luxeuil. Il répondit à cette Éminence que, ne proposant jamais un sujet au Roi sans alléguer les motifs de sa grâce, le prince Constantin n'en avoit d'autres à donner que celui d'entretenir une meute et ses plaisirs. Les vers suivants paroissent depuis hier à l'occasion de cet évêque :

> Fleury n'est plus : que dis-je? il vit encore,
> Il renaît à la Cour, il y donne des lois,
> Il va rouvrir la boîte de Pandore
> Sous la forme du Mirepoix.

Il court plusieurs écrits sur le même sujet.

On dit que M. le contrôleur général ne soutient son crédit qu'en se montrant toujours fidèle à compter de l'argent au Roi, pour ses plaisirs, sans lui faire jamais envisager que les circonstances où l'État se trouve devroient le faire ménager.

27 mars. — L'histoire arrivée à La Rochelle entre M. Barentin et le maire, est contée différemment, mais on ne varie point sur le fait. Une ordonnance de police autorisant les chirurgiens à ouvrir les corps de ceux qui mouroient de la maladie qui règne dans cette ville, pour en trouver la cause, le maire, excité par les criailleries d'une femme dont la superstition s'opposoit à l'ouverture du cadavre de son mari, voulut exiger de M. l'intendant la révocation de l'ordonnance de police, et se trouvant piqué par quelques paroles, mit l'épée à la main contre M. de Barentin, qui fut obligé de se battre. Les combattants ont été séparés, et cette affaire n'aura point vraisemblablement de suite. Tout le monde donne le tort au maire de La Rochelle.

28 mars. — Le jansénisme a fait une acquisition dont il se flatte de tirer grand parti, sans qu'on puisse trop savoir pourquoi. Madame de Mailly a abdiqué le monde en sa faveur ; c'est de jeudi dernier que ce fait s'est avéré. Elle devoit dîner chez M. de La Boessière ; c'étoit elle qui avoit nommé les conviés ; c'étoit en sa faveur que la fête se donnoit ; elle fit dire qu'elle ne pouvoit s'y trouver, et on apprit le même jour qu'elle avoit abdiqué le rouge, les mouches, et tous les airs qu'elle avoit tant aimés : un sermon a fait ce miracle.

Depuis ce temps, elle donne à plein collier dans le fanatisme. Les oratoriens en ont chanté le *Te Deum*, et ils vantent, depuis ce temps, les miséricordes du ciel. « Vous avez perdu un roi de la terre... vous étiez pré- « destinée! vous êtes à présent au roi des rois. Soyez « fidèle, il ne vous manquera jamais. »

On disoit hier à la Comédie-Françoise, où toute la France étoit à *Mérope*, que M. de Belle-Isle avoit depuis quelques jours des accès de chagrin que toute sa politique ne pouvoit dévorer. Il est fort mécontent du Roi et de ses ministres, et ne peut s'empêcher quelquefois de le témoigner. Ses créatures ne cessent de donner les plus mauvaises idées du ministère et de ceux qui gouvernent. Selon eux, on ne sait où l'on en est; on tâte sans jamais rien décider; la besogne est au-dessus de leur capacité.

29 *mars*. — M. l'évêque de Mirepoix fut ces jours passés voir l'appartement qu'occupoit ci-devant M. le duc d'Aumont, et assura qu'il le trouvoit fort à son gré. Sa Majesté en ayant été informée, dit qu'elle le croyoit bien, et en badina; presque toute la Cour en a fait de même : on n'en échappe pas ordinairement l'occasion.

On parle d'une lettre de cachet que cet évêque a demandée pour faire enfermer un curé dont il est mécontent. Cette anecdote est contée de bien des manières différentes, et a donné lieu au bruit qui court que le Roi a déclaré que, dorénavant, on ne feroit enfermer aucune personne sans lui signifier les accusations portées contre elle, afin qu'on ne fût pas exposé à être arrêté injustement; et que, pour être plus certain de l'exécution de cette équitable loi, il étoit expressément enjoint aux ministres de porter à Sa Majesté même la signature des lettres de cachet dont ils seroient décidés à faire usage.

Cette nouvelle a été adoptée comme très-vraie; et

répandue partout. Le public a marqué sa joie par les éloges les plus flatteurs du Roi. On est parfaitement prévenu que son règne sera fondé par des actes continuels de justice et de bonté.

On disoit hier, à l'Opéra, que M. le comte de Clermont ayant été en danger, une personne qui lui est fort attachée l'avoit invité à songer à sa conscience et à faire venir un confesseur. Ce prince avoit répondu qu'il y consentoit, et qu'il en alloit donner l'ordre. Un moment après, il parla à l'oreille de l'un de ses gens, et, au lieu de confesseur, l'entrée de son appartement fut donnée à la demoiselle Leduc, à qui il dit qu'elle lui tiendroit lieu du confesseur qu'on lui avoit proposé. Toutes ces anecdotes qui se débitent, vraies ou fausses, font le plus mauvais effet du monde, et l'on désire avec ardeur que le Roi soit instruit de la conduite de ce prince, pour lui épargner un ridicule qui le rend aussi méprisable aux étrangers qu'aux François qui s'y sont accoutumés.

On espère qu'à la fin le Roi donnera les affaires étrangères à un ministre plus éclairé que M. Amelot. On dit que M. Orry les partage; mais on ne conçoit pas qu'on préfère l'intérêt particulier au bien général.

30 mars. — Le public n'est point encore informé d'un trait d'humanité dont le Roi vient d'user à l'égard de M. de Chauvelin; il n'est pas douteux que les éloges les plus justes ne suivent cette connoissance : une partie de la Cour, qui en est instruite, y a beaucoup applaudi.

Le Roi ayant été informé que M. de Chauvelin souffroit beaucoup à Issoire, où il pouvoit à peine trouver les choses nécessaires à la vie, et que l'air y étoit contraire à sa santé, aussi bien qu'à madame sa femme, qui y est actuellement malade, Sa Majesté a bien voulu permettre qu'il sortît d'Issoire pour aller habiter la ville de Riom, dont l'air est pur et la situation agréable, et où il pourra vivre agréablement, jusqu'à ce qu'il plaise au Roi d'accorder une grâce plus entière. La famille de Chauvelin a été fort sensible à une bonté à laquelle elle ne s'attendoit pas.

M. Bignon fait actuellement ses visites pour être reçu à l'Académie. Le public n'approuve pas ce choix, et les gens de lettres en badinent hautement.

Mardi prochain, le Roi doit signer le contrat de mariage de mademoiselle du Châtelet, qui a épousé le duc de Mondinaro Caraffa. On ne rapporte pas les traits qui sont portés contre madame du Châtelet, à l'occasion de M. de Voltaire et de quelques rivaux.

31 *mars*. — Le compliment qui a été fait à la Comédie-Françoise n'a pas été approuvé de tout le monde; l'on a trouvé mauvais que Voltaire soit resté pour recevoir en face un encens un peu outré. L'on publie que M. le duc de Nivernois s'est donné la peine de composer ce compliment; mais on dit que Voltaire en est l'auteur, et qu'il fait courir ce bruit pour écarter le soupçon.

Avril.

1er *avril*. — On dit que madame de La Tournelle s'est fort bien aperçu que le Roi trouve madame la duchesse de Lauraguais fort à son gré, mais que l'exemple de madame de Mailly, qu'on lui a fait envisager, lui a fait prendre le parti de dévorer son ennui secret, et de ne faire aucun reproche. Cette conduite prudente lui réussit fort bien, elle conserve toujours son crédit, et madame de Lauraguais fait tout ce qui dépend d'elle pour qu'elle ne s'aperçoive point des préférences dont Sa Majesté l'honore dans toutes les occasions.

La légère faveur dont les ennuis de M. de Chauvelin ont été adoucis, fait penser, qu'avant peu, le Roi se laissera engager à lui faire de plus grandes grâces;

des ressorts secrets agissent en sa faveur. On dit à l'oreille que le conseil secret du Roi lui a fait entendre qu'il devoit ménager un sujet aussi éclairé que M. de Chauvelin, parce que, dans la disette où l'on étoit de grands génies pour les affaires, il convenoit de conserver celui-ci, dont l'État pouvoit tirer de grandes ressources, et d'autant mieux que l'adversité avoit dû mûrir ses talents pour le ministère, et leur donner un nouveau prix.

2 *avril*. — Le mariage de madame de Montenero, dont le contrat doit être signé aujourd'hui, est retardé : le prétexte est l'oubli d'avoir fait publier des bans à Lyon.

L'on croit que madame Corradini, gouvernante des enfants de l'Empereur, qu'on disoit être venue ici pour sa santé, a négocié le mariage de M. le duc de Chartres avec la princesse Antoinette de Bavière, fille aînée de l'Empereur. Il y a apparence que cette affaire est fort avancée, et qu'elle sera dans peu déclarée.

L'affaire du régiment de la marine fait beaucoup de bruit. On attribue l'origine du mécontentement de ce régiment à une injustice qui lui fut faite, par le colonel, sur une somme de deniers qu'il détourna, et pour laquelle un capitaine fut député à la Cour. M. d'Angervilliers, prévenu par le colonel, le fit arrêter, et il ne fut relâché qu'à condition qu'on ne parleroit plus de cette affaire.

3 *avril*. — Ceux qui n'aiment pas M. le maréchal de Broglie, lui reprochent d'avoir demandé la place de major général de l'armée, pour M. de Broglie son fils, vacante par la mort de M. de Champagny. Ils blâment la Cour d'avoir été trop facile en cette occasion, prétendant que cette place doit être la récompense d'un officier d'infanterie, et que M. le maréchal auroit dû être le premier à le faire sentir à la Cour.

L'on a si mauvaise opinion du roi de Prusse, depuis sa défection avec les alliés, que, quoique personne ne doute qu'il ne se donne des soins pour procurer la paix de l'Empereur, on a toujours de la défiance de sa bonne foi. On faisoit hier un portrait de ce prince fort singulier; on dit qu'il ne pense jamais deux jours de la même façon, et qu'il a les caprices les plus extraordinaires et des goûts opposés à sa façon ordinaire de penser. On prétend qu'ayant aimé une fille extrêmement sage, l'année passée, il s'est brouillé avec elle parce qu'il vouloit exiger qu'elle accordât ses faveurs à tous ceux qui les rechercheroient; et cela dans la vue d'être témoin en secret des plaisirs qu'elle recevroit dans ces moments voluptueux, ayant fait pratiquer exprès un cabinet, par lequel il pouvoit entendre et voir sans être vu tout ce qui se passoit.

4 *avril.* — On sait à présent la cause de la détention de l'abbé Dufrenoy, et l'on y a fort applaudi.

L'on dit M. le duc d'Ayen fort en faveur, et celle de M. de Richelieu fort diminuée.

Les filles de l'Opéra donnent pour cause de la maladie de M. le comte de Clermont, qu'il s'est épuisé avec sa maîtresse; étant bien informées, disent-elles, qu'il a poussé l'effort amoureux jusqu'à la caresser deux fois dans un mois, ce qui ne lui étoit jamais arrivé.

M. Bignon est fort amoureux de la Dallenan, mais il n'est pas le seul qui jouisse de ce trésor.

5 *avril.* — Il se répand le bruit d'une aventure arrivée à Saint-Domingue, il y a quelques mois, pour laquelle on a porté des plaintes à la Cour, qui fait bien de l'honneur à M. de Maurepas, et qui lui en a beaucoup fait dans cette île. Un particulier, étant malade à Saint-Domingue, fut exhorté par le curé, jésuite, comme c'est la coutume, de se confesser et de se mettre en état de paroître devant Dieu. Soit que le malade n'eût pas confiance dans les remèdes spirituels, ou qu'il ne se crût pas assez mal pour y avoir recours, il per-

sista avec opiniâtreté à renvoyer le jésuite, qui se retira fort piqué contre cet homme. On ne sait pas même s'il n'y avoit pas d'anciennes causes d'animosité; ce qui suivit bientôt semble le persuader. Le malade étant mort quelque temps après sans s'être confessé, le curé refusa de lui donner la sépulture. Les parents et amis, après avoir fait d'inutiles prières pour le déterminer à le traiter en chrétien, jugeant, par ses refus, qu'il n'y avoit rien à espérer de la charité du jésuite, portèrent le mort à l'église. Le curé ne voulant pas en avoir le démenti, et voulant imposer par une action d'éclat, fit enlever le cadavre, et le fit porter sous une potence élevée dans la place publique pour les malfaiteurs. Les parents du mort, indignés de cette action, embaumèrent le mort, le laissèrent où le curé l'avoit mis, firent dresser un procès-verbal du fait, y ajoutèrent une plainte au nom des habitants et l'envoyèrent à la Cour. M. de Maurepas, sentant la conséquence de ce grief, expédia des ordres pour que le mort fût enterré dans l'église avec défense qu'à l'avenir les curés de l'île se portassent à de pareilles extrémités. La nouvelle n'en fut pas plus tôt répandue dans l'île, que les habitants ont fait éclater leur joie, et, pour la signaler, ont fait un enterrement solennel au mort, ce qui, selon l'anecdote, a été si sensible au curé, qu'il en est mort quelques jours après.

7 avril. — Il est souvent question de la nouvelle vie que mène madame de Mailly; on voudroit faire entendre qu'il y a du manége de sa part, et qu'elle a des vues. Il y a différents vers sur son retour à Dieu.

Sur l'air des *Capucins*.

Par un pur effet de la grâce,
La Mailly depuis sa disgrâce,
S'est tournée vers le Créateur;
Mais à dire ce que j'en pense,
Je crois bien que le confesseur
Obtient la préférence.

On veut insinuer que son objet est qu'on la croie véritablement détachée du monde, et qu'à l'imitation de madame de Maintenon, elle est dans le dessein de fonder une maison aux environs de Paris, où elle élèvera de jeunes personnes. On dit même qu'elle a déjà vu, sur ce sujet, M. le duc de Noailles, et qu'après la campagne le projet de cet établissement sera présenté au Roi pour qu'il daigne y donner son approbation.

Il ne se passe rien d'une certaine conséquence à la Cour, qu'il ne paroisse d'abord un bulletin en vers. Voici celui qui a été fait sur le bruit que les jansénistes ont fait courir, que le Roi avoit envoyé des ordres aux évêques pour que les fidèles jansénistes ne fussent plus persécutés :

> Louis renonce au despotisme,
> Il met un frein au fanatisme
> Dont abuse le cagotisme
> Sous prétexte du quenélisme,
> Entretenant partout le schisme
> En pratiquant le quiétisme.

M. Boyer de Mirepoix s'est avisé, dit-on, après le travail de vendredi, de parler au Roi de ses Pâques, et de lui vouloir faire comprendre que rien ne seroit plus agréable à ses peuples que cet acte de religion, surtout au commencement d'un nouveau règne et dans un temps où l'on avoit tout à craindre d'une guerre dont on redoutoit fort les suites, ajoutant que, s'il arrivoit par malheur certains désavantages, il n'étoit pas douteux que ces mêmes peuples ne l'attribuassent à l'éloignement que Sa Majesté marquoit depuis quelques années pour les sacrements, et à son commerce avec la sœur d'une personne avec laquelle on n'ignoroit pas qu'il a vécu. L'anecdote rapporte un long discours à ce sujet, que le Roi a eu la complaisance, dit-on, d'écouter, mais dont il a si peu fait de cas, qu'il en a fait part à mesdames de La Tournelle et de Lauraguais le même jour, qui en ont été fort alarmées, sachant que le Roi a la conscience timide, et craignant les retours.

Les petites maîtresses de Cour chantent le couplet suivant, sur les brigues que madame de La Tournelle met en mouvement pour être duchesse.

Sur l'air de *Jocondè*.

Viens à Choisy, mon roitelet,
　Laisse-là ton armée,
Fais-moi gagner le tabouret,
　Disoit la bien-aimée.
Mais debout comme auparavant,
　Mais debout comme auparavant,
Elle reste en arrière;
Négligeroit-on le devant
　Ainsi que le derrière.

La conversion de madame de Mailly a si fort mis le Père Renaud en vogue, qu'il est couru par toutes les femmes de Paris.

L'auteur savoit l'histoire du souper de mesdames de Fourqueux de Thiroux, etc.; mais la crainte que M. de Marville ne pensât que son seul intérêt le portoit à se plaindre sans cesse de la licence des nouvelles non approuvées, lui a fait taire le trait. Il est vrai qu'on a dit dans le monde que M. de Fourqueux avoit fait tapage. Le fait est qu'après le souper les dames voulurent qu'on leur ouvrît les portes de la Foire, pour voir Polichinelle; et que l'opiniâtreté de M. le comte fut cause de cet éclat. Cette aventure a réveillé l'histoire du fouet que M. de Fourqueux a donné à sa femme, il y a quelque temps.

9 avril. — La robe est fort aigrie contre M. de Marville, à l'occasion de l'histoire de M. de Fourqueux; elle prétend que ce magistrat, sur un faux exposé, a écrit à M. le premier président contre M. de Fourqueux, et que cette lettre a été rendue publique. Ce fait se conte de différentes manières, et occasionne différents raisonnements. Une partie des gens de qualité condamne M. de Marville, disant que ce n'est pas la première fois que pareille bévue a eu lieu ; qu'il est brusque et emporté, et que, sans le respect dû à sa place, il se seroit déjà bien fait des affaires. Ils se plaignent aussi qu'il manque d'égards pour eux, et qu'il n'a pas l'art d'adoucir ce qu'il y a de désagréable dans ses fonctions. Ils font encore entendre que, si malheureusement il étoit à la Cour, il passeroit sa vie à faire des affaires à tout le monde, parce que, loin de diminuer les griefs, il les aggrave toujours, parce que les choses ne se présentent jamais à son esprit que du mauvais côté. Ceux qui sont plus modérés, conviennent que M. de Marville est vif, mais ils font un portrait de ce magistrat bien différent. Ils assurent que, bien loin d'aimer à faire le mal, il passe sa vie à regretter celui qu'il est obligé de faire, et à en diminuer la rigueur. En cas que cette même vivacité qu'on lui reproche le porte à désobliger, on a remarqué en cent occasions qu'il a toujours réparé ce qu'elle lui a fait faire. Une preuve qu'on apporte, qui semble réfuter parfaitement l'opinion qu'on insinue du penchant qu'il a de faire du mal, c'est que l'on ne peut parvenir à obtenir des ordres de police pour faire arrêter personnes sans que le fait soit prouvé clair comme le jour, ce qui sauve un nombre de malheureux que le soupçon seul, sous un autre magistrat, faisoit arrêter. A l'égard du reproche qu'on lui fait, d'avoir écrit à M. le premier président, il est d'autant plus injuste, que c'est un égard qu'il a eu pour la robe, dont elle doit lui être obligée, puisqu'en prenant ce parti, il ne la compromet point avec la Cour auquel il a droit de faire rapport de tout ce qui se passe à Paris sans se gêner. M. de Marville ne pouvoit pas prévoir qu'une lettre écrite dans le secret deviendroit publique, et au bout du compte, si quelque chose est répréhensible dans ce fait, c'est que des femmes telles que celles dont il est question dans cette aventure veulent prendre des tons qui ne sont point faits pour elles.

10 avril. — Les ministres étrangers traitent M. Amelot avec un mépris qui passe l'imagination; l'un d'eux disoit aujourd'hui à un étranger que ce ministre sait à peine la carte, et que, pour peu qu'il s'avisât de raisonner de politique, il faisoit des bévues qui ne seroient pas pardonnables à un intendant de province. Du reste ils lui accordent de l'esprit, et veulent bien convenir que, si M. Amelot s'étoit attaché à l'étude du métier qu'il fait aujourd'hui, il y avoit de l'étoffe pour faire un sujet. C'est à peu près l'expression dont on s'est servi en allemand, qui se rend difficilement en françois.

M. de Fourqueux se plaint, dit-on, avec aigreur de M. de Marville, non de sa démarche auprès de M. le premier président, mais d'une réponse que le lieutenant général lui a faite, par laquelle, en parlant du commissaire Lecomte, il lui marque qu'il le connoît pour un homme sage et incapable de dire une chose pour l'autre, et qu'il s'en tient à son rapport, ce qui voudroit dire franchement, s'il étoit vrai que M. de Marville a écrit dans ces termes, qu'il a beaucoup meilleure opinion du commissaire que du conseiller. Cette histoire a été rapportée dans différents endroits publics, et l'on donne aujourd'hui le tort à M. de Fourqueux, en convenant cependant que M. de Marville a été un peu trop vite.

L'on a conté à cette occasion le trait suivant : on dit que M. de Marville, ayant été informé que madame de Maurepas avoit été à la soirée, pour voir Polichinelle, à la même heure que madame de Fourqueux vouloit s'y rendre, crut devoir en rendre compte à M. de Maurepas, et pouvoir donner son avis sur une pareille inconduite; mais que M. de Maurepas l'ayant écouté jusqu'au bout, lui répondit : « Rassurez-vous, monsieur, j'y étois. »

11 *avril.* = Les bruits dont on a rendu compte à l'occasion des lettres de cachet, qu'on suppose que le Roi a supprimées, et sur la difficulté d'en obtenir à l'avenir, se renouvellent et se sont répandus jusque parmi le peuple, chez lequel ils ont fait le meilleur effet du monde. Ce qu'on a remarqué à ce sujet, c'est que l'inclination est presque générale pour les jansénistes, et que, dans la prévention où l'on est que ces lettres de cachet, que l'on dit supprimées, n'avoient pour objet que la persécution de ce parti, on marque une joie extraordinaire qu'il ne soit plus en butte aux fureurs de ses ennemis. On rapporte, à l'occasion du refus des sacrements et de sépulture, et de la persécution, des traits si inhumains de la part des molinistes, qu'il n'est pas surprenant qu'on marque pour eux tant d'éloignement, et qu'on s'intéresse pour les jansénistes ; d'ailleurs cette feuille, connue sous le nom de *Gazette Ecclésiastique*, qu'on tolère sans en vouloir les conséquences, faisant sans cesse l'apologie du parti, et dépréciant sans cesse l'antagoniste par des anecdotes diffamantes, augmente le nombre des prosélytes et perpétue le mépris contre ceux qui tiennent le parti de Rome et de la Cour, ce qui porte, non-seulement souvent contre les ministres, mais contre le Roi même, parce qu'il n'arrive jamais qu'on punisse un janséniste mutin sans qu'on n'accuse la Cour de tyrannie et d'inhumanité.

Il est certain que la véritable cause des plaintes du peuple et de son agitation procède de ce qu'on souffre publiquement la lecture des gazettes étrangères, qui ne rapportent jamais que des traits désagréables pour la France. Il n'y a personne qui ne lise les gazettes de Hollande, d'Utrecht et de Cologne, qui sont toutes autrichiennes.

13 *avril.* — L'affiche qui concerne la milice occasionne

des plaintes et des murmures. Les garçons de métiers, comme bouchers, maréchaux, cordonniers, etc., vont par troupes, tiennent des discours séditieux. On a eu la patience d'examiner plusieurs groupes de ces gens de près pour démêler de quelle nature est leur mauvaise humeur, et si elle peut occasionner du trouble. Il n'est pas douteux qu'il n'y ait quelques mouvements les premiers jours que l'on tirera, mais ils ne seront point à craindre. Toutes leurs menaces roulent sur la désertion en cas qu'on veuille les envoyer en Bohême. Ils se sont persuadés que, s'ils y vont, ils n'en reviendront jamais. Du reste, il n'a point paru qu'ils s'en prissent à M. le lieutenant général de police, comme on nous l'avoit fait entendre : au contraire, on a jugé, par les discours qui se sont tenus à cette occasion, qu'il n'est point haï, et qu'on est fort content de la prudente conduite qu'il a tenue dans une circonstance aussi délicate que celle dont il s'agit.

On dit qu'il fut question, il y a quelque temps, des physionomies chez le Roi, et que Sa Majesté s'amusa fort de toutes les plaisanteries qui furent dites à cette occasion par les personnes qui avoient l'honneur d'être du souper. M. de Richelieu y brilla beaucoup, aussi bien que mesdames de La Tournelle et de Lauraguais. Toute la Cour passa en revue, et chaque ministre aussi bien que les courtisans eurent leur fait. Il n'est pas possible de se ressouvenir de toutes les épithètes qui furent données à chaque visage, ou, pour mieux dire, du nom des animaux auxquels on supposa qu'ils ressembloient. L'on fut fort longtemps à trouver la ressemblance du Roi : madame de Lauraguais nomma le cheval; pour M. d'Argenson un veau qui tète; M. de Saint-Florentin un cochon de lait; M. le contrôleur général un hérisson; M. de Maurepas un chat qui file; M. le cardinal de Tencin une autruche : à son occasion, on prétend que le Roi dit qu'il avoit été un temps extrême à se faire à sa physionomie; M. Amelot un barbet; M. le cardinal de Rohan une poule qui couve; M. le duc de Gèvres une chèvre, etc.

14 avril. Pâques. — On dit que le Père Renaud attribue le désagrément qu'il a souffert à son sermon du Vendredi-Saint à l'indécente attention de son auditoire. Il prétend que plusieurs femmes de la même société s'étoient liguées pour lui donner des distractions, et cela parce qu'une de leurs amies, bonne janséniste, entêtée des Pères de l'Oratoire, avoit soutenu que la vertu d'un oratorien n'étoit pas sujette à des foiblesses ordinaires, et qu'en vain une jolie femme tenteroit-elle de la démentir; que cette proposition avoit été débattue, et s'étoit terminée avec un pari de la part de madame de Vernouillet, qui soutint que, sans employer de grands moyens, elle feroit perdre la mémoire au Père Renaud le jour du Vendredi-Saint; que, pour cet effet, elle s'étoit trouvée de bonne heure à l'église, afin de se placer en face de la chaire; qu'elle et les dames qui l'accompagnoient s'étoient parées; que, dès que le Père avoit commencé, elles l'avoient regardé fixement, puis tiré leur boîte à mouches, avoient ajusté leur tour de gorge, avoient causé, souri au prédicateur, etc., et enfin tant fait de choses que, distrait, on ne peut pas plus, il avoit mieux aimé descendre de sa chaire que de faire souffrir son auditoire. Autant ce prêtre de l'Oratoire se plaint de l'indécence des femmes dont il est question, autant et plus il se loue de la Carton et de la Delonge, dont la décence, la modestie et l'attention, auroient pu servir de modèle à des religieuses mêmes. La vérité du fait est que la mémoire a manqué net au Père Renaud, et qu'il n'étoit pas en train de prêcher. Tout le reste est une véritable supposition.

15 avril. — L'article inséré dans la dernière déclaration de M. de Marville, qui ordonne à ceux qui ont fraudé les tirages de la milice de se rendre au quartier

qui leur sera assigné, sous peine d'être traités comme
déserteurs, a fait un effet admirable, et produira sûrement un plus grand nombre de sujets à tirer, tant la
frayeur a fait d'effet sur l'esprit de ceux qui sont dans
ce cas ; on les devine à l'inquiétude peinte sur leur visage. On a lieu de craindre quelques mouvements ; on
remarque une grande fermentation dans le petit peuple ;
et, malgré les défenses, les cabarets sont remplis de
gens des mêmes professions.

15 *avril*. — La nouvelle de l'arrivée du roi Stanislas,
à qui l'on prépare un appartement à Trianon, fait tirer
beaucoup de conjectures, et penser que la Lorraine est
menacée par les Autrichiens. Le public est presque toujours dans l'habitude de saisir les choses du mauvais
côté.

Il en est de même du bruit qui court qu'il est arrivé
avant-hier un capitaine des gardes de l'Empereur. On
se persuade que l'extrémité où se trouve ce prince l'a
porté à chercher un asile en France. Ne seroit-il pas
plus naturel de croire qu'il s'agit de quelque négociation, ou d'un compliment à M. le duc de Chartres sur
le mariage dont il est question avec une princesse de
Bavière?

L'aventure du Père Renaud continue à faire un grand
bruit. Tout le monde donne le tort aux dames, à M. de
La Carte, à l'abbé, etc. On dit : Pourquoi ne pas faire
des exemples de pareilles indécences? on arrête bien, à
l'Opéra, un homme de condition qui trouble le spectacle ; ne convient-il pas d'être encore plus sévère pour
ce qui a rapport à la religion? On cite l'exemple qui
pensa arriver à l'occasion de M. Caze, du temps de
M. Hérault, qui faillit être mis à la Bastille pour une
affaire à peu près semblable.

On vante beaucoup la piété avec laquelle madame
de Mailly a fait le lavement des pieds, le Jeudi-Saint,
chez les Sœurs-Grises de Saint-Roch. On dit qu'elle rem-

plit ce pieux devoir avec une affection et une humilité qui tirent les larmes des yeux de tous les assistants. Il y avoit aussi madame la duchesse de La Trémouille, et plusieurs autres femmes de qualité.

16 *avril*. — « Vous devriez avertir charitablement Voltaire, » disoit hier une femme de qualité à un homme de marque, « de ne pas parler si souvent du roi de Prusse et des liaisons intimes qu'il a avec ce monarque; malgré son crédit, il pourroit donner de l'inquiétude au ministère; on a plus de prétextes qu'il n'en faut pour le chagriner, et il me semble qu'il devroit être plus sage qu'un autre. » — « Vous êtes dans l'erreur, madame, » reprit l'homme de marque, « Voltaire sait qu'il ne tient à rien ici, qu'il a le Parlement à dos et beaucoup d'ennemis, et profite de la circonstance des affaires. L'on a besoin du roi de Prusse, on n'a garde de le chagriner; et de l'humeur singulière dont est ce prince, il se formaliseroit sûrement si l'on faisoit un mauvais parti à ce poëte. Aussi Voltaire ne demande pas mieux qu'on le croie bien avec ce prince, et je suis persuadé qu'il ne néglige rien pour accréditer cette opinion. D'ailleurs on peut se servir de lui pour traiter avec le roi de Prusse : en voilà plus qu'il n'en faut pour mettre cet homme à l'abri des traverses que vous imaginiez qu'il couroit. »

17 *avril*. — On disoit hier en bon lieu que le voyage du roi Stanislas avoit pour objet une raison plus importante que celle de voir le Roi et la Reine; que ce prince, qui aimoit la guerre, s'étoit servi de ce prétexte pour obtenir du Roi le commandement d'une armée; on ajoute encore que, sur un mémoire envoyé par ce monarque au Roi, Sa Majesté l'a invité de venir à la Cour. Le bruit court parmi le peuple que cette Majesté polonoise entrera au Conseil; mais il y a apparence, pour cette fois, que la voix du peuple ne sera pas la voix de Dieu.

Il y a des mouvements séditieux dans le faubourg Saint-Antoine; tous les cabarets étoient hier remplis de ceux qui devoient tirer la milice, et l'on y parloit fort librement.

Les gens de qualité se moquent du sérieux avec lequel on traite ce qui est arrivé au sermon du Vendredi-Saint, et disent que les cornettes d'une femme ne sont pas de la compétence de la police, et cela à cause des exempts de police, qui ont été envoyés à cette église. M. le comte de Montbazon et ceux qui y étoient en badinent beaucoup; l'on dit cependant que M. de Marville fut lundi à Versailles pour cette affaire.

Il a été hier question des plaintes que fait M. le maréchal de Maillebois, de la police, prétendant avoir été insulté dans les *Nouvelles* clandestines.

On trouve surprenant que les exempts souffrent les indécences qui se commettent au Palais-Royal, où trois m.........., entre lesquelles étoient la Pâris et la Jourdan, mirent au grand jour de la promenade de midi plusieurs nouveaux sujets, ce qui attira tous les jeunes gens et fit tenir des discours fort libres; toutes les femmes d'une certaine façon furent obligées de quitter la partie.

18 avril. — La manière dont la milice s'est tirée hier aux Invalides a été fort applaudie; il paroît que le reste du tirage se fera avec la même tranquillité; cependant on craint que le faubourg Saint-Antoine ne soit moins tranquille; on s'y est promené hier à l'entrée de la nuit, après avoir quitté M. Chaban, et l'on a remarqué beaucoup de mauvaise humeur dans ce faubourg.

On dit que le crédit de madame de La Tournelle diminue et que celui de madame de Lauraguais augmente. On parle d'un conseil secret qui se tient dans les arrière-cabinets.

19 avril. — La manière ingénieuse dont madame de Vernouillet a cherché à se disculper envers le public, sur ce qui lui est imputé, ce jour du Vendredi-Saint, au sermon du Père Renaud, a fort amusé tous ceux qui le savent, mais n'a point persuadé. Quand il seroit vrai que le prédicateur ne la connoissoit pas, cela ne prouve pas qu'elle ait été à l'église décemment. Ce n'est point le Père Renaud qui l'a accusée; ce sont ceux qui étoient à l'église. Il n'est pas naturel que tant de gens se soient donnés le mot pour la désigner aussi particulièrement qu'elle l'a été dans cette occasion.

La célébration du mariage de madame de Viomesnil par M. le cardinal de Tencin, donne lieu de parler sur cette Éminence : on en dit beaucoup de bien; on le loue sur les sages discours qu'il a tenus lorsqu'il s'est trouvé des gens qui lui ont marqué leur étonnement sur ce que le Roi, après la mort du cardinal de Fleury, ne faisoit rien pour lui; il a toujours répondu qu'il n'avoit rien à ambitionner après l'honneur dont Sa Majesté l'avoit honoré, de l'avoir admis dans ses conseils, où il pouvoit servir l'État dignement; mais un point essentiel qui lui fait beaucoup d'honneur, c'est qu'on assure qu'il n'est entré dans aucune brigue, et qu'il vit avec la simplicité d'un ministre qui n'a pour objet que de servir son maître, sans se mêler de toutes les tracasseries de la Cour.

20 avril. — L'on n'a point rapporté dans la feuille d'hier les bruits qui couroient sur le faubourg Saint-Antoine, parce qu'on s'étoit persuadé qu'ils n'étoient pas fondés; mais comme ils se sont fort accrédités et qu'ils courent tout Paris, on croit qu'ils méritent d'être examinés.

On dit que les garçons du faubourg Saint-Antoine ne tireront pas, et qu'ils s'en prétendent exempts par leur privilége. Sur ce que des gens sages leur ont fait entendre qu'ils étoient dans l'erreur et qu'il n'y avoit que le Roi seul qui pouvoit les en disposer, on prétend qu'ils ont répondu qu'ils s'exempteroient eux-mêmes et qu'on verroit.

Sur ce qu'ils ont entendu dire que leur faubourg tireroit à Vincennes, ils ont dit qu'ils n'iront pas. — « On viendra vous prendre chez vous comme miliciens de droit. — Nous verrons, » etc.

Malgré tous les mauvais raisonnements qu'on fait à cette occasion, l'on ne doute pas que tous ces rodomonts ne soient souples comme des gants lorsque les ordres du Roi leur seront signifiés; mais il paroît prudent de feindre d'ignorer toutes leurs impertinences et de les faire tirer incessamment.

21 *avril*. — Si les maréchaussées font leur devoir, le nombre des miliciens de droit doit être fort grand. La crainte de tirer fait disparoître et partir un nombre étonnant de garçons. M. de Marville s'en apercevra dans les tirages qui vont suivre, et il n'y a pas de doute que cette dernière opération ne lui coûte beaucoup de soins et d'inquiétudes. Le murmure est presque général dans le bas peuple, mais chez les honnêtes gens on applaudit fort à l'auteur du projet et on commence à sentir tous les biens qui résulteront pour la campagne, et pour la ville de Paris même, d'avoir passé par-dessus les règles ordinaires et d'avoir accoutumé les citoyens des villes à partager les charges de la campagne.

Les officiers crient contre M. de Marville sur les difficultés qu'ils prétendent rencontrer pour faire leurs recrues; mais on loue fort le magistrat de sa fermeté dans cette occasion.

22 *avril*. — L'on entendit hier dire par des femmes de la Reine que cette princesse étoit pénétrée de chagrin, qu'on l'attribue au bruit qui court de la grossesse de madame de La Tournelle, et à l'indifférence que le Roi marque. Il y a quelque autre chose de particulier à ce sujet, mais il n'a pas été possible d'en savoir davantage.

Le parti de M. de Chauvelin subsiste toujours. On n'échappe aucune occasion pour parler à son avantage.

On dit beaucoup de bien de M. le cardinal de Tencin, et l'on continue à tourner en ridicule M. Amelot. Le Roi veut être instruit, dit-on, de tout ce qui se dit. On remarque que ce monarque est entier, qu'il est toujours en garde, et qu'il ne revient pas aisément lorsqu'il est affecté de quelque opinion.

Il a été question, dit-on, de M. de Marville, avant-hier, sur une badinerie faite à l'occasion de M. le curé de Saint-Sulpice pendant le tirage de la milice de sa paroisse. Le Roi marqua qu'il étoit fort content de la manière dont ce magistrat se conduisoit dans cette affaire, et dit que rien n'avoit été plus heureusement imaginé que de consommer ce projet aux Invalides.

On se flatte à la Cour que le roi de Prusse servira l'empire dans l'occurrence où il se trouve.

On dit qu'avant peu on apprendra une grande nouvelle; on est fort circonspect à Versailles sur les nouvelles.

Le Roi a marqué beaucoup de sensibilité pour l'accident qui est arrivé à M. Laurencin, écuyer, qui s'est cassé la cuisse avant-hier à la chasse.

Le sieur Oudry, peintre du Roi, demande une pension de mille francs dont le sieur Desportes, aussi peintre, mort avant-hier, était gratifié.

M. le duc de Richelieu paroît en faveur.

On dit que le Roi ne s'abandonne pas à l'excès à ses goûts et qu'il réfléchit beaucoup avant que de se décider, pour les minuties comme pour les affaires importantes.

23 avril. — Le peuple est de la plus mauvaise humeur du monde, non pour ce qui a rapport à la milice, il y est accoutumé à présent, mais à cause de la brutalité de ceux qui poursuivent et arrêtent les fuyards. Les gens que l'auteur met en campagne pour être instruit de ces bas détails lui ont rapporté qu'ils avoient vu arrêter de ces fuyards avec dureté, jusqu'à les traîner par les cheveux; ce qui avoit pensé causer des troubles. Cela a fait aussi mauvais effet dans les marchés; les femmes attroupées ont donné des malédictions au magistrat; comme s'il ordonnoit ces violences et qu'il fût la cause de tout le mal; avec menace que, s'il passoit dans le marché, elles lui jetteroient des pierres, etc.

La même brutalité d'un exempt qui étoit hier à la Comédie-Françoise a pensé causer un désordre réel; il avoit cependant raison dans le fond. Le cocher de madame la présidente de Saint-Lubin s'étoit mis dans le cas d'être châtié si l'exempt se fût conduit avec moins de pétulance. M. d'Argental et plusieurs gens de qualité ont eu lieu de se plaindre de ses brusqueries; et si l'auteur n'étoit point survenu, qui serra cet officier par la main en l'avertissant qu'il se modérât et qu'il alloit occasionner un trouble réel, la livrée étant déjà prête à seconder leurs maîtres, on ne sait ce qui seroit arrivé. La vérité du fait, c'est que le guet seconde fort mal les exempts et les expose tous les jours aux mêmes inconvénients.

On fait courir le bruit que M. le comte de Saxe s'est battu avec le major général de l'armée; que M. de Maillebois est disgracié et que M. de Belle-Isle part incessamment pour Bisy.

24 *avril*. — Il y eut avant-hier une discussion à la porte de l'Opéra, avant la répétition, qui auroit eu des suites, sans la prudence de M. de Bombardes. Le sieur Royer avoit invité une partie de ses connoissances à venir à la répétition; M. Rebel, qui aime à le chagriner, en ayant été averti, défendit à la porte de laisser entrer personne. On voulut entrer de force; M. de Bombardes averti, accourut. On se plaignit de Rebel et on lui exposa le fait. Pour lui épargner la mauvaise humeur de ceux qu'on avoit voulu renvoyer, M. de Bombardes jugea à propos d'assurer que c'étoit lui-même qui avoit donné l'ordre dont on se plaignoit, et, pour le prouver,

il fit ouvrir la porte à tout le monde, ce qui calma sur-le-champ le désordre.

La pièce a été fort mal reçue; on la trouveroit passable si les paroles étoient bonnes; si le ballet n'avoit pas l'air d'une procession et s'il n'y avoit pas des redites et des longueurs; si dans quelques endroits des décorations il n'y avoit pas des colifichets et de la marionnette, et si la musique ne ressembloit pas à celle de plusieurs autres. On donne pour auteur des paroles La Serre ou Saint-Maur qui a été précepteur de M. d'Egmont, et assez sot pour servir de prête-nom. Mais on a lieu de croire qu'elles sont de l'abbé de Voisenon; on sait qu'il est fort attaché à mademoiselle Lemaure, et que mademoiselle Lemaure ne le hait pas, et que les tendres discours que lui adresse Géliot sont ceux que l'abbé lui tient toutes les fois qu'il peut se procurer des entretiens, malgré le sieur de La Garde et sa vigilante mère. Rien n'est plus plaisant que ce petit tracas.

Le compliment qui a été prononcé avant-hier à la Comédie, avant la *Mérope*, par Roselli, a été corrigé, M. d'Argental ayant fait ses représentations à M. de Voltaire. Il a été trouvé long et fort ennuyeux. Ce compliment devoit servir de préface à la comédie de cet auteur qu'on dit être arrêtée à la police. Le sieur de Voltaire est de fort mauvaise humeur à cause du refus que fait M. le chancelier d'accorder le privilége à cette pièce, à cause du discours fait par le chevalier de Mouhy, à l'instigation de cet auteur, ce qu'il n'a pu lui refuser à cause d'anciennes liaisons et de ce qu'il lui a prêté de l'argent.

On dit que M. le duc d'Orléans s'est donné la discipline hier, après le départ de M. de Chartres, pour attirer sur son fils les bénédictions du ciel pendant la campagne.

Le nombre de ceux qui ont évité de tirer à la milice est fort grand. On compte beaucoup de traits de monopole de la part des commissaires et des exempts. Moyennant deux louis, un nommé Nicolas, du café de Foy, qui est tombé milicien, doit être biffé, parce qu'un officier de police a promis d'arrêter un fuyard.

26 *avril*. — L'abbé de Voisenon se trouve dans une position bien désagréable pour un auteur. Non-seulement il a le désagrément d'entendre fronder sans cesse son opéra, mais même il est dans la triste nécessité d'en dire encore plus de mal que les autres, parce qu'il n'ignore pas qu'on le soupçonne terriblement d'y avoir la plus grande part.

M. le comte de Clermont n'est pas encore à la veille d'être guéri, dit-on, parce que sa maladie se trouve compliquée par un soupçon de virus qui s'est répandu dans la masse du sang, et qui demande du temps pour s'expulser entièrement.

Le bruit qui se répand que la livrée tirera l'année prochaine la milice console fort le peuple, et s'il avoit lieu, il seroit approuvé universellement.

On assure que l'on a fort désapprouvé au Conseil l'ordonnance rendue pour la milice, et que, sans la crainte de compromettre l'autorité royale, elle n'auroit pas eu lieu.

On continue de dire que les officiers de police profitent des circonstances de la milice pour faire leurs affaires et pour se dédommager du peu d'occasions qu'ils ont eues depuis que M. de Marville est en place.

27 *avril*. — Il paroît un écrit en prose sous le nom de *Statuts de l'Opéra*, et qui est d'une indécence extrême, et fort offensant pour tous ceux qui sont nommés. Il est rempli d'anecdotes désagréables pour un nombre de gens de qualité. Ceux qui sont les moins scrupuleux sur ces sortes de lectures condamnent ce libelle comme trop hardi et trop licencieux. On pense que celui qui en est l'auteur est initié aux mystères de l'Opéra, et l'on est si fort outré contre lui, qu'on le déclareroit sur-le-champ si l'on pouvoit parvenir à le connoître.

On a conté hier l'histoire de l'homme de condition, qui, pour gagner sûrement de l'argent, parioit avec des garçons qui devoient tirer à la milice qu'ils ne tomberoient pas miliciens. M. de Marville, qui a découvert les moyens mis en usage pour cet effet, a fait mettre au cachot l'exempt et le parieur, à quoi l'on a fort applaudi. On rapporte aussi le trait d'un homme qui gagne beaucoup d'argent, sous le prétexte qu'il a le secret d'empêcher ceux qui tirent de tomber sur les billets noirs. Les garçons du faubourg Saint-Antoine ont loué des tambours pour tirer avec éclat la milice.

28 avril. — L'on dit dans le monde distingué que le Roi a ordonné qu'on retardât l'oraison funèbre du feu cardinal de Fleury. Les conjectures qu'on en tire sont que M. Amelot lui a rapporté deux ou trois lettres de Son Éminence, dans lesquelles Sa Majesté n'est pas traitée avec le respect qui lui étoit dû.

Voltaire est rongé de soins et d'inquiétude, il sait tous les bruits qui courent sur son compte. On dit que, piqué jusqu'au vif du peu de cas qu'avoient fait sur l'esprit de M. Boyer de Mirepoix les lettres soumises et rampantes qu'il avoit écrites, qui, bien loin de lui mériter l'Académie, l'en avoient éloigné pour toujours, il avoit traité de prestolets MM. de Mirepoix et de Sens. On assuroit qu'il avoit des ressorts puissants qui le mettroient au-dessus de cette prêtraille, et qu'il trouveroit le secret de faire agir les t..... de madame de La Tournelle en sa faveur; que cette favorite ayant été instruite de ce propos, lui dit, un jour qu'il vint lui faire sa cour à sa toilette, en lui découvrant sa gorge : « Eh bien, Voltaire, « que feriez-vous de mes t..... si vous en étiez le maî- « tre? » et que le poëte avoit répondu, en se jetant aux pieds de madame de La Tournelle : « Je les adorerais. »

L'on prétend que le jour du compliment qui fut fait à l'ouverture du Théâtre-François, Voltaire envoya plusieurs billets d'invitation pour s'y trouver, et que dans celui qu'il écrivit à M. de La Reynière, il lui manda qu'il entendroit un discours qui ne seroit pas celui du duc de Nivernois : l'apostrophe a fort fâché le duc et lui a fait perdre son amitié. Il est vrai que Voltaire a dit à cent personnes que le discours qui fut fait à la clôture étoit de M. de Nivernois, et qu'il a prié l'auteur de le répandre dans Paris. La Chaussée et ce poëte sont aussi brouillés pour le même compliment. Voltaire a prié l'auteur d'assurer tout le monde que la comédie qui est à la police est de M. Le Franc.

Il fut hier question de M. de Marville à la Comédie, et on en dit beaucoup de bien.

Si le Roi a besoin d'un corps de cavalerie sans qu'il en coûte un sou à l'État, il peut confirmer par l'exécution le bruit qui court que l'ordonnance est sous presse, pour que chaque porte cochère, à Paris, fournisse un cavalier tout monté et équipé. Il y a quelques esprits inquiets qui frondent cette disposition, mais le grand nombre convient qu'il est juste que tous les membres de l'État contribuent à ses charges.

La livrée s'attend aussi à tirer ; le peuple le désire avec ardeur, parce qu'une partie des laquais se moquent des miliciens qu'ils rencontrent et leur font des signes insultants derrière leurs carrosses.

On se moquoit hier de M. d'Anjoran, à qui sa femme a donné une galanterie, parce que le chirurgien gagné lui a fait accroire qu'il ne devoit s'en prendre qu'à la bière qu'il avoit bue, qui avoit produit cet effet.

Le sieur L'Homme, qui a un procès à la quatrième des Enquêtes, à la veille d'être jugé, et qu'il doit gagner au dire de tout le monde, s'attend à le perdre, parce que son adversaire est janséniste, et qu'il assure qu'une partie des membres de cette Chambre est de ce parti.

Mai.

1ᵉʳ *mai*. — L'on sait de bonne part que M. d'Argenson a passé avant-hier une partie de la journée à Choisy, qu'il y a soupé, que le Roi lui témoigne une faveur très-singulière, et qu'il n'en est reparti qu'à une heure après minuit. On dit que ce ministre a trouvé le secret de gagner la confiance du monarque, et qu'il est initié dans les mystères et dans les plaisirs. On ne doute pas après cela, qu'il n'ait la plus grande part aux affaires. Ceux qui connoissent le fonds de son esprit n'ont jamais douté qu'il ne perçât dès qu'il seroit à portée de se faire connoître. On lui accorde une qualité essentielle qui suffit pour en faire un grand ministre : il a pour coutume de ne jamais rien faire d'une certaine conséquence qu'il ne consulte ceux qu'il croit plus habiles que lui. Cette docilité de caractère lui fait beaucoup d'amis. On lui reproche cependant de se laisser prévenir et de trop déférer aux conseils d'une femme que tout le monde connoît, et dont l'esprit est entier et dangereux.

On fait beaucoup d'histoires plus singulières les unes que les autres, sur tout ce qui se passe tous les jours pendant le tirage des milices. On y fait jouer un rôle fort convenable à M. de Marville, et bien loin que cette besogne désagréable ait irrité le peuple contre lui, comme on le pensoit d'abord, sa prudence et ses décisions toujours sages dans les difficultés survenues, ont fait admirer son génie.

3 *mai*. — On dit que M. l'évêque de Mirepoix ne fait pas grand cas de M. le maréchal de Noailles, et que dans les occasions il ne le ménage pas.

Il paroît, par les discours qu'on tient de M. le duc de Richelieu, qu'il n'est pas aimé, et qu'on est fort aise que son devoir l'oblige à s'éloigner de la Cour.

4 *mai*. — L'on entendit hier en différents endroits parler en très-bons termes de M. de Marville, sur la ma-

nière dont il s'est conduit dans les opérations de la milice. L'on diroit qu'après la fermeté qu'il a montrée dans cette occasion, on pourroit compter sur lui dans les plus scabreuses. L'applaudissement a été général. Personne n'a contredit les éloges qui lui ont été donnés, excepté un freluquet de Robin qui dit à demi-voix à deux ou trois personnes qu'il y avoit bien des gens dans Paris qui se plaignoient de lui, et qu'à l'égard des soins que cette milice lui avoit donnés, ils n'avoient pas été si grands qu'il n'eût bien trouvé le temps de voir souvent une fort jolie femme avec laquelle il s'en délassoit, et cita pour le dernier jour mercredi dernier.

Deux jeunes gens qui paroissent répandus dans le monde, faisoient hier une énumération de fort honnêtes gens qui sont entre les mains des chirurgiens pour galanterie, et nommèrent M. le lieutenant civil. L'un d'eux s'écria qu'il n'étoit pas possible qu'un magistrat si grave se mît dans ce cas. On cita pour le convaincre une jeune fille du faubourg Saint-Germain qui a été, il n'y a pas longtemps, à Sainte-Pélagie, et qui est entretenue actuellement par un président qui demeure à l'hôtel d'Espagne.

Voltaire est fort piqué contre M. le chancelier, à cause du refus qu'il a fait de permettre l'impression d'un discours qu'il avoit composé pour joindre à sa tragédie de *Mérope*, et sa mauvaise humeur lui fait faire des annotations qui ne sont pas agréables pour les gens qui gouvernent, cela n'empêche pas qu'il ne travaille plus que jamais. Il a trois comédies prêtes à paroître. Son Histoire universelle est achevée, et il a sur le métier plusieurs morceaux intéressants.

7 mai. — Le bruit qui court depuis avant-hier, que le Roi est dans la résolution de ne plus rien souffrir des Anglois, feroit un effet admirable si l'on en étoit bien persuadé, et il n'y a pas un de ses sujets qui ne contribuât d'une partie de ses biens pour humilier une nation qui se vante hautement, jusqu'au point de dire que la France la craint trop pour en venir à une rupture déclarée. Il est vrai qu'on est souvent à portée d'entendre de quelle manière ils pensent sur ce chapitre. L'opinion de la foiblesse du gouvernement est à un point qu'on n'ose le rendre : ils parlent du Roi comme d'un très-bon prince; mais ils ne lui rendent pas la justice de le croire capable de leur faire la guerre, quand même ils pousseroient les choses plus loin qu'elles ne l'ont été jusqu'ici. Il est certain que de la manière dont tous les François pensent sur les Anglois, le présent le plus cher qu'on puisse jamais leur faire, sera un manifeste dans lequel seront exprimées leurs insolences et une déclaration de guerre. L'on ne sait si la paix, qu'on désire toujours avec ardeur, seroit plus agréable pour eux qu'une rupture avec cette nation. La haine que le temps avoit assoupie s'est réveillée, et l'on attend avec impatience le moment de la signaler.

Il y avoit hier un fort grand monde à la Comédie-Françoise, où débutoit dans *le Bourgeois Gentilhomme* une nouvelle actrice nommée Milon. On lui a trouvé du naturel. C'est un visage à la Bourbonnois; mais malgré les applaudissements qui lui ont été donnés, il s'en faut bien qu'elle ait aucune des finesses de la Quinault. Le spectacle étoit brillant : le duc de Nevers, qui se traîne souvent au spectacle, y a beaucoup causé avec le jeune Daugny, qui ne le quitte plus. La princesse de Croy, les duchesses de La Vallière, de Luxembourg, la marquise du Châtelet, s'y pavanoient; le prince de Lambesc y renifloit : un filou a profité de l'embarras de la sortie pour y voler une tabatière à un homme de distinction qui en a fait grand bruit. Le duc de Villars, après s'être fouillé et avoir trouvé la sienne, a dit qu'au bout du compte il n'y avoit pas grand mal, et que cela ne valoit pas la peine de faire tant de bruit.

8 mai. — L'on vend sous le manteau un livre intitulé

Lettres de M. de Vanhoë, sur le ministère de feu le cardinal de Fleury. L'on dit que cet écrit dévoile de sérieux mystères, et qu'il donne un jour au gouvernement qui ne lui est pas favorable.

On lut avant-hier au soir, au café de Foy, une *Nouvelle* clandestine sous le nom *de Hollande*, plus remplie de nouvelles que de faits : on y parle du Roi et des ministres. Elle a été fort applaudie à cause de la vivacité des traits dont elle étoit remplie.

M. de Châtillon est trop sévère, dit-on, pour M. le Dauphin, et M. Boyer trop patelin. Dès que le prince a de petits chagrins, M. de Mirepoix se trouve toujours à temps pour l'en consoler.

Il paroît une brochure intitulée *Histoire de mademoiselle d'Azincourt*, qu'on dit fort amusante, et où le président de Rieux n'est pas favorablement traité.

Il y a beaucoup de brigues à l'Opéra. M. Rameau se fait tirer à quatre pour donner des augmentations qu'il a faites pour *les Indes galantes*, qu'on va remettre incessamment. Il prétend qu'on lui tienne des paroles qu'il suppose lui avoir été données.

Mademoiselle Lemaure n'a point chanté hier, parce que Ricau, son friseur, n'étoit point arrivé. M. Thuret est fort las des caprices de cette fille, et voudroit fort en être défait sans que cela vînt de lui, aussi bien que de la famille de La Garde, qui le consomme, dit-il, sans que le public ni lui en soient plus avancés.

Rien ne fait plus d'honneur au Roi que l'application que Sa Majesté donne aux affaires. On est enchanté de ce qu'il reste à Versailles jusqu'au 26 ou 27 : on regarde ces séjours comme des preuves qu'il préfère ses devoirs à ses plaisirs; ce qui redouble la vénération de ses sujets.

9 *mai*. — Le public est toujours dans la prévention qu'on fera tirer la milice *à la livrée*.

Il n'y a pas de sorte de détours dont plusieurs garçons ne se soient servis pour s'exempter de tirer; et l'on convient que rien n'a été mieux imaginé pour que l'ordonnance ait toute sa force, que de réformer les miliciens qui découvraient les fuyards.

On parle de M. de Marville dans les termes les plus flatteurs : tout le monde convient qu'il s'est tiré de cette besogne épineuse avec autant de fermeté que d'habileté. On disoit hier dans une bonne maison qu'on ne se seroit pas attendu à la douceur qu'il a montrée dans tous ces moments où sa patience a dû être exercée. On dit que le Roi l'a reçu fort agréablement, et qu'il a été fort gracieux à la Cour.

Mademoiselle Le Duc a été hier à la Comédie-Françoise avec son amant. Le public ne s'accoutume point à voir qu'un prince du sang se donne ainsi en spectacle ; les étrangers en badinent tout bas, et l'on est étonné que le Roi n'en dise pas son sentiment.

10 *mai*. — L'on dit que le Roi se plaignoit, ces jours passés, devant madame de La Tournelle, qu'il étoit l'homme de son royaume le plus mal instruit, quoiqu'il eût pris, à ce qu'il sembloit, le parti le plus sûr pour que la vérité l'approchât, en ordonnant à M. de Marville de lui rendre compte de tout ce qui se disoit, ce qu'il faisoit en apparence, continua Sa Majesté, quoiqu'elle n'ignorât pas, dans le fond, que souvent on lui déguisoit les faits, ou même on les supprimoit, soit par la crainte de déplaire à ses ministres, soit par attachement pour ceux à qui l'on croit devoir quelque chose, comme si le zèle d'un sujet envers son souverain et son bienfaiteur ne devoit pas l'emporter sur tous les autres égards. Sur ce qui fut répondu au Roi que son lieutenant général de police n'étoit pas le seul qui pût servir le Roi en cette partie, Sa Majesté répondit qu'elle se servoit d'un autre canal pour apprendre d'un côté ce qu'elle sentoit bien qu'on lui cachoit de l'autre ; mais qu'avec tout cela elle n'en étoit pas plus avancée, parce que les mêmes raisons qui retenoient M. de Marville agissoient

sur l'esprit des personnes qu'elle avoit chargées du même emploi.

L'on assure que la franchise avec laquelle M. le contrôleur général s'est toujours expliqué dans toutes les occasions, a fait son seul appui dans l'esprit du Roi, et que c'est à cette qualité, si rare à la Cour, qu'il doit la continuité de sa faveur.

On prétend que madame de La Tournelle ne sera duchesse qu'après avoir donné des enfants au Roi; il se passe cependant des choses, à ce sujet, dont on n'est point encore assez bien informé pour les rapporter.

On dit qu'il a été question dernièrement de Voltaire dans le cabinet du Roi, et que Sa Majesté n'est point prévenue en sa faveur.

11 mai. — Il paroît une préface aux *Règlements de l'Opéra*; dont nous avons parlé dans une des feuilles précédentes.

Les envoyés de la régence de Tunis firent la galanterie, hier en sortant de leur loge, de répandre beaucoup de musc, dans l'idée, sans doute, de donner bonne opinion de leur propreté; mais que diront-ils de l'injustice de Paris? Ils ont été maudits généralement.

12 mai. — On renouvelle les mauvais discours sur le compte de M. Amelot. Les ministres étrangers ne vont chez lui qu'à regret : ils prétendent qu'il passe sa vie à faire des bévues. Si ce ministre avoit un homme qui lui fût attaché, qui entendît l'anglois et l'allemand, et se faufilât avec les étrangers distingués qui sont à Paris, on ne doute pas que M. Amelot ne prît son parti et qu'il ne s'épargnât à l'avenir les désagréables rapports qu'on lui feroit immanquablement toutes les fois qu'il exigeroit qu'on lui rendît sincèrement ce qu'on pense de lui dans le monde.

On chante des vers sur la milice qui sont assez plaisants. Il y en a neuf couplets, de huit vers chacun, sur l'air *M. d'Heudicourt qui n'a pas un écu.*

13 *mai*. — On dit que le Roi veut entièrement ce qu'il veut, et qu'il y a des moments où il ne faut pas le contredire, à moins qu'on ne veuille essuyer des mouvements d'impatience. On rapporte que M. le chancelier ayant voulu lui faire des représentations sur ce qui s'est passé à Montpellier, dans la vue d'empêcher la déclaration du Conseil d'État sur la suppression de la consultation de quelques avocats du Parlement sur le synode tenu à Montpellier, Sa Majesté avoit trépigné en s'écriant : *Je le veux, je le veux*. On a vendu cette déclaration en même temps que celle qui a été rendue à l'occasion des chirurgiens.

L'on disoit hier à l'Opéra que M. le cardinal de Tencin seroit chargé avant peu des affaires de l'État, et que le Roi méditoit un changement considérable dans le ministère. On est toujours dans l'opinion que M. Amelot sera remercié.

L'on parle aussi d'un conseil de guerre, et l'on fait l'honneur à M. d'Argenson d'avoir été le premier à le conseiller, étant connu, dit-on, que n'ayant aucune connoissance de cette partie, il étoit absolument nécessaire qu'il fût aidé par gens du métier.

Les *Lettres de M. de Vanhoë* continuent à faire grand bruit. On dit que le Roi en a quelque connoissance et qu'il a paru curieux de les voir; mais que, dans le dernier comité tenu à cette occasion, on avoit jugé qu'il ne convenoit point qu'on en rendît compte à Sa Majesté.

14 *mai*. — Il s'est répandu hier sourdement, le matin, la nouvelle que M. le maréchal de Broglie avoit été attaqué d'apoplexie et qu'il étoit fort mal; et le soir on s'est avisé de publier qu'il étoit mort. Toute la journée s'est passée en raisonnements et en conjectures sur cet événement, sans doute supposé par les esprits inquiets et oisifs qui passent leur vie à faire courir des bruits. Ceux qui, sur le moindre prétexte, désespèrent toujours de tout, assurent que M. de Broglie mort, la France ne

doit plus s'attendre qu'à des pertes, et ne veulent point qu'il puisse être remplacé. Le public, qui, dès le commencement de la guerre, a adopté M. le comte de Saxe pour son héros, le nomme pour remplacer M. de Broglie, et le met au pair de ce général. On conteste sur la possibilité : M. de Saxe, comme luthérien, ne peut être maréchal de France. La Cour, maîtresse des arrangements, peut lui donner le commandement de l'armée sous les ordres de M. de Noailles, ou ne point mettre à cette armée de généraux plus anciens que lui.

Gens qui prétendent au grand ton disoient hier que le Roi est plus en tutelle que jamais, malgré toutes les apparences du contraire, parce que les ministres s'entendent parfaitement pour dérober à Sa Majesté la connoissance de toutes les choses qui pourroient l'inquiéter. On fait à cette occasion tant de raisonnements extraordinaires, qu'il seroit trop long de les rapporter. L'essentiel est que l'on prétend que M. de Marville a eu peur, et que pour être tranquille il a promis de ne point rendre de compte qu'après en avoir conféré avec M. de Maurepas.

15 mai. — La déclaration du Roi pour la suppression des écrits intitulés *Consultation des Avocats*, etc., occasionne à tous les instants des débats. Les jansénistes en murmurent extraordinairement, et partie du Parlement surtout. Les avocats soutiennent que la Cour ne pouvoit prendre un plus mauvais parti que celui de réveiller des contestations suspendues et que le temps assoupiroit peut-être, et de mettre la cour de Rome dans le cas de trop exiger de celle de France. On respecte le Roi, mais on ne ménage en aucune manière M. de Mirepoix. On attribue à son ambition ce coup hardi : on prétend qu'il veut être cardinal à quelque prix que ce soit, et que pour y parvenir il n'est rien qu'il ne fasse pour mériter de Rome cette faveur.

L'aventure de madame Bouret fait grand bruit parmi

les femmes ; on la conte de différentes manières : la première, que son mari ayant besoin de son carrosse, les chevaux du sien n'étant point en état d'aller, le cocher de sa femme avoit eu l'impertinence de lui répondre qu'il ne le serviroit point sans ordre de madame, et que sur les plaintes qu'il en avoit faites à madame Bouret, elle avoit applaudi à l'insolence de son cocher ; que la discussion s'étant échauffée, elle avoit été chez son procureur, pour dresser une requête à fin de séparation, et que n'ayant pu y réussir, elle étoit retournée chez sa mère, et que M. Bouret, n'ayant pu la ramener à la raison, lui avoit envoyé sa dot en lui faisant défendre de remettre jamais les pieds chez lui. On débite pour seconde cause de cette aventure d'avoir été surprise avec un de ses gens en flagrant délit. Ce qu'on rapporte à ce sujet feroit la matière d'un fort joli roman, si l'héroïne étoit mieux faite que madame Bouret.

16 mai. — Il paroît, par le raisonnement qu'on fait sur le ministère, que les ministres sont en garde les uns contre les autres, et que l'union, si nécessaire pour se conserver, ne subsiste plus. Des courtisans qui ont l'air d'être bien informés disoient hier que ceux qui sont en place actuellement dépendent des circonstances heureuses ou malheureuses de cette campagne, et que si les affaires ne tournent pas aussi bien qu'on s'en flatte, il y aura un ministre de nommé avant peu, et que cette place sera remplie par celui qui aura le plus de talents et les suffrages des étrangers et du public.

Madame la duchesse ignore la situation dangereuse où elle est. Malgré l'adresse du curé de Saint-Sulpice, elle ne veut pas entendre parler de se confesser. Cette princesse souffre comme une martyre et jette des cris perpétuels ; cela n'empêche point qu'on ne joue dans son antichambre, par son ordre, jusqu'à cinq heures du matin. M. le duc d'Orléans a été la voir et est fort fâché de ce qu'on ne lui parle point de l'extrémité où elle est.

Malgré ses souffrances, elle travaille à marier M. le comte de Charolais avec une des princesses de la maison de Conti.

On dit toujours M. de Broglie fort mal, et on en attribue la cause à son intempérance.

17 mai. — M. le maréchal de Maillebois eut une audience particulière, vendredi dernier, du Roi, dans laquelle il justifia sa conduite par des preuves réelles consistant en cinq lettres de feu M. le cardinal de Fleury, qui servent toutes à sa décharge, et prouvent que cette Éminence vouloit traîner les choses en longueur et ne jamais rien terminer.

On dit que M. de Mirepoix prépare depuis quinze jours ce moment de justification, et qu'il est toujours prêt à rendre de pareils services à tous ceux qui sont en état de justifier la mauvaise conduite que tint le feu Cardinal dans le ministère. On n'ignore pas aussi que M. Boyer tient le Roi dans une sorte d'incertitude sur le compte de ses ministres, et qu'il n'échappe aucune occasion de les rendre suspects, particulièrement ceux que le public envisage comme capables de soulager le Roi dans les fonctions épineuses du gouvernement de l'État. M. d'Argenson disoit ces jours passés, à ce qu'on assure, que de tous ses rivaux il ne craignoit que M. de Tencin et M. de Boyer, parce que l'un avoit un mérite réel, et que l'autre affectoit d'en avoir, ce qui est presque égal. Gens attachés à M. d'Argenson ont eu l'imprudence de convenir devant des gens qui l'ont répété, que le ministre de la guerre ne seroit pas longtemps sans l'emporter sur tous ses concurrents, et que loin d'être traversé dans ses vœux, il avoit l'habileté de faire servir ses rivaux à ses propres desseins, et cela parce qu'il se conduisoit avec tant d'adresse qu'il mettoit les ministres dans l'obligation de s'unir avec lui pour donner du dessous à ceux qui lui étoient opposés.

M. d'Argenson est extraordinairement cauteleux, et

le Moncrif, qui est un coème dangereux, met en usage tous les ressorts du malhonnête homme pour servir son patron, et pour dénigrer tous ceux qui pourroient lui être opposés.

18 *mai*. — M. Grégoire, député du commerce, dit hier, au Palais-Royal, qu'un de ses amis, qui l'est beaucoup de l'ambassadeur de Hollande, lui avoit rapporté que ce ministre désavouoit ce qui s'étoit dit du Roi dans les lettres imprimées qui paroissoient sous son nom ; qu'en peignant ce monarque à sa république, il n'avoit jamais parlé de son humeur dans les termes dont on le faisoit se servir, et qu'il s'étoit aperçu que dans plusieurs endroits de cet écrit on avoit tronqué le sens plusieurs fois.

Ces jours derniers, on dit qu'un homme de bonne façon se fit présenter au Roi sous un nom postiche, et lui présenta un cahier contenant un nouveau projet de finances ; que Sa Majesté lui ayant ordonné de le porter à M. le contrôleur pour lui en faire son rapport, cet homme lui avoit répondu qu'il étoit moralement sûr qu'il seroit rejeté ; que Sa Majesté, ayant rêvé un moment, nomma M. de Trudaine ; que l'inconnu répliqua que celui-ci lui seroit encore moins favorable ; qu'enfin Sa Majesté lui nomma M. le cardinal de Tencin, ce qui ne fit plus de difficulté. Quoique ce trait soit cru de bien des gens, on doute cependant qu'il soit vrai.

L'extrémité où est madame la Duchesse, donne lieu à des histoires sur son compte. On rappelle surtout la mauvaise manœuvre que fit de M. de Moras pour quatre mille actions qu'il acheta dans un temps où elles étoient à fort bon marché, qu'il revendit fort cher par un manége qu'il sut mettre en usage pour les faire augmenter, et, après un nouvel artifice pour les faire baisser, il acheta celles dont cette princesse est actuellement en possession : trait qui a diffamé pour jamais le sieur Moras dans le public.

On a fort mauvaise opinion de la campagne de la

Moselle. Les Anglois crient comme des aigles sur les magasins enlevés. Les Hollandois ne seront pas longtemps, disent-ils, sans se déclarer. La réponse que les alliés ont faite au rescript de l'Empereur est fort insolente, et conçue dans un genre nerveux.

M. Amelot est toujours dans le même discrédit. Voici les derniers vers qui ont été faits sur son compte :

Sur l'air : *Aimable vainqueur.*

Ministre moqué,
Bientôt révoqué,
Objet d'ironie,
Faible génie,
Bel esprit manqué,
Pauvre caboche,
Vilaine bamboche,
Bout d'homme croqu
Petit Amelot,
Ta langue se brouille,
Barbouille,
Bredouille,
Quand tu dis un mot ;
S'il faut traiter,
S'il faut discuter,
Un rien t'embarrasse ;
Trop court pour la place
Tu ne peux rester.
Non, non, jamais,
A moins qu'on ne te chasse,
Nous n'aurons la paix.

19 mai. — Il y a beaucoup de mouvements, de murmures, de larmes et de plaintes parmi le peuple à Paris, à l'occasion de l'assemblée de demain. On assure cependant que parmi cette désolation, qui est générale, il n'est rien dit de désobligeant de M. de Marville ; au contraire, tout le monde est d'accord qu'il s'est conduit dans cette opération difficile avec autant d'humanité qu'il convenoit à la place qu'il occupoit.

On dit que M. Orry et M. d'Argenson sont en fort mauvaise intelligence, et que cette division partage les ministres. L'on attribue à M. de Séchelles toutes les brigues qui agitent actuellement le ministère, et l'on assure qu'avant-hier il a été enfermé une partie de la journée avec M. de Belle-Isle, qui vraisemblablement lui a donné de nouvelles instructions.

M. Boyer, précepteur de M. le Dauphin, se flatte, dit-on, de remplir tôt ou tard la place du feu cardinal de Fleury, et n'est pas fâché qu'on le croie dans une haute faveur.

On croit à Paris que le Roi vit dans une grande réserve avec ses ministres, et que le monarque a démêlé qu'ils sont moins habiles qu'ils devroient l'être, pour gouverner dans des circonstances où les Richelieu, et les Mazarin, et les Louvois n'auroient pas été trop habiles.

Il y a dans la rue Soli, après la rue Jussienne, au milieu de la rue, une pépinière de filles obligeantes qui appellent tous les passants. Dans les rues Saint-Thomas-du-Louvre, Pavée, Saint-Denis, elles y courent en foule le soir; jamais on n'en a tant vu dans les rues de la Comédie et de Saint-Honoré. Elles sont aussi importunes que les pauvres, et tiennent des discours qui feroient renier tous les moines du royaume.

20 mai. — L'aventure arrivée hier au matin à M. Toinard, a fait en partie la matière des raisonnements du jour. A dix heures trois quarts, un carrosse bien étoffé s'arrêta à la porte du fermier général. Un nommé de La Salle ou de La Selle, ci-devant capitaine de cavalerie, se fit annoncer, et, ayant été introduit dans le cabinet, il feignit d'avoir à parler en particulier à M. Toinard, et fit renvoyer un secrétaire ou commis qui étoit de trop pour son projet. Dès qu'il se trouva seul, il présenta le bout d'un pistolet de poche, et demanda à M. Toinard tout l'or qu'il avoit en sa possession. Le fermier général, en homme prudent, avoit prévu depuis longtemps une pareille aventure. Un ressort caché dans le fond d'un tiroir où étoit son or, qui donne le branle à une cloche, avertit son portier qui, averti par là du danger qu'il couroit, ferma la porte de la maison sur-le-champ, et la livrée accourut fort vite au secours du maître. Le voleur fut pris sur le fait. Le commissaire a fait un procès-verbal, et il y a apparence que l'imagination hardie du sieur de La Salle aura le même sort que celle de Cordier, qui a été pendu pour un pareil fait, malgré toute la protection que mit en usage une dame pour le sauver.

22 mai. — Le bruit se répand depuis deux jours, que le Roi n'écoute aucun rapport de ses ministres sans leur demander, lorsqu'il est question d'affaires sérieuses, si M. de Tencin a été consulté, et ce qu'il pense à leur sujet, ce qui fait conjecturer que cette Éminence n'est pas éloignée de la faveur.

24 mai. — Le Parlement de Paris n'a point osé désapprouver hautement l'arrêt du conseil d'État, qui supprime les écrits publiés sur le synode de Montpellier, mais les avocats, moins timides, expliquent dans toutes les occasions leur mécontentement avec aigreur. Ils soutiennent qu'il est d'une fort mauvaise politique, dans les circonstances critiques où la France est aujourd'hui, de remuer les esprits par le fait de religion, surtout dans un pays où les peuples sont remuants, et où la moindre étincelle est capable de causer un grand embrasement. L'on attribue à l'évêque de Mirepoix la publication de l'arrêt, et plusieurs jansénistes à M. le cardinal de Tencin.

25 mai. — Plusieurs personnes qui se promenoient hier après l'Opéra, ayant prononcé plusieurs fois les noms de Chauvelin et de Belle-Isle, ont donné la curiosité de faire son possible pour apprendre quelques secrets. Il n'étoit pas facile de se mettre en lieu où l'on pût entendre. On marchoit, il n'étoit pas assez nuit pour affecter de lire : ce moyen a réussi quelquefois ; suivre pas à pas, c'étoit se rendre suspect : de trois personnes, il s'en trouve toujours une qui vous prend sur le fait, et cela n'est pas agréable. On a pris cependant ce dernier parti, en mettant son chapeau devant son visage, déterminé, si l'on étoit surpris, de feindre d'être un pauvre honteux qui n'ose se présenter ; cet expédient a réussi, et l'on a entendu à peu près ce qui suit :

Que les affaires étoient dans le plus mauvais état ; que M. Amelot brouilloit tout, et n'étoit pas capable de dresser une instruction aux ministres envoyés dans les Cours étrangères ; que celles-ci ne traiteroient jamais avec lui ; l'on chanta une chanson nouvelle qui a été faite sur le compte de ce ministre. On parla de M. d'Argenson en mauvais termes : il n'entend rien à sa besogne, et ne connoît pas encore les véritables intérêts du royaume ; on convint que M. de Tencin étoit le seul qui fût capable d'opérer dans les circonstances épineuses où l'État se trouve ; mais il faut tout tenter pour le discréditer, parce que, si jamais il vient en place, les ministres seront fort abaissés ; il est vindicatif, haut et impénétrable ; il ne fait pas un pas qui ne soit mesuré et qui ne tende à ses fins ; il n'y a que le seul Chauvelin qu'on doit appeler à la conduite des affaires, il a toutes les qualités requises pour bien gouverner ; sa disgrâce a adouci son caractère ; M. de Maurepas... le gardera bien... ; à l'égard de cette femme, il ne faut pas compter sur son crédit, mais elle pourroit faire du mal, il faut la gagner... ; le Séchelles doit être ménagé, il est bon à bien des choses... ; il faut aller voir le Belle-Isle, il nous mettra au fait de l'aventure.

Il n'a pas été possible d'en entendre davantage, à mesure qu'on parloit de choses plus sérieuses on baissoit la voix.

26 mai. — On assure que M. de Belle-Isle a plus de

deux cents personnes qu'il pensionne à Paris, et que, lorsque Du Plessis lui dit : « Tenez, il y a un tel qui peut « vous être fort utile, il faut vous l'attacher; » sur-le-champ, il est admis et instruit de ce qu'il doit dire.

Si le bruit qui se répand, que la livrée tirera la milice incessamment, est bien fondé, on peut compter que la bourgeoisie de Paris en sera dans le ravissement, et que les auteurs du projet et ceux qui l'exécuteront seront regardés comme des anges. Le citoyen est fort passionné par cette opération par bien des raisons que le ministère connoît mieux que l'auteur.

28 *mai*. — L'on a jugé par une conversation qu'on eut hier, depuis huit heures et demie jusqu'à neuf heures un quart, avec le secrétaire de M. Amelot, que ce ministre a des principes différents de ceux qui sont d'avis que dans cette place on ne sauroit être trop instruit de ce que pensent les étrangers et le public, et que c'est à cette connoissance qu'on doit souvent le succès d'une négociation. On a lieu de juger par ce qui fut dit sur ce sujet, que M. Amelot s'en tient purement et simplement au courant des affaires, sans vouloir se donner la peine de faire usage des connoissances qui pourroient lui venir par ces moyens clandestins. Cela fut même expliqué singulièrement : le secrétaire prétendit que de huit ou dix personnes qui fournissent journellement des feuilles au ministre, il n'y en a pas une dont il puisse tirer parti, et cela ne me surprend pas, ajouta-t-il, il n'est pas naturel que des particuliers soient mieux instruits que la Cour, qui l'est par les ministres étrangers et par ceux qu'elle tient dans les Cours étrangères. Il étoit aisé de réfuter ce raisonnement; il n'y avoit qu'à alléguer que ce sont les gens en place, tant ceux qui sont à la Cour que ceux qui sont chez les puissances voisines, qui le sont le moins, parce qu'il n'y a personne qui ose se hasarder à leur dire de certaines vérités, au lieu que, par des émissaires secrets, tout vient à leur

connoissance ; mais on trouva tant d'entêtement sur tous les points qui furent mis en avant, et des maximes si contraires à la politique, qu'on trouva inutile de vouloir plus contester.

Le sieur Rousseau, secrétaire de M. d'Argenson, passa hier à neuf heures chez l'auteur. L'envie de tirer parti de toutes les occasions pour marquer de plus en plus son zèle, le porta à faire tomber adroitement la conversation sur les fatigues dont M. d'Argenson devoit être surchargé dans ces temps critiques : il ne pourroit être soulagé que par la douceur d'être mieux dans l'esprit du Roi que bien d'autres. Le secrétaire, pour faire penser ce qui en étoit, assura que le Roi se plaisoit si fort avec ce ministre, qu'après le travail il le traitoit avec beaucoup de familiarité, et que, sans aller plus loin, il étoit actuellement à Choisy, dont il ne repartiroit qu'à deux heures pour se rendre à Versailles. On pense de tout ce qui fut dit que M. d'Argenson ne désespère pas de parvenir à la grande faveur.

29 *mai*. — Il court des bruits fort extraordinaires sur le jugement rendu contre l'avocat Bigore et ses complices, à l'occasion du faux bon du Roi, pour une place de fermier général. L'on a dit hier à l'Opéra que cet avocat avoit été pendu *in secreto* aussi bien que ses adhérents : ce bruit fait un fort mauvais effet, et ne peut être publié que par des ennemis du Roi et de l'État. Sur la surprise qu'on a marquée de ce que le supplice n'avoit pas été rendu public pour servir d'exemple, on a répondu que la Cour n'avoit pas voulu compromettre des secrets dont il étoit inutile que l'on fût informé. Cette nouvelle s'est contée différemment aux promenades, après le spectacle. On dit qu'effectivement Bigore a été condamné aux galères, et ses complices à être pendus ; mais que le Roi a commué leur supplice en une prison perpétuelle.

Il a été encore question de l'aventure arrivée à

M. Toinard. On dit que le commissaire qui a fait le procès-verbal du délit, a été mis au cachot, par ordre de M. le procureur général, pour avoir communiqué cette pièce à M. de Maurepas, sur ce que ce ministre ne pouvoit donner de lettre de cachet sans que le fait fût constaté.

30 mai. — L'ordonnance de police qui entend que les chirurgiens rendent compte en vingt-quatre heures des blessés qui leur tombent entre les mains, a fait faire beaucoup de raisonnements : il semble que, dans un temps où l'on ne parle que de malheurs, on devroit éviter toutes les choses qui peuvent donner occasion à l'humeur.

On a cru devoir assurer tous ceux qui s'étoient persuadé que Bigore et ses complices étoient jugés, qu'il n'en est rien, et que cette procédure avoit été interrompue à cause des soins dont M. de Marville a été occupé pour la milice.

31 mai. — Hier, à sept heures du soir, l'auteur, revenant vers le Palais-Royal, se trouva par hasard derrière deux moines blancs, à gros chapelet d'ivoire, qui parloient avec action. On prêta l'oreille ; le plus vieux disoit à l'autre : « Je veux que le diable me tortille si « je ne m'en donne aujourd'hui comme il faut. Il est « inconcevable qu'en si peu de temps les t..... lui « soient venus ; il y a un mois qu'elle n'en avoit point. » « — Quoi ! reprit le plus jeune Père avec feu, quoi ! « depuis que je ne l'ai vue, elle seroit grande fille ? » — L'on n'en entendit pas davantage ; un embarras dans la rue des Bons-Enfants fit perdre le fil d'une conversation si intéressante ; mais, ne voulant pas en rester là, on suivit les moines : ils entrèrent dans une porte cochère, carrée, à côté d'un perruquier, dans la rue des Bons-Enfants, chez mademoiselle Dumaine, si l'on ne se trompe : et les ayant vus monter un escalier sur le devant, on prit le parti de passer dans un cabaret, vis-à-vis de cette maison, dans l'espérance qu'on pourroit apercevoir quelque chose qui pût dénoter de quoi il étoit question. On monta à un entresol qui fait face à quatre croisées, dont deux étoient ouvertes. On se plaça de manière que, sans être vu, on pouvoit tout voir par le secours de la lorgnette...[1].

Juin.

2 juin. — L'acharnement des Bellisiens contre M. de Broglie est si grand, qu'on eut l'impudence hier, dans un endroit public, de l'accuser de deux faits graves. Le premier, d'avoir remis au lendemain la lecture d'une lettre de M. de Séchelles, qui l'avertissoit de la défection du roi de Prusse, et que le prince Charles marchoit à lui, quoi qu'elle lui fût apportée par un courrier qui l'assuroit que ses dépêches étoient de la dernière importance. La seconde faute qu'on lui reproche est d'avoir été averti par trois courriers consécutifs, dépêchés par M. de Philippes; en dernier lieu, de la marche des Autrichiens, et d'être la cause, par le peu de cas qu'il a fait de ses avis, de la perte de tous les postes que les ennemis viennent d'enlever; enfin, il n'y a pas de suppositions qu'on ne fasse pour faire perdre à M. de Broglie, l'estime générale qu'il s'est acquise, et l'on sait, à n'en pouvoir douter, que M. de Séchelles se donne beaucoup de mouvement pour le discréditer, aussi bien que ceux que l'on croit contraires à M. de Belle-Isle. Les ministres même ne sont pas épargnés. Il y a plus de quinze jours que les couplets suivants, sur M. Amelot, se chantent à la Cour, mais ils n'ont transpiré à Paris que depuis hier.

En plein conseil, Amelot,
Comme en compagnie,

---

1. La suite du rapport de l'agent prouve que rien ne lui échappa. Nous sommes forcés de la supprimer.   (*Note de M. Taschereau.*)

N'eût-il à dire qu'un mot,
Il le balbutie.
A qui s'en moque il répond :
Mais, mais, mais, m'en croyez-vous donc
Moins sot, sot, sot, sot,
Moins so, so, moins ca, ca,
Moins so, sociable,
Moins ca, ca, capable.
Les étrangers raffinés
Veulent tête à tête
Me tirer les vers du nez,
Par manière honnête.
Par un mal entendu,
Sur ma bouche suspendu,
Je les fou, fou, fou,
Je les voi, voi, voi,
Je les fou, je les voi,
Je les fourvoie;
Ils ont courte joie.

3 juin. — L'on a été hier vis-à-vis l'appartement où l'on a vu les moines blancs, dont on a parlé le 31 mai. Les femmes du premier n'y étoient pas; on y retournera. Le perruquier s'appelle Rigaud; on ne croit pas que ce soit un lieu de plaisir. Il y a apparence que ces moines entretiennent de concert ce ménage. On fera ses efforts pour remplir les ordres qu'on a reçus à ce sujet, en faisant suivre les Pères, la première fois qu'ils viendront dans cette maison.

4 juin. — Sur la nouvelle qui s'est débitée hier que le Roi a fait quatre nouveaux lieutenants généraux, il s'est dit que l'on n'est pas inquiet de la quantité, mais de la qualité.

Les bons François sont affligés de la situation où se trouvent les affaires de l'État, et se flattent que le Roi fera des réflexions assez sérieuses pour prévenir les malheurs dont la guerre nous menace, en choisissant des sujets habiles qui méditent sur les moyens de faire échouer tous les projets formés contre la France.

5 *juin*. — On dit que M. de Marville ne sera pas longtemps lieutenant général de police, et que l'on a dessein de l'employer à des occupations plus graves et plus importantes.

L'on n'a point désapprouvé le choix de MM. de Pons et d'Harcourt pour maréchaux de camp; mais on est fort étonné qu'on parle de MM. de Luxembourg, de Boufflers, de Mirepoix, etc., pour lieutenants généraux, non pas parce qu'ils sont moins anciens que bien d'autres, mais parce qu'ils sont accusés d'avoir fomenté publiquement à Prague la division entre MM. de Broglie et de Belle-Isle, ce qu'on envisage comme des griefs importants, qui doivent leur attirer plutôt des disgrâces que des faveurs.

L'on chante depuis avant-hier ces couplets à la Cour, sur le mauvais état de nos affaires :

>La France est en désarroi,
>Où trouver du remède
>Aux malheurs que je prévoi?
>Sera-ce au Conseil du Roi?
>Quel aide! quel aide! quel aide!

>Orry répond toujours non
>Amelot boit et fraude;
>Maurepas parle chanson;
>Tencin se tait; d'Argenson
>Nigaude, nigaude, nigaude.

6 *juin*. — Les Anglois comptent beaucoup, en cas de guerre, sur le nombre des protestants qui sont répandus dans le royaume et surtout dans les ports voisins des côtes d'Angleterre. Ils prétendent qu'ils sont fort riches, et qu'ils mettent tout leur bien dans le commerce, et ne s'allient qu'avec ceux de leur religion, ce qui les mettra, par la suite, en état de faire une puissante diversion en cas de guerre. Les protestants n'attendent,

disent-ils, qu'un chef et les occasions pour faire revivre leurs anciennes prétentions. Il y auroit, en effet, à faire sur ce chapitre d'importantes réflexions; mais on laisse à la sagesse des gens en place à y méditer. Ce qui est du positif, c'est que les sujets de cette religion sont les plus grands ennemis que le Roi ait; qu'ils entretiennent des correspondances au dehors du royaume, et qu'en temps de guerre ils sont dangereux. Le nombre en augmente au lieu de diminuer, par le peu d'attention qu'on a d'empêcher leurs mariages, et de faire élever leurs enfants dans le sein de notre religion.

La consternation est générale à Paris. On a publié hier que l'Empereur est à la veille de nous remercier de nos secours, parce que les Électeurs lui ont signifié qu'ils protesteroient contre son élection, s'il continuoit d'attirer les François en Allemagne.

Trois personnes, que la nuit a empêché de reconnoître, s'entretenoient hier sur l'espérance dont on se flatte de gagner le roi de Sardaigne. L'une d'elles dit que M. de Solar avoit fait entendre au Roi que son maître désiroit que M. le cardinal de Tencin fût chargé de cette négociation, parce qu'il avoit plus de confiance dans les lumières de ce ministre que dans celles de M. Amelot, qui d'ailleurs étoit un temps infini à rendre ses idées, sans pouvoir même y parvenir.

Le nombre de ceux qui ne se sont pas présentés pour tirer la milice est fort grand. La plupart ont pris l'épée, ont changé de logement et se font passer pour autres qu'ils ne sont. Le nommé Taupin, qui a travaillé aux *Nouvelles*, est dans ce cas. Si on rendoit une ordonnance par laquelle il fût dit que ceux qui n'ont pas tiré et qui ne se représenteront pas à quinzaine, seront traités comme déserteurs, en mettant dans ce cas ceux qui ont passé d'une ville à une autre, il n'y a pas de doute que le Roi ne trouvât une recrue toute faite de plus de sept ou huit cents hommes.

7 juin. — Il y a plus de brigues que jamais à Versailles : l'on dit que le Roi est impénétrable, ce qui cause une fermentation étonnante chez les ministres. On a remarqué que M. de Maurepas confère souvent avec M. Amelot; que M. d'Argenson voit souvent M. de Séchelles, et que le Roi montre dans toutes les occasions de la confiance pour M. de Tencin. Voilà ce que l'on dit à la Cour.

L'on a remarqué que M. le Dauphin n'a pas été reçu à Paris avec l'affection et la joie qui sont particulières aux Parisiens, ce qu'on attribue à la milice qui les a aigris, et à la consternation où l'on est des mauvaises nouvelles qu'on reçoit sans cesse de Bavière.

L'on a enfin revu les moines blancs, dont on a parlé dans la feuille du 31 mai. Ils ont été aujourd'hui dans l'appartement au-dessus de Rigaud, perruquier. L'on a remarqué des libertés avec les jeunes demoiselles, mais moins grandes que celles dont a parlé. Il est vrai qu'il y avoit un autre ecclésiastique. L'on a suivi ces moines, et, sous le prétexte d'apprendre des nouvelles d'un prétendu Père Siméon, l'on a appris de leur bouche qu'ils sont de l'ordre de Saint-Augustin, de la province de Troyes, et qu'ils passent à Paris.

8 juin. — Le public ne parle pas en bien de M. d'Argenson, et le militaire s'en plaint extraordinairement. On trouve surtout surprenant qu'il ne réponde point aux lettres qui lui sont écrites; et l'on remarque à ce sujet que feu M. le cardinal de Fleury ne négligeoit jamais de le faire. On lui reproche de laisser manquer l'armée des choses les plus nécessaires, et l'on dit qu'il en use avec tant de hauteur avec les premiers commis de la guerre, que, piqués jusqu'au vif du peu de cas que ce premier ministre semble faire d'eux, ils se sont engagés mutuellement à le laisser faire et à ne lui communiquer aucune lumière.

On dit le crédit de M. Boyer moins grand qu'il n'a

voulu l'insinuer, et l'on n'en a pas meilleure opinion à l'avenir, quoiqu'il ait trouvé le moyen de faire nommer pour confesseur du Roi le meilleur de ses amis, dans la vue, dit-on, de s'emparer ainsi de l'esprit de Sa Majesté; mais selon le portrait qu'a fait hier l'abbé d'Olivet du Père Pérusseau, on pense qu'il n'a pas assez de finesse et d'esprit pour être jamais d'aucun poids à la Cour.

9 juin. — Il fut question hier de la prétendue promotion des quatre lieutenants généraux, MM. le duc de Richelieu, de Luxembourg, de Boufflers, et le marquis de Mirepoix. MM. de Richelieu et de Mirepoix furent trouvés bons, et les deux autres rejetés.

On dit que M. de Richelieu avoit été fort piqué qu'il ne l'eût pas été à la dernière promotion, et qu'il gardoit du ressentiment contre ceux qu'il soupçonnoit de l'avoir traversé; qu'il n'ignoroit pas les brigues qu'on avoit mises en usage pour diminuer sa faveur; mais qu'il avoit répondu à un de ses amis qui l'en avoit averti, qu'il tenoit par de bons endroits à la faveur, et que, quand de certaines gens pourroient lui manquer, il étoit sûr de Tencin, qui étoit le meilleur de ses amis.

M. de Belle-Isle répondit, il y a quelques jours, à une personne de considération fort zélée pour ses intérêts, qui lui marquoit le chagrin qu'elle ressentoit de ce qu'il n'étoit pas aussi bien à la Cour qu'il auroit dû y être, *qu'il n'avoit nulle inquiétude là-dessus, et que la faveur d'un homme comme lui revenoit comme la barbe.* En parlant des gens qui lui étoient attachés, il cita M. de Séchelles comme un partisan habile, zélé, plein de feu, qui lui acquéroit tous les jours de nouvelles créatures.

Le bruit qu'on a fait courir, que M. de Tencin a déplu au ministère, parce qu'on suppose qu'il a conseillé au Roi d'admettre dans le Conseil des généraux habiles qui pussent donner plus de poids aux délibérations militaires, a fait un fort bon effet pour cette Éminence dont on continue à parler avec beaucoup de distinction.

On dit que le Roi ne peut se résoudre à nommer un ministre principal, parce qu'on lui a fait entendre que toute l'Europe jugeroit mal de sa capacité, s'il prenoit ce parti après avoir déclaré qu'il gouverneroit lui-même. Ceux qui aiment véritablement Sa Majesté souhaitent avec ardeur qu'elle en agisse cependant ainsi, surtout dans les circonstances critiques où sont les affaires, afin que, si elles continuent de mal aller, on ne puisse condamner que celui qui en seroit chargé.

10 juin. — Le séjour de M. le cardinal de Tencin à Paris, a donné lieu à beaucoup de raisonnements sur son chapitre. Il y a quatre mois que, lorsque de six personnes il s'en trouvoit une qui le préconisoit, il y en avoit cinq qui contrarioient l'éloge; aujourd'hui c'est tout le contraire. Les circonstances critiques où l'État se trouve ont fait mettre bas tout esprit de partialité. On convient unanimement qu'il est le seul ministre qui fût en état de trouver les moyens de remédier aux maux présents. On assure que cette Éminence est même chargée de travailler aux affaires d'Italie; et l'on ne doute pas que, cette négociation terminée, elle n'ait le département des affaires étrangères.

Le public distingué s'est expliqué sur les ministres de cette manière : M. Orry a de très-bonnes parties pour la finance, mais il ne faut pas qu'il se mêle d'autre chose, et qu'il prenne surtout aucun parti dans les différentes brigues qui agitent la Cour.—M. d'Argenson n'entend en aucune manière la guerre, et si le Roi veut l'y conserver, il faut qu'il établisse un conseil de guerre, et qu'il ne soit rien statué sans qu'il en ait délibéré. — M. de Maurepas a beaucoup d'esprit, mais il en a trop bonne opinion; et, dans les occasions où il hésite, il devroit ne pas avoir la vanité de mépriser les avis de ceux qui sont rompus dans le genre dont il s'agit. —

M. le cardinal de Tencin pousse les ménagements ou la prudence trop loin. Dès qu'il conçoit que les affaires sont mal administrées, il doit s'en expliquer en plein conseil, et proposer les moyens qu'il imagine les plus convenables pour empêcher la destruction de l'État. — M. de Broglie est un grand général, mais il est trop passionné et rempli d'humeur. On désire que, de quelque distinction que soit un officier général, le Roi lui fasse connoître les sujets de mécontentement qu'il lui donne, parce que l'on peut applaudir à la fois au mérite et blâmer les défauts.

L'on n'a pu entendre le reste des portraits; l'on en a fait un de M. de Marville dont beaucoup de traits sont échappés. On lui reproche d'agir avec trop de dissimulation avec le Roi, de céler les choses qu'on lui rapporte des ministres, de n'en parler que lorsqu'il ne peut s'en dispenser; d'hésiter quelquefois quand le Roi lui fait des questions, non parce qu'il ignore, mais parce qu'il craint de se faire des ennemis. Du reste, on lui accorde beaucoup d'esprit et de la facilité dans le travail. On assure que s'il profite en homme habile de l'occasion, il fera son chemin; mais on craint que le Roi, informé d'ailleurs, ne trouve mauvais quelque jour le silence politique que ce magistrat garde dans bien des occasions.

11 *juin*. — On sait, à n'en pouvoir douter, qu'il y a un commerce de lettres réglé entre M. de Séchelles et M. de Belle-Isle. Un homme qu'on ne connoît pas eut hier l'imprudence, pour appuyer son dire contesté, de tirer une lettre de sa poche, de citer M. de Belle-Isle, et de lire un article qui contenoit à peu près ces mots : « Si vous pensez que je ne m'occupe à Bisy que d'agri- « culture et de fleurs, vous êtes dans l'erreur. Quoique « mes ennemis publient de mon ambition, je n'ai pas « oublié que je suis né sujet du Roi, que les récom- « penses ont précédé les services : je m'occupe du soin

« de les mériter et de confondre l'envie. » On ignore quel étoit le fond de la dispute; on auroit pu parvenir à en entendre davantage, sans l'arrivée d'un cordon bleu qui interrompit la conversation. Il a semblé à l'auteur que c'étoit M. de Matignon.

SUR LE DÉPART DU GÉNÉRAL DE SÉGUR.

Rassurez-vous, ô Bavarois,
 Qui tremblez en Bavière,
Ce brave général françois,
 Ce grand foudre de guerre,
Vrai modèle de Xénophon,
La faridoudaine, la faridondon,
Pour vous secourir est parti,
 Biribi,
A la façon de Barbari,
 Mon ami.

Il va tout mettre à couvert
 En Autriche, en Bohême;
Tous les postes seront ouverts
 A sa valeur extrême.
Il sait attaquer le lion,
La faridondaine, etc.

Grande Reine, faites la paix :
 Il n'est que ce remède;
Car il faudra que désormais
 A ce héros tout cède.
Lintz en sera caution,
La faridondaine, la faridondon,
Et le grand héros de Bisy,
 Biribi,
A la façon de Barbari,
 Mon ami.

12 *juin*. — Un nommé Desjardins, qui a été autrefois commis de M. le comte de Toulouse, qui est à son aise, et par conséquent bien venu de tout le monde, et

par lequel nous apprenons quelquefois bien des choses, se plaignoit hier du peu de ménagement qu'on observe en parlant du maréchal de Noailles. Il nous assura que ce général, à qui l'on en avoit rendu compte, en avoit été fort touché, et ajouta par forme d'avis, qu'il y auroit peut-être des gens avant peu qui s'en repentiroient, parce que la police ayant des espions partout, le magistrat qui a des ordres précis de faire des rapports fidèles au Roi de tout ce qui se dit et de ce qui se passe, ne manqueroit pas de faire son devoir.

13 *juin.* — Un particulier a acheté un livre de la bibliothèque de M. de Breteuil, intitulé ; si la mémoire n'est pas infidèle, *Histoire des campagnes d'Italie.* À la fin du livre est un éloge du feu cardinal de Fleury, qui dit qu'il est, de tous les ministres, celui sous le ministère duquel les François aient acquis le plus de gloire en Italie. M. de Breteuil, qui avoit sans doute lu cet éloge *novissime,* avoit mis à la marge de sa main : « Bon, si le Cardinal étoit mort avant l'Empereur, ou « qu'il fût mort trois ans plus tôt pour le bonheur de la « France. »

Il est public que M. Amelot ne fait rien sans consulter M. le cardinal de Tencin.

15 *juin.* — L'on est fort surpris du voyage du Roi à Choisy. On ne s'attendoit pas qu'il y fût avant le 2, et surtout dans les circonstances critiques où se trouvent les affaires. Ceux qui sont dans l'habitude de n'épargner personne, disent que le Roi est d'une indifférence extrême pour tout ; et qu'il préfère le plaisir à tout autre chose. On dit que madame de La Tournelle est fort lasse de ces voyages ; et que prévenue en faveur de M. d'Agenois, elle ne regarde pas comme sa félicité d'être aimée de son maître.

On dit madame la Duchesse à l'extrémité ce matin. D'autres la disent morte. On demande quel sera l'orateur assez hardi pour prononcer son oraison funèbre.

16 juin. — L'on disoit hier hautement, au Palais-Royal, que la tête avoit tourné à M. le maréchal de Broglie, et cela, parce qu'on lui attribue tous les désavantages dont on prétend être aussi bien informé que la Cour, malgré le silence qu'elle observe à cette occasion.

On parle d'une vivacité que le Roi a marquée ces jours passés, qui n'a pas peu contribué à faire conjecturer que tout étoit désespéré. On prétend qu'après avoir lu une lettre qui lui avoit été remise par M. d'Argenson, il l'avoit déchirée en plusieurs morceaux en trépignant; et qu'il avoit dit en même temps : « Qu'on « aille avertir madame la princesse de Conti que son « fils se porte bien. » L'on s'est figuré par ce trait et par ces paroles, qu'il y a eu une action en Bavière, que l'on y a été battu, et que le prince dont il est question n'y a pas été blessé.

On dit que M. Boyer, précepteur de monseigneur le Dauphin, est le courtisan le plus dangereux pour ceux qui aspirent à la faveur. On prétend qu'il ne s'offre aucune occasion de nuire qu'il ne la saisisse avec joie; et qu'en paroissant être de vos amis, il déchire en secret ceux qu'il n'aime pas, soit par caprice, soit par des raisons d'intérêt ou de jalousie. On vit avec de grandes réserves avec ce prélat, et il est plus craint qu'aucun des ministres, parce qu'il a des occasions fréquentes d'entretenir le Roi, et que Sa Majesté est fort prévenue en sa faveur. On ajoute à ce sujet que, sous un maintien modeste et désintéressé, il aspire à la haute faveur, et qu'il est dans la prévention lui-même qu'il succédera à feu le cardinal de Fleury dès qu'il aura le chapeau, ce qui arrivera dans peu. On sait qu'il vit fort bien avec le cardinal de Tencin, mais, malgré ces apparences, on est fort persuadé qu'il n'échappe aucune occasion de le desservir, et d'inspirer de l'éloignement au Roi pour cette Éminence.

17 juin. — Les gens de la bonne compagnie sont de l'opinion que le Roi est sans sensibilité, et qu'il ne prend point à cœur ce qui intéresse sa gloire et celle de ses sujets. On murmure fort contre les voyages de Choisy, et l'on ne lui pardonne point sa dissipation dans un temps où chacun est dans l'inquiétude et dans l'amertume. Sans les ordres positifs qu'on a reçus de rendre un compte fidèle de tout ce qui se dit sur le compte même du Roi, on n'auroit garde de faire mention de pareils traits.

M. Boyer de Mirepoix continue à passer pour un homme ambitieux et inquiet, et il paroît qu'il est aussi peu estimé qu'il est craint.

Tout le monde se moque des larmes que madame du Châtelet a répandues en apprenant la résolution prise par M. de Voltaire d'aller en Prusse. On dit à cette occasion que le roi de Prusse, pour le fixer dans son royaume, lui a fait acheter une belle terre, qui lui sera donnée à son arrivée à Berlin.

On assure que M. de Belle-Isle entretient des correspondances chez toutes les puissances de l'Europe, et l'on blâme le ministère de ne lui avoir pas ordonné de les cesser, les raisons qui les avoient autorisées ne subsistant plus, et le maréchal étant soupçonné d'en faire un mauvais usage.

18 juin. — L'on est dans l'opinion à la Cour, que le Roi craint l'enfer, et que tôt ou tard ce monarque passera des plaisirs à la dévotion la plus outrée. On dit que M. de Mirepoix, qui a fort bien démêlé combien le Roi est timide de ce côté, n'échappe aucune occasion sans en profiter, et que c'est par là qu'il compte se rendre maître absolu de son esprit. Il est certain que le Père Pérusseau est l'intime ami du précepteur de M. le Dauphin, et que dévoué comme il l'est à ce prélat, il n'est pas douteux qu'ils n'acquièrent l'un et l'autre un ascendant, que toutes les brigues des ministres ne pourront jamais diminuer.

Madame de La Tournelle est toujours fort bien avec le Roi; mais l'on assure que la dissipation a plus de part à ce commerce que le tempérament, et l'on infère de là que les femmes n'auront jamais un grand crédit sur l'esprit du monarque.

19 *juin*. — L'on parle en fort bons termes de M. de Noailles: On ne se seroit jamais persuadé que quinze jours ou trois semaines pussent donner à sa réputation un si grand éclat, après tous les mauvais discours qui ont été tenus depuis qu'il a été nommé pour commander l'armée, jusqu'au moment où l'on a appris que les Anglois ont repassé le Mein. Comme l'on est extrême, on parie aujourd'hui qu'il va passer le Mein pour aller aux Anglois, et qu'il les battra.

Tout le contraire a lieu à l'occasion de M. de Broglie; ce général qu'on mettoit, il y a huit ou dix mois, au-dessus des Turenne même, n'est plus qu'un simple officier, à qui l'on refuse les talents les plus ordinaires. Des étrangers qui s'entretenoient hier sur ce sujet, au Palais-Royal où toute la France étoit, dirent qu'il falloit que le ministère eût des raisons bien fortes pour soutenir ce général, assurant que, dans tout autre pays qu'en France, il eût été mis en conseil de guerre. Ceci allégué, on détailla tout de suite les fautes qu'il a faites, depuis qu'il est à la tête de l'armée, qu'on assura être si évidentes, qu'il n'y avoit pas un officier dans les troupes du Roi, qui ne fût son juge et qui ne le condamnât.

On dit que, malgré les grandes affaires dont M. d'Argenson est surchargé, il trouve encore le temps de s'amuser.

Il y a des vers fort critiques sur les affaires du temps, où les ministres sont dénoncés. On en a entendu hier plusieurs strophes qu'il ne fut pas possible de retenir à cause du tumulte dont la promenade du Palais-Royal fut agitée.

On approuve fort la fermeté avec laquelle on en use avec les Anglois. Des Hollandois assurèrent hier à un banquier que si l'armée du Roi passoit le Mein, comme le bruit en couroit, les États généraux mettroient de l'eau dans leur vin et trouveroient des prétextes pour retirer leur épingle du jeu.

L'on a fort approuvé que M. le Dauphin ne soit pas venu hier à l'Opéra. L'on dit que M. le duc d'Orléans dit hier au matin qu'il avoit trop bonne opinion de la sagesse de M. de Châtillon pour qu'il souffrît, sans de fortes représentations, que Monseigneur commît une pareille indécence.

Depuis le voyage de M. de Belle-Isle à la Cour, on s'est persuadé que le crédit de M. Orry est diminué.

20 *juin*. — Un officier qui est revenu samedi dernier de l'armée de Bavière, a fait des rapports qui ne sont pas avantageux, ni à M. de Broglie, ni à M. le prince de Conti. Selon son dire, rien n'est plus triste que l'état auquel est réduite l'armée; tout y manque généralement. A son départ Égra manquoit de subsistance, et l'hôpital même, dans lequel on a toujours compté au moins dix-huit cents malades, n'avoit presque plus de viande salée. Selon les calculs faits, il est mort au moins douze mille hommes dans cet hôpital, depuis que les François sont à Égra.

On assure que M. de Broglie n'a jamais été bien informé d'aucun des mouvements des ennemis, et que c'est la véritable cause de nos désavantages. On dit que le maréchal se plaint que M. le contrôleur général lui laisse manquer d'argent pour payer des espions; mais on répond à cela, que c'est son avarice seule qui en est la cause, parce que, mille louis d'or suffisant pour toutes ces dépenses secrètes, il n'eût pas été difficile au général de les trouver sur son crédit.

On continue à parler de M. Boyer en termes fort désagréables. On n'a pas vu que jusqu'à présent personne prit son parti; au contraire, tout le monde est du sentiment que, s'il acquéroit une certaine faveur, il n'est pas douteux qu'il ne mît bientôt en France une sorte d'inquisition.

On dit que M. le maréchal de Maillebois a travaillé avec le Roi, et qu'il a reçu ordre, en dernier lieu, de se tenir prêt à partir. On devoit, dit-on, d'abord l'envoyer à Turin, et puis en Italie. L'on assure qu'il ignore lui-même quelle sera sa destination.

Ceux qui font l'éloge de M. de Belle-Isle font remarquer que ce qu'on doit fort estimer en lui et qui le met au-dessus de nos généraux et même de quelques-uns de nos ministres, c'est qu'il a les mœurs extrêmement pures, et nulle habitude qui puisse le distraire d'un travail sérieux. On ne dit pas la même chose des maréchaux de Broglie et de Maillebois, qui portent de certains excès au point de les avoir préférés quelquefois à leur propre devoir.

26 juin. — Les bruits qu'on fait sur le compte de l'Empereur donnent bien les idées les plus désagréables de sa personne. On dit qu'étant à la procession, le 13, à Augsbourg, il se trouva mal en apprenant la nouvelle que deux bataillons de ses troupes, deux escadrons et trois cents hussards avoient été faits prisonniers à Fried-berg; et qu'étant informé le lendemain que les généraux françois étoient venus loger à Augsbourg, il s'étoit retiré précipitamment à Manheim. On assure que ce prince est d'une foiblesse extrême, et que loin de rassurer la Cour, il la décourage par son abattement qui va, prétend-on, jusqu'à pleurer : en un mot, les papiers de Londres et d'Amsterdam, à ce que l'on prétend (car l'auteur ne les a point vus), s'égayent aux dépens de ce souverain. Il est vrai qu'ils n'ont pas épargné milord Stairs, sur son passage inutile du Mein.

L'on a appris avec plaisir la nomination de M. l'ar-chevêque de Bourges (M. de La Rochefoucauld) au cardinalat. Il paroît estimé du public : il n'en est pas de même du bruit qui court que M. l'évêque de Rennes est à la veille d'obtenir la même grâce. On fait très-peu de cas de sa capacité ; l'on a très-mauvaise opinion de ses mœurs, et l'on dit que, s'il est vrai qu'il soit revêtu de la pourpre, il n'en sera redevable qu'aux basses complaisances qu'il a eues jusqu'ici pour tous les caprices de la reine d'Espagne.

27 juin. — L'on sait par des gens de considération que le précepteur de monseigneur le Dauphin est extraordinairement piqué de la nomination de M. de La Rochefoucauld au cardinalat ; il s'étoit flatté qu'elle seroit pour lui. On dit qu'il a chargé plusieurs de ses créatures de lui découvrir quel est celui des ministres qui s'est employé pour l'archevêque de Bourges, le regardant comme son ennemi capital, et voulant s'en venger ; on dit que toute sa politique n'a pu lui faire dévorer son ressentiment, et que sur le motif de consolation qu'un de ses aumôniers vouloit lui donner, en lui faisant entendre que le Roi étoit puissant et sauroit bien encore lui faire avoir un chapeau : « Tu te moques de moi, » s'écria-t-il en colère, « ce sera sans doute après que les treize cantons seront cardinaux. »

27 juin. — Le public applaudit d'autant plus à la nomination de M. de La Rochefoucauld, qu'on juge par là que le Mirepoix n'est pas en faveur ; ce qui le rassure, car il étoit fort alarmé sur les bruits qui couroient de son crédit.

L'on dit que la promotion du pape se fera vers le mois de septembre.

On a fort applaudi au choix que le Roi a fait du nouveau cardinal pour son ambassadeur à Rome. On sait que ce n'est pas un génie supérieur, mais du reste il passe pour avoir toutes les bonnes qualités requises pour ce ministère. Ceux qui le connoissent plus particulièrement lui reprochent d'aimer un peu trop sa personne, d'être vain et vindicatif : le malheureux curé de Thenay, près d'Argenton, en est un exemple. Il y a trois ans qu'il l'a suspendu de tous les ordres et privé des revenus de sa cure, pour n'en avoir pas voulu changer, le prélat ayant le dessein de placer dans la sienne un sujet qu'il protégeoit; traitement qui a fait presque devenir fou ce curé.

On parle fort du crédit de M. de Marville. Personne n'ignore plus que ce magistrat travaille tous les lundis avec le Roi, et l'on dit que Sa Majesté le reçoit toujours fort agréablement.

28 juin. — Trois personnes de considération s'entretenoient hier au soir, sous un arbre du Palais-Royal, sur quelques particularités de la Cour; quoique malade encore, on ne voulut pas se retirer sans avoir tout entendu. Il fut dit que, lorsque M. de Breteuil fut mort, sa place fut offerte à M. de Maurepas, et le département de la marine, en ce cas, eût été rempli par M. de Saint-Florentin. M. de Maurepas refusa, ce qui fit jeter les yeux sur M. d'Argenson. On assura que ce ministre est parfaitement uni à M. le cardinal de Tencin, et que cette Éminence s'est conduite avec tant de prudence et d'habileté, que, s'il arrivoit que le Roi voulût choisir un premier ministre, tous ceux qui sont en place, au lieu de s'y opposer, lui donneroient leurs voix. On dit que M. le maréchal de Noailles en fait grand cas, et qu'il entretient un commerce réglé avec lui. On l'appelle l'aigle. On dit que son caractère est d'une fermeté à l'épreuve, et que jamais personne n'a conçu ni médité si vite et si conséquemment. On l'appeloit aigle du temps même de son exil.

On dit aussi beaucoup de bien de M. Orry, et cela parce qu'on lui fit l'honneur de s'être opposé à tous les projets présentés pour trouver de l'argent. On fit grâce à son caractère brusque et impétueux, en faveur de ce qu'on vient de dire et de sa franchise.

Pour M. de Saint-Florentin, on le dit fort bon pour ce qu'il a à faire. On badina un peu de ses récréations, et l'on parla d'une certaine dame qui demeure au premier, dans une maison de M. de Violis, rue de Beauvais, chez laquelle il trouva tant, de t....., que dès qu'il eut obtenu l'ouverture du corset, il en fut tout couvert.

A l'égard de M. Amelot, on tint le discours ordinaire, en assurant qu'il s'étayoit depuis quelque temps des conseils de M. le cardinal de Tencin.

On tire beaucoup de conjectures sur l'arrivée du valet de chambre de M. de Broglie, dont on dit l'armée campée avantageusement à Donaverth, depuis quelque temps. On dit que ce maréchal dort tandis que celui de Noailles veille.

L'abbé Le Blanc, auteur de la tragédie d'*Abensaïd*, qui a toutes les bonnes grâces du comte de Clermont, couche de temps en temps dans la maison du maréchal, de la rue des Bons-Enfants, au quatrième, entre deux femmes, l'une nommée mademoiselle Roquemaure, et l'autre mademoiselle Denis, fille d'une accoucheuse de la rue Saint-Martin.

29 juin. — On fait courir le bruit que M. le prince de Conti a dû partir le 25 avec la réserve pour aller joindre M. le maréchal de Noailles. On demande ce qu'on veut faire du reste de l'armée, à quoi aboutit ce projet, et si l'on veut ajouter à tant de fautes faites, celle d'avoir trop de complaisance pour M. le prince de Conti. On dit que ce prince parle et écrit avec beaucoup de liberté, et qu'il se fait beaucoup de partisans. On pense que quand un État se trouve dans de certaines circonstances, il est de la prudence du ministère de prévoir les choses qui ont l'air le plus éloigné. Gens de bon ton disoient hier que le prince, dont on vient de parler, se moque, dans toutes les occasions, des ministres, excepté d'un seul qu'il a toujours considéré, pour un

bon mot qu'on lui prête. Ayant un jour surpris sa femme avec le prince de ***, il se retira en disant à un intime : « Du moins ne s'encanaille-t-elle pas ; de l'hu-
« meur dont je la connois, elle coucheroit avec le Roi. »

Le Père de La Neuville a bien des affaires, et trouve beaucoup de contradictions dans son projet ; il voudroit bien faire le second tome de l'évêque de Sisteron ; mais les occasions ne sont pas les mêmes. Il souhaite de quitter les Jésuites, et y trouve des difficultés qu'il n'avoit pas prévues.

On fait un grand cas dans le public de l'*Essai de marine*. On en trouve à présent tant qu'on veut ; on ne fait plus de mystère pour le vendre, non plus que le *Point de vue de l'Opéra*.

30 *juin*. — Un secrétaire du Roi assuroit hier, à tout le monde, qu'on avoit envoyé M. de La Rochefoucauld en mission, parce que son mérite le rend redoutable aux yeux des ministres. On dit que tout leur porte ombrage, et qu'ils sont convenus, dans leur comité, d'écarter tous ceux pour lesquels le Roi marque de la prévention, ou qui ont l'approbation publique, comme l'archevêque de Bourges.

M. de Broglie est tombé dans le discrédit ; quelques politiques soutiennent qu'il n'a point d'ordres de la Cour pour se retirer.

L'on met en usage toutes sortes de manœuvres à Vienne, pour inspirer aux peuples l'envie de grossir l'armée de la reine de Hongrie. La *Gazette de Pologne* est remplie d'impertinences et de suppositions. Il est surprenant qu'on en tolère la lecture à Paris, aussi bien que celle de Bruxelles.

On assure qu'il y a eu, ces jours derniers, un conseil extraordinaire auquel M. le prince de Grunberghen a donné lieu. On se moque ici hautement de la conduite de la Cour dans les affaires présentes ; quatre feuilles par jour ne suffiroient pas pour rapporter tout ce qui se dit.

Juillet.

1ᵉʳ juillet. — Le départ de M. de La Rochefoucauld pour les eaux de Plombières donna lieu de parler hier de ce prélat. Ceux qui le connoissent plus particulièrement disent qu'avec l'air du monde le plus doux et le plus tempéré, jamais personne n'a été plus violent.

L'on a jugé, par quelques discours tenus par un secrétaire du Roi, qui lui est attaché et qui le voit souvent, quand il est à Paris, qu'il n'est pas content du voyage qu'on lui fait faire à Rome, par plus d'une raison, dont celle de l'économie n'est pas une des plus faibles.

Il n'est pas douteux que M. le maréchal n'ait des gens répandus dans Paris, dans tous les endroits publics, pour l'informer de tout ce qui se dit. On en juge par les soins que se donnent les gens qui lui sont attachés, pour apprendre des nouvelles et pour faire parler ; ce parti, dans toutes les occasions, déchire M. de Broglie. Un officier, qu'on ne connoît pas, disoit, il y a deux jours, à son sujet, qu'un homme de la première considération écrivoit de l'armée que, si la Cour agissoit mâlement, elle auroit fait revenir ce maréchal, et lui auroit fait son procès ; et à la fin de sa lettre il marquoit : « Je n'en fais point un mystère, vous pouvez « montrer ma lettre à tout le monde ; c'est le sentiment « de toute l'armée. »

Madame du Châtelet doit aller joindre incessamment Voltaire à Bruxelles. L'on fait observer qu'on auroit dû se ménager ce poëte, ou s'en assurer ; il est fort mécontent, fort outré, et fort bien avec le roi de Prusse. Cette femme a passé samedi une partie de la journée à pleurer de n'avoir point reçu de lettres vendredi de cet Adonis.

2 juillet. — Il y a des Bellisiens qui sont assez dénaturés pour se réjouir de nos désavantages. On en a

entendu hier, qui disoient entre eux : « Messieurs, ils
« seront obligés de le rappeler, et forcés de convenir
« qu'il en sait plus qu'eux. » Il étoit, sans doute, question de M. de Belle-Isle.

Un nommé Dais, ou Ais, ou Haye, Anglais, qui est
fort répandu, débite toujours des nouvelles désagréables. Il est positif qu'on parle avec une liberté du ministère et des ministres, qui fait un très-mauvais effet.
Le sieur Carpas disoit hier, hautement, qu'on ne devoit s'attendre qu'à des désavantages continuels, parce
qu'il n'y avoit pas un général qui sût son métier, et
surtout M. de Noailles. Sur la représentation que quelqu'un lui fit, qu'il devoit parler avec plus de circonspection, il répondit que cela étoit public, qu'il étoit assez
inutile de faire le mystérieux.

3 *juillet*. — Il n'est pas d'expression qui puisse rendre l'effet prodigieux que fait l'heureuse nouvelle qui
s'est répandue hier, vers cinq heures du soir[1]. L'éclair
ne perce pas les nues avec plus d'éclat que cette nouvelle ; dans un instant tout Paris en a été rempli. Une
heure auparavant, le ministère et les généraux étoient
dans le dernier discrédit. La gloire, que viennent de
s'acquérir les François, influe sur tout le reste. On élève
M. de Noailles jusqu'aux nues. Les Anglois et les ennemis de la France sont écrasés. On porte avec autant
d'excès la joie, qu'on avoit porté le découragement et
le désespoir. On se félicite dans les rues, dans les endroits publics ; on se rend des visites, tels qui se voient
depuis dix ans sans se parler se recherchent, se prient à
manger ; il pleut des détails, chacun en fait selon son
génie, ou son plus ou moins de zèle. Les créatures de
M. de Noailles s'essuient le front, comme s'ils avoient
contribué aux travaux du général. Les Autrichiens pâlissent de colère et de honte ; les Anglois nient la nou-

---

[1]. Il s'agit ici de la bataille de Dettingben, qui fut d'abord annoncée à Paris comme une victoire. Voir t. III, p. 451.

velle, ou se cachent; mais ce qu'il y a de plus plaisant, c'est que tous ceux qui avoient mis les choses au pire deux heures auparavant, se tourmentent pour persuader qu'ils n'avoient pas été les dupes de la première nouvelle, et qu'ils ne l'ont jamais crue.

Il se répand cependant un bruit, qui perd de réputation le régiment des gardes françoises, et une partie de la maison du Roi. On dit que M. le maréchal de Noailles, en rapportant au Roi que ses troupes ont remporté une victoire signalée, marqua à Sa Majesté que son régiment des gardes françoises, et une partie de sa maison, sur laquelle il avoit compté, avoit lâché le pied honteusement au premier coup, et que, sans des régiments dont il n'avoit pas grande opinion, qui ont fait des prodiges de valeur, il eût été battu infailliblement. Cette nouvelle s'accrédite d'autant plus aisément, que les gardes françoises ne sont pas aimées à Paris. On désire fort que le Roi humilie ce corps par des exemples, et qu'en récompensant la valeur, il punisse sévèrement la lâcheté. On dit cela d'autant plus nécessaire, que c'est à ce régiment à donner l'exemple à toutes les troupes du Roi.

Les Bellisiens font leurs efforts pour diminuer la gloire de M. de Noailles, et disent, que le hasard a plus de part à sa victoire que sa bonne conduite.

La comédie des *Petits Maîtres* est bien écrite, mais ne vaut rien. Le nouvel opéra-comique ne fera pas fortune.

On dit que madame de Modène arrive aujourd'hui, qu'elle logera à l'hôtel de La Roche-sur-Yon, jusqu'à ce que son appartement au Val-de-Grâce soit prêt.

Le parti de M. de Chauvelin n'est point encore écrasé, il se relève de temps en temps. Il paroît une anti Neuville, c'est-à-dire, une critique de l'oraison funèbre; mais on n'est pas parvenu à savoir où on la vend. On ne sera pas longtemps sans en être informé.

5 juillet. — On ne parle pas avantageusement de la valeur du comte de Clermont. On répondit à ce sujet qu'il ne falloit pas s'étonner si ce prince ne s'étoit pas trouvé dans la mêlée, et que, son état l'obligeant à dire son bréviaire, il s'étoit retiré à l'écart pour satisfaire à ce devoir.

La *Gazette de Bruxelles* rapporte que l'on avoit chanté le *Te Deum* pour l'avantage remporté contre les François.

La manière dont madame de Mortemart a été reçue du Roi a fait dire beaucoup de bien de Sa Majesté.

On publie que M. le duc de Luxembourg ayant fait demander la place de gentilhomme de la Chambre, vacante par la mort du duc de Rochechouart, le Roi avoit répondu : « Mais il n'y a pas le sens commun : M. de « Luxembourg a-t-il oublié que M. de Rochechouart « fume encore, et qu'il a un fils ? »

Les partisans de M. de Belle-Isle disent les choses les plus désagréables de M. de Noailles.

On dit que le Roi est retourné hier au soir à Versailles ; qu'il y aura ce matin un conseil extraordinaire ; que les ministres se sont rendus mercredi à Choisy ; que MM. Amelot et d'Argenson ont été occupés hier une partie de la matinée à lire des lettres venues de l'armée, et à en faire faire des extraits pour juger par là de ce qui s'est passé dans l'action du 27. Il est vrai qu'on ne fait pas de mystère à l'hôtel des Postes, où l'on a appris que les sieurs Janelle et Duparc, avec plusieurs commis, ouvroient les lettres, en faisaient des extraits, et qu'elles ne sont rendues au public que par le courrier de Strasbourg.

6 juillet. — Il a été dit, dans la feuille précédente, que le bruit avoit couru que M. le duc de Luxembourg avoit fait demander la place de premier gentilhomme de la chambre. Il ne paroît pas si mal fondé, du moins c'est l'opinion générale. Il a donné lieu à beaucoup de raisonnements. On trouve singulier qu'on ne puisse, sans crime, demander une place vacante par la mort, à cause qu'il se trouvera des enfants. On demande si les places sont héréditaires, et, en ce cas, quel sera le point de vue d'un grand seigneur, si, pour être placé dans les hautes dignités, il faut attendre qu'une maison tombe en quenouille. On trouve qu'il n'est ni de l'intérêt de l'État, ni de celui du Roi, qu'un pareil abus continue d'avoir lieu, les grandes charges devant être la récompense de la haute noblesse, qui sacrifie son bien et expose sa vie pour les mériter. Les enfants d'un homme en charge ont assez d'occasion par la faveur de leur père pour se signaler, et obtenir des grâces, sans qu'on les leur donne avant que d'avoir rien fait qui les leur ait méritées.

On s'étoit trompé de nom, c'est sur M. le duc de Grammont que tombe tout le blâme général. Les créatures de M. de Noailles citent cependant toujours M. d'Harcourt. On en sait bien la raison.

Il est public, jusque parmi le peuple, que les gardes françoises ont lâché pied, que les officiers ont été dans la cruelle obligation, pour les remettre dans le devoir, d'en tuer plusieurs. On est indigné de la lâcheté de ce corps. Le peuple en donnera des marques dans l'occasion. La voix générale les condamne à être confinés dans une garnison, pour qu'ils servent d'exemple à leurs semblables. On prétend que le Roi devroit faire de sa garde les régiments qui se seroient le plus signalés dans une affaire, comme une récompense honorable pour la valeur. On trouve aussi que les ministres ne font pas des exemples assez fréquents, sur les rapines et les voleries des directeurs des hôpitaux, entrepreneurs de vivres et d'armes. Le militaire se plaint que les armes sont si mauvaises, que dans les occasions on perd beaucoup de troupes par cet inconvénient.

M. le duc de Chartres est aujourd'hui l'idole de Paris.

On loue aussi M. le duc d'Orléans sur la bonté qu'il a eue de souper familièrement avec madame de Balleroy, le jour qu'il fut informé de l'action d'Aschaffembourg. En raisonnant sur ce sujet, on trouva que le Roi ne vient pas assez souvent à Paris, et qu'il devroit se montrer plus souvent à ses peuples.

Un Anglois dit hier à l'Opéra, à un Allemand, qu'avant un mois on apprendroit des nouvelles à Paris, qui y jetteroient la consternation.

7 juillet. — Le public a été occupé une partie de la journée, hier, à plaindre le sort de ceux qui ont été tués à Aschaffembourg, dont les listes ont été répandues. Les uns ont été regrettés, et l'on a fait la satire des autres. L'indignation a été générale contre la soldatesque du régiment des gardes, et tout le monde la condamne à une punition exemplaire; elle est au point, qu'on ne va pas moins qu'à désirer qu'on fasse décimer ce régiment, et qu'on le casse. La condamnation la plus douce est de l'exiler dans des garnisons. On craint que M. de Marville, par ménagement pour les gens de qualité qui s'y intéressent, ne dissimule au Roi tout ce qui se dit à cette occasion; mais comme il y a quatre mille lettres qui l'accusent, et que les nouvelles publiques parleront vraisemblablement, on espère que Sa Majesté en sera informée, et qu'elle fera là-dessus ce qui convient, pour qu'à l'avenir il ne se fasse pas de pareilles lâchetés, les conséquences en étant si importantes, qu'il y va quelquefois du salut de toute une armée.

Le bruit qui a couru, que l'on avoit arrêté vendredi un homme dans la rue Saint-Honoré, pour avoir parlé avec trop de liberté des affaires, a fait un fort bon effet. On a été hier plus circonspect. Il seroit à désirer qu'on fît un pareil exemple à l'armée : on n'écriroit pas avec aussi peu de ménagements qu'on le fait. Un certain M. de Pontcharoi, le fils, qui est à présent, si l'on ne se trompe, aide de camp de M. de Fontaine-Martel, se mêle d'ajouter des réflexions à ses relations, et son père est assez imprudent pour se faire honneur de ces lettres, parce qu'elles sont assez bien écrites; et de les publier.

On n'ôteroit pas de la tête d'une partie des gens d'une certaine considération, que les lettres qui ont été distribuées hier ont été ouvertes; et il y en a qui en murmurent tout haut, et qui disent que, comme ils payent pour être servis fidèlement, il est extraordinaire qu'on se serve de pareils moyens pour être instruit.

L'on parle de bâtonniers qui ont voulu assassiner avant-hier un particulier dans la rue d'Argenteuil, et l'on dit que, sous prétexte de tuer les chiens pendant la nuit, il court des voleurs avec des bâtons.

8 juillet. — On continue à parler en fort mauvais termes de M. de Grammont. On cita hier un trait qui ne lui fait pas honneur. Un capitaine de grenadiers du régiment de Navarre, ayant été obligé de demander une prolongation de congé pour suivre un procès d'où dépendoit sa fortune, M. de Grammont s'écria, devant un capitaine du même régiment, qu'il feroit casser cet officier, et qu'il ne devoit pas être question de ses affaires quand il s'agissoit du service du Roi. Le capitaine lui répondit devant tout le monde : « Casser M. de ***,
« vous n'y pensez pas. Savez-vous bien que c'est un
« des plus braves officiers que le Roi ait dans ses
« troupes; et il a plus de valeur qu'il n'y en a jamais
« eu dans toute votre race. S'il étoit possible que vous
« parvinssiez à le faire casser, il n'y a pas un officier
« qui ne se retirât. Ce n'est pas à un j. f. comme vous
« à mettre en doute la valeur d'un homme tel que celui
« dont il est question. »

On continue à déshonorer le régiment des gardes : il est l'objet de l'indignation publique. Il n'y a pas une lettre qui ne parle de sa honte, et qui ne rapporte de nouveaux traits de lâcheté.

On raconta hier cette histoire qui n'est pas nouvelle: Trois voyageurs, l'un officier, le second, marchand, et le troisième, moine, ne pouvant deviner une inscription qui se trouva sur la cheminée de leur chambre, firent appeler l'hôtesse. Elle étoit fort jolie; elle leur dit, en souriant, que celui qui la devineroit coucheroit avec elle. L'énigme étoit ombre, fumée, trictrac. L'officier dit : « Ombre de ma cuirasse, fumée de mes pis-« tolets, trictrac de mon épée. » — « Le marchand : « Ombre de ma boutique, fumée de ma cuisine, trictrac « de mes écus. » — « Le moine s'écria, en regardant « paillardement l'hôtesse : Ombre de mon corps, fumée « de mon ...., trictrac de mes ....; » l'hôtesse fut son partage. Un fort honnête prêtre contoit cette histoire à deux fort jolies femmes.

9 juillet. — On dit que les ministres sont fort inquiets des voyages de M. de Belle-Isle à la Cour, et qu'ils prennent actuellement des mesures pour l'éloigner tout à fait. On prétend aussi que M. le maréchal de Noailles a rendu au Roi, avec des couleurs favorables, l'étourderie de M. de Grammont; mais que Sa Majesté, pour cette fois, instruite de la vérité du fait, n'a pas trouvé bon qu'on voulût la pallier.

Toutes les gazettes étrangères nous donnent le désavantage, et l'on appelle l'action d'Aschaffembourg la bataille des bâtons rompus. Les militaires, sur les détails donnés par les lettres arrivées de l'armée, disent que si la maison du Roi a été si fort maltraitée, c'est parce qu'elle ne sait ni escadronner, ni faire aucune manœuvre de guerre, et qu'il est étonnant qu'on néglige pour ce corps toute la discipline militaire.

Il pensa arriver hier une scène à la Comédie-Françoise; sans le duc de Villars et l'auteur, qui se trouvèrent heureusement dans la loge de Grandval, Saint-Foix auroit été quereller le parterre. Il étoit furieux de la chute de sa pièce de *l'Ile sauvage*, et prétendoit qu'une cabale formée par les Italiens en étoit la cause. Pour le calmer, on lui a promis de la jouer encore mercredi ; mais il n'y a pas d'apparence qu'il soit traité à cette seconde représentation plus favorablement.

On enleva, il y a quelque temps, des filles chez un cordonnier au-dessus du faïencier, à l'enseigne du Perroquet, rue de l'Arbre-Sec. On a appris par un homme qui demeure dans cette maison, qu'elles étoient protégées par un cavalier du guet, qui les avoit meublées pour faire ce métier dont il tiroit parti. Il a fait entendre au propriétaire que les meubles étoient à lui, et il a trouvé le moyen de se les faire rendre.

Il y a bien des mauvais lieux dans la rue Soli ; il y en a deux dans la rue Saint-Thomas-du-Louvre, l'un à côté d'une maison neuve, dans l'allée d'une maison qu'on répare sur le derrière, et, le second, chez le boulanger au milieu de la même rue. Il se passe au Palais-Royal, depuis neuf heures du soir jusqu'à dix, des choses bien peu compatibles avec la dévotion du duc d'Orléans.

10 *juillet*. — On entendit hier des provinciaux se plaindre des intendants du commerce. Ils assuroient que rien ne finissoit dans leurs bureaux ; qu'il falloit trois et quatre années entières pour être expédié, et cela, parce qu'ils sont toujours à la campagne, ou chez leurs maîtresses. M. de Persan fut cité comme le plus livré à ses plaisirs.

11 *juillet*. — Le bruit court que l'abbé de Broglie est exilé dans son abbaye. Ce qu'il y a de plaisant, c'est que, quoiqu'on aime beaucoup M. le maréchal de Broglie, on ne plaint point son frère. Il passe pour un bavard et pour un menteur, et on en fait des portraits si ridicules, que tout le monde le hait sur l'étiquette du sac. Ceux qui prennent le parti des Broglie nient que l'abbé soit exilé, aussi bien que le retour du maréchal à Strasbourg. Ils prétendent que le Roi disoit avant-hier : « L'abbé de
« Broglie s'en retourne à son abbaye, parce qu'il le

« trouve à propos; on dira sûrement à Paris qu'il y a
« été contraint par une lettre de cachet. »

Les gens du bon ton disoient hier que le Roi étoit de fort mauvaise humeur mardi; qu'il rêve depuis quelques jours, et qu'on s'attend à quelques changements dans le ministère. M. de Maurepas étoit hier à la Comédie-Françoise. Il avoit l'air fort radieux, et nullement celui d'un ministre qui craint les révolutions.

On demande pourquoi l'on ne rappelle pas M. de Chavigny dont on a besoin, et quelle fureur a le ministère d'employer, pour la négociation, des gens qui n'en sont pas capables.

L'on paroît fort content dans le monde de M. le contrôleur général, et la seule raison est qu'on a payé exactement jusqu'ici les charges de l'État.

12 juillet. — Un grenadier des gardes françoises écrit cette lettre à sa femme : « L'on a donné une bataille « mal à propos le 27. Après trois décharges de la part « des ennemis, nous avons pris la fuite; si nos officiers « en avoient fait autant, il n'y en auroit pas eu tant « de tués. »

On dit que, si le ministère avoit été habile, il auroit été facile de causer des séditions à Londres; qu'il ne s'agissoit pour cela que de mettre en mouvement le parti des jacobites, qui se seroit réveillé si on avoit paru vouloir agir pour le Prétendant.

Les gardes françoises, qui continuent à être l'objet de la raillerie de tout le monde, sont surnommés les barbets ou les canards.

13 juillet. — On disoit hier, au Palais-Royal, que madame la comtesse de Toulouse a fait prier M. de Marville de faire arrêter ceux qui accuseroient hautement M. de Grammont, et qu'en cette considération, aussi bien que par d'autres motifs, ce magistrat a fait mettre la main sur le collet à plusieurs personnes pour servir d'exemple aux autres.

L'on assure que le voyage que le Roi doit faire le 21 a pour objet les mesures que Sa Majesté veut prendre sur des affaires qui ne transpirent point. On dit, à cette occasion, que, depuis quelque temps, tout se décide dans les petits cabinets, ou dans les voyages du Roi.

L'on assure à l'oreille que le Roi est fort dégoûté des affaires, et qu'il s'ennuie mortellement au Conseil, où il donne souvent des marques de sa mauvaise humeur.

14 juillet. — Le public est toujours dans la même prévention contre M. le duc de Grammont, et blâme hautement l'indulgence de la Cour qui, selon le ressentiment général, auroit dû saisir cette occasion pour imprimer la subordination à tant de jeunes gens qui font leur apprentissage, et qui ont besoin d'exemples d'un certain poids pour être contenus, et pour apprendre la discipline militaire. On blâme extraordinairement M. le maréchal de Noailles de n'avoir pas été Romain dans cette occasion. On prétend qu'après l'affaire de Dettingen, il auroit dû mettre aux arrêts son neveu et ceux qui se sont mal conduits, rendre compte de leur conduite, et être le premier à presser leur punition, tout le monde s'accordant dans ce point, que, quand il est question du bien du Roi et de l'État, on ne doit point être retenu par les égards du sang et de la faveur.

15 juillet. — Un nommé Deschamps, officier retiré, qui a été capitaine de grenadiers, continue à clabauder dans le jardin du Palais-Royal, sur toutes les nouvelles qui se publient tant de la Cour que de la guerre. Il est surprenant que, de tant d'officiers que le Roi entretient, il ne s'en trouve presque pas qui parlent avec les ménagements qui conviennent.

On assure qu'on est à la veille d'un grand événement à la Cour.

16 juillet. — Les vers suivants commencent à transpirer, et font un tort extrême à la réputation de M. d'Ayen.

D'Ayen, d'où venez-vous pour être ainsi froissé?
D'Ayen, d'où venez-vous? on vous a tant cherché!
— J'étois sur mon cheval quand on a commencé,
J'étois sous mon cheval quand nous avons chargé.

— Dites-moi donc qui vous a renversé,
Car, entre nous soit dit, vous n'êtes point blessé.
— Je me suis trouvé mal quand on a commencé,
J'étois évanoui quand nous avons chargé.

— Dites-moi donc un peu tout ce qui s'est passé,
Car j'en dois compte exact au maître, au débotté.
— Vous voulez le savoir? Et que lui direz-vous?
J'étois sur mon cheval, je suis venu dessous.

— C'étoit faible rempart que ce pauvre animal.
Vous ne deviniez pas que vous seriez plus mal?
Enfin, il est certain qu'on vous fouloit aux pieds,
Il est aussi certain que vous le méritiez.

17 juillet. — On dit que M. le cardinal de Tencin, ayant demandé ces jours derniers au Roi comment il se portoit, Sa Majesté avoit répondu : *assez bien*, d'un air froid et sec, et que M. le duc de Gèvres ayant approché, il avoit été reçu gracieusement, aussi bien que M. d'Argenson ; qu'il avoit dit qu'il vouloit lui parler, ce qui avoit eu lieu sur-le-champ.

On fait courir le bruit que le Roi trouva, il y a quelques jours, dans l'une de ses poches un mémoire, sans savoir par quel canal il étoit venu; qu'il avoit été lu avec beaucoup d'attention, et que, depuis ce temps, ce monarque avoit paru fort triste, et avoit donné des marques de beaucoup d'humeur.

L'on continue à publier que M. de Broglie est exilé.

Les officiers des gardes françoises qui sont à Paris, se flattent de partir la semaine prochaine pour l'armée, et disent que samedi le Roi a reçu quatre paquets de M. de Grammont, qui ont été examinés et renvoyés lundi à ce général.

On est dans la prévention que les ministres, dans le dernier comité, ont pris la résolution d'éloigner de la Cour tous ceux pour lesquels le Roi a de la bonne volonté.

19 juillet. — On entendit hier dire à un homme de robe, que M. de Séchelles auroit dû être préféré à M. d'Argenson, et qu'il a des talents supérieurs pour remplir le département de la guerre. On lui répondit que cela pourroit être, mais qu'indépendamment de la naissance et de l'esprit qui se trouvoient de plus chez M. d'Argenson, il avoit une aménité dans le caractère que M. de Séchelles n'avoit point. On dit cet intendant brusque, envieux, jaloux, se croyant à lui seul plus de mérite que tous les gens en place, et n'en parlant jamais que pour leur trouver des défauts ou en dire du mal.

20 juillet. — L'exil de M. de Broglie dans sa terre de Chambray révolte presque tout le monde; cependant les gens sans passion en parlent bien différemment, et trouvent que rien ne prouve mieux la bonté royale du maître qu'une punition aussi douce, prétendant que ce général, aussi bien que M. de Grammont, méritoient qu'on suivît la conduite qu'on a tenue en Suède en pareil cas, et qu'on leur fît perdre la tête. On approuve fort le choix qu'on a fait de M. de Coigny pour les remplacer. On dit beaucoup de bien de ce général, et il paroît assez universellement estimé.

21 juillet. — M. le duc de Gèvres doit juger, par ce qui vient de lui arriver, il y a deux ou trois jours, combien il se flatte mal à propos en public de sa faveur. Depuis plus de quatre mois, il sollicite le rappel d'un homme qu'il aime, et qui lui est nécessaire, sans pouvoir l'obtenir. M. de Maurepas a été plusieurs fois à la charge, le Roi est resté ferme; Sa Majesté a répondu qu'elle ne voyoit aucune nécessité que cet homme revînt en France, dès qu'il n'étoit pas né son sujet. On a allégué vainement des affaires indispensables pour prétexter du moins un voyage; rien n'a réussi. On a jugé aussi par l'intimité de cet homme avec le duc d'Épernon, que le Roi ne pense pas plus favorablement pour ce seigneur que par le passé, et que, quand Sa Majesté n'est pas bien disposée pour quelqu'un, il n'y a pas d'apparence qu'elle en revienne aisément. On ne peut que louer la fermeté du Roi en cette occasion, parce que le sujet en question est un homme de cabinet remuant, dont le séjour à la Cour auroit pu tôt ou tard produire du trouble ou causer quelques brigues préjudiciables à l'État. M. de Pont-Charost est beaucoup plus circonspect qu'il ne l'étoit autrefois. Il continue à parler nouvelles; et il en parlera toute sa vie, mais il montre moins publiquement les lettres de monsieur son fils, et il en tait les réflexions.

Le départ de M. de Coigny pour l'Alsace a confirmé la disgrâce de M. de Broglie; il est plaint de bien des militaires.

On dit que M. de Belle-Isle continue toujours à se flatter d'un retour brillant à la Cour. Ses créatures sont toujours en grand nombre.

M. de Chauvelin est encore sur le tapis, il est désiré par un grand nombre de gens. L'on ne peut exprimer jusqu'où va la prévention pour les talents qu'on suppose à ce ministre disgracié.

L'on a répandu dans la bourgeoisie que le Parlement a donné plusieurs marques de sa fermeté depuis que le Roi gouverne, et qu'il a refusé la Cour en diverses occasions importantes. On prétend qu'il a été question de l'imposition du cinquième, et qu'il s'est assemblé extraordinairement pour cet effet.

Le bruit court que l'ambassadeur de Hollande va se retirer; il n'est fondé que sur ce que le sieur Couderc, son secrétaire, a fait plomber à la douane un nombre de malles, et cela parce qu'il part pour aller prendre possession d'une charge à Ypres.

22 juillet. — Le bruit court parmi le peuple que le Roi fera la campagne prochaine; il se publie même des ridiculités assez singulières, comme celle de se mettre à la tête de son régiment des gardes, pour lui rendre l'honneur qu'il a perdu à l'affaire du Mein.

On parle beaucoup de la fermeté avec laquelle le prince de Grunberghen a parlé au Roi et à ses ministres à l'occasion de M. de Broglie; il sembleroit même par là que les choses ont été portées un peu loin.

On dit qu'il paroît une satire contre le feu cardinal Fleury, dans laquelle on a trouvé adroitement le moyen de faire le portrait du Roi et de quelques personnes de la Cour. Ce sont deux prêtres qu'on ne connoît pas auxquels on a entendu parler de cet écrit.

On entendit hier parler en bien de M. d'Argenson, et l'on vante son application au travail, et les progrès qu'il fait tous les jours dans la connoissance de son métier. Cela amena naturellement à parler de M. de Marville dont on dit les choses les plus flatteuses.

On commence à parler en bien meilleurs termes du ministère qu'on ne le faisoit il y a quelques jours; il y a cependant toujours quelques gens de mauvaise humeur qui ne se dédisent point.

23 juillet. — L'on dit hier dans un cercle de militaires distingués que, depuis le 8, les officiers de l'armée de M. le maréchal de Broglie avoient cessé d'être payés, excepté MM. de Montesson et de Chasseron, nouvelle qui a occasionné bien des murmures, quoique bien des gens la croient supposée.

L'on attend avec impatience à qui la place de prévôt des marchands sera donnée. M. d'Argenson se donne, dit-on, beaucoup de mouvement pour M. de Barentin, M. le chancelier pour M. Lenoir. Il y a plusieurs autres prétendants. On veut que M. de La Galaisière, qui s'est fait détester en Lorraine, soit pourvu de cette place pour satisfaire les Lorrains sans que son intendant s'en plaigne, et il a été dit, à cette occasion, que le vrai moyen d'être poussé à présent est d'être remuant, ou de se faire haïr dans les endroits où l'on est placé. Ceux qui se croient mieux instruits pensent que M. de Bernage, intendant de Montpellier, sera nommé à la place de prévôt des marchands, parce que M. le duc de Richelieu ne peut pas le souffrir, et qu'il y a longtemps qu'il voudroit en être défait.

On se plaint à la Cour de M. de Marville sur ce qu'il n'apporte pas, dit-on, assez d'attention à découvrir et à faire punir des auteurs de satires et de manuscrits. Il en paroît un nouveau contre les filles de l'Opéra, dans lequel les hommes sont nommés, et où l'on n'a excepté que la Lemaure et la Chevalier. Tout le monde accuse un nommé Velroche d'être l'auteur de ces écrits, et on dit que sa famille ne veut point le voir à cause de cette raison.

Les nouvelles de contrebande de cet ordinaire sont remplies d'impertinences qui révoltent le public.

On fait courir le bruit que M. le cardinal de Tencin travaille avec le Roi; les gens bien instruits le nient. Un chevalier de Malte, qui est de son pays, rapporta hier l'anecdote que cette éminence, qui a toujours été ennemie de M. de Chauvelin, comme celui-ci a été le sien, trouva le secret de la lettre originale qui a été cause de sa chute, et il assura, à cette occasion, que, si ce ministre a la confiance, il gouvernera avec une autorité absolue: et sur cela il a fait un portrait fort vif de sa fermeté et de son humeur.

On dit que Voltaire déclame hautement contre les François, les ministres, l'Académie, et surtout contre l'évêque de Mirepoix, et l'on blâme le gouvernement de ne l'avoir pas mis à la Bastille pour les derniers discours qu'il tint publiquement chez Grados avant son départ.

24 juillet. — On applaudit fort à la nomination de

M. de Bernage à la place de prévôt des marchands. Il y a cependant bien des gens qui murmurent de ce qu'on ne fait rien pour M. de Lesseville. On n'est pas prévenu dans le monde en faveur de M. de La Galaisière. Les Lorrains qui sont à Paris assurent qu'il en a mal usé avec toute la noblesse, et particulièrement à l'égard de madame la duchesse de Lorraine, à laquelle il a donné mille désagréments.

Il court des écrits sur les affaires du temps, et entre autres une comédie, où les souverains jouent des rôles avec leurs principaux sujets.

Il y a beaucoup de gens qui trouvent que la Cour est trop indulgente pour les fautes des généraux. L'on rapporte, à ce sujet, que l'Empereur a écrit au Roi, que s'il convient de récompenser le mérite, il étoit aussi de la dernière conséquence de punir ceux qui manquoient à leur devoir, et surtout les fautes de subordination. On ne fait aucun quartier à M. le duc de Grammont; pour les gardes françoises, elles sont entièrement perdues de réputation à Paris, et le bruit court parmi le peuple que le Roi doit les faire mettre en garnison pour les punir de leur lâcheté.

On ne dit point de bien de M. le comte de Clermont. M. le duc de Chartres, au contraire, est adoré, et les politiques disent qu'il n'étoit pas de la politique du Roi de le mettre dans un point de vue si agréable aux Parisiens, tandis que M. le Dauphin leur est indifférent.

On souhaiteroit aussi que le Roi profitât des circonstances heureuses du retour de ses troupes de l'autre côté du Rhin, pour se montrer à son armée. On prétend que cette démarche étoufferoit de certaines préventions, et le rendroit encore plus agréable à ses peuples. On répond à cela que le ministère n'a garde de le souffrir, parce que le Roi jugeroit par lui-même combien il est peu instruit de ce que souffrent les provinces de son royaume.

25 *juillet*. — On dit que M. le comte de Saxe et M. de Coigny ne peuvent se supporter. Si les rapports qu'on fait à ce sujet sont vrais, il n'est pas surprenant que le général des dragons soit aussi méprisé. On prétend que l'origine de leur querelle procède d'une maîtresse que M. de Coigny avoit voulu débaucher au comte de Saxe, lequel, étant le plus aimé, en fut averti par la belle qui convint de donner un rendez-vous à son rival. M. le comte de Saxe se cacha et parut quand il fut temps. M. de Coigny fut traité comme un nègre. Dans toutes les occasions, la même chose est arrivée, et cela sans que le général des dragons ait jamais soufflé.

L'ordonnance du Roi pour la levée des trente-six mille hommes de milice n'est pas approuvée; l'article des gens mariés est condamné généralement. On ne comprend pas comment M. d'Argenson n'a pas prévu que l'exécution de cette ordonnance va porter la désolation dans les provinces. La Cour n'est pas sûrement instruite de la misère affreuse qui règne dans les campagnes et combien l'espèce y est diminuée. Les bourgeois de Paris murmurent hautement. Le peuple n'est pas encore instruit : il sait grossièrement qu'on va tirer la milice, mais il se flatte qu'elle n'aura lieu que pour la livrée. On dit hautement qu'on auroit dû le satisfaire sur ce point.

Si l'on s'en rapporte à ce que l'on a entendu dire à des demoiselles de l'Opéra, la dévotion de madame de Mailly commence à se ralentir.

27 *juillet*. — On est fort intrigué dans le public sur le bruit qui court depuis quelques jours qu'on a mis à la Bastille un homme d'une grosse considération. On croit que c'est un prince; on en nomme plusieurs et on veut deviner la raison de la détention.

Madame la duchesse de Modène occupe l'appartement que M. de Tencin a quitté.

On nomme M. Berthier de Sauvigny à l'intendance

du Languedoc. On dit plus de bien de cet intendant que du président Berthier, son frère, qui passe une partie de sa vie à s'enivrer et à voir des filles de bas étage qui se plaignent toutes de son caractère avare et vilain. On conte sur ce sujet des traits assez plaisants.

On commence à entrevoir que la Cour n'est pas dans l'intention de faire tirer la milice à la livrée, et bien des gens n'approuvent pas les raisons pour lesquelles on refuse cette satisfaction au peuple.

Le roi de Prusse a écrit en ces termes à madame la marquise du Châtelet : « Je ne conçois pas messieurs « les François : ils n'ont qu'un bon ministre, ils le relè- « guent ; un bon général, ils ne l'emploient point ; un « bon poëte, ils le chassent. »

Toutes les lettres de l'armée disent que ce monarque marche avec une armée de soixante mille hommes pour soutenir les libertés de l'Empire et pour obliger les Anglois à sortir de l'Allemagne. On est dans l'appréhension que sous ce prétexte il n'ait de mauvais desseins contre la France.

Voltaire est, dit-on, parti de La Haye pour se rendre à Londres. On assure que le ministère, instruit du peu de respect qu'il témoigne depuis quelque temps pour la France, a résolu de ne point permettre qu'il y remette les pieds.

28 *juillet*. — On n'ôteroit pas de l'esprit de tout le monde qu'on a mis à la Bastille un prince. Les uns disent que c'est celui de Deux-Ponts, les autres le prince de Guise. Ce bruit s'est accrédité au point que quand vous répondez qu'il est sans fondement, on se persuade que vous tenez ce discours par circonspection. Ce qu'il y a d'admirable, c'est qu'il court avec la même fureur parmi le peuple, mais c'est M. de Belle-Isle qui est le héros de l'aventure, et il y a des quartiers où l'on nomme M. de Broglie.

L'on a remarqué que depuis quelques jours il arrive

de fréquentes querelles entre le peuple et les gardes françoises, les Suisses et les mêmes gardes-françoises à l'occasion du sobriquet de barbets ou de canards du Mein que le régiment des gardes s'est malheureusement fait donner à l'action d'Etlingen; il peut en arriver des suites fâcheuses si l'on ne trouve pas des moyens pour y remédier. Il y en auroit un infaillible : c'est qu'à la première occasion ce régiment se signalât de manière à faire cesser la malheureuse opinion qu'on a de sa valeur; car pour tenter d'en imposer au peuple, c'est une chose impossible, et des ordonnances rendues à ce sujet seroient des monuments d'infamie pour les gardes françoises et ne feroient que lui ménager de nouvelles avanies.

M. d'Argenson ne devroit pas se montrer en public lorsqu'il a dîné d'une certaine façon. Il se promena hier au Palais-Royal, vers les sept heures du soir, et soit qu'il eût été trop longtemps enfermé dans son cabinet ou que l'air et le travail l'eussent étourdi, il n'étoit pas assuré sur ses jambes, ce qu'on a mal interprété. Il s'est trouvé même des gens qui ont assuré que cela lui arrivoit souvent.

On badine madame la duchesse de Villars sur son académie de beaux-esprits, et surtout le sieur de Moncrif qui en est le tenant. Cet académicien n'est pas aimé : on le dit fourbe et scélérat; on le plaisante beaucoup sur les saintes cantates qu'il compose pour la Reine, parce que les gens de la Cour n'ignorent pas qu'il y a longtemps qu'il s'est voué au profane.

On fit hier l'apologie de M. de Marville au café du Palais-Royal. Cela vint à propos de ce qu'on soutint que M. Berthier de Sauvigny étoit trop jeune pour passer à l'intendance du Languedoc; on cita M. de Marville comme une preuve qu'on pouvoit à tout âge remplir les emplois les plus difficiles.

SUR MAUPERTUIS.

De l'art obscur de Maupertuis,
Qui pourra m'apprendre les signes ?
Dans sa longue harangue, ignorant que je suis,
Je cherchois un discours, je n'ai vu que des lignes.

29 juillet. — La détention d'un homme de considération, que l'on croit certaine, continue à faire un grand bruit. On nomme M. le prince de Deux-Ponts, M. le prince de Guise. Des personnes de considération disoient hier à ce sujet qu'en cas que la chose fût vraie, la Cour n'en devoit pas faire un mystère, parce que cela donnoit lieu à des soupçons sur beaucoup de gens dont la réputation souffroit de toutes les conjectures que l'on tiroit à ce sujet.

Il a été aussi fort question de l'affaire du bon du Roi et de toutes les personnes qui ont été arrêtées et mandées pour ce sujet. On continue à assurer que M. Hatte, fermier général, a été arrêté.

Il y a une femme, brocanteuse sur la place du vieux Louvre, qui se mêle de fournir tous les écrits gaillards, vers et pièces fugitives. On ne sait pas son nom, mais on est sûr de ce fait.

On a découvert hier qu'un nommé Génévil, qui loge rue Sainte-Anne, au Tambour-Royal, chez un marchand de vin, est à Paris sous un nom supposé ; qu'il est de Besançon ; que son vrai nom est Cabet ; qu'il a été accusé d'avoir tué un homme de propos délibéré dans son pays et qu'il a été obligé de sortir du royaume pour ne pas être puni ; qu'il a vécu longtemps en Lorraine, et qu'il est à Paris depuis trois mois.

Un exempt en habit bleu, avec des agréments d'or, avec le bâton, donna beaucoup d'inquiétude hier, à la messe de midi, à Saint-Roch, parce qu'il parcourut l'église plusieurs fois comme s'il eût eu intention d'arrêter quelqu'un.

30 juillet. — On remarquoit hier que depuis une quinzaine de jours on voit plus d'Anglois à Paris qu'on n'y en voit ordinairement. On entendit deux fort jolies femmes de cette nation qui parloient du Roi avec beaucoup de respect et d'admiration : elles avoient été exprès à Versailles pour jouir du bonheur de le voir. L'une d'elles dit qu'elle parieroit, sur sa belle physionomie, qu'il avoit toutes les perfections du cœur et du caractère, et que, s'il y avoit une félicité dans la vie, c'étoit d'être aimée d'un si beau Roi ; ce furent les termes dont elle se servit. Elles admirèrent aussi M. le Dauphin, et elles conjecturèrent que ce seroit un jour un grand prince, mais qu'il aimeroit prodigieusement les femmes. L'une d'elles demanda ce qui donnoit lieu à ce jugement. — « Parce qu'il n'a pas cessé de nous re-
« garder, » répondit la plus jeune, « et qu'il m'a paru
« que ce n'a pas été sans plaisir. »

Toutes les fois qu'il a été question de M. l'évêque de Mirepoix, on le maltraita extraordinairement. M. de Belle-Isle fut hier aussi sur le tapis. On dit que la plus grande consolation dont on puisse faire usage dans les temps malheureux où l'on se trouve, c'est de le voir éloigné des affaires. Tôt ou tard, dit-on, il auroit mis l'État sens dessus dessous. Malgré la vivacité avec laquelle le poëte Roy le défend et soutient que c'est le plus grand homme que nous ayons en France, on persiste à le croire un brouillon et un ambitieux, qui n'a que la superficie des affaires, et qui n'étale que du clinquant. On insinue, autant qu'on le peut, que l'envie seule est la cause de ce déchaînement, et il se trouve des gens charitables qui vous disent à l'oreille de ne parler de cet homme qu'en bien, parce qu'avant peu il sera tout-puissant, et qu'instruit comme il l'est, malheur à ceux qui auront mal parlé de lui.

31 juillet. — Il n'y a pas d'histoire qu'on ne fasse sur la détention prétendue d'un prince à la Bastille ;

c'est toujours la nouvelle du jour. On s'est avisé de publier hier à ce sujet que M. le comte de Saxe ayant été averti qu'un espion qu'on alloit pendre avoit des choses d'une extrême conséquence à lui dire, ordonna qu'on le lui amenât, et sur l'assurance que l'espion lui donna que le secret qu'il avoit à lui communiquer intéressoit le salut de l'armée et méritoit qu'on lui fît grâce, le général lui promit la vie en cas que son rapport fût vrai. L'espion lui prouva, dit-on, que M. Beauvau de Craon, inspecteur de cavalerie, entretenoit des intelligences avec le prince Charles, et indiqua toutes les preuves pour constater le fait. Depuis les bruits répandus à ce sujet, le prince de Lambesc ne s'étoit pas montré en public. On lui a conseillé d'en user à son ordinaire pour ne point accréditer toutes les faussetés qui se publient depuis quelque temps à cette occasion.

M. le Dauphin devoit dîner chez Son Altesse Royale, à ce qu'on prétend. Il a été décidé que ce seroit aux Invalides, et que Mesdames dineroient à Chaillot avec Son Altesse Royale. On craint que la grande chaleur n'altère la santé de M. le Dauphin.

Août.

1ᵉʳ *août.* — Le public est extraordinairement affecté en faveur de M. le comte de Saxe. Il n'est jamais question de ce général qu'on n'en dise les choses les plus obligeantes. On a une confiance extrême en sa valeur, et l'on ne doute pas qu'il ne batte les ennemis toutes les fois que l'occasion s'en présentera. Le soldat à l'armée a cette confiance, et c'est un préjugé heureux, en cas d'affaire. Les militaires d'une certaine considération rendent toute la justice possible à M. le comte de Saxe : ils désireroient seulement qu'il s'emportât moins dans une action, qu'il fût moins soldat et plus général.

Le sieur Carpas, sous-fermier, célèbre nouvelliste, plus Autrichien que François, c'est-à-dire vantant plus les généraux ennemis que les nôtres, disoit hier que le sieur Vouette, créature de M. de Noailles, n'osoit presque plus se montrer, parce qu'il ne pouvoit se trouver dans un cercle où l'on ne blâmât la conduite du maréchal dont on vient de parler.

L'on assura hier que M. le duc de Grammont avoit écrit à madame la duchesse, sa femme : « Ne croyez « pas un mot de tout ce qui se publiera à mon sujet à « Paris, sur ce qui a rapport à l'affaire d'Etlingen. Je « n'ai pu faire autre chose que ce que j'ai dû faire. » Ce trait, dont personne ne doute, a achevé de discréditer M. de Noailles et de réhabiliter M. de Grammont.

2 août. — On a fait beaucoup d'histoires sur un laquais qu'on dit avoir été pendu hier, et dont on n'a pas publié la sentence. On dit que cet homme avoit été mis à la Bastille, dans un cachot, pour apprendre la vérité de certains faits dont il pouvoit donner connoissance ; que son opiniâtreté à assurer qu'il ne savoit rien, fit imaginer de mettre un homme adroit dans son même cachot, qui, sous le semblant d'être fort malheureux, trouva le moyen d'intéresser le laquais prisonnier, et de lui arracher sa confiance ; que M. de Marville en ayant fait usage dans un interrogatoire, le prisonnier jugea bien qu'il avoit été trahi par le camarade qui lui avoit été donné, et que, dans la crainte qu'il ne lui servit de témoin, il l'avoit étranglé pendant la nuit.

On donne un tour encore plus merveilleux à cette affaire. On prétend que le laquais, interrogé sur la mort de cet homme, avoit répondu qu'il étoit sorcier ; que la veille il lui avoit proposé, pour distraire l'ennui affreux dont ils étoient accablés tous deux, de faire venir des filles ; que sur l'étonnement qu'il avoit marqué à un semblable discours, le prétendu prisonnier lui avoit dit qu'il alloit juger par ses yeux qu'il étoit en état d'effectuer son dire ; qu'alors il avoit fait des conjurations au milieu desquelles étoient apparues deux filles; que sur le refus que lui, laquais, avoit fait de les envisager, ces deux fantômes ou diables s'étoient jetés de dépit sur celui qui les avoit conjurés et l'avoient étranglé.

On a parodié le frontispice qui est à la tête de la traduction de Virgile, par l'abbé Desfontaines. La figure représente un temple de la Gloire dont il sort un génie qui semble présenter un laurier au traducteur. Les neuf Muses accourent et se présentent; — on lit ce vers d'Horace au bas de la figure :

Pendit et nunc Helicone dea;

On a travesti ce vers en celui-ci :

Pucelles, ouvrez-vous : l'auteur est converti.

On assure qu'il a paru une Vie du cardinal de Fleury par Voltaire, qui se vend trente livres.

3 août. — M. Pâris-Duverney a été, dit-on, nommé par le Roi pour faire les fonctions d'intendant de l'armée du maréchal de Noailles. On publie de différentes manières comment cette nomination s'est faite : les uns disent que le Roi manda, il y a quelques jours, M. Duverney, et qu'il lui dit qu'il le prioit et lui ordonnoit de se rendre à son armée du Rhin, pour prendre le soin de tout ce qui a rapport aux vivres; que sur la bonté qu'eut le Roi de lui permettre de prendre une qualité, il avoit répondu que celle de bon sujet, obéissant et soumis, lui suffisoit, et qu'il n'en prendroit point d'autre. Tout le monde applaudit généralement au choix de Sa Majesté; et il fut dit hier à cette occasion que, si le Roi continue à choisir le mérite, lorsqu'il sera question de remplir les places vacantes, on doit s'attendre à un règne heureux. On remarqua hier sur ce sujet, que le Roi fait un grand cas de ceux qui passent pour être laborieux, et qui se sont acquis de la bonne réputation : on juge de là que Sa Majesté a de la solidité dans l'esprit, et qu'elle n'est pas si peu propre pour la conduite de ses affaires, que des esprits inquiets ont voulu l'insinuer jusqu'ici.

Un nommé Prieur, connu au Palais-Royal de tout le monde, caustique à l'excès, est dans l'habitude de s'expliquer sans ménagement sur tout ce qui peut être l'objet d'un raisonnement. Il n'est ami ni de M. de Noailles, ni de nos ministres : il porte souvent les choses à un peu trop d'excès.

4 août. — M. de Chauvelin, intendant de l'armée, ne fut pas hier bien traité par des gens de considération qui ont l'air d'être bien instruits de ce qui se passe. On dit qu'il s'est si mal conduit, qu'il a si mal rempli les fonctions de son emploi, et qu'il s'est rendu si méprisable, qu'il a pensé plusieurs fois être bafoué publiquement. On conte que l'ordre lui est envoyé pour revenir. Le Roi est fort mécontent de sa conduite; on ne sait ce que cet intendant deviendra; mais il doit compter qu'il ne sera pas vu sûrement de meilleur œil ici qu'à l'armée. On le dit fou de la plus haute folie; l'air de Paris ne guérit pas de cette maladie.

On rapporte à ce sujet l'histoire d'un intendant qui se conduisit avec si peu de ménagement avec M. de Noailles, qu'il s'attira une lettre fort haute de ce général, et, pour le mieux punir, la copie de la lettre fut clouée, par son ordre dans son secrétariat avec ces mots : « Modèle des lettres qu'on doit écrire aux intendants « impertinents. » On ajoute à cette anecdote ce qui se passa entre M. le maréchal de Montrevel, dans une semblable occasion, et M. Legendre. Il lui écrivit du grand ton, et finit par ces mots : « Gardez votre estime pour « vos égaux, votre amitié pour vos inférieurs, et souve- « nez-vous pour jamais du respect que vous devez au « maréchal de Montrevel. »

Les esprits caustiques et de mauvaise humeur trouvent extraordinaire que le Roi, dans ses voyages à

Choisy et ailleurs, sorte de sa grandeur pour badiner souvent avec les gens qui le servent et même avec ceux de la plus basse espèce. Avant-hier Sa Majesté fut voir dîner les officiers de M. d'Argenson. Elle demanda au sieur Rotisset, secrétaire, s'il avoit bon appétit, et après s'être retirée, envoya savoir son âge. Les gens raisonnables ne condamnent pas cette familiarité, la traitent de bonté, etc.

L'histoire du jour est celle du jugement des coupables du bon du Roi. L'on a parlé du mérite des juges. On a remarqué que M. de Marville avoit souffert en voyant donner la question à celui qui avoit été condamné. Cela fit dire à quelqu'un que, quoiqu'il parût quelquefois brusque, personne n'avoit le cœur si bon que lui et moins propre à faire du mal. On est assez bien informé de cette affaire dans le public, où l'on dit qu'on auroit dû jeter un voile sur cette affaire, ou punir sans exception tous les coupables.

6 août. — Il se répand une histoire qui amuse fort le public aux dépens de M. le duc de Grammont. On dit que les mousquetaires qui sont à l'armée ont tenu en badinant un conseil de guerre pour le juger, et qu'après en avoir usé comme il se pratique en pareil cas, ils avoient condamné l'accusé à perdre la tête; que pour donner plus de vraisemblance à la supposition on avoit fabriqué un duc de Grammont, avec une botte de paille, qui avoit paru devant ses juges et auquel on avoit notifié la sentence et les raisons qui l'avoient occasionnée; que sur les représentations faites par de vieux lieutenants généraux, représentés par les mousquetaires les plus jeunes, que l'accusé tenant à tout ce qu'il y avoit de mieux à la Cour, il falloit lui sauver la vie, on étoit revenu aux opinions, et enfin que la peine de mort avoit été commuée en un bernement; que ce jugement avoit été mis sur-le-champ à exécution, et que l'homme de paille, représentant le duc de Grammont, avoit été berné à l'entrée de la tente par tous les mousquetaires.

8 *août*. — L'on s'attend dans le public à voir dans peu différentes déclarations du Roi tendantes toutes à faire des fonds pour la continuation de la guerre.

On parle d'une augmentation de trente-sept charges de notaire pour faire le nombre de cent cinquante, dont la finance sera de trente-six mille francs, de réunir les sous-fermes, les contrôles, etc., aux fermes, et de créer quatre autres places de fermiers généraux. On applaudit beaucoup à ce projet par des raisons qui seroient trop longues à déduire, dont deux des principales sont que les fonds que ces places produiront ne seront onéreux à personne, et que par cette voie le Roi saura se faire une ressource infaillible en cas que l'État se trouve nécessiteux.

On parle encore d'un moyen infaillible pour faire des fonds considérables; c'est de permettre au peuple de se racheter du logement des gens de guerre et d'octroyer à toutes les provinces une loterie de dix ans dont le bénéfice servira à bâtir des casernes; de supprimer les trois loteries de Paris et d'en créer une nouvelle tous les mois dont l'objet sera de bâtir des casernes dans les faubourgs de Paris pour le logement des gardes françoises et suisses et de toute la maison du Roi. — Un autre moyen, qui seroit encore du goût du public et qui procureroit de grosses sommes, est la recherche de la fausse noblesse dont l'abus est porté au dernier excès, et de distinguer les états. — Une petite ferme qu'on pourroit établir sur les cartes à jouer seroit d'un fort bon rapport.

On prétend qu'il devroit être interdit aux orfévres, brocanteurs, porteurs de balles, crieurs de chapeaux, etc., d'acheter et de vendre argent brûlé, galons, argenterie, etc., et qu'il devroit y avoir un bureau général dont différents autres ressortissent pour que l'on y portât les effets susnommés pour y être vendus selon le tarif, afin que l'État n'ignorât point, comme il le fait, ce que devient tout l'argent qui se dissipe par tant de moyens clandestins dont le public est la dupe, parce que ces sortes de gens ne lui payent jamais la valeur des effets qu'ils achètent.

Il paroît, par les mauvais discours qu'on tient en public des officiers généraux, qu'on écrit avec beaucoup de liberté de l'armée. On dit qu'ils font fautes sur fautes, et que jusqu'aux jeunes gens tout le monde s'en aperçoit.

9 *août*. — Dans un cercle composé de plusieurs personnes de considération entre lesquelles étoit M. le chevalier de Mailly, un chevalier de Saint-Louis pâle, grand, bien fait, qui a le bras en écharpe, poil brun, tirant sur le roux, sourcils épais, l'air martial et qui a beaucoup d'esprit, fort lié avec M. le comte de Saxe, a fait à peu près le portrait de ce général, en rapportant bien des particularités de la dernière guerre et des généraux, qui seroient extraordinairement intéressantes si elles étoient écrites avec plus d'ordre qu'il n'est possible de le faire dans ces feuilles.

Selon cet officier, M. le comte de Saxe, dont la réputation est si bien établie, n'en est digne que par quelques côtés; il est brave par tempérament; avec l'air actif, il est pesant de corps et d'esprit, sa vanité aiguise son imagination; il court de projets en projets; son imagination les lui rend tous faciles, mais à peine trouve-t-il des difficultés dans l'exécution de celui qu'il a choisi qu'il passe à un autre parce qu'il n'a pas l'esprit assez conséquent pour les lever. Il est admirable pour un coup de main, pour commander un petit corps de troupes, mais ce seroit risquer de tout perdre que de le mettre à la tête d'une armée, sa judiciaire n'étant pas assez étendue pour embrasser toutes les parties qui forment l'ensemble; il n'entend rien aux détails si nécessaires pour opérer avec succès -Avec un air de bonté et de familiarité, il est d'une hauteur sans égale ; il faut avoir beaucoup d'esprit pour lui donner des conseils et infiniment davantage pour les lui faire goûter. Le fond de son caractère est dur à l'excès et se sent du terroir. On le croit bon François, on se trompe : il n'aime que les plaisirs de Paris et non la nation ; il en a même fort mauvaise opinion. Dans toutes les occasions il la traite avec dureté : l'officier l'estime et ne l'aime pas : il parle avec beaucoup de liberté sur le compte des ministres et des généraux ; il veut avoir de l'esprit, il n'en a que très-superficiellement ; il sait à peine l'histoire, cependant sa manie est de citer quand il écrit, et il cite presque toujours à faux. Voici un trait qu'on conte de lui à ce sujet : avant que de donner au courrier une lettre qu'il écrivoit à feu M. de Breteuil sur l'entreprise d'Égra, il la fit voir à un officier qui le releva sur une citation de Gustave qu'il supposoit l'avoir attaquée en personne. L'officier lui dit qu'il se trompoit et que ce monarque n'en n'avoit point été ; M. le comte de Saxe répondit en souriant que cela importoit peu et que c'étoit encore trop bon pour M. de Breteuil.

10 *août*. — Mademoiselle Rotisset, qui a débuté hier à l'Opéra avec beaucoup de mystère, à cause de son frère qui est secrétaire de M. d'Argenson, a été applaudie. Cela a occasionné beaucoup de traits mordicants sur les raisons qui ont engagé ce ministre à protéger le frère et la sœur.

11 *août*. — Les auteurs des *Nouvelles* bâtardes ne manquent jamais les mercredis et les samedis de se trouver au Palais-Royal où ils s'attachent à conter tout ce qui se dit. Ils le font avec si peu de ménagements que, quand pour les éviter on veut parler bas, ils ne se font point scrupule d'approcher leur oreille et de mêler leur tête avec celles de ceux qui parlent en secret, ce qui leur occasionne souvent des duretés. Bien des gens croient ces contrebandiers des espions de M. de Mar-

ville, et l'on s'en défie beaucoup. Il y a un nommé Desjardins, bijoutier du jardin, qu'on dit être commis pour apprendre le nom de ceux que ces gens veulent connoître plus particulièrement. Une des causes des faux bruits qui se publient et qui s'écrivent à Paris est que bien des gens, pour s'amuser et pour attraper ceux dont on vient de parler, conviennent avant de s'asseoir de ne pas dire un mot de vrai, et c'est à qui publiera les choses les plus ridicules.

12 *août*. — Il a été question hier, presque toute la journée, des démarches qui ont été faites pour empêcher que la demoiselle Rotisset continuât de chanter à l'Opéra. Les placets qui ont été présentés samedi à ce sujet par le père et la mère de cette fille sont restés entre les mains de M. le duc de Gèvres et n'ont point été jusqu'au Roi. On dit que ce duc a été bien aise de trouver cette occasion de faire plaisir à M. de Maurepas qui a montré beaucoup de chaleur pour cette affaire. D'un autre côté, l'on prétend que M. d'Argenson est piqué que M. de Maurepas l'ait si peu ménagé dans la personne de son secrétaire qui est au désespoir que sa sœur ait fait cette démarche, et que, malgré sa dissimulation ordinaire, il n'a pu cacher son ressentiment. M. de Maurepas dit hier, à l'Opéra, à mademoiselle Rotisset, qui a pris le nom de Romainville, qu'elle se tranquillisât, qu'elle resteroit à l'Opéra, que, malgré tous les mémoires qui avoient été présentés la veille, elle n'en avoit rien à craindre, et qu'il avoit été deux fois chez la Reine sans qu'elle lui en eût parlé.

On se persuade que le Roi se conduit par d'autres lumières que celles de son Conseil et que Sa Majesté est instruite par d'autres voies que les ordinaires. On s'aperçoit qu'elle est presque toujours prévenue sur toutes les affaires qui lui sont rapportées et qu'elle décide rarement selon l'esprit des ministres. On s'étudie en vain pour pénétrer ce mystère : le Roi parle si peu et donne si peu prise aux conjectures, que jusqu'ici l'on n'a encore rien pu deviner sur ce point.

On dit que M. de Noailles est plus en faveur que jamais, et que, pour tout ce qui a rapport au militaire, le Roi se conduit par les avis de ce maréchal.

13 août. — Le bruit court que M. le prince de Conti a reçu ordre de se rendre à l'Ile-Adam, à cause de certains discours un peu trop vifs qu'il a tenus à l'armée. On prétend que ce prince s'attendoit à commander le corps de M. le comte de Saxe, et qu'il a marqué beaucoup de mécontentement à cette occasion. On dit que ce prince est d'une vanité insupportable, et qu'il se persuade avoir tout mérité. Le militaire applaudit fort à la conduite de la Cour, et est du sentiment qu'on ne doit pas avoir trop de complaisance pour les princes qui, par leur rang et la dépense qu'ils font à l'armée, ne s'attirent que trop de créatures. On passe de là à des réflexions désagréables sur le peu d'union qu'il y a entre les officiers généraux, et l'on tremble qu'il n'arrive encore de cette campagne ce qu'il est arrivé des précédentes.

Malgré l'air de plaisanterie que M. d'Argenson a pris sur l'entrée de la demoiselle Rotisset à l'Opéra, on sait qu'il est piqué de la vivacité avec laquelle M. de Maurepas a saisi cette occasion de faire connoître son crédit sur l'esprit du Roi. Le père et la mère de cette fille ont présenté des placets au Roi, qui n'ont pas été écoutés. La Reine, quoique piquée de son côté, s'est contentée de plaindre les parents, et n'a pas voulu se mêler de cette affaire. — M. le duc d'Orléans, à qui on en a présenté aussi, n'en a pas fait davantage. Le sieur Rotisset travaille actuellement à obtenir un emploi pour son père en province; il est au désespoir du mauvais tour que sa sœur lui a fait.

Le petit peuple est fort content de l'ordonnance qui a été affichée hier, et il n'est pas douteux que, si l'on tiroit une seconde fois la milice, la grâce accordée aux miliciens apprentis ne fût un puissant motif de consolation.

14 *août*. — On rapporta hier en plein cercle que M. de La Garde, le père, avoit répondu à une personne qui lui avoit dit qu'on jugeoit par la jaunisse de son fils, et l'état d'épuisement où il paroissoit être, de la lubricité de mademoiselle Lemaure, que l'on se trompoit grossièrement, que cette demoiselle ne se servoit de son fils que pour se faire chatouiller, ce plaisir étant pour elle au-dessus de tout autre, et y passant des jours entiers.

Madame de Valence, maîtresse de l'ambassadeur de Hollande, vient de congédier une partie de ses domestiques, et à loué sa maison. Elle doit aller à la campagne n'étant plus en état de se soutenir, M. de Vanhoë ne lui donnant plus que quatre mille francs pour son entretien et pour celui de sa fille, qui a refusé de s'établir avec le fils du maître de la maison où elle demeuroit, parce qu'elle ne veut point se marier qu'on ne lui donne un carrosse.

La Bienvenu, libraire du Palais-Royal, imprimeroit des livres sans permission quels qu'ils soient, si elle trouvoit des auteurs qui la fissent travailler. Elle a proposé à celui de cette feuille de faire affaire de ses ouvrages, en cas qu'il en ait à mettre sous presse.

15 *août*. — On a fort applaudi à l'expédition que M. de Marville a fait faire chez la dame de Mazières, joueuse de profession, et l'on désire fort qu'il ne s'en tienne pas là. Il y a un grand nombre de maisons à Paris où les plus honnêtes gens se ruinent, et il n'y a pas jusqu'aux joueurs qui ne désirent que le magistrat les supprime, parce qu'elles sont des lieux de ruine et de prostitution.

16 *août*. — L'écrit séditieux qui a été répandu en Lorraine, et que l'auteur cherchoit avec soin pour en faire part à M. de M... en cas qu'il ne l'eût pas et qu'il

souhaitât de le voir, lui est tombé entre les mains; il soupçonne vaguement que c'est par madame la marquise du Châtelet-Voltaire que cet écrit est parvenu à Paris. On en a reconnu l'écriture; le papier sur lequel a été écrit ce libelle a été sûrement dans le secrétaire de cette marquise, parce qu'il a la même odeur que tous ceux qui y sont enfermés, et l'écriture est d'un jeune homme qui a été secrétaire de M. de Voltaire, etc. On écrit de Lorraine qu'il y a beaucoup de fermentation depuis que cet écrit y a été répandu, et que les Lorrains désirent ardemment l'arrivée du prince Charles. On sait cela d'un homme qui est en relation avec la fille du prévôt de Pont-à-Mousson.

17 août. — Il fut question de la critique du sieur Le Tort contre l'abbé Des Fontaines. On fut en contestation sur ce que l'on assura que M. de Marville faisoit faire des recherches sérieuses du véritable auteur de cet écrit, qu'on assure être de l'abbé de Gourné; les uns approuvèrent le magistrat; d'autres prétendirent qu'au lieu de prendre le parti du cynique Des Fontaines, il y a longtemps qu'il auroit dû le faire chasser de Paris. On répondit à cela qu'il n'en auroit pas été le maître; que M. le chancelier et M. le procureur général le protégeoient, ce qui fut fort désapprouvé, parce que le public a très-mauvaise opinion de cet auteur.

On dit que le sieur Rotisset étoit venu exprès à Paris pour tuer sa sœur, qui continue à être fort applaudie à l'Opéra, et que, sans les bons conseils qui lui ont été donnés, il auroit fait cette sottise-là.

Mesdames de Boufflers et de Luxembourg se firent hier fort remarquer à l'Opéra, à cause des éclats de rire et d'un badinage qui dura fort longtemps, avec les hommes qui vinrent successivement les voir dans leur loge.

L'on entendit dire hier à des Allemands, dont on n'a pu apprendre les noms, que le Grand-Duc est le plus paillard de tous les hommes; qu'il a un cabinet secret d'où il peut voir dans un salon ce qui se passe dans un rendez-vous amoureux, sans que ceux qui y sont aient connoissance qu'ils sont observés.

On dit que le Roi est fort content de M. de Marville, et qu'en parlant dernièrement de ce magistrat, il loua son intelligence et son activité.

Madame du Châtelet se donne de grands mouvements pour obtenir que *la Mort de César* soit jouée. Elle dit hier à l'auteur qu'après une légère correction qu'on désire, elle sera jouée en public.

18 *août*. — Le chevalier de Saint-Louis, dont on a parlé à la date du 9 de ce mois, à l'occasion de M. le comte de Saxe, s'appelle Pons et est capitaine dans la Mestre-de-camp.

Il fut dit hier que, le même jour que le Roi reçut le courrier qui lui apportoit la nouvelle de l'affaire d'Etlingen, il fut à Choisy avec trois dames, et qu'il y en eut une qui le fit attendre dans la calèche plus d'une demi-heure. On trouva fort mauvais que le Roi eût une complaisance aussi ridicule; les dames furent qualifiées d'épithètes un peu vives, et l'on tira pour conséquence que Sa Majesté n'avoit pas le cœur trop sensible; puisqu'elle songeoit à se livrer aux plaisirs dans le moment où elle apprenoit la perte d'une partie des officiers de sa maison.

Des officiers se plaignoient hier qu'on ne pouvoit espérer de grâces à la Cour qu'on ne payât fort cher, et qu'il y avoit des secrétaires qui vendoient les faveurs du ministre. On cite un nommé de Floncelle pour ce qui est relatif aux affaires étrangères, et un nommé de La Cocartière pour les affaires de la marine. En parlant des gens d'honneur, on nomme le sieur Duval, premier secrétaire de M. de Marville : on en parle comme d'un homme incorruptible et de la plus scrupuleuse probité.

Là s'arrête le *Journal* de notre écouteur. Si nous ne possédons tout, il est néanmoins consolant pour nous de penser que ce que nous en possédons s'étend assez loin pour nous apprendre la rentrée en grâce du chroniqueur auprès de M. de Marville. Il était pénible de voir, dans le précédent fragment, le nuage qui s'était élevé entre eux. Il est des hommes faits pour se comprendre, et dont la désunion afflige les cœurs bien placés.

On voit, à la date du 19 décembre, notre agent nouvelliste correspondre évidemment avec M. de Marville, puisqu'il lui annonce qu'il ne lui adresse que les premiers couplets de chansons satiriques parce qu'ils doivent suffire pour faire reconnaître à ce magistrat s'il a déjà reçu ces vaudevilles. Plus loin, à la date du 8 mars, il s'exprime de manière à bien prouver que ses bulletins n'étaient plus destinés au lieutenant général de police. Quel est le motif de ce changement? Nous l'ignorons. Peut-être faut-il en voir l'explication dans le rejet par ce fonctionnaire de la demande contenue dans le fragment de lettre qui suit. Peut-être aura-t-elle été accueillie par le ministre de qui relevait M. de Marville, et peut-être est-ce pour lui que ce journal secret aura été continué.

Quel que soit le sort de ces conjectures auprès de nos lecteurs, voilà la copie d'un brouillon de lettre que nous avons trouvé en feuilletant la dernière partie de notre précieux registre :

« Monsieur,

« Si j'avois l'honneur de vous être connu plus particulièrement, vous ne douteriez pas de ce qu'il m'en coûte pour me résoudre à faire le pas que j'ose hasarder aujourd'hui ; il y a plus d'un mois que j'y apporte des délais. Je n'ai jamais pu prendre sur moi de vous faire mes respectueuses représentations : une timidité que je ne puis vaincre, et le peu d'habitude où je suis de faire de ces tristes démarches m'a arrêté tout court. Quand j'ai l'honneur de vous voir, je ne suis occupé que de ce plaisir : je vous admire et je ne puis rien de plus.

« Je connois, monsieur, votre pénétration ; je sais que votre cœur est aussi compatissant que généreux ; qu'il n'y a personne en place qui sache mieux distinguer que vous le fond du caractère et le mérite de la probité. Vous êtes trop éclairé pour n'avoir pas compris qu'en m'acquittant avec droiture de l'emploi des *Nouvelles*, il n'étoit pas possible que j'en tirasse parti comme ceux qui l'exerçoient avant moi et ceux qui l'exercent aujourd'hui : pour qu'il m'eût été profitable, il falloit fournir deux feuilles dites de Hollande avec celle que vous voulez bien approuver ; c'étoit le seul moyen d'y prospérer, mais je ne suis point accoutumé à enfreindre les ordres qui me sont prescrits et encore moins capable de mauvaises manœuvres. J'ai travaillé dans la simplicité qui convenoit à un galant homme ; j'ai pensé que, pour vous plaire, je n'avois point besoin d'autres protecteurs auprès de vous que mon exactitude et ma probité, certain qu'en ne m'écartant pas de cette conduite, je parviendrois à mon but et que je pouvois espérer.

« L'événement m'a fait connoître que je ne m'étois pas trompé ; vous avez eu mille bontés pour moi qui m'attachent à vous, monsieur, pour le reste de mes jours. Mon cœur en est pénétré et ma reconnoissance voudroit en vain s'exprimer.

« Voudriez-vous me permettre, monsieur, en considération de ces sentiments et du zèle qui me dévoue à vous pour jamais, que j'eusse l'honneur de vous faire mes très-humbles représentations sur la situation où je me trouve, et que j'aie l'honneur de vous les faire avec confiance ; après quoi je me trouverai soulagé de mes peines ; je sais que ma confiance ne vous indisposera pas contre moi parce que je ne mets point en doute que vous ne daigniez vous intéresser à mon malheureux sort.

« Lorsque vous eûtes la bonté de me donner la moitié du privilége des *Nouvelles*, je crus bien faire, pour monter cet établissement, de promettre le quart par mois de tout ce qui reviendroit de toutes les pratiques que me fourniroient ceux qui distribuoient les *Nouvelles* avant moi. Ces gens de mauvaise foi, au lieu de me donner des pratiques sûres, me délivrèrent des adresses d'almanach à tout hasard, et j'expédiai pendant trois mois, à mes dépens, six à sept cents feuilles par ordinaire, tant pour Paris que pour la province, sans que j'en aie rien tiré, et, ignorant ce qui en étoit, je fus assez dupe pour payer à plusieurs leur quart sans être sûr que je serois payé de tous les frais qu'ils m'avoient occasionnés.

« Depuis ce temps je sais à quoi m'en tenir pour Paris. J'ai fait pertes sur pertes, et je suis encore à la veille d'en faire de plus considérables, fournissant depuis un an plus de cinquante personnes, sans que j'en aie tiré un sou, ne faisant point réponse à mes lettres, et moi n'osant cesser de leur fournir, dans la crainte de perdre le tout.

« L'attention que j'ai eue de rendre les *Nouvelles* autant vraies qu'elles puissent l'être en entretenant des correspondances avec des gens de distinction à l'armée, et en n'épargnant point les ports de lettres, a donné quelque réputation aux *Nouvelles* que je distribue sous vos ordres. Mais le nombre des contrebandiers, qui, pour mieux faire leurs affaires, se sont avisés de contrefaire par l'impression, mes *Nouvelles*, m'ôtent de jour en jour les personnes qui s'étoient adressées à moi, et je me vois aussi peu avancé que les premiers jours.

« Je vous sauve un plus long détail qui seroit constaté par des preuves : vos moments sont trop précieux pour vous les faire perdre. Ce n'est point pour vous supplier de remédier aux causes que j'ai l'honneur de vous faire mes très-humbles représentations. Ce qui est fait est fait ; je sens les difficultés de remédier aux abus et de détruire la contrebande, et d'empêcher l'impression de mes feuilles qui a cours, comme j'ai eu l'honneur de vous le faire voir. Je ne prends la liberté de vous faire ces représentations que pour vous donner une idée de ma situation, et pour vous supplier d'envisager un moment la position où je me trouve aujourd'hui par rapport aux feuilles que j'ai l'honneur de vous envoyer depuis cinq cent vingt-neuf jours.

« Quelque répugnance que j'eusse dans le fond de mon cœur, lorsque vous m'ordonnâtes de vaquer à cet emploi, l'empressement de vous plaire et mon état fâcheux firent taire mes scrupules ; je compris qu'en vous donnant cette preuve de ma soumission et en m'attachant à être exact, vous daigneriez vous souvenir de moi.

« Je ne me trompai pas : vous ne fûtes pas longtemps à m'assigner des appointements. Peu de temps après, vous me pourvûtes de la moitié du privilége des *Nouvelles*, et votre pénétration vous faisant prévoir que je n'en tirerois pas de longtemps le bénéfice sur lequel on devoit naturellement compter, votre humeur bienfaisante vous fit continuer des appointements que je vous avois supplié moi-même de retrancher, comptant que le produit des *Nouvelles* suffiroit à ma subsistance et voulant vous donner cette marque de mon désintéressement.

« Nonobstant une convention si juste, vous n'avez point cessé de me faire du bien, et, sans ces bontés, je ne sais ce que je serois devenu, chargé, comme je le suis, d'une femme et bientôt de cinq enfants vivants, dont j'en ai un de douze ans au service du roi, que j'ai eu l'honneur de vous présenter. N'ayant plus rien de fixe, et dans l'obligation d'employer tout mon temps à former des liaisons avec d'honnêtes gens, et à les entretenir pour être en état de vous envoyer une feuille tous les jours, je n'ai point songé à ménager ni protecteur, ni emploi, et par conséquent je me trouve sans un sou de revenu : ce qui me revient des *Nouvelles* à Paris ne suffisant jusqu'aujourd'hui qu'à payer ceux qui les expédient à la province, dont les deux tiers doivent l'année, et dont le produit d'une partie a été retiré sûrement par ceux qui les ont fournies ; me trouvant, dis-je, dans cette situation, je ne puis travailler pour vos feuilles, monsieur, avec la liberté d'esprit qui convient pour les rendre plus intéressantes. Je ne parle point des peines du corps et de l'esprit pour écouter et faire parler cent personnes par jour : qui peut mieux que vous, monsieur, le concevoir ? Le ministère que vous remplissez si dignement et avec tant de pénétration vous doit trop faire comprendre ce que l'on souffre dans une contention perpétuelle d'esprit et dans un pénible travail, surtout quand on est obligé de s'envelopper éternellement d'un voile impénétrable pour ne point être soupçonné.

« Ce n'est point non plus pour vous parler des désagréments d'un travail aussi épineux que je suis entré dans ce long détail, ni de ce qu'ils m'ont occasionné en dernier lieu, et qui étoit capable de me faire découvrir si je ne m'étois servi de l'artifice dont j'ai eu l'honneur de vous rendre compte, mais de l'assurance formelle qu'après avoir fait ce métier, je n'ose me flatter d'être employé jamais à rien. Tout se découvre avec le temps : oserois-je me proposer jamais pour remplir des emplois qui, dans un autre temps, auroient pu m'être accordés ? J'ai quatre garçons actuellement vivants ; que deviendront-ils si je meurs sans les avoir pourvus, puisque je n'ai rien de fixe ? Que deviendra ma jeune femme.....? »

Ce brouillon est malheureusement incomplet ; mais tel qu'il est il suffit pour nous apprendre que les *Nouvelles à la main*, dont l'utilité se trouve adroitement démontrée à la date du

8 août 1742, avaient été rétablies, et que leur privilége avait été accordé en partie à notre chroniqueur. On y voit aussi comment cet honnête monsieur fut victime de sa confiance en des subalternes indignes, et de son trop de candeur. De méchantes âmes souriront peut-être ; mais pour nous nous ne saurions dissimuler la douleur que nous éprouvons à voir une aussi noble industrie abusée.

(*Note du premier éditeur.*)

FIN DU JOURNAL DE POLICE.

APPENDICE

AU

JOURNAL DE BARBIER

ET AU

JOURNAL DE POLICE

BULLE UNIGENITUS [1]

CONDAMNATION

FAITE PAR NOTRE TRÈS-SAINT-PÈRE LE PAPE CLÉMENT XI

De plusieurs propositions extraites d'un livre imprimé en françois et divisé en plusieurs tomes, intitulé : *Le Nouveau Testament, avec des réflexions morales sur chaque verset,* etc., à Paris, 1699, et autrement : *Abrégé de la morale de l'Évangile, des Actes des apôtres, des Épîtres de saint Paul,* etc., *et de l'Apocalypse, ou Pensées chrétiennes sur le texte de ces livres sacrés,* etc., à Paris, 1693 et 1694. Avec la prohibition, tant de ce livre que de tous les autres, qui ont paru ou qui pourront paroitre à l'avenir pour sa défense [2].

CLÉMENT, évêque, serviteur des serviteurs de Dieu, à tous les fidèles chrétiens, salut et bénédiction apostolique.

Lorsque le Fils unique de Dieu [3], qui s'est fait fils de l'homme pour notre salut et pour celui de tout le monde, enseignoit à ses disciples la doctrine de vérité, et lorsqu'il instruisoit l'Église universelle dans la personne de ses apôtres, il donna des préceptes pour former cette Église naissante; et prévoyant ce qui devoit l'agiter dans les siècles futurs, il sut pourvoir à ses

---

1. Nous avons cru devoir reproduire ici intégralement cette bulle célèbre, parce qu'elle est un des documents les plus importants de notre histoire, qu'on ne la trouve dans aucun de nos livres contemporains, qu'il faut la chercher dans des ouvrages complètement oubliés, et qu'il nous a paru indispensable de la mettre sous les yeux des lecteurs, à cause de la place qu'elle occupe dans le *Journal de Barbier.* C'est la première pièce qu'il faut lire quand on veut étudier sérieusement cette grande querelle du jansénisme, qui est, avec la révocation de l'édit de Nantes, le fait capital de notre histoire religieuse depuis deux siècles.

2. La traduction fort exacte qu'on va lire est celle du père Lafiteau; elle se trouve dans son histoire de la *Constitution Unigenitus.* Liége, 1741, t. 1.

3. *Unigenitus Dei Filius.* Ce sont ces premiers mots qui ont fait donner à cette bulle le nom sous lequel elle est si célèbre.

besoins par un excellent et salutaire avertissement : c'est de nous tenir en garde contre les faux prophètes, qui viennent à nous revêtus de la peau des brebis, et il désigne principalement sous ce nom ces maîtres de mensonge, ces séducteurs pleins d'artifices, qui ne font éclater dans leurs discours les apparences de la plus solide piété que pour insinuer imperceptiblement leurs dogmes dangereux et pour introduire, sous les dehors de la sainteté, des sectes qui conduisent les hommes à leur perte; séduisant avec d'autant plus de facilité ceux qui ne se défient pas de leurs pernicieuses entreprises, que, comme des loups qui dépouilleroient leur peau pour se couvrir de la peau des brebis, ils s'enveloppent, pour ainsi parler, des maximes de la loi divine, des préceptes des saintes Écritures, dont ils interprètent malicieusement les expressions, et de celles mêmes du Nouveau Testament, qu'ils ont l'adresse de corrompre en diverses manières pour perdre les autres et pour se perdre eux-mêmes : vrais fils de l'ancien père de mensonge, ils ont appris par son exemple, et par ses enseignements, qu'il n'est point de voie plus sûre ni plus prompte pour tromper les âmes et pour leur insinuer le venin des erreurs les plus criminelles, que de couvrir ces erreurs de l'autorité de la parole de Dieu.

Pénétré de ces divines instructions, aussitôt que nous eûmes appris, dans la profonde amertume de notre cœur, qu'un certain livre, imprimé autrefois en langue françoise et divisé en plusieurs tomes, sous ce titre : *le Nouveau Testament en françois, avec des réflexions morales*, etc...; que ce livre, quoique nous l'eussions déjà condamné, parce qu'en effet les vérités catholiques y sont confondues avec plusieurs dogmes faux et dangereux, passoit encore dans l'opinion de beaucoup de personnes pour un livre exempt de toute sorte d'erreurs ; qu'on le mettoit partout entre les mains des fidèles, et qu'il se répandoit de tous côtés par les soins affectés de certains esprits remuants qui font de continuelles tentatives en faveur des nouveautés; qu'on l'avoit même traduit en latin, afin que la contagion de ses maximes pernicieuses passât, s'il étoit possible, de nation en nation et de royaume en royaume; nous fûmes saisis d'une très-vive douleur de voir le troupeau du Seigneur, qui est commis à nos soins, entraîné dans la voie de perdition par des insinuations si séduisantes et si trompeuses. Ainsi donc, également excité par notre sollicitude pastorale, par les plaintes réitérées des personnes qui ont un vrai zèle pour la foi orthodoxe, surtout par les lettres et par les prières d'un grand nombre de nos vénérables frères les évêques de France, nous avons pris la résolution d'arrêter par quelque remède plus efficace le cours d'un mal qui croissoit toujours, et qui pourroit avec le temps produire les plus funestes effets.

Après avoir donné toute notre application à découvrir la cause d'un mal si pressant, et après avoir fait sur ce sujet de mûres et de sérieuses réflexions, nous avons enfin reconnu très-distinctement que le progrès dangereux qu'il a fait, et qui s'augmente tous les jours, vient principalement de ce que le venin de ce livre est très-caché, semblable à un abcès, dont la pourriture ne peut sortir qu'après qu'on y a fait des incisions. En effet, à la première ouverture du livre, le lecteur se sent agréablement attiré par de certaines apparences de piété. Le style de cet ouvrage est plus doux et plus coulant que l'huile, mais ses expressions sont comme des traits prêts à partir d'un arc, qui n'est tendu que pour blesser imperceptiblement ceux qui ont le cœur droit. Tant de motifs nous ont donné lieu de croire que nous ne pouvons rien faire de plus à propos ni de plus salutaire, après avoir jusqu'à présent marqué en général la doctrine artificieuse de ce livre, que d'en découvrir les erreurs en détail et que de les mettre plus clairement et plus distinctement devant les yeux de tous les fidèles, par un extrait de plusieurs propositions contenues dans l'ouvrage, où nous leur ferons voir l'ivraie dangereuse séparée du bon grain, qui la couvre. Par ce moyen, nous dévoilerons et nous mettrons au grand jour non-seulement quelques-unes de ces erreurs, mais nous en exposerons un grand nombre des plus pernicieuses, soit qu'elles aient été déjà condamnées, soit qu'elles aient été inventées depuis peu. Nous espérons que le ciel bénira nos soins, et que nous ferons si bien connaître et si bien sentir la vérité, que tout le monde sera forcé de suivre ses lumières.

Ce ne sont pas seulement les évêques ci-dessus mentionnés

qui nous ont témoigné que par ce moyen nous ferions une chose très-utile et très-nécessaire pour l'intérêt de la foi catholique et pour le repos des consciences, et que nous mettrions fin aux diverses contestations qui se sont élevées, principalement en France, et qui doivent leur origine à de certains esprits qui veulent se distinguer par une doctrine nouvelle, et qui tâchent de faire naître dans ce royaume florissant des divisions encore plus dangereuses, mais même notre très-cher fils en Jésus-Christ, Louis, roi de France très-chrétien, dont nous ne pouvons assez louer le zèle pour la défense et pour la conservation de la pureté de la foi catholique et pour l'extirpation des hérésies ; ce prince, par ses instances réitérées et dignes d'un roi très-chrétien, nous a fortement sollicité de remédier incessamment au besoin pressant des âmes par l'autorité d'un jugement apostolique.

Touché de ces raisons, animé par le Seigneur, et mettant notre confiance en son divin secours, nous avons cru devoir faire une si sainte entreprise, et nous nous y sommes attaché avec tout le soin et toute l'application que l'importance de l'affaire pouvoit exiger. D'abord nous avons fait examiner par plusieurs docteurs en théologie, en présence de deux de nos vénérables frères cardinaux de la sainte Église romaine, un grand nombre de propositions extraites avec fidélité, et respectivement, des différentes éditions dudit livre, tant françoises que latines, dont nous avons parlé ci-dessus. Nous avons ensuite été présent à cet examen ; nous y avons appelé plusieurs autres cardinaux pour avoir leur avis, et après avoir confronté pendant tout le temps, et avec toute l'attention nécessaire, chacune des propositions avec le texte du livre, nous avons ordonné qu'elles fussent examinées et exécutées très-soigneusement dans plusieurs congrégations qui se sont tenues à cet effet. Les propositions dont il s'agit sont celles qui suivent :

I.

Que reste-t-il à une âme qui a perdu Dieu et sa grâce, sinon le péché et ses suites, une orgueilleuse pauvreté et une indigence paresseuse, c'est-à-dire une impuissance générale au travail, à la prière et à tout bien ?

II.

La grâce de Jésus-Christ, principe efficace de toute sorte de bien, est nécessaire pour toute bonne action, grande ou petite, facile ou difficile, pour la commencer, la continuer et l'achever; sans elle non-seulement on ne fait rien, mais on ne peut rien faire.

III.

En vain vous commandez, Seigneur, si vous ne donnez vous-même ce que vous commandez.

IV.

Oui, Seigneur, tout est possible à celui à qui vous rendez tout possible, en le faisant en lui.

V.

Quand Dieu n'amollit pas le cœur par l'onction intérieure de sa grâce, les exhortations et les grâces extérieures ne servent qu'à l'endurcir davantage.

VI.

Quelle différence, ô mon Dieu, entre l'alliance judaïque et l'alliance chrétienne! l'une et l'autre a pour condition le renoncement au péché et l'accomplissement de votre loi; mais là, vous l'exigez du pécheur en le laissant dans son impuissance; ici, vous lui donnez ce que vous lui commandez en le purifiant par votre grâce.

VII.

Quel avantage y a-t-il pour l'homme dans une alliance où Dieu le laisse à sa propre faiblesse en lui imposant sa loi? Mais quel bonheur n'y a-t-il point d'entrer dans une alliance où Dieu nous donne ce qu'il demande de nous?

VIII.

Nous n'appartenons à la nouvelle alliance qu'autant que nous avons part à cette nouvelle grâce, qui opère en nous ce que Dieu nous commande.

IX.

Ce n'est que par la grâce de Jésus-Christ que nous sommes à Dieu, grâce souveraine sans laquelle on ne peut jamais confesser Jésus-Christ et avec laquelle on ne le renie jamais.

X.

La compassion de Dieu sur nos péchés, c'est son amour pour

le pécheur; cet amour, la source de la grâce; cette grâce, une opération de la main toute-puissante de Dieu, que rien ne peut empêcher ni retarder.

XI.

La grâce peut tout réparer en un moment, parce que ce n'est autre chose que la volonté toute-puissante de Dieu, qui commande et qui fait tout ce qu'il commande.

XII.

Quand Dieu veut sauver l'âme, en tout temps, en tout lieu, l'indubitable effet suit le vouloir d'un Dieu.

XIII.

Quand Dieu veut sauver une âme, qu'il la touche de la main intérieure de sa grâce, nulle volonté humaine ne lui résiste.

XIV.

Quelque éloigné que soit du salut un pécheur obstiné, quand Jésus se fait voir à lui par la lumière salutaire de sa grâce, il faut qu'il se rende, qu'il accoure, qu'il s'humilie et qu'il adore son Sauveur.

XV.

Quand Dieu accompagne son commandement et sa parole extérieure de l'onction de son esprit et de la force intérieure de sa grâce, elle opère dans le cœur l'obéissance qu'elle demande.

XVI.

Il n'y a point de charmes qui ne cèdent à ceux de la grâce, parce que rien ne résiste au Tout-Puissant.

XVII.

La grâce est donc cette voix du Père, qui enseigne intérieurement les hommes et les fait venir à Jésus-Christ. Quiconque ne vient pas à lui, après avoir entendu la voix extérieure du Fils, n'est point enseigné par le Père.

XVIII.

La semence de la parole, que la main de Dieu arrose, porte toujours son fruit.

XIX.

La grâce de Dieu n'est autre chose que sa volonté toute-puissante. C'est l'idée que Dieu nous en donne lui-même dans toutes ses Écritures.

XX.

La vraie idée de la grâce est que Dieu veut que nous lui obéissions, et il est obéi ; il commande, et tout se fait ; il parle en maître, et tout est soumis.

XXI.

La grâce de Jésus-Christ est une grâce... divine, comme créée pour être digne du Fils de Dieu, forte, puissante, souveraine, invincible, comme étant l'opération de la volonté toute-puissante, une suite et une imitation de l'opération de Dieu, incarnant et ressuscitant son Fils.

XXII.

L'accord de l'opération toute-puissante de Dieu dans le cœur de l'homme, avec le libre consentement de sa volonté, nous est montré d'abord dans l'incarnation comme dans la source et le modèle de toutes les autres opérations de miséricorde et de grâce, toutes aussi gratuites et aussi dépendantes de Dieu que cette opération originale.

XXIII.

Dieu, dans la foi d'Abraham à laquelle les promesses étoient attachées, nous a donné lui-même l'idée qu'il veut que nous ayons de l'opération toute-puissante de sa grâce dans nos cœurs, en la figurant par celle qui tire les créatures du néant et qui redonne la vie aux morts.

XXIV.

L'idée juste qu'a le centenier de la toute-puissance de Dieu et de Jésus-Christ sur les corps, pour les guérir par le seul mouvement de sa volonté, est l'image de celle qu'on doit avoir de la toute-puissance de sa grâce, pour guérir les âmes de la cupidité.

XXV.

Dieu éclaire l'âme et la guérit, aussi bien que le corps, par sa seule volonté ; il commande, et il est obéi.

XXVI.

Point de grâces que par la foi.

XXVII.

La foi est la première grâce et la source de toutes les autres.

XXVIII.

La première grâce que Dieu accorde au pécheur, c'est le pardon de ses péchés.

XXIX.

Hors d'elle (l'Église) point de grâce.

XXX.

Tous ceux que Dieu veut sauver par Jésus-Christ le sont infailliblement.

XXXI.

Les souhaits de Jésus ont toujours leur effet; il porte la paix jusqu'au fond des cœurs, quand il la leur désire.

XXXII.

Assujettissement volontaire, médicinal et divin de Jésus-Christ... de se livrer à la mort, afin de délivrer pour jamais par son sang les aînés, c'est-à-dire les élus, de la main de l'ange exterminateur.

XXXIII.

Combien faut-il avoir renoncé aux choses de la terre et à soi-même, pour avoir la confiance de s'approprier, pour ainsi dire, Jésus-Christ, son amour, sa mort et ses mystères, comme fait saint Paul en disant : « Il m'a aimé et s'est livré pour moi. »

XXXIV.

La grâce d'Adam... ne produisoit que des mérites humains.

XXXV.

La grâce d'Adam est une suite de la création et étoit due à la nature saine et entière.

XXXVI.

C'est une différence essentielle de la grâce d'Adam et de l'état d'innocence d'avec la grâce chrétienne, que chacun auroit reçu la première en sa propre personne, au lieu qu'on ne reçoit celle-ci qu'en la personne de Jésus-Christ ressuscité, à qui nous sommes unis.

XXXVII.

La grâce d'Adam le sanctifiant en lui-même lui étoit proportionnée; la grâce chrétienne, nous sanctifiant en Jésus-Christ, est toute-puissante et digne du Fils de Dieu.

XXXVIII.

Le pécheur n'est libre que pour le mal sans la grâce du libérateur.

XXXIX.

La volonté qu'elle (la grâce) ne prévient point, n'a de lumière que pour s'égarer, d'ardeur que pour se précipiter, de force que pour se blesser; capable de tout mal, impuissante à tout bien.

XL.

Sans laquelle (cette grâce de Jésus-Christ) nous ne pouvons rien aimer qu'à notre condamnation.

XLI.

Toute connaissance de Dieu, même naturelle, même dans les philosophes païens, ne peut venir que de Dieu; sans la grâce elle ne produit qu'orgueil, que vanité, qu'opposition à Dieu même, au lieu des sentiments d'adoration, de reconnoissance et d'amour.

XLII.

Il n'y a que la grâce de Jésus-Christ qui rende l'homme propre au sacrifice de la foi : sans cela rien qu'impureté, rien qu'indignité.

XLIII.

Le premier effet de la grâce du baptême est de nous faire mourir au péché, en sorte que l'esprit, le cœur, les sens n'aient non plus de vie pour le péché que ceux d'un mort pour les choses du monde.

XLIV.

Il n'y a que deux amours, d'où naissent toutes nos volontés et toutes nos actions : l'amour de Dieu, qui fait tout pour Dieu et que Dieu récompense; l'amour de nous-mêmes et du monde, qui ne rapporte pas à Dieu ce qui doit lui être rapporté, et qui, par cette raison même, devient mauvais.

XLV.

Quand l'amour de Dieu ne règne plus dans le cœur du pécheur, il est nécessaire que la cupidité charnelle y règne et corrompe toutes ses actions.

XLVI.

La cupidité ou la charité rendent l'usage des sens bon ou mauvais.

XLVII.

L'obéissance à la loi doit couler de source, et cette source c'est la charité. Quand l'amour de Dieu en est le principe intérieur et sa gloire la fin, le dehors est net; sans cela ce n'est qu'hypocrisie ou fausse justice.

XLVIII.

Que peut-on être autre chose que ténèbres, qu'égarement et que péché sans la lumière de la foi, sans Jésus-Christ, sans la charité?

XLIX.

Nul péché sans l'amour de nous-mêmes, comme nulle bonne œuvre sans l'amour de Dieu.

L.

C'est en vain qu'on crie à Dieu : mon Père! si ce n'est point l'esprit de charité qui crie.

LI.

La foi justifie quand elle opère, mais elle n'opère que par la charité.

LII.

Tous les autres moyens de salut sont renfermés dans la foi comme dans leur germe et leur semence, mais ce n'est pas une foi sans amour et sans confiance.

LIII.

La seule charité les fait (les actions chrétiennes) chrétiennement par rapport à Dieu et à Jésus-Christ.

LIV.

C'est elle seule (la charité) qui parle à Dieu, c'est elle seule que Dieu entend.

LV.

Dieu ne couronne que la charité : qui court par un autre mouvement et un autre motif court en vain.

LVI.

Dieu ne récompense que la charité, parce que la charité seule honore Dieu.

LVII.

Tout manque à un pécheur quand l'espérance lui manque, et il n'y a point d'espérance en Dieu où il n'y a point d'amour de Dieu.

LVIII.

Il n'y a ni Dieu, ni religion où il n'y a point de charité.

LIX.

La prière des impies est un nouveau péché, et ce que Dieu leur accorde, un nouveau jugement sur eux.

LX.

Si la seule crainte du supplice anime le repentir, plus ce repentir est violent, plus il conduit au désespoir.

LXI.

La crainte n'arrête que la main, et le cœur est livré au péché tant que l'amour de la justice ne le conduit point.

LXII.

Qui ne s'abstient du mal que par la crainte du châtiment le commet dans son cœur et est déjà coupable devant Dieu.

LXIII.

Un baptisé est encore sous la loi comme un juif, s'il n'accomplit point la loi ou s'il l'accomplit par la seule crainte.

LXIV.

Sous la malédiction de la loi on ne fait jamais le bien, parce qu'on pèche, ou en faisant le mal, ou en ne l'évitant que par la crainte.

LXV.

Moïse et les prophètes, les prêtres et les docteurs de la loi sont morts sans donner d'enfants à Dieu, n'ayant fait que des esclaves par la crainte.

LXVI.

Qui veut s'approcher de Dieu ne doit ni venir à lui avec des passions brutales, ni se conduire par un instinct naturel ou par la crainte comme les bêtes, mais par la foi et par l'amour, comme les enfants.

LXVII.

La crainte servile ne se le représente (Dieu) que comme un maître dur, impérieux, injuste, intraitable.

LXVIII.

Quelle bonté de Dieu d'avoir ainsi abrégé la voie du salut en renfermant tout dans la foi et dans la prière.

LXIX.

La foi, l'usage, l'accroissement et la récompense de la foi, tout est un don de votre pure libéralité.

LXX.

Dieu n'afflige jamais des innocents, et les afflictions servent toujours ou à punir le péché ou à purifier le pécheur.

LXXI.

L'homme peut se dispenser, pour sa conservation, d'une loi que Dieu a faite pour son utilité.

LXXII.

Marques et propriétés de l'Église chrétienne. Elle est... catholique, comprenant et tous les anges du ciel et tous les élus et les justes de la terre et de tous les siècles.

LXXIII.

Qu'est-ce que l'Église, sinon l'assemblée des enfants de Dieu demeurant dans son sein, adoptés en Jésus-Christ, subsistant en sa personne, rachetés de son sang; vivant de son esprit, agissant par sa grâce, et attendant la paix du siècle à venir.

LXXIV.

L'Église, ou le Christ entier, qui a pour chef le Verbe incarné, et pour membres tous les saints.

LXXV.

Unité admirable de l'Église. C'est... un seul homme composé de plusieurs membres, dont Jésus-Christ est la tête, la vie, la subsistance et la personne... Un seul Christ composé de plusieurs saints, dont il est le sanctificateur.

LXXVI.

Rien de si spacieux que l'Église de Dieu, puisque tous les élus et les justes de tous les siècles la composent.

LXXVII.

Qui ne mène pas une vie digne d'un enfant de Dieu ou d'un membre de Jésus-Christ, cesse d'avoir intérieurement Dieu pour Père et Jésus-Christ pour chef.

LXXVIII.

Le peuple juif étoit la figure du peuple élu, dont Jésus-Christ est le chef. L'excommunication la plus terrible est de n'être point de ce peuple et de n'avoir point de part à Jésus-Christ. On s'en retranche aussi bien en ne vivant pas selon l'Évangile qu'en ne croyant pas à l'Évangile.

LXXIX.

Il est utile et nécessaire en tout temps, en tous lieux et à toutes sortes de personnes, d'en étudier (de l'Écriture) et d'en connoître l'esprit, la piété et les mystères.

LXXX.

La lecture de l'Écriture sainte, entre les mains même d'un homme d'affaires et de finances, marque qu'elle est pour tout le monde.

LXXXI.

L'obscurité sainte de la parole de Dieu n'est pas, aux laïques, une raison pour se dispenser de la lire.

LXXXII.

Le dimanche, qui a succédé au sabbat, doit être sanctifié par des lectures de piété, et surtout des saintes Écritures. C'est le lait du chrétien, et que Dieu même, qui connoît son œuvre, lui a donné. Il est dangereux de l'en vouloir sevrer.

LXXXIII.

C'est une illusion de s'imaginer que la connoissance des mystères de la religion ne doive pas être communiquée à ce sexe par la lecture des livres saints, après cet exemple de la confiance avec laquelle Jésus-Christ se manifeste à cette femme. Ce n'est pas de la simplicité des femmes, mais de la science orgueilleuse des hommes qu'est venu l'abus des Écritures et que sont nées les hérésies.

LXXXIV.

C'est la fermer aux chrétiens (la bouche de Jésus-Christ) que de leur arracher des mains ce livre saint, ou de le leur tenir fermé, en leur ôtant le moyen de l'entendre.

LXXXV.

En interdire la lecture (de l'Écriture et particulièrement de l'Évangile) aux chrétiens, c'est interdire l'usage de la lumière aux enfants de la lumière et leur faire souffrir une espèce d'excommunication.

LXXXVI.

Lui ravir, au simple peuple, cette consolation d'unir sa voix à celle de toute l'Église, c'est un usage contraire à la pratique apostolique et au dessein de Dieu.

LXXXVII.

C'est une conduite pleine de sagesse, de lumière et de charité, de donner aux âmes le temps de porter avec humilité et de sentir l'état du péché, de demander l'esprit de pénitence et de contrition, et de commencer au moins à satisfaire à la justice de Dieu avant que de les réconcilier.

LXXXVIII.

On ne sait ce que c'est que le péché et la vraie pénitence, quand on ne veut être rétabli d'abord dans la possession des biens dont le péché nous a dépouillés, et qu'on ne veut point porter la confusion de cette séparation.

LXXXIX.

Le quatorzième degré de la conversion du pécheur est qu'étant réconcilié, il a droit d'assister au sacrifice de l'Église.

XC.

C'est l'Église qui en a l'autorité (de l'excommunication) pour l'exercer par les premiers pasteurs, du consentement au moins présumé de tout le corps.

XCI.

La crainte même d'une excommunication injuste ne nous doit jamais empêcher de faire notre devoir... On ne sort jamais de l'Église, lors même qu'il semble qu'on en soit banni par la méchanceté des hommes, quand on est attaché à Dieu, à Jésus-Christ et à l'Église même par la charité.

XCII.

C'est imiter saint Paul, que de souffrir en paix l'excommunication et l'anathème injuste plutôt que de trahir la vérité, loin de s'élever contre l'autorité ou de rompre l'unité.

XCIII.

Jésus guérit quelquefois les blessures que la précipitation des premiers pasteurs fait sans son ordre; il rétablit ce qu'ils retranchent par un zèle inconsidéré.

XCIV.

Rien ne donne une plus mauvaise opinion de l'Église à ses ennemis, que d'y voir dominer sur la foi des fidèles et y entretenir des divisions pour des choses qui ne blessent ni la foi ni les mœurs.

XCV.

Les vérités sont devenues comme une langue étrangère à la plupart des chrétiens, et la manière de les prêcher est comme un langage inconnu, tant elle est éloignée de la simplicité des apôtres et au-dessus de la portée du commun des fidèles. Et on ne fait pas réflexion que ce déchet est une des marques les plus sensibles de la vieillesse de l'Église et de la colère de Dieu sur ses enfants.

XCVI.

Dieu permet que toutes les puissances soient contraires aux prédicateurs de la vérité, afin que sa victoire ne puisse être attribuée qu'à sa grâce.

XCVII.

Il n'arrive que trop souvent que les membres le plus saintement et le plus étroitement unis à l'Église sont regardés et traités comme indignes d'y être ou comme en étant déjà séparés; mais le juste vit de la foi de Dieu et non pas de l'opinion des hommes.

XCVIII.

Celui (l'état) d'être persécuté et de souffrir comme un hérétique, un méchant, un impie, est ordinairement la dernière épreuve et la plus méritoire, comme celle qui donne plus de conformité à Jésus-Christ.

XCIX.

L'entêtement, la prévention, l'obstination à ne vouloir ni rien examiner, ni reconnoître qu'on s'est trompé, changent tous les jours en odeur de mort à l'égard de bien des gens ce que Dieu a mis dans son Église pour y être une odeur de vie, comme les bons livres, les instructions, les saints exemples, etc.

C.

Temps déplorable, où on croit honorer Dieu en persécutant la vérité et ses disciples. Ce temps est venu... être regardé et traité par ceux qui en sont les ministres, de la religion, comme un impie, indigne de tout commerce avec Dieu, comme un membre pourri, capable de tout corrompre dans la société des saints, c'est pour les personnes pieuses une mort plus terrible que celle du corps. En vain on se flatte de la pureté de ses intentions et d'un zèle de religion en poursuivant des gens de bien à feu et à sang, si on est ou aveuglé par sa propre passion, ou emporté par celle des autres, faute de vouloir rien examiner. On croit souvent sacrifier à Dieu un impie, et on sacrifie au diable un serviteur de Dieu.

CI.

Rien n'est plus contraire à l'esprit de Dieu et à la doctrine de

Jésus-Christ, que de rendre communs les serments dans l'Église, parce que c'est multiplier les occasions des parjures, dresser des piéges aux foibles et aux ignorants, et faire quelquefois servir le nom et la vérité de Dieu aux desseins des méchants.

A ces causes, après avoir reçu tant de vive voix que par écrit les suffrages des susdits cardinaux et de plusieurs autres théologiens, et après avoir ardemment imploré le secours du ciel par des prières particulières que nous avons faites, et par des prières publiques que nous avons ordonnées à cette intention, nous déclarons par la présente Constitution, qui doit avoir son effet à perpétuité, que nous condamnons et réprouvons toutes et chacune des propositions ci-dessus rapportées, comme étant respectivement fausses, captieuses, malsonnantes, capables de blesser les oreilles pieuses, scandaleuses, pernicieuses, téméraires, injurieuses à l'Église et à ses usages, outrageantes non-seulement pour elle, mais pour les puissances séculières; séditieuses, impies, blasphématoires, suspectes d'hérésie, sentant l'hérésie, favorables aux hérétiques, aux hérésies et au schisme, erronées, approchantes de l'hérésie et souvent condamnées; enfin, comme hérétiques et comme renouvelant diverses hérésies, principalement celles qui sont contenues dans les fameuses propositions de Jansénius, prises dans le sens auquel elles ont été condamnées.

Nous défendons à tous les fidèles de l'un et de l'autre sexe de penser, d'enseigner ou de parler sur lesdites propositions autrement qu'il n'est porté dans cette Constitution : en sorte que quiconque enseigneroit, soutiendroit ou mettroit au jour ces propositions ou quelques-unes d'entre elles, soit conjointement, soit séparément, ou qui en traiteroit même par manière de dispute en public ou en particulier, si ce n'est peut-être pour les combattre, encoure *ipso facto*, et sans qu'il soit besoin d'autre déclaration, les censures eccclésiastiques et les autres peines portées de droit contre ceux qui font de semblables choses.

Au reste, par la condamnation expresse et particulière que nous faisons des susdites propositions, nous ne prétendons nullement approuver ce qui est contenu dans le reste du même livre, d'autant plus que, dans le cours de l'examen que nous en avons fait, nous y avons remarqué plusieurs autres propositions qui ont beaucoup de ressemblance et d'affinité avec celles que nous venons de condamner, et qui sont toutes remplies des mêmes erreurs ; de plus, nous y en avons trouvé beaucoup d'autres qui sont propres à entretenir la désobéissance et la rébellion qu'elles veulent insinuer insensiblement sous le faux nom de patience chrétienne, par l'idée chimérique qu'elles donnent aux lecteurs, d'une persécution qui règne aujourd'hui, mais nous avons cru qu'il seroit inutile de rendre cette Constitution plus longue par un détail particulier de ces propositions ; enfin, ce qui est plus intolérable dans cet ouvrage, nous y avons vu le texte sacré du Nouveau Testament altéré d'une manière qui ne peut être que trop condamnée, et conforme en beaucoup d'endroits à une traduction dite de Mons, qui a été censurée depuis longtemps. Il y est différent, et s'éloigne en diverses façons de la version vulgate, qui est en usage dans l'Église depuis tant de siècles, et qui doit être regardée comme authentique par toutes les personnes orthodoxes, et l'on a porté la mauvaise foi jusqu'au point de détourner le sens naturel du texte pour y substituer un sens étranger et souvent dangereux.

Pour toutes ces raisons, en vertu de l'autorité apostolique, nous défendons de nouveau par ces présentes, et condamnons derechef ledit livre, sous quelque titre et en quelque langue qu'il ait été imprimé, de quelque édition et en quelque version qu'il ait paru ou qu'il puisse paroître dans la suite (ce qu'à Dieu ne plaise), nous le condamnons comme étant très-capable de séduire les âmes simples par des paroles pleines de douceur et par des bénédictions, ainsi que s'exprime l'apôtre, c'est-à-dire par les apparences d'une instruction remplie de piété. Condamnons pareillement tous les autres livres ou libelles, soit manuscrits, soit imprimés, ou (ce qu'à Dieu ne plaise) qui pourroient s'imprimer dans la suite pour la défense dudit livre. Nous défendons à tous les fidèles de les lire, de les copier, de les retenir et d'en faire usage, sous peine d'excommunication, qui sera encourue, *ipso facto*, par les contrevenants.

Nous ordonnons de plus à nos vénérables frères les patriarches, archevêques et évêques, et autres ordinaires des lieux, comme aussi aux inquisiteurs de l'hérésie, de réprimer et de contraindre par les censures, par les peines susdites et par tous les autres remèdes de droit et de fait, ceux qui ne voudroient pas obéir; même d'implorer pour cela, s'il en est besoin, le secours du bras séculier.

Voulons aussi que même foi soit ajoutée aux copies des présentes, même imprimées, pourvu qu'elles soient signées de la main d'un notaire public, et scellées du sceau de quelque personne constituée en dignité ecclésiastique, que celle que l'on auroit à l'original, s'il étoit montré et représenté.

Que personne donc ne se donne la licence d'enfreindre en aucune manière les déclarations, condamnations, ordonnances et défenses que dessus, et n'ait la témérité de s'y opposer; que si quelqu'un ose commettre cet attentat, qu'il sache qu'il encourra l'indignation du Dieu tout-puissant et des bienheureux apôtres saint Pierre et saint Paul.

Donné à Rome, à Sainte-Marie-Majeure, l'an de l'Incarnation de Notre-Seigneur 1713, le 8 de septembre, et de notre pontificat le treizième.

I. card. prodataire,
F. OLIVIERI.

Visa de la cour,
L. SERGARDI.

La place † du sceau.

Registrées dans la secrétairerie des Brefs,
L. MARTINETTI.

L'an de la Nativité de Notre-Seigneur Jésus-Christ 1713, indiction 6e, le 10 du mois de septembre, et la treizième année du pontificat de notre très-saint père en Jésus-Christ Clément, par la providence de Dieu, pape XIe du nom : ces lettres apostoliques ont été affichées et publiées aux portes de l'église de Saint-Jean-de-Latran et de la basilique de Saint-Pierre, prince des apôtres, de la chancellerie apostolique de la cour générale au mont Citerio, dans le champ de Flore, et aux autres lieux ordinaires et accoutumés de Rome, par moi, Pierre Romulatio, curseur apostolique.

ANT. PIACENTINO,
Maître des curseurs.

LETTRES-PATENTES DU ROI

Sur la Constitution de N. S. P. le pape Clément XI, en forme de Bulle, portant condamnation d'un livre intitulé : *Le Nouveau Testament en françois, avec des réflexions morales sur chaque verset,* etc., à Paris, 1699, et autrement : *Abrégé de la morale de l'Évangile, des Épîtres de saint Paul, des Épîtres canoniques.*

Données à Versailles le 14 février 1714, et enregistrées au Parlement le 15 du même mois.

Louis, par la grâce de Dieu, roi de France et de Navarre, à tous ceux qui ces présentes lettres verront, salut.

Quelques précautions que nous ayons prises depuis notre avénement à la couronne pour étouffer toutes les disputes qui pouvoient altérer la paix de l'Église et la pureté de la foi, les sectateurs de la nouvelle doctrine de Jansénius ont trouvé les moyens de se soutenir et même de s'accroître, malgré les Constitutions apostoliques acceptées des évêques de notre royaume, malgré leur vigilance à arrêter le progrès de ces nouvelles erreurs, et malgré nos lettres-patentes registrées dans nos Cours de parlement, par lesquelles nous avons toujours soutenu l'autorité ecclésiastique. Nous avons appris, par les plaintes que plusieurs prélats nous ont portées, qu'un des plus pernicieux ouvrages par rapport à cette mauvaise doctrine a été composé par un des principaux chefs du parti, sous le titre de *Nouveau Testament en françois, avec des réflexions morales sur chaque verset,* etc., à Paris, 1699, et autrement, *Abrégé de la morale de l'Évangile, des Épîtres canoniques, de l'Apocalypse,* ou *Pensées chrétiennes sur le texte de ces livres sacrés,* etc., à Paris, 1693 et 1694. Nous avons cru que, pour prévenir les mauvais effets d'un livre si dangereux, nous devions commencer par révoquer le privilége que nous avions accordé pour en permettre l'impression, et nous avons ensuite demandé à notre Saint-Père le Pape de porter son jugement sur la doctrine contenue dans ce livre. S. S., après l'avoir longtemps examiné avec le zèle et l'application que méritoit une affaire de cette importance, a donné une Constitution en forme de bulle, le huit de septembre dernier, portant condamnation du livre et de cent une propositions qu'elle en a extraites. Le sieur Bentivoglio, archevêque de Carthage, son nonce auprès de nous, ayant eu ordre de nous en présenter un exemplaire de sa part, et de nous demander notre protection pour la faire publier et exécuter dans tout notre royaume, nous l'avons reçue avec tout le respect que nous avons toujours eu pour le saint-siége et pour la personne de notre Saint-Père le Pape; et afin que cette bulle fût acceptée plus promptement par un nombre considérable de prélats, nous avons convoqué une assemblée extraordinaire composée des cardinaux, archevêques et évêques, que la nécessité de veiller aux affaires particulières de leurs diocèses avoit attirés à notre suite, et, après une mûre délibération, les prélats de cette assemblée nous en ont présenté le procès-verbal, par lequel nous avons eu la satisfaction de voir que, reconnoissant dans la Constitution de notre Saint-Père le Pape la doctrine de l'Église, ils l'ont reçue avec la déférence et le respect qui est dû au chef visible qu'il a plu à Dieu de lui donner, et nous ont supplié en même temps qu'il nous plût faire expédier nos lettres-patentes, pour la faire publier et exécuter dans notre royaume. Et comme nous désirons concourir par notre autorité à détruire les erreurs contraires à la foi et préjudiciables au repos de l'Église, ainsi que nous l'avons toujours fait et que nous y sommes obligés, à ces causes, nous avons dit et déclaré, disons et déclarons par ces présentes signées de notre main, voulons et nous plaît, que la Constitution de notre Saint-Père le Pape, en forme de bulle, attachée sous le contre-scel de notre chancellerie, acceptée par lesdits archevêques et évêques de notre royaume, assemblés à Paris par notre ordre, soit reçue et publiée dans nos États, pour y être exécutée, gardée et observée selon sa forme et teneur; exhortons à cette fin, et néanmoins enjoignons à tous les archevêques et évêques de notre royaume de la faire lire et publier dans toutes les églises de leurs diocèses, enregistrer dans le greffe de leurs officialités, et de donner tous les ordres nécessaires pour la faire observer d'une

manière uniforme, suivant les résolutions qui ont été prises à
ce sujet dans ladite assemblée. Voulons en outre et ordonnons
que ledit livre condamné par ladite bulle, ensemble tous les
écrits qui ont été faits, imprimés et publiés pour la défense
soit du livre même, soit des propositions condamnées par ladite Constitution, soient et demeurent supprimés. Défendons
à toutes sortes de personnes, à peine de punition exemplaire,
de les débiter, imprimer et même de les retenir. Enjoignons à
ceux qui en ont, de les rapporter au greffe de nos justices dans
le ressort desquelles ils demeurent, et à tous nos officiers et autres auxquels la police appartient, de faire toutes les diligences et
perquisitions nécessaires pour l'exécution de cette présente disposition. Défendons pareillement à toutes sortes de personnes de
composer, imprimer et débiter à l'avenir aucuns écrits, lettres
ou autres ouvrages, sous quelque titre et en quelque forme que
ce puisse être, pour soutenir ou favoriser ledit livre et renouveler lesdites propositions condamnées, à peine d'être procédé
contre eux comme perturbateurs du repos public. Et attendu
que tout ce qui regarde les jugements de l'Église en matière de
doctrine, est principalement réservé à la personne et au caractère
des évêques et ne peut leur être ôté par aucun privilége, nous
voulons que le contenu en nos présentes lettres soit exécuté,
nonobstant toutes exemptions, priviléges, droits de juridictions
épiscopales ou quasiépiscopales qui pourroient être prétendus
par aucuns chapitres, abbayes, communautés séculières ou ré-
gulières, ou par aucuns particuliers de quelque qualité ou condition qu'ils soient, auxquels nous avons défendu et défendons
d'exercer aucunes fonctions ni actes de juridiction en cette
matière, en vertu desdits priviléges, si donnons en mandement
à nos amez et féaux conseillers, les gens tenant notre Cour de
Parlement de Paris, que, s'il leur appert que dans ladite Constitution en forme de bulle, il n'y ait rien de contraire aux saints
décrets et prééminences de notre couronne et aux libertés de
l'Église gallicane, ils aient à faire lire, publier et enregistrer
nos présentes lettres, ensemble ladite Constitution et le contenu en icelles garder et observer par tous nos sujets, dans
l'étendue du ressort de notre dite Cour, en ce qui dépend de
l'autorité que nous lui donnons. Enjoignons en outre à notre

dite Cour et à tous officiers, chacun en droit soi, de donner auxdits archevêques et évêques et à leurs officiaux, les secours, aides du bras séculier, lorsqu'ils en seront requis, dans le cas de droit, pour l'exécution de ladite Constitution ; car tel est notre bon plaisir. En témoin de quoi nous avons fait mettre notre sceau à ces dites présentes.

Données à Versailles, le quatorzième février, l'an de grâce mil sept cent quatorze, et de notre règne le soixante-onzième.

Signé : LOUIS.

Et plus bas :

Par le roi, PHELYPEAUX.

Et scellées du grand sceau de cire jaune.

Registrées, ouï et ce requérant, par le procureur général du roi, pour être exécutées selon leur forme et teneur, et copies collationnées envoyées aux bailliages et sénéchaussées du ressort, pour y être lues, publiées et registrées ; enjoint aux substituts du procureur général du roi d'y tenir la main et d'en certifier la Cour dans un mois, suivant et aux modifications portées par l'arrêt de ce jour.

A Paris, en Parlement, le quinzième jour de février mil sept cent quatorze.

Signé : DONGOIS.

Il suffit de jeter les yeux sur la Bulle et les lettres-patentes ci-dessus, pour comprendre combien il était difficile de sortir des embarras suscités par le jansénisme. Il ne s'agit plus même ici de la grande question de la prédestination et de la grâce, mais des subtilités théologiques les plus insaisissables, et il est très-évident que la plupart des personnes qui refusaient de se soumettre à la Bulle ne la comprenaient pas ; mais l'intempestive intervention du gouvernement dans une affaire de conscience transporta la question sur le terrain de la politique. La pression exercée par le pouvoir civil dans une question purement religieuse provoqua une résistance obstinée, et de nombreux passages du *Journal* de Barbier témoignent que cette résistance ne fut, la plupart du temps, qu'une protestation en faveur de la liberté de conscience. Comme le dit notre auteur, on craignait l'inquisition, parce que l'on se souvenait de la révocation de l'édit de Nantes et de la destruction de Port-Royal. C'est là tout le secret de l'agitation religieuse que Barbier a si curieusement racontée.

LES

DEUX PORTRAITS DE M. DE CHAUVELIN[1]

PAR LE MARQUIS D'ARGENSON.

On aime beaucoup aujourd'hui les portraits historiques ; on s'y exerce à une analyse approfondie des qualités et des défauts des personnages que l'on met en scène. L'intérêt dramatique y trouve son compte, et aussi notre penchant à dévoiler les faiblesses de l'humanité, à scruter les intentions cachées, à nous complaire dans le scandale. Sans doute, lorsqu'un véritable talent d'observation et la verve du style animent ces portraits, l'histoire y gagne : ce n'est plus un squelette ; les personnages revivent à nos yeux ; on les aime, on les hait, suivant les couleurs dont ils sont peints. Ainsi s'explique en partie le succès de quelques Mémoires : le cardinal de Retz s'est plu à tracer des portraits, dont quelques-uns sont des chefs-d'œuvre de style, sinon de vérité historique. Saint-Simon excelle aussi dans ce genre ; le portrait de Fénelon, pour ne citer qu'un exemple, est un des passages les plus remarquables de ses Mémoires.

Cependant, si la vérité est le premier devoir de l'histoire, n'y a-t-il pas quelque danger dans ces peintures ingénieuses ou brillantes, mais souvent défigurées par la passion ? Le simple bon sens suffit pour mettre en défiance contre des écrivains qui prétendent lire dans les cœurs et en scruter les replis les plus cachés. Mais un exemple en dira plus que toutes les con-

1. Germain-Louis Chauvelin, né en 1685, garde des sceaux en 1727, disgracié en 1737, mort en 1762. — *Le Chauvelin*, comme dit Barbier, étant très-souvent mentionné dans le *Journal*, nous avons pensé que le morceau ci-dessus compléterait utilement les indications de notre auteur. Les excellentes remarques que M. Chéruel a jointes à ce fragment sont d'ailleurs un excellent avertissement contre les séductions de la *Peinture historique*.

sidérations générales. D'ailleurs, il aura l'avantage de faire connaître au lecteur un morceau des Mémoires du marquis d'Argenson. L'auteur était dans les meilleures conditions pour connaître la vérité : fils du lieutenant de police d'Argenson, il devint fort jeune conseiller d'État, et enfin ministre des affaires étrangères sous Louis XV. Ses Mémoires, écrits tout entiers de sa main et presque jour par jour, attestent un esprit sagace, original, souvent profond ; mais, comme Saint-Simon, il y donne libre cours à ses préjugés, à ses haines et à des opinions souvent paradoxales. Ces défauts sont, du moins, compensés par sa sincérité ; s'il s'aperçoit d'une injustice commise dans le cours de son journal, il n'hésite pas à la signaler et à la réparer. J'en citerai comme preuve divers passages sur le garde des sceaux Chauvelin. Après en avoir tracé, en 1730, un portrait peu favorable, l'auteur atténue, en 1737, les reproches qu'il avait adressés au ministre, et finit même par lui donner des éloges. Voici le premier morceau :

« Pour définir le garde des sceaux Chauvelin, vous saurez qu'il n'y a jamais eu au monde plus habile homme pour ses propres affaires, pour les travailler en grand, pour faire une grande et belle fortune, pour y aller par des moyens plus sûrs ; mais il est en toutes choses le centre de son cercle, sa fin dernière, l'objet final de toutes ses méditations. S'il lui restoit un peu de volonté pour ses charges, cela iroit ; mais jamais cela ne sera ; il faut que son esprit soit fort juste, mais peu élevé, vu la fin à laquelle il s'est borné pour faire usage de tant de moyens. Il me prend envie de parler plus à fond de lui et de sa fortune.

« Il haïssoit beaucoup son frère aîné, qui avoit un mérite si brillant qu'on en étoit ébloui[1]. Partie (à cause) de cette haine, partie d'une saine politique, il embrassa le parti contraire aux jésuites[2], pour se trouver sur ses pieds, si malheur arrivoit aux intrigues de son frère. Ce frère mourut ; notre cadet se rendit grand travailleur, quitta les belles-lettres ; les

1. Saint-Simon parle (*Mémoires*, t. XI, p. 18, édit. Hachette, in-8°) de ce frère aîné du garde des sceaux Chauvelin.

2. Saint-Simon dit, en effet, que le frère aîné était très-favorable aux ésuites.

bons airs, les chevaux; car il prétendoit à bonnes fortunes et dansoit bien; il étoit le beau Grisenoire!..... Il fit sa charge d'avocat général plus en homme qui veut cheminer qu'en homme qui veut passer pour un grand avocat général, et ainsi a-t-il suivi dans ses charges. Corneille dit :

> « Mais quand le potentat se laisse gouverner,
> Et que de son pouvoir les grands dépositaires
> N'ont pour raison d'État que leurs propres affaires, etc. [2]. »

« Il épousa une héritière : mademoiselle des Montées, grande et bien faite, avoit eu des affaires; elle s'étoit entêtée d'un officier sans bien, vouloit l'épouser légitimement; elle étoit galante. Son père étoit négociant d'Orléans, il y faisoit bon. Ce Grisenoire intrigue obscurément; l'épouse. Il l'a rendue extérieurement si exemplaire, qu'elle est aimée et admirée de la Cour. Il s'est appliqué à la réformer, y a mis tout son temps; il ne la quittoit pas d'un pas; étant chargé d'affaires, la veilloit dans la maison où elle soupoit. Il la suit encore, lui a ôté le rouge, en sorte qu'elle n'en a plus qu'au bout du nez; il change ses femmes, ses valets de chambre; se fait rendre compte un beau matin des hardes de Madame par sa femme de chambre; elle est chassée avant le réveil de Madame; il interrompt une affaire d'État pour cela; c'est merveille.

« Or le garde des sceaux doit être, de (d'après) cela, ou un très-médiocre génie, ou un très-grand, mais qui embrasse des choses bien petites, puisque cela le jette dans de telles pauvretés..... Il ne se fera grand qu'à la financière.

---

1. Chauvelin était seigneur de Grisenoy ou Grisenois-en-Brie. Il est probable que l'on prononçait alors *Grisenoire*; car Saint-Simon écrit ce nom comme le marquis d'Argenson.
2. *Othon*, acte 1, scène 1. C'est Othon qui parle :

> « Quand le monarque agit par sa propre conduite,
> Mes pareils sans péril se rangent à sa suite;
> Le mérite et le sang nous y font discerner;
> Mais quand le potentat se laisse gouverner,
> Et que de son pouvoir les grands dépositaires
> N'ont pour raison d'État que leurs propres affaires,
> Ces lâches ennemis de tous les gens de cœur
> Cherchent à nous pousser avec toute rigueur, etc. »

« Il devint président à mortier[1] par la plus belle intrigue de blanchisseuse et du Pont-aux-Choux qu'on ait jamais suivie : M. de Bailleul s'ennuyoit autant de sa charge qu'elle s'ennuyoit de lui ; il falloit pourtant le déterminer à vendre. Ce président-là étoit tombé dans une telle crapule et obscurité, qu'il ne vivoit que parmi des blanchisseuses et joueurs de boule. M. Chauvelin gagna ces puissances et eut la charge à bon marché. Tirons le rideau, faute de le savoir, sur le moyen dont se servent ces messieurs du Parlement pour se rendre si utiles à la Cour ; celui qui s'y rend le plus agréable ne peut éviter de vendre sa compagnie, de l'espionner, etc. Il est sûr que notre héros tira grand parti de sa charge. Pour avoir bien du crédit à la Cour, il fit les affaires des grands seigneurs ; il s'adonna à MM. de Beringhen[2], dont il étoit un peu parent. A la mort de M. le duc d'Aumont, son parent par le même endroit, qui est par les Louvois, il fut tuteur du petit duc d'Aumont ; il rangea à merveille ses affaires délabrées ; il est habile économe.

« Il vouloit parvenir sous le régent. Ce prince disoit que tout lui parloit *Chauvelin*; les pierres mêmes lui répétoient ce nom ennuyeux pour lui. Il apportoit tous ces grands seigneurs et leurs créatures pour en dire du bien et le demander pour ministre. Il lui falloit encore plus de biens qu'il n'en avoit : il agiota ; son garçon agioteur fut des Bonnelles[3]; maître des Requêtes et depuis à la Bastille ; et il a renié ce pauvre fripon, dès qu'il a pu le servir. Il a paru dans ses places crasseux et honorable, plaçant assez bien sa dépense pour être comme tout le monde et faisant passer pour modération ce que la lésine lui fait se refuser. Il affecte un air de bon et ancien magistrat de race ; il trouve que cela sied bien.

« Le régent mourut sans qu'il y eût rien à faire pour lui. Le temps de M. le Duc lui parut un feu de paille[4] ; il s'attacha à

---

1. Le 5 décembre 1718.
2. Jacques-Louis de Beringhen était premier écuyer de Louis XV. Il avait plusieurs frères, dont l'un était chevalier de Malte.
3. On trouve en 1720 un maître des requêtes, nommé André Bonnel, qui est probablement le même que celui dont il s'agit ici.
4. Le ministère de M. le Duc ne dura que deux ans (1723-1725).

M. de Fréjus, depuis cardinal de Fleury, et voyant qu'il falloit s'y attacher, il ne s'y adonna pas médiocrement. Ce cardinal, vieux et rempli de l'esprit des femmes, est jaloux au scrupule des attachements qu'on lui marque; une bagatelle peut faire tout échouer. Le maréchal d'Huxelles produisit beaucoup Chauvelin..... Il lui apprit les secrets de l'État et le mit au fait de la situation présente des affaires étrangères [1].

« M. Chauvelin avoit un avantage dont on tira en cette occasion un parti extrême : feu M. de Harlay [2] lui avoit légué ses nombreux et précieux manuscrits sur le droit public. Le Chauvelin en fit des tables en les mettant en ordre; cela s'arrangeoit sur de petites cartes de la plus jolie façon. Il y employoit tous ses amis. L'abbé de Laubruyère y travailla beaucoup et en a eu l'évêché de Soissons. M. Chauvelin est effectivement grand travailleur par goût et d'une assiduité surprenante; il travailloit autant avant d'être en place que depuis qu'il y est. Dès qu'il avoit dîné, il regagnoit le cabinet et y restoit jusqu'à ce qu'on l'avertît qu'on eût servi le dessert chez sa femme, et il ne soupe pas depuis longtemps; ce qui est encore une petite chose qui suit le grand homme. Remarquez ce que c'est que de ressembler aux grands hommes par les petites choses.

« Il résulta de toutes ces cartes écrites au dos un gros livre de table universelle de droit public. On publioit que le président Chauvelin ne travailloit qu'au droit public ; il n'étoit pas à sa chaise percée qu'on ne dît d'abord qu'il travailloit à ce droit. Cela faisoit frémir sur l'engagement de se faire président à mortier, d'être de ces gens qui veillent tant pour nous, tandis que nous dormons. On fit accroire au vieux cardinal que M. Chauvelin avoit tout appris dans ces cartes, et en effet il avoit appris dans ce bureau typographique *summa rerum capita* et assez pour ne paroître pas neuf à un ignorant, cachant avec adresse ce qu'il ignoroit. Le cardinal conçut une forte résolution de mettre un tel homme en place et de signaler son

---

1. Le maréchal d'Huxelles était président du Conseil des affaires étrangères pendant la régence du duc d'Orléans.
2. Achille de Harlay avait été successivement procureur général et premier président du Parlement de Paris pendant une grande partie du règne de Louis XIV.

ministère en donnant au Roi un bras droit si nerveux. On arrangea cette affaire-là; on déposséda les Fleuriau [1] dans le temps que le ministère de M. de Morville commençoit à aller un peu passablement. On fit revenir M. le chancelier [2] pour lui faire l'affront de morceler sa charge.

« Le prétexte de forme pour ôter la charge de garde des sceaux à M. d'Armenonville sans sa démission, quoique cette charge fût créée par édit, ce prétexte fut beau et heureux pour l'autorité royale; il consista en ce que cette charge n'avoit été créée pour mon père que par édit enregistré à un lit de justice, au lieu que la nouvelle charge, qu'on créa pour le Chauvelin, le fut par édit enregistré volontairement au Parlement. Le Parlement fit une députation au chancelier pour savoir s'il permettoit cette création; il dit que *oui*, le bon homme, et tout le Parlement surpris enregistra. M. Chauvelin y avoit conservé du crédit; il leur fit accroire qu'il leur rendroit de grands services près du trône, et on a pu juger s'il tint parole.

« En place, il ne s'est mêlé de rien en apparence et de tout au monde en réalité; il s'est fait haïr des étrangers et du public. Il a fait le misérable traité de Séville [3], misérable parce que nous ne voulions pas l'exécuter, et que c'est un embarquement violent pour ne faire que cacade, paroles de pistolet et actions de neige. Il a rejeté toutes les actions de couardise sur la bénignité du cardinal, et [sur ce] qu'on n'a jamais pu lui persuader la moindre action virile; cela est incroyable. Il a fait l'inouïe action de trahir le marquis de Brancas en montrant à l'ambassadeur d'Espagne les lettres que lui écrivoit notre ambassadeur..... Il se vante d'écrire tout de sa main et se rompt l'estomac assis à son bureau; petitesse de génie, étendue d'avidité; ce qu'il a fait de bien a été de s'enrichir magnifiquement. Il y a un secret d'État qui est que les Anglois donnent

---

1. Fleuriau d'Armenonville et Fleuriau de Morville (le père et le fils) furent successivement secrétaires d'État pendant la Régence et les premières années qui la suivirent.

2. Le chancelier était alors d'Aguesseau. En le rappelant d'exil, on ne lui rendit pas les sceaux.

3. Ce traité d'alliance défensive entre la France, l'Espagne et l'Angleterre, fut signé le 9 novembre 1729.

gros à nos ministres. Il a acheté Grosbois de M. Bernard, et quand ç'a été à payer il a montré des billets de Bernard fils, qu'il ne pouvoit avoir acquis que sur la place; car il agiote mieux que jamais, ce grand magistrat. Il s'est vanté à moi d'avoir donné de cette terre un prix extravagant pour satisfaire un certain amour qu'il avoit conçu pour cette maison, y allant de jeunesse chez M. de Harlay. Il faut bien souffrir de telles insultes qu'on vous fait en face par ces mensonges, dont on sait évidemment le contraire; mais on est appelé à cette vocation-là.

« C'est lui qui soutient sous main les avocats dans leur rébellion[1] et les jansénistes; car il embarque des entreprises pour les voir échouer; et par là, les partis qu'on voudroit abattre se fortifient étrangement. Il se moque de son allié le cardinal de Bissy, et, quoique des sots aient cru qu'il cheminât par lui, jusqu'ici il n'a pas fait une faute contre sa fortune, et j'attends le dénoûment d'une si monstrueuse habileté, comme d'une pièce difficile à terminer. Il chemine sous terre comme taupe; il paroît séparé de toute la Cour, et il a des souteneurs tout prêts à le porter au pinacle, dès que le cardinal sera retiré. On dit que c'est la maison de Condé qu'il s'est attachée et que les actions de la Compagnie des Indes en sont l'instrument; pauvre royaume, qu'as-tu fait à Dieu pour être ainsi foulé aux pieds! »

C'était en 1730 que le marquis d'Argenson écrivait ce portrait satirique du garde des sceaux Chauvelin. Peu à peu ses opinions se modifièrent sur le compte de ce ministre. Il écrivit à la marge du morceau que je viens de citer : « Depuis ceci, j'ai connu davantage M. le garde des sceaux, et j'ai trouvé qu'une partie de tout ceci étoit faux et qu'il méritoit de vrais éloges sur son génie, sa vertu et son amour pour le bien de l'État. » Cet aveu, plein de loyauté, est confirmé par plusieurs passages subséquents des Mémoires du marquis d'Argenson. Je me bornerai à citer l'article suivant écrit en janvier 1737 : « M. le garde des sceaux est un homme plus franc qu'on ne s'imagine,

---

1. Voy. le *Journal*, qui donne beaucoup de détails sur l'opposition des avocats (avril, octobre, novembre, décembre 1730, etc.)

et voilà comme les hommes jugent mal par leurs préventions et de légères apparences. Je dirai même avec certitude et après de fortes épreuves, que c'est un des hommes les plus francs que j'aie jamais connus, le seul de cette sorte qui ait peut-être jamais paru à la Cour; car il ne dissimule point ses haines, et voilà ce qui conduit à lui prêter des défauts qu'il n'a pas. Or, il n'aime pas tout le monde; il méprise quantité de gens et ne cache pas son dessein de les écarter des affaires; et cela prenant ces gens-là dans le retranchement de leur amour-propre les pousse à plus de vengeance et de fureur que si M. Chauvelin s'en tenoit à la simple haine ordinaire et personnelle avec désir de vengeance; mais, comme il s'éloigne de ces gens-là par pure mésestime, il n'est pas vindicatif, quelques injures personnelles qu'il ait reçues; et se contente d'éloigner des affaires et des places ceux qu'il méprise ainsi que ceux qui l'ont offensé. Certainement je parle là d'une grande vertu ajoutée à une autre : savoir être franc et n'être pas vindicatif.

« Mais voici son grand défaut; c'est un cadet de nobles; il a fallu percer à la fortune par quelques manéges nécessaires. Ces manéges n'ont été odieux en rien; mais on y a pris cependant quelques habitudes de finesse et de ce qu'on appelle *air de brigandage*, entre autres celui de caresses n'étant pas caressant ni tendre naturellement. Car c'est un homme bilieux, un sage, un philosophe, un homme vertueux naturellement, aimant la patrie et les honnêtes gens, un législateur digne de l'ancienne Grèce; voilà ce qu'il est naturellement, faisant du bien aux autres par rectitude d'esprit et non par attendrissement de cœur; et étant pétri ainsi par la nature, il a cru devoir se replier aux caresses pour s'attirer des amis à qui il fût utile et qui le fussent à son avancement. D'où il est arrivé que, par des caresses forcées, spirituelles et bilieuses, il a toujours passé le but dans les sentiments témoignés et dans les promesses faites depuis qu'il est en place, et quand il a voulu obtenir quelque chose de quelqu'un, il a également donné dans cet excès de promettre plus de beurre que de pain; ce qui lui a attiré des ennemis de ceux mêmes à qui il faisoit du bien, et *à fortiori* des autres, à qui il n'en faisoit pas.

« Et voilà la vraie source du peu de justice à lui rendue sur la franchise, puisqu'on l'a fait passer au contraire pour un homme qui fourbe du matin au soir, tandis que je soutiens que c'est l'homme le plus franc que j'aie jamais connu, et je n'aime les hommes et les femmes que tels. »

On peut apprécier par le contraste de ces deux morceaux la confiance que méritent le plus souvent les portraits historiques. Ici nous avons affaire à un écrivain de bonne foi, qui n'hésite pas à reconnaître son erreur; mais combien d'autres en sont restés à la première impression, et ont transmis à la postérité une satire passionnée comme l'expression de la vérité! D'ailleurs, si nous rapprochons les dates des deux morceaux, nous y trouverons peut-être l'explication du changement des opinions de l'auteur. En 1730, Chauvelin était tout-puissant, et on le voyait alors avec cette prévention qui s'acharne contre la faveur, et cherche au succès des causes puériles ou ignobles. En 1737, Chauvelin était disgracié et exilé à Bourges; aussitôt ses défauts s'effacent, ses qualités brillent, et le voilà érigé en grand ministre par ceux mêmes qui naguère le décriaient. Du reste, quels que soient les motifs qui ont fait varier les opinions du marquis d'Argenson sur le compte de Chauvelin, cet exemple suffit pour montrer avec quelle circonspection on doit accepter les portraits et les jugements dont quelques auteurs se plaisent à orner leurs Mémoires.

A. Chéruel.

MENU DE LA TABLE DU ROI

DE DEUX GRANDS PLATS, DEUX ASSIETTES, CINQ SERVICES ET LES HORS-D'ŒUVRE, QUAND SA MAJESTÉ MANGERA A SA GRANDE TABLE.

L'ancienne bibliothèque de Versailles possédait les registres de dépenses du roi Louis XV. Ces registres, qui portent pour titre : *État et menu général de la dépense ordinaire de la maison du Roi*, sont conservés aujourd'hui à la Bibliothèque impériale. Ils sont curieux à consulter pour connaître le personnel des individus qui étaient attachés au service du Roi et l'administration intérieure du Palais. Nous en donnons ici comme spécimen l'extrait suivant, emprunté à l'année 1744.

BOUILLON DU DÉJEUNER.

1 chapon vieux..............	3 l.	6
4 liv. de bœuf...............	1	13
4 liv. de mouton............	1	13
4 liv. de veau..............	1	13

8 l. 15 s.

DINER.

2 GRANDS POTAGES.

2 chapons vieux pour potage de santé.	6 l.	12
4 perdrix aux choux..........	8	16

15 l. 8 s.

2 MOYENS POTAGES.

6 pigeonneaux de volière pour bisque.....	
1 liv. de crettes................	

4 l. 8 s.

4 PETITS POTAGES HORS-D'ŒUVRE.

1 chapon haché............	2 l.	4
1 perdrix aux lentilles........	2	4
3 poulets farcis.............	2	4
1 chapon pour potage au blanc....	2	4

8 l. 16 s.

MENU DE LA TABLE DU ROI.

ENTRÉES :

1 quartier de veau et une pièce autour, le tout pesant 20 liv..	8 l.	5	17 l. 4 s.
12 pigeonneaux de volière pour tourte.	8	16	

2 MOYENNES ENTRÉES.

6 poulets fricassés.	4 l.	8	8 l. 16 s.
2 perdrix en hachis..	4	8	

6 PETITES ENTRÉES HORS-D'ŒUVRE.

3 perdrix au jus.	6 l.	12	
6 tourtes à la braise.	6	12	
2 dindons grillés.	6	12	39 l. 12 s.
3 poulets gras aux truffes.	6	12	
4 perdrix..	8	16	
2 poulardes dépecées aux truffes.	4	8	

ROTS.
2 GRANDS PLATS.

2 chapons gras.	6 l.	12	
9 poulets..	6	12	
9 pigeons de volière.	6	12	30 l. 16 s.
2 hutodeaux.	2	4	
2 perdrix.	4	8	
4 tourtes.	4	8	

2 PLATS DE ROTS, HORS-D'ŒUVRE.

1 chaponneau..	2 l.	4	
2 bécasses.	4	8	22 l.
2 sarcelles..	4	8	
3 perdrix..	11	»	

SOUPER.
2 GRANDS POTAGES.

2 chapons vieux.	6 l.	12	15 l. 8 s.
12 pigeons de volière.	8	16	

4 PETITS POTAGES HORS-D'ŒUVRE.

1 perdrix au parmesan.	2 l.	4 s.		
4 pigeons de volière..	2	18	8 d.	11 l. 14 s. 8 d.
2 sarcelles aux lentilles.	4	8		
1 poularde au pourpier.	2	4		

2 PETITES ENTRÉES.

6 poulets....................	4 l.	8	} 7 l. 14 s.
8 liv. de veau................	3	6	

6 PETITES ENTRÉES HORS-D'ŒUVRE.

3 poulets gras................	6 l.	12	
1 faisan.....................	8	16	
3 perdrix....................	6	12	} 38 l. 10 s.
8 liv. de veau................	3	6	
4 perdrix à la sauce à l'esp.....	8	16	
2 poulets gras grillés en pâtés...	4	8	

ROTS.

2 GRANDS PLATS.

2 poulardes grasses.......	4 l.	8 s.		
4 butodeaux..............	4	8		
9 poulets.................	6	12		} 30 l. 1 s. 4 d.
8 pigeons de volière.......	5	17	4 d.	
2 perdrix.................	4	8		
4 tourtes.................	4	8		

2 PETITS PLATS DE ROTS HORS-D'ŒUVRE.

1 poularde.................	2 l.	4	
2 bécasses.................	4	8	} 22 l.
2 sarcelles.................	4	8	
5 perdrix..................	11	»	

VIANDE DES BOUILLONS.

40 liv. de veau..............	16 l.	10	
28 liv. de mouton...........	11	11	
24 liv. de bœuf.............	9	18	
12 liv. de lard, beurre, graisse et saindoux.................	10	16	
1 liv. de moelle.............	1	»	} 112 l. 13 s.
12 ris de veau..............	9	»	
1 chapon pour tourte au blanc manger.	2	4	
1 liv. 1/2 de crettes.........	13	4	
1/2 cent d'œufs.............	2	10	
40 liv. de lard à piquer......	36	»	

PAR SEMAINE.

1 jambon pesant 10 liv. par semaine, évalué par jour à. 2 l. 10
1 oille par semaine, valant 28 l. 1 s. 4 d., sur quoi il
   faut diminuer 6 l. 12 s. pour le potage de santé, à la
   place duquel l'oille servira. Reste 21 l. 9 s. 4 d., éva-
   lués par jour à. 4   5

        Somme totale de la table du Roi pour les jours
        gras. . . . . 399 l. 18 s. 11 d.

Nota. Qu'il sera fourni en hors-d'œuvre, selon les temps et les saisons, des saucisses, boudins blancs, casserolles, potages sans eau, salpicon, miroton et autres choses que l'on sert ordinairement sur la table du Roi, suivant les menus qui en seront faits tous les samedis au bureau, sans qu'il en soit rien compté par extraordinaire, attendu que cela se prendra et fera partie des hors-d'œuvre comptés dans les menus ci-devant.

MÉMOIRE POUR LE PARLEMENT
CONTRE LES DUCS ET PAIRS
PRÉSENTÉ A MONSEIGNEUR LE DUC D'ORLÉANS, RÉGENT.

Nous insérons ici cette pièce curieuse que nous extrayons de la *Vie privée de Louis XV*, par Dangerville, ouvrage plein d'intérêt, où les faits sont présentés et discutés avec une sincérité et une modération qui justifient l'autorité qu'a l'ouvrage auprès des historiens.

Dangerville accompagne ce mémoire de la note suivante :

« Nous insérons ci-après, entre les pièces pour servir à cette histoire, le *Mémoire du Parlement contre les ducs*, pièce fort rare, non imprimée, et que les ducs voudraient bien anéantir. »

Il est difficile de ne pas croire à la réalité de ce mémoire quand il est présenté avec cette assurance par un écrivain consciencieux, et surtout quand son insertion est suivie du prononcé du Régent.

Notre but, en le réimprimant ici, a été de montrer les prétentions de la haute noblesse en France au dix-huitième siècle, et les sentiments de la magistrature à son égard. Nous avons aussi voulu fournir une preuve de plus contre l'état de choses en France, antérieur à 1789, où les grands corps de l'État s'insultaient et se méprisaient réciproquement.

Il est bien entendu, au reste, que nous ne garantissons pas l'exactitude des faits consignés dans cet étrange factum, qui prouve encore plus contre ses auteurs que contre ceux qui y sont désignés.

MONSEIGNEUR,

Le Parlement se flatte d'avoir donné assez de preuves de son zèle à Votre Altesse Royale pour espérer qu'elle ne voudra pas le dépouiller de ses honneurs, honneurs dont il est en possession depuis tant de siècles. Si les pairs de France avoient regardé ces distinctions comme des usurpations récentes et des attentats faits à leur dignité, auroient-ils négligé de s'en plaindre en 1664? N'auroient-ils pas tenté de les détruire dans un temps où le feu Roi paroissoit peu favorable à cette Cour, et que par leurs clameurs importunes ils obtinrent que l'ordre établi pour opiner seroit interverti? Leur silence est une conviction de la nouveauté de leurs prétentions ; elles n'ont d'autre source que la témérité du duc d'Uzès, qui, par un orgueilleux caprice, ne voulut pas se découvrir en donnant son avis. Et ce qu'ils osent appeler aujourd'hui une interruption qui arrête la prescription, est l'unique fondement de leur chimère. Attentifs à profiter des moindres occasions, ils voulurent se prévaloir de l'entreprise du duc d'Uzès ; ils firent tous leurs efforts pour qu'elle fût approuvée et autorisée par Sa Majesté ; mais un prince si rempli de sagesse comprit aisément que c'étoit donner atteinte à sa propre grandeur que de diminuer celle des personnes qui ont l'honneur de le représenter, et il défendit de pareilles entreprises à l'avenir, sous peine de son indignation et d'une punition exemplaire.

Les pairs doivent se souvenir de ce que le Parlement a fait en leur faveur depuis quelques années.

Ils se présentoient dans la même place que les sénéchaux pour prêter leur serment, et ils étoient reçus en qualité de conseillers de Cour souveraine. Mais ce titre que les princes du sang autrefois, et les ducs de Guise, dans leur plus grande splendeur, n'auroient pas dédaigné, blessant l'orgueil des pairs modernes, le Parlement a bien voulu consentir qu'il fût supprimé, et par une molle condescendance, dont le premier président de Harlay fut le premier mobile, il se relâcha sur un point qui marquoit hautement la supériorité des présidents qu'ils contestent aujourd'hui avec tant d'aigreur. Leur ambition démesurée ne s'est pas contentée d'un avantage dont ils ne sont redevables qu'à la modération du Parlement. Comme ils vont de prétentions en prétentions, et qu'une grâce accordée est à leur égard une raison pour en demander une autre, ils songèrent à être élus comme les présidents, et croyant trouver une entière complaisance dans un magistrat fort répandu à la Cour, ils s'attachèrent au premier président d'aujourd'hui[1] et s'imaginèrent qu'il voudroit bien se relâcher sur le bonnet. Mais ils ne purent le séduire par leurs flatteries, ni l'intimider par leurs menaces, dont les indignes effets n'ont que trop paru depuis. Il soutint l'honneur de sa compagnie avec tant de zèle et de fermeté, que, malgré les pressantes instances des pairs

[1]. Jean-Antoine de Mesme.

auprès du feu Roi, il tira parole de Sa Majesté qu'elle ne décideroit point.

Leurs espérances se tournèrent alors vers Votre Altesse Royale; ils s'offrirent à la servir, quand le Roi, dont la mort étoit prochaine et inévitable, et les dispositions incertaines, auroit terminé sa destinée. Mais ils ne s'engagèrent ni ne se déclarèrent pour Votre Altesse Royale que sur l'assurance qu'elle leur donna de favoriser leurs prétentions, et ils lui firent entendre qu'elle ne devoit pas compter sur eux sans cette promesse.

Votre Altesse Royale voudroit-elle faire un moment d'attention sur la différence du procédé du Parlement et celui des pairs. Notre zèle seul nous a porté à vous servir. Nous n'avons rien extorqué de vous. La Régence vous étoit déjà assurée par nos suffrages avant que les pairs fussent en état d'opiner. Car nous ne croyons pas qu'ils osent soutenir sérieusement que c'est à eux de disposer de la régence, et même du royaume en cas de litige. Quoiqu'ils aient eu la hardiesse de le répandre dans le monde et de l'insinuer dans leur Mémoire de 1664, sur quoi pourroient-ils fonder une telle prétention? Est-ce sur ce que leur corps ensemble est composé des trois États du royaume? ou sur ce qu'ils croient avoir succédé aux ducs de Bourgogne, de Guyenne et de Normandie? Vous n'avez pas sans doute oublié, Monseigneur, que vous avez chargé plusieurs fois le président de Maison d'assurer le Parlement qu'il pouvoit compter sur l'honneur de votre protection, et que vous en augmenteriez plutôt les prérogatives que de les diminuer, lorsque vous seriez chargé de l'administration du royaume. Et que demande aujourd'hui le Parlement à Votre Altesse Royale, sinon la seule grâce de le laisser dans la seule possession de ses droits. Ce n'est pas que nous prétendions vous disputer le droit de juger de tels différends, et si un de nos plus illustres magistrats a dit, en présence de Votre Altesse Royale, que c'étoit au Roi à les juger, ce fut moins par un doute de votre autorité que pour vous suggérer un prétexte spécieux de laisser les choses indécises jusqu'à la majorité du Roi.

Dans un temps où l'union entre tous les corps est si nécessaire, et qu'ils devraient concourir unanimement au bien de la paix, n'est-il pas étrange que les pairs, qui ne sont qu'une portion du Parlement, y excitent des troubles pour satisfaire leur vanité? S'ils étoient affectionnés à Votre Altesse Royale, la mettroient-ils dans l'embarras d'une décision dont les suites pourroient être dangereuses. Vous n'ignorez pas quelle est la considération du Parlement dans la ville capitale et dans toute la France, de quel poids est son autorité dans les affaires importantes de l'État, et ce que peut son exemple sur les autres Parlements. En vain les pairs veulent se donner pour redoutables : seroit-ce par leurs grands biens? ils n'en ont pas la plupart autant qu'il en falloit pour être simple chevalier romain, et ils ne se soutiennent que par des alliances peu sortables. Seroient-ils à craindre les armes à la main? Contents de leurs dignités pacifiques, ils sont peu touchés des emplois militaires, et si l'on en excepte un petit nombre, ils servent mal dans les armées, et ils ont donné si peu de marques de valeur, qu'il semble que l'exercice de la justice leur conviendroit mieux.

Mais peut-être engageroient-ils la noblesse dans leur parti? On sait qu'ils l'ont aliénée par leur hauteur ridicule en toute occasion, et particulièrement lorsqu'ils vouloient qu'elle marchât à leur suite le jour du décès du Roi, ou faire un corps distingué et séparé. L'air de pairie est si contagieux, que l'archevêque-duc de Reims même, dont la dignité est passagère, n'eut pas honte d'entrer dans un dessein si odieux, et de sacrifier ainsi à un honneur d'un moment les intérêts de la noblesse, pour qui l'on connoissoit assez d'ailleurs son entêtement.

Mais ce n'est pas la distinction des présidents à mortier qui les irrite; des idées plus élevées animent leur ambition, et n'osant ouvertement s'égaler aux princes du sang, ils tâchent de diminuer les honneurs et les prérogatives qui, malgré la conformité des dignités, mettent entre eux une si grande différence.

Rien ne peut obliger Votre Altesse Royale de prononcer. En laissant les choses en l'état où elles ont été de tout temps, les pairs auroient-ils lieu de se plaindre? Et ne seroit-ce pas avilir le Parlement de le dégrader des honneurs dont nos Rois ont voulu décorer les personnes qui les représentent?

L'annulation de l'arrêt du 27 septembre, qui n'est qu'une simple précaution de police pour empêcher le trouble que les pairs se proposoient d'exciter le jour de la déclaration de la régence, vient de donner un assez grand dégoût au Parlement, pour ne pas augmenter sa juste douleur par de nouvelles mortifications.

Cependant si Votre Altesse Royale est absolument déterminée à juger (supposition opposée à la politique), ce ne pourroit être que sur des titres ou sur la possession. Les pairs ne peuvent disconvenir que l'usage est contre eux, puisqu'ils le combattent, et s'il vient des titres, qu'ils les manifestent; nous préviendrons le jugement de Votre Altesse Royale, et nous nous exécuterons nous-mêmes. Mais, non-seulement notre possession est certaine et immémoriale; elle est encore attestée par nos archives, monuments éternels qui en établissent l'état. Ces solides fondements de la sûreté publique, ces dépôts sacrés de la volonté des Rois, oseroit-on en attaquer l'autorité?

Les pairs n'avoient autrefois point d'autres prérogatives que celles dont jouissoient tous ceux qui avoient des fiefs nobles; ils étoient admis les uns et les autres dans les Parlements ambulants, qui étoient à la suite des rois, pour y traiter des affaires d'État et rendre la justice aux particuliers. Les assemblées générales étoient ordinairement tumultueuses; les rois, peu maîtres des délibérations qu'on y prenoit; les juges, nullement, ou médiocrement instruits des coutumes, ou du droit écrit, et les partis exposés à de grandes injustices.

Philippe le Bel, reconnoissant qu'il étoit d'une nécessité indispensable de changer la forme de ces Parlements, les rendit sédentaires et fixa le temps et le lieu de leurs assemblées pour la commodité de ses sujets et l'expédition de la justice; celui de Paris fut mi-parti d'ecclésiastiques et de laïques, que le Roi nomma à l'ouverture du Parlement.

Deux prélats et deux seigneurs furent commis pour y présider. Quels furent ceux qui furent nommés par le dauphin Charles pendant la captivité du roi Jean? Le comte d'Évreux et le comte de Bourgogne. Les douze pairs de France eurent entrée au Parlement, comme conseillers honoraires et perpétuels par la qualité de leur pairie, à la différence des conseillers que le Roi choisissoit et changeoit souvent à sa volonté, et pour faire sentir à ces fiers vassaux la grandeur du souverain. Philippe le Bel donna la préséance sur eux aux présidents comme représentant leur souverain maître dans l'administration de la justice, et le nombre des présidents ayant augmenté dans la suite, les derniers ont siégé à même titre que les anciens à la tête des pairs. Preuve certaine que le nombre des présidents n'empêche point leur unité et leur indivisibilité par rapport à la représentation et aux honneurs qui en sont inséparables.

Des princes si puissants se seroient offensés, sans doute, de voir tant de gens placés au-dessus d'eux, s'ils ne les avoient regardés tous comme ne faisant qu'un seul et même chef; ils ont souffert sans murmurer que les conseillers ordinaires eussent une sorte de supériorité sur les honoraires, et c'est pour marquer cette prérogative qu'un conseiller ferme le banc des pairs encore aujourd'hui. Comme les pairs font partie du Parlement, et que d'ailleurs ils y ont leurs causes commises, on a appelé quelquefois assez improprement cette cour, la *Cour des Pairs;* mais c'est la Cour du Roi, où l'on rend la justice en son nom, et à laquelle les pairs sont attachés. A la vérité, ils ont séance dans les autres Parlements, mais c'est en qualité de conseillers honoraires, et l'on défère le même honneur aux conseillers de Grand'Chambre, par considération pour le premier des Parlements. Les pairs ecclésiastiques, qui se glorifiaient tant d'être les anciens pairs du royaume, et qu'on entend sans cesse regretter la préséance qu'ils avoient sur les princes du sang, ont-ils d'autres distinctions dans les Parlements que de siéger au-dessus du doyen, de même que les autres évêques qui y ont entrée par la prérogative de leurs sièges? Ces prélats sont, comme eux, conseillers d'honneur, comme eux ils ne sont reçus qu'après avoir prêté serment. Ils ne sont ni les uns ni les autres conseillers-nés; leur droit est suspendu jusqu'à leur réception. Et cette loi étant commune aux pairs laïques, sur quoi peuvent-ils fonder la nouvelle difficulté qu'ils ont formée au sujet du duc de Richelieu pour arrêter le cours de la justice dans l'exécution du plus important et du plus sage de tous les édits. Enfin les fils et petits-fils de France voient tranquillement les présidents assis au-dessus d'eux. Le Dauphin, cette image la plus parfaite de la royauté, qui touche la couronne d'une main, tandis qu'il baisse l'autre en terre en qualité de sujet; le Dauphin, dis-je, ne peut, sans une commission expresse du Roi, se mettre à la tête des présidents. Et dans le temps que les princes du sang n'étoient regardés que comme des seigneurs du sang et pairs des fiefs, le premier président ne les saluoit point en demandant leurs suffrages. Ce n'est que depuis qu'Henri III les a déclarés pairs-nés qu'il se découvre pour prendre leurs avis. Et les pairs, ces pairs modernes, se récrient contre un honneur attaché à la dignité du président, jaloux, sans doute, de ce que les princes du sang en jouissent.

L'histoire nous apprend que le chancelier de Rochefort allant recevoir, au nom du Roi Louis XII, l'an 1509, l'hommage de Philippe, archiduc d'Autriche, pour les comtés de Flandre, Artois et Charolais, prit le pas sur lui au moment de son arrivée dans la ville d'Arras, destinée pour la cérémonie. Il demeura assis et couvert dès que le prince se présenta pour prêter serment de fidélité. Les présidents qui représentent le Roi, et dans une fonction qui n'est pas moins éclatante, seroient sans doute en droit de ne pas saluer les pairs lorsqu'ils entrent dans la Grand'Chambre pour venir se mettre en place; et puisque les pairs, pour quelques honneurs limités dont ils jouissent à la Cour, se sont imaginés pouvoir obliger la noblesse de marcher à leur suite, les présidents, qui sont au dessus d'eux au Parlement, pourroient avec bien plus de justice demander à les précéder partout ailleurs, s'ils étoient aussi inquiets et aussi remuants qu'eux.

Les Grecs et les Romains, ces nations si belliqueuses, donnoient la préférence à la robe sur l'épée, parce que la force n'est que l'appui de la justice et ne doit être considérée qu'autant qu'elle sert à la maintenir. Les républiques de Venise, de Hollande, de Gênes, se conduisent encore selon les mêmes maximes, et ces Messieurs, qui, dans le cours de leurs moindres affaires, se prosternent devant ceux qui sont revêtus de la robe, font gloire de la mépriser!

Si le Parlement, qui, dans sa première institution, ne fut rempli que de nobles, a depuis été ouvert à la roture par la vénalité, ce mélange ne ternit point le lustre de la profession, et le corps des pairs, qui est encore bien plus défiguré, n'est pas en droit de nous faire ce reproche. Il n'y a qu'une sorte de noblesse, elle s'acquiert différemment : par les emplois militaires et par ceux de la magistrature; mais les droits et les prérogatives en sont les mêmes. La robe a ses illustrations comme l'épée. Les chanceliers et les gardes des sceaux sont en parallèle avec les connétables et les maréchaux de France, les présidents à mortier avec les ducs et pairs, qui cèdent comme eux sans difficulté au chef de la magistrature.

Mais si l'on vient à l'examen des familles, nous ne craindrons pas de dire qu'il y a un grand nombre de maisons dans le Parlement qui sont au-dessus de celles des pairs. Aussi ne croyons-nous pas devoir ajouter foi à leurs fabuleuses généalogies, adoptées par le trop crédule Dufourny[1], et, sans vouloir entrer dans un plus grand détail sur ce sujet, il ne sera pas inutile de donner ici à Votre Altesse Royale une connoissance du moins sommaire, mais fidèle, des maisons de plusieurs ducs. Vous jugerez après cela, Monseigneur, s'il seroit juste d'abaisser en faveur de telles gens la première Compagnie du royaume, et s'ils sont sages de l'attaquer.

Nous conservons dans l'enceinte du palais les anoblissements des deux premiers ducs.

Gérault Bastel[2] fut anobli par l'évêque de Valence en 1304. Il étoit fils de Jean Bastel, apothicaire de Viviers, qui, en 1300, selon le même registre, acheta la terre de Crusol des héritiers de cette maison.

Nicolas de La Trémouille, que son esprit divertissant avoit mis en faveur auprès de Charles V, fut anobli par lettres patentes en 1375. Un torrent de biens et de grandeurs enfla bientôt cette petite source.

Maximilien de Béthune est traité d'homme de néant par le maréchal de Tavannes dans ses Mémoires. Jean de Béthune, son père, étoit un aventurier qui se disoit venir d'Écosse. On l'appeloit Berthon, suivant la prononciation étrangère. Les additions aux mémoires de Castelnau insinuent l'incertitude de son origine en disant que les Béthune d'Écosse sortent des Béthune de Flandre. Jean de Béthune, son père, débaucha

---

1. Auditeur des Comptes, auteur du *Nobiliaire français*.
2. Véritable nom des ducs d'Uzès.

Jeanne de Melun, fille du seigneur de Rosni, ou l'épousa. André Duchêne les fit ensuite descendre des Béthune de Flandre, et en fut bien récompensé.

Luines[1], Brantès et Cadenet étoient trois frères qui n'avoient qu'un manteau, qu'ils portoient tour à tour lorsqu'ils alloient au Louvre. Le père, Honoré Albert, étoit avocat de Mornas, petite ville du comtat où les avocats sont qualifiés nobles. Jamais fortune ne fut si grande ni si prompte. Charles-Albert fut duc de Luines et connétable; Brantès, qui avoit plaidé en qualité d'avocat, fut duc de Luxembourg par son mariage; et Cadenet fut créé duc de Chaulnes. On les fait venir à présent des Albert d'Italie.

Les Cossé-Brissac ont beaucoup d'illustration et peu d'ancienneté. Ils ont prétendu un temps descendre des Cossé d'Italie, comme on le voit dans les additions de Castelnau; maintenant ils veulent venir d'une maison de Cossé au pays du Maine. René Vignerot[2], domestique et joueur de luth chez le cardinal de Richelieu, le servit si adroitement dans ses plaisirs, qu'il consentit à lui donner sa sœur, qui en étoit devenue éperdument amoureuse. Il lui substitua ensuite son duché de Richelieu. La mère de Vignerot avoit épousé en secondes noces un fauconnier.

Le duc de Saint-Simon est d'une noblesse et d'une fortune si récentes, que tout le monde en est instruit. Un de ses cousins étoit, presque de nos jours, écuyer de madame de Schomberg. La ressemblance des armes de La Vaquerie, que cette famille écartèle avec celle des Vermandois, lui a fait dire qu'elle vient d'une princesse de cette maison. Enfin la vanité de ce petit duc est si folle, que dans sa généalogie il fait venir de la maison de Rosni un bourgeois juge de Mayenne, nommé Le Bossu, qui a épousé l'héritière de la branche aînée de sa maison.

Georges Vert, du haut de son étal[3], seroit bien surpris de se voir père de la nombreuse postérité de La Rochefoucault, Roussi, etc.

---

1. Son vrai nom est Albert.
2. Vrai nom des ducs de Richelieu.
3. Il était étalier-boucher.

Les Neuville-Villeroy sortent d'un marchand de poisson, contrôleur de la bouche de François Ier. Il est mentionné en la Chambre des Comptes en cette qualité. Son fils, greffier de l'Hôtel de Ville, fut prévôt des marchands et père de Nicolas de Neuville, audiencier et secrétaire d'État. La morgue du maréchal de Villeroy a bien de la peine à s'accommoder d'une si mince extraction. Les d'Estrées ne sont nobles que depuis deux cent cinquante ans; le cardinal d'Estrées, après beaucoup d'efforts, n'a pu trouver rien au delà.

Les Boulainvilliers, Bouflers et Lauzun n'étoient connus, il y a cent cinquante ans, qu'aux environs de leurs villages. Les Grammont ont enfin fixé leurs armes, et ils s'en tiennent à la maison d'Aux. Le comte de Grammont demandoit un jour au maréchal quelles armes ils porteroient cette année-là? Ils doivent leur élévation d'abord à Corisandre Daudouin, leur grand'mère, maîtresse de Henri IV; puis à l'alliance du maréchal avec le cardinal de Richelieu.

Les Nouailles viennent d'un domestique de Pierre Roger, comte de Beaufort, vicomte de Turenne, qui les anoblit et érigea en fief un petit coin de la terrre de Nouailles, dont il étoit sorti. Les Montmorin en ont le titre, qu'ils n'ont jamais voulu donner au duc de Bouillon durant leur querelle. De Nouailles, évêque d'Acqs, acquit des Lignerat une portion de la terre de Nouailles en 1556, et en 1559 il acheta l'autre et le château. La famille de Montmorin conserve encore une tapisserie où un Noailles présente les plats sur la table. La tige de cette famille si arrogante était bien basse!

Charles de La Porte [1], maréchal de Meilleraye, père du feu duc de Mazarin, étoit fils d'un fameux avocat de ce Parlement, dont le père étoit apothicaire à Partenai. Ce maréchal, fils de la tante du cardinal de Richelieu, lui dut ensuite sa fortune.

Le duc d'Harcourt sort d'un bâtard d'un évêque de Bayeux. Jean d'Harcourt-Beuvron étoit vicomte ou juge de Caen en 1554. Son fils fut du nombre des jeunes enfants de la bourgeoisie choisis pour jeter des fleurs à l'entrée de Henri IV dans cette ville, comme le livre des antiquités de Caen en fait foi. Le duc d'Épernon-Rouillac, grand généalogiste, nous a appris que les

---

1. Vrai nom des ducs de Mazarin.

Pardaillan-Montespan[1] viennent d'un bâtard d'un chanoine de Leytourne en Gascogne, Cautien de Villars, greffier de Condrieux en 1486, de même que son père Claude de Villars. Son neveu profita des lettres de noblesse qu'il avoit obtenues, et après avoir tenu des terres à ferme, il fut réhabilité le 16 février 1586. Les Potiers, ducs de Gesvres et de Trêmes, sortent du sein du Parlement et ne sont pas des meilleures maisons. D'autres maisons y ont possédé des charges. Un Jean de Mailli étoit conseiller en la Cour sous Charles VI.

Les Clermont-Tonnerre n'étoient que conseillers du Dauphin de Viennois, et les autres Clermont, dont est l'évêque de Laon, quels étoient-ils avant le mariage de François de Chaste avec la veuve d'un Polignac, dont il avoit été domestique?

Telle est l'extraction, Monseigneur, d'une partie considérable des pairs du royaume; mais ni parmi ceux-ci, ni parmi les autres que nous ne nommons point ici, aucun, sans exception d'un seul, n'est exempt d'alliance avec la robe, et souvent même ils ont pris ces alliances avec ce que la robe a de plus abject; car nous ne dissimulons pas que nous avons parmi nous plusieurs classes, que nous distinguons par la grande, la moyenne et la basse robe.

Cependant ce sont ces gens-là qui se comparent aux ducs de Bourgogne, de Guyenne et de Normandie; aux comtes de Flandre, de Champagne et de Toulouse. Ce sont ces gens-là qui cabalent pour mettre les princes du sang légitimes dans le rang de leur pairie, qui, ne se contentant pas de traiter le Parlement avec mépris, veulent faire marcher la noblesse à leur suite, en exiger le titre de Monseigneur dans les lettres, lui refuser la main chez eux, obtenir même des distinctions jusqu'ici inouïes, et se dispenser de mesurer leurs épées avec les gentilshommes. Ce sont ces gens-là qui, oubliant qu'ils font partie du Parlement, osent comprendre dans le tiers-état cette Compagnie, la plus auguste du royaume[2].

1. Nom propre des ducs d'Épernon, aujourd'hui éteints.
2. Sursis jusqu'à la majorité du Roi. (*Prononcé de Monseigneur le duc d'Orléans.*)

SUPPLICE DE DAMIENS[1]

Étant arrivé à Versailles le 6 au matin, je dis à M. d'Argenson que l'on débite que le criminel est d'Arras. Il me remercie de la remarque et me dit qu'il faut que j'aille droit et promptement dans cette ville pour y couler à fond toute cette affaire. Il m'envoya à M. de Sourches, qui me mena à la geôle où ses officiers faisoient les informations. Il me fait voir le criminel, assez bel homme, les yeux enfoncés, le nez grand, et le teint animé par la fièvre, à cause de sa brûlure. Il étoit enchaîné dans un lit, souffrant, et se plaignant de M. de Machault, qui l'avoit inutilement fait brûler, puisqu'il devoit tant souffrir. Je lui demandai s'il étoit d'Artois, il me dit : *Oui, pour la vie et pour la mort. Les Artésiens sont francs, ils n'ont pas peur, et le Roi n'a pas de meilleurs sujets.* Quant aux autres demandes de cette espèce, il me renvoya à M. de Sourches. Il parloit d'un ton doux au point que j'en fus d'abord la dupe, et le crus quelque chose. Mais cela ne dura pas longtemps. En nous voyant sortir il nous remercia, disant qu'il n'avoit plus besoin que de Dieu et d'un bon confesseur. Je démêlai bien que ce n'étoit qu'un fanatique et rien de plus.

Je vis dans les gazettes d'Utrecht qu'il étoit parlé de mon travail et qu'il avoit été lu le 19 février à la Grand'Chambre. Je reconnus avec plaisir que ce travail commençoit à faire voir le vrai à tout le monde, et que cet homme n'avoit point de complice. J'attendois que je fusse à Paris pour achever de désabuser et faire voir en effet que cet homme n'étoit qu'un

---

[1]. Extrait par Lemontey des *Mémoires manuscrits du duc de Croy*, t. XIV.

fou, au lieu de ce qu'en disoit le public, qui veut toujours donner des causes extraordinaires à tout. Cette erreur avoit gagné jusque dans les meilleures maisons, et je fus souvent bien impatienté des propos détestables, et des contes apocryphes qu'on débitoit à ce sujet. Mon travail, qui simplifioit et éclaircissoit tout, faisoit voir à n'en pouvoir douter que c'étoit une tête brûlée, à qui la vanité et la chaleur d'un sang enflammé, joint à des discours imprudents tenus devant lui par des parlementaires, avoient suggéré de prendre entre lui et lui-même ce détestable parti.

Arrivé à Paris je vais chez M. le premier président, où étoient M. Molé, les trois commissaires, les gens du Roi et messieurs de Fleury. On me place en cérémonie, et la conférence commence en règle. Je rabats vivement sur le caractère de Damiens que j'ai approfondi par la multiplicité des informations. Je dis que c'est un homme atrabilaire par les effets du sang et du physique; né mal, intérieurement méchant et dangereux dès son enfance, pétri d'orgueil, se croyant fait pour être réformateur et rétablir l'ordre, et donner la loi, sans principes quelconques, détestant les ecclésiastiques et se moquant de la religion, frondeur et mécontent, marchant toujours dans le noir, ne s'ouvrant jamais tout à fait à personne, parlant toujours seul et comme intérieurement, ayant un sang âcre et bouillant, qui, à chaque saignée, faisoit des effets prodigieux, et l'obligeoit à s'en faire tirer tous les quinze jours, et à prendre de l'opium pour le calmer quatre ou cinq jours; après quoi sa frénésie de tuer le Roi le reprenoit et augmentoit selon l'effervescence du sang.

On m'apprit à ce sujet-là qu'il avoit envoyé chercher son hôtesse de Versailles et lui avoit dit que c'étoit elle qui étoit la cause du malheur du Roi; ce qui pensa la faire mourir. Puis il s'expliqua, disant qu'il lui avoit demandé en arrivant à se faire saigner; qu'elle avoit prétendu qu'il faisoit trop froid pour cela, et que s'il l'avoit été il n'auroit pas commis cette action (ou du moins l'auroit commise plus tard) : cela cadroit bien avec ce que j'en disois.

Je leur dis ensuite que je ne pouvois m'empêcher d'ajouter que cette mauvaise tête avoit été extrêmement échauffée par les discours de ses différents maîtres, et surtout par plusieurs conseillers du Parlement qu'il avoit servis de suite, lesquels avoient tenu des propos trop forts de mécontentement, sur les circonstances et contre les ecclésiastiques, et peut-être contre la Cour; que dans une aussi mauvaise tête cela avoit fait beaucoup d'effet et le faisoit entrer en fureur; qu'il paroissoit avoir projeté cet assassinat depuis trois ans, temps où l'un de ses maîtres avoit été envoyé à Pierre-Encise, où il n'avoit pas voulu le suivre, et s'étoit fort emporté alors contre M. l'archevêque, à qui, disoit-on d'après lui, il vouloit servir de bourreau.

J'ajoutai d'un ton ferme et tranquille : « Voilà ce que c'est que de parler devant des domestiques, et de parler avec tant d'aigreur et de vivacité de toutes ces malheureuses affaires du temps : peut-être que sans cela la frénésie de ce malheureux se fût tournée d'un autre côté; » que peut-être on pouvoit croire que le vice dominant de ce scélérat étoit l'orgueil qui lui faisoit penser qu'il étoit réservé pour changer par le sacrifice de sa vie l'ordre et l'arrangement des choses, comptant que son entreprise feroit, disoit-il, rentrer le Roi en lui-même; car il ne vouloit pas le tuer. C'étoit pour cela qu'il ne s'étoit servi que de son canif. Il auroit été fâché qu'il en fût mort, quoiqu'il sentoit bien que cela pouvoit arriver. Mais son but étoit, comme je viens de dire, de le faire rentrer en lui-même et de lui faire rendre au Parlement tout le pouvoir qu'il croyoit qu'il dût avoir.

Sur ce que j'avois dit quant aux propos tenus devant les domestiques, M. le premier président et ces messieurs me dirent que j'avois raison d'avoir parlé ainsi, et que le criminel leur avoit dit tout cela et bien plus fort encore. Ils ajoutèrent que ce qui leur plaisoit dans mon rapport étoit la conformité qu'il y avoit entre tout ce que je leur rapportois et tout ce que leur avoit dit le coupable; que c'étoit le mot pour mot; que ce qu'ils avoient appris d'ailleurs n'étoit que des misères ridicules; qu'il n'y avoit que mon travail qu'ils dussent suivre, et qu'ils m'en renouveloient leurs remercîments.

Je soupai chez madame de Pompadour. Après le grand couvert le Roi y descendit et y fit sa partie avec le prince de Soubise et Chalabre. Tout y étoit comme auparavant, ce qui devoit paroître bien étonnant après la peur que lui avoit faite sa blessure, après l'espèce d'amende honorable, les trois confesseurs coup sur coup, et le témoignage apparent de la plus grande piété. D'un autre côté, madame de Pompadour faisoit le carême, jeûnoit strictement, alloit tous les jours à la messe. Elle étoit néanmoins auprès du Roi, et parée avec du rouge tout comme avant l'assassinat et la confession. Tout étoit remis à l'ordinaire, à l'exception des deux grands ministres renvoyés.

J'allai chez Madame la première, où étoit madame de Puisieux; toutes deux, imbues des propos de Paris sur l'affaire de Damiens, m'impatientèrent furieusement. Elles vouloient absolument que ce scélérat eût des complices; et cela alloit de leur part jusqu'à croire qu'en assurant qu'il n'en avoit pas, je ne disois que ce qui m'avoit été soufflé par la Cour. Il y avoit bien là de quoi forcer l'homme du plus grand sang-froid à s'emporter, surtout en se rendant comme moi témoignage qu'il ne parloit d'après personne, mais seulement d'après la vérité. Je sortis très-en colère, non pour ce qui me regardoit, mais à cause de l'extrême dépravation des esprits de presque tout Paris.

Le 12 mars, j'allai au palais pour la reconnoissance de la valise de Damiens. Étant entré, je vis d'un côté Damiens, et de l'autre, vis-à-vis de lui, le premier président, M. de Molé, les quatre conseillers commissaires, rangés autour d'une table au milieu de laquelle étoit le greffier. Ils me firent placer à côté d'eux, dans un fauteuil, près du feu et de Damiens que j'eus encore le temps de considérer à mon aise.

Il avoit sa redingote grise, son grand chapeau uni acheté à Arras; il étoit assis sur un fauteuil, les pieds sur un tabouret, couverts d'une couverte. Je le reconnus aisément, l'ayant déjà vu à Versailles. Je le trouvai maigri, abattu, les yeux enfoncés (mais moins qu'il ne m'avoit paru d'abord, à cause que ses joues étoient tombées), l'œil moins vif et le teint plus pâle, et ne marmotant plus des lèvres; tout cela parce que son sang, qui faisoit ordinairement tant de ravage en lui, étoit alors apaisé par le régime et par la tranquillité forcée; cependant son mouvement convulsif avoit passé aux doigts de la main. Je trouvai qu'à la tristesse près, tristesse occasionnée sans doute par la gêne où il étoit, il avoit une assez belle physionomie, et telle que je l'ai dépeinte dans mes informations.

Il étoit attaché d'une manière simple et bonne : il n'avoit aucune chaîne, mais de bonnes courroies de cuir, qui lui servoient de ceinture et le fixoient au fond de son fauteuil : d'autres, attachées à ses poignets, ne lui laissoient que quelque mouvement, mais non assez pour joindre ses mains, ni les porter à sa tête. Une autre courroie descendoit et lui lioit les cuisses. Il n'y avoit rien autour de sa tête où il pût se frapper ; de cette sorte, il ne pouvoit se faire aucun mal, et il avoit un grand tablier de cuir devant lui. Son attitude n'avoit rien de fatigant, si ce n'étoit pas la chose la plus fatigante de rester toujours dans la même. C'étoit là avec la tristesse de sa fin prochaine, et les brûlures de ses jambes, ce qui le faisoit dépérir et ce qui faisoit craindre que la mort ne prévînt son supplice. Il y avoit des menottes tout autour de son fauteuil avec lesquelles on le portoit de la tour de Montgomery, où avoit aussi été Ravaillac, dans la salle où nous étions, et où ce misérable a été confronté à tous les plus grands seigneurs qui entouroient le Roi, lors de son assassinat.

Ce fut pendant ces huit jours que l'affaire de Damiens finit. Le 26 mars, ce qui restoit de la Grand'Chambre et les pairs assemblés, on le fit venir sur la sellette où on l'interrogea sur ce que voulut chaque membre de l'assemblée. Il ne s'étonna de rien ; reconnut le plus grand nombre, parla avec liberté, selon sa mauvaise tête et son projet, qu'il n'avoit exécuté qu'après bien des réflexions ; il répéta tout ce qu'il avoit dit auparavant et bien exactement, s'accordant parfaitement en tout à ce que j'avois mandé de lui dans mes lettres et dans mes informations (voyez-les imprimées au procès de Damiens). Il répéta toujours qu'il n'avoit pas de complice, et que, s'il eût cru que son chapeau sût son projet, il l'auroit brûlé. Au reste, comme de longue main il s'étoit attendu à tout, et qu'il n'avoit pris ce grain de folie que petit à petit, rien ne put l'étonner. Il éclaircit tout ce que l'on pouvoit souhaiter, et à moins qu'on ne voulût follement bâtir dans la chimère, il ne pouvoit plus rester aucun doute à son égard. Cette séance fut très-longue à cause des formalités. On agita s'il subiroit le même supplice que Ravaillac, la mort du Roi ne s'en étant pas suivie, et l'on passa là-dessus, en décidant que oui. On décida à la Cour qu'il n'y auroit que les commissaires qui assisteroient à la question. Damiens fut jugé au même horrible supplice que Ravaillac.

Le 28 mars fut le jour terrible pour lui, et où il passa les quatorze plus terribles heures. Dès quatre heures du matin on lui lut sa sentence : il ne fut étonné de rien, sachant tout cela de longue main, et sa vanité le portant même à conduire les juges s'ils avoient oublié quelque chose. A sept heures, il fut mis à la question ordinaire et extraordinaire qu'il soutint jusqu'au bout et au plus fort, et dont il fut moulu ; il dit d'avance qu'il n'avoit point de complices, qu'ainsi il n'en pouvoit pas nommer. Il chercha tant qu'il put à se ressouvenir de tout ; enfin il se ressouvint qu'un secrétaire, dans une maison où il étoit à servir, avoit dit devant lui, il y avoit environ quatre ans, au sujet d'une frayeur qu'eut le Roi, que ce seroit bien fait de lui faire peur, que cela le feroit rentrer en lui-même ; et que lui, Damiens, ayant entendu cela, ce propos l'avoit frappé ; et que, depuis ce temps, il avoit été tourmenté de la manie de frapper le Roi pour le faire rentrer en lui-même, et qu'il avoit résolu, s'en sentant le courage, de se sacrifier pour cela.

Vers trois heures, il fut mené dans le tombereau à Notre-Dame pour y faire amende honorable. De là, on le conduisit à la Grève. Il y avoit un monde affreux partout où il passoit, mais sans témoigner ni haine ni pitié. Arrivé à la Grève, il examina tout. Il alla à l'Hôtel-de-Ville où il ne fut qu'une demi-heure. Il dit nettement qu'il demandoit pardon à Dieu, au Roi et à la justice et à M. l'archevêque, de tous les discours qu'il avoit tenus contre lui ; d'ailleurs, qu'il assuroit de nouveau qu'il n'avoit ni complots, ni complices. C'est par où il finit, et s'y tint sans chercher à retarder son supplice, et désirant au contraire de finir.

On le mena vers quatre heures et demie au milieu de la place de Grève, où l'on avoit fait une barrière, laissant un espace d'un demi-arpent, au milieu duquel étoit une petite table basse fortement scellée en terre par six gros pieux. Il n'y avoit autour de lui que dix bourreaux et les deux confesseurs. Il aida lui-

SUPPLICE DE DAMIENS.

même à se déshabiller, ne témoignant ni crainte ni étonnement, mais seulement envie de finir (il avoit voulu se tuer). On l'étendit sur cette espèce de table où des cercles de fer en tous sens fixèrent son corps : deux en travers, un en fourche laissant le cou libre, et un entre les cuisses; le tout se joignant au milieu; et se serrant par de gros écrous sous la table, de sorte que le tronc étoit absolument fixé. On lui attacha la main droite à une menotte, et on la lui brûla au feu de soufre, ce qui lui faisoit jeter des hurlements horribles.

Ensuite on lui lia très-fortement les bras et les cuisses, d'abord en haut, et de là en tournoyant jusqu'au poignet et au pied, et l'on attacha ces cordes aux harnais de quatre chevaux qui étoient placés aux quatre coins de la table, et le signal étant donné par le bourreau, on fit tirer les quatre chevaux par secousse qui n'emportèrent rien, mais lui firent faire des cris affreux. On redoubla les secousses sans pouvoir l'emporter, et ses hurlements recommencèrent, et s'entendoient très-bien malgré le bruit du nombre prodigieux de spectateurs. On le tira ainsi plus d'une heure, et l'on y ajouta même les deux chevaux du tombereau sur ses cuisses en tirant et écartelant, les six chevaux partant à la fois. Cela ne servit qu'à redoubler ses cris qui se soutenoient de la même force, tant cet homme étoit vigoureux. Le bourreau ne sachant que faire fut demander à l'Hôtel-de-Ville. On dit qu'il falloit qu'il fût écartelé. On recommença les secousses, et les cris continuèrent. Mais les chevaux se rebutèrent de toujours tirer sans avancer. Alors les juges permirent qu'on le dépeçât. Le bourreau lui taillada le haut des cuisses faisant tirer les chevaux. Il levoit encore la tête pour voir ce qu'on lui faisoit, et quoiqu'il fût ordinairement jureur, il ne jura pas, mais jetoit souvent la tête du côté du crucifix, et le baisoit. Les confesseurs lui parloient.

Enfin après une heure et demie passée de ces souffrances sans exemple pour la longueur, la cuisse gauche partit la première, à quoi le peuple battit des mains. Jusque-là, il n'avoit paru que curieux et indifférent. Ensuite, à force de tailladés, l'autre cuisse partit; les cris continuèrent avec la même force. Ensuite on taillada une épaule qui partit; ses cris continuèrent, mais avec moins de bruit, et la tête continua à aller.

Enfin on taillada la quatrième partie, c'est-à-dire l'autre épaule, et ce n'est que là que la tête tomba, quand elle fut emportée, ne restant que le tronc. On le défit des cercles de fer, et l'on dit qu'il palpitoit encore quand on le plaça sur le bûcher où l'on brûla le tout. Telle fut la fin de ce misérable qui souffrit, à ce que l'on croit, les plus grands supplices que jamais homme ait éprouvés à cause de la longueur des douleurs.

Le lendemain les pairs s'assemblèrent ; on leur rendit compte de la question et de tout ce qui s'étoit dit, ainsi qu'à l'Hôtel-de-Ville et au supplice. La suite de ces rapports, toujours conformes les uns aux autres, ne laissa plus de doute, et les personnes sages furent tranquillisées. Cependant les esprits échauffés ne purent se contenter de cela ; parce que les juges, malgré ce que je leur avois conseillé, firent la faute de laisser une contumace ridicule à la fin de l'arrêt contre un prétendu quidam.

Ce quidam n'étoit autre chose qu'une erreur du garde de la porte qui avoit bien entendu un propos que Damiens, ainsi que celui à qui il l'avoit tenu, avoit confirmé ; savoir qu'il avoit dit, lui, Damiens, qu'il attendoit un maître pour s'offrir à son service, et qu'ayant une deuxième fois été rencontré par le même homme ou quidam, il avoit dit : *j'attends.* Ce propos décousu paroissoit quelque chose, et le garde de la porte se trompa de deux personnes qui passoient, et l'attribua à l'un qui ne l'avoit pas dit, et qui est ce quidam inconnu, plutôt qu'à celui qui l'avoit entendu et qui le répétoit comme Damiens ; et le garde de la porte, mal interrogé, persista à mal rendre son signalement ; ce qui causa cette erreur et ce louche qu'il étoit bien aisé d'éclaircir, comme je l'avois dit d'avance.

Le lendemain, on jugea les autres personnes du procès : son père, sa femme et sa fille furent condamnés à être bannis, les frères à changer de nom ; les autres furent déchargés d'accusation, et tout le monde fut élargi. Je ne fus plus occupé qu'à faire payer les témoins que j'avois fait venir, ce qui fut exécuté. Ainsi finit cette malheureuse histoire.

PASQUIER

CONSEILLER DE LA GRAND'CHAMBRE DU PARLEMENT

DE 1718 A 1784

Parmi ces juges du Parlement de Paris que Barbier fait connaître, les lecteurs ont remarqué le conseiller de la Grand'Chambre Pasquier. On a vu son rôle dans le procès de Damiens, dont il a été l'un des commissaires. Il en fut le rapporteur, et il a été l'ordonnateur de ce supplice, qui, au dix-huitième siècle, et chez une nation civilisée, a dépassé les cruautés de la barbarie la plus sauvage, et appelé la pitié de l'histoire sur le misérable qui l'a subi.

Le rôle de Pasquier a été encore plus affreux dans le procès du chevalier La Barre et dans celui du comte de Lally, car il s'est exercé sur des innocents, et la responsabilité de leur supplice retombe en grande partie sur lui, comme on va le voir, d'après les témoignages des contemporains que nous rapportons ici.

PROCÈS DU CHEVALIER LA BARRE

D'Alembert à Voltaire.

16 juillet 1766.

Avez-vous connu, mon cher maître, un certain M. Pasquier, conseiller de la Cour, qui a de gros yeux, et qui est un grand bavard? On a dit de lui que sa tête ressembloit à une tête de veau, dont la langue étoit bonne à griller. Jamais cela n'a été plus vrai qu'aujourd'hui; car c'est lui qui, par ses déclamations, a fait condamner à la mort des jeunes gens qu'il ne falloit mettre qu'à Saint-Lazare. C'est lui qui a péroré, dit-on, contre les livres des philosophes, qu'il a pourtant dans sa bibliothèque, et qu'il lit même avec plaisir, comme le lui a reproché une femme de ma connoissance ; car il n'est point du tout dévot, et c'est lui qui, du temps de M. de Machault, fit contre le clergé une assez plate levée de boucliers dans une assemblée de Chambres. Quoi qu'il en soit, je ne sais ce que les jeunes écervelés, condamnés par nos seigneurs, ont dit à leur interrogatoire ; mais je sais bien qu'ils n'ont trouvé dans aucun livre de philosophie les extravagances qu'ils ont faites, extravagances au reste qui ne méritoient qu'une correction d'écoliers ; car le plus âgé n'a pas vingt-deux ans, et le plus jeune n'en a que seize. On vous aura sans doute envoyé le bel arrêt qui les condamne, arrêt digne du siècle du roi Robert. Vous verrez la belle kyrielle des crimes qu'on leur reproche, et qui ne sont que des sottises de jeunes gens libertins et échauffés par la débauche. En vérité, il est abominable de mettre à si bon marché la vie des hommes. Il y a ici un religieux italien, homme d'esprit et de mérite, qui ne revient point de cette atrocité, et qui dit qu'à l'inquisition de Rome ces jeunes fous auroient tout au plus été condamnés à un an de prison. Au reste, le seul de ces jeunes gens qui ait été exécuté, car les autres sont en fuite, est mort avec un courage, ou, ce qui est encore mieux, un sang-froid digne d'une meilleure tête. Il a demandé du café, en disant qu'il n'y avoit pas à craindre que cela l'empêchât de dormir. Le bourreau a voulu se joindre au confesseur pour l'exhorter ; il a prié le bourreau de se borner à son ministère ; il lui a seulement recommandé de ne le point faire souffrir, et de lui bien placer la tête ; et ses derniers mots, étant à genoux, et les yeux bandés, ont été : Suis-je bien comme cela ? Vous savez qu'on a brûlé conjointement avec lui, le *Dictionnaire philosophique*, où il n'a assurément rien trouvé de toutes les platitudes dont on l'accuse, d'avoir passé devant une procession sans ôter son chapeau, d'avoir dit des grossièretés sur des burettes, d'avoir donné des coups de canne à un crucifix de bois, et autres sottises semblables. Je ne veux plus parler de tout cet auto-da-fé si honorable à la nation française, car cela me donne de l'humeur. . . . .

Pour moi, je rirai, comme je fais de tout, et je tâcherai que rien ne trouble mon repos et mon bonheur. Adieu mon maître.

Réponse de Voltaire à la lettre de d'Alembert du 16 juillet.

Aux eaux de Rolle en Suisse, 23 juillet 1766.

Oui vraiment, je le connois ce mufle de bœuf, et ce cœur de tigre, qui mérite, par ses fureurs, ce qu'il a fait éprouver à l'extravagance; et vous voulez prendre le parti de rire, mon cher Platon! Il faudroit prendre celui de se venger, ou du moins quitter un pays où se commettent tous les jours tant d'horreurs. N'auriez-vous pas déjà lu la relation ci-jointe? Je vous prie de l'envoyer à frère Frédéric, afin qu'il accorde une protection plus marquée et plus durable à cinq ou six hommes de mérite qui veulent se retirer dans une province méridionale de ses États, et y cultiver en paix la raison, loin du plus absurde fanatisme qui ait jamais avili le genre humain, et loin des scélérats qui se jouent ainsi du sang des hommes. L'extrait de la première relation est d'une vérité reconnue; je ne suis pas sûr de tous les faits contenus dans la seconde; mais je sais bien qu'en effet il y a une consultation d'avocats; et si je puis, par votre moyen, parvenir à l'avoir, vous ferez une œuvre méritoire. Je sais que vous n'êtes pas trop lié avec le barreau; mais voilà de ces occasions où il faut sortir de sa sphère.

L'abbé Morellet, M. Turgot, pourroient vous procurer cette pièce. Vous pourriez me la faire tenir par Damilaville, qui là cherche de son côté. Pourquoi faut-il n'avoir que de telles armes contre des monstres qu'il faudroit assommer? C'est bien dommage, encore une fois, que Jean-Jacques soit un fou et un méchant fou; sa conduite a fait plus de tort aux belles-lettres et à la philosophie que le vicaire Savoyard ne leur fera jamais de bien.

Non, encore une fois, je ne puis souffrir que vous finissiez votre lettre, en disant : Je rirai. Ah! mon cher ami, est-ce là le temps de rire? Rioit-on en voyant chauffer le taureau de Phalaris? Je vous embrasse avec rage.

Voltaire à d'Alembert.

18 juillet 1766.

Frère Damilaville vous a communiqué, sans doute, la relation d'Abbeville, mon cher philosophe. Je ne conçois pas comment des êtres pensants peuvent demeurer dans un pays de singes qui deviennent si souvent des tigres. Pour moi, j'ai honte d'être même sur la frontière. En vérité voici le temps de rompre ses liens, et de porter ailleurs l'horreur dont on est pénétré. Je n'ai pu parvenir à recevoir la consultation des avocats ; vous l'avez vue, sans doute, et vous avez frémi. Ce n'est plus le temps de plaisanter ; les bons mots ne conviennent point aux massacres. Quoi ! dans Abbeville des Busiris en robe font périr dans les plus horribles supplices des enfants de seize ans ! et leur sentence est confirmée malgré l'avis de dix juges intègres et humains ! et la nation le souffre ! A peine en parle-t-on un moment, on court ensuite à l'Opéra-Comique ; et la barbarie, devenue plus insolente par notre silence, égorgera demain qui elle voudra juridiquement, et vous surtout, qui aurez élevé la voix contre elle deux ou trois minutes. Ici Calas roué, là Sirven pendu, plus loin un bâillon dans la bouche d'un lieutenant général ; quinze jours après, cinq jeunes gens condamnés aux flammes pour des folies qui méritoient Saint-Lazare.

Qu'importe l'avant-propos du roi de Prusse ? apporte-t-il le moindre remède à ces maux exécrables ? Est-ce là le pays de la philosophie et des agréments ? c'est celui de la Saint-Barthélemy. L'inquisition n'auroit pas osé faire ce que des juges jansénistes viennent d'exécuter. Mandez-moi, je vous en prie, ce qu'on dit du moins, puisqu'on ne fait rien. C'est une misérable consolation d'apprendre que des monstres sont abhorés, mais c'est la seule qui reste à notre foiblesse, et je vous la demande. M. le prince de Brunswick est outré d'indignation, de colère et de pitié. Redoublez tous ces sentiments dans mon cœur par deux mots de votre main, que vous enverrez, par la petite poste, à frère Damilaville. Votre amitié et celle de quelques êtres pensants est le seul plaisir auquel je puisse être sensible.

De Voltaire au même.

30 juillet 1766.

Ma rage vous embrasse toujours tendrement, mon cher et aimable philosophe. Il m'a tant passé d'horreurs par les mains depuis quelques jours, que je ne sais plus ce que je vous ai écrit. Vous ai-je mandé que j'avois obtenu de frère Frédéric une gratification pour les Sirven? Cette goutte de baume, sur tant de blessures faites à la raison et à l'innocence, m'a un peu soulagé, mais ne m'a pas guéri. Je suis honteux d'être si sensible et si vif à mon âge. Je m'afflige du tremblement de terre à Constantinople, tandis que vous examinez gaîment combien il faut de parties sulfureuses pour renverser une ville dont les dimensions sont données. Je pleure les gens dont on arrache la langue, tandis que vous vous servez de la vôtre pour dire des choses très-agréables et très-plaisantes. Vous digérez donc bien, mon cher philosophe, et moi je ne digère pas. Vous êtes encore jeune; et moi je suis un vieux malade; pardonnez à ma tristesse. Je viens de voir, dans la *Gazette de France*, un article du tonnerre qui a pulvérisé une vieille femme; et le tonnerre n'est point tombé sur les juges d'Abbeville! comment cela peut-il se faire? . . . .
. . . .

Du même au même.

7 auguste.

Vous pensez bien, mon vrai philosophe, que mon sang a bouilli, quand j'ai lu ce mémoire écrit avec un cure-dents; ce cure-dents gravé pour l'immortalité. Malheur à qui la lecture de cet écrit ne donne pas la fièvre! Il doit au moins faire mourir d'apoplexie le... et le... et le... N'admirez-vous pas les sobriquets que le sot peuple donne à certaines gens [1]?

C'est donc de tous les côtés à qui se couvrira d'horreur et

---

1. Le peuple appelait les conseillers de la Grand'Chambre les *bouchers de La Tournelle*.

d'infamie. Je vous plains d'être où vous êtes. Vous pouvez me dire : *Ubicumque calculum ponas, ibi naufragium invenies.*

Vous avez des liens, des pensions, vous êtes enchaîné ; pour moi, je mourrai bientôt, et ce sera en détestant le pays des singes et des tigres, où la folie de ma mère me fit naître, il y a bientôt soixante et treize ans. Je vous demande en grâce d'écrire de votre encre au roi de Prusse, et de lui peindre tout avec votre pinceau. J'ai de fortes raisons pour qu'il sache à quel point on doit nous mépriser Un des plus grands malheurs des honnêtes gens, c'est qu'ils sont des lâches. On gémit, on se tait, on soupe, on oublie Je vous remercie, par avance, des coups de foudre dont vous écraserez les jansénistes. Il est bon de marcher sur le basilic après avoir foulé le serpent [1]. Donnez-vous le plaisir de pulvériser les monstres, sans vous commettre. Genève est une pétaudière ridicule ; mais du moins de pareilles horreurs n'y arrivent point. On n'y brûleroit pas un jeune homme pour deux chansons faites il y a quatre-vingts ans. Rousseau n'est qu'un fou et un plat monstre d'orgueil.

Adieu ; je vous révère avec justice, et je vous aime avec tendresse.

Gardons pour nous notre douleur et notre indignation ; gardons-nous le secret de nos cœurs.

D'Alembert à Voltaire.

A Paris, 11 auguste.

Il n'y a rien de nouveau que je sache, mon cher et illustre maître, sur l'atroce et absurde affaire d'Abbeville. On dit seulement, mais ce n'est qu'un ouï-dire, que le jeune Moisnel, qui étoit resté en prison, et qui a seize ans, a été condamné par les Torquemada d'Abbeville à être blâmé ; sur quoi je vous prierai d'abord d'observer la cruauté de ce jugement, qui déclare infâme un pauvre enfant digne tout au plus d'être fouetté au collège ; et puis de voir la singulière gradation du jugement que ces busiris en robe, comme vous les appelez très-bien, ont prononcé contre des jeunes gens, tous également coupables : le premier brûlé vif, le second décapité, le troi-

---

1. Ce passage s'entend, comme on le voit, des jansénistes et des jésuites.

sième blâmé ; j'espère que le quatrième sera loué. Je ne veux plus parler de cette exécration qui me rend odieux le pays où elle s'est commise. Vous saurez qu'il y a actuellement quatre-vingt-trois jésuites à Rennes, pas davantage, et que ces marauds, comme vous croyez bien, ne s'endorment pas dans l'affaire de M. de La Chalotais. Il est transféré à Rennes, et apparemment sera bientôt jugé. Son mémoire lui a concilié tout le public, et rend ses persécuteurs bien odieux. Laubardemont de C*** surtout (car on l'appelle ainsi) ne se relèvera pas de l'infamie dont il est couvert ; c'est ce que j'ai entendu dire aux personnes les plus sages et les plus respectables.

Une autre sottise (car nous sommes riches en ce genre) qui occupe beaucoup le public, c'est la querelle de Jean-Jacques et de M. Hume. Pour le coup, Jean-Jacques s'est bien fait voir ce qu'il est, un fou et un vilain fou, dangereux et méchant, ne croyant à la vertu de personne, parce qu'il n'en trouve pas le sentiment au fond de son cœur, malgré le beau pathos avec lequel il en fait sonner le nom ; ingrat, et, qui pis est, haïssant ses bienfaiteurs (c'est de quoi il est convenu plusieurs fois lui-même), et ne cherchant qu'un prétexte pour se brouiller avec eux, afin d'être dispensé de la reconnoissance. Croiriez-vous qu'il veut aussi me mêler dans sa querelle, moi qui ne lui ai jamais fait le moindre mal, et qui n'ai jamais senti pour lui que de la compassion dans ses malheurs, et quelquefois de la pitié de son charlatanisme ? Il prétend que c'est moi qui ai fait la lettre, sous le nom du roi de Prusse, où on se moque de lui. Vous saurez que cette lettre est d'un M. Walpole, que je ne connois même pas, et à qui je n'ai jamais parlé. Jean-Jacques est une bête féroce qu'il ne faut voir qu'à travers des barreaux, et toucher qu'avec un bâton. Vous ririez de voir les raisons d'après lesquelles il a soupçonné et ensuite accusé M. Hume d'intelligence avec ses ennemis. M. Hume a parlé contre lui en dormant : il logeoit à Londres, dans la même maison, avec le fils de Tronchin ; il avoit le regard fixe, et surtout il a fait trop de bien à Rousseau pour que sa bienfaisance fût sincère. Adieu, mon cher maître ; que de fous et de méchants dans ce meilleur des mondes possibles.

Je vous embrasse *ex anima*.

Voltaire à d'Alembert.

25 auguste.

Le roi de Prusse, mon cher philosophe, me mande qu'il auroit condamné ces cinq jeunes gens à marcher quinze jours chapeau bas, à chanter des psaumes, et à lire quelques pages de la Somme de saint Thomas. Gardez-vous bien de dire à qui il a écrit ce jugement de Salomon. Il faut qu'on tourne les yeux vers le nord, le midi n'a que des marionnettes barbares. Vous savez qu'on vient de donner en Scythie le plus beau, le plus galant, le plus magnifique carrousel qu'on ait jamais vu; mais on n'y a brûlé personne pour n'avoir pas ôté son chapeau. Je suis fâché que vous ne soyez pas là. Tout ce que j'apprends de votre pays fait hausser les épaules et bondir le cœur. Je crois que vous verrez bientôt le mémoire d'Élie de Beaumont en faveur des Sirven, et que vous en serez plus content que de celui des Calas.

Je recommande les Sirven à votre éloquence. Parlez pour eux à ceux qui sont dignes que vous leur parliez; échauffez les tièdes : c'est une belle occasion d'inspirer de l'horreur pour le fanatisme.

Si vous avez oublié l'ami Vernet, voici une occasion de vous souvenir de lui. On dit que cette autre tête de bœuf, dont la langue doit être fumée, mugit beaucoup contre moi. En avez-vous ouï-dire quelque chose? Je brave ses beuglements, et ceux des monstres qui peuvent crier avec lui.

J'ai peu de temps à vivre, mais je ne mourrai pas la victime de ces misérables. Je mourrai en souhaitant que la nature fasse naître beaucoup de François comme vous, et qu'il n'y ait plus de Velches.

Je voulois vous envoyer une facétie sur Vernet; je ne la retrouve point : la perte est médiocre.

Ah! mon cher maître, que les philosophes sont à plaindre! Leur royaume n'est pas de ce monde, et ils n'ont pas l'espérance de régner dans un autre.

Monstres persécuteurs! qu'on me donne seulement sept ou

huit personnes que je puisse conduire, et je vous exterminerai.

D'Alembert à Voltaire.

9 septembre.

C'est, en effet, mon cher et illustre maître, un jugement de Salomon que celui dont vous me parlez. Nos pères de la patrie sont à bien des siècles de ce jugement-là. Heureusement tous les magistrats ne sont pas aussi absurdes. La Cour des Aides, qui, à la vérité, est présidée par M. de Malesherbes, vient d'en donner la preuve. Un nommé Brontel, qui, avec les trois ou quatre marauds de la sénéchaussée d'Abbeville, avoit principalement influé dans la condamnation de ces malheureux écervelés, a voulu être président de l'élection, qui est un autre tribunal, et qui, ainsi que toute la ville, a pris en horreur les juges de la sénéchaussée. L'élection n'en a point voulu ; il en a appelé à la Cour des Aides, qui, au rapport de M. Goudin, homme de mérite, instruit et très-éclairé, a débouté, tout d'une voix, ce maraud de sa demande. Cette aventure est une faible consolation pour les mânes du pauvre décapité, mais c'en est une pour les gens raisonnables qui ont encore leurs têtes sur leurs épaules. Je ne sais pas bien exactement si la tête de veau a parlé contre vous à ses confrères ; on prétend au moins qu'il a dit qu'il ne falloit pas s'amuser à brûler des livres ; que c'étoit les auteurs que Dieu demandoit en sacrifice. Ce tigre voudroit nous ramener au temps des Druides, qui offroient à leurs dieux des victimes humaines. Vous saurez pourtant que la plupart des conseillers du Parlement de Paris sont honteux de ce jugement, que plusieurs en sont indignés et le disent à très-haute voix, entre autres le président comte abbé de Guébriant, qui regrette beaucoup de ne s'être pas trouvé ce jour-là à la Grand'Chambre, et qui est persuadé qu'il lui auroit épargné cette infamie. Vous saurez, de plus, qu'un conseiller de Tournelle, de mes amis et de mes confrères dans l'Académie des sciences (M. Dionis du Séjour), a empêché, il y a peu de temps, que la Tournelle ne rendît encore un jugement pareil dans une affaire semblable, et a fait mettre l'accusé hors de Cour [1].

PROCÈS DU COMTE DE LALLY.

(Extrait de la *Vie privée de Louis XV*, par Dangerville.)

...... Le rapporteur fit son exposé, chef-d'œuvre au gré des magistrats qui l'entendirent, mais sans doute contenant bien des balourdises aux yeux d'un marin, d'un militaire, d'un géographe qui le lurent. Ce rapporteur étoit M. Pasquier, le même qui avoit fait le rapport de l'affaire de Damiens. Très-expert dans le labyrinthe de la chicane et des lois, très-adroit, très-subtil, c'étoit en même temps un vieillard sujet aux préven-

---

[1]. Ces lettres de Voltaire nous montrent la sensibilité de son cœur et la chaleur de son âme, non moins que l'éblouissante clarté de son esprit. Quoi qu'on dise aujourd'hui du philosophe de Ferney, la grande affaire de sa vie a été sa passion pour l'humanité. Tout en lui tendait à ce grand et noble but, ses vers comme sa prose, son théâtre comme ses contes, tout, jusqu'à ses flatteries à madame de Pompadour. Il savait qu'on ne corrige pas les hommes, les Français surtout, par des raisonnements dogmatiques, mais en les passionnant; et, pour atteindre le but, il lui a fallu souvent le dépasser. Le sage Montaigne avait, bien avant Voltaire, écrit contre la torture et les excès de son temps, et il n'avait rien obtenu. Ses écrits n'étaient lus que par des gens convaincus comme lui, ou par ceux qui profitaient des abus. Pascal, La Fontaine, Molière, même avant eux Rabelais, bien d'autres encore, et par-dessus eux tous Voltaire, employèrent des armes plus efficaces. Dans leurs efforts ils intéressèrent les passions des hommes, quelquefois même leurs vices, et tout ce que la raillerie fine ou grossière, l'esprit, l'éloquence, l'apologue ingénieux, la verve comique, tout ce qu'enfin l'intelligence humaine peut disposer de force et de lumière, ils l'employèrent, et le résultat a été utile à l'humanité. Ils ont plaidé, combattu, chacun selon ses goûts, son caractère ou son esprit, la grande cause de la civilisation, et conquis pour l'avenir des biens qui ne périront pas. — Cl.

tions, entêté, fougueux, colère, et d'un caractère bien opposé
au caractère flegmatique et impassible du rapporteur des Canadiens [1]. M. de Lally avoit la plupart des mêmes défauts. De là,
scènes vives entre ces deux personnages dans les interroga-
toires. Chez de pareils hommes, il en résulte souvent un levain
qui fermente sourdement et les rend très-dangereux quand ils
sont juges; à plus forte raison quand, chargés du déveop-
pement d'une affaire aussi compliquée, leur rapport n'est
pas dirigé par l'exacte impartialité. C'est ce qu'on reproche à
M. Pasquier. Ce conseiller, cependant, ne put articuler aucun
crime assez décisif, surtout dans le fait de haute trahison,
pour mériter à l'accusé la peine de mort, en s'en tenant à la
lettre de l'ordonnance. Mais il fit envisager aux juges que,
dans un procès de cette nature, hors du cours ordinaire de la
justice, qui ne devoit pas être de leur compétence, *il falloit
s'élever au-dessus de la loi,* entrer dans l'esprit du législateur,
et, prononçant d'après les grandes vues d'administration, faire
un exemple éclatant sur un coupable illustre. Ses confrères,
enflammés par son discours, devinrent sanguinaires, et le comte
de Lally fut condamné à avoir la tête tranchée. La manière
dont il avoit été interrogé l'avoit dû préparer à cette nouvelle.
Dépouillé de sa grand'croix, de son cordon, mis sur la sellette,
il s'ensuivoit que les décisions du parquet tendoient au moins
à une peine afflictive. Il ne put tenir à cet arrêt infâme. Couvert de quatorze cicatrices, quelle destinée de tomber aux
mains du bourreau! Quand on le lui lut, à la chapelle de la
Conciergerie, ne se possédant plus de rage, il vomit les plus
horribles imprécations contre la terre et le ciel, contre ses
juges et surtout contre son rapporteur; puis prenant, en apparence, des sentiments de résignation, il demanda à faire sa
prière, et dans cet intervalle, à l'aide d'une pointe de compas
qu'il avoit cachée dans sa redingote, il voulut se percer le
cœur. On l'arrêta et on lui ôta les moyens d'exécuter son projet, qui, au surplus, n'étoit sans doute pas bien formé, car il
s'y seroit pris d'une manière plus efficace. Quoi qu'il en soit,
l'usage est qu'au moment où un criminel a entendu son arrêt,

1. M. Dupont, conseiller au Châtelet. Le marquis de Vaudreuil, gouverneur
du Canada, fut déchargé de l'accusation portée contre lui.

il reste dès lors en la possession de l'exécuteur, qui en répond personnellement.

Le Roi, prévenu d'avance du sort du comté de Lally, avoit fait dire au premier président que le Parlement pouvoit aller son train ; qu'il n'étoit disposé à aucune grâce, et qu'afin de se garantir de toute sollicitation, il alloit se renfermer à Choisy, dont l'accès seroit défendu à tout le monde. Il avoit recommandé pourtant, qu'en satisfaisant à la justice, on eût pour le coupable tous les égards que pourroit comporter son supplice. En conséquence, il avoit été convenu que M. de Lally, demeuré sous la garde du concierge, monteroit à la nuit dans son carrosse avec le confesseur, un exempt en habit bourgeois et son valet de chambre ; que l'exécuteur se trouveroit seulement à l'échafaud pour y remplir son ministère. M. Pasquier s'étoit opposé de toutes ses forces à cet adoucissement ; il avoit objecté que, dans pareil cas, la mort n'est rien, c'est l'appareil infâme qui l'accompagne qui doit en faire toute l'horreur : les fers, le tombereau, le bourreau. Il renouvela son avis à l'occasion du dessein du comte de Lally de se soustraire à l'exécution de l'arrêt. On dépêcha un courrier à Choisy, et la réponse fut que les juges feroient ce qu'ils voudroient. Le bourreau prit donc possession de sa proie, lui garrotta les mains, et, sous prétexte que les nègres avoient l'adresse de s'étrangler avec leur propre langue, que M. de Lally, dans ses voyages, auroit bien pu l'apprendre, il proposa, pour l'en empêcher, de lui mettre un bâillon, *ce que le rapporteur adopta avidement*, d'autant que cela lui épargneroit d'entendre bien des injures que le comte, forcené, voudroit en vain exhaler contre lui.

Ce fut dans cet appareil et sur la voiture usitée pour les plus vils scélérats que M. de Lally fut conduit à la Grève, à travers une foule immense, non-seulement de peuple et de bourgeois, mais de tous les militaires et de toute la Cour. Au pied de l'échafaud, on lui ôta son bâillon. Bien des gens s'attendoient à l'entendre haranguer ; il reprit sa fermeté, monta tranquillement, et, sans proférer une parole, reçut le coup fatal.

Nota. On sait que le procès de Lally a été révisé sous Louis XVI, et la mémoire du malheureux Comte réhabilitée.

Pasquier fut reçu conseiller de la Grand'Chambre au Parlement de Paris en 1718[1]. On peut dès lors faire remonter sa naissance vers 1695, en admettant qu'il fût magistrat à vingt-trois ans, ce qui n'avait alors rien de surprenant[2].

La *Biographie universelle* de Michaud le fait descendre du grand magistrat Étienne Pasquier, mais sans fournir aucune preuve à l'appui de cette opinion, qui nous paraît complétement erronée. On va en juger.

D'après Voltaire[3], qui le connaissait très-bien, le Pasquier de la Grand'Chambre était petit-fils d'un crieur au Châtelet, qui a dû naître vers 1640 en ne comptant que vingt-sept ans pour chaque génération, ce qui est au-dessous de la règle moyenne. Étienne Pasquier est mort en 1615, en laissant des enfants dont on connaît la vie, et des petits enfants fort jeunes, dont aucun n'a dû remplir une fonction aussi basse que celle de crieur au Châtelet. L'illustration de la famille était alors trop récente et se continuait assez dans les enfants d'Étienne Pasquier pour qu'il en fût ainsi. Or, entre les petits-fils d'Étienne Pasquier et le grand-père de celui qui nous occupe, il n'y a pas de place pour une génération intermédiaire.

Au surplus, on ne trouve dans aucun mémoire ou écrit du dix-huitième siècle rien qui puisse faire penser que le bourreau du chevalier La Barre et du comte de Lally descendait du grand jurisconsulte français, et ce silence, surtout celui de Voltaire, sont par eux-mêmes des preuves déjà bien suffisantes.

1. *Almanachs royaux.*
2. On pouvait en effet, à cette époque, alors qu'on était encore mineur, qu'on ne pouvait se marier sans le consentement de son père ou de sa mère, on pouvait, disons-nous, moyennant 40, 50 ou 60,000 livres, acquérir une charge qui donnait le droit de disposer de l'honneur, des biens et de la vie de ses semblables; on pouvait leur faire appliquer la question ordinaire ou extraordinaire, les torturer, les mutiler, les déchirer vivants, sans aucune responsabilité, sans aucun blâme, car le respect de la chose jugée ne souffre en France aucune atteinte, ne permet aucune observation. Pasquier usa largement de ce droit, comme on l'a vu, et avec toute la passion de son âme lâche et féroce.
3. *Lettre au comte d'Argental* (21 janvier 1775).

UN MÉMOIRE AUTOGRAPHE DE BOURREAU

Mémoire de ce quy est dut a lexecuteur pour avoir my a execution l'arest de la cour qui condamne un particulier a estre pendue a Monmartre; préalablement appliqué à la question.

SAVOIR :

Pour s'estre transporté au dit Monmartre avec deux hommes et y avoir passé la journée entière. . . . . . 30 liv.
Pour la voiture et deux chevaux. 15
Plus pour avoir présenté le dit particulier à la question. 15
Plus pour l'avoir pendu. 30
Plus pour avoir porté au lieu de la sépulture la cadavre après l'exécution. 30
Total. . . . . 120 liv.

NOTES A JOINDRE AU TARIFFE DES EXECUTIONS.

Teste tranchée à. . . . . 100 liv.
L'on cour risque de cassé le damas dont la lamme couste 500 liv. Si elle s'ébreche la reparation est de 24 liv. Et pour l'entretien et repassage 6 liv. par année. Ainsi cette somme est très modique, vues les raisons ci-dessus.
Brulé à. . . . . 50 liv.

La depences en cordes, cros, perche, pelles et autres hustencille necessaire, ce monte à 20 ou 25 liv.

Les roués à. 50 liv.

On cour risque de cassé la barre, ce quy est arrivé plusieurs fois. En ce cas, c'est 18 liv. de frais; en outre comme lon ce serre d'un moulinet, et que la corde passe a travers le plancher de l'echafaut cela les coupes. Et il en a été cassé pour 40 liv. dans une exécution à la place Saint Michelle.

Pendu à. . . . . 25 liv.

Sy les cordes casse, chaque corde couste six livres. En outre elles ne peuve jamais servire que deux fois à l'exécuteur.

Pour ce qui est des autres justices il y a toujours quelque frais à faire qui vat lun dans l'autre à 3 ou 6 liv.

En outre tous les jours employé aux grande justice, il en couste à l'exécuteur 10 ou 12 liv. de frais, pour la norriture, celle des domestiques et du cheval.

Il est obligé d'avoir toujours ce qui serve aux justices en provisions, pour n'aporté aucun retard à repondres aux ordres sans delay, ce qui tient des fond considérable sans aucun profit.

En outre il est obligé d'ebergé ces confraire hors de leur sejour a Paris, sans quoy il ne les trouveret point dans les car d'heur pressants, ou il est obligé de repondre a plusieur jurridiction à la fois, et il na dautre ressource puisquil n'y a personne a employer pour cela, hors de cette vacation.

Il y a mil autre petit detaille, au quels il faudret un volume pour en faire l'explication, mais la lumiere des magistras doive les pénétrer sans paine.

FIN DE L'APPENDICE DU TOME HUITIÈME.

INDEX

L'éditeur de Barbier, en rédigeant l'index qui suit, s'est surtout attaché à mettre en relief tout ce qui se rapporte à l'histoire politique, morale et intellectuelle. Il a voulu en faire un résumé qui présentât, pour chaque article important, une sorte de tableau historique, comme pour les mots *Louis XV* et *Parlement*. C'est surtout en se plaçant à ce point de vue analytique que le lecteur doit diriger ses recherches. Le nombre des renvois s'élève à douze mille environ, et rien de ce qui est intéressant n'a été omis.

(Le volume est indiqué en chiffres romains, la page en chiffres arabes.)

A

ABBAYE DE LA MESLE. *Voy.* Combat.
ABBAYE DE SAINT-DENIS. IV, 180. — V, 180.
ABBAYE DE SAINT-HUBERT. III, 481, 487.
ABBÉ marié. I, 289.
— battu par le peuple. II, 185.
ABBÉS DE COUR; sont pour les jésuites. II, 21.
ABBEVILLE. V, 237, 240, 243, 245, 246, 249, 269, 340.
Abensaïd, tragédie. VIII, 307.
ACADÉMIE FRANÇAISE; comment s'y font les élections. II, 445.
— Fait du galimatias dans les compliments. III, 330.
— Lettre qui lui est adressée par mademoiselle de Seine. III, 577 et suiv.
— IV, 146.
— Est associée aux *comédiens du Roi*. VII, 365.
— Offre une place à M. de Pont de Veyle. VIII, 196.
— Tournée en ridicule pour la candidature de Marivaux. VIII, 199.
— Blâmée d'avoir reçu Marivaux. VIII, 204.
— Candidats pour une place vacante en 1742. VIII, 211.
— Nomme La Bletterie, contre le gré de Louis XV. VIII, 223.
— Discours de réception de Marivaux. VIII, 227.
ACTRICES. *Voy.* Filles d'Opéra.
ACCIDENTS lors de la publication de la paix en 1749. IV, 351.
ACCOUCHEMENT EXTRAORDINAIRE. I, 178. — II, 379.
ACQUITS AU COMPTANT; dépenses secrètes du Roi. VII, 384.
ACTIONNAIRES DE LA BANQUE DE LAW. I, 36.
ACTIONS DE LA BANQUE DE LAW. I, 36.
— Sont réduites à rien. I, 72.
ACTIONNAIRES DE LA COMPAGNIE DES INDES; sont forcés de déposer leurs actions. I, 85.
ACTIONS DE LA COMPAGNIE DES INDES. I, 106, 317. — IV, 1, 2, 5, 6, 7, 25.
— Subissent une grande réduction. I, 78.
— Arrêt y relatif. I, 79.
— Sont accaparées par les agioteurs. I, 79.

— Tout le monde les porte à la Banque. I, 79.
— Valent cinquante livres. I, 123.
ACTIONS DÉPOSÉES A LA BANQUE. II, 93.
ACUNA (le cardinal d'). I, 224.
ADÉLAÏDE (Madame) de France; sa naissance. II, 253. — VII, 377, 378, 408.
ADMINISTRATION; n'est pas stable en France. I, 205.
ADMINISTRATEURS DU CANADA; jugés et condamnés. VIII, 118 et suiv.
AFFAIRES GÉNÉRALES DE L'EUROPE. III, 265, 301, 363, 364.
— En 1741, III, 274, 287, 291.
— En 1742, III, 228, 340, 341, 383, 386, 387, 404, 464, 465, 492, 508, 509.
— En 1745. IV, 8, 9, 26, 27, 70, 77, 85, 86, 87, 89, 94, 95, 98, 99, 118, 119, 120, 121, 152, 153, 184, 185, 232, 233, 272, 273, 274.
— En 1748. IV, 299, 300.
— En 1749. IV, 398.
— En 1750. IV, 414. — V, 11. — VI, 381, 545. — VII, 2.
AFFICHE CONTRE LES JÉSUITES. II, 75.
AGENTS DE POLICE; dénoncés par des voleurs. I, 220.
— Complices de l'assassinat de La Grange-Chancel. I, 221.
— Sont jansénistes. II, 211.
— Tirent de l'argent aux jansénistes. II, 528.
— Leur brutalité. VIII, 266.
AGIOTAGE; sur la banque de Law. I, 38, 46.
— Conséquences funestes qu'il entraîne. I, 53, 59.
— Blâmé à l'Académie française. I, 90.
— Sur le bois. I, 405.
— Sur les blés. I, 430. — III, 217. — V, 226.
— Dans le *Système*. II, 362, 363.
— Provoqué par le luxe. IV, 360.
AGIOTEURS; bénéfices qu'ils ont faits dans le *Système*. I, 84.
— Leurs bénéfices sont taxés. I, 84.
AGUESSEAU (le chancelier d'). I, 15, 81, 189, 194. — II, 10. — IV, 419, 445.
— Protége la constitution *Unigenitus*. I, 62.
— Rentre en grâce. II, 11.
— Reprend les sceaux. III, 65.
— Donne sa démission de chancelier. IV, 485.
— Le Roi lui donne une pension. IV, 486.
— Ce que coûtait sa table. V, 5.
— Sa mort. V, 20, 21.
AGUESSEAU (D') DE FRESNE, fils du chancelier; son mariage. III, 313.
— Est conspué dans des vers. III, 314.
— IV, 490.
— Est haï de tout le monde. V, 21.
AGUESSEAU (D') DE PLIMONT; sa mort. III, 314.
AIGUILLON (le duc d') bat les Anglais. VII, 93.
— Tient les États de Bretagne. VI, 446.
AILLON (d'), ambassadeur en Russie. IV, 33.
ALACOQUE (Marie); son histoire. II, 99.
— Chanson qui la concerne. II, 101.
ALBERONI. I, 19, 31, 207.
ALBY (le commissaire d'). III, 190.
ALEMBERT (d') va voir les convulsionnaires. VII, 243.
ALLIANCE (la triple); son objet. I, 29.
ALLEMAGNE; affaires de ce pays. III, 253. *Voy.* Affaires générales de l'Europe.
ALLEMANDS; répandent de mauvaises nouvelles à Paris. VIII, 136.
ALEXANDRE (Jean), jésuite. VII, 132.
ALEXANDRINE (mademoiselle), fille unique de madame de Pompadour; sa mort. VI, 36.
ALIGRE (D') DE BOIS-LANDRY, intendant d'Amiens, est révoqué. VI, 49.
ALINCOUR (le marquis d'). I, 227, 276.
Almanach jésuitique. II, 379.
Almanach du Diable, pamphlet. III, 54, 55.
Almanach généalogique. IV, 44.
Almanach royal de 1751. V, 21.
Almanach des esprits forts. VII, 120.
ALSACE; ravagée par le prince Charles. III, 532.
ALTESSE ROYALE (titre d'). V, 157.
Amadis des Gaules, opéra. III, 242.
AMBASSADEUR TURC A PARIS. I, 116, 118, 120, 121.
— Va à Vienne. III, 213.
AMBASSADEUR DE VENISE; fait son entrée à Paris. VIII, 105, 106.

AMBASSADEURS ÉTRANGERS; se plaignent de l'édit sur les rentes. VIII, 76.
AMELOT DE CHAILLOU; est nommé secrétaire d'État des affaires étrangères. III, 68.
— Est plaisanté par le public. III, 80.
— III, 142.
— Nommé surintendant des Postes. III, 417.
— Renvoyé du ministère des affaires étrangères. III, 508.
— Causes de sa disgrâce. III, 519.
— Traité avec mépris par les étrangers. VIII, 257.
— Critiqué dans des vers. VIII, 283, 286, 287, 290.
AMELOT (le président), ambassadeur. III, 69.
AMELOT DE GOURNAY. III, 69.
AMELOT (madame), religieuse de la Visitation. VI, 398.
AMIENS (ville d'). V, 362. — VII, 4.
Amour de Dieu; livre dénoncé au Parlement. II, 395.
Analyse de Bayle; livre supprimé. VI, 291.
ANCEL, vicaire. VI, 113.
ANCIRO (le duc d'). *Voy.* Aveiro.
ANDOUILLÉ, chirurgien du Roi. VII, 243.
ANDRIEUX, avocat, est assassiné. VI, 73.
ANE dont le caractère est garanti par un certificat de curé. V, 28, 29.
ANGERVILLIERS (d'). III, 61.
ANGLAIS; font des prises sur les Espagnols. III, 207.
— S'emparent de Porto-Bello. III, 209.
— Ont des flottes considérables. III, 216.
— Alliés des Russes. III, 231.
— Isolés en Europe. *Ibid.*
— Attaquent traîtreusement une frégate française. III, 260.
— Attaquent l'escadre de M. d'Épinay. III, 272.
— Attaquent le chevalier de Chélus. III, 304.
— Débarquent dans les Pays-Bas. III, 345.
— Croisent sur les côtes de Provence. III, 368.
— Passent le Mein. III, 449.
— Gagnent la bataille de Dettingen, et abandonnent le champ de bataille. III, 455.
— Battus à Fontenoy. IV, 36 et suiv.
— Battus à l'abbaye de La Mesle. IV, 61.
— S'emparent de Louisbourg. IV, 71.
— Nous prennent six navires. IV, 99.
— Débarquent à Quimperlé. IV, 186.
— Brûlent un village près Lorient. IV, 188.
— Battus à Raucoux. IV, 190, 191.
— Débarquent à Quiberon. IV, 193.
— Sont arrêtés à Paris et mis à la Bastille. IV, 195.
— S'emparent des îles Sainte-Marguerite. IV, 213.
— Nous prennent nos vaisseaux par trahison. VI, 183.
— Sont battus au Canada. VI, 197.
— Leur ambition et leurs actes de piraterie. VI, 231.
— Leurs forces militaires en 1756. VI, 242.
— Pillent les habitants de Minorque. VI, 299.
— Font faire une diversion par le roi de Prusse. VI, 368.
— Sont battus en Amérique. VI, 376.
— Soupçonnés lors de l'attentat de Damiens. VI, 434.
— S'emparent de l'île d'Aix. VI, 584.
— Menacent les côtes de Normandie. VII, 67.
— Débarquent devant Cherbourg. VII, 80.
— Ravagent Cherbourg. VII, 84.
— S'emparent de Louisbourg. VII, 84.
— Sont battus en Amérique. VII, 85.
— Menacent le Canada. VII, 87.
— Battus à Saint-Cast. VII, 93.
— Battus par le marquis de Montcalm. VII, 96.
— Sont battus dans les Indes. VII, 165.
— Bombardent le Havre. VII, 168.
— S'emparent du Canada. VII, 198. 304.
— Sont repoussés de Belle-Isle. VII, 354.
— S'emparent de la Martinique. VIII, 30.

ANGLAIS; attaquent la Havane. VIII, 55.
— Menacent de bombarder Toulon. VIII, 133.
— Insultent la France. VIII, 159.
Anglais à Bordeaux (l'), pièce de théâtre. VIII, 89.
ANGLETERRE; s'allie avec la France. I, 19.
— S'allie avec l'Empereur. II, 155.
— N'a point de troupes pour repousser un débarquement. III, 491.
— Est dans une situation embarrassante. III, 503.
— Sa situation politique en 1745. IV, 69.
— Éprouve une crise commerciale. IV, 88, 89.
— Sa situation politique. *Ibid.*
— On y craint un débarquement des Français. IV, 158, 159.
— Sa dette publique. IV, 283.
— Sa situation en cas de guerre. VI, 237, 238.
— Est en agitation à cause de la guerre. VI, 296.
— Indispose l'Europe par ses projets ambitieux. VI, 331.
— Son horoscope. VI, 398.
— Déclare la guerre à l'Espagne en 1762. VII, 2.
— On parle d'y faire une descente. VII, 164.
ANGRAND, procureur général. VI, 205, 275, 278, 352.
ANHALT-DESSAU, général du roi de Prusse; bat les Autrichiens. IV, 112.
ANJORANT, conseiller. VI, 144.
— Fait une motion contre la bulle. VI, 149.
ANJOU; ravagé par des orages. III, 92.
ANJOU (le duc d'), fils de Louis XV. II, 125.
— Sa mort. II, 393.
ANNE, impér. de Russie. II, 386, 387.
— Sa mort. III, 230.
— Accapare des fourrures. III, 232.
Année galante (l'), ballet. IV, 231.
ANNIVERSAIRE de la réduction de Paris par Henri IV. VI, 498.
— Cérémonial de la célébration de cette fête. VI, 499.
Anti-financier (l'), brochure. VIII, 115.

ANTIN (le duc d'); gagne beaucoup dans le *Système*. I, 75.
— VI, 141.
— Sa mort. VI, 386.
ANTIN (madame d'). III, 395.
ANTIN (le marquis d'), vice-amiral.
— II, 338. — III, 54.
— Commande une escadre dans la Baltique. III, 184, 185.
— Commande la flotte de Toulon. III, 216.
— Va à Saint-Domingue. III, 260.
— Sa mort. III, 275.
ANTIN (l'abbé d'). II, 445.
Antipathique, gravure contre le Parlement. V, 289.
ANVERS; pris par les Français. IV, 152.
ANVILLE (le duc d'), lieutenant général des galères. III, 103.
— Commande la flotte de Brest. IV, 146, 147.
— Sa mort. IV, 204.
Apologie de la constitution; dénoncée au Parlement. II, 395.
Apologie du schisme; condamnée par le Pape. V, 338.
Apologie de Busembaum. VII, 26, 27.
APPEL COMME D'ABUS. II, 151, 183, 281, 307. — V, 288.
— Défini par le Parlement. VI, 117.
— Voir encore : 106, 117, 125, 136, 139.
APPEL AUX ARMES; affiché dans Paris. VII, 94.
APPELANTS DE LA BULLE. I, 119.
— Sont exilés. I, 134.
APRAXIN (le comte), général russe. VI, 542.
— Accusé de trahison. VII, 31.
AQUAVIVA D'ARRAGONA, nonce du pape. VI, 63.
AQUITAINE (le duc d'), fils du Dauphin. V, 416.
— Sa mort. VI, 10.
— Son convoi. VI, 11.
ARCHERS DE LA ROBE COURTE. VI, 613.
ARCHEVÊQUE DE TOURS; fait de grandes charités. III, 181.
ARCHEVÊQUE D'EMBRUN; écrit une lettre circulaire. II, 36, 200.
ARCHEVÊQUES DE PARIS; leur revenu. V, 94, 95.

INDEX.

ARCHEVÊQUES DE PARIS ; voir de Beaumont, Gigault de Bellefonds, de Noailles, de Vintimille.

ARGENSON (Marc-René, marquis d'), garde des sceaux. I, 14, 15.
— Remet les sceaux. I, 39.
— Ennemi de Law. I, 40.
— Plaisanté dans une affiche. I, 41.
— Chansons contre lui. I, 42.
— Sa mort. I, 126.
— Son éloge. *Ibid.*
— Représenté dans les enfers. I, 134.
— Remet des papiers très-importants au Régent. I, 308, 309.

ARGENSON (René-Louis, marquis d') ; est chancelier du duc d'Orléans. III, 239.
— Écrit à l'ambassadeur de Hollande. IV, 161.
— On en parle pour le ministère de la guerre. IV, 311.
— Est ignorant des affaires. IV, 214.
— Nommé ministre des affaires étrangères. IV, 567.

ARGENSON (le comte d'). I, 301. — III, 240, 377. — V, 53. — VI, 81.
— A un bel avenir. I, 297.
— Confident du duc d'Orléans. I, 308.
— Quitte la place de lieutenant de police. I, 333.
— Installé conseiller d'État. I, 334.
— Est fait intendant de Paris. III, 220.
— Nommé ministre d'État. III, 375.
— Nommé ministre de la guerre. III, 405.
— Accusé d'avoir fait échouer une expédition du comte de Saxe. IV, 123.
— Ennemi du maréchal de Saxe. IV, 251.
— A la goutte. IV, 319.
— A le département de Paris. IV, 363.
— Sa politique. IV, 383.
— Reproches qu'on lui adresse. IV, 444, 445.
— Favorise l'état militaire. V, 58.
— Visite les places de Flandre. V, 64.
— Sa maison à Neuilly. V, 76.
— Est père temporel des Capucins. V, 106.

ARGENSON (le comte d'); donne des places à ses parents. V, 110.
— Accusé de vouloir renverser les lois. VI, 258.
— Est mal vu. VI, 265, 266.
— Ennemi du maréchal de Richelieu. VI, 337.
— Quitte le ministère et est exilé. VI, 466.
— Ce qu'on dit de son exil. VI, 471.
— Grand ministre ; sa politique. VI, 473.
— Son portrait. VIII, 163, 203.
— Ce qu'en disent les Parisiens. VIII, 167.
— Ministre de la guerre. VIII, 296.
— Le public en parle mal. VIII, 294.
— Soupe avec le Roi. VIII, 272. — VIII, 211.

ARGENSON (le chevalier), officier, fils du comte. III, 363, 418. — IV, 31.
ARGENSON (la comtesse d'). I, 303.

ARGENT ; se vend pour des billets. I, 46.
— Se vend à cinquante pour cent. I, 56.
— Se vend vingt-neuf pour cent. I, 63.
— Enlevé de la France. I, 94.
— Défense d'en avoir chez soi. I, 103.
— Est très-rare. I, 57, 191.
— Sa valeur diminue. I, 350.
— Taux de son intérêt. I, 373.

ARGENT BLANC ; disparait de la circulation. I, 292.

ARGENTERIE PORTÉE A LA MONNAIE. VII, 221.

ARGENTRÉ (d'), évêque de Limoges. VII, 118.

ARGOUGES (d'), évêque de Périgueux ; sa mort. II, 223.
ARGOUGES (d'), lieutenant civil. II, 8.
— VI, 420.

ARMÉE FRANÇAISE ; entre en Allemagne. III, 300.
— Armée de Maillebois en Westphalie. III, 369, 370.
— Armée du duc d'Harcourt. III, 370.
— Les ministres veulent la laisser périr par haine pour le maréchal de Belle-Isle. III, 373.
— Armée rassemblée à Dunkerque. III, 491.
— Se rend en Flandre. III, 348.

ARMÉE FRANÇAISE; de Flandre. III, 496.
— D'Allemagne; fait des miracles de bravoure. III, 527.
— En Flandre; son effectif. IV, 148.
— Augmentée en 1746. IV, 203.
— Réduite considérablement en 1749. IV, 354.
— Est dans une mauvaise situation. VII, 24.
— On y établit la loi de l'avancement. VII, 46.
— On y fait plusieurs réformes. VIII, 61, 63.
— Réduite au plus triste état. VIII, 303.
— Voy. Règlement.
Armée des Tonneliers. VI, 544.
ARMÉNIENS; élèves interprètes à Paris. VIII, 30.
ARMENONVILLE (Fleuriau d'), garde des sceaux. I, 194.
— Remet les sceaux. II, 11.
— Sa mort. II, 60.
— Voir encore: 12, 13, 14, 15, 16, 17, 59.
ARMOIRIES; ordonnance qui les concerne. VII, 285 et suiv., 291.
— Nouvel édit à leur sujet. VII, 298.
ARNAUD, abbé de Pomponne; sa mort. VI, 326.
ARNAUD, chirurgien; organise une intrigue abominable contre un nommé Michel. III, 574 et suiv.
ARNAULD DE BOUEX. I, 417, 418.
ARNOULD (Sophie), actrice. VIII, 99.
ARNOUVILLE; terre de M. de Machault. V, 59, 407.
AROUET, frère de Voltaire, grand janséniste. III, 105.
ARPAJON (le duc d'); sauve l'île de Malte d'une attaque des Turcs. IV, 111.
ARPAJON (famille d'); on y donne le cordon de la croix de Malte aux enfants quand ils naissent. IV, 111.
ARRAS (ville d'). VI, 435.
ARRESTATIONS NOMBREUSES EN 1749. IV, 377, 378.
ARRÊT DU CONSEIL pour les acquisitions de valeurs mobilières. I, 159.
— Relatif aux avocats. II, 221.
— Qui supprime le mandement de M. de Ségur. III, 13.

ARRÊT DU CONSEIL; relatif aux impôts sur le clergé. V, 144.
— Contre l'*Encyclopédie*. V, 159.
Arrêt du Perroquet. V, 209.
ARRÊTS CRIÉS DANS PARIS. V, 272, 275, 288.
ARRÊTS DU PARLEMENT. Voy. Parlement.
ARSENAL A PARIS. I, 214.
ARTAGNAN (d'). 230, 235.
ARTIFICIERS DE PARIS; mis en prison pour avoir fait manquer un feu. III, 190.
ARTISANS; sortent de leur état. IV, 19.
ARTISTES LOGÉS AU LOUVRE. VI, 132.
ARTOIS (le comte d'); sa naissance. VI, 588.
ARTOIS, province; détails sur son histoire. VI, 590.
— Voy. Etats.
ASCHAFFEMBOURG. Voy. Dettingen.
ASFELD (le marquis d'). II, 439.
— Chansonné. II, 519. — III, 5, 435. — VIII, 178.
ASFELD (l'abbé d'). I, 119. — III, 6.
ASPHYXIE PAR LE CHARBON. I, 251.
ASSAS (le chevalier d'), VII, 306, *note*.
ASSASSIN DE JORRY; comment il est découvert. I, 268.
— Rompu vif. I, 271.
ASSASSINS DU ROI DE PORTUGAL; leur supplice. VII, 124.
— Texte de leur jugement. VII, 134.
ASSASSINAT EFFROYABLE. I, 163.
ASSASSINAT ÉPOUVANTABLE DU SIEUR JORRY. I, 264 et suiv., 271.
ASSASSINAT DE PRÉVOST. I, 335, 336.
ASSASSINAT DE LA GUILLONIÈRE. I, 340, 342, 344, 351.
ASSASSINAT DE SANDRIER. I, 345, 381.
ASSASSINAT; tenté par un fou. I, 356.
ASSASSINAT DU COURRIER DE LYON. I, 438.
ASSASSINAT D'UN CLERC DE NOTAIRE. II, 72.
ASSASSINAT D'UN LIMONADIER. II, 455.
ASSASSINAT commis par un exempt de robe courte. III, 85 et suiv.
ASSASSINAT commis par Mauriat. III, 147, 148.
ASSASSINAT DE LA VEUVE LAVARDIN. III, 329.

ASSASSINAT DE L'ORFÈVRE VALLAT. V, 343.

ASSASSINAT D'ANDRIEUX. VI, 73.

ASSASSINAT DU ROI, par Damiens; détails divers. VI, 425 et suiv.

— Cause un grand deuil dans Paris. VI, 433.

ASSASSINAT DU ROI DE PORTUGAL. VII, 98, 99, 117, 122, 123.

ASSASSINAT; commis par des archers de la maréchaussée. VIII, 182.

ASSASSINATS; commis par les assommeurs. III, 402, 403.

— Par Laperelle. I, 347.

ASSEMBLÉE DU CLERGÉ A PARIS. III, 31, 207.

— En 1750; on lui demande une somme de sept millions. IV, 468.

— Ses procès-verbaux dénoncés au Parlement. VI, 19.

— Ne se mêle que du temporel. VI, 115.

— En 1755. VI, 174.

— Remet un mémoire au Roi. VI, 198.

— Est en grand tumulte à cause d'une réponse du Roi à ses députés. VI, 212.

— Ses délibérations VI, 213.

— Ses remontrances. VI, 214.

— Ses délibérations sont imprimées. VI, 219.

— Écrit au Pape. VI, 220.

— En 1758. VII, 105.

— En 1760. VII, 239, 254, 267, 268.

— Son procès-verbal. VII, 308, 309.

— Fait des remontrances contre les prétentions des tribunaux séculiers. VII, 314.

— En 1762. VIII, 44.

ASSEMBLÉES D'ACTIONNAIRES DE LA COMPAGNIE DES INDES. IV, 10.

ASSOMMEURS. II, 30.

— Meurtres qu'ils commettent dans Paris. III, 401.

— Noms et nombre de leurs victimes. III, 402. — V, 173. — VIII, 180, 181.

ASTIE; reprise sur les Français par le roi de Sardaigne. IV, 135, 136, 137.

ASTURIES (le prince des). I, 261.

— (la Princesse des). I, 172. Voy. Montpensier (Mademoiselle de).

ATELIERS DE CHARITÉ. III, 181.

ATOQUIA (le marquis d'). VII, 123, 124.

ATTENTAT commis par deux gentilshommes sur une femme de chambre. II, 412.

AUBERT DE TOURNY, intendant de Bordeaux. VI, 539.

AUBIN, conseiller au Parlement. VI, 445.

AUBRY, doyen des Requêtes. II, 339, 374.

AUBRY, avocat. II, 35, 149.

— Plaide avec esprit pour les marguilliers de Saint-Médard. II, 250.

AUDE, carabinier, donne un bel exemple de désintéressement à Lawfeld. IV, 250.

AUGEARD, avocat. II, 255.

AUGUSTE, roi de Pologne; sa mort. II, 382. — VIII, 109.

AUGUSTIN (frère), janséniste, chef des Élisiens, se dit l'agneau sans tache. II, 524. — III, 1.

AUTO-DA-FÉ A LISBONNE. VII, 410.

AUTOPSIE JURIDIQUE. I, 284.

AUTORITÉ ABSOLUE ET IMPARTIALE; serait nécessaire en France. V, 445.

AUTORITÉ ROYALE; est fortement compromise. V, 307.

— Ses droits en fait de justice. V, 427.

— Définie par un évêque. V, 428.

— Remarques sur son histoire. V, 430.

— Vient de Dieu. VI, 159.

— Limitée par les Parlements. VI, 330.

— Attaquée dans des remontrances du Parlement. VI, 365.

— N'est point respectée dans Paris. VI, 416.

— A été très-compromise par le Parlement. VI, 559.

— Souvent attaquée. VI, 573.

— Définie par le chancelier. VII, 316, 317 et suiv.

AUTRICHE (succession d'). III, 226 et suiv. Voy. Élection.

Autrichiens de Paris. III, 337.

AUVERGNE-BOUILLON (le cardinal d'). III, 204.

AUVERGNE (la duchesse d'). I, 272.

AUXY (le comte d'). III, 163.

AVENTURE MYSTÉRIEUSE A VERSAILLES. VIII, 2.
AVERNE (madame d'), maîtresse du Régent. I, 133.
AVIGNON; bloqué par les Français. II, 377.
AVOCATS; décident qu'ils ne plaideront plus. I, 17.
— Refusent de se rendre à Pontoise avec le Parlement. I, 55.
— Sont très-intéressés. I, 155.
AVOCAT condamné à faire réparation. I, 156.
— Leurs cabales. I, 157, 158.
— Se battent à la buvette du Palais. I, 292.
— S'insultent en plaidant. I, 292.
— Voir encore: I, 92, 104, 123.
— Jansénistes; sont chansonnés. II, 32.
— Dénoncent une thèse des jésuites. II, 103.
— Sont grands jansénistes. II, 109.
— Rédigent un mémoire pour des curés jansénistes. II, 131.
— Rédigent une requête au Roi. II, 132.
— La signent. II, 135.
— Protestent de leur obéissance au Roi. II, 136.
— Frondent la constitution *Unigenitus*. II, 137.
— Sont très-hauts. II, 137.
— Vont remercier le cardinal de Fleury. II, 139.
— Sont attaqués dans un mandement. II, 144.
— Soutiennent la puissance temporelle. II, 146.
— Condamnés par l'archevêque de Paris. II, 147.
— Condamnés par l'évêque de Laon. II, 148.
— Tiennent une assemblée générale. II, 161.
— Refusent de plaider. II, 161.
— Protestent contre un mémoire de l'archevêque de Paris. II, 182.
— Décident de cesser leurs fonctions. II, 183, 184.
— Exilés de Paris. II, 186.
— II, 189, 191, 206.
— Sont blâmés dans Paris. II, 204 et suiv.

AVOCATS; tiennent une assemblée. II, 212.
— Sont chansonnés. II, 214.
— Honorablement traités dans un arrêt du Conseil. II, 221.
— Reprennent les affaires. II, 222.
— Exilés sont rappelés. II, 223.
— Ont dans leur ordre une clique janséniste. II, 265.
— Délibèrent pour fermer leurs cabinets. II, 334.
— Critiqués dans un pamphlet. II, 521.
— *Voy.* Mémoire pour les curés d'Orléans.
— Approuvent un mandement. III, 13.
— Ont une querelle avec le Parlement. III, 22, 33 et suiv.
— Sont jaloux et brouillons. III, 35.
— Ne sont pas à craindre pour le ministère. III, 36.
— Sont divisés entre eux. III, 41.
— Sont conspués à cause de leur querelle avec le Parlement. III, 45.
— Attaqués dans un mandement. III, 306.
— Ne sont pas aimés; pourquoi? III, 411, 412.
— Le Parlement les soumet à un nouveau règlement. V, 95.
— Cessent leurs travaux. V, 194, 195.
— Reconnaissent la compétence du Parlement. V, 351.
— Cessent leurs fonctions après l'exil du Parlement. V, 387.
— Dénoncent l'écrit intitulé: *Réflexions d'un avocat*. VI, 359.
— Ne vont plus au Palais après le lit de justice de 1756. VI, 412.
— Ne plaident plus à la Grand'-Chambre. VI, 458.
— Au Conseil. III, 140, 145, 168.
— Au Châtelet. I, 104, 123.
— Refusent de plaider. VIII, 47.
AVOCATS démasqués, pièce de vers. II, 229.
AYDIE (le comte d'). I, 23.
AYEN (le duc d'). III, 74.
— Fait brûler les jambes de Damiens. VI, 430.
— Vers sur sa conduite à Dettingen. VIII, 320.
AZINCOURT (mademoiselle d'); son histoire. VIII, 275.
AZY (d') se bat en duel. I, 241.

B

BACHELIER, valet de chambre du Roi. II, 127. — III, 113, 266.
BACQUEVILLE (le marquis de) brûle sa maison. VII, 303.
BADE (la princesse de). I, 359.
BAGATELLE, dans le bois de Boulogne. I, 151.
BAIL DES FERMES; renouvelé en 1749. IV, 360.
— Ce qu'il rapporte. IV, 395, 396.
— Renouvelé en 1761. VII, 422.
BAIL DES POSTES. III, 133.
BAILLIAGE DE BAYEUX. VI, 302.
BAILLIAGE D'ORLÉANS; appelle comme d'abus d'une ordonnance de l'évêque de cette ville. VI, 383.
BAILLIAGES; enregistrent la déclaration du Roi sur le Grand-Conseil. VI, 240.
BAILLI DU PALAIS. VI, 470.
BAILLY DE L'ÉPINE. VII, 253.
BAL au Palais-Royal. I, 170, 202.
— De l'Opéra. I, 254, 255.
— Aux Tuileries. I, 199.
— A Versailles. III, 157. — IV, 220, 221.
— De l'Opéra. III, 73 et suiv., 156.
— De l'Hôtel de Ville. III, 184. — Voy. Hôtel de Ville.
— Paré à Versailles. IV, 16.
— Masqué à Versailles. IV, 20.
— De l'Hôtel de Ville; anecdotes y relatives. IV, 21, 22, 23.
— Du mardi gras à Versailles. IV, 24.
— Masqué de l'ambassadeur d'Espagne. IV, 31.
BALAGNY, voleur. I, 176.
BALCON DE CHARLES IX, au garde-meubles. VII, 95.
BALICOURT (mademoiselle), actrice. III, 8.
BALINCOURT (le marquis de). III, 476. — IV, 197.
BALLETS CHEZ LE ROI. I, 105.
BALMERINO (lord), partisan de Charles-Édouard; son supplice. IV, 181.
BANLIEUE DE PARIS. V, 410.
BANQUE DE LAW. I, 8, 36, 41, 44, 45, 51, 91, 219.
— Ruine le pays. I, 38.

BANQUE DE LAW; troubles qu'elle occasionne. I, 39.
— Transférée à la place Vendôme. I, 38.
— Son encaisse. I, 38.
— On s'y étouffe. I, 38.
— Suspend ses payements. I, 47.
— Comment elle payait. I, 47, 48.
— Etablit des bureaux à l'hôtel de Soissons. I, 58.
— Fait vendre de l'argent. I, 60.
— Assemblée des actionnaires. I, 116.
— Examen de ses comptes. I, 130.
— On y met le scellé. I, 269.
— Déprédations commises par les employés. I, 269, 270.
BANQUE DE SAINT-GEORGES, à Gênes. IV, 207.
BANQUEROUTE DE L'ÉTAT EN 1759. VII, 194, 195.
BANQUEROUTES; nombreuses à Paris. I, 373.
— Voy. Jésuites.
BANQUET ROYAL (étiquette du). V, 376.
BANS, conseiller; se tue. I, 293.
BAPTÊME; refusé à un juif. V, 248.
BAPTESTE, notaire; fait banqueroute. III, 487, 488. — IV, 5.
BAR (le duché de). II, 90.
BARBERIE DE SAINT-CONTEST; nommé ministre des affaires étrangères. V, 105.
— Sa mort. VI, 41.
BARBIER (l'avocat); sa biographie. I, 1 et suiv.
— Son journal. I, vi et suiv.
— Ce qu'il dit aux membres du Parlement exilés à Pontoise. I, 71.
— Perd sur les actions. I, 72.
— Perd soixante mille livres. I, 98.
— Perd une cousine qu'il aime. I, 303.
— Perd dans le Système. I, 307.
— Ses réflexions sur la mort du Régent. I, 317.
— Dine chez d'Argenson. I, 334.
— Donne à souper à un ministre. II, 184.
— Blâme le Parlement. II, 347.
— Fait des réflexions sur l'exil du Parlement. II, 350.

BARBIER a un logement au château de Madrid. III, 18. — VI, 330.
— Perd son père. III, 45.
— Prend part à une consultation pour la princesse de Modène. III, 84.
— Se félicite que Louis XV aime les femmes. III, 153, 154.
— Dîne au château de Choisy. VII, 303.
BARBIER PÈRE; son éloge. III, 46.
BARBIER D'INCREVILLE I, VII, note.
BARBIER DE PLICUANCOURT, officier. IV, 260.
BARONNIE D'AXFELD. II, 520.
BARRELOY (de). III, 14.
BAS DE SOIE; leur prix I, 53.
BASSE SAINTE-CHAPELLE (la). VI, 477.
BASTARD, président du Parlement de Toulouse. VIII, 121.
BATAILLE de Parme. II, 473 et suiv.
— De Guastalla. II, 506 et suiv.
— De Molwitz. III, 267.
— De Czaslaw. III, 346.
— De Sahay. III, 349.
— De Dettingen. III, 450, 452 et suiv.
— Navale de Toulon. III, 493, 497, 499.
— De Coni. III, 552.
— De Fontenoy. IV, 36 et suiv.
— De Friedberg. IV, 50, 58.
— De Sore. IV, 93.
— De Kesseldorf. IV, 112.
— De Falkirck. IV, 126, 127.
— De Culloden. IV, 149, 151.
— De Plaisance IV, 162.
— De Raucoux. IV, 190, 195, 196.
— Navale du Finistère. IV, 244.
— De Lawfeld. IV, 249.
— De Belgrade. V, 186.
— De Prague. VI, 531, 532.
— De Chotzemitz. VI, 541, 549.
— D'Hastembeck. VI, 546. — VII, 49.
— De Rosbach. VI, 594.
— De Breslau. VI, 608.
— De Lissa. VI, 611.
— De Crevelt. VII, 65, 66, 67, 68.
— De Custrin. VII, 93.
— De Saint-Cast. VII, 93.
— De Lutzberg. VII, 100.
— De Hockirch. VII, 101, 102.
— De Berghen. VII, 160, 161.
— De Minden. VII, 174 et suiv., 179.
— De Landshut. VII, 265.
— De Corbach. VII, 268, 269.

BATAILLE de Torgau. VII, 307.
— De Fillinghausen. VII, 387, 388, 389.
— *Voy.* Chanson, Combat.
BATARDS DE LOUIS XV. VI, 246.
BATARDS DU RÉGENT. I, 213.
BATAVIA, colonie hollandaise. III, 334, 395.
BATEAUX PLATS pour descendre en Angleterre. VII, 166.
BATHIANI, général allemand. IV, 155, 185, 250.
BATONNIER DES AVOCATS; comment se fait sa réception au Parlement. II, 263.
BAUDRY (l'abbé); condamné par le Parlement. II, 123.
BAULAN (Madeleine); réclame un dépôt d'argent au curé de Saint-Jean-en-Grève. V, 29, 30, 31.
BAUTRU, comte de Nogent; épouse une esclave turque. II, 257.
BAUYN D'ANGERVILLIERS, ministre de la guerre. II, 43.
— Sa mort. III, 197.
— *Voy.* Angervilliers.
BAVIÈRE (le comte de). III, 484.
BAZIN (l'abbé). II, 151.
BEAUFREMONT (marquis de). VII, 215.
BEAUJEU (le chevalier de). VII, 46.
BEAUJOLOIS (mademoiselle de), fille du Régent. I, 233.
— Sa mort. II, 461.
BEAUMANOIR DE LAVERDIN (mademoiselle de). I, 256.
BEAUMONT DU REPAIRE (de); nommé archevêque de Paris. IV, 175. — V, 67.
— Reçu pair au Parlement. IV, 495.
— Maltraite les Parisiens dans un mandement. V, 39.
— A un débat avec le chapitre de Notre-Dame. V, 40.
— Ennemi de l'*Encyclopédie*. V, 152.
— Est invité à se rendre au Parlement. V, 178.
— Fait naître cent mille jansénistes. V, 232.
— Plaisanté dans une épigramme. V, 302.
— Sa conduite dans l'affaire de la sœur Perpétue. V, 307.
— Son temporel est saisi par le Parlement. V, 308.

BEAUMONT DU REPAIRE (de); agit de bonne foi. V, 310.
— V, 212, 219, 226, 260, 264, 266, 301, 304.
— Fait une sommation aux religieuses hospitalières du faubourg Saint-Marceau. V, 383.
— Sa conduite au sujet des refus de sacrements. VI, 77.
— Persiste à résister au Parlement. VI, 78.
— Exilé à Conflans. VI, 81.
— On est content de son exil. VI, 84.
— Reçoit de nombreuses visites. VI, 89.
— Célébré dans une pièce de vers. VI, 90.
— Sa réponse au secrétaire du Parlement. VI, 109.
— Récuse la compétence du Parlement dans les matières ecclésiastiques. VI, 109.
— Exilé à Champeaux en Brie. VI, 113, 128.
— Défend à divers prêtres d'administrer les sacrements. VI, 115.
— Publie un mandement pour le Carême. VI, 119, 120.
— Exilé à Lagny-sur-Marne. VI, 130.
— Mal logé à Lagny. VI, 134.
— Ne tient pas compte d'un arrêt du Parlement. VI, 136.
— Revient pour quelques jours à Conflans. VI, 140.
— Y reçoit de nombreuses visites. VI, 141.
— Mande les évêques. VI, 146.
— Donne ordre de refuser les sacrements aux appelants de la bulle. VI, 147.
— Ne veut pas pourvoir à l'élection d'une supérieure des sœurs hospitalières du faubourg Saint-Marceau. VI, 363.
— Fait un prône dans l'église de Conflans. VI, 369, 370.
— Publie un mandement contre une sentence du Châtelet. VI, 386.
— Refuse les cendres aux hospitalières du faubourg Saint-Marceau. VI, 487.
— Publie un mandement pour la conservation du Roi. VI, 490.
— Revient de son exil. VI, 586.

BEAUMONT DU REPAIRE (de); recommence ses tracasseries. VI, 612.
— Écrit au Pape. VI, 616.
— S'obstine dans ses rigueurs contre les jansénistes. VII, 1.
— Est exilé. VII, 2.
— Publie une lettre pastorale. VII, 11.
— Appelle au saint-siége d'une sentence du primat des Gaules. VII, 43.
— On parle de son retour de l'exil. VII, 192.
— Va saluer le Roi à Versailles. VII, 193.
— Veut faire signer le formulaire à des religieuses de Saint-Cloud. VII, 417.
— Attaque le Parlement dans une instruction pastorale. VIII, 127.
BEAUMONT, ville. VI, 441.
BEAUVAU DE CRAON, inspecteur de cavalerie. VIII, 331.
BEAUVILLIERS (la duchesse de). V, 163.
BÉCHERAN (l'abbé); ses convulsions. II, 199.
— Est mis à Saint-Lazare. II, 251.
— Voir encore: II, 232, 224.
BEDFORT (le duc de), ambassadeur d'Angleterre en France. VIII, 54, 55.
BEL-AIR (le château de). IV, 389.
BELLEFOND, archevêque. Voy. Gigault de Bellefond.
BELLEFOND (la marquise de). IV, 84.
BELGRADE. III, 208.
BELLE-ISLE (le maréchal comte de).
— Est ami du Régent. I, 237.
— Est décrété d'ajournement. I, 286.
— Subit un interrogatoire. I, 291.
— Comment il s'enrichit. I, 331.
— Conduit à la Bastille. I, 341.
— Soupçonné d'assassinat. I, 344.
— Exilé dans ses terres. I, 387, 349.
— Est fait lieutenant général. II, 230.
— S'empare de la Lorraine. II, 429.
— Part pour Francfort. III, 264.
— Revient à Paris. III, 289.
— Généralissime de l'armée envoyée en Bavière. III, 291.
— Chansonné. III, 331.
— Vivement blâmé par le public. III, 359.
— Commande à Prague. III, 361.
— Les ministres veulent le perdre. III, 373.

BELLE-ISLE (le maréchal comte de); fait une belle retraite à Prague. III, 412.
— A beaucoup d'ennemis. III, 434.
— Chansonné. III, 435, 376.
— Fait prisonnier par des hussards hongrois. IV, 3, 5, 6.
— Conduit en Angleterre. IV, 9.
— Comment il y est traité. IV, 31.
— Les Anglais refusent de le rendre. IV, 51.
— Est échangé et revient en France. IV, 76.
— Défend la Provence contre les Autrichiens. IV, 207, 209.
— Reçu duc et pair. IV, 368.
— Commandant des côtes de l'Océan. VI, 230.
— On lui attribue un projet de suppression des Parlements. VI, 403.
— Nommé ministre de la guerre. VII, 21, 24.
— Fait un beau règlement pour l'avancement dans l'armée. VII, 47.
— Condamne la vente des grades. VII, 55.
— Son fils est tué à Crevelt. VII, 68.
— Sa mort, son histoire. VII, 332.
— Ses intrigues pour être ministre. VIII, 164.
— A des créatures qu'il pensionne. VIII, 287.
— Voir encore : VIII, 135, 136, 138, 140, 157, 202, 215, 221, 239, 242, 243, 245, 247, 250, 295, 297, 301, 322.
BELLE-ISLE (le comte de), ambassadeur à la diète de Francfort. III, 247.
— Perd le combat d'Exiles. IV, 254.
BELLE-ISLE EN MER; donnée au Roi. I, 332.
— Prise par les Anglais. VII, 376.
BELZUNCE (de), nommé évêque de Laon. I, 301.
BELZUNCE (de); défend la ville de Gottingue. VII, 348.
BÉNÉFICES faits dans le *Système*; on veut les faire rendre. I, 136.
BENOIT XIII ; donne des brefs contre le Parlement. II, 91.
BENOIT XIV ; son élection. III, 214.
— Sa mort. VII, 48.
BENOIT (madame). V, 297.
BERCHENY (le marquis de). VII, 28.

BERENGHEN (le marquis de), écuyer de la Muette. III, 205.
BERGER, directeur de l'Opéra. IV, 133.
BERGHEN. *Voy*. Bataille.
BERGUEN (la princesse de). II, 25.
BERG-OP-ZOOM ; pris d'assaut par les Français. IV, 258, 259.
BERNAGE, prévôt des marchands ; chansonné. III, 546. — IV, 19, 21, 219, 344, 384.
— Quitte sa place de prévôt des marchands. VII, 86.
BERNAGE DE VAUX, fils du prévôt des marchands. IV, 21.
BERNARD (Samuel); cherche à perdre Law. I, 88.
— Grand fripon. I, 89.
— Spécule sur les blés. I, 403.
— Veut faire des rois. II, 382.
— Comment il dote ses filles II, 418.
— Sa table. *Ibid*.
— Donne une fête. II, 426.
— Critiqué dans des vers. II, 427.
— Sa fortune. III, 146.
— Sa mort. III, 155.
— Son héritage. III, 155.
BERNARD, maître des Requêtes, fils de Samuel. III, 155.
BERNARD DE RIEUX. III, 155.
— Sa mort, sa fortune. IV, 109.
BERNIS (l'abbé de). VI, 191.
— Est nommé conseiller d'État ecclésiastique. VI, 326.
— Nommé ministre des affaires étrangères. VI, 540.
— Négocie un mariage. VI, 545.
— Nommé à l'abbaye des Trois-Fontaines. VII, 29.
— Est ami du Pape. VII, 75.
— Quitte le ministère. VII, 105.
— Reçoit le chapeau des mains du Roi. VII, 107.
— Est exilé. VII, 109, 110.
BERRIER ou BERYER, lieutenant de police. IV, 243, 430, 431, 432.
— VI, 291. — VII, 78.
— Nommé garde des sceaux. VII, 411.
— Sa mort. VIII, 52.
BERRUYER (le père), jésuite. VI, 3.
— Ses livres sont supprimés par le Parlement. VI, 291.
— Est mandé devant la Cour. VI, 292, 293.

BERRUYER; est interrogé par M. Pasquier. *Ibid.*
BERRY (le duc de) depuis Louis XVI; sa naissance. VI, 47.
BERTIN, trésorier des parties casuelles. VI, 495.
— Est nommé lieutenant général de police. VI, 589.
— Nommé contrôleur général des finances. VII, 208.
— Présente un plan de finances. VII, 307.
— Voir encore 220.
— Nommé ministre d'État. VIII, 59.
— Donne sa démission. VIII, 119.
— Nommé secrétaire d'État. VIII, 122.
BERTHIER DE SAUVIGNY. VIII, 326.
BERWICK (le maréchal de). I, 29, 232.
— Commande l'armée d'Alsace. II, 419.
— Prend Kehl. II, 433.
— Est tué. II, 467.
BERRYER (mademoiselle); on parle de son mariage avec le marquis de Marigny. VI, 533.
BÉSIGNY; est mis en liberté. VI, 59.
BESOGNE (l'abbé). II, 151.
BESTIAUX; la police en appartient au Parlement. IV, 29.
BESTUCHEF, chancelier en Russie. VII, 31, 32.
BESTUCHEF, frère du précédent, ambassadeur en France. VII, 32.
BÉTHUNE (le duc de). IV, 11.
BÈZE DE LYS (de), conseiller aux Enquêtes. V, 383.
BEZONS (le maréchal de). I, 195.
BEZONS, évêque de Carcassonne. VI, 190.
BIBLIOTHÈQUE de Sainte-Geneviève. II, 53.
BICHE de Louis XV. I, 212.
BIENFAIT, montreur de marionnettes. V, 352.
BIENS DU CLERGÉ. V, 308.
BIENS FONCIERS; ce qu'ils rapportent. IV, 368.
BIGNON, bibliothécaire du Roi. VI, 49. — VIII, 131.
BIGNON, intendant de l'armée de Flandre. VIII, 162.
BIGNON jeune, fils de l'intendant de Paris. IV, 344.

BIGORRE, avocat. V, 407.
BIGOT, intendant du Canada; est condamné. VIII, 118.
BILLARD DE LORIÈRE DE VAUX, président des trésoriers de France. IV, 57, 58.
BILLARD DE VAUX. VI, 203.
BILLETS de banque. I, 51.
— Perdent quarante-quatre pour cent. I, 66.
— Visés par le Conseil. I, 124.
BILLETS de la banque de Law. I, 46.
— Personne n'en veut. I, 56, 61.
— Ce qu'ils perdent. I, 75.
— Sont réduits des trois quarts. I, 77.
— Comment les agioteurs les utilisent. I, 78.
— I, 96, 97, 103.
BILLETS de confession; on demande qu'ils soient soumis au timbre. V, 27.
— V, 189, 190, 259, 283, 298, 339, 350, 365.
— Abus auxquels ils peuvent donner lieu. VI, 9, 127.
BILLETS de confiance. VII, 140, 182.
BILLETS de crédit. I, 317.
BILLETS de la loterie royale. IV, 360.
BILLETS de bal pour l'Hôtel de Ville. IV, 22.
BIMONT, vicaire de Saint-Leu. VIII, 48.
BINET DE BOISGIROUX (madame); vole un diamant à la Dauphine. VII, 373.
BIREN, duc de Courlande; régent de Russie. III, 230.
— Donne des fourrures à madame de Mailly. III, 233.
— Arrêté dans son lit. III, 238.
— Conduit dans une forteresse. III, 241.
— Son procès. III, 259.
— Est envoyé en Sibérie. III, 278, 324.
— IV, 453.
BIRON (le duc de). III, 2.
— On le dit disgracié. IV, 291.
— Colonel des gardes françaises. VI, 304. — VIII, 75.
BIRON (le marquis de). I, 257.
BIRON (le comte de). II, 450. — III, 3.
BISSY (le cardinal de). II, 38, 373, 377, 386.
— Sa mort. III, 88.

Bissy (le marquis de); ses relations avec la duchesse de Condé. III, 187.
— Est blessé. IV, 295.
BITONTO (bataille de). II, 465.
BLAISE, prêtre de Saint-Leu; on lui refuse les sacrements. VI, 419.
BLAMONT (le président de). I, 16.
BLARU, avocat. I, 328.
BLÉS; accaparés par la Cour. I, 398.
— On défend d'en apporter à Paris. I, 402.
— Agiotages auxquels ils donnent lieu. I, 404, 405.
— Emmagasinés dans les couvents. I, 430.
— Objet de spéculations secrètes. III, 178, 179.
— Sont affranchis de tout droit de conduite. III, 223.
— Tirés de la Sicile. III, 236.
BLÉ D'ORDONNANCE. III, 217.
BLONDEL, ministre de France à Francfort. III, 332.
BLONDEL D'AZINCOURT. V, 325.
BOCHARD DE SARON; devient président à mortier. VI, 128.
BOINDIN, surnommé l'*Athée*. III, 116.
BOISSIEUX (de). III, 145.
BOIRVEAU, prieur de Pomponne. VI, 181.
BOIS; coûte cher à Paris. IV, 350.
BOIS DE BOULOGNE; Louis XV y chasse. I, 281.
— Il y a des cerfs. I, 304.
— Louis XV y passe une revue. IV, 375. — V, 395. — VI, 39.
— On en ferme les portes. VI, 529, 530.
— Consigné quand le Roi y chasse. VI, 530, 531.
BOMBELLES (de). III, 14.
BOMBILO (l'abbé), grand janséniste. II, 501.
BON du Roi pour une place de fermier général. VIII, 212, 214.
BON MOT sur les débats du Parlement avec la Cour. II, 310.
— Sur une fille d'Opéra. III, 242.
— Sur la Chambre royale. VI, 4.
— Sur le chancelier. *Ibid.*
BONNAC (le marquis de); son aventure dans une loge d'Opéra. III, 242.

BONNEL (de), maître des Requêtes; exilé; son histoire. II, 207, 208.
BONNETIER, bâtard du duc de Bouillon. II, 141.
BONNEVAL (le marquis de); combat à la bataille de Belgrade. III, 186.
BONNIER, riche bourgeois. II, 454.
BONTEMPS père, favori de Louis XIV. V, 408.
BONTEMPS, valet de chambre du Roi. VI, 532.
BORDEAUX (ville de). I, 184. — VI, 304.
BOSC, procureur de la Cour des Aides. IV, 358.
BOSCAWEN, amiral anglais. VI, 183, 185.
BOSSUET janséniste. I, 289.
— *Voy.* de Lavigne et manuscrit.
— Critiqué par l'abbé Fichant. II, 422, 423.
BOTTA (le général). IV, 206.
BOUCHER, peintre. IV, 212.
BOUCHER, chanoine de Saint-Honoré. V, 312.
BOUCOT, receveur de la ville de Paris. VII, 423.
BOUDIN; sort de la Bastille. VI, 52.
BOUDOT, chirurgien. III, 473.
BOUETTIN, curé; refuse les sacrements au sieur Lemaire, et est poursuivi par le Parlement. V, 176, 177 et suiv.
— Décrété de prise de corps. V, 186.
BOUFFLERS (le duc de). I, 158. — IV, 155.
— Va secourir Gênes. IV, 242.
— Sa mort. IV, 253.
BOUFFLERS (la duchesse de). VIII, 209, 229.
BOUILLON (le duc de). I, 349.
— Fait un legs à son bâtard. II, 141.
— Donne un bel exemple de dévouement. V, 269.
BOUILLON (la duchesse de). II, 95.
BOULEVARDS; deviennent la promenade à la mode. V, 395.
— Sont arrosés tous les jours. *Ibid.*
— Promenade à la mode. VI, 326.
— Belle promenade. VII, 379.
BOULOGNE-SUR-MER. VII, 353.
BOULLOGNE; nommé intendant des finances. III, 515.

BOULLOGNE, nommé contrôleur général des finances. VII, 138.
— VII, 139, 140, 220.
— Trésorier des guerres. VII, 422.
BOURBON (Louis-Henri, duc de), dit M. le Duc; ami de Law. I, 37.
— Fait de grands gains dans le Système. I, 53.
— A volé dans le Système. I, 75.
— Protége Law. I, 93.
— Protége la Compagnie des Indes. I, 102.
— Sommes qu'il reçoit dans le Système. I, 107.
— Se bat avec le duc de Richelieu. I, 128.
— Nommé premier ministre. I, 306.
— Incapable de diriger les affaires du pays. I, 314.
— Renversé du ministère. I, 427.
— Est exilé. I, 429.
— Voir encore : I, 307, 313, 319, 327, 341, 344, 376, 377, 411, 413, 433. — II, 3, 16, 26, 246, 337.
— Sa mort. III, 192.
— A spéculé sur les blés. III, 193.
— Son enterrement. III, 195.
— Laisse huit millions de dettes. III, 196.
BOURBON (la duchesse de), veuve de Louis-Henri; n'est pas riche. III, 193.
— Se retire dans un couvent. III, 195.
— Sa mort; son convoi. III, 285 et suiv.
BOURBON (Louise-Françoise, duchesse de); sa mort. III, 450.
BOURBON-CONDÉ (la princesse de); sa mort. VII, 297.
— Sa succession. VII, 299.
BOURBONS; aiment l'argent. I, 307.
BOURDELET, grand janséniste. VI, 8.
BOURDIN; est mis à la Bastille. VI, 16.
BOURET. I, 440, 441.
BOURET, fermier des postes. VI, 8.
BOURET (madame) ; son aventure. VIII, 277, 280.
BOURG-FONTAINE, chartreuse; on y forme une secte. VII, 38.
BOURGEOIS DE BOYNES, maître des Requêtes. IV, 370. — V, 418, 454.

BOURGEOIS DE BOYNES, président au Parlement de Besançon. VI, 527, 528.
BOURGEOIS, trésorier de la banque de Law. I, 45.
BOURGEOIS, corroyeur; assassine une femme. III, 329.
BOURGEOIS DE PARIS; ont des armoiries sans être nobles. VII, 286.
BOURGEOISIE; n'aime pas les jésuites. II, 21.
BOURGES. III, 84.
BOURGOGNE (le duc de); sa naissance. V, 96, 97, 98.
— Fêtes à ce sujet. V, 98, 99.
— Récompenses données aux courriers qui annoncent sa naissance. V, 101.
— Paquet glissé dans son berceau. V, 111, 112, 113, 114.
— Ses gouverneurs et précepteurs. VII, 19, 45.
— Attaqué d'humeurs scorbutiques. VII, 216.
— Subit une opération. VII, 243.
— A de grandes dispositions d'esprit. VII, 254.
— Montre un grand courage. VII, 259.
— Reçoit les sacrements. VII, 310.
— Sa mort, ses funérailles. VII, 343, 344, 345, 346, 347.
BOURRÉE DE CORBERON, président aux Enquêtes. VI, 449.
BOURREAU ; ses gages. VII, 26, note.
BOUTIN, doyen des Requêtes. VI, 300.
— VII, 14, 15.
BOUVART, fameux médecin. VII, 216.
BOYER, évêque; son portrait satirique. IV, 306.
— Histoire de son élévation. IV, 343.
— Obtient la feuille des bénéfices. III, 417. — V, 219.
— Sa mort. VI, 180.
— Est mal vu du public. VIII, 304.
— VIII, 248, 250, 254, 281, 300, 330.
BRACQ (le comte de), trésorier général des écuries. IV, 150.
BRANCAS (de), archevêque d'Aix. II, 384. — VI, 339.
BRAUN, général autrichien. IV, 149.
BREF adressé par le Pape au Roi. VI, 389.
— Ce qu'on en dit dans Paris. VI, 390.

BREF supprimé par le Parlement. VI, 400.
BREF (LE), danseuse; ce qu'elle fait à l'Opéra. II, 165.
BRETAGNE; les Anglais y font un débarquement. IV, 186.
BRETEUIL (M. de), secrétaire d'État. I, 286, 287, 429.
— Nommé ministre de la guerre. III, 198, 383.
— Sa mort. III, 405.
— Ce qu'il dit du cardinal de Fleury. VIII, 299.
BRETEUIL (l'abbé de). VI, 498.
BRÈVES (le chevalier de). II, 412.
— Voy. L'Aigle (le marquis de).
BRÉVIAIRE du diocèse d'Amiens. V, 246, 249.
BRIASSON, libraire. VII, 121.
BRIENNE (de), évêque de Condom; prêche sur l'amour de la patrie. VIII, 44.
BRIGAUT (l'abbé); complice de Cellamarc. I, 26.
BRILLON, curé de Saint-Roch. III, 169.
BRIONNE (le duc de), grand écuyer. VI, 426.
BRISSAC (le duc de); reçu au Parlement duc et pair. I, 107, 108.
BRISSART, fermier général. VII, 244.
BROGLIE (le maréchal de); se laisse surprendre près de la Secchia. II, 503 et suiv.
— Sa belle conduite à Guastalla. II, 507.
— III, 4, 334.
— Gagne la bataille de Sahay. III, 349.
— Fait une belle retraite à Pissek. III, 353.
— Est fait duc. III, 358.
— Est campé près de Prague. Ibid.
— Sa belle défense de Prague. III, 360.
— Sort de Prague. III, 392.
— Disgracié. III, 381, 461.
— Sauve l'armée à Minden. VII, 176.
— Est attaqué dans un mémoire par le maréchal de Contades. VII, 177.
— Vient à Versailles conférer avec le Roi. VII, 191.
— Nommé général en chef de l'armée d'Allemagne. Ibid.
— Nommé maréchal de France. VII, 219.

BROGLIE (le maréchal de) bat le prince de Brunswick. VII, 344.
— Voy. Berghen. Guerre d'Allemagne.
— Est disgracié et exilé. VIII, 12, 13.
— Cet exil est mal vu du public. VIII, 14.
— VIII, 34, 253, 278, 290, 302, 303, 308, 309.
BROGLIE (le comte de); fait une belle défense à Cassel. VII, 348.
BROGLIE (l'abbé de). VIII, 317.
BROUILLARD affreux dans Paris. II, 240, 381.
BRUGES; se rend aux Français. IV, 63.
BRUNET, vicaire de Saint-Étienne-du-Mont VI, 113.
BRUNSWICK (le prince de); tué. IV, 98.
BRUNSWICK (Ferdinand de); commande les Hanovriens à Crevelt. VII, 66.
BRUNSWICK-WOLFENBUTEL, impératrice douairière; sa mort. V, 8.
BRUXELLES; assiégée par le comte de Saxe. IV, 125.
— Se rend au comte de Saxe. IV, 128, 129.
BUDEN (le comte de). IV, 292.
BUDGET de la France. VIII, 76, 77.
BUFFETS du bal de Versailles. IV, 221.
BUFFON. V, 152.
BULLE Unigenitus; enregistrée au Grand-Conseil. I, 73.
— I, 67, 76, 119, 134.
— Discutée par le Parlement. V, 203, 215.
— Confirmée comme loi de l'Église et de l'État. VI, 150.
— Comment elle a été promulguée. VI, 308, note.
— Reproduite en entier. VIII, Appendice.
BULLETINS de la santé des princes. V, 267.
BULLION (de), prévôt de Paris; sa mort. I, 252.
BUREAU de la volaille. I, 47.
— Du Domaine; rend une sentence relative aux alignements. VII, 292.
— De renseignements pour les deuils. VII, 339.
— De la voirie. VII, 416.
BUSEMBAUM, jésuite; son livre con-

INDEX. 437

damné par le Parlement de Toulouse. VI, 582.
BUSSY (de), ambassadeur en Angleterre. III, 289, 303.
— Ministre de France à Hanovre. VI, 184.

BUSSY (de), chef de bureau des affaires étrangères. VII, 363, 408.
BYNG, amiral anglais. VI; 331.
— Est fusillé. VI, 496.

C

CADASTRE général de la France. VIII, 114.
CADAVRE; traîné sur la claie. I, 280.
— Trouvé sous l'autel de l'église Saint-Benoit. VII, 322.
CADET, munitionnaire du Canada. VIII, 118.
CADIÈRE (mademoiselle); ensorcelée par le père Girard. II, 180.
— Son procès. II, 202 et suiv.
— Chansonnée. II, 247.
CAEN. V, 271.
— Émeute dans cette ville. I, 398.
CAFÉ; est très-cher. I, 59, 337. — IV, 215.
CAFÉ D'ESTRÉES. VIII, 142.
CAFÉS; il est défendu d'y parler du gouvernement. I, 214.
CAHUZAC (de), auteur d'une tragédie. VIII, 199.
CAISSE des amortissements, établie en 1749. IV, 370. — V, 63, 295. — VI, 356.
CAISSE DE POISSY. VI, 240.
CALABRE (le duc de). IV, 281.
CALOTTES contre deux prélats. II, 140.
— Sur les miracles du diacre Pâris. II, 189.
— Contre les jansénistes. II, 226.
— Sur le cardinal de Fleury. II, 230.
— Contre M. Pâris, conseiller. II, 247.
CALOTTE. Voy. Régiment.
CAMARGO, danseuse; ce qu'elle fait dans le magasin de l'Opéra. II, 165.
— Maîtresse du comte de Clermont. II, 415. — III, 89, 341. — VIII, 142.
CAMBRAI. III, 30.
CAMP de Charenton. I, 60.
— De Porchefontaine. I, 239.
— De Metz. II, 8.
— De Compiègne. III, 182.
— De Gertrudemberg. IV, 156.
— Des Poltrons. IV, 174.
— De Vallcim. Ibid.

CAMP de Tongres. IV, 192.
— De Pirna. VI, 368, 379.
CAMPO-FLORIDE (le prince de), ambassadeur d'Espagne. IV, 31.
— On met le scellé sur ses papiers. IV, 180.
CAMPRA, de l'Opéra. II, 165.
CAMUS DE PONT-CARRÉ DE VIARMES; est nommé prévôt des marchands. VII, 86.
CAMUSET, fermier général. IV, 317.
CANADA; on enlève du monde à Paris pour le peupler. IV, 402.
— Menacé par les Anglais. VI, 95.
— Les Anglais y sont battus par les troupes françaises. VI, 197.
— VI, 338.
— Pris par les Anglais. VII, 304.
— L'administration de ce pays a commis beaucoup de déprédations. VIII, 118.
CANADIENS; ne veulent pas reconnaître la domination anglaise. VIII, 117.
CANONS; employés comme télégraphes. III, 333.
— De l'Hôtel de Ville. VI, 334.
Capitation; doublée en 1760. VII, 340.
CAPITULATION DE CLOSTERSEVEN. VI, 579.
CAPMARTIN (l'abbé); condamné aux galères. VI, 577.
CAPRON, dentiste du Roi. VIII, 199.
CAPUCINS; enlèvent des filles. II, 411.
— De la rue Saint-Honoré. V, 106.
— De Troyes; se moquent du Parlement. VI, 160.
CARDINAUX français promus en 1761. VII, 422.
CARICATURE contre le duc de La Force I, 112.
— Contre le concile d'Embrun. II, 22.
CARIGNAN (le prince de); est criblé de dettes. II, 326.
— Directeur de l'Opéra. III, 10.

37.

CARIGNAN (le prince de); sa mort, ses désordres. III, 270.
CARIGNAN (la princesse de); fausse prude. III, 70.
CARIGNAN (mademoiselle de). III, 314.
CARITAT DE CONDORCET (de), évêque d'Auxerre. VI, 88.
CARLOS (DON), fils du roi d'Espagne, roi de Naples et d'Espagne. II, 87, 374, 375.
— Prend possession de la couronne d'Espagne. VII, 196.
CARME de la place Maubert; ce qu'il fait à une servante. II, 411.
CARNAVAL de 1732. II, 252.
— Très-brillant en 1734. VI, 12.
CAROLINE D'ANGLETERRE; sa mort. VII, 192.
CARPAS, fameux nouvelliste. VIII, 331.
CARPI, frère de la Camargo. VIII, 181.
CARROSSES du duc de Nivernais. IV, 424.
— Du Roi. V, 277.
— Du garde des sceaux. V, 278.
CARTES A JOUER. VI, 356.
CARTHAGÈNE; attaquée par l'amiral Vernon. III, 283.
CARTON (mademoiselle), actrice; fait un joli mot. III, 242.
CARTOUCHE, voleur; met Paris en émoi. I, 135.
— Est arrêté; son histoire. I, 163 et suiv.
— Tente de s'évader. I, 167.
— Son histoire I, 169.
— Est mis à la question. I, 174, 175.
— Est rompu vif. I, 175.
— Ses complices. I, 176.
— Donne, au Châtelet, des leçons aux acteurs. I, 177.
— Accuse des magistrats de concussion. Ibid.
— Procès de ses complices. I, 220.
— Ses parents. I, 226.
Cartouche, comédie. I, 166.
CARVILLE (LA). VIII, 142.
CAS réservés aux évêques. V, 257.
CASAL; pris par les Français. IV, 103.
CASSEL: défendue par le comte de Broglie. VII, 348.
CASTAGNIER D'AURIAC, maître des Requêtes. V, 20. — VII, 106.
CASTRIES (le marquis de); bat le prince de Brunswick. VII, 306.

CATHERINE II, impératrice de Russie. VIII, 50.
Catilina, tragédie de Crébillon. IV, 336.
CAUMARTIN (DE), marquis de Saint-Ange. IV, 381.
CAUMONT LA FORCE (la marquise de). VI, 536.
CAUX (le chevalier de); se bat en duel. II, 170.
CAVALCHINI, cardinal. VII, 78.
CAVALIERS français; ce qu'ils coûtent. VIII, 153.
CAVALIERS fournis par les maisons à porte cochère. VIII, 271.
CAVOY (madame). II, 142.
CAYLUS (le marquis de). IV, 361.
CEBERET (de), lieutenant général. II, 230.
CEINTURE de la Reine. I, 403.
Célibat philosophique (le), roman. II, 530.
CELLAMARE, ambassadeur d'Espagne; conspire contre la France. I, 19, 20 et suiv., 207.
— Ses complices. I, 22, 23.
CENSEURS ROYAUX. VII, 126.
CENTIÈME DENIER, impôt. IV, 289.
CENT-SUISSES. I, 258.
CERCLES de l'Allemagne: acceptent la neutralité entre la France et la reine de Hongrie. IV, 142.
CÉRÉMONIAL quand le Roi va à Notre-Dame. I, 152.
— De Cour pour les visites de deuil. I, 216.
— Des enterrements princiers. I, 247, 248.
— Au convoi du Régent. I, 325.
— Pour la reine d'Espagne. I, 402.
— Voy. Funérailles.
— Des funérailles du prince de Conti. II, 4.
— Pour la naissance du Dauphin. II, 79.
— D'un acte d'hommage féodal. II, 90.
— D'un lit de justice. II, 105, 343.
— Du mariage du prince de Conti. II, 241.
— Des harangues à la Grand'Chambre. II, 371.
— Des dîners du Roi à l'Hôtel de Ville. III, 560, 561.

INDEX. 439

CÉRÉMONIAL. *Voy.* Deuil. Enterrement.
— De l'entrée de Louis XV à Paris. IV, 78, 79.
— D'un *Te Deum* à Notre-Dame. IV, 80.
— De l'enterrement de la Dauphine. IV, 171, 172.
— Du service funèbre de la Dauphine à Saint-Denis. IV, 179, 180.
— De la publication de la paix en 1749. IV, 350, 351.
— Des visites des échevins de Paris au Roi et aux princes. IV, 386, 387.
— Des invitations funèbres adressées au Parlement. V, 179.
— D'un *Te Deum* royal à Notre-Dame. V, 102, 103.
— Des mariages faits par l'Hôtel de Ville de Paris. V, 116, 117, 118.
— A la mort de Madame Henriette. V, 161, 162, 163.
— Des révérences à Versailles. V, 170.
—. *Voy.* Mariage.
— De la réception des pairs au Parlement. VI, 141.
— Des députations du Parlement. VI, 157.
— Du lit de justice. VI, 354 et suiv.
— Des funérailles du duc de Bourgogne. VII, 345 et suiv.
— Du Conseil d'État des parties. VIII, 42.
— De l'inauguration de la statue de Louis XV. VIII, 80.
— De la réception des ambassadeurs par le Roi. VIII, 108.
CÉRÉMONIES sacrilèges faites par un prêtre. VII, 112.
CERF ; blesse deux personnes dans le bois de Boulogne. I, 304.
— Tue M. de Melun. I, 367.
CERVEAU, prêtre de Saint-Étienne. VI, 88.
— VI, 173.
CHABAN, employé de police. VIII, 166.
CHABLIS (ville de). III, 137.
CHALAIS (la princesse de). III, 75.
CHALONS, ville janséniste. I, 215.
CHAISE de poste du duc de Richelieu. VIII, 206, 207.
CHAMBRE de la Bastille, juridiction. I, 339.

CHAMBRE des Communes en Angleterre. VII, 229.
— Des Comptes. I, 332.
— Est incendiée. III, 103.
— Ses papiers sont portés à la place Royale. III, 107.
— On la rebâtit. III, 129.
— S'oppose à une collecte pour les pauvres. III, 252.
— Défend d'exécuter un arrêt du Parlement. *Ibid.*
— Chansonnée. III, 254.
— Enregistre les lettres du chancelier. V, 36.
— VI, 57.
— A une contestation avec les trésoriers de France. VI, 310.
— Fait des remontrances au Roi. VII, 239.
— Des commissaires du Conseil. I, 69.
— De l'Édit. VI, 438.
— Des Enquêtes. I, 157.
— II, 116, 117.
— III, 64. — V, 313.
— A une contestation avec les Requêtes. VI, 300.
— On parle de sa suppression. VI, 332.
— Quelques membres veulent reprendre leurs fonctions. VI, 447, 449.
— Doit être comprise sous le nom de Parlement. VI, 571.
— D'inquisition à Paris. II, 151.
— Des Pairs ; on parle d'en créer une. I, 81.
— Du Parlement ; son origine. II, 277.
— *royale*, juridiction établie dans le Louvre. V, 436.
— Ses attributions ; sa composition. V, 437.
— Tient sa première séance. V, 440.
— Supprime un mémoire pour les conseillers exilés. *Ibid.*
— Personne n'en veut. V, 455.
— Joue un triste rôle vis-à-vis du public. V, 447.
— N'est pas reconnue à Lyon. V, 454.
— VI, 3, 4.
— Ne fait quoi que ce soit. VI, 6.
— Est supprimée. VI, 51.
— Des Vacations. I, 75. — II, 315.

CHAMBRE des Vacations; établie aux Grands-Augustins. V, 418.
— Fait biffer une sentence du Châtelet. V, 423, 424.
— Supprime un mandement de l'évêque de Boulogne. V, 424.
— V, 431. — VI, 61, 62, 578.
CHAMBORD, donné au maréchal de Saxe. IV, 135.
CHAMBORS (le marquis de), tué à la chasse par le Dauphin. VI, 189.
CHAMILLARD (de); sa mort. I, 125.
CHAMILLART, jésuite. II, 253.
CHAMOUSSET (de), inventeur de la petite poste à Paris. VII, 415.
CHAMPAGNE (régiment de); sa belle conduite contre les Autrichiens. III, 376.
— III, 348, 467.
CHAMPEAUX, village. VI, 128.
CHAMPS-ÉLYSÉES. VI, 69.
CHANCELLERIE; est séparée de la garde des sceaux. V, 21.
CHANCELIER de France; étiquette de cette place. IV, 383.
— A la librairie dans ses attributions. V, 3.
— Sa présentation aux Cours souveraines. V, 36, 37.
— A l'inspection de la librairie. V, 280.
— Fait parler le Roi platement. V, 319.
— De la Reine; sa place se vend. VIII, 215.
CHANOINES de Notre-Dame. I, 152.
— D'Orléans. VI, 90.
— Condamnés par le Parlement. VI, 196.
— Décrétés par le Parlement. VI, 305.
CHANSONS contre d'Argenson. I, 42.
— Contre le Régent. I, 57.
— Sur le Parlement. I, 61, 62.
— Sur le temps présent (1721). I, 98.
— Sur le départ de Law. I, 100.
— Sur madame de Saint-Sulpice. I, 114, 115.
— Sur le duc de La Force. I, 138.
— Sur le prince de Conti. I, 182.
— Sur le duc et la duchesse d'Orléans. I, 363.
— Sur les femmes qui veulent débaucher Louis XV. I, 365.
— Sur Dodun. I, 380.

CHANSONS sur madame de Prie. *Ibid.*
— Sur les avocats. II, 32 et suiv.
— Sur Languet. II, 100.
— Sur Marie Alacoque. II, 101.
— Sur les avocats de Paris. II, 214.
— Sur la Pelissier, de l'Opéra. II, 159.
— Sur les miracles du diacre Pâris. II, 232.
— Sur M. Hérault. II, 245.
— Sur l'abbé Pucelle. II, 279.
— Sur l'archevêque de Paris. II, 284.
— Sur le roi Stanislas. II, 435.
— Sur les officiers généraux. 2, 468.
— Sur la bataille de Parme. II, 485.
— Sur la bataille de Guastalla. II, 508 et suiv.
— Sur le maréchal de Noailles. II, 516.
— Sur le maréchal d'Asfeld. II, 519.
— Sur les Condé. II, 528.
— *Voy.* Vers.
— Sur mademoiselle de Charolais. III, 19, *note.*
— Sur le garde des sceaux Chauvelin. III, 71, 72.
— Sur mademoiselle de Moras. III, 111.
— Sur Moriau. III, 112.
— Sur le cardinal de La Tour-d'Auvergne. III, 118.
— Sur les cordons bleus. III, 161.
— Sur une femme de qualité. III, 168.
— Sur les curés de Saint-Roch. III, 169.
— Sur les trois empiriques. III, 240.
— Sur la Chambre des Comptes. III, 254.
— Contre les maréchaux de France. III, 263.
— Sur le maréchal de Belle-Isle. III, 331.
— A l'occasion de l'ambassadeur turc. III, 333.
— De Louis XV sur le comte de Clermont. III, 343.
— Sur le maréchal de Maillebois. III, 392, 393.
— Sur les affaires du temps (1742) et les ministres. III, 397.
— Sur le cardinal de Fleury. III, 403, 415.
— Sur le cardinal de Tencin. III, 418.

INDEX. 441

CHANSONS sur madame de La Tournelle. III, 418.
— Sur Maurepas. III, 419.
— Sur le maréchal de Belle-Isle. III, 435.
— Sur le prince Charles. III, 472.
— Contre La Peyronie. III, 537.
— Sur le maréchal de Noailles. III, 544, note.
— Sur M. de Bernage. III, 546.
— Sur les jésuites. V, 189.
— Sur la Lescombat. VI, 179.
— En l'honneur du maréchal de Richelieu. VI, 335.
— Sur le duc de Cumberland. VI, 555.
— Sur les maréchaux d'Estrées et Richelieu. *Ibid.*
— Sur le prince de Soubise. VI, 602.
— Sur la descente projetée en Angleterre en 1759. VII, 213, 214, *note*.
— Sur les jésuites. VIII, 61.
— Sur les ministres (1742). VIII, 206.
— Sur les quatre sœurs. VIII, 206.
— Sur mesdames de Mailly et de La Tournelle. VIII, 208.
— Sur les *Éminences*. VIII, 209.
— Sur la duchesse de Boufflers. VIII, 209, 229.
— Sur le duc de Richelieu. VIII, 214.
— Sur le maréchal de Belle-Isle. VIII, 221.
— Sur l'état de la France. VIII, 292.
— Sur le général de Ségur. VIII, 298.

CHANTILLY. II, 26. — III, 196.

CHAPITRE de Notre-Dame; accepte la constitution. II, 90.
— V, 40.
— D'Orléans; fait un refus de sacrements. VI, 65 et suiv.
— Est poursuivi pour ce fait. VI, 66, 67.
— VI, 77.
— Condamné par le Parlement. VI, 195.
— Ses membres s'administrent entre eux. VI, 208.
— *Voy.* Parlement.
— De Troyes; dénoncé au Parlement. VI, 155.
— De l'ordre du Saint-Esprit. I, 336.
— De Sens. VI, 156.
— De Saint-Amé de Douai; appelle de la constitution *Unigenitus*. III, 59.

CHARBONNIER condamné cruellement à mort par le Parlement. IV, 455, 456.

CHARBONNIERS DE PARIS. I, 149.
— Font dire des messes pour un confrère indignement condamné à mort. IV, 456.

CHARDON, lieutenant particulier. VIII, 47.

CHARGES d'avocats au Conseil. III, 139, 140.
— De la Cour des Aides; ce qu'elles valent. V, 80.
— Sur les cuirs. VII, 181.
— Des maitres des Requêtes; leur prix. I, 206.
— De l'ordre du Saint-Esprit. I, 338.
— De premier président; ce qu'elles valent. I, 29.
— Des villes; rétablies. I, 239.
— Du Parlement; ont un cours comme les actions. II, 385.
— On travaille à en supprimer plusieurs. VI, 234.
— Leur prix. *Ibid.*
— Le Roi en rembourse plusieurs. VI, 495, 496.
— Prix auquel elles sont remboursées. VI, 515.
— Ce qu'elles valent. V, 78, 79, 80.
— V, 149.
— De payeurs des rentes. VII, 25.
— De premier gentilhomme de la Chambre. III, 279, 280.
— Des présidents aux Enquêtes. VI, 570.
— Sur les ports. VII, 181.
— Publiques; doivent être la récompense du mérite. VIII, 313.

CHARLEROI; pris par les Français. IV, 173.

CHARLES-ÉDOUARD (le prince); s'embarque pour l'Angleterre. IV, 68, 69.
— Sa traversée. IV, 70.
— Son arrivée en Angleterre. IV, 74.
— Sa cause fait des progrès. IV, 86, 87.
— Arrive auprès d'Édimbourg. IV, 91.
— Bat le général Cope. IV, 94.
— Prend le titre de régent du royaume. IV, 95.
— Entre à Édimbourg. IV, 97.

CHARLES-ÉDOUARD est maître de toute l'Écosse. IV, 98.
— Entre en Angleterre. IV, 102.
— Pénètre dans le duché de Lancastre. IV, 108.
— Sa lettre à Jacques III. *Ibid.*
— Entre dans le comté de Chester. IV, 110, 111.
— On n'a point de ses nouvelles. IV, 114.
— Se retire de l'Angleterre. IV, 124.
— Gagne la bataille de Falkirk. IV, 126.
— Se retire sur le port de Montrosse. IV, 130.
— S'empare d'Invernesse. IV, 139.
— A des succès en Écosse. IV, 144.
— Bat le général Loudon. IV, 147.
— Est battu à Culloden. IV, 149.
— Bruits de Paris à son sujet. IV, 153.
— On ne sait ce qu'il est devenu. IV, 176.
— Ses partisans sont mis à mort. IV, 177.
— Est abandonné par la France. IV, 178.
— Arrive à Paris. IV, 195.
— Quitte Paris. IV, 216, 217.
— Est à Paris. IV, 288.
— Proteste contre les décisions du congrès d'Aix-la-Chapelle. IV, 314.
— L'Angleterre demande qu'il soit expulsé de France. IV, 320.
— Il proteste contre son expulsion. IV, 321.
— A la princesse de Tallemont pour maîtresse. IV, 326.
— Est enlevé de vive force à l'Opéra. IV, 329 et suiv.
— Est mis à Vincennes et conduit on ne sait où. IV, 334, 335.
— Se retire à Fribourg. IV, 340.
— On n'en parle plus. IV, 399.
— Cité dans un almanach. IV, 411, 412.
— Bruits de Paris à son sujet. V, 338.
— Quelle doit être à son égard la politique de la France. VII, 198.
— Sa généalogie. VIII, 110.
— Fausse nouvelle à son sujet. *Ibid.*
CHARLES DE LORRAINE (le prince), général allemand. III, 353.
— III, 399, 462, 465, 467.

CHARLES DE LORRAINE chansonné. III, 472.
— III, 482, 523, 532.
— Repasse la Meuse. IV, 179.
— Bat les Prussiens devant Prague. VI, 542.
CHARLES VI, empereur d'Autriche; sa mort; conséquences de cet événement. III, 226.
CHARLES VII; élu empereur. III, 335.
— N'a point d'États et ne sait où aller. III, 336, 337.
— Est reconnu par le Pape. III, 338.
— On craint pour sa vie. III, 362.
— Est toujours sans États. III, 466.
— Sa mort. IV, 8.
— Est d'une faiblesse extrême. VIII, 304.
CHARMANTE, chienne savante. II, 97.
CHARNIERS de Saint-Eustache. IV, 356.
CHAROLAIS (le comte de); tire un coup de fusil sur un homme. I, 275.
— Fait boire de l'eau-de-vie à son fils malade. *Ibid.*
— Ce qu'il donne à la Delisle. *Ibid.*
— Est toujours ivre. I, 276.
— I, 187, 438.
— Tuteur du prince de Condé. III, 194.
— Ce qu'il fait pour cette tutelle. III, 294 et suiv.
— Son caractère et sa conduite. III, 294, 295.
— Quitte madame de Courchamp. IV, 399.
— Ses aventures avec madame Lebreton. IV, 400, 401.
— Sa mort. VII, 271.
CHAROLAIS (mademoiselle de). I, 248.
— III, 18, 142, 198.
CHAROST (le duc de), gouverneur du Roi. I, 233.
— I, 238.
CHARS allégoriques donnés en spectacle par l'Hôtel de Ville de Paris. IV, 219.
CHARTREUX de Paris; volés par leur procureur. I, 239.
CHASSE de Sainte-Geneviève. I, 394, 395.
CHASSES à l'Isle-Adam. I, 250.
— Au bois de Boulogne. I, 281 et suiv.

CHASSES à Chantilly. I, 366.
— A Compiègne. II, 46.
— De la Cour. II, 62.
— A l'oiseau. V, 276, note.
— Au cerf. VII, 77, note.
CHASSÉ, chanteur. VIII, 131.
CHASSEURS tués par des contrebandiers. I, 442.
CHASTELLUX (le marquis de). I, 189.
CHATEAU de Madrid. III, 18.
— III, 471.
— De Gisors. I, 332.
— De Milan; pris par les Français. II, 447.
CHATEAUNEUF (de), prévôt des marchands. I, 45.
— Ses friponneries sur les bois. I, 405.
CHATEAU-REGNAULT (madame de). VI, 262.
CHATEAUROUX (madame de La Tournelle, duchesse de); suit le Roi en Flandre. III, 305.
— On la dit enceinte. IV, 475.
— Se comporte bien. III, 485.
— III, 517.
— Le Roi l'éloigne de Metz. III, 537 et suiv.
— Sa maladie, sa mort. III, 570, 571.
— Vers à ce sujet. III, 571.
— Anecdotes qui la concernent. VIII, 188, 189, 190, 191, 193, 194, 196, 198, 199, 200, 201, 205, 206, 207, 208, 209, 210, 212, 213, 217, 226, 228.
— VIII, 245, 252, 255.
— Montre sa gorge à Voltaire. VIII, 270.
— VIII, 277, 302.
CHATEAUROUX, duché-pairie; donné à madame de La Tournelle. III, 485.
CHATELET; en conflit avec le Grand-Conseil. I, 421.
— II, 2.
— Soutient le Parlement. V, 420.
— Ne reconnaît pas la Chambre des Vacations. V, 421.
— Ses attributions. V, 422.
— Délibère sur les ordres du Roi. V, 426.
— Surseoit à l'exécution de deux arrêts de renvoi. Ibid.
— Persiste à ne pas reconnaître la Chambre des Vacations. V, 429.

CHATELET; prend divers arrêtés. V, 430.
— Arrête qu'il fera des représentations au Roi. V, 446.
— Défend le Parlement dans ses représentations. V, 449.
— Est mandé chez le chancelier. V, 449, 450.
— Veut faire des représentations malgré le Roi. V, 452.
— Délibère sur des représentations au Roi. VI, 5, 6, 7, 10.
— Poursuit le curé de Saint-Nicolas-des-Champs. VI, 13.
— Ses attributions sont définies par un arrêt du Conseil d'État. VI, 14.
— Assigne divers ecclésiastiques. VI, 15.
— Tient toujours ses audiences. VI, 18.
— Délibère sur des ordres du Roi. VI, 20.
— Fait sa rentrée solennelle. VI, 24.
— Fait tous les ans une promenade dans Paris. VI, 34.
— VI, 57.
— Rend une sentence contre l'archevêque de Paris. VI, 384.
— Condamne un mandement de l'archevêque. VI, 385.
— Supprime deux écrits. VI, 387.
— Est en grand honneur à Paris. VI, 389.
— Condamne au feu divers mandements. VI, 390.
— Condamne deux mandements au feu. VI, 396.
— Décrète un curé de prise de corps. VI, 419.
— Fait vendre ses meubles. VI, 420.
— S'oppose à un édit relatif aux écrits clandestins. VI, 523.
— A une difficulté avec le Parlement. VIII, 48.
CHATILLON (le duc de). I, 187.
— Exilé en Poitou. III, 556.
CHAVAGNAC (de), chef d'escadre; se bat vaillamment contre les Anglais. III, 260.
CHAVIGNI (de), évêque de Troyes. I, 22.
— Son histoire. III, 197.
— III, 474.
CHAULNES (le duc de). III, 262.

CHAULNES (le duc de). V, 333.
— Gouverneur de Picardie. VI, 49.
CHAUMONT DE LA GALAIZIÈRE. III, 55.
CHAUVELIN, garde des sceaux. II, 13.
— II, 103, 115, 192.
— Ce qu'il ferait s'il perdait sa femme. II, 235.
— II, 246.
— Est associé au ministère. II, 254.
— N'est pas aimé. II, 255.
— II, 326, 340, 388, 389.
— Est disgracié. III, 64, 65.
— Causes de sa disgrâce. III, 66.
— Surnommé *Crispin rival de son maître*. III, 70.
— Est attaqué dans des mémoires. III, 71.
— Est chansonné. III, 71, 72.
— Le cardinal de Fleury lui adresse une lettre. III, 78.
— Passe pour un fripon. III, 78.
— Est exilé à Bourges. III, 84.
— Accusé d'avoir vendu des pierreries de la couronne. III, 125.
— Veut engager l'Europe dans une guerre générale. III, 221, 222.
— Adresse un mémoire au Roi. III, 420, 421.
— Exilé de Bourges à Issoire. III, 429, 430.
— Voir encore : III, 33, 54, 135, 138, 160, 292, 374, 376, 403, 414.
— IV, 363.
— Est mis en liberté. VI, 89.
— VIII, 138, 146.
— Promet, dit-on, un million à madame de La Tournelle, pour être rappelé à la Cour. VIII, 217.
CHAUVELIN, fils du garde des sceaux; son caractère. III, 67.
— Mauvais sujet. IV, 170.
CHAUVELIN, neveu. III, 367.
— III, 375, 378.
CHAUVELIN, colonel du régiment de Conti. IV, 165.
CHAUVELIN, intendant des finances. V, 48.
CHAUVELIN (l'abbé). V, 383.
— VI, 26, 155, 334, 448.
— Exilé. VI, 459.
— Dénonce les statuts des jésuites. VII, 355.
— Analyse les statuts des jésuites. VII, 362.

CHAUVELIN (l'abbé); fait un mémoire contre les jésuites. VII, 414.
— Donne sa démission de président à mortier. IV, 170.
CHAUVELIN (madame). II, 253.
— VII, 292, 293.
CHAYLA (DU), lieutenant général; bat les Anglais. IV, 61.
CHELUS (le chevalier de); son escadre est attaquée par les Anglais. III, 304.
CHEMINÉES à la Popelinière. IV, 329, 336.
CHEMISE DU ROI. I, 269.
CHERET, curé de Saint-Roch. III, 169.
CHERET (les demoiselles); se font une religion particulière. VII, 81.
— VII, 377.
CHERTÉ excessive des denrées. I, 53.
CHEVAL DE BRONZE (le) à Paris. IV, 18.
CHEVAL. *Voy*. Pari.
CHEVALIER, avocat. II, 35.
CHEVALIERS DU SAINT-ESPRIT. IV, 348.
CHEVAUX (commerce des). I, 446.
CHEVERT, lieutenant général. VII, 64, 65.
— Très-aimé à Paris. VII, 100.
— VII, 72, 102.
CHEVREUSE (le duc de), nommé gouverneur de Paris. VI, 530.
— Prête serment. VI, 614.
— Ses prétentions en cette qualité. *Ibid*.
— (la duchesse de); femme de grande vertu. III, 395.
CHICOYNEAU, premier médecin du Roi. II, 258.
CHIENNE SAVANTE. II, 97.
CHIMAY (le prince de). VII, 176.
CHIRURGIENS DE PARIS; plaident contre les médecins. III, 446, 447.
— Doivent faire connaître les blessés. VIII, 289.
CHOISEUL (le duc de); a le caractère méchant. VII, 111.
— Nommé ministre des affaires étrangères. VII, 105.
— Nommé pair de France. VII, 109.
— Son caractère. VII, 224.
— Est en grand crédit. VII, 297.

CHOISEUL (le duc de); ce qu'il dit à l'ambassadeur de la reine de Hongrie. VI, 337.
— Nommé ministre de la marine. VII, 412.
— Est contraire aux jésuites. VII, 419.
— VII, 366.
— Reçoit l'ordre de la Toison-d'Or. VIII, 2.
— A la charge de colonel général des Suisses. VIII, 15.
— Achète la terre de Chanteloup. VIII, 70.
— Le Roi lui donne le bailliage de Haguenau. VIII, 93.
— Ministre de la guerre; est très-fier. VIII, 87.
CHOISEUL-PRASLIN; prétend avoir le droit de se couvrir devant le Roi. VIII, 108.
CHOISEUL (le comte de), nommé ministre des affaires étrangères. VII, 412.
CHOISEUL-BEAUPRÉ (de), archevêque de Besançon. VI, 551.
— Cardinal. VII, 422.
CHOISEUL DE STAINVILLE, évêque d'Évreux. VII, 47.
CHOISEUL (le marquis de), auteur de vers satiriques. VII, 284.
CHOISY-LE-ROI; dédicace de l'église. VII, 301.
CHOISY (château de). III, 205.
CHOTZEMITZ. Voy. Bataille.
CHRÉTIEN, bon janséniste; mis à la Bastille. II, 390.
CHRIST; est roi temporel. V, 258.
Christiade; livre supprimé. VI, 291.
CHRISTINE DE SAXE; vient à Versailles. VIII, 54.
CIMART, libraire. II, 528. — III, 1, 2.
CINTADELLA, ville de l'île Minorque; occupée par les Français. VI, 298.
CITADELLE D'ANVERS; prise par les Français. IV, 155.
CITADELLE DE TOURNAY; assiégée par les Français. IV, 45, 61.
CIVRAC (la marquise de). VI, 187.
CLAIRON (mademoiselle), actrice célèbre, écrit contre l'excommunication des acteurs. VII, 363.
— Joue devant le Roi. VII, 367.
— Protége un avocat rayé du tableau. VIII, 366.

CLÉMENT XII, pape; sa mort. III, 204.
CLÉMENT XIII; écrit à Louis XV. VII, 73.
— Fait une promotion de cardinaux. VII, 75.
CLÉMENT (l'abbé). I, 272-274, 288.
— Sa condamnation. I, 300.
CLERCS des cours de justice; règlement à leur sujet. VIII, 103.
CLERGÉ; ses richesses. III, 208, 209.
— On veut lui faire payer le vingtième. IV, 390.
— On lui demande la déclaration de ses biens. IV, 468, 469.
— Refuse de payer aucun impôt. IV, 470 et suiv.
— Ne veut pas déclarer ses biens. IV, 482.
— Ne veut point payer d'impôts. V, 16.
— Paye le vingtième. V, 23.
— Doit payer les impôts. V, 42.
— Arrêt du conseil d'État relatif à ses biens. V, 143.
— A le dessus dans l'affaire de l'impôt. V, 143.
— Est furieux contre le Parlement. V, 212.
— La majorité tient pour la Constitution. V, 224.
— Est très-fort en France. V, 274.
— Ne veut payer l'impôt qu'à titre de don gratuit. V, 315.
— Ne veut pas déclarer ses biens. V, 332.
— Méprise les arrêts du Parlement. VI, 63.
— Accorde au Roi seize millions. VI, 176.
— Ses députés reçus par le Roi. VI, 211.
— Moins remuant que les jansénistes. VII, 20.
— Donne un vaisseau de soixante-quatorze. VII, 422.
— Hongrois. V, 272.
— De Saint-Médard; abandonne sa paroisse. V, 309.
— De Paris; donne de grands exemples de tolérance. VII, 104.
— Du second ordre; n'aime pas les jésuites. II, 21.
— Voy. Puissance ecclésiastique.

446 INDEX.

CLERMONT (le comte de), marquis de Saint-Aignan. I, 180.
CLERMONT (Louis de Bourbon-Condé, comte de). I, 366.
— Va au tombeau du diacre Pâris. II, 224.
— Mène une conduite scandaleuse. II, 415.
— Prend le parti des armes. II, 433.
— Abbé travesti. III, 69.
— Ses maîtresses. III, 341.
— Commande en Flandre. III, 517.
— Se conduit bravement. III, 523.
— III, 89. — IV, 39.
— Se distingue à Raucoux. IV, 192.
— Commande une armée sur la Moselle. IV, 236.
— Prend mademoiselle Leduc pour maîtresse. IV, 496.
— Est reçu à l'Académie française. VI, 13.
— Nommé au commandement de l'armée de Hanovre. VII, 4.
— Prend le commandement de l'armée de Hanovre. VII, 17.
— Fait un exemple sur les munitionnaires. VII, 31.
— Battu à Crevelt. VII, 65, 69.
— Critiqué et chansonné. Ibid.
— Revient à Paris. VII, 71.
— Congédié par mademoiselle Leduc. VIII, 238.
— Qui il veut pour confesseur. VIII, 251.
— Causes de sa maladie. VIII, 254.
CLERMONT (mademoiselle de, sœur de M. le Duc). I, 366.
— Sa mort. III, 300.
CLERMONT-GALLERANDE (le comte de); commet des fautes à Raucoux. IV, 191, 195, 196.
CLERMONT, en Auvergne. V, 242.
CLOCHES de Notre-Dame; ne peuvent sonner que par ordre du chapitre. V, 40.
COALITION des ouvriers de Paris. I, 351.
COCHE, valet de chambre du duc d'Orléans. I, 302.
COCHER de fiacre; blessé dans une église. 272.
— Mis au carcan. V, 394.
COCHIN, avocat. II, 133, 149. — III, 193.

COCHON de saint Antoine (le). II, 82.
COETLOSQUET, évêque; précepteur du duc de Bourgogne. VII, 19.
— VII, 46.
COEUR de Jésus (le sacré). II, 99.
— Du Régent; mangé par un chien. I, 319.
COFFIN (Charles), grand janséniste; sa mort. IV, 373.
COFFIN, neveu du président. Ibid., et 374, 379, 500 et suiv. — V, 1.
— Sa mort. V, 8.
COFFIN (mademoiselle), grande janséniste. VI, 106, 107.
— Est administrée. VI, 110.
— Son enterrement. VI, 113.
COIFFREL (le frère). II, 400.
COIGNY (le duc de), maréchal de France. II, 437, 473, 506, 507. — III, 5.
— Commande sur le Rhin. III, 406.
— III, 524, 526, 528.
— Est fait duc. IV, 215.
— VIII, 131.
— Enlève une maîtresse au comte de Saxe. VIII, 326.
COIGNY (le comte de); tué sur la route de Versailles IV, 285, 286, 287.
COISLIN (le duc de), évêque de Metz; sa lettre au cardinal de Fleury. II, 189.
COLBERT, évêque de Montpellier; son mandement sur les miracles. II, 401.
— II, 499.
— Sa mort. III, 127.
COLIN, homme d'affaires de madame de Pompadour. IV, 339, 396, 413.
Collecte sur le cardinal de Tencin. III, 170.
COLLÉGE des Bernardins. V, 248.
— Des jésuites de Paris. II, 75, 76.
— VIII, 120.
— De Lisieux. Ibid.
— Louis-le-Grand; réuni à l'Université. Ibid.
COLLÉGES établis dans les villes à la place des jésuites. VIII, 8.
— Ordonnance qui les concerne. VIII, 611.
COLONEL qui détourne les fonds de son régiment. VIII, 253.
COLONELS retraités; leurs pensions. IV, 355.

COLONIES françaises en 1762. VIII, 58.
COLONNA, savant italien, meurt brûlé. I, 418.
COLONNADES du Louvre. VI, 132.— VII, 95.
COMBAT d'Ingelfing. III, 448.
— De Montalban. III, 507.
— De Wissembourg. III, 524.
— Du Château-Dauphin. III, 580, 581.
— De La Mesle. IV, 61.
— D'Exiles. IV, 253, 254.
— Naval du 14 octobre 1747. IV, 268, 259.
— De la Secchia. II, 503 et suiv., 512.
— Naval soutenu par le marquis de Conflans. VII, 204, 208.
— Par M. de La Clüe. VII, 205, *note*.
COMÉDIE-FRANÇAISE. VII, 268.
— On y joue le *Bourgeois Gentilhomme*. VIII, 274.
— V, 408.
COMÉDIE-ITALIENNE. VI, 67.
COMÉDIE du Roi, à Versailles. IV, 231, 271, 338.
Comédiens du Roi; ne doivent pas être excommuniés. VII, 364.
— Font célébrer un service pour Crébillon. VIII, 46.
— Donnent à dîner aux acteurs de l'Opéra. VIII, 89.
— Publient un écrit contre l'abbé Desfontaines. VIII, 182.
Comédiens du Palais (les), plaisanterie contre la Grand'Chambre. VI, 479.
COMITÉ des ministres. VI, 559.
COMMERCE. *Voy.* Droits.
COMMIS pris pour friponneries. I, 218.
— De banque; enlevé par la police. VIII, 140.
COMMISSAIRES du Roi à l'assemblée du clergé. VI, 175.
— De la banque de Law. I, 46.
COMMISSION MIXTE. V, 235, 241, 244, 248.
— Nommée pour la réforme des finances. VIII, 114.
Committimus au grand sceau. VI, 281.
COMMUNAUTÉ de biens dans le mariage. VI, 86, 87.

COMMUNAUTÉS religieuses; âge auquel on peut y entrer. IV, 391.
COMPAGNIE DES INDES; déclarée perpétuelle. I, 51.
— Vole ses actionnaires. I, 63.
— Friponneries qu'elle exerce à l'égard de ses actionnaires. I, 85.
— I, 89.
— Ses privilèges. I, 102.
— Est à bas. I, 122.
— A le monopole de la vente du café. I, 337.
— *Voy.* Directeurs.
— II, 92. — IV, 1, 2.
— État de sa situation. IV, 10, 11.
— Ses vaisseaux sont pris par les Anglais. IV, 244, 245.
— Fait un emprunt. V, 148.
COMPIÈGNE. II, 45.
COMPLICE prétendu de Damiens. VII, 52, 55, 56.
Comte de Warwick, tragédie. VIII, 199, 201.
COMTESSE, avocat. II, 187.
CONCERT public aux Tuileries. VIII, 81.
CONCILE de Bâle. III, 127.
— D'Embrun. II, 19, 22.
— Attaqué en nullité. II, 24.
— II, 35, 46. — III, 160.
— *Voy.* Consultation.
CONCLAVE de 1724. I, 353. — De 1740. III, 214.
CONDAMNATION pour calomnie envers une jeune fille. I, 140.
CONDAMNÉS A MORT; allongent leur vie de vingt-quatre heures, comment. I, 262.
CONDÉ (la maison de). II, 127.
— (Louis-Joseph de Bourbon); accuse sa femme d'infidélité. III, 187.
— Grand-maître de la maison du Roi. III, 194.
— Affaires de sa tutelle. III, 294 et suiv.
— *Voy.* BOURBON-CONDÉ.
CONDÉ (la princesse de), fille du prince de Soubise. VI, 295, 296.
— Sa mort. VII, 238.
— *Voy.* PALATINE.
CONDORCET, évêque; le ministère lui demande sa démission. VII, 20.
CONDORMANTS, secte religieuse. I, 264.
CONFÉRENCES de Bréda. IV, 188.

CONFÉRENCES de Bréda. IV, 190, 198, 203.
— De Nice en 1748. IV, 337.
CONFESSEURS de Louis XV. I, 209.
Confessions de la baronne de **, livre. VIII, 224.
CONFLANS (le marquis de); battu par l'amiral Hawke. VII, 204, 208.
— Vient à Versailles pour se justifier. VII, 215.
CONGRÉGATIONS établies à Paris par les jésuites. VII, 222.
CONGRÈS d'Aix-la-Chapelle. II, 6.
— IV; 266, 269, 271, 274, 275, 276, 282, 295, 313, 314.
— D'Augsbourg. VII, 354, 407.
— De Bréda VII, 248, 256.
— De Cambrai. I, 335.
— De Paris. II, 520.
— De Soissons. II, 45.
— Général proposé par Louis XV. IV, 88.
CONI assiégée par le prince de Conti. III, 550.
— (Bataille de). III, 552.
CONJURATION à Rhodes. IV, 396, 397.
— Contre le roi d'Espagne. I, 30.
— En Suisse. IV, 397.
CONNÉTABLIE (la). I, 259.
CONSEIL de commerce; taxe le prix des draps. I, 246.
— De conscience; il est question d'en établir un. VIII, 229.
— Des dépêches. I, 405.
— III, 514.
— Ses attributions. VI, 589.
— D'État; supprime une lettre des curés de Paris. II, 20.
— Casse un arrêt du Parlement. II, 171.
— II, 294.
— Supprime une thèse. II, 380.
— Supprime une lettre de l'évêque de Laon. *Ibid.*
— Condamne les écrits jansénistes. II, 402.
— Supprime une lettre d'un oratorien. II, 409.
— Casse un arrêt du Parlement. III, 21.
— Supprime une requête des avocats. III, 168.
— Casse un arrêt du Parlement. III, 215.

CONSEIL D'ÉTAT; casse un arrêt de la Chambre des Comptes. III, 284.
— Casse un arrêt du Parlement. IV, 230.
— Ses attributions. V, 49.
— Supprime divers écrits. V, 51.
— Rend un arrêt important sur les affaires religieuses V, 215.
— Supprime des lettres d'un archevêque et une estampe. V, 242.
— Supprime les ouvrages de Languet. V, 251.
— Supprime divers écrits. V, 261.
— Supprime un arrêt du Parlement de Toulouse. V, 266.
— Supprime un manuscrit. V, 272.
— Casse un arrêt du Parlement contre le clergé de Saint-Étienne du-Mont. V, 273.
— Supprime une lettre des évêques. V, 279.
— Casse un arrêt du présidial de Tours. V, 280.
— Casse divers arrêts du Parlement. V, 288.
— Casse un arrêt du Parlement. V, 298.
— V, 319.
— Défend de vendre un bref du pape. V, 339.
— Casse un arrêt du Parlement. V, 354.
— Annule l'arrêt du Parlement contre la Sorbonne. V, 361, 362.
— Casse une sentence du Châtelet. V, 422.
— VI, 14, 16.
— Casse en partie l'arrêt où le Parlement dit qu'il y a abus dans l'exécution de la bulle *Unigenitus*. VI, 149.
— Casse les arrêts de divers Parlements. VI, 283.
— Le Roi en change plusieurs membres. VII, 70.
— Casse un arrêt du Parlement. VII, 342.
— Comment il se tient. VIII, 42.
— VIII, 176.
— Casse des arrêtés du Parlement de Rouen. VIII, 97, 99.
— Supprime les remontrances du Parlement de Bordeaux. VIII, 101.

CONSEIL D'ÉTAT; casse un arrêté du Parlement de Grenoble. VIII, 104.
— Casse un arrêt du Parlement de Bordeaux. *Ibid.*
CONSEIL du duc de Chartres. I, 326.
CONSEIL des finances. III, 513. — IV, 359.
CONSEIL de guerre aux Invalides. IV, 376.
CONSEIL DU ROI à Marly. V, 390, 391.
— A Marly, au sujet des jésuites. VIII, 12.
CONSEIL DE RÉGENCE; doit être désigné longtemps à l'avance. I, 71.
— I, 192, 195.
CONSEIL secret de Louis XV. I, 313.
— A Versailles, à la suite du lit de justice de 1756. VI, 413.
CONSEIL supérieur d'Artois; refuse de reconnaitre l'autorité du Parlement dans l'affaire des jésuites. VIII, 17, 18.
CONSEILLERS D'ÉTAT. VI, 51.
CONSEILLERS AU PARLEMENT; expulsés pour inconduite. III, 344.
— Remboursés de leurs charges. VI, 524.
— Inculpés par Damiens, présentent une requête au Parlement. VI, 597.
— Contenu de cette requête. VI, 590.
— Leur innocence proclamée par M. Molé. VI, 600.
CONSPIRATION en Bretagne. I, 224.
— De Cellamare. I, 19, 20 et suiv., 26 et suiv.
— Du Régent contre le roi d'Espagne. I, 309, 310.
— Contre le roi Stanislas. I, 401.
— Contre le jansénisme. II, 209.
— En Suède. IV, 255. — VI, 336, 339.
CONSTANTIN (le prince), aumônier du Roi. VI, 327. — VII, 422.
CONSTITUTION *Unigenitus*; reçoit un soufflet. I, 289.
— Affichée dans Paris. II, 54.
— Est un jugement dogmatique de l'Eglise. II, 102.
— Enregistrée au Parlement. II, 107.
— Débats qu'elle soulève dans le Parlement. II, 116.

CONSTITUTION *Unigenitus*; déclarée jugement de l'Eglise universelle. II, 195.
— Pourquoi elle est demandée par les jésuites. II, 307.
— II, 400.
— *Voy.* Excommunication. Placards.
— Condamnée par l'évêque de Saint-Papoul. III, 11.
— Est en horreur aux Parisiens. III, 106.
— Acceptée par l'Université de Paris. III, 175.
— V, 272, 281, 284.
— N'est pas règle de foi, suivant le Parlement. V, 199 et suiv.
— Le Parlement déclare qu'il y a abus dans son exécution. VI, 144.
— On lui doit une entière obéissance. VI, 220.
— *Voy.* Bulle *Unigenitus*, jansénisme.
Constitution (la) danseuse; ce qu'elle fait dans le magasin de l'Opéra. II, 165.
CONSULS DE PARIS. V, 455.
CONSULTATION sur le concile d'Embrun. II, 24, 29, 31, 47.
Consultation sur les convulsions. III, 6.
CONSULTATION sur un refus de baptême. V, 248.
CONTADES (de); prend le fort d'Axel. IV, 241.
— Nommé général en chef de l'armée du Rhin. VII, 72.
— Nommé maréchal de France. VII, 85.
— On crie beaucoup contre lui. VII, 139, 174.
— Perd par ignorance la bataille de Minden. VII, 176.
— Attaque dans un mémoire le duc de Broglie. VII, 177.
CONTAGION de rhume à Paris. II, 97.
CONTI (Louis-Armand de Bourbon, prince de); parle pour le peuple. I, 52.
— Aurait pu frapper un grand coup politique. I, 53, 107.
— Histoire de sa jalousie envers sa femme. I, 180 et suiv.
— Est chansonné. I, 182.

CONTI (Louis-Armand de Bourbon, prince de); donne une sommation à sa femme. I, 185.
— Est toujours en discorde avec sa femme. I, 207.
— Il veut la ramener chez lui. I, 208.
— Faux bruits à son égard. I, 211.
— Veut que sa femme entre dans un couvent. I, 215.
— Est séparé de sa femme. I, 216.
— Gagne sa cause contre sa femme. I, 222.
— I, 236, 249, 250, 314, 315, 321, 322, 323 et suiv., 386.
— Sa mort, son éloge, son enterrement. II, 4.
CONTI (Louis-François, prince de). II, 241.
— Part malgré le Roi pour l'armée. III, 387.
— Commande en chef en Italie. III, 482.
— Ses équipages de guerre. III, 487.
— Ses gardes III, 506.
— Entre à Nice. III, 506.
— Emporte les retranchements de Montalban. III, 507.
— Ses succès en Italie. III, 512.
— Prend le fort de Démont. III, 542.
— Livre la bataille de Coni. III, 552.
— III, 433, 437.
— Emporte les barricades du château Dauphin. III, 580, 581.
— Se rend à l'armée d'Allemagne. IV, 30.
— IV, 66.
— Revient de Flandre à Paris. IV, 175.
— Grand-prieur de France. IV, 387.
— Voy. Guerre de Flandre.
— S'occupe des affaires religieuses. VI, 128.
— Travaille avec le Roi. Ibid.
— Confère avec le Roi. VI, 158, 198.
— V, 394, 400. — VII, 63.
— Est porté pour le Parlement. VII, 326.
— VIII, 307, 340.
CONTI (Louise-Élisabeth de Bourbon, princesse de). I, 180 et suiv.
CONTI (princesse de). I, 191, 314.
CONTI (Thérèse de Bourbon, princesse de); sa mort. II, 251.

CONTI (la princesse de), première douairière; sa mort. III, 178.
CONTI (mademoiselle de). III, 478.
— Épouse le duc de Chartres. III, 479.
CONTRAT de mariage des princes du sang. I, 375.
CONTRATS sur la ville. V, 295.
CONTRE-MIRACLE du diacre Pâris. II, 171.
CONTROLEURS GÉNÉRAUX; plaisanteries dont ils sont l'objet. VII, 220.
CONTROLEURS DE RENTES. VII, 25.
CONTROVERSES JANSÉNISTES. II, 71.
CONVULSIONNAIRES payés par les jansénistes II, 243.
— Prophétisent. II, 357.
— Font des choses surnaturelles. II, 385.
— Comptent plus de femmes que d'hommes. II, 385.
— Tiennent des assemblées la nuit. II, 390.
— Jouent une scène de crucifiement. II, 524.
— Poursuivis par le Parlement. III, 1.
— Font des choses extraordinaires dans leurs assemblées. VII, 222.
— Leurs opérations mystérieuses. VII, 243.
— Leurs instruments. VII, 253.
— Condamnés à diverses peines. VII, 361.
— Voy. Jansénistes, Labarre.
CONVULSIONS de l'abbé Bécheran. II, 199.
CONVULSIONS; ont quelque chose de surprenant. II, 232.
— Recommencent de plus belle. II, 356.
— En quoi elles consistent. II, 385.
— Sont devenues une industrie. II, 524.
— III, 32.
— Reprennent en 1758. VII, 112.
— Voy. Secours.
COQUELIN, curé, administre les sacrements aux jansénistes VI, 102.
— Est interdit par l'archevêque. VI, 105.
— On lui refuse les sacrements. VI, 108, 289, 290.
— VI, 110.
— Se fait administrer les sacrements

en signifiant un arrêt du Parlement. VI, 111.
— Sa mort. VI, 220.
COQUEREAU, avocat. VI, 195, 196.
CORBACH. *Voy*. Bataille.
CORBERON (de), président; fait réparation au Parlement. VII, 23.
CORDELIER couché entre deux femmes. VIII, 158.
CORDELIERS ennemis de l'*Encyclopédie*. V, 150.
CORDON BLEU; se vend. I, 338, 339.
CORDONS BLEUS. I, 358.
— Chansonnés. III, 161.
— Créés par le Roi. III, 419, 420.
— IV, 348. — V, 331. — VI, 425.
— VII, 116.
CORIOLIS (l'abbé de). V, 261. — VI, 77.
CORPORATIONS; on leur interdit de donner de grands repas. VII, 92.
CORPS des marchands de Paris (les six); sont maltraités par le Régent. I, 65.
CORSE; on y envoie des troupes. III, 144.
— III, 159.
— Soumise par le marquis de Maillebois. III, 185.
— Est toujours occupée par nos troupes. III, 208.
— Se révolte contre Gênes. III, 319.
— Ce qui s'y passe en 1749. IV, 398.
— IV, 420.
— Occupée par les Français. V, 334.
— VI, 337.
CORSINI, élu Pape. II, 123.
CORTÈGE DU ROI, à Notre-Dame. V, 275.
COSTUME des avocats. II, 521, 522.
— De bal. IV, 16.
— Des présidents de la Chambre des Vacations. IV, 90.
— De Cour en 1751. V, 138.
— Du premier huissier du Parlement. VI, 354.
CÔTES DE FRANCE mises en état de défense. VI, 229, 230.
COTON FILÉ. V, 212.
COTTE D'ARMES. VI, 361, *note*.
COTTE (de), président aux Requêtes. VI, 447, 448, 610.
COTTU, convulsionnaire. VII, 253.
COUPS de bâtons; sont punis de mort. II, 156.

COUPS de bâtons donnés à Voltaire. II, 159.
COUPÉ (la petite), fille galante. VIII, 142.
COUR des Aides. V, 194, 442.
— VI, 57.
— Plusieurs de ses arrêts sont cassés par le Conseil. VII, 330, 331, 332.
— Délibère au sujet des arrêts du Conseil. VII, 334.
— Fait des remontrances au Roi. VII, 239.
— *Voy*. Charges.
— Des Monnaies; défend l'usure. I, 46.
— Des Pairs. VII, 61.
COUR de Rome; sa doctrine au sujet des excommunications. II, 116.
— Fait brûler un arrêt du Parlement. III, 32.
— Est toujours amie de l'Autriche. III, 306.
— Doit être ménagée par la France. V, 356.
COURS SOUVERAINES; présentées au Roi. II, 367.
— Envoient des députations auprès du Roi, malade à Metz. III, 541.
— Vont complimenter le Roi en Flandre. IV, 46, 47.
— Vont complimenter le Roi sur la paix. IV, 353.
— Sont tenues d'enregistrer tous les édits. V, 447.
COURBON, condamné à mort III, 165.
COURBON (de) enlève mademoiselle de Moras. IV, 416, 417.
COURBUISSON (de), brigadier. IV, 260.
COURCHAMP (madame de), maîtresse du comte de Charolais. III, 295. — IV, 399.
COURONNE DE LOUIS XV. I, 242.
COURRIER du Parlement. VI, 89.
— De Lyon assassiné. I, 438.
COURSES de chevaux. I, 423 et suiv.
— VI, 70.
COURT (de) attaque l'amiral Matthews. III, 493.
— Est disgracié. III, 512.
COURTANVAUX (M. de). I, 59, 423.
— *Voy*. Pari de cheval.
COURTENAY (le prince de) se tue. II, 121.
COUSIN, porte-Dieu. VI, 16.

COUTEAU de Damiens. VI, 427.
COUTURIER, supérieur du séminaire de Saint-Sulpice. VI, 191. — VII, 15, 44.
CRÉBILLON, poëte; sa mort. IV, 336. — VIII, 46, 47.
CRÉDIT PUBLIC tué par la banque de Law. I, 38.
— I, 51.
CRÉCY, terre de madame de Pompadour VI, 29, 34.
CRETIGNIÈRES (de), conseiller. VI, 62.
CREVELT. *Voy.* Bataille.
CROCHETEL (M. de). I, 76.
CROIX DU TRAHOIR. II, 125.
CROIZAT, grand agioteur. I, 64, 88, 89, 338.
— Est l'homme le plus riche de France. I, 257.
CROIZAT DE THIERS. V, 213.
CROMSTOND (le général). IV, 257, 259.
CROUPIERS des fermes; ce que c'était. VII, 156.
CRUCIFIEMENT des convulsionnaires. VII, 251.
CRUCIFIX brûlé dans un cabaret. I, 225.
CRUSSOL D'AMBOISE, archevêque de Toulouse. VI, 212.
— Sa mort. VII, 45.
CRUSSOL (le duc de); son duel. II, 6, 27.
— III, 4.
— Reçu pair au Parlement. VI, 116.
CUISINIER PENDU. I, 419.
CULLODEN. *Voy.* Bataille.
CUMBERLAND (le duc de); s'embarque comme volontaire. III, 211.
— Commande les Anglais à Fontenoy. IV, 38.
— IV, 239.
— Veut être roi de Suède. IV, 255.
— Son ambition. VI, 200.
— VI, 230.
— *Voy.* Guerre d'Allemagne; Guerre de Flandre; Hastembeck.
— VI, 539.
— Chansonné. VI, 555.

CURÉ de la paroisse Saint-Hyppolite. II, 398.
CURÉ de Saint-Sulpice; s'approprie une somme d'argent appartenant à un bâtard du duc de Bouillon. II, 141.
— Est chansonné. II, 142.
— II, 333.
— De la Pissote (le); histoire de son abbaye. II, 209.
— De Saint-Jacques-du-Haut-Pas; fait sauver les paroissiens de son église. II, 266.
— De Sainte-Marine. II, 287.
— De Saint-André. II, 378.
— De Saint-Médard. II, 404.
— De Saint-André-des-Arts. III, 127.
— De Contré; condamné au bannissement. III, 165.
— De Joigny; est banni. V, 285.
— De Saint-André. V, 242.
— De Saint-Médard; décrété de prise de corps. V, 305.
— De Saint-Godard de Rouen. V, 396.
— De Tours; rétabli dans ses fonctions malgré le Parlement. V, 369.
CURÉS révoqués pour cause de jansénisme. II, 129.
— De Paris; écrivent à l'archevêque. II, 18.
— Demandent une enquête sur les miracles du diacre Pâris. II, 176.
— Refusent de publier un mandement de l'archevêque. II, 264, 265.
— Présentent une requête à l'archevêque. V, 216.
— De Saint-Roch; chansonnés. III, 169.
— D'Abbeville. V, 269.
— Décrétés; on vend leurs meubles. V, 366.
CURSAY (le marquis de). IV, 398.
— IV, 420.
— Sa conduite en Corse. V, 334 et suiv.
— (Madame de). V, 336.
CUSTRIN. *Voy.* Bataille.
Cythéride, roman. VIII, 201.
CZASLAW (bataille de). III, 346.

D

Da pacem Domine. IV, 4.
DALBRÉ (Mlle), aventurière. VIII, 178.

DAMES de la Cour; vont à l'armée de Flandre. III, 517.

DAMIENS; assassine le Roi. VI, 425, 426 et suiv.
— Sa lettre à Louis XV. VI, 428, note.
— Maltraité après son arrestation. VI, 429.
— VI, 434, 436, 437, 440, 444.
— Comment il est gardé dans sa prison. VI, 443.
— Sa famille. VI, 445.
— Est conduit de Versailles à Paris. VI, 450.
— Est gardé à la tour de Montgomery. VI, 453.
— Son procès. VI, 449, 450, 453.
— Écrit au Roi. VI, 480.
— Ses confrontations. VI, 488.
— Donne un lavement empoisonné à M. de La Bourdonnaye. Ibid.
— VI, 493.
— Préparatifs de son supplice. VI, 500.
— Son procès. VI, 502.
— Dispositif de l'arrêt qui le condamne à mort. Ibid.
— On lui donne la question extraordinaire. VI, 505.
— Ses confesseurs. VI, 506.
— Sa marche pour aller à l'échafaud. Ibid.
— Son affreux supplice. VI, 507.
— Sa famille jugée et bannie par le Parlement. VI, 510.
— Son procès est imprimé. VI, 529.
— Son procès est mis en vente. VI, 534, 535.
— Était plus parlementaire encore que janséniste. Ibid.
— Voy. Complices.
DANSES publiques pour le mariage du Dauphin. IV, 19.
DANSEUSES; sont des personnages dans l'État. II, 166.
DANTZICK. II, 438.
— II, 466, 472, 478, 488 et suiv.
DARGERIN (la dame); métier honteux qu'elle exerce. VIII, 130.
DARMENTIÈRE, lieutenant général. IV, 125.
DAUMET, curé de Saint-Séverin. VII, 82.
DAUNARD, avocat. I, 158.
— II, 137.

DAUPHIN (Louis de France); sa naissance. II, 76.
— Epouse une infante d'Espagne. III, 186.
— III, 556, 557.
— Tontines pour son mariage. IV, 12.
— Va au bal de l'Hôtel de Ville. IV, 22.
— Son mariage avec une fille du roi de Pologne. IV, 201.
— IV, 345.
— Adopte un enfant. IV, 404, 405.
— Entre au Conseil des Dépêches. IV, 479.
— Assiste à un Te Deum à Notre-Dame. V, 120.
— Tombe malade de la petite vérole. V, 266.
— Détails sur sa maladie. V, 268.
— Tue M. de Chambors à la chasse. VI, 189.
— Perd sa fille aînée. VI, 197.
— Va à un Te Deum. VI, 235.
— Se promène sur les boulevards. VI, 326.
— Nommé lieutenant général du Roi. VI, 428.
— Damiens dit que sa vie est menacée. VI, 430.
— Tient plusieurs conseils. VI, 432.
— Ce qu'il dit au Parlement à propos du procès de Damiens. VI, 437.
— Hostile à d'Argenson. VI, 473.
— Ennemi des philosophes. VII, 248.
— Va à Notre-Dame. VII, 304.
— Protège les jésuites. VII, 419.
— Protège le duc de Broglie. VIII, 13.
— Se porte mieux quand la paix est faite. VIII, 63.
— Avait les jésuites pour conseillers. VIII, 88.
— Reçu froidement à Paris. VIII, 294.
Dauphin, régiment. IV, 135.
DAUPHINE (Marie-Thérèse-Antoinette d'Espagne); son portrait. IV, 14.
— Met du rouge. Ibid.
— Sa réception. IV, 14, 15.
— Accouche d'une fille. IV, 167.
— Sa mort. IV, 169.
— Son enterrement. IV, 170, 172.
— Son service funèbre à Notre-Dame. IV, 200.
— (Marie-Joseph); son éloge. IV, 221.
— Vient à Paris. IV, 249.

DAUPHINE (Marie-Joseph); fait une fausse-couche. IV, 345.
— Va aux eaux de Forges. IV, 373, 375.
— Accouche. IV, 465.
— Accouche du duc de Bourgogne, en 1751. V, 96, 97, 98.
— Console le Roi après la mort de Madame Henriette. V, 166.
— V, 266 et suiv., 269.
— Accouche d'un prince. V, 416.
— Accouche d'un garçon. VI, 47.
— Accouche du comte de Provence. VI, 213.
— Fait une fausse-couche. VI, 375.
— Accouche du comte d'Artois. VI, 538.
— Reçoit son frère à Versailles. VII, 58.
— Accouche d'une princesse. VII, 190.
DAUN (le maréchal). VI, 536.
— Bat le roi de Prusse. VI, 541.
— Note biographique. VII, 97, note.
DAVOUX; commence l'instruction contre Damiens. VI, 435.
DAVY DE LA FAUTRIÈRE; exilé. II, 293.
DÉBARQUEMENTS des Anglais en France. Voy. Anglais.
DÉBAUCHE infâme de jeunes seigneurs. I, 228.
DÉCLARATIONS du Roi sur la bulle Unigenitus. II, 109.
— Du Roi relative aux blés. III, 223.
— Du Roi sur la conduite et le rappel du Parlement. VI, 54, 55, 56.
— De guerre aux Anglais publiée à Paris. III, 502.
— Officielle de miracle. II, 172, 175.
Déclaration de guerre contre les auteurs du parricide. VI, 511.
DEFRESNE, procureur. VI, 450.
DÉISME; une secte veut l'établir. VII, 88.
DELAFOSSE, commissaire de police. IV, 429.
DELCI, nonce du Pape; vient à Paris. II, 322.
— Fait une cérémonie à Saint-Sulpice. II, 333.
DELISLE (LA), maîtresse du comte de Charolais. I, 275.
DELORME, docteur de Sorbonne. VI, 605.

DELPECH DE MÉRÉVILLE. II, 347.
DEMONT (fort de). III, 542.
DENIS, doyen des huissiers. II, 104.
DÉNONCIATION FAUSSE; est punie de mort. VI, 123.
DENOUX; est mis à la Bastille. I, 214, 215.
DENRÉES; sont fort chères en 1748. IV, 289.
DÉPENSES DU ROI. VII, 76 et suiv.
— VII, 218, 227, 231.
— De bouche du Roi. IV, 395.
— Extraordinaires du Roi. VI, 187.
DÉPUTÉS DU CLERGÉ; vont saluer le Roi à Versailles. VII, 98.
DESBLAIRE, conseiller. VI, 101.
DESCENTE en Angleterre, projetée et préparée à Dunkerque. III, 491.
— III, 498. — VII, 164.
— On en fait les préparatifs. VII, 166.
— VII, 169.
— En 1759; état des préparatifs. VII, 212, note.
DESCHAMPS (mademoiselle), maîtresse de M. Séguier. VI, 226.
— Vend ses meubles. VII, 244 et suiv.
DESCHAUFFOURS; brûlé vif pour un vice infâme. I, 426.
DÉSERTEURS grâciés par Louis XV. II, 89.
— Il n'y en a qu'un dans l'armée de Maillebois. III, 385.
DESFONTAINES (l'abbé). VIII, 333.
— VIII, 342.
DESHAYES (mademoiselle). Voy. La Popelinière (madame de).
DESHAYES, prêtre. VI, 110.
DESHAYES, compositeur de ballets. VI, 67.
DESMARETS, maréchal de France. III, 262.
DESMARETS, contrôleur général; sa mort. I, 126.
DESMARETS (le père), confesseur du Roi. VI, 429.
DESPOTISME; résulte de l'affaiblissement du Parlement. VIII, 88.
DESPUECH, banquier. VIII, 108.
DES ROCHES, officier de marine. VII, 84.
DESTOURS (madame); assassinée par Mauriat. III, 148.
DESVIEUX, président aux Requêtes. VI, 447, 448.

INDEX.

DETTE publique de la France. IV, 359.
— IV, 368, 369. — VII, 36.
— *Voy.* Rentes.
— VII, 171, *note.*
— Suspension des payements en 1759. VII, 194.
— Comment elle est amortie. VIII, 85.
DETTES des fils de Samuel Bernard. II, 418.
DETTINGHEN (la bataille de). III, 451, 454, 455, 456, 457, 458.
— VIII, 310.
DEUIL des princes; porté par les Parisiens. VII, 339.
— *Voy.* Bureaux.
— A la Cour pour la mort de l'empereur Charles VI. III, 227.
— Pour la Dauphine. IV, 171.
— Comment le Roi le porte. V, 8.
— A la Cour. V, 171.
DIAMANTS. III, 88.
— Volés à la Dauphine. VII, 373.
DIDEROT; est arrêté. IV, 377, 378.
— On lui attribue une thèse de Sorbonne. V, 147.
— V, 150, 152, 169. — VII, 248.
DIÈTE de Francfort. III, 247.
— III, 264.
— Convoquée pour l'élection de l'empereur. IV, 26.
DIGUES de la Hollande; percées par les vers. II, 375.
DILLON, archevêque de Toulouse. VII, 47.
DINERS des présidents du Parlement. I, 69.
— Du Parlement. I, 81.
— A l'Hôtel de Ville. II, 80.
— Du premier président du Parlement. III, 478.
— Du Roi à l'Hôtel de Ville. III, 560.
— A l'Hôtel de Ville pour les élections municipales. IV, 463, 464.
— Donné par Louis XV à Choisy. VII, 302.
— De l'archevêque de Paris. VII, 380.
DIOCÈSE DE PARIS; comment administré pendant l'exil de l'archevêque. VII, 3.
DIRECTEURS de la Compagnie des Indes. I, 102.
DIRECTION des fortifications. III, 435.

DISCOURS du bâtonnier des avocats. II, 263.
— Du premier président du Parlement; déchiré par ordre du Roi. II, 271.
— De M. Chauvelin sur la présomption. II, 371.
— Du premier président. II, 372.
DISETTE EN 1740. III, 222.
— Générale en Europe. III, 237.
— Comment on cherche à la prévenir. III, 249.
DISETTES en France. VII, 282, *note.*
DIX-HUITIÈME SIÈCLE; ce qu'en dit Barbier. II, 325.
DIVIDENDE de la Compagnie des Indes. IV, 1, 2.
DIXIÈME (impôt du); est supprimé. III, 52.
— Est imposé en 1741. III, 307, 308.
— IV, 359.
— Sur le revenu. VI, 357.
DIXIÈME DU DIXIÈME, impôt. IV, 203.
DOCTEURS de Sorbonne; présentent une requête au Parlement. II, 85.
— On veut qu'ils signent la constitution *Unigenitus.* VI, 284.
— Serment qu'ils prêtent. VII, 13.
DODUN, contrôleur général. I, 245.
— I, 379.
— Est chansonné. I, 380.
— I, 429. — II, 14.
DOLGOROUKI (le prince). I, 178.
— III, 325.
DOMAINE de Normandie. I, 332.
DOMBES (le prince de); exilé à Bourges. I, 27.
— II, 62. — VI, 210, 211.
DOMBES, principauté cédée au Roi. VIII, 15.
— VIII, 53.
DOMESTIQUE qui nourrit son maître. IV, 403.
DOMINICAINS D'AMIENS; sont sommés d'enregistrer un arrêt du Parlement. V, 362.
DOMYNÉ, avocat; battu par un collègue. V, 409, 410, 411.
— VIII, 214.
DON GRATUIT. V, 146.
— Demandé en 1758. VII, 87, 88.
— Fourni par la ville de Paris en 1758. VII, 111.

DONS PATRIOTIQUES en 1761. VII, 422, 423, 424. — VIII, 2.
DOUAI. III, 58, 59.
DOULCET, avocat. V, 351.
Doutes modestes sur le mémoire des richesses de l'État. VIII, 80.
DOYEN des prisonniers de la Bastille. I, 247.
DOYENS des quatre colonnes. I, 253.
DRAPEAUX du régiment de Lyonnais. II, 8.
— Pris à Raucoux. IV, 199.
DRAPS; le prix en est taxé. I, 246.
DREUX (marquis de), grand-maître des cérémonies. IV, 201, 205. — VI, 407.
DROIT d'aubaine; aboli en 1762. VIII, 56.
— D'entrée sur les marchandises. VI, 358.
— De mutation sur les successions. IV, 289.
— De quatre sols pour livre. II, 354-355.
DROITS sur les cuirs. VII, 184.
— D'entrée et de sortie sur les marchandises. VII, 234.
— Sur les vivres. V, 127.
— De justice. I, 211.
DROIT des neutres; réclamé par Frédéric II. IV, 273.
— IV, 277.
DROUIN DE VAUDREUIL, conseiller. VII, 180.
DU BELLOI (le marquis). I, 283.
DUBERTRAND, vicaire. VI, 16.
DUBOIS (le cardinal), secrétaire des affaires étrangères. I, 21.
— Mot de son cocher. I, 39.
— Ce qu'on pense de lui. *Ibid.*
— Sacré archevêque. *Ibid.*
— Ami du Régent. I, 40.
— On dit qu'il est marié. I, 72.
— Est fait cardinal. I, 141.
— Histoire de son élévation. *Ibid.*, 141 et suiv.
— Il est chansonné. I, 142, 143.
— Surintendant des postes. I, 162.
— Comment il est traité par le Régent. I, 187.
— Très-ambitieux. I, 192.
— Son crédit augmente. I, 202.
— Déclaré premier ministre. I, 237.
— Ne veut pas de gardes. I, 238.

DUBOIS (le cardinal); les troupes battent aux champs quand il passe. I, 247.
— Est malade. I, 287.
— Son éloge. I, 288.
— Sa maladie s'aggrave. I, 293.
— Il meurt. I, 295.
— Ce qu'en dit le peuple. I, 296.
— Son service à Notre-Dame. I, 299.
— I, 36, 213, 231, 297.
DUBOIS, président. VI, 409.
— VI, 431, 447, 448, 458, 459.
DUBREUIL, avocat; frappe Domyné à coups de bâtons. III, 410.
— Est poursuivi pour ce fait. III, 411.
DUBROCARD; commande l'artillerie à Fontenoy. IV, 38.
DUBROCHET se tue; pourquoi? VIII, 161, 162.
DUCHATELET, complice de Cartouche. I, 337.
DU CHATELET (le marquis), gouverneur de Vincennes. IV, 334.
DU CHATELET (la marquise); critiquée par le public. VIII, 147.
— VIII, 343.
DUCHESSE douairière de Parme (la); sa mort. IV, 315.
DUCHESSES; leurs propos grossiers. II, 152.
DUCLOS, historiographe de France. VII, 248.
DUCS et pairs; doivent être jugés par la Cour des pairs. I, 117.
— Veulent entrer au Conseil. I, 192.
— I, 193, 256, 258, 320. — V, 179, 316.
— Le Roi leur défend de se rendre au Parlement. VI, 256.
— Font une requête au Roi. VI, 265.
— Convoqués au Parlement en 1615. VI, 268.
— Assistent au procès de Damiens. VI, 514.
— *Voy.* Parlement.
— Veulent se séparer du Parlement. VIII, 33, 35.
— Ne s'occupent point au Parlement du bien de l'État. VIII, 87, 88.
— Tiennent une assemblée chez le duc d'Orléans. VIII, 123.
— Se rendent en corps à la Grand'-Chambre. VIII, 124.

INDEX.

DUEL dans la rue Richelieu, à midi. I, 133.
— De deux officiers. I, 240.
— Du chevalier de Louvois. I, 241.
— Du duc de Crussol. II, 7.
— D'un capitaine de dragons. II, 72.
— De Saint-Hilaire. II, 340.
— Dans la rue Notre-Dame-des-Victoires. II, 341.
— Du prince de Lixin. II, 463.
— Du chevalier d'Orléans. III, 82.
— Du comte de Coigny. IV, 285 et suiv., 342.
— De deux acteurs. IV, 497.
— De deux soldats aux gardes. V, 352.
— De sept officiers contre sept. VIII, 134.
— Dans la rue de l'Arbre-Sec. VIII, 142.
DUELS. I, 172.
— Édit qui les proscrit. I, 259.
DUFORT, fermier général. IV, 317.
DUFOUR DE VILLENEUVE, rapporteur du procès de La Bourdonnays. V, 17.
DUFOUR (madame), nourrice du Dauphin. VI, 427.
DUFRANC; complimente le Roi. VI, 447.
DUFRANCEY est rompu vif pour une fausse accusation. VI, 123, 124.
DUHAMEL, avocat. II, 110, 213, 334.
— III, 36, 40, 41.
DU LIS, juif; son histoire avec une actrice. II, 140.
— Condamné à être rompu vif. II, 156 et suiv.

DU LUC (le comte), ambassadeur; sa mort. III, 210.
DU MANS (l'abbé). II, 117.
DU MESNIL (le marquis); nommé grand'croix de Saint-Louis. VIII, 126.
DUMOULIN, chirurgien. III, 123. — V, 268.
— Sa mort. VI, 148.
DUMOULIN, curé, meurt appelant. II, 259.
DUNKERQUE; on y rassemble un corps d'armée. III, 490.
— On y rassemble une armée de débarquement. IV, 107.
— VIII, 49.
DUPARC; est nommé dans les postes. IV, 317.
DUPERRIER, chef d'escadre. VI, 296.
— Prend des navires anglais. VI, 299.
DUPLEIX est rappelé des Indes. VI, 182, 183.
DUPONT, conseiller. VIII, 118.
DUPRÉ, conseiller au Parlement. VI, 119.
DURAND, libraire VII, 121.
DURAND (madame) accouche de quatre garçons. I, 178.
DURAS (le comte de). II, 467. — III, 262. — VI, 474, 579, 580.
DUTHEIL, commis des affaires étrangères. III, 68, 511. — IV, 237.
DUVAL, maître à danser. VIII, 141.
DUVAL (mademoiselle), danseuse. — Voy. *Constitution* (la).

E

ÉCARTELLEMENT; genre de supplice. VI, 500.
— De Damiens. VI, 507.
ECCLÉSIASTIQUES exilés. II, 151.
ÉCHEVINAGE de Paris; donne trois mille livres aux pauvres. I, 403.
— Reçoit le Roi à son retour de Flandre. IV, 78.
— A la direction de l'Opéra. IV, 388.
ÉCHEVINS; comment ils sont élus en 1750. IV, 460, 461 et suiv.
— Comment ils sont élus à Paris. IV, 384, 385.

ÉCHEVINS; leurs visites au Roi et aux princes. IV, 386, 387.
— Décorés de l'ordre de Saint-Michel. VIII, 80.
ÉCLIPSE DE SOLEIL. I, 357.
École des femmes, parodiée à l'occasion de madame de Prie. I, 410.
ÉCOLE MILITAIRE; fondée en 1751. V, 12, 13, 14, 15.
— V, 58, 64, 65.
— Établie d'abord à Vincennes. VI, 509.
ÉCONOMISTES du dix-huitième siècle. VII, 323, *note*.

ÉCOSSAIS au service de la France. IV, 102, 103.
— Mis à mort en Angleterre. IV, 177.
— Partisans de Charles-Edouard ; sont mis à mort. *Ibid.*
ÉCRITS jansénistes ; brûlés. II, 259.
— Clandestins. VI, 94.
— Imprimés sans permission ; sont punis de mort. VI, 522.
— Séditieux. VIII, 341.
ÉCRIVAINS condamnés aux galères. VI, 577.
ÉCURIES du Roi. VI, 188.
— De la Reine. VI, 132.
— VII, 95.
ÉDIT relatif à la Compagnie des Indes. I, 51, 52.
— Sur les duels. I, 259.
— De 1731, sur le jansénisme. V, 196, 197.
— De 1682. V, 364.
— Du 15 juillet 1626. V, 427.
— Sur le luxe. VII, 181.
ÉDITS bursaux en 1743. III, 478.
— III, 480. — VI, 333. — VII, 86.
— Présentés au Parlement. VII, 178.
— *Voy.* Impôts.
ÉDOUARD (le prince). *Voy.* CHARLES-ÉDOUARD.
EFFETS ROYAUX ; édits qui les concernent. VIII, 85.
ÉGLISE ; son pouvoir dans les sacrements. V, 278.
— Son pouvoir en matière de discipline. VII, 315.
EGMONT DE PIGNATELLI (D'). VI, 295.
— Apporte la capitulation du fort Saint-Philippe. VI, 335.
EGMONT DE PIGNATELLI (la comtesse d'). V, 346.
EGRA, occupée par les Français, capitule. III, 468.
ÉLECTEUR de Bavière (l'). III, 227, 228.
— III, 301.
— Élu roi des Romains. III, 335.
— *Voy.* CHARLES VII, empereur.
— De Saxe ; roi de Pologne. II, 430, 431 et suiv.
ÉLECTIONS des échevins de Paris. I, 45.

ÉLECTIONS des échevins de Paris. IV, 385, 386.
— En 1750. IV, 460, 461.
— De l'Empereur. IV, 9.
— IV, 88.
— Du roi des Romains. III, 227.
— D'un roi des Romains en 1751. V, 11, 12.
— Des rois en Pologne. II, 427.
— Du roi de Pologne en 1733. II, 387.
— II, 391.
— *Voy.* Académie française et Prévôt des marchands.
ÉLIE (le prophète). II, 527.
ÉLISABETH DE LORRAINE. III, 55.
ÉLISABETH PETROWNA, fille de Pierre le Grand. III, 230.
— Se fait déclarer impératrice de Russie. III, 320, 321 et suiv.
— Publie un manifeste. III, 324.
— Rappelle des proscrits. III, 325.
ÉLISIENS, secte du jansénisme ; leurs friponneries et leurs débauches. II, 524, 525, 526.
ÉMEUTES contre la banque de Law. I, 48.
— Dans Paris. I, 170 et suiv.
— Dans le faubourg Saint-Antoine. I, 398.
— Pour la cherté du pain. *Ibid.*
— A Bicêtre. III, 219.
— A Paris au sujet de l'enlèvement des enfants. IV, 427, 428, 429, 430, 431, 432, 433, 435.
— En Angleterre. IV, 438.
— A Rouen. V, 212.
ÉMEUTIERS PENDUS. I, 399.
ÉMIGRATION protestante des Cévennes. VI, 20.
ÉMIGRATIONS de l'Angleterre pour la Nouvelle-Écosse. IV, 426.
Émile, ouvrage de Rousseau ; brûlé par le bourreau. VIII, 45.
ÉMILIE (la petite), danseuse. I, 276, 277.
EMPEREUR (l'), allié de la France. I, 29.
— Adresse une lettre de reproches au Régent. I, 65.
— Signe la paix avec l'Espagne. I, 389.
— Se prépare à la guerre. II, 87.

EMPEREUR (l'); a le projet de marier sa fille. II, 374.
— Sa politique à l'égard de la Pologne. II, 386.
EMPOISONNEMENT causé par de la morue. I, 369.
— De jeunes filles aux charniers Saint-Eustache IV, 357, 358.
EMPRUNTS du gouvernement français. IV, 265, 266.
— V, 295.
— De trente millions en 1761. VII, 387.
— De quarante millions en rentes viagères. VII, 421.
ENCLOS du Palais. V, 387.
Encyclopédie (dictionnaire de l'). V, 147.
— V, 150, 151, 152, 153, 157, 159, 169, 170, 175.
— Est dénoncée au Parlement. VII, 120.
— Libraires qui la publient. VII, 121.
— Les jésuites auraient voulu y travailler. *Ibid.*
— VII, 126.
— Est brûlée. VII, 128.
— VII, 138, 141.
ENFANTS enlevés dans Paris; troubles à cette occasion. IV, 401.
— IV, 422, 423, 425, 427, 428, 429, 430, 431, 432, 433, 434, 435, 436.
ENFANTS trouvés. II, 453.
ENGHIEN, sépulture des princes de Condé. III, 196.
ENLÈVEMENT d'enfants. I, 137.
ENQUÊTES (les); veulent faire rayer un discours de M. d'Ormesson. IV, 223.
— Leur politique. IV, 224.
— S'assemblent après l'assassinat de Damiens. VI, 431.
— Reprennent leurs fonctions. VI, 568.
— Règlement pour leurs présidents. VI, 570.
— Rédigent une adresse au Roi. VI, 483.
— Cette adresse est modifiée. VI, 485.
— *Voy.* Chambre des Enquêtes.
ENQUÊTES ET REQUÊTES; conditions auxquelles elles veulent reprendre leur service. VI, 444.

ENQUÊTES ET REQUÊTES; rédigent un projet d'adresse au Roi après l'attentat de Damiens. VI, 447.
— Tiennent des assemblées particulières. VI, 458.
— Continuent à ne pas vouloir reprendre leurs fonctions. VI, 477.
ENREGISTREMENT au Parlement; constitue les lois. VI, 224.
ENSEIGNE : *A l'empereur des François* VIII, 185.
ENSEIGNES de Paris; ordonnance qui les concerne. VII, 416.
ENSORCELLEMENT des vaches de Paris. IV, 29.
ENTERREMENT de Madame. I, 248.
— D'un recteur de l'Université. II, 37.
— Du duc de Tresmes. III, 171.
— Du duc de Bourbon. III, 195, 196.
— De Madame, fille du Dauphin. IV, 296.
ENTRÉE de l'Infante dans Paris. I, 197.
— De l'ambassadeur turc à Paris. III, 328.
— De Louis XV à Paris, après la campagne de Flandre. IV, 79.
EPERNON (le duc d'); fait un mémoire contre le cardinal de Fleury. II, 126, 127.
— VIII, 322.
EPICIERS de Paris. I, 109.
EPINAY (le chevalier d'); soutient un brillant combat naval contre les Anglais. III, 272.
EQUIPAGES de chasse. I, 281.
ESCALIER de marbre à Versailles. V, 173.
ESCLIMONT (le comte d'), prévôt de Paris. I, 252.
ESCORTE du Roi. VI, 70.
ESCULAPE, cité dans un mandement. V, 152.
ESPAGNE; a un grand parti à la Cour de France. I, 28.
— Affaires politiques de ce pays. I, 31.
— Changements dans son gouvernement. I, 207.
— Sa politique. I, 311.
— Ses différends avec la France au sujet de l'Infante. I, 384.
— Signe la paix avec l'Empereur. I, 389.
— *Voy.* Roi d'Espagne.

ESPAGNE; rassemble une flotte à Alicante. II, 287.
— III, 10, 49.
— A une flotte considérable. III, 217.
— Négocie avec l'Angleterre pour le commerce des Indes. IV, 313.
— Affaires de ce pays en 1758. VII, 114.
ESPAGNOLS. III, 53.
— Débarquent en Italie. III, 318.
— III, 340.
— Battent les Autrichiens. III, 531.
— Entrent en Lombardie. IV, 39.
Esprit des lois. VI, 578.
Essai sur la marine. VIII, 308.
ESTAING (d'), marquis de Soissons. I, 229.
ESTAING (le comte d'). VIII, 186.
ESTAMPE contre le Parlement. III, 130.
— Allégorique sur le Parlement. V, 237.
— De M. de Maupeou. V, 238.
— Sur la constitution *Unigenitus.* VI, 160.
— Sur le Parlement. *Ibid.*
ESTRABONNE (l'abbé d'), conseiller. VI, 609, 610. — VII, 22.
ESTRADES (madame d'), dame d'atours; est éloignée de la Cour. VI, 187.
— IV, 84.
ESTRÉES (le maréchal d'); donne à souper au Régent. I, 151.
ESTRÉES (le comte d'), maréchal de France; prend le commandement de l'armée sur le Rhin. VI, 521.
— Gagne la bataille d'Hastembeck. VI, 546.
— On parle de sa disgrâce. VI, 548.
— Est rappelé de son commandement en Allemagne. VI, 551.
— Est représenté dans une estampe satirique. VI, 552.
— Chansonné. VI, 555.
— *Voy.* Guerre d'Allemagne.
— Est calomnié par le comte de Maillebois. VII, 49.
— Publie un mémoire justificatif. VII, 53.
— Entre au Conseil d'Etat. VII, 70.

ESTRÉES (le comte d'); se rend à l'armée d'Allemagne. VII, 177.
— VII, 190.
— Nommé au commandement en chef. VIII, 14.
ETAMPES, ville. IV, 14.
ETATS d'Artois; envoient une députation à Paris. VI, 590.
— De Bretagne. V, 333.
— Envoient des députés à Louis XV. VI, 446.
— De Bourgogne; donnent un vaisseau à l'Etat. VII, 424.
— VIII, 9.
— De Languedoc. IV, 415, 417.
— V, 332. — VI, 6.
— Leurs priviléges sont entamés. VI, 19.
ETIOLES (madame d'). *Voy.* POMPADOUR.
ETIQUETTE. *Voy.* Cérémonial.
ETOFFES de soie. VII, 236.
— D'or sans couture. VIII, 176.
Étrennes de la Saint-Jean, attribuées à M. de Caylus. VIII, 207.
EU (le comte d'). II, 62. — III, 182.
— VI, 210, 211. — VIII, 15, 16.
EUGÈNE (le prince). III, 48.
EVÊCHÉ de Verdun; ce qu'il vaut. VI, 26.
EVÊQUE d'Amiens; grand moliniste. V, 245.
— V, 246, 252. *Voy.* Sermon.
— V, 253, 254, 255, 256, 362, 363.
— De Beauvais; bon vivant. I, 250.
— D'Evreux. V, 409, 411.
— De Marseille. V, 253.
— D'Orléans. V, 352. *Voy.* Paris (de).
— De Troyes. II, 395.
EVÊQUES; sont pour les jésuites. II, 20.
— Attaquent le concile d'Embrun. II, 36.
— Écrivent au cardinal de Fleury. II, 39.
— Sont blâmés par Maurepas. II, 39.
— Tiennent une assemblée au Louvre. II, 40.
— Veulent protester contre les avocats. II, 139.
— Cabalent contre les avocats. II, 144.
— Cabalent auprès du cardinal de Fleury. II, 194.

INDEX.

ÉVÊQUES; vont à Saint-Médard. II, 224.
— Veulent abaisser le Parlement. II, 269.
— Ont toujours été contenus par le Parlement. II, 308.
— Écrivent une lettre au Pape contre la puissance temporelle. II, 386.
— S'assemblent pour un coup d'éclat. II, 408.
— Se disputent pour le jansénisme. II, 502.
— Ne veulent point d'une commission mixte. V, 240.
— Protestent contre la compétence du Parlement. V, 249.
— Adressent une lettre au Roi. V, 260, 278.
— Font des menaces d'excommunication. V, 279.
— Leur pouvoir est détruit par le Parlement. VI, 117.
— Exilés. VI, 392.
— Sont rappelés de l'exil. VI, 586.
— Sont élevés à Saint-Sulpice. VII, 44.
— Prennent la défense des jésuites. VII, 418.
— Donnent une consultation au sujet des jésuites. VII, 425.
— D'Orléans; délivrent des prisonniers. VII, 87.
ÉVÊQUES; remettent au Roi leur avis sur les jésuites. VIII, 1.
— Écrivent au Roi en faveur des jésuites. VIII, 45.
ÉVOCATIONS au Roi. V, 329, 412, 413.
ÉVREUX (le comte d'). III, 209. — V, 346.
EXCOMMUNICATION; ses conséquences politiques. V, 200.
— Étudiée dans un mémoire. VII, 364, 365.
EXCOMMUNICATIONS; ce qu'en dit la constitution *Unigenitus* II, 116.
EXÉCUTION d'une entremetteuse. II, 68. — IV, 448, 449.
— En effigie des vicaires de Saint-Étienne-du-Mont. VI, 118.
— Par contumace de divers ecclésiastiques. VI, 169.
EXEMPT de robe courte; assassine un homme et a la tête tranchée. III, 85 et suiv.
— De police; livré au peuple de Paris, qui le tue. IV, 429, 430.
EXILÉS. *Voy.* Combat.
EXPÉDITION de Dunkerque contre l'Angleterre. IV, 116, 117, 122, 123, 126.
EXPLOSION terrible dans la rue de Seine. I, 370.

F

FABLE sur les affaires politiques. II, 488.
FACULTÉ de droit. III, 177.
— De médecine; nomme à la cure de Saint-André-des-Arts. III, 127.
— III, 177.
— De théologie; envoie une députation au Roi. VI, 376.
FAGON, conseiller d'État. I, 44.
— Sa mort. III, 515.
FAMILLE royale d'Angleterre en 1750. IV, 412.
FAMINE; attribuée à Law. I, 96.
— En 1739. III, 178, 181.
FANATISME politique. VI, 534.
FARGES DE POLISY. I, 251.
FARGES, munitionnaire des vivres. II, 363. — VI, 277.
FAUBOURG SAINT-ANTOINE; est difficile à mener. VIII, 231.
FAUBOURG SAINT-VICTOR, à Paris. VI, 577.
FAUCHARD, dentiste. III, 224, 225.
FAUCONNIERS du Roi. V, 276.
FAUSSAIRE; tué dans sa prison. I, 280.
FAUTEUIL du Roi au Conseil d'État. VIII, 43.
FAUX-SAUNIERS, aux environs de Paris. I, 20, 21.
FAUX TÉMOINS; sont tolérés par la justice. III, 82.
— Sont pendus. VI, 123.
FAVART (mademoiselle). VI, 67.
FEL (mademoiselle), chanteuse. V, 360.
FEMMES esclaves ramenées à Paris. II, 257.

FEMMES de Paris; grandes jansénistes. II, 30.
— De distinction; leurs propos grossiers. II, 152.
— Assistent en grand nombre au supplice de Damiens. VI, 508.
— De la Cour; interrompent un sermon. VIII, 260, 261.
— Vendent leur protection. IV, 360.
FÉNELON (le chevalier de); sa mort. I, 128.
FÉNELON (le marquis de); tué à Raucoux. IV, 192.
FERDINAND VI, roi d'Espagne; sa mort. VII, 179.
FERMÉ, conseiller. VI, 443.
FERME des équivalents. VI, 19.
— De Poissy, pour les bœufs. VI, 190.
— Des tabacs; exploitée par la Compagnie des Indes. I, 102.
FERMES générales. I, 90.
— Données à bail. VI, 198.
— On y fait de grandes réformes. VII, 155.
FERMIERS généraux. I, 106.
— Comparés aux filles d'opéra. III, 243.
— On parle d'en supprimer quelques-uns. IV, 312.
— Disposent des emplois. VI, 198.
— Leur nombre. Ibid.
— Sont nommés les intrépides. VII, 223.
— Sont cause de la ruine de l'État. VIII, 116.
— Leur suppression est demandée par tout le monde. Ibid.
FERMIERS des postes. III, 133, 134.
— Donnent un vaisseau à l'État. VII, 424.
FERRIÈRES (le marquis de); est conduit auprès de Damiens. VI, 506.
FERRIOL (le comte de); ramène des esclaves turques à Paris. II, 257.
FÊTE du prince Dolgorouki. I, 179.
— A l'île Adam. I, 250.
— Pour le mariage de Louis XV. I, 408 et suiv.
— De l'ambassadeur d'Espagne. II, 86, 89.
— Chez Samuel Bernard. II, 426.
— Donnée par l'ambassadeur d'Allemagne. III, 183.
— A l'Hôtel de Ville. III, 189.

FÊTE donnée au Roi par l'Hôtel de Ville. IV, 81.
— A l'hôtel Soubise. V, 28.
— A Saint-Cloud. V, 291.
— A Choisy. VIII, 77.
FÊTES pour la naissance du duc d'Anjou II, 125.
— Pour la publication de la paix en 1730. III, 167, 180, 181.
— Du mariage de Madame Première. III, 188.
— A Versailles pour le mariage du Dauphin. IV, 15.
— A Paris pour le mariage du Dauphin. IV, 18.
— Pour l'entrée du Roi au retour de Flandre. IV, 78.
— *De l'Hymen et de l'Amour*, ballet. IV, 231.
— Pour la naissance du duc de Bourgogne. VI, 99, 100, 101, 102.
— Et *Te Deum* pour la naissance du duc de Bourgogne. V, 107.
— A Versailles pour la naissance du duc de Bourgogne. V, 138, 139, 140.
— A Versailles. VIII, 59, 60.
— Pour la paix en 1763. VIII, 62, 66.
— Pour la dédicace de la statue de Louis XV. VIII, 81, 82, 83, 84.
FEU d'artifice sur la Seine. I, 203.
— A la Grève. III, 172, 179.
— De la Saint-Louis. III, 307.
— III, 188, 189, 190.
— A Saint-Cloud. V, 292.
FEUX d'artifice. II, 85, 86.
— Sur l'eau. VIII, 88.
FEU de joie à la Grève. VI, 335.
FEU (de), curé de Saint-Gervais. VI, 111. — VII, 349.
FEYDEAU DE BROU. V, 419, 440.
— Fait un discours dans l'assemblée du clergé. VI, 175.
— Nommé garde des sceaux. VIII, 57.
— Perd sa place de garde des sceaux. VIII, 106.
FEYDEAU DE CALENDES, conseiller au Parlement. I, 16.
FEYDEAU (madame); est marraine avec les six corps des marchands de Paris. IV, 75.
FICHANT (l'abbé). II, 422.
FILLES mariées par l'Hôtel de Ville de Paris. V, 116, 117, 118.

FILLE d'Opéra; chassée du théâtre pour immoralité. III, 242.
— Vendue à un étranger. *Ibid.*
— Qui provoque en duel un garde du Roi. VIII, 186.
— Qui abuse de la crédulité du public. IV, 407 et suiv.
FILLES; comparées aux fermiers généraux. III, 243.
— Jumelles se tenant par l'estomac. II, 379.
— Publiques. VIII, 143.
FILLINGHAUSEN. *Voy.* Bataille.
FIMARCON, colonel; se bat en duel. I, 172.
— Ses folles dépenses. I, 174.
— I, 359.
— Ses désordres. VIII, 150.
FIN DU MONDE. VI, 226.
FINANCES du royaume de France. I, 9.
— IV, 25.
— Leur administration. IV, 312.
— Leur situation en 1749. IV, 360, 371.
— En 1751. V, 50, 55, 61, 62, 63.
— Sont en mauvais état. VI, 45.
— Sont dans le plus triste état. VII, 70, 71.
— Nouveaux arrangements à leur sujet. VII, 211.
— Ont besoin de grandes réformes. VII, 218.
— Mises en désordre par Silhouette. VII, 219.
— Sont toujours en mauvais état. VII, 223.
— VII, 242.
— Réformes qu'y introduit M. Bertin. VII, 307.
— En 1761. VII, 387.
— En 1763. VIII, 71.
— VIII, 74, 85.
— Donnent lieu à des discussions entre les ministres. VIII, 94.
— Le Roi dit qu'il les réformera. VIII, 116.
— Le Roi demande le moyen d'y introduire diverses améliorations. VIII, 114.
— Il nomme une commission à cet effet. *Ibid.*
FINISTÈRE. *Voy.* Bataille.

FITZ-JAMES (le comte de). IV, 287 et suiv.
FITZ-JAMES (le duc de); prend des mesures violentes contre le Parlement de Toulouse. VIII, 105.
— VI, 141.
— *Voy.* Parlement de Toulouse.
FLESSELLES (DE), maître des Requêtes. VII, 400.
FLAVACOURT (la marquise de). III, 155.
— III, 395.
FLEURIAU, évêque d'Orléans; grand partisan de la *Bulle.* II, 154.
— II, 168.
FLEURY, évêque de Fréjus, cardinal-ministre; quitte la Cour. I, 234 et suiv.
— Y revient. I, 235.
— Cause de sa disgrâce. I, 236.
— I, 312, 313, 209.
— Cardinal-ministre. I, 411.
— I, 413, 427, 428, 431. — II, 111.
— Est assez doux. II, 171.
— Son portrait en vers. II, 179.
— Ne sait pas prendre de parti. II, 194.
— II, 209, 236.
— Sa politique à la Cour. II, 254.
— II, 306, 327, 336, 338, 339, 360, 369, 380, 399, 408.
— *Voy.* Vers.
— III, 48, 50.
— Maître et valet. III, 70.
— Écrit à Chauvelin. III, 78.
— Tombe malade. III, 123, 124.
— La France craint de le perdre. III, 124.
— III, 128, 138, 141, 142, 143, 145, 160, 169.
— Vit trop longtemps pour le bien du pays. III, 179.
— N'aime pas la guerre. III, 185.
— III, 204.
— Menacé par le peuple à la place Maubert. III, 219, 220.
— Veut la paix à tout prix. III, 261.
— III, 265, 266, 271, 281.
— Veut toujours la paix. III, 372.
— Domine l'esprit du Roi. III, 375.
— Joue toute la Cour. III, 380.
— III, 390, 403, 413.
— S'affaiblit tous les jours. III, 414.
— Chansonné. III, 415.
— Sa mort. III, 416.

FLEURY, cardinal-ministre; son épitaphe. III, 417.
— Son portefeuille secret. III, 423.
— Son service funèbre. III, 444.
— VIII, 134, 139.
— On intrigue pour le faire retirer du ministère. VIII, 138.
— Vers à son sujet. VIII, 140.
— VIII, 144, 146, 157, 158, 159, 161, 163, 164, 165, 166, 167, 168, 169, 170, 174, 175, 177, 195, 208, 216, 217, 218, 221, 222, 224, 225, 227.
FLEURY, évêque de Chartres; accusé d'être père. V, 96.
— VI, 392.
FLEURY (le duc de); nommé premier gentilhomme de la Chambre. III, 280, 281.
— III, 163.
— Se bat en duel. VIII, 134.
FLEURY (l'abbé de), neveu du cardinal; soutient une thèse. III, 58.
FLEURY (les abbés de); soutiennent une thèse en Sorbonne. III, 204.
FLORENCE (la petite), danseuse. III, 31.
FLOTTE espagnole. II, 287.
— Française en 1734. II, 451.
— Est en mauvais état. III, 522.
— De Brest. III, 486, 489, 495.
— VI, 242.
— En 1758. VII, 28.
— De Toulon. III, 478, 491.
— VI, 242, 295, 299.
— Du duc d'Anville; sa force, sa destination présumée. IV, 164.
— IV, 204.
— De M. Duperrier; attaquée par les Anglais. VI, 296.
FLOTTES françaises; partent de Brest et de Toulon. III, 216.
FOIRE de Bezons. I, 66.
— Saint-Germain. I, 117.
— I, 191, 254. — V, 32, 352.
— Est incendiée VIII, 21 et suiv.
— De Saint-Laurent. VIII, 24.
FOLARD (le chevalier); a des convulsions à Saint-Médard. II, 243, 244.
FONBEAUSARD (DE), avocat général. VI, 582.
FONTAINE, homme d'affaires. IV, 140.
FONTAINEBLEAU. V, 294.

FONTANIEU (DE); est fait conseiller d'État. III, 213.
— Président du Grand-Conseil; complimente Louis XV. IV, 49.
— Intendant du garde-meubles. VI, 407.
FONTENILLE (DE), évêque de Meaux. VI, 392.
FONTENOY (bataille de). IV, 36 et suiv.
FORBIN-JANSON, archevêque d'Arles. VI, 89.
FORCALQUIER (la comtesse de). IV, 359.
FORESTA (DE), évêque d'Apt. II, 145.
FORÊT de Lyons. I, 332.
— De Fontainebleau. I, 443.
FORMI, procureur. VI, 456, 458.
FORMULAIRE; ce que c'est. VI, 171, note.
FORT SAINT-PHILIPPE; assiégé et pris par les Français. VI, 304, 318, 319, 331, 332.
FORTIA (DE), conseiller d'État. III, 187, 195.
FOU; tente d'assassiner le duc de Sully. I, 356.
FOUCHET, avocat; reçoit un coup de couteau. VI, 470.
FOUCHET, principal de Navarre. VII, 15, 16.
FOUGÈRES (le marquis de); porte au Parlement de Rouen les ordres du Roi. V, 404.
FOUQUET, général prussien. VII, 265.
FOUQUET (l'abbé); est fait archevêque d'Embrun. III, 220.
Fouquetistes, partisans du maréchal de Belle-Isle. VIII, 160.
FOURQUEUX DE THIROUX. VIII, 255, 256, 257.
FOURRURES de Russie. III, 233.
FOX, ministre. VI, 237.
FRAMBOURG; fait vendre les meubles de l'abbé Lecamus. III, 200.
FRANÇAIS; leur caractère. II, 436.
— Oublient tout pour le plaisir. IV, 13.
— Éprouvent des revers en Italie. IV, 138.
— Sont chassés de l'Italie. IV, 182, 202, 203.
— Sont cruels à la guerre. IV, 259.

INDEX.

FRANCE; sa politique à l'égard de l'Espagne. I, 19.
— Sa situation sous le Régent. I, 307.
— Est dans un triste état. I, 411.
— Sa politique à l'égard de l'Empereur. II, 375.
— Sa politique à l'égard de la Pologne en 1733. II, 387.
— Publie un manifeste contre l'Angleterre. III, 229.
— Sa politique en 1741. III, 265.
— La misère y est grande en 1741. III, 266.
— Sa politique à l'égard de Marie-Thérèse. III, 269.
— La misère y est grande. III, 276.
— Envoie une armée en Bavière. III, 290.
— Prend part à la révolution de Russie, faite par Élisabeth. III, 323.
— Sa politique désintéressée dans la guerre de 1742 III, 340.
— Sa politique en 1742. III, 352.
— Sa politique en 1745. IV, 71.
— Ne reconnaît pas l'empereur François Ier. IV, 99.
— Envoie des troupes en Écosse. IV, 103.
— Son gouvernement est absolu. VI, 351.
— Sa politique en 1757. VI, 551.
— N'a plus de flotte. VII, 67.
— Triste état de ce pays en 1760. VII, 237.
— A d'immenses ressources. VII, 337, 338.
— Est dans une triste situation. VIII, 291.

FRANCOEUR, violon de l'Opéra. II, 156.

FRANCS-MAÇONS; leur établissement à Paris. III, 80, 81.

FRANQUEVILLE (DE); est exilé. V, 418.

FRÉCOT DE LANTY, conseiller au Grand-Conseil. V, 37, 38.

FRÉDÉRIC Ier, roi de Prusse; sa mort. III, 207.

FRÉDÉRIC II, roi de Prusse; prince redoutable. III, 228.
— Envahit la Silésie. III, 262.
— Comment il justifie l'invasion de la Silésie. III, 267.
— Gagne la bataille de Molwitz. Ibid.

FRÉDÉRIC II, roi de Prusse; son éloge. III, 267.
— III, 301.
— Gagne la bataille de Czaslaw. III, 346.
— Traite avec la reine de Hongrie. III, 357.
— Bon mot qu'on lui prête. III, 461.
— Envoie un ambassadeur à Louis XV. III, 540.
— Évacue la Bohême. III, 572.
— Gagne la bataille de Friedberg. IV, 50.
— IV, 58, 59.
— Gagne la bataille de Sore. IV, 93.
— Déclare la guerre au roi de Pologne. IV, 83.
— Bat le prince Charles. IV, 92.
— S'empare de la Lusace et de la Saxe. IV, 104, 105.
— Fait la paix avec la reine de Hongrie. IV, 118.
— Marche sur la Moravie. IV, 182.
— Fait un traité avec l'Angleterre. IV, 187.
— Crée un commerce dans ses États. IV, 273.
— Ne veut pas que ses navires soient visités. IV, 277.
— Est mal avec la Russie. V, 10.
— Appelle Voltaire et Maupertuis à Berlin. V, 336.
— Donne asile à l'abbé de Prades. VI, 2.
— Fait un traité avec l'Angleterre. VI, 241.
— Envahit la Saxe. VI, 366, 367.
— Bat les Autrichiens. VI, 374, 528.
— Publie des mémoires justificatifs. VI, 375.
— Fait l'armée saxonne prisonnière. VI, 379.
— Gagne la bataille de Prague. VI, 531.
— Battu par le maréchal Daun. VI, 541.
— VI, 39.
— Fait tuer des prisonniers russes. VII, 93.
— Battu par le général Daun. VII, 101.
— Commet de grandes cruautés. VII, 108.
— Critiqué dans des vers. VII, 164.

FRÉDÉRIC II, roi de Prusse; battu par les Russes. VII, 177.
— Justifié dans une lettre. VIII, 133.
— Ce qu'il écrit à madame du Châtelet. VIII, 327.
— *Voy.* Bataille, Guerre d'Allemagne.
FRÉJUS (l'évêque de). *Voy.* FLEURY.
FRÉMONT DE MAZY; président aux Enquêtes. V, 383.
— Est mis en liberté. VI, 89.
FRIBOURG; assiégée par les Français. III, 553.
— Capitule. III, 555.
FRIEDBERG. *Voy.* Bataille.
FRIPONNERIES dans les administrations. I, 261.
— Des commis de la banque de Law. I, 269, 270.
— Dans l'extraordinaire des guerres. I, 278.
— Sur les monnaies. I, 343.
— Des ministres. I, 345.
— De la Compagnie des Indes. II, 92.
— Dans l'administration de l'hôpital général. V, 93.

FRIPONNERIES des officiers de la maison du Roi. VII, 78.
— Dans les armées. VIII, 313.
FRIPONS de conséquence; on ne les pend pas. I, 300.
FROID rigoureux II, 61.
— En 1740. III, 205.
— Très-grand en 1753. V, 326.
— VI, 7.
— En 1755. VI, 99.
— En 1757. VI, 424.
— En 1758. VII, 4.
FROLAND, avocat. III, 12.
FRONSAC (le duc de), fils du maréchal de Richelieu. VI, 295, 332.
— VI, 332. — VII, 251.
FRONTIÈRES d'Espagne et de Portugal. II, 64.
FROULAY (le commandeur de). IV, 112.
FUNÉRAILLES du Régent. I, 325.
— De la duchesse d'Orléans. VII, 130.
FURNE assiégée et prise par les Français. III, 528, 527.
FUZELIER, poëte. III, 235.

G

GAGE (le comte de), général espagnol. *Voy.* Guerre d'Italie.
GALLES (le prince de) atteint sa majorité. VI, 320.
GAND; pris par les Français. IV, 62.
GARDE-MEUBLES. VI, 132.
— Ses dépenses. VII, 77.
— En 1758. VII, 95.
GARDE DES SCEAUX; a le pas sur les maréchaux de France. II, 17.
— Suppression de cette charge. III, 79.
— Ses attributions, ses honneurs. V, 3, 4.
— Ne mange point avec le Roi. V, 431.
GARDES DU CORPS. II, 248, 249.
— Se livrent à de grands désordres. IV, 246.
— Donnent un bal à Versailles. V, 105.
GARDES FRANÇAISES; critiqués dans une pièce de vers. IV, 341.
— Lâchent pied à Dettingen. VIII, 311.
— On est indigné contre eux. VIII, 313.

GARDES FRANÇAISES; ont des querelles avec le peuple. VIII, 328.
GARDES du gouverneur de Paris. VI, 614.
— De la Manche. VI, 361.
— Du prince de Conti. III, 506.
— De la ville de Paris. IV, 79. — VIII, 78.
— Des six corps des marchands de Paris. VII, 424.
GASPILLAGE des finances. II, 337.
GASTON, duc d'Orléans. II, 345.
GAUDION, conseiller. VII, 22.
GAULARD, dentiste, vole une fille publique. III, 224.
— Est pendu. III, 226.
GAUMONT (de), intendant des finances. I, 245.
GAUSSIN (mademoiselle). III, 225.
GAUTHIER, maître d'hôtel; accusé de complicité dans l'affaire de Damiens. VI, 505, 514.
— Reconnu innocent et retenu en prison. VI, 524.
— Est mis en liberté. VII, 59.

INDEX.

GAUTIER DE BÉSIGNY. V, 383. — VI, 448.
GAVILLE, officier aux gardes. IV, 497.
GAZAN DE LA COMBE. I, 377.
Gazette ecclésiastique, imprimée clandestinement et saisie. II, 197.
— Se continue malgré le gouvernement. II, 230.
Gazette de France; se contredit souvent. VIII, 151.
GÉDOYN (l'abbé). I, 90.
GÉLIOTTE, chanteur. V, 360.
GÉNÉRAL des galères. IV, 311.
GÉNÉRAUX français en 1743; sont peu capables. III, 476.
— Leurs mésintelligences à Crevelt. VII, 60.
GÊNES; tombe aux mains des Autrichiens. IV, 184, 185.
— Les rois de France en ont la seigneurie. IV, 207.
— Se révolte et chasse les Autrichiens. IV, 206, 207, 208, 216.
— Assiégée par les Autrichiens. IV, 241.
— Secourue par le duc de Boufflers. 242, 248.
GENNE (de), avocat. VI, 265.
GÉNOIS; nous fournissent dix mille hommes. IV, 64.
— Résistent toujours aux Autrichiens. IV, 232.
GENS du Roi au Parlement. II, 216.
GENSAC, lieutenant général, dégradé. III, 528.
GENTILSHOMMES de la Chambre. III, 157.
GENTILSHOMMES; sont peu instruits. V, 15.
GEORGES II, roi d'Angleterre; ne veut pas la guerre. III, 237.
— Donne ordre de prendre en pleine paix les vaisseaux français. VI, 232.
— Répond à une lettre de Louis XV. VI, 237.
— Sa mort. VII, 306.
GEORGES (le prince) DE CORNOUAILLES, depuis Georges III, déclaré prince de Galles. V, 49.
— Son mariage. VII, 407.
GERVAISE, grand-maître de Navarre. VI, 285, 306, 605.
GÈVRES (le duc de), gouverneur de Paris. I, 246.

GÈVRES (le duc de); ses équipages. I, 258.
— Régale l'échevinage. I, 288.
— I, 411. — III, 171.
— Tient un jeu dans son hôtel. III, 271.
— IV, 458.
— Sa mort. VI, 580.
— VIII, 321.
GIBERT, syndic de l'Université. III, 174.
— Exilé à Auxerre. III, 177.
GIBBALTAR. I, 30.
GIGAULT, directeur des Aides. VI, 19.
GIGAULT DE BELLEFONT, reçu archevêque de Paris. IV, 155.
— Sa mort. IV, 167, 168.
GILBERT DE VOISINS, avocat général. I, 293. — II, 106.
— Attaqué dans un écrit anonyme. II, 168, 169.
— V, 296.
— Son éloge. VI, 589.
GILBERT, président à mortier, fils de Gilbert de Voisins; sa mort. VI, 28.
GILLET (l'abbé). II, 524.
GIN, avocat. II, 187.
GIRARD (le père), jésuite; son procès. II, 179 et suiv., 200, 201.
GISORS (le comte de), colonel du régiment de Champagne. VI, 547.
— Tué à Crevelt. VII, 65, 69.
— Son éloge. *Ibid.*, note.
GLUCY DE SAINT-PORT, conseiller au Grand-Conseil. III, 133.
GODEFROY, avocat au Conseil. III, 139.
GONDRIN (de), archevêque. V, 257.
GONTAUT (le duc de). VI, 262.
GONTAUT-BIRON (la duchesse de). II, 152.
GOULARD, archidiacre. II, 260.
GOURDAN (le père); passe pour un prophète. II, 65.
— Grand moliniste. II, 168.
GOUVERNEMENT de la France; n'a point de principe certain. V, 188.
— Anglais; vivement censuré dans des écrits de Londres. III, 474.
— De Bourgogne. III, 194.
— De Languedoc. VI, 210.
GOUVERNEURS des provinces; assistent aux lits de justice. II, 343.

GOUVERNEURS du Roi. *Voy.* CHABOST et VILLEROI.
— De Paris; cérémonial de leur réception au Parlement. VI, 614, 615.
— Cérémonial de leur enterrement. III, 172.
GRACE; est incompréhensible. V, 284.
GRADES universitaires. III, 164.
— Dans l'armée; ne s'obtiennent plus qu'à l'avancement. VII, 46.
GRAMONT (le duc de), colonel des gardes; chansonné. II, 457.
— Sa mort. III, 278.
GRAMONT (le duc de), lieutenant général; fait perdre la bataille de Dettingen. III, 456.
— III, 458, 459, 460.
— Est très-malmené par un officier. VIII, 315.
— Sévèrement critiqué par le public. VIII, 318, 319.
— Berné en effigie par les mousquetaires. VIII, 335.
GRAND AMIRAL de France. IV, 311.
GRAND-DUC de Toscane, élu empereur. IV, 85, 88. *Voy.* Élection.
GRAND-MAITRE de l'artillerie; cette charge est supprimée. VI, 210.
— De la garde-robe. VI, 613.
GRAND-SEIGNEUR (le); offre sa médiation dans la guerre de 1745. IV, 27.
— Fait traduire la Bible. I, 206.
— III, 208.
— La Cour ne porte point son deuil. VI, 603.
GRAND'CHAMBRE; réunie aux Enquêtes et aux Requêtes. II, 232.
— Comment elle est composée. II, 351.
— Condamne au feu les *Réflexions pour les évêques*. II, 394.
— II, 117, 196, 303, 371. — III, 64.
— N'est point exilée avec le Parlement. V, 384.
— Continue son opposition. V, 385 et suiv.
— Est applaudie par le peuple. V, 386.
— Décrète des ecclésiastiques de prise de corps. *Ibid.*
— Est transférée à Pontoise. V, 387 et suiv.
— Informe contre des ecclésiastiques. V, 390.

GRAND'CHAMBRE; informe contre le chapitre d'Orléans. V, 395, 396.
— V, 399.
— Repousse tout accommodement avec le Roi. V, 400.
— Est exilée. V, 434.
— V, 419, 431.
— Plusieurs de ses membres donnent leur démission. VI, 413.
— Envoie une députation au Roi. VI, 421.
— Délibère sur une réponse du Roi. *Ibid.*
— Se regarde comme étant le Parlement. VI, 422.
— Instruit le procès de Damiens. VI, 449.
— Adresse des représentations au Roi. VI, 453.
— Les avocats et les procureurs n'y vont plus. VI, 458.
— S'assemble pour ne rien faire. VI, 460.
— Demande au Roi le rappel de ses membres exilés. VI, 461, 462.
— Les présidents sont divisés. *Ibid.*
— On vend ses arrêts au Palais. VI, 469.
— Représente seule le Parlement. *Ibid.*
— Ses arrêts supprimés par le Parlement. VI, 470.
— On y reçoit un pair de France. VI, 474.
— Siége toujours pour ne rien faire. VI, 478.
— Plaisantée dans une affiche. VI, 479.
— VI, 449.
— Arrête de faire des représentations au Roi. VI, 552.
— VI, 40, 41, 99, 100, 518. *Voy.* Parlement.
GRAND-CONSEIL; supprime un livre ultramontain. II, 387.
— II, 390.
— Est remis sur l'ancien pied. III, 120.
— Il s'y fait des changements. IV, 344.
— On veut le placer au Louvre. VI, 132.
— A une querelle avec le Parlement. VI, 203.

GRAND-CONSEIL; déclaration du Roi qui le concerne. VI, 205.
— Proteste contre un arrêt du Parlement. *Ibid.*
— Les Parlements de province lui sont hostiles. VI, 221.
— Adresse une circulaire aux tribunaux du ressort de Paris. VI, 243.
— Ordonne que la déclaration du Roi soit exécutée. VI, 250 et suiv.
— Condamne au feu deux lettres dans lesquelles il est attaqué. VI, 273.
— Définit ses droits et attributions. VI, 275, 276.
— On en demande la suppression en 1560 et 1576. VI, 278.
— Envoie une députation au Roi. VI, 296.
— Casse un arrêt du Parlement de Rouen. VI, 301.
— Défendu dans une brochure. VI, 351.
— Ses attributions. VI, 436.
— Comment y sont nommés les présidents. VII, 106.
— Proteste contre Peyrenc de Moras. VII, 107.
GRANDS-AUGUSTINS, couvent. VI, 499.
GRANDS-JÉSUITES (église des). II, 58.
GRANDS-VICAIRES du diocèse de Paris. VII, 2.
GRANDE POSTE de Paris. VI, 132.
GRANDES ENTRÉES chez le Roi; ce que c'est. IV, 132.
GRANDJEAN DE LACROIX; est mis à la Bastille. VI, 16.
— VI, 24.
GRASSE en Provence. *Voy.* GRATZ.
GRASSIN (M. de), colonel. IV, 61, 63.
Grassins (régiment des); sa belle conduite. IV, 61.
— A Oudenarde. IV, 63.
— *Voy.* Combat de La Mesle.
GRASSIN, directeur des monnaies; est mis à la Bastille. I, 342.
GRAVELLES (le chevalier); tué en duel. I, 133.
GRAVILLE (le comte de). VII, 51.
GRATZ (*lisez* GRASSE), ville de Provence; occupée par les Autrichiens. IV, 205.
GRÉGOIRE fils, chirurgien. II, 380.

GRENADIERS français; leur belle conduite à Colorno. II, 459.
— De réserve. IV, 355.
— Nègres. VIII, 169.
GRENOBLE; est inondée. III, 251.
GRÈVE (place de). IV, 346.
— IV, 351.
GRIFFET, jésuite. VIII, 31.
— Répond à La Chalotais. VIII, 40.
GRIMALDI (DE), ambassadeur d'Espagne. VIII, 2.
GRIMBERGHE (DE), envoyé de l'Empereur. III, 383.
GRIMOD DE LA REYNIÈRE. IV, 345.
— Sa mort. VI, 7.
GRIPPE; règne à Paris. III, 432.
GROSBOIS. III, 65, 70.
GRUER, directeur de l'Opéra. II, 165.
GRUÈRE, garde du Trésor royal. VIII, 142.
GUADELOUPE; prise par les Anglais. VII, 165.
GUASTALLA (duché de). IV, 387.
GUÉANT (mademoiselle), actrice. VII, 104.
GUÉAU DE REVERSEAUX, avocat. IV, 55.
— IV, 60.
GUÉMÉNÉE (le prince Louis de). VI, 537.
GUÉRET, curé de Saint-Paul; dénonce Damiens. VI, 492.
GUÉRET DES VOISINS. VI, 24.
GUERRE; on en parle à Paris. I, 448.
— De la France contre l'Espagne. I, 29.
— Paraît inévitable en 1732. II, 375.
— Se prépare en 1733. II, 419.
— Ses débuts en 1733. II, 429.
— Jugée par Barbier. II, 430, 431.
— Entre les Turcs et les Russes. III, 56.
— Entre l'Espagne et l'Angleterre. III, 184.
— On la prépare en 1741. III, 282.
— Déclarée au roi d'Angleterre. III, 502.
— Déclarée à la reine de Hongrie. III, 508.
— Paraît inévitable entre les États du Nord, en 1751. V, 11.
— On parle de la faire aux Anglais. VI, 95.
— On s'y prépare en 1755; ses causes. VI, 183, 184.

GUERRE; déclarée à l'Angleterre en 1756. VI, 321.
— D'Allemagne, en 1741. III, 310, 311, 312.
— III, 315, 317, 318.
— En 1742. III, 331, 334, 336, 337, 353, 354, 357, 358, 359, 360, 362, 363, 364, 384, 385, 386, 388, 389, 391, 399, 404.
— En 1743. III, 406, 430, 431, 434, 437, 439, 445, 448, 449, 450, 451 à 457, 462, 463, 467, 473.
— En 1744. III, 484.
— III, 523, 527, 543, 550. — IV, 8.
— En 1745. IV, 25, 34, 64, 66, 93, 104, 113.
— En 1746. IV, 190.
— En 1748. IV, 282.
— En 1757. VI, 518.
— VI, 526, 527, 528, 532, 536, 538, 539, 540, 541, 542, 543, 544, 545, 546, 547, 548, 550, 551, 579, 580, 608, 611.
— En 1758. VII, 3, 4.
— VII, 24, 31, 32, 65, 66, 67, 68, 70, 71, 72, 73, 74, 93, 97, 100, 101, 102.
— En 1759. VII, 161, 167, 169, 170, 174 et suiv., 177, 189, 211, 217.
— En 1760. VII, 223, 259, 265, 268, 269, 271, 296, 297, 305, 306, 337, 338, 339, 344.
— En 1761. VII, 387, 388, 389, 409.
— En 1762. VIII, 45, 46, 51.
— De Flandre, en 1742. III, 365.
— III, 390.
— En 1744. III, 516, 517, 520 et suiv., 523, 529.

GUERRE de Flandre en 1745. IV, 26, 35, 61, 62, 63, 65, 67, 73, 75, 90, 92, 96, 113.
— En 1746. IV, 125, 128, 129, 130, 144, 148, 151, 152, 154, 155, 158, 159, 165, 171, 173, 174, 176, 182, 190, 191 et suiv., 197.
— En 1747. IV, 233, 235, 236, 237, 239, 240, 241, 248, 249 et suiv., 257, 259.
— En 1748. IV, 283, 291, 292, 293 et suiv.
— D'Italie, en 1742. III, 366.
— III, 383.
— En 1743. III, 446, 472, 473.
— En 1744. III, 482, 506 et suiv., 512, 542, 547, 550, 554, 580.
— En 1745. IV, 39, 65, 67, 76, 83, 90, 91, 92, 96, 100, 103, 113.
— En 1746. IV, 135, 136, 137, 139, 143, 147, 149, 160, 162, 163, 181, 182, 189.
— En 1747. IV, 247, 252, 267, 269.
— En 1748. IV, 283, 300.
— En Alsace, en 1744. III, 526, 527, 528, 532, 533, 544.
— Au Canada. VI, 197.
— En Provence. *Voy*. Provence.
GUET; est augmenté à Paris. IV, 480.
GUIGNARD DE SAINT-PRIEST, intendant du Languedoc. V, 18.
GUIGNARD, jésuite. III, 97.
GUILLEBAUT, (l'abbé). II, 120.
GUILLAUME D'ORANGE, stathouder. V, 111.
GUILLET, conseiller. VI, 385.
GUYOT DES CHESNES. II, 3.
GUYS (Ambroise); on le dit faussement tué par les jésuites. VII, 143.

H

HABITS des princes du sang. V, 138.
— De grand prix. IV, 13.
— De deuil. IV, 171, 284. — VII, 389.
— D'ordonnance au château de Bellevue. IV, 499.
HAGUENAU (bailliage d'). VIII, 93.
HARANGUES à la Grand'Chambre. VI, 71.

HARCOURT (le duc d'); commande une armée en Bavière. III, 350.
— Éprouve un échec en Bavière. III, 351.
— Sa belle conduite à Dettingen. III, 476.
— III, 527, 532. — IV, 197.
— Envoyé auprès du Parlement de Rouen. VIII, 95, 96, 97.

HARCOURT (l'abbé d'). IV, 80, 242.
HARLAY (de). II, 43.
— Premier président. V, 93.
HASTEMBECK. *Voy.* Bataille.
HAUTEFORT (le comte d'). II, 463.
HAUTEFORT (la marquise d'). I, 356.
HAVRE; accident arrivé au théâtre de cette ville. VI, 515.
— Bombardée par les Anglais. VII, 163.
HELLIOUR, cornette; auteur d'un beau trait de courage. VII, 73.
HELVÉTIUS; donne sa démission de fermier général. V, 57.
— Son livre *De l'Esprit.* VII, 79.
— Ce livre est examiné au Parlement. VII, 120.
— Il est brûlé. VII, 127.
— L'auteur se rétracte. VII, 128.
— Il est destitué. VII, 137.
HELVÉTIUS, médecin de Louis XV. I, 147.
HÉMART (madame), moliniste. VII, 41.
HENAULT (le président). I, 339. — VI, 352.
HENIN, chirurgien de la Dauphine. VI, 427.
HENRIETTE DE FRANCE; sa mort, ses funérailles. V, 158 et suiv.
— Est exposée. V, 161 et suiv.
— Son convoi. V, 164.
— Enterrée à Saint-Denis. V, 180.
HÉRAULT, lieutenant de police. I, 405.
— Vers contre lui. II, 30.
— II, 198, 209, 210, 242, 244, 245, 276, 329, 389, 403.
— Intendant de Paris. III, 55, 192.
— Sa mort. III, 24.
— HÉRAUTS D'ARMES. IV, 205.
Hercule, tragédie. VI, 486.
HÉRICOURT (l'abbé d'). V, 358. — VII, 32.
HÉRISSET, brodeur. V, 247.
HÉROUVILLE (le comte d'), lieutenant général. IV, 237.
— Capitule dans Égra. V, 467.
HESSE-REINSFELD (le prince de). III, 187.
HESSE-REINSFELD (la princesse de). V, 360.
HESSE-WILLEMSSAT (le prince de). IV, 259.
HILAIRE (d'), gentilhomme; achète la croix de Saint-Louis. IV, 376.

HILDEBRAND (saint). II, 70.
HISTOIRE de France, mise en vers. IV, 339.
Histoire du peuple de Dieu, du père Berruyer. VI, 3.
— Supprimée par le Parlement. VI, 291.
HIVER très-doux en 1724. I, 337.
— Très-long en 1731. II, 154.
— Rigoureux en 1740. III, 202, 203.
— Très-doux en 1749. IV, 346.
— Extraordinaire en 1755. VI, 160.
— Rigoureux en 1763. VIII, 63.
HOCHKIRCH. *Voy.* Bataille.
HOCQUART, conseiller. VII, 15.
HOGUERS, banquier. V, 336.
HOLLANDE; envahie par les eaux de la mer. II, 375.
— Fait un traité avec la France. III, 305.
— Secourt la reine de Hongrie. III, 549.
— Il y éclate des troubles. IV, 262.
— On y crée un stathouder héréditaire. IV, 266, 272.
HOLLANDAIS; gardent la neutralité. III, 210.
— Restent neutres en 1741. III, 299.
— Massacrent cinq mille Indiens. III, 334.
— S'allient à la reine de Hongrie. III, 430.
— Ne se déclarent pas. III, 446.
— III, 513.
— Se battent faiblement à Fontenoy. IV, 36.
— Font passer des troupes en Angleterre. IV, 87.
— Font des mémoires sur une déclaration du roi de France. IV, 244.
— Répondent à la déclaration du Roi. IV, 271.
— Confisquent les vaisseaux français. IV, 272.
HOPITAL général de Paris; règlement pour cette maison, et débats à ce sujet. V, 68, 69, 70, 71, 72, 74, 82, 83, 86, 88.
— Était très-mal administré. V, 92, 93.
— Comment est composé le bureau des administrateurs. V, 94, 95.
— Lettres-patentes y relatives. V, 154.

HOPITAL GÉNÉRAL. V, 171.
— *Voy.* Parlement.
— Arrêt relatif à son administration. VII, 29, 30.
HORN (le comte de); assassine pour voler. I, 31 et suiv.
— Son procès, son supplice. I, 34.
HOROSCOPE de M. Leblanc. I, 435.
— De l'Angleterre, pour 1756. VI, 338.
HOSPITALIÈRES du faubourg Saint-Marceau. VI, 487.
— Nomment une supérieure. VII, 34.
HOSTIES consommées par ordre d'un évêque. VI, 172.
HOTEL des gardes du corps. II, 248.
— De Soissons; on y établit des bureaux pour l'agiotage. I, 58.
— II, 91.
— Des Monnaies de Paris; Law veut le faire fermer. I, 79.
— Des Postes. VII, 95.
HOTEL-DIEU de Paris. II, 1.
— Le feu y éclate. III, 93.
— Est mal situé. III, 94.
— Vend de la viande en carême. V, 26.
HOTEL DE VILLE de Paris; fait tirer un feu d'artifice. III, 184.
— Donne un bal. *Ibid.*
— Donne un bal superbe. III, 190, 191.
— Donne à dîner au Roi. III, 360.
— On y donne une fête au Roi. IV, 81.
— Projet de reconstruction en 1749. IV, 388.
— Dîners qu'on y donne pour les élections municipales. IV, 463, 464.
— *Voy.* Échevins de Paris.
— Donne des présents aux personnes qui lui annoncent la naissance des princes. V, 101.

HOTEL DE VILLE de Paris; marie six cents jeunes filles à la naissance du duc de Bourgogne. V, 104.
— V, 267.
— *Voy.* Mariages.
— Fait afficher les bulletins de la santé du Roi. VI, 439.
— Envoie complimenter le Roi. VI, 447.
— VI, 500.
— Donne à l'État un vaisseau de soixante-quatorze. VII, 423.
— Fait la dédicace de la statue de Louis XV. VIII, 80, 81.
HOUEL, officier; gagne de grosses sommes au jeu. III, 159.
HUART, avocat. III, 193.
HUCHET DE LA BÉDOYÈRE, procureur général au Parlement de Bretagne; sa mauvaise conduite. IV, 54, 55.
HUCHET DE LA BÉDOYÈRE fils; épouse Agathe Sticotti; suites de ce mariage. IV, 54 et suiv.
— Son procès, son éloquence. IV, 56, 57, 59.
— Est exclu de la Cour des Aides. IV, 107.
HUERNE DE LA MOTTE, avocat; auteur d'un mémoire sur l'excommunication. VII, 364, 365, 366.
HUET, procureur. IV, 498.
HUISSIERS de la chaîne. V, 341.
— De Paris; font une promenade solennelle. VI, 173.
HUISSIER du Parlement (premier); doit marcher avec le Roi. VI, 361.
HUISSIERS priseurs. VII, 64.
HUMIÈRES (la duchesse d'). I, 248.
HUSSARDS; un régiment est licencié pour brigandage. VII, 52.
— Hongrois; cruautés qu'ils commettent. III, 348.
— Pénètrent en Lorraine. III, 466.

I

ILE des Faisans. I, 185.
— Maquerelle, à Paris. III, 94.
ILES Caraïbes; nous sont disputées par les Anglais. IV, 361.
Ile sauvage, comédie. VIII, 316.
ILLUMINATIONS à Paris. IV, 18.
— IV, 82. — V, 278.

IMBERT, apothicaire du duc d'Orléans. I, 363.
IMPIÉTÉ; sa cause est servie par le jansénisme. V, 197.
IMPOT sur le contrôle des actes des notaires. I, 245.
— Du cinquantième. I, 393.

INDEX. 473

IMPOT sur les biens-fonds. I, 393.
— Sur les droits d'entrée à Paris. IV, 261.
— De quatre sols pour livre. IV, 439.
— Sur les cartes à jouer. V, 14, 140.
— Sur les biens du clergé. V, 308.
— Somptuaire en 1759. VII, 178.
— Sur l'amidon. VII, 242.
— Sur la noblesse. *Ibid.*
— Sur les droits des fermes. VIII, 86.
— Sur les armoiries. *Voy.* Armoiries, Don gratuit, Tabac, Taxe.

IMPOT UNIQUE (projet d'un). VIII, 74.
— Demandé par le Parlement de Rouen. VIII, 91.
— Est demandé par tout le monde. VIII, 116.

IMPOTS nouveaux créés en 1745. IV, 24, 25.
— Etablis en 1746. IV, 203.
— Sur diverses denrées, en 1748. IV, 288, 289.
— Sur le cuivre, la chandelle et autres denrées. IV, 349.
— Fonciers IV, 368.
— Sur les denrées. IV, 369.
— En 1749. IV, 371.
— Pèsent sur le peuple. V, 16.
— En 1751. V, 55.
— Continués pour six ans en 1755. VI, 200.
— Prorogés. VI, 356, 357.
— En 1760. VII, 225.
— Ce qu'en dit le Parlement. VII, 233.
— En 1760. VII, 235.
— En 1762. VII, 236.
— Sur les vivres. VII, 241.
— VII, 264.
— En 1761. VII, 376.
— En 1763. VIII, 71.
— Vexations qui se commettent dans leur recouvrement. VIII, 76.
— Comment les Parlements veulent qu'on les emploie. VIII, 102.
— Déclaration du Roi qui les concerne. VIII, 113.

IMPRIMERIES clandestines; à Arcueil. VI, 477.
— Rue Saint-Victor. VI, 494.
— Il est enjoint de les dénoncer. VI, 523.
— VI, 577.
— *Voy.* Chancelier.

IMPRIMEURS; déclaration qui les concerne. II, 44.

INCENDIES; du Petit-Pont. I, 1 et suiv.
— De la ville de Rennes. I, 94.
— Secret pour les éteindre. I, 246.
— Au port aux Veaux. I, 254.
— Dans le faubourg Saint-Antoine. I, 267.
— Des moulins sur la Seine. I, 416.
— Dans la rue Saint-Anastase. I, 418, 419.
— Aux jésuites de Paris. I, 426.
— Dans la forêt de Fontainebleau. I, 443.
— A Copenhague. II, 58.
— A l'Hôtel-Dieu de Paris. III, 93.
— De la Chambre des Comptes. III, 103.
— Sur le quai des Augustins. III, 108.
— Dans la chambre mortuaire du duc de Tresmes. III, 170, 171.
— De l'arsenal de Brest. III, 483.
— Dans la rue des Petits-Champs. III, 488.
— A Versailles. V, 99.
— De la foire Saint-Germain. VIII, 21.
— De l'Opéra. VIII, 67.
— Au Palais Royal. VIII, 67, 68.

Indes galantes, opéra. VIII, 275.

INFANTE d'Espagne, fiancée à Louis XV; entre à Paris. I, 193, 196, 197.
— Est très-jolie. I, 257.
— A la rougeole. I, 330.
— Renvoyée en Espagne. I, 381.
— Quitte Paris. I, 383.
— Difficultés que suscite son renvoi. I, 384.
— I, 328, 365, 369.
— Suites de son renvoi. II, 16.
— Destinée au Dauphin. III, 166.

INFANTICIDES. II, 453.

INGELFING (combat d'). III, 448.

INGOLSTADT; occupée par les Français; capitule. III, 468.

INOCULATION de la petite vérole. VI, 294.
— VIII, 92.

INONDATIONS; de la Loire. II, 407.
— Renversent des maisons à Paris. II, 247.
— A Paris. III, 243.
— Leurs ravages dans Paris. III, 258.

40.

INONDATIONS en 1751. V, 33.
— En 1755. VI, 232.
INQUISITION d'Espagne. VI, 64.
— De Portugal. VII, 99.
— *Voy.* Chambre.
INTENDANCE de Paris. III, 221.
— Du Languedoc. V, 18.
INTENDANTS des finances. I, 205.
— Des menus. VI, 407.
— De Paris. VII, 74, 75.
INTÉRÊT de l'argent. I, 373.
— IV, 265.
INTRIGUES de Cour pour un changement de ministère. III, 375 et suiv.
INTRIGUES de Cour pour le ministère à la mort du cardinal. III, 417, 418.
— Pour les ministères. III, 506, 510.
— Pour la place de contrôleur général des finances. IV, 106.
— Pour un ministère. VIII, 148.
— VIII, 165, 166, 294.
Ira Dei; condamné au feu. V, 301.
ISABEAU, greffier. II, 194.
ISENGHEIN (le prince d'). III, 262.
ITALIE. III, 53.
— V, 452.
— *Voy.* Guerre d'Italie.

J

JACOBINS; accusés de l'assassinat du roi de Portugal. VII, 99.
JANSÉNISME; ses querelles se raniment. II, 18 et suiv.
— A Orléans. II, 130.
— Il est défendu d'en parler. II, 150.
— On propose de le détruire. II, 208.
— *Voy.* Sainte-Barbe.
— Est une ressource pour bien des gens. III, 106.
— Se serait éteint de lui-même si on ne l'avait pas persécuté. V, 183.
— Est un parti souterrain et considérable. V, 189.
— Édit de 1731 y relatif. V, 196.
— Sert la cause de l'impiété. V, 197.
— On s'en moque à Rome. V, 218.
— S'enhardit par la protection du Parlement. V, 264.
— Est la cause de tous les troubles. V, 446.
JANSÉNISTES; sont enragés. II, 29, 30.
— Font des controverses dans les églises. II, 71.
— Exilés. II, 84.
— Dévotes mises à la Bastille. II, 110.
— Sont poursuivis dans diverses paroisses de Paris. II, 129.
— Sont mal vus de la Cour. II, 177.
— Payent de faux convulsionnaires. II, 243.
— Leurs partisans parmi les avocats. II, 265.
JANSÉNISTES; se sauvent des églises pour ne pas entendre lire un mandement. II, 266, 267.
— Font imprimer un écrit sur l'histoire du Parlement. II, 305.
— Ne demandent qu'à désobéir. II, 347.
— Se plaignent de la Grand'Chambre. II, 351.
— Font graver des estampes. II, 361.
— Jouent un vilain tour aux jésuites. II, 379.
— Font condamner divers écrits par la Grand'Chambre. II, 384.
— Ont une caisse secrète. II, 524.
— Adorent le frère Augustin. II, 525.
— Aiment les filles. II, 526.
— Font une espèce de sabbat. II, 527.
— *Voy.* AUGUSTIN (frère), Élisiens, Sectaires.
— Janséniste enterré dans un jardin la face contre terre. III, 59.
— Sont accusés de l'incendie de la Chambre des Comptes. III, 105.
— Forment les deux tiers de Paris. III, 106.
— Sont mis à la Bastille. III, 116.
— Détestent le cardinal de Tencin. III, 379.
— Distribuent en secret les *Nouvelles ecclésiastiques.* IV, 221.
— Sont vivement poursuivis. IV, 378.
— Sont en horreur à la Cour. V, 2.

JANSÉNISTES; ont provoqué les premiers la demande des billets de confession. V, 190.
— Sont en horreur à la Cour. V, 228.
— Cherchent des occasions de troubles. V, 255.
— Cherchent le scandale. V, 312.
— Sont accusés de ne pas croire à la présence réelle. V, 359.
— Font circuler de fausses remontrances. V, 414.
— Sont traités de monstres. V, 425.
— Demandent du trouble. VI, 7.
— Fournissent des gens qui demandent à se confesser. VI, 85.
— Font des écrits clandestins. VI, 94.
— Vont au convoi de la demoiselle Lallemand. *Ibid.*
— N'ont plus l'espoir d'abattre le clergé. VI, 467.
— Se moquent de la Grand'Chambre. VI, 474.
— Ont contribué, par leur système, à l'attentat de Damiens. VI, 479.
— Accusent les jésuites d'être complices de Damiens. VI, 497, 509.
— Attaquent le Parlement à l'occasion de Damiens. VI, 512.
— Tiennent des conciliabules. VI, 582.
— Font réimprimer, par politique, le livre de Busembaum. VI, 584.
— Leur haine contre les jésuites est plus vive que jamais. VII, 5.
— Sont partisans de madame de Pompadour. VII, 18.
— Projets qu'ils ont formés à Bourg-Fontaine. VII, 38, 39.
— Tortures qu'ils subissent dans les convulsions. VII, 113.
— Tendent des piéges à l'archevêque de Paris. VII, 192.
— Cherchent le trouble. VII, 254.
— Font courir de fausses nouvelles. VII, 409.
— Font courir de faux bruits au sujet des jésuites. VIII, 37.
— Aigrissent le peuple. VIII, 238.
JANSON, archevêque d'Arles. II, 355.
JARENTE DE LA BRUYÈRE, évêque de Digne. VI, 539.
— A une conférence avec des docteurs de Sorbonne. VII, 15.
— Nommé à l'abbaye d'Aisnay. VII, 29.

JARENTE DE LA BRUYÈRE; marie sa nièce. VII, 35.
JARPE, chirurgien-accoucheur. V, 97.
JEAN III; désigné empereur de Russie par Anne. III, 230.
JÉSUITES; ne sont pas aimés. II, 21.
— Rétablis par le cardinal de Noailles. II, 64.
— Plaisantés dans une affiche. II, 75.
— Hués par le public. *Ibid.*
— Ce qu'ils disent des conciles généraux. II, 103.
— Chansonnés à propos du père Girard. II, 180.
— Vont voir le garde des sceaux. II, 336.
— Sont bafoués dans un almanach. II, 379.
— *Voy.* Constitution.
— Sont interdits et chansonnés. V, 189.
— Maltraités dans un mandement. V, 258.
— Calomniés à l'occasion de l'attentat de Damiens. VI, 434.
— Paris est déchaîné contre eux. VI, 441.
— Accusés de prier pour la mort du Roi. VI, 442.
— On dit que Damiens a été leur domestique. VI, 445.
— Accusés du meurtre de Louis XV. VI, 495.
— Attaqués dans un libelle. *Ibid.*
— Accusés d'être complices de Damiens. VI, 509.
— Déclarent à Toulouse qu'ils réprouvent quelques-uns de leurs casuistes. VI, 583.
— Protestent contre la publication et les maximes de Busembaum. VI, 607.
— Se disent soumis à la déclaration de 1682. VI, 608.
— Maximes de leurs casuistes. VII, 6, 7, 8, *note.*
— Il n'y en a pas à Venise. VII, 73.
— Sont accusés de l'assassinat du roi de Portugal. VII, 99.
— Poursuivis en Portugal pour l'assassinat du Roi. VII, 117.
— Auraient voulu travailler à l'*Encyclopédie.* VII, 121.
— Accusés de complicité dans l'assassinat du roi de Portugal. VII, 125.

JÉSUITES. VII, 132.
— Affaires diverses à leur sujet. VII, 136.
— Accusés d'avoir tué à Brest Ambroise Guys. VII, 143 et suiv.
— Sont chassés du Portugal. *Ibid.*
— Font imprimer un mémoire justificatif. VII, 147.
— Chassés de Lisbonne. VII, 194.
— Sont chassés de partout. VII, 222.
— Vendent de la thériaque. VII, 300.
— Ont un procès pour banqueroute. VII, 349 et suiv., 354, 357.
— Extraits de leurs statuts. VII, 351, *note.*
— Leurs statuts dénoncés par l'abbé Chauvelin. VII, 355.
— Déposent leurs statuts au greffe du Parlement. *Ibid.*
— Sont condamnés à payer dans l'affaire du père de La Valette. VII, 362.
— Analyse de l'arrêt qui les condamne. VII, 368.
— Doivent remettre au greffe du Conseil les titres de leurs établissements. VII, 389.
— Arrêts sévères rendus contre eux par le Parlement. VII, 391, 392, 393.
— VII, 398, 399, 400.
— Leurs livres sont examinés par le Parlement. VII, 401.
— Sont tranquilles malgré tous les arrêts rendus contre eux. VII, 406.
— Protestent par acte notarié de leur attachement au Roi. VII, 413.
— Quarante évêques prennent leur défense. VII, 418.
— Questions adressées aux évêques à leur sujet. VII, 425.
— *Voy.* CHOISEUL, DAUPHIN.
— On parle de les séculariser. VIII, 10.
— Le Pape écrit au Roi en leur faveur. *Ibid.*
— Leurs maisons sont fermées par ordre du Parlement de Rouen. VIII, 11.
— Sont expulsés de diverses villes. VIII, 13, 14.
— Leurs statuts sont approuvés par le Pape. VIII, 18.
— Correspondance à leur sujet entre le Pape et le Roi. *Ibid.*

JÉSUITES ; déclaration du Roi qui les concerne. VIII, 18 et 20.
— Protégés par la Cour. VIII, 21.
— Mémoires envoyés par les villes à leur sujet. VIII, 24.
— Leurs statuts présentés au Roi. VIII, 28.
— Évacuent leurs établissements. VIII, 29.
— Procès-verbaux des visites de leurs maisons. VIII, 31.
— Tous leurs collèges sont fermés. VIII, 36.
— Leurs biens sont mis sous le scellé. VIII, 38, 39.
— Leurs maisons de campagne près Paris. VIII, 39.
— Vendent leurs meubles pour ne point payer leurs dettes. *Ibid.*
— On fait leur inventaire. VIII, 41, 42.
— Sont expulsés de Rouen. VIII, 47.
— Évacuent toutes leurs maisons de Paris. VIII, 52.
— Leurs meubles vendus à Paris. VIII, 60.
— Se retirent chez de grands seigneurs. VIII, 61.
— Chanson sur eux. *Ibid.*
— Ordonnances relatives à la vente de leurs biens. VIII, 64.
— Étaient les conseillers du Dauphin. VIII, 88.
— *Voy.* Collèges, LA CHALOTAIS.
JEU effréné joué à Paris. III, 159.
— Maux qu'il cause à Paris. III, 270, 271.
JEUX tenus par de grands seigneurs. III, 270.
— Sont nombreux à Paris. III, 276.
JOIGNY. V, 243.
— V, 285.
JOINVILLE, dit la *France*; condamné à mort II, 157.
JOLY DE FLEURY (Guillaume-François), père; prononce un discours de rentrée III, 344.
— III, 469.
— Donne sa démission de procureur général. IV, 170.
— Sa mort. VI, 279.
JOLY DE FLEURY, fils; devient premier avocat général. VI, 128.
— Fait un réquisitoire contre le père Berruyer. VI, 292.

JOLY DE FLEURY fils; fait un réquisitoire contre l'évêque de Troyes. VI, 293.
— Fait un réquisitoire contre des écrivains. VI, 511.
— Rend compte des statuts des jésuites. VII, 381.
JOSEPH, archiduc. VII, 244.
JOUJOUX satiriques. IV, 336.
JOURNAL de Trévoux. II, 395.
— II, 422.
JOURS GRAS en 1751. V, 24, 25.
— En 1757. VI, 481, 482.
JUBILÉ de 1729. II, 66.
— De 1745. IV, 43.
— De 1751. V, 25, 34, 40.

JUBILÉ. *Voy.* POMPADOUR.
Judicium francorum, traité de politique. VI, 351.
JUGES consuls de Paris. VI, 5.
JUGES; protégent les filles perdues. II, 158.
— Ecclésiastiques. V, 412.
— De la Tournelle; rendent une sentence inique. II, 157.
JUIFS de Pologne. VII, 164.
JUSTICE; réside dans le Roi. V, 412.
— Son cours est interrompu à Paris. V, 451.
JUSTICES royales des villes; sont réunies aux bailliages. IV, 372.

K

KAUNITZ (le comte de). IV, 479.
— V, 290.
KEHL; se rend aux Français. II, 433.
KELMARNOK (le comte de), partisan de Charles-Édouard; son supplice. IV, 181.
KERET DE KERAVEL, cornette des mousquetaires. VI, 54.

KERKADU (mademoiselle de). II, 462.
KEVENHULLER, général de Marie-Thérèse. III, 336, 351.
KNOQUE (le fort de la). III, 522.
KOENIGSECK (le général). II, 505.
— IV, 38.

L

LABADIE, assassin de Vallet. V, 347.
— Est rompu vif. *Ibid.*
LA BARRE; soupçonné d'assassinat. I, 346.
LA BARRE (de), avocat original. II, 185.
— Convulsionnaire. VII, 250, 361.
LABATTE, prêtre de Saint-Eustache; prédit une révolution dans un sermon. VIII, 90.
L'ABBÉ, mouche de police. IV, 441.
— IV, 451.
LA BLETTERIE; nommé à l'Académie française contre le gré de Louis XV. VIII, 223.
LA BORDE (de), banquier. VII, 422.
LA BORDE (de); tué en duel. II, 341.
LA BOURDONNAIS; s'empare de Madras. IV, 240.

LA BOURDONNAIS; son procès, sa gloire. V, 17.
LA CHALOTAIS; son réquisitoire contre les jésuites. VIII, 14, 19.
— VIII, 40.
LA CHATRE (le marquis de). I, 256.
LA CHAUSSÉE (de), auteur dramatique; sa mort. VI, 18.
LA CHAUX (de), garde du corps; rompu vif pour un mensonge. VIII, 2, 3, 4, 5, 6, 7, 8.
LA CHÉTARDIE (le marquis de); envoie des fourrures à madame de Mailly. III, 233.
— Son rôle dans les affaires de Russie. III, 323.
— IV, 410.
— Revient de Russie; pourquoi? VIII, 160.
— VIII, 244.

LA COMBE (de), avocat. III, 20.
LA COSTE (l'abbé de); mis au carcan. VII, 300.
LACROIX, fameux officier de troupes légères. III, 445.
LA FARE (de), évêque de Laon ; fait un mandement contre les avocats. II, 149.
— Condamné par le Parlement. II, 149.
— Porte le molinisme à l'excès. II, 188.
— Son mandement cité au Parlement. *Ibid.*
— II, 189, 190.
— Publie un libelle. II, 206, 207.
— II, 384. — III, 55.
— Publie une instruction pastorale. III, 214, 215.
— V, 350.
LA FARE (le marquis de). I, 162.
— IV, 197.
LA FAUTRIÈRE (de). II, 352.
LA FERRIÈRES (le chevalier de). VII, 46.
LA FEUILLADE (le duc de). I, 378, 379.
LAFITAU, jésuite. I, 76.
— On en parle pour premier ministre. I, 288.
LA FORCE (le duc de). I, 89.
— Fait le commerce d'épicerie. I, 109.
— Poursuivi par le Parlement. I, 111.
— Comparaît devant le Parlement. I, 112.
— Son affaire est évoquée au Conseil. I, 115.
— Présente des requêtes au Roi. I, 119.
— Est interrogé. *Ibid.*
— Le Parlement rend un arrêt contre lui. I, 137, *note.*
— Chansonné. I, 138 et suiv.
— Jugé par le Parlement. I, 137.
— Faits graves qui lui sont reprochés. *Ibid.*
LA FORÊT D'ARMAILLÉ (l'abbé). I, 292.
LAFOSSE (madame); guérie miraculeusement. I, 390 et suiv.
— I, 404.
LA FRESNAYE, conseiller ; se tue. I, 420.

LA GALISSONNIÈRE, chef d'escadre; commande la flotte dans l'expédition de Port-Mahon. VI, 295.
— Débarque à Port-Mahon. VI, 298.
— Force la flotte anglaise à battre en retraite. VI, 318.
— Sa mort. VI, 881.
— VI, 381.
LA GARDE (de), président aux Enquêtes. III, 33.
LA GARDE (de), payeur des rentes. V, 57.
LA GARDE (l'abbé de) ; a une querelle à l'Opéra. VIII, 184.
LA GOUPILLIÈRE (M. de); se tue. I, 128.
LA GRANGE-CHANCEL. I, 221.
LA GUICHE (le comte de). III, 231.
LA GUILLONIÈRE, assassiné. I, 340.
LAHAYE, assassin; rompu vif. I, 443.
LA HOGUE (de), curé de Saint-Jean-en-Grève. V, 29. *Voy.* BAULAN.
— V, 216, 217.
LAHURE, tailleur ; se sépare de sa femme. IV, 376.
LAIDEGUIVE, notaire; fait banqueroute. III, 496.
— IV, 5.
L'AIGLE (le marquis de); poursuivi pour attentat sur une femme de chambre. II, 412, 413, 417.
LAIR, curé; interdit pour cause de jansénisme. II, 130.
LA JONCHÈRE; mis à la Bastille. I, 277.
— Son procès. I, 339, 340.
— Condamné pour péculat. I, 349.
— I, 387.
LA JONQUIÈRES, officier de marine. IV, 244.
LALLEMANT (mademoiselle); on lui refuse les sacrements. VI, 75 et suiv., 80, 82.
— VI, 88.
— Sa mort, son convoi. VI, 94.
LAMARCHE (le comte de). IV, 433.
— Se distingue à Hastembeck. VI, 547.
— VII, 118.
LAMARTELIÈRE, poëte ; condamné aux galères. VI, 577.
LAMARTINIÈRE (M. de), chirurgien du Roi. VI, 427.
— VII, 243.

INDEX.

LA MARTHONIE DE LA CAUSSADE, évêque. VII, 121.
LAMBERT DE THORIGNY. I, 432.
LAMBERT, prévôt des marchands. II, 74.
LAMBERT, conseiller. VI, 41.
LAMBERT, porte-Dieu. V, 231.
LAMBLIN, conseiller. VI, 126.
LA MEILLERAYE (le duc de); est mis à Vincennes. I, 290.
LA MICHAUDIÈRE (de), chef du Conseil du prince de Condé. VIII, 134.
LA MINA, général espagnol. IV, 198.
LA MONNAIE (de), avocat. VI, 261.
LAMOIGNON-BLANCMESNIL (de), président à mortier. I, 14.
— I, 245.
— Nommé premier président de la Cour des Aides. IV, 141.
— Est installé à la Cour des Aides. IV, 146, 147.
— Nommé chancelier. IV, 491.
— Fait avancer sa famille. V, 20.
— Est bon moliniste. V, 28.
— Ses chagrins. V, 36.
— Plaisanterie à son sujet. V, 76.
— Donne à diner à une députation du Parlement. V, 137.
— Ne peut payer ses dettes. VI, 321.
— VII, 321.
— Protége les jésuites. VIII, 21.
— VIII, 73.
— Est exilé dans ses terres. VIII, 106.
— Est sollicité de donner sa démission de chancelier. VIII, 113.
LAMOIGNON DE BAVILLE. VII, 32.
LAMOIGNON DE MALESHERBES, fils du précédent; se marie. IV, 344.
— Reçu premier président de la Cour des Aides. IV, 494.
— VI, 8.
— V, 157.
LAMOIGNON (madame de). III, 146.
LAMOTTE, général français. VIII, 143.
LA MOTTE, assassin. II, 455.
LAMOTTE, changeur. I, 300.
LA MOTTHE-HOUDANCOURT (de). III, 109.
LA MOTTHE (de), poëte. II, 97.
LA MUSANGÈRE (de), évêque de Nantes. V, 351.

LA MUETTE, château au bois de Boulogne. III, 205.
— VI, 19, 20.
LANDIVISIAU, maître des Requêtes. I, 84.
— Inspecteur de la Compagnie des Indes. I, 91.
LA NEUVILLE (le père de). VIII, 308.
LANGERON (le comte de); épouse, dit-on, une femme de chambre. V, 9.
— VII, 55.
LANGES bénis. V, 264.
— V, 394.
LANGLET-DUFRESNOY (l'abbé). IV, 411.
LANGUET, évêque de Soissons. II, 99.
— Est chansonné. II, 100.
— III, 20. — V, 231.
— Ses ouvrages imprimés et supprimés. V, 251.
— V, 286.
— Répond au discours de réception de Marivaux. VIII, 227.
LAON (ville de). VIII, 13.
LA PARISIÈRE (de), évêque de Nîmes. II, 131.
— II, 140.
LAPERELLE, assassin; rompu vif. I, 346.
LA PEYRONIE, chirurgien. III, 235.
— Chansonné. III, 537.
— III, 447.
LA POPELINIÈRE (de), fermier général. VII, 300.
LA POPELINIÈRE (madame de); ses aventures galantes. IV, 327.
— IV, 336.
LA PORTE (l'abbé de). II, 28.
LA PORTE (Charlotte de), convulsionnaire. III, 82.
LAQUAIS; font du désordre à la foire Saint-Germain. I, 118.
— Mis au carcan. I, 170.
LA ROCHALART (de); commande la flotte de Brest. III, 216.
LA ROCHE-COURBON (de); enlève mademoiselle de Moras. III, 109, 110.
LA ROCHE-AYMON; se bat en duel. I, 172.
LA ROCHE-AIMONT (de), archevêque; nommé grand aumônier de France. VII, 267.
LA ROCHELLE. VIII, 249.
LA ROCHEFOUCAULD (le cardinal de). VI, 134.

La ROCHEFOUCAULD (cardinal de); président de l'assemblée du clergé. VI, 173.
— A la place de grand-aumônier de France. VI, 327.
— VI, 388.
— Sa mort, ses revenus. VI, 526.
— VIII, 304, 305, 308, 309.
La ROCHEFOUCAULD, archevêque d'Albi, neveu du cardinal; obtient la feuille des bénéfices. VI, 191.
— VI, 526.
La ROCHEFOUCAULD (le duc de); est exilé. IV, 405.
— Est un peu philosophe. VI, 613.
La ROCHEFOUCAULD-D'ESTISSAC (le duc de), gendre du précédent. Ibid.
La ROCHE-SUR-YON (mademoiselle de), sœur du prince de Conti. III, 103.
— Sa mort. IV, 484.
La SALLE, voleur. VIII, 284, 286.
La SALLE (le marquis de). IV, 459.
Las MINAS (le marquis de), ambassadeur d'Espagne. III, 182.
La SAUSSAYE (abbaye de). VII, 299.
Lassay (le comte de). III, 231.
— IV, 11.
La TASTE (don), bénédictin. VI, 26.
La TOUR (l'abbé de); prêtre de Saint-Nicolas-des-Champs. VII, 202.
La TOUR-D'AUVERGNE, archevêque de Vienne. III, 118.
La TOURNELLE (madame de). Voy. CHATEAUROUX (la duchesse de).
La TRÉMOILLE (le duc de). I, 361.
— II, 225, 517.
— Se marie à quatorze ans. V, 22.
La TRÉMOILLE (la duchesse de). II, 357.
— Grande janséniste. III, 282.
LAUGIER DE BEAURECUEIL, curé de Sainte-Marguerite; est poursuivi pour refus de sacrements. VI, 101 et suiv.
— VI, 127, 137.
— Se sauve, dit-on, avec vingt mille livres. VI, 139.
LAUBRIÈRE (de), évêque de Soissons. II, 365.
LAURAGUAIS-BRANCAS (le comte de). VII, 162.
— Fait un discours sur l'inoculation. VIII, 91, 92.

LAURAGUAIS-BRANCAS (le comte de);
— Est envoyé à la citadelle de Metz pourquoi? VIII, 92, 93.
LAURAGUAIS (duchesse de). III, 518.
— IV, 84.
LAURENT (l'abbé); meurt brûlé. I, 419.
LAURIÈRE (de), conseiller au Grand-Conseil. I, 219.
— II, 420.
LAURIMIER, notaire. IV, 150.
LAUTERBOURG; emporté par les Français. III, 526.
— Se rend au prince Charles. III, 528.
LAUTREC (le comte de); fait une fausse manœuvre au siège de Maëstricht. IV, 294, 295.
LAVAL-MONTMORENCY, évêque d'Orléans. VI, 66.
— Écrit une lettre au chapitre de cette ville. VI, 91.
— Cette lettre est poursuivie. Ibid.
— Est exilé. VI, 92.
— Interdit les sacrements à des religieuses. VI, 171, 172.
— Donne sa démission d'évêque d'Orléans. VI, 617.
La VALETTE (le père de), jésuite; fait banqueroute et a un procès. VII, 349 et suiv., 354, 357.
— Voy. Jésuites.
La VALLIÈRE (le duc de). I, 421.
— III, 173.
— Dirige les divertissements de Versailles. IV, 338.
La VALLIÈRE (le marquis de). I, 256.
La VAUGUYON, cordon bleu; gouverneur du duc de Bourgogne. VII, 19.
— Lieutenant général. VII, 45.
— Reçu pair de France. VII, 116.
LAVERDY (de), avocat. II, 187.
LAVERDY (de), conseiller; nommé contrôleur général. VIII, 119.
— Détails qui le concernent. VIII, 122.
La VIGNE (de), grand janséniste. I, 290.
La VILLE (l'abbé), ministre de France près la Hollande. IV, 93, 95.
— Ses mémoires politiques. Ibid.
— Dirige l'Observateur hollandais. VI, 231.
La VRILLIÈRE (madame de); remplit une commission infamante. I, 362.

LAW; sa biographie. I, 7.
— Sa banque. *Ibid.*
— Détails sur son système. I, 9 et suiv.
— Est nommé intendant général du commerce. I, 37.
— Le peuple casse ses vitres. I, 48.
— Est assailli par le peuple. I, 49.
— Loge au Palais-Royal. I, 61.
— Commet des friponneries. I, 63.
— Il n'y a eu que des friponneries dans son système. I, 70.
— But de son système. I, 75.
— Fait rechercher ceux qui ont gagné dans le *Système*. I, 83.
— Son parti est bien bas. I, 88.
— Ses ennemis sont ligués contre lui. *Ibid.*
— Ses protecteurs. I, 89.
— Sa disgrâce. *Ibid.*
— Sort de Paris. I, 91.
— On le dit parti pour la Flandre. I, 92.
— A quitté la France. I, 93.
— Ses enfants. *Ibid.*
— Traité de fripon par le Régent. I, 104.
— On met le scellé dans sa maison. I, 130.
— Est à Paris *incognito*. I, 158.
— Bruits de Paris sur son compte. I, 190.
— Sa maîtresse. I, 420.
— I, 36, 39, 40, 76.
— Law et la peste. I, 131.
— I, 431 et suiv.
— *Voy.* Banque, Monnaies, Parlement, Refonte, Visa.
LAW (madame). I, 129.
LAW (mademoiselle); insultée et blessée par le peuple. I, 66.
— I, 190.
LAWFELD. *Voy.* Bataille.
LEBEER, gentilhomme; est pendu. II, 125.
LEBLANC, secrétaire d'État de la guerre. I, 21.
— Accusé de concussion. I, 278, 279.
— Est exilé. I, 285.
— Mis à la Bastille. I, 342.
— Jugé et acquitté par le Parlement. I, 376 et suiv.
— Revient à Paris. I, 428.

LEBLANC. I, 36, 261, 286, 287, 344, 352, 381, 434, 435, 436.
— Sa mort. II, 41.
— IV, 32.
LEBLANC (l'abbé), poëte. VIII, 307.
LEBLANC, joaillier. VII, 374.
LEBRETON (la petite). VIII, 142.
LEBRETON (mademoiselle); on lui refuse un prêtre. VI, 116.
— Est administrée par ordre du Parlement. VI, 117.
LEBRETON (madame); inspire une passion au comte de Charolais. IV, 399, 400.
— Va prendre le *petit-lait*. IV, 401.
LE CAMUS (le président). II, 196.
— Dit au Roi de dures vérités. III, 180, 181.
— Envoie son frère aux îles Sainte-Marguerite. III, 199.
— Publie un mémoire justificatif. III, 203.
— Complimente Louis XV sur la bataille de Fontenoy. IV, 48.
— Donne sa démission. IV, 141.
LE CAMUS (l'abbé); publie un mémoire contre d'Alby. III, 199.
— Est conduit aux îles Sainte-Marguerite. *Ibid.*
— Détails qui le concernent. III, 200, 201.
LE CAMUS (le chevalier). II, 455.
LE COMTE, avocat. II, 187.
LECOMTE, lieutenant criminel; accusé par Cartouche. I, 176.
LECOUVREUR, actrice; sa mort, son histoire. II, 94, 95.
— Enterrée dans un chantier. II, 95.
LECZINSKA (la princesse), depuis reine de France. I, 390.
LE DUC (Monsieur). *Voy.* BOURBON (Louis-Henri, duc de).
LE DUC (mademoiselle), danseuse. III, 341, 342.
— IV, 39, 192.
— Maîtresse du comte de Clermont. IV, 496.
— Veut suivre le prince de Clermont à l'armée. VIII, 183.
— Congédie le comte de Clermont. VIII, 238.
— VIII, 251.
L'ÉCLUSE (de), curé de Saint-Nicolas. VII, 2.

L'ÉCLUSE (de); refuse les sacrements et est poursuivi. VII, 40, 41, 42, 43.
— Banni à perpétuité. VII, 118, 119.
LEFÉBURE, huissier. VI, 475.
LEFÈVRE, syndic de la Faculté de Théologie. VI, 317.
LEFÈVRE, charron; son aventure. I, 416.
LEFRANC DE POMPIGNAN, évêque du Puy; fait un beau sermon. VI, 174, 175.
— VII, 100.
LEFRANC (Anne); guérie miraculeusement par le diacre Pâris. I, 190.
LEGENDRE DE COLANDRE. V, 297.
LEGOUVÉ, avocat. VI, 476.
LEJUGE (mademoiselle); est guérie miraculeusement. III, 81.
LE LARGE, docteur; est exilé. VII, 15.
LEMAIRE (le sieur); on lui refuse les sacrements. V, 176 et suiv.
— Somme Bouëttin de lui donner les sacrements. V, 183.
— Meurt sans sacrements. *Ibid.*
— Son enterrement. V, 190.
LE MAIRE (l'abbé). VII, 11.
LEMAITRE, trésorier de l'artillerie. VII, 422.
LEMOINE, conseiller. VII, 14, 15.
LE MAURE (mademoiselle), chanteuse; est mise au Fort-l'Évêque. III, 9.
— Fait un manifeste. III, 13.
— VIII, 179, 341.
LÉMERY, jésuite; fait des représentations au Roi sur sa conduite. VIII, 200.
LENAIN, intendant du Languedoc. V, 18.
LENOIR, lieutenant particulier. V, 426.
— Sa mort. VI, 24.
— VII, 208.
LÉNONCOURT (le marquis de), colonel; est cassé. VII, 52.
LE NORMANT D'ÉTIOLLES, mari de la Pompadour. IV, 32.
— IV, 110.
— Fermier général des postes. VI, 39.
LE NORMANT DE TOURNEHEM. IV, 110.
LEPINEAU; son histoire. II, 27, 28.
LEPRÊTRE, épouse mademoiselle Grimaudet. IV, 459.
LEREBOURS, conseiller. II, 399.

LE ROY DE VALLIÈRES. II, 162.
— II, 187.
— Fait un discours comme bâtonnier des avocats. II, 263.
LE ROY, le jeune, avocat. III, 38.
LESCOMBAT, architecte; assassiné par l'amant de sa femme. VI, 122.
LESCOMBAT (la dame), complice de l'assassinat de son mari. VI, 122.
— Est condamnée à mort. VI, 123.
— Son exécution est différée pour cause de grossesse. VI, 135.
— Son supplice. VI, 178.
L'ESPINAY, commissaire de police. II, 420.
LESSEVILLE (de). II, 106.
— II, 121.
LETTRE supposée de Louis XIV. II, 388.
— D'un seigneur hollandais. III, 549.
— Des évêques; supprimée par arrêt du Conseil. V, 261.
— Aux révérends pères jésuites. V, 289.
— D'un constitutionnaire. VI, 146.
— De Louis XV au roi d'Angleterre. VI, 237.
— De l'évêque de Troyes; dénoncée au Parlement. VI, 325.
— D'un patriote, brochure janséniste. VI, 497.
— VI, 511.
— D'un banquier. VII, 164.
— D'ordre; ce que c'est. VII, 110.
— Du chancelier au Parlement de Rouen. VII, 316 et suiv.
LETTRES; de cachet. I, 52.
— V, 368, 371. — VI, 459.
— Pour cause d'exil. VI, 468.
— On dit que le Roi les supprime. VIII, 258.
— *Ne repugnate*, etc.; sont condamnées. IV, 443.
— Aux commissaires du Conseil. V, 294.
— Patentes; sont indispensables pour valider les ordres du Roi au Parlement. V, 329.
— De présentation du chancelier. V, 36.
— Sur les entreprises du Grand-Conseil. VI, 275.
— Sur le péché imaginaire. VI, 387.
— Le port en est augmenté. VII, 170.

INDEX. 483

LETTRES; la distribution en est établie dans Paris. VII, 170.
— Ouvertes à la poste par ordre de la Cour. III, 367.
— VIII, 139, 184, 312.
— De M. de Van Hoë. VIII, 275.
— Écrites de l'armée; ne sont point remises. VIII, 187.
LÉZONNET (de), conseiller au Parlement. III, 187, 188.
— III, 193, 194.
LEVACHER (madame); ses galanteries. I, 367.
LEVACHER, procureur; tue l'amant de sa femme. I, 368.
LÉVI (le juif); assassine un marchand de diamants. I, 86.
— Il est jugé, baptisé et rompu vif. I, 87.
LÉVIS DE CAYLUS, évêque d'Auxerre; grand janséniste. VI, 25.
LÉVIS (le comte de). II, 396.
LÉVIS DE CHAILUS (le marquis de). I, 256.
LHERMINIER, avocat. V, 402.
LHÉRITIER, conseiller au Châtelet. I, 251.
LHOMME, ancien échevin; son aventure avec mademoiselle Mazarelli. IV, 476, 477, 478.
— Suite de son procès avec la demoiselle Mazarelli. V, 44, 45, 46, 47.
— Est condamné par la Tournelle. V, 250.
— VIII, 271.
LIBELLE contre Voltaire. IV, 146.
Liberté nouvelle de penser, livre. VIII, 224.
LIBERTÉS gallicanes; sont attaquées. III, 7.
Libertés de la France contre l'excommunication. VII, 363.
LIBRAIRE mis au pilori. II, 212.
LIBRAIRES; condamnés par le Parlement. VI, 577.
— De l'*Encyclopédie*. VII, 121.
— Emprisonnés. VIII, 211.
LIBRAIRIE; placée dans les attributions du chancelier. V, 3.
— *Voy.* Chancelier.
LIBRAIRIE française en 1742. VIII, 172.
LIBRE ARBITRE. V, 284.
LICHTENSTEIN (le prince de). III, 149.
— III, 181.

LIEUTENANT civil du Châtelet. II, 2.
— Criminel; accusé de concussion. I, 176.
— De robe courte, à Paris. I, 253.
LIGNEVILLE (mademoiselle de). V, 57.
LIGNY (le comte de). I, 227.
LIGONNIER, général anglais; pris à Lawfeld. IV, 250.
LIONCY, négociant; plaide contre les jésuites. VII, 350 et suiv.
LINTZ (ville de). III, 331.
— Capitule. III, 336.
LIQUIDATION des bénéfices du *Système*. I, 178. *Voy.* Visa.
LISBONNE; détruite par un tremblement de terre. VI, 218 et suiv.
— VI, 225.
— Éprouve un tremblement de terre en 1761. VII, 359.
LISSA. *Voy.* Bataille.
LISTENAY (madame de); vend une place de fermier général. V, 407.
— VIII, 212.
LIT de justice. I, 11.
— I, 12.
— Annoncé en 1722. I, 237.
— I, 393.
— Tenu en 1730. II, 103.
— A Versailles. II, 342.
— II, 343.
— Doit être tenu à Paris. II, 345.
— En 1732. VI, 350.
— A Versailles, en 1756. VI, 352, 353 et suiv.
— Le procès-verbal en est imprimé au Louvre. VI, 364.
— Tenu à Paris, en 1756. VI, 405 et suiv.
— En 1759. VII, 186.
— En 1761. VII, 385, 386.
— En 1763. VIII, 7.
Livre des mœurs, analysé par Barbier. IV, 300 et suiv.
LIVRES; il est défendu de relier les livres prohibés. VI, 578.
— Doivent porter le nom de l'imprimeur. VI, 577, 578.
LIVRY (le marquis de), lieutenant général. II, 230.
LIVRY (de), premier maître-d'hôtel du Roi. IV, 353.
LIXIN (le prince de); tué en duel. II, 463.
LOIRE; déborde. II, 407.

484 INDEX.

Loire; déborde en 1751. V, 33.
Lois; soutiennent l'autorité du Roi. V, 290.
Longchamp (promenade de). III, 342.
— VI, 23.
Longueil de Maisons. II, 358.
Lorient; est pris, dit-on, par les Anglais. IV, 188.
Lorme (de), ingénieur; tué à Berg-op-Zoom. IV, 257.
Lorges (la duchesse de). I, 91.
Lorraine (le prince Charles de), comte d'Armagnac; sa mort. V, 139.
Lorraine (le duc de); fait hommage pour le duché de Bar. II, 90.
— II, 375.
Lorraine (la duchesse de); sa mort. IV, 7.
Lorraine, province; prise par le comte de Belle-Isle. II, 429.
— III, 49, 88.
Lostange (le comte de). VI, 130.
Loterie pour le remboursement des rentes de la ville. II, 53.
— Pour les pauvres. III, 256 et suiv.
— Royale, établie en 1747. IV, 263.
— Ordre des tirages. IV, 264, 265, note.
— Causes qui l'ont fait établir. IV, 272.
— Pour le remboursement des rentes, tirée à l'Hôtel de Ville. VI, 357.
— Pour le remboursement des rentes viagères. VII, 36.
Louis XIV; dit qu'on écrivait bien à la Cour. III, 198.
— Crée diverses charges au Parlement. VI, 571.
— *Voy.* Lettre.
Louis XV; répond à un message du Parlement. I, 35.
— Défend les rassemblements. I, 51.
— Va au camp de Charenton. I, 60.
— Transfère le Parlement à Blois. I, 81.
— Danse avec des filles d'Opéra. I, 105.
— Tombe malade. I, 146, 147.
— Va à Notre-Dame. I, 152.
— Va à la messe à Sainte-Geneviève. I, 153.
— On projette son mariage avec l'infante d'Espagne. I, 159.

Louis XV; son mariage est arrêté. I, 160.
— Affaires relatives à son mariage. I, 161.
— Signe le contrat de mariage de la princesse des Asturies. I, 170.
— Donne une poupée à l'Infante. I, 198.
— Donne un bal aux Tuileries. I, 199.
— Va au bal à l'Hôtel de Ville. I, 201.
— Ses confesseurs. I, 209.
— Va demeurer à Versailles. *Ibid.*
— On craint qu'il ne soit féroce. I, 212.
— Tue sa biche blanche. *Ibid.*
— Rend une visite de condoléances. I, 216.
— Va à la procession. I, 217, 218.
— Part pour Versailles. I, 221.
— Sera un beau prince. I, 238.
— Va au camp de Porche-Fontaine. I, 240.
— Sa couronne. I, 242.
— Sacré à Reims. I, 243 et suiv.
— Va à Saint-Denis. I, 244.
— Est indisposé. I, 254, 255.
— Atteint sa majorité. I, 256.
— Est taciturne. I, 257.
— Signe un contrat de mariage. I, 257.
— Va au Parlement. I, 258.
— Ne répond rien aux compliments. I, 259.
— Mécontente le public. I, 260.
— Sa chemise et sa serviette. I, 269.
— Ses chasses. I, 281.
— Habite Meudon et chasse. I, 285.
— Nomme le Régent premier ministre. I, 297.
— Va à Chantilly. I, 361.
— En but aux intrigues des femmes. I, 362.
— Résiste aux intrigues des femmes. I, 365.
— Chasse à Fontainebleau. I, 372 et suiv.
— Tombe malade. I, 379.
— Renvoie l'Infante en Espagne. I, 381.
— On parle de son mariage. I, 382, 385, 387, 388.
— Déclare son mariage avec la princesse Leczinska. I, 390.

INDEX.

Louis xv; tient un lit de justice. I, 393.
— Se marie par procureur à Strasbourg. I, 401.
— Va au-devant de la Reine. *Ibid.*
— I, 408.
— Ses noces. I, 409.
— Couche tous les jours avec la Reine. I, 411.
— Reçoit des plaintes au sujet de la situation du pays. I, 413.
— Est très-dissimulé. I, 428.
— N'a pas d'argent. I, 430.
— Fait un discours au Conseil. I, 431.
— Veut gouverner par lui-même. I, 432.
— A une indigestion. I, 436.
— Ses attentions pour le ministre Le Blanc. I, 437.
— Va à Rambouillet. II, 12.
— Convoque une assemblée d'évêques. II, 40.
— Malade de la petite vérole. II, 57.
— Gracie les déserteurs. II, 89.
— Vient à Paris pour les fêtes de la naissance du Dauphin. II, 77 et suiv.
— Déclare la constitution *Unigenitus* un jugement dogmatique de l'Église. II, 102.
— Tient un lit de justice en 1730. II, 104 et suiv.
— Ne fait que chasser. II, 110.
— Sa lettre au premier président. II, 111.
— Mande le Parlement à Fontainebleau. II, 118.
— Est mécontent du Parlement. II, 120.
— Va à Notre-Dame. II, 125.
— Fait des cordons bleus. II, 143.
— Veut mettre un terme aux querelles religieuses. II, 150.
— Chasse toujours. II, 166.
— Dit au Parlement qu'il est mécontent de lui. II, 178.
— Aime, dit-on, la duchesse de Bourbon. *Ibid.*
— Ne se mêle point des affaires. II, 179.
— A la tête rompue du jansénisme. II, 186.

Louis xv; ne veut point, de la part du clergé, d'entreprises sur son autorité. II, 193.
— Est mécontent du Parlement. II, 219.
— Sa déclaration sur les appels comme d'abus. II, 231.
— Exprime son mécontentement au Parlement. II, 237.
— Rappelle au Parlement qu'il est son maître. II, 238.
— Ce qu'il fait au mariage du prince de Conti. II, 241, 242.
— Va chasser à Compiègne. II, 259.
— Défend au Parlement de délibérer sur les affaires de l'Église. II, 267.
— Fait déchirer un discours du premier président. II, 271.
— Ordonne au Parlement de reprendre ses fonctions. II, 278.
— Exile plusieurs membres du Parlement. II, 293.
— Malmène les députés du Parlement. II, 294.
— Ce qu'il dit au sujet des démissions du Parlement. II, 302.
— Veut que le Parlement lui demande pardon. II, 306.
— Fait la remise des démissions de plusieurs membres du Parlement. II, 311, 312.
— Reçoit le Parlement à Marly. II, 330.
— Tient un grand conseil à Marly. II, 336.
— On n'ose point lui parler des affaires. II, 338.
— Il est bon et instruit. *Ibid.*
— Anecdote qui le concerne. *Ibid.*
— Tient un lit de justice à Versailles. II, 343.
— Ordonne au Parlement de reprendre ses fonctions. II, 344.
— Exile cent quarante membres du Parlement. II, 349.
— A une fluxion sur les oreilles. II, 360.
— Reçoit une députation du Parlement. II, 367.
— Traite le Parlement avec douceur. II, 371.
— A un sort sur la langue. II, 410.
— Fait divers petits voyages. II, 419.

LOUIS XV; va chasser à Fontainebleau. II, 429.
— Déclare la guerre à l'Empereur. II, 431.
— Va assidûment au sermon. II, 456.
— Donne ordre de poursuivre le frère Augustin. II, 525.
— Voy. Constitution, Parlement.
— Va au bal de l'Opéra. III, 73 et suiv.
— Ne veut point travailler par lui-même. III, 76.
— M. de Montgeron lui remet les *Nouvelles ecclésiastiques*. III, 90.
— Sa vie écrite par lui-même. III, 91.
— Refuse de rendre M. de Montgeron au Parlement. III, 95.
— Ne lit rien. III, 96.
— Dit au Parlement qu'il veut être obéi. III, 101.
— Va à Fontainebleau. III, 102.
— Prend pour maîtresse la comtesse de Mailly. III, 113.
— Est malade d'un rhume. III, 117.
— Couche avec la Reine. *Ibid.*
— Bachelier lui amène secrètement des filles. III, 122.
— Est malade du fait de la fille d'un boucher de Poissy. III, 123.
— Travaille avec les ministres. III, 126.
— Prend un arrêté relatif au concile de Bâle. III, 127.
— Pleure en se séparant de ses filles. III, 128.
— Soupe jusqu'au matin. III, 137.
— Se brouille avec le cardinal de Fleury. III, 141.
— Va voir le cardinal de Fleury. III, 143.
— Va à l'Opéra. III, 154.
— Se déguise en chauve-souris. III, 156, 158.
— Ne fait pas ses Pâques. III, 167.
— Va à Compiègne. III, 181.
— Achète le château de Choisy. III, 205.
— Va plus vite que tout le monde à cheval. III, 207.
— Plaisante madame de Mailly. III, 233.
— Ne sait pas le prix du pain. III, 246.
— Va à Compiègne. III, 276.

LOUIS XV; n'a pas la curiosité de voyager. III, 288.
— A un grand chagrin de la mort de madame de Vintimille. III, 309.
— Ses petits soupers. III, 313.
— Fait une chanson sur le comte de Clermont. III, 343.
— Va à Fontainebleau. III, 345.
— Chasse toujours. III, 356.
— Rompt sa liaison avec madame de Mailly. III, 393.
— Prend madame de La Tournelle. III, 394.
— Paye les dettes de madame de Mailly. III, 395.
— Donne un bon pour une place de fermier général. III, 407.
— Est admiré par le public. III, 420.
— Ne veut pas la paix. III, 423.
— Donne un dîner au duc de Chartres. III, 479.
— Se décide à faire la campagne de Flandre. III, 504.
— Part pour la Flandre. III, 508.
— Écrit au Parlement qu'il part pour l'armée. III, 511.
— Visite les places du nord. III, 513.
— Célébré dans un quatrain. III, 514.
— Son quartier général et sa maison militaire. III, 516.
— Va à la tranchée. III, 517.
— Se rend en Lorraine. III, 529.
— Sa maladie à Metz. III, 533, 534 et suiv.
— Fait éloigner la duchesse de Châteauroux. III, 537, 538, 539.
— Fait amende honorable devant l'évêque de Soissons. III, 537.
— Se rétablit. III, 541.
— Quitte Metz. III, 551.
— Fait son entrée à Paris. III, 557.
— Va à un *Te Deum* à Notre-Dame. III, 558, 559.
— Dîne à l'Hôtel de Ville. III, 560, 561.
— A un violent chagrin de la mort de madame de Châteauroux. III, 571.
— Travaille avec ses ministres. III, 572.
— A des actions de la Compagnie des Indes. IV, 1, 2.
— Va au-devant de la Dauphine. IV, 14.

Louis XV; va au bal de l'Hôtel de Ville. IV, 22.
— Ses premières relations avec madame d'Étioles. IV, 24.
— Soupe avec madame d'Étioles. IV, 32.
— Part pour l'armée de Flandre. IV, 35.
— Sa belle conduite à Fontenoy. IV, 36.
— Annonce la victoire de Fontenoy à l'archevêque de Paris. IV, 41.
— Reçoit en Flandre les députations des Cours souveraines. IV, 46 et suiv.
— Visite Gand et Bruges. IV, 67.
— Revient à Paris. IV, 76.
— Entre à Paris après la campagne de Flandre. IV, 78, 79.
— Assiste à un *Te Deum* à Notre-Dame. IV, 80.
— Soupe à l'Hôtel de Ville. IV, 81.
— Va à Choisy. IV, 84.
— Propose un congrès général. IV, 88.
— Va à Fontainebleau. IV, 90.
— Part pour l'armée de Flandre. IV, 145.
— Donne sept cent mille livres à madame de Pompadour. IV, 149.
— Revient de Flandre à Versailles. IV, 159.
— Fait des présents à Charles-Édouard. IV, 194.
— Va au-devant de la Dauphine. IV, 218.
— Impose silence sur les disputes de religion. IV, 227.
— Mande le Parlement à Versailles. *Ibid.*
— Le reçoit mal. IV, 228, 229.
— Joue la comédie. IV, 231.
— Adresse un manifeste aux Hollandais. IV, 238.
— Part pour la Flandre. IV, 242.
— Assiste à la bataille de Lawfeldt. IV, 249.
— Accueille très-bien un général anglais. IV, 250.
— Revient de l'armée de Flandre. IV, 260.
— Adresse un manifeste aux Hollandais. IV, 262.
— Va chez madame de Pompadour. IV, 315.

Louis XV; s'engage à expulser le prince Édouard. IV, 320.
— Joue un triste rôle lors de l'expulsion du prince Édouard. IV, 333.
— Fait des dépenses considérables. IV, 338.
— Écrit une lettre d'exil pour M. de Maurepas. IV, 365.
— Fait un voyage à Marly. IV, 367.
— Fait sans cesse ses petits voyages. IV, 372, 373.
— Ordonne au Parlement de cesser ses poursuites sur des refus de sacrements. IV, 382.
— Motifs présumés de ses petits voyages. IV, 383.
— Comment il reçoit les échevins de Paris. IV, 386.
— Va conduire madame de Pompadour voir la mer. IV, 390.
— Ses dépenses de bouche. IV, 395.
— Ne pardonne pas à ceux qu'il a disgraciés. IV, 405.
— Va à Crécy. IV, 421.
— On lui cache ce qui se passe à Paris. IV, 437.
— Ne veut plus passer par Paris. IV, 440.
— Soupe chez le prince de Soubise. IV, 457.
— Emprunte toujours IV, 483.
— Prend possession du château de Bellevue. IV, 484.
— Établit une noblesse militaire. IV, 487.
— Couche très-peu à Versailles. V, 8.
— Fait travailler à la Muette. V, 20.
— Doit faire le jubilé. V, 26.
— A horreur du nom de janséniste. V, 28.
— Est volé par tout le monde. V, 30.
— A une indigestion. V, 52.
— Fait une visite à M. de Machault. V, 59.
— S'ennuie partout. V, 84.
— Dit au Parlement que son devoir est d'obéir. V, 84.
— Donne ordre au Parlement d'enregistrer un édit. V, 90.
— Va à Notre-Dame pour la naissance du duc de Bourgogne; son cortége. V, 102, 103 et suiv.
— A une attaque de goutte. V, 109.
— Chasse en fauteuil. *Ibid.*

LOUIS XV; ordonne de surseoir à la levée des droits sur les vivres, à Paris. V, 127.
— Ordonne au Parlement de reprendre ses fonctions ordinaires. V, 129.
— A besoin d'argent. V, 148.
— Ses petits voyages. *Ibid.*
— Ce qu'il fait pour la maison d'Orléans. V, 156, 157.
— Est très-affligé de la mort de sa fille Henriette. V, 158 et suiv.
— Va à Trianon. V, 166.
— Reçoit des compliments de condoléances. V, 171.
— On veut le tourner à la dévotion. V, 172.
— Regarde les jansénistes avec horreur. V, 181.
— Défend au Parlement de suivre une procédure. V, 192.
— Répond aux remontrances du Parlement. V, 206.
— Veut mettre fin aux querelles religieuses. V, 214.
— Se montre sévère pour le Parlement. V, 220.
— Ordonne au Parlement de reprendre ses fonctions. V, 225.
— Dit au Parlement qu'il veut être obéi. V, 228.
— Répond au Parlement. V, 234.
— N'est pas obéi. V, 244.
— Veut que l'on suspende des procédures contre des curés. V, 248.
— Va chasser à Compiègne. V, 249.
— Va à Notre-Dame pour la convalescence du Dauphin. V, 275.
— Élevé dans la haine du jansénisme. V, 284.
— Sa politique est d'entretenir la désunion. V, 285.
— Va à Fontainebleau. V, 294.
— Emprunte vingt-deux millions. V, 295.
— Donne un brevet d'honneur à madame de Pompadour. *Ibid.*
— Va à Choisy. V, 296.
— Sa politique dans les affaires du jansénisme. V, 309.
— Ne dérange jamais ses voyages. *Ib.*
— Remet un paquet au premier président. V, 311.
— Défend au Parlement de convoquer les pairs. III, 318.

LOUIS XV; est très-mécontent du Parlement. V, 322.
— Répond au Parlement. V, 327.
— Prend le deuil de la duchesse du Maine. V, 351.
— Ordonne au Parlement de ne point s'occuper des refus de sacrements. V, 354.
— Assiste régulièrement aux sermons du carême. V, 360.
— Loge une jeune fille au Parc-aux-Cerfs. *Ibid.*
— Professe un grand respect pour le souverain Pontife. V, 363.
— Ordonne à divers curés de reprendre leurs fonctions malgré le Parlement. V, 365.
— Fait une réponse maligne au Parlement. V, 367.
— Signe ce qu'il ne connaît pas. V, 368.
— Ses galanteries avec la fille d'un cordonnier. V, 372.
— Ne peut faire un pas tout seul. *Ibid.*
— A une indigestion. V, 374.
— Soupe sur de la vaisselle de faïence. *Ibid.*
— Dit au Parlement qu'il veut la paix. V, 377, 378.
— Envoie des lettres de jussion au Parlement. V, 380.
— Exile le Parlement. V, 381.
— Son autorité est compromise. V, 389.
— Chasse à Marly. V, 392.
— Chasse à Compiègne. V, 401.
— Donne le titre de prince à M. de Soubise. *Ibid.*
— Ses voyages. V, 407.
— Reçoit le Parlement de Rouen. V, 410.
— Répond au Parlement de Rouen. V, 411.
— Établit une Chambre royale. V, 437.
— Aime beaucoup ses enfants. V, 439.
— Va coucher à Bellevue. V, 451.
— Plie devant le Parlement. VI, 5.
— Fait des dîners-soupers. VI, 18.
— Va à Crécy, chez la marquise. VI, 28.
— Passe une revue. *Ibid.*

INDEX.

LOUIS XV; reçoit M. de Maupeou dans son cabinet. VI, 29.
— Sa lettre au président Maupeou. VI, 32.
— Son entrevue avec le président Maupeou. *Ibid.*
— Tient compagnie à madame de Pompadour. VI, 38.
— Rappelle le Parlement à Paris. VI, 42.
— Chasse au cerf. VI, 46.
— Va à Versailles pour l'accouchement de la Dauphine. VI, 48.
— A une conférence avec de grands dignitaires de l'Église. VI, 52.
— Répond à Maupeou. VI, 61.
— Veut la paix, en fait de questions religieuses. VI, 63.
— A de la vaisselle d'or. VI, 65.
— Fait grand accueil à M. de Rosambo. VI, 68.
— Érige le marquisat de Marigny. VI, 69.
— Dit qu'il est satisfait du Parlement. VI, 80.
— Est mécontent de l'archevêque et l'exile à Conflans. VI, 82.
— On vante son mérite après l'avoir rabaissé. VI, 84.
— Exile l'évêque d'Orléans. VI, 92.
— Recommande la modération dans les affaires religieuses. VI, 97.
— Passe les jours gras à Bellevue. VI, 125.
— Se plaint de l'archevêque de Paris. VI, 129.
— Écrit à M. de Beaumont. VI, 130.
— Blâme le Parlement. VI, 152.
— Répond à une députation du Parlement. VI, 158.
— Écrit au chancelier pour une affaire de thèses. VI, 165.
— Est piqué de la conduite des Anglais. VI, 183, 185.
— Chasse aux perdreaux. VI, 186.
— Restreint ses dépenses. VI, 188.
— Proroge le Parlement. VI, 192.
— Va à Fontainebleau. VI, 201.
— Est fort dissimulé. VI, 209.
— Donne une réponse aux députés du clergé. VI, 212, 214, 215.
— Écrit au roi d'Angleterre. VI, 231.
— Annonce des suppressions dans le Parlement. VI, 234.

LOUIS XV; répond au Parlement au sujet du Grand-Conseil. VI, 236.
— Marie ses maîtresses. VI, 246.
— A trois jeunes filles à Versailles. VI, 263.
— Jette au feu une requête des princes du sang. VI, 266.
— Défend au Parlement de convoquer les pairs sans sa permission. VI, 269.
— Passe les jours gras à Bellevue. VI, 271.
— Félicite le Grand-Conseil. VI, 297.
— Ce qu'il dit au Parlement de Rouen. VI, 303.
— Casse un arrêt du Parlement de Rouen. VI, 312.
— Va à Compiègne. VI, 328.
— Demande l'enregistrement de trois déclarations. VI, 340.
— A un pouvoir absolu sur les évêques. VI, 340, 341.
— Renouvelle l'ordre d'enregistrer ses déclarations. VI, 341.
— Dit qu'il est seul juge des besoins de l'État. VI, 343.
— Envoie une lettre close au Parlement de Rouen. VI, 345.
— Dit que le Parlement abuse de ses bontés. VI, 347.
— Retire divers édits des mains du Parlement. VI, 349.
— N'aime point les lits de justice. VI, 350.
— A une indigestion. VI, 374.
— Écrit aux évêques du royaume. VI, 389, 391.
— Se rend au lit de justice tenu à Paris. VI, 408.
— Autorise, après le lit de justice de 1756, le Parlement à faire des remontrances. VI, 414.
— Tourne le dos à l'évêque de Metz. VI, 416.
— Refuse de faire rentrer les exilés de la Grand'Chambre. VI, 421.
— Assassiné par Damiens. VI, 426 et suiv.
— Ce qu'il fait après avoir été frappé. VI, 427, 428.
— Se confesse. VI, 429.
— Répond aux représentations de la Grand'Chambre. VI, 453, 454.

Louis XV; donne trois cent mille livres aux pauvres. VI, 462.
— Chasse et soupe. VI, 464.
— Refuse de rappeler de l'exil les conseillers démissionnaires. VI, 466.
— Se comporte avec grandeur d'âme. VI, 467.
— Ce qu'il dit à d'Argenson et à Machault en les exilant. VI, 468.
— Tient le sceau. VI, 489.
— Donne des pensions aux juges de Damiens. VI, 516.
— Va à la Muette. VI, 526.
— Chasse dans le bois de Boulogne. VI, 530, 531.
— Va à sa maison de Saint-Hubert. VI, 533.
— Ne veut pas s'humilier devant le Parlement. VI, 558.
— Sa lettre à l'archevêque de Paris. VI, 551.
— Rend les démissions des conseillers du Parlement. VI, 560.
— Donne une réponse bienveillante au Parlement. VI, 560, 561, 562.
— Rend les démissions du Parlement. VI, 566, 567.
— Promet aux députés du Parlement le rappel de leurs confrères exilés. VI, 572.
— Donne une pension à Maupeou. VI, 581.
— Ordonne à la Sorbonne de ne plus s'occuper de la Constitution. VI, 606.
— Engage l'archevêque à se tenir tranquille. VI, 617.
— Veut qu'on observe le silence sur la bulle. VII, 16.
— Prend tout sur lui pour les affaires de l'Église. VII, 20.
— Supprime des charges au Parlement. VII, 23.
— Ordonne aux bacheliers en théologie de passer leurs thèses. VII, 33.
— A un rhumatisme au genou. VII, 47.
— Fait une visite au maréchal de Belle-Isle. VII, 68.
— Dépenses de sa maison. VII, 76 et suiv.
— Crée des ducs. VII, 85.
— Écrit aux grands vicaires de Paris. VII, 96.

Louis XV; met de côté le traitement du garde des sceaux. VII, 115.
— Développe au Parlement une théorie de sa souveraineté. VII, 151.
— Tient un grand conseil de finances. VII, 154.
— A des dartres. VII, 165.
— Institue un ordre militaire. VII, 169.
— Discute sur le principe de la souveraineté. VII, 173.
— Discute avec le Parlement au sujet d'édits bursaux. VII, 184.
— Est volé par tout le monde. VII, 186.
— Invite ses sujets à porter leur vaisselle à la Monnaie. VII, 200.
— Y envoie la sienne. VII, 201.
— Anagramme de ce nom. VII, 219.
— Ordonne au Parlement d'enregistrer deux édits bursaux. VII, 227.
— Ses dépenses secrètes. VII, 228.
— N'aime pas Versailles. VII, 254.
— Ses petits voyages indisposent le public. VII, 263.
— Fait une réponse sévère au Parlement. VII, 266.
— Parle sévèrement au Parlement de Rouen. VII, 274.
— Donne à dîner aux dignitaires du clergé. VII, 301.
— Ce qu'il répond au président du Parlement de Rouen. VII, 342.
— Vient tenir un lit de justice au Palais. VII, 386.
— Dit qu'il condamne les maximes des jésuites. VII, 402.
— A des filles au Parc-aux-Cerfs. VII, 426.
— Prend mademoiselle de Romans pour maîtresse. *Ibid.*
— Achète la principauté de Dombes. VIII, 15, 16.
— Donne deux cent mille livres aux incendiés de la foire Saint-Germain. VIII, 24.
— Envoie des troupes en Espagne. VIII, 38.
— Va chasser dans la forêt de Senart. VIII, 56.
— Va à Fontainebleau. VIII, 57.
— Sa statue. VIII, 65.
— Inauguration de sa statue. VIII, 80.

LOUIS XV; dit au Parlement de mettre des bornes à son zèle. VIII, 94, 95.
— Rend divers édits relatifs aux finances. VIII, 114.
— Veut faire confectionner un cadastre. Ibid.
— Dit qu'il réformera les finances. VIII, 116.
— Approuve la conduite du duc de Fitz-James à l'égard du Parlement de Toulouse. VIII, 125.
— Ne veut point du cardinal de Tencin pour ministre. VIII, 144.
— S'occupe des affaires de l'État. VIII, 161.
— Détails sur sa liaison avec madame de Châteauroux. VIII, 188, 189, 190, 191.
— Ne veut pas entendre parler de madame de Mailly. VIII, 195.
— Ne veut point écouter les représentations du père Lémery. VIII, 200.
— On lui propose des bonnes fortunes. VIII, 204.
— Chante des rondeaux et des chansons sur ses ministres. VIII, 205.
— Se lasse d'être chansonné. VIII, 206.
— Blâmé par le public pour l'effronterie de ses relations avec madame de La Tournelle. VIII, 208.
— Chante et danse. VIII, 209.
— A une explication avec madame de La Tournelle. VIII, 210.
— Fait une visite au cardinal de Fleury. VIII, 220.
— Refuse d'approuver l'élection de La Bletterie à l'Académie française. VIII, 223.
— Dit qu'il veut gouverner par lui-même. VIII, 224.
— Ne veut point écouter des représentations au sujet de la milice. VIII, 233.
— Se lasse de diriger les affaires. VIII, 234.
— Ne veut pas s'approcher des sacrements. VIII, 254.
— On dit qu'il veut supprimer les lettres de cachet. VIII, 258.
— Ressemble à un cheval. VIII, 259.
— Réfléchit beaucoup avant d'agir. VIII, 266.

LOUIS XV; ne sait rien de ce qui se passe. VIII, 276.
— Est très-entêté. VIII, 278.
— N'a point de sensibilité. VIII, 301.
— Craint l'enfer. Ibid.
— Trouve un mémoire dans ses poches. VIII, 320.
— Est admiré par une Anglaise. VIII, 330.
— A une police secrète. VIII, 339.
LOUIS D'OR; leur poids légal. I, 293.
— Ce qu'ils valent en 1724. I, 350.
LOUIS D'ESPAGNE (le cardinal don). VI, 71.
LOUISBOURG; pris par les Anglais. IV, 71. — VII, 84.
LOUISE (Madame); vient à Paris pour la première fois. VII, 378.
LOUVOIS (le chevalier de); blessé en duel. I, 241.
LOUVRE; on travaille à le dégager. VI, 132.
— Préparé pour le Grand-Conseil. VI, 244.
— Par qui habité. VI, 486.
— On y établit les archives des ducs et pairs. VIII, 35.
LOVAT (lord), partisan de Charles-Édouard; son supplice. IV, 181.
LOWENDAL; bat les Anglais à La Mesle. IV, 61.
— S'empare de Gand. IV, 62.
— Prend Ostende. IV, 75.
— S'empare de divers forts. IV, 237.
— Prend le sas de Gand. IV, 239.
— Assiège Berg-op-Zoom. IV, 252.
— Prend Berg-op-Zoom. IV, 258, 259.
— Maréchal de France. IV, 260.
— Prend part au siége de Maëstricht. IV, 293, 294.
— S'enrichit dans la guerre. IV, 319.
— VI, 69.
— Sa mort. VI, 174.
LUTHER (Jean-Martin), descendant du réformateur; meurt en Saxe. VI, 404.
LUTZBERG. Voy. Bataille.
LUXEMBOURG (le duc de); porte à Rouen des lettres de cachet. VI, 304.
— Fait rayer un arrêt sur les registres du Parlement de Rouen. VI, 309.
— Gouverneur de Normandie. VII, 272.

LUXEMBOURG (le duc de); fait sauver Rousseau. VIII, 45.
— VIII, 312.
— Envoyé en mission auprès du Parlement de Rouen. VII, 281.
LUXE à Paris. I, 84. — IV, 13, 19.

LUXE; est extrême à Paris. IV, 360.
— *Voy.* Édit.
LUYNES (le cardinal de). VII, 73.
LUYNES (la duchesse de). III, 393.
LYON; ne reconnait pas la Chambre royale. V, 454.
LYONNAIS; régiment. IV, 135.

M

MACHAULT (de) père; sa mort. IV, 422.
— Contrôleur général. IV, 369.
— Veut établir le vingtième dans les pays d'État. IV, 406.
— Nommé garde des sceaux. IV, 491.
— Bride le clergé. IV, 499.
— Sa fortune, son caractère. V, 5, 6.
— Veut faire payer le vingtième aux pays d'État. V, 15.
— Veut imposer les biens du clergé. V, 142, 143.
— Veut imposer les privilégiés. V, 331.
— V, 339, 388, 407.
— Ministre de la marine. VI, 43, 44.
— Fait brûler les jambes de Damiens. VI, 429.
— Ce que lui dit Damiens. VI, 430.
— Quitte le ministère et est exilé. VI, 465.
— Ce qu'on dit de son exil. VI, 471.
— Conserve les honneurs de garde des sceaux. VI, 474.
MACHAULT (de) fils. VI, 44, 45.
MACHOU le père; vole les Chartreux. I, 239.
MADAME (Anne-Marie d'Orléans, mère du Régent); meurt à Saint-Cloud. I, 246.
— Son convoi. I, 247.
— Son épitaphe. I, 251.
MADAME de France, fille ainée du Dauphin; sa mort. VI, 197.
— Première; part pour l'Espagne. III, 160.
— Épouse l'infant don Philippe. III, 158.
— Préparatifs de son mariage. III, 182.
— Fêtes de son mariage. III, 188.
— Troisième de France; sa mort. II, 383.

MADAME Sixième; sa mort. III, 551.
— Royale de Savoie; sa mort. V, 348.
— De France, femme de don Philippe. IV, 315.
— Fille du Dauphin et de la princesse d'Espagne; sa mort. IV, 296.
MADRAS. *Voy.* La Bourdonnais.
MAESTRICHT; assiégé par le comte de Saxe. IV, 292, 293 et suiv.
— Se rend. IV, 297.
MAGASINS d'ordonnance. V, 314.
MAGIE. II, 9, 99.
MAGISTRATS; leur portrait dans le *Livre des Mœurs.* IV, 307.
— Accusés par Cartouche. I, 177.
— Accusés de malversations. V, 46.
— De Paris; vont aux incendies. I, 4.
— Judiciaires; doivent être tout à fait indépendants. VII, 150.
Mahomet, tragédie de Voltaire. VIII, 145, 146, 147, 149, 153, 154, 170, 197.
MAHON; pris par les Français. VI, 299.
MALINES; prise par les Français. IV, 148.
MAILLEBOIS (le marquis de, maréchal de France); est fait lieutenant général. II, 230.
— Soumet la Corse. III, 185.
— Occupe toujours la Corse. III, 208.
— III, 262, 291.
— Commande quarante mille hommes sur la Meuse. III, 299.
— Marche sur le Hanovre. III, 310.
— III, 369.
— Est opposé au comte de Saxe. III, 392.
— Chansonné. III, 393.
— Perd la bataille de Plaisance. IV, 162.

INDEX.

MAILLEBOIS (le marquis de); demande la grâce de son fils. VII, 51.
— Voy. Guerre d'Italie.
— Bat le roi de Sardaigne. IV, 91.
— Blâmé par un conseil de guerre. VIII, 135.
— VIII, 281.

MAILLEBOIS (la maréchale de); méchante femme. III, 393.

MAILLEBOIS (le comte de), fils du maréchal; est exilé. V, 175.
— Attaque l'honneur du maréchal d'Estrées. VII, 49.
— Est conduit à Doullens. VII, 50.
— Est mis en liberté. VII, 223.

MAILLY (maison de). III, 485.

MAILLY-RUBEMPRÉ. IV, 419.

MAILLY (la comtesse de); devient la maîtresse du Roi. III, 113.
— Ce que lui dit la Reine. III, 138.
— Est regardée comme la favorite. III, 153.
— Son portrait. III, 155.
— Reçoit des fourrures de Russie. III, 232.
— Ne demande aucune faveur. III, 233.
— Demande le privilége du *Mercure de France*. III, 234, 235.
— III, 309-310.
— Est disgraciée. III, 393.
— Est chansonnée. III, 395.
— Causes de sa disgrâce. *Ibid.*
— Se met dans la dévotion. III, 340.
— Sa mort, ses dettes, son épitaphe en vers. V, 34, 35.
— Anecdotes qui la concernent. VIII, 187, 188, 189, 190, 191.
— Anecdotes. VIII, 194, 195, 197, 201, 202, 203, 205, 206, 208.
— VIII, 249, 253, 254, 261.

MAINE (le duc de). I, 13.
— Mis en arrestation. I, 26.
— Ses titres et honneurs. I, 269.
— I, 313. — II, 254.

MAINE (la duchesse du). I, 13.
— Mise en arrestation. I, 27.
— Sa mort. V, 346.

MAINE (mademoiselle du). I, 27.

MAINIÈRES (le président de); sa conversation avec madame de Pompadour. VI, 248 et suiv., *note*.

MAINTENON (madame de); sa malheureuse politique. I, 125.

MAINTENON (madame de); accusée d'avoir procuré des bonnes fortunes à Louis XIV. VIII, 204.

MAIRE de La Rochelle; a une querelle avec l'intendant. VIII, 249.

MAISON du duc d'Orléans. I, 315, 320, 329.
— De l'Infante. I, 328.
— Du Roi, fait des prodiges à Fontenoy. IV, 38.
— Les gages n'en sont pas payés. VII, 200. — VIII, 122.
— Ne sait pas manœuvrer. VIII, 316.

MAISONS (de), président à mortier. II, 197.

MAITRESSE du roi de France; la Czarine lui fait des présents. III, 233.

MAITRES des Requêtes. I, 206.

MAITRISES industrielles. VII, 183.

MAJORITÉ des rois de France. I, 210.

MALADIE extraordinaire. II, 43.

MALAGRIDA, jésuite. VII, 132.
— Son supplice. VII, 410.

MALEZIEU (de). I, 27.

MALLET (l'abbé). V, 150.

MALVERSATIONS commises au Canada. VIII, 118.

MALUIN DE MONTAZET, évêque d'Autun. VII, 34, 35.

MANDEMENT du cardinal de Noailles sur la constitution. I, 83.
— De l'archevêque de Paris sur le Roi. I, 432.
— Sur le père Quesnel. II, 54, 55, 56.
— Sur la Constitution. II, 83.
— De l'archevêque d'Embrun contre les avocats. II, 144.
— Contre le diacre Pâris. II, 170.
— Supprimé par arrêt du Conseil. II, 189.
— Contre les *Nouvelles ecclésiastiques*. II, 262.
— De l'archevêque sur les *Nouvelles ecclésiastiques*; fait sauver les fidèles d'une église. II, 266, 267.
— De l'archevêque d'Arles. II, 355.
— Des évêques; on les fait disparaître de Paris. II, 372.
— Du cardinal de Bissy. II, 373.
— Sur les miracles. II, 401, 402.
— Parodiés. III, 13, 14.
— De l'évêque de Montpellier, condamné à Rome. IV, 501.

MANDEMENT contre l'abbé de Prades. V, 152.
— De M. de Gondrin. V, 257.
— De l'archevêque de Paris. V, 275.
— De l'évêque de Boulogne. V, 424.
— De l'évêque de Montauban. V, 428.
— De l'archevêque de Paris; brûlé par la main du bourreau. VI, 385.
— Sur l'attentat de Damiens. VI, 492.
MANIFESTE du roi d'Espagne. I, 31.
MANIFESTES politiques publiés par divers princes en 1733. II, 440, 441.
— Du clergé contre le Parlement. V, 263.
— Du roi de France, en 1761. VII, 413.
MANTEAU de deuil. V, 189.
MANUSCRIT de Bossuet cherché par la police. I, 290.
MARAIMBERG, avocat. II, 134 et suiv.
— II, 160, 161, 162.
MARCHÉ de Poissy. I, 47.
MARÉCHAL, chirurgien du Roi. I, 321.
— I, 436.
MARÉCHAL GÉNÉRAL ; ce que c'est. II, 430.
MARÉCHAUX de France; blâmés par le public. II, 518.
— III, 262. — IV, 197, 268. — VI, 483.
— Sont juges des armoiries. VII, 291.
— Ne sont juges que du point d'honneur. VII, 293.
MARÉE ; s'arrête à Pontoise pour le Parlement. V, 393.
MARI trompé; reprend sa femme. II, 87.
MARGON (l'abbé). I, 418.
MARGUILLIERS de Saint-Médard. II, 251.
MARIANO, jésuite espagnol. VII, 415.
MARIAGE d'un abbé. I, 289.
— Du Dauphin. IV, 219.
— De Louis XV; bruits de Paris à ce sujet. I, 382, 385, 387, 388.
— Sous le régime de la communauté à Paris. VI, 86, 87.
— Des princes français. I, 160.
— A Saint-Eustache. II, 426.
— De conséquence. V, 153.
— Faits par la ville de Paris; détails de leur cérémonial. V, 104, 105, 116, 117, 118.

MARIAGE des princesses du sang; cérémonial. V, 376.
— Voy. Cérémonial.
MARIDOR (le marquis de). VI, 440.
— VI, 445.
MARIE-JOSÈPHE, princesse de Pologne; son mariage avec le Dauphin. IV, 201, 202.
— Arrive à Choisy; est reçue par le Roi. IV, 218.
MARIE-THÉRÈSE; proclamée reine de Bohême et de Hongrie. III, 226.
— Ecrit au cardinal de Fleury. III, 236.
— III, 262, 386.
— Vers qui lui sont adressés. III, 332.
— Proteste contre l'élection de l'empereur Charles VII. III, 338.
— Abandonne la Silésie au roi de Prusse. III, 357.
— Est représentée fouettant le cardinal de Fleury. III, 367.
— Fait un traité avec l'électeur de Bavière. IV, 33.
— N'est pas contente de la paix d'Aix-la-Chapelle. IV, 299.
— S'allie avec la France. VI, 320.
— Fait la guerre au roi de Prusse en 1756. VI, 369.
MARIETTE, fille galante. VIII, 142.
MARIGNY (terre de). VI, 37.
MARIGNY (le marquis de); présenté à la Cour. VI, 69.
— Veut restaurer le Louvre. VI, 132.
— VI, 326, 445.
— On parle de son mariage. VI, 533.
MARINE FRANÇAISE; très-faible en 1747. IV, 245.
MARIVAUX ; se présente à l'Académie française. VIII, 199.
— Y est reçu. VIII, 204.
— Son discours de réception. VIII, 227.
MAROT, greffier du Châtelet; condamné aux galères. IV, 317, 318.
MAROTTE DU COUDRAY. VI, 22, 23.
— Conseiller au Châtelet. VI, 420.
MARQUET DE BOURGADE, munitionnaire des vivres. VII, 422.
MARSAN (la comtesse de). VI, 4.
MARSEILLE; ravagée par la peste. I, 95.
— V, 405.

MARTILLY (l'abbé de). VI, 506.
MARTINIQUE; prise par les Anglais. VIII, 30.
MARVILLE (de), conseiller d'Etat; reçoit des soufflets. IV, 243.
MASCARADE à Paris; payée par l'ambassadeur de Venise. II, 252.
MASQUES payés par la police. VIII, 236.
MASSIAC (le marquis de), secrétaire d'Etat de la marine. VII, 54.
— Quitte le ministère de la marine. VII, 103.
MASSON DE MAISON-ROUGE, receveur général à Amiens. V, 160.
MASSON, voleur; est pendu. V, 247.
MATÉRIALISME prêché dans les livres. VII, 127.
MATELOTS; manquent pour armer la flotte. VII, 29.
MATOS (Jean de), jésuite. VII, 132.
MATTHEWS, amiral anglais; battu par de Court. III, 493.
MAUPEOU. II, 347. — III, 61.
— Est nommé premier président. III, 469, 470.
— Est logé à Versailles. III, 480.
— A la goutte. III, 485.
— IV, 227.
— Excuse le Parlement auprès du Roi. IV, 229.
— IV, 450.
— Fait des remontrances au Roi au sujet d'un impôt. IV, 290.
— Songe à être chancelier. IV, 384.
— Premier président. V, 67.
— Répond au Roi. V, 192.
— Rédige de belles remontrances. V, 205.
— Fait un beau discours au Roi. V, 234.
— V, 238.
— A la goutte. V, 352.
— Est exilé. V, 438.
— VI, 29.
— Ses négociations pour le rappel du Parlement. VI, 39, 40, 41.
— Rentre dans son hôtel à Paris. VI, 48.
— Reçoit des visites de la Cour et de la Ville. VI, 51.
— Essuie de ses collègues de vifs reproches. VI, 55.
— Adresse un discours au Roi. VI, 58.
MAUPEOU; vers qui lui sont adressés. VI, 64.
— VI, 72.
— Se rend à Versailles. VI, 80.
— Est très-populaire. VI, 84.
— Rend compte d'un voyage auprès du Roi. VI, 114.
— Fait un discours au Roi. VI, 227.
— On parle de lui donner les sceaux. VI, 468.
— Arrange toutes les affaires du Parlement. VI, 521.
— Est brouillé avec tout le monde. VI, 533.
— Donne sa démission de premier président. VI, 581.
— Ce qu'on dit de lui. Ibid.
— Est nommé garde des sceaux. VIII, 107.
— Est créé vice-chancelier. VIII, 111.
MAUPEOU fils, président à mortier. III, 470.
— Epouse mademoiselle de Roncherolles. III, 485.
— Est porté pour les jésuites. VI, 193.
— Reçu premier président. VIII, 111.
MAUPERTUIS; va à Berlin. V, 336.
— Vers contre lui. VIII, 329.
MAUREPAS (de). I, 297.
— I, 411. — II, 223, 276, 292. — III, 64, 65, 67, 121, 161, 176, 376.
— Chansonné. III, 419.
— III, 508.
— Accusé de négligence. IV, 187.
— Est disgracié et exilé; pourquoi? IV, 361, 362, 364, 365, 366.
— IV, 405.
— Exilé à Bourges. VI, 386.
— VIII, 148.
— Accusé de faire des vers satiriques. VIII, 207.
MAURIAC en Auvergne. VIII, 13.
MAURIOT, assassiné; est décollé. III, 147.
MAYNEAU DE LA TOUR. VI, 301.
MAYNON D'INVAU, intendant d'Amiens. VI, 50.
MAZARELLI (mademoiselle). IV, 477.
— Gagne son procès contre le sieur Lhomme. V, 44, 45, 47.
— V, 250.

MAZARIN (le duc de); sa mort. III, 122.

MAZARIN (la duchesse de); sa mort. III, 384.

MEAUX (ville de). V, 242.

MECKLEMBOURG-STRÉLITZ (la princesse de); épouse le roi d'Angleterre. VII, 407.

MÉDECINS; sont en querelle avec les chirurgiens. IV, 346.

— De Paris; plaident avec les chirurgiens. V, 446.

MÉDICIS (Gaston de), grand-duc de Toscane; sa mort. III, 88.

MÉHÉMET - EFFENDI, ambassadeur turc; son portrait, son entrée à Paris. III, 327, 328.

— Fait un compliment au Roi. III, 330.

— Ce qu'il fait pendant son séjour à Paris. III, 332, 333.

— Donne lieu à des chansons. III, 333.

MÉLIAND (de), conseiller d'État. IV, 243.

MÉLISET, porte-Dieu. VI, 113.

MELUN (M. de); tué par un cerf. I, 367.

MÉMOIRE pour les curés d'Orléans. II, 130, 131.

— De l'archevêque de Paris contre les avocats et les Parlements. II, 181 et suiv.

— De M. Taboué, avocat. II, 289.

— Contre le duc de Noailles. II, 247 et suiv.

— D'un officier contre le général Bautru. II, 256, 257.

— Sur les affaires du Parlement. II, 288.

— Sur la politique et les intérêts de la France, par de Meslé. III, 373, 374.

— De Chauvelin contre le cardinal. III, 421, 422.

— *Pour les exilés de Bourges.* V, 440.

— *Des richesses de la France.* VIII, 74, 77.

— Relatifs au ministère du cardinal de Fleury. VIII, 225.

— *Voy.* Parlement.

MENIN; prise par Louis XV. III, 519.

MENK; soupçonné d'assassinat. I, 351.

MENUETS à quatre. I, 200.

Mercure de France. III, 234.

Mérope, tragédie de Voltaire. III, 431.

— VIII, 234, 250.

MESDAMES DE FRANCE; sont élevées à Fontevrault par économie. III, 128.

— Jouent la comédie à Versailles. IV, 231.

— Vont à Notre-Dame. IV, 393, 394.

— V, 277.

— Sont attachées aux jésuites. VII, 408.

— Vont à Plombières. VIII, 44.

MESLÉ (de), mousquetaire; rédige un beau mémoire sur les intérêts de la France. III, 373.

MESMES (le président de). I, 10.

— Ce qu'il dit au Régent. I, 210.

— Sa mort. I, 298.

— Son enterrement. I, 299.

— II, 196, 227.

MESSE rouge du Parlement. II, 365.

— VI, 72.

MESSIAC (de), chef d'escadre. VI, 381.

MÉTRAL, chapelain. VI, 384.

METZ; est inondée. II, 248, 249.

MEUSE (le marquis de). I, 227.

MÉZANGUY (l'abbé de). VII, 400.

MICHEL; faussement accusé par Arnaud. III, 575.

MICHEL, trésorier de l'artillerie. VII, 422.

MILICE levée en France. III, 400.

— Levée dans Paris; comment? III, 424 et suiv.

— Individus qui en sont exempts de droit. III, 425, 427, 428.

— Conditions auxquelles on s'en exempte. III, 428.

— Opération du tirage à Paris. III, 432, 439, 440, 441, 443.

— Part pour l'armée. III, 444.

— Augmentée dans les villes. III, 463.

— Levée dans Paris. III, 521.

— Tirée en 1742; plaintes et troubles quelle occasionne. VIII, 223, 228, 230.

— En 1743. VIII, 231, 232, 233, 236, 245.

— VIII, 258, 259, 260, 263, 265, 270, 293, 326.

MILON, conseiller au Châtelet. V, 443.
MILON (mademoiselle), actrice. VIII, 274.
MINDEN. *Voy*. Bataille.
MINISTÈRE; fautes qu'il commet à l'égard du Parlement. II, 277.
— Doit tomber ou écraser le Parlement. II, 336.
— Plie devant le Parlement. II, 372.
— Sa politique dans les affaires du jansénisme. V, 254, 256.
— Sa faiblesse. V, 279.
— *Voy*. Intrigues.
MINISTRES; prêtent serment à genoux. I, 297.
— Ont peur des jansénistes. II, 208.
— Ont une pension de vingt mille francs. III, 122.
— Sont pour le Parlement. V, 191.
— Leurs diverses attributions. VI, 587.
— Quelles étaient leurs attributions. VII, 411, *note*.
MINORQUE (île de); les Français y débarquent. VI, 298.
MIRABEAU (le marquis de); publie la *Théorie de l'impôt*. VII, 323.
MIRACLES jansénistes. II, 167, 357, 375.
— Embarrassants pour les gens d'esprit. II, 171.
— Sont chansonnés. II, 233.
— Ce qu'il faut en penser. II, 244.
— Sont accusés de fausseté. II, 409.
— II, 501.
— Racontés par M. de Montgeron. III, 96.
— V, 147. — VII, 113, 252.
MIRACLE opéré sur madame Lafosse. I, 390 et suiv.
— Certifié par acte notarié. II, 173.
— Au couvent du Calvaire. II, 410.
— De mademoiselle Lejuge. III, 81, 82.
— Sur la paroisse des Innocents. VI, 169, *note*.
— *Voy*. Procession.
MIRAMION (les dames de). I, 2.
MIREPOIX (le duc de). VI, 184.
— VI, 211.
MIREPOIX (la duchesse de). VI, 509.
MIREPOIX (la marquise de). III, 146.

MIROMÉNIL (Hue de), premier président du Parlement de Rouen. VII, 272, 273.
MISÈRE du peuple en France. VI, 377.
MISSISSIPI; comment on veut le peupler. I, 137.
MOBILIER somptueux d'une actrice. VII, 244 et suiv.
MODÈNE (la princesse de); plaide contre le duc d'Orléans son frère. III, 84.
— Sa dot. *Ibid*.
— III, 15.
— Enterrée au Val-de-Grâce. VII, 333.
— *Voy*. Procès.
MOINES; intriguent contre l'*Encyclopédie*. V, 175.
— Surpris allant chez des filles. VIII, 289, 291, 294.
MOLÉ (Mathieu). III, 62.
MOLÉ, président à mortier, puis premier président. II, 426.
— IV, 451. — V, 262, 352.
— Fait un beau discours sur l'emploi du temps. VI, 227.
— VI, 239, 570, 575.
— Nommé premier président du Parlement. VI, 581.
— Son caractère. VI, 582.
— Reçu premier président. VI, 593.
— V, 600.
— Écrit au Roi. VII, 308.
— Présente au Roi les statuts des jésuites. VIII, 28.
— Donne sa démission. VIII, 109.
MOLÉ (madame). III, 146.
MOLÉ (mademoiselle); épouse M. de Cossé-Brisac. VI, 362.
MOLINISME. *Voy*. Vers.
MOLINI, agioteur. I, 46.
MOLINISTES; il leur arrive une mauvaise aventure. II, 167.
— Cherchent à ranimer les disputes. IV, 224.
MOLTON (milord). IV, 195.
MONARCHIE française; dissertation sur son origine. IV, 443.
MONCALM (le marquis de); bat les Anglais. VII, 96.
MONCRIF, poëte. II, 522.
— VIII, 328.
Monde renversé (le), pièce de vers. II, 200.

42.

MONTDIDIER; on y ressent un tremblement de terre. VI, 300.
MONDONVILLE, auteur dramatique. VI, 46.
MONNAIES; réformation des monnaies, par Law. I, 8.
— On parle d'en augmenter la valeur. I, 54.
— Ce que produit leur augmentation. I, 59.
— Leur valeur diminue de mois en mois. I, 79.
— On parle de les augmenter. I, 158.
— Sont diminuées. I, 418.
— On dit qu'on va les réduire. V, 8.
— *Voy.* Law, Refonte.
MONITOIRE publié à la demande du Parlement. V, 302.
MONS; assiégé par les Français. IV, 159.
— Pris par les Français. IV, 165.
MONTAL (de), lieutenant général; est fait prisonnier à Ostie. IV, 135, 137.
MONTARGIS, garde du Trésor royal. I, 338.
MONTAUBAN (le prince de). II, 477.
— II, 514.
MONTEMAR (le duc de), duc de Bitonto. III, 4.
— Général espagnol. III, 318.
— III, 383.
MONTESQUIEU; sa mort. VI, 122.
MONTFEUILLARD, procureur au Parlement. IV, 498.
MONTHULÉ, conseiller. IV, 416.
MONTGEOT; assassiné Lescombat. VI, 122.
— Est rompu vif. VI, 123.
MONTGERON (de), grand janséniste. II, 324.
— II, 526.
MONTGERON (Carré de); remet un livre au Roi, et est arrêté. III, 89, 90, 91.
— Analyse de son livre. III, 96.
— Est renfermé dans une abbaye. III, 102.
— On lui refuse les sacrements. III, 129.
MONTI (ambassadeur). II, 424, 425.
MONTI (marquis de). III, 67.
MONTIJO (le comte de), ambassadeur d'Espagne. III, 289.

MONTILLET, archevêque d'Auch; adresse une lettre au Roi. VI, 134.
— VI, 212.
— Écrit au Pape. VI, 372.
MONTMARTEL (de), banquier. VII, 422.
MONTMORENCY (le marquis de). I, 378.
MONTMORIN (de), évêque de Langres. VI, 172.
— VI, 212, 262.
— Publie un mandement très-habile. VI, 591.
MONTPENSIER (mademoiselle de), fille du Régent. I, 160.
— Princesse des Asturies. I, 184.
MONTRE des huissiers. VI, 178.
MORAND, chirurgien. III, 275.
MORAS (mademoiselle de); se fait enlever. III, 109, 110.
— Son affaire est jugée en Parlement. III, 165.
— Est enlevée. IV, 416, 417.
MOREAU, procureur du Roi. V, 46.
— V, 300.
MOREAU (l'abbé), conseiller. VII, 22.
MOREAU, avocat. VIII, 35.
MOREAU DE SÉCHELLES, contrôleur général des finances. VI, 43, 44.
— VI, 45, 187, 328.
— Objet d'une plaisanterie. VII, 219.
MOREAU, marquis de Mazières, faux monnoyeur; a la tête tranchée. I, 154.
MOREAU DE MASSIGNY. VI, 45.
MOREAU (la famille). *Ibid.*
MORELLET (l'abbé); mis à la Bastille. VII, 257, 258.
— VII, 266.
MORET, ville. I, 401.
— I, 407, 408.
MORGUE (la). II, 453.
— III, 277.
MORIAU, procureur du Roi de l'Hôtel de Ville; chasse sa femme. III, 311, 312.
MORICEAU DE LA MOTTE; pendu pour des propos et des placards. VII, 89 et suiv.
Mort de César, tragédie. VIII, 343.
MORTEMART (le duc de). I, 411.
MORTEMART, fils du duc de Rochechouart; sa mort. III, 481.
MORTIERS DE COMMINGES. IV, 45.
MORUE; il est défendu de la blanchir. I, 370.

MORVILLE (de). I, 297.
MORVILLE (le comte de). I, 818.
— Sa mort. II, 246.
MOUCHY (le marquis de). IV, 401.
MOUCHY (le chevalier de); ses rapports avec Voltaire. VIII, 197, 198.
MOUFLE DE LA THUILLERIE. IV, 381.
MOULINS sur la Seine. I, 415.
MOUSQUETAIRES; portent des lettres de cachet à divers membres du Parlement. V, 128, 129.
— Prix des grades de leurs officiers. VI, 522.
— Font du tapage à Dunkerque. VIII, 49.
Moutons; ce que c'est en argot. VI, 74.

MOYEN de parvenir en France. III, 141.
MOYON (Jeanne), entremetteuse; est fouettée publiquement. IV, 448.
Multipliants, secte religieuse. III, 1.
— *Voy.* Condormants.
MUNICH (le comte de); arrête Biren. III, 238.
MUNITIONNAIRES; punis pour concussions. VII, 31.
MURARD (de), conseiller. VII, 14.
MURPHY (mademoiselle), maîtresse du Roi. VI, 246.
MURRAY (le comte de), secrétaire de Charles-Édouard. IV, 177.
MUY (le marquis de). VI, 475.

N

NAMUR; pris par les Français. IV, 182.
NANÇAI (le marquis de). I, 256.
NANÇAI (le comte de). I, 257.
NANCY. II, 429.
NANGIS (le marquis de). III, 262.
NASSAU (le prince de), stathouder. IV, 315.
NASSAU-SIÉGEN (les princes de). VI, 320.
NAU, conseiller. II, 278.
NEF D'OR. I, 243.
NÈGRE, substitut. I, 157.
NÈGRE, lieutenant criminel; accusé de prévarication. IV, 318.
— V, 46, 58, 154, 155.
NEUVAINE de la princesse de Conti à Saint-Médard. II, 177.
NEUVAINES à Sainte-Geneviève. V, 267.
NÉRON (la fille), maîtresse de Cartouche. I, 223.
NESLE (le marquis de), père de madame de Mailly, bâtard du prince de Soubise. III, 8, 210, 211, 485.
NEUFERG (le comte de), général hongrois. III, 317.
NEUVILLE, jésuite; prononce l'oraison funèbre du cardinal. III, 444.
NEVERS (le duc de). I, 105.
NICOLAÏ (le marquis de). I, 256, 332.
NICOLAÏ (de), président de la Chambre des Comptes. V, 36, 85.
NICOLAÏ (l'abbé de). VI, 23.

NICOLAÏ DE GOUSSAINVILLE. II, 163.
NIQUET, curé de Saint-Médard. II, 357.
NIVELET, savetier janséniste. II, 71.
NIVERNOIS (le duc de). IV, 424.
— V, 218. — VII, 19.
— Ministre plénipotentiaire en Angleterre. VIII, 53, 54.
— Son discours de réception à l'Académie française. VIII, 227.
NIVET, fameux voleur. II, 69.
NOAILLES (le duc de). I, 15.
— Exilé par le Régent. I, 221.
— I, 302, 303. — II, 18, 97, 127.
— Vivement attaqué dans le mémoire d'un ingénieur. II, 247 et suiv.
— Vise au ministère. II, 250.
— II, 338, 513.
— Chansonné. II, 516.
— III, 4, 5, 66, 291, 292, 344.
— Nommé commandant de l'armée de Flandre. III, 375.
— Nommé ministre. III, 436.
— Perd la bataille de Dettinghen. III, 453.
— III, 503.
— On dit qu'il commandera l'armée de Flandre. III, 504.
— III, 543.
— Nommé ambassadeur en Espagne. IV, 137.
— A un chancre à la bouche. V, 49.
— Part à regret pour la Flandre. VIII, 162.

NOAILLES (le duc de). VIII, 302, 319.
NOAILLES (la maréchale de), la mère, politique habile. III, 504.
NOAILLES (la comtesse de), est grand-croix de l'ordre de Malte. IV, 111.
NOAILLES (le cardinal de). I, 77.
— Archevêque de Paris. II, 42.
— Tourne le dos aux jansénistes. II, 47.
— II, 54, 55.
— Rétablit les jésuites dans leurs pouvoirs. II, 64.
— Sa mort, ses funérailles. II, 68.
— Interdit les jésuites et les protége ensuite. V, 189.
— Voy. Mandement.
NOBLESSE MILITAIRE; établie par Louis XV. IV, 486, 487.
— Pauvre des provinces. V, 14.
— Riche de Paris. V, 15.
— Voy. Armoiries.
NORMANDIE; est très-parlementaire. VII, 275.
NORMANT, avocat. II, 133, 161, 162, 212, 445. — III, 33.
— Sa mort; son portrait. IV, 53.
Nostradamus. Voy. Prophéties.
NOTAIRES de Paris. I, 159.
— Certifient un miracle. II, 173.
— Se livrent à l'agiotage. VII, 195, 196.
NOTRE-DAME (église de); profanée. I, 225.

NOTRE-DAME (église de); dévalisée en plein jour. I, 422.
— V, 277.
NOUET, avocat. II, 35.
— Nommé bâtonnier des avocats. II, 264.
NOURRICE des princes; ses fonctions. IV, 472.
NOUVELLE-ÉCOSSE. IV, 425.
Nouvelles à la main; règlements de police qui les concernent. IV, 40.
— VIII, 152.
Nouvelles ecclésiastiques. II, 44.
— Condamnées au feu. II, 146.
— Comment elles sont distribuées. II, 211.
— II, 260, 262. — IV, 221.
NOUVELLES fausses; ce qui les cause. VIII, 159, 160.
— Font disparaître l'argent. VIII, 170, 171.
NOUVELLISTES mis à la Bastille. III, 360.
— Inquiétés dans les cafés. III, 368.
— Comment ils se comportent au Palais-Royal. VIII, 338.
NOVARE; pris par les Français. II, 448.
NOVION (le président de). I, 313, 316, 319, 328, 371. — II, 399. — V, 282.
NOYÉS; ce qu'on fait pour les retrouver à Paris. I, 1 et suiv.

O

Observateur hollandais, journal. VI, 231.
Offices privés; ce que c'est au Parlement. VII, 172.
OFFICES de chancellerie. VI, 209.
— Municipaux. I, 441.
— Vénaux. VII, 181, 183, 241.
OFFICIAL de Paris. V, 301.
OFFICIALITÉ de Rouen. V, 396.
OFFICIER tué par une femme. I, 213.
— Tué par ses soldats. I, 243.
— Vend du fromage pour vivre. IV, 354.
— Qui se rengage, pour vivre, comme simple soldat. IV, 355.
— Chevalier de Saint-Louis; nourri par son domestique. IV, 403.

OFFICIERS; jurent contre le gouvernement. I, 53.
— Du régiment du Roi; se battent en duel. I, 240.
— Français; ce qu'ils font dans les jardins de la princesse de Bade. I, 359.
— Ne savent comment vivre quand l'armée est réduite. IV, 354.
— Généraux; chansonnés. II, 468 et suiv.
— Réformés; sont mécontents. VIII, 63, 64.
— Du vol. IV, 79.
— De la bouche. IV, 395.
— V, 374.
— Royaux; ne sont point payés. VII, 340.

OGIER (le président); exilé. II, 293.
— II, 352.
O'HALON, agent du prince Charles-Édouard. IV, 91.
OISEAUX lâchés à Notre-Dame. II, 52.
— V, 102.
Oisiveté (l'), mère du Régent; pourquoi? I, 251.
OMBREVAL (d'); révoqué. I, 104.
— I, 429.
OPALINSKA (Catherine), reine de Pologne; sa mort. IV, 234.
OPÉRA; aventure plaisante arrivée dans le magasin de l'Opéra. II, 165.
— III, 9, 10, 154.
— Le maréchal de Saxe y reçoit une ovation. IV, 133.
— Va jouer à Versailles. IV, 231.
— Dirigé par l'échevinage de Paris. IV, 388.
— A beaucoup de dettes. IV, 389.
— On y va le premier vendredi après le mariage. IV, 450.
— V, 408.
— Incendié en 1763. VIII, 67.
— Projets pour sa reconstruction. VIII, 68.
— Transféré dans la salle des machines des Tuileries. VIII, 69.
— On décide qu'il sera construit rue Saint-Honoré. *Ibid.*
— VIII, 145.
— Querelle à une répétition. VIII, 267.
— Ses mystères. VIII, 269.
OPÉRA à l'hôtel de Soissons. II, 91.
OPÉRA de Versailles (salle d'). IV, 16.
— De Lyon. VIII, 68.
OPÉRA-COMIQUE de la foire Saint-Germain. VIII, 23.
OR; expédié hors de France. I, 93.
— On ne voit que de l'or à Paris. I, 291.
Oracle des anciens fidèles (l'), brochure impie. VII, 324, 325.
ORAGE à Paris. V, 77.
— VI, 515.
— Au Havre. *Ibid.*
ORAISON contre le Parlement. V, 298.
Oraison funèbre de la bulle Unigenitus. V, 291.
ORAN; pris par les Espagnols. II, 354.

ORANGE-NASSAU (le prince d'); nommé stathouder. IV, 238.
— Interdit le commerce avec la France. IV, 277.
ORDONNANCE concernant les armoiries. VII, 285 et suiv.
ORDRE du Saint-Esprit. I, 338.
— VI, 326.
— *Voy.* Chapitre de l'ordre.
— Du Calvaire. III, 151.
— De Malte; donné aux enfants de la famille d'Arpajon. IV, 111.
— A la comtesse de Noailles. *Ibid.*
— De Marie-Thérèse. VI, 549.
— Du mérite militaire. VII, 169.
ORLÉANS (le duc d'), régent de France; ce qu'il dit des avocats. I, 18.
— Fait des traités avec l'Angleterre contre l'Espagne. I, 19.
— Ce qu'il fait lors de la conspiration de Cellamare. I, 21.
— On veut l'enlever et le conduire en Espagne. I, 23.
— Conclut la triple alliance. I, 29.
— Refuse la grâce du comte de Horn. I, 33.
— Reçoit une députation du Parlement. I, 35.
— Est ami de Law. I, 37.
— Veut supprimer les rentes sur la ville. I, 50.
— Perd la tête pendant une émeute. *Ibid.*
— Fait venir des troupes autour de Paris. I, 51.
— A peur du peuple de Paris. I, 53.
— Scelle l'exil du Parlement. I, 55.
— Chansonné à propos du Parlement. I, 57.
— Tout le monde est animé contre lui. I, 59.
— Est traité de tyran. *Ibid.*
— Passe la revue au camp de Charenton. I, 60.
— Ce qu'il dit à l'agioteur Croizat. I, 64.
— Insulte les députés des six corps des marchands de Paris. *Ibid.*
— Quitte le Palais-Royal. I, 65.
— Est en colère contre le Parlement. I, 68.
— Veut faire enregistrer la constitution *Unigenitus.* I, 72.

ORLÉANS (le duc d'), régent de France; fait enregistrer la constitution *Unigenitus* au Grand-Conseil. I, 73.
— A de l'esprit et parle bien. *Ibid.*
— Son gouvernement est de plus en plus funeste. I, 74.
— Attire, par le *Système*, tout l'argent du royaume dans ses coffres. I, 75.
— Est piqué contre le Parlement. I, 76.
— Maltraite le cardinal de Noailles. I, 77.
— S'emporte contre le chancelier d'Aguesseau. I, 81.
— Arrange habilement les affaires du jansénisme. I, 82.
— Place de l'argent à l'étranger. I, 94.
— Chansonné. I, 98 et suiv.
— Ce qu'il dit dans un souper de lui et de la France. I, 104.
— Son épitaphe. *Ibid.*
— Se querelle avec M. le Duc. I, 107.
— Est un agioteur effronté. I, 122.
— Son indigne conduite dans les affaires de la Compagnie des Indes. I, 123.
— Cherche à se rendre maître des troupes. I, 129.
— Quitte madame de Parabère. I, 133.
— Est odieux au public. *Ibid.*
— Fait des extravagances aux Tuileries. I, 136.
— Donne une fête à Saint-Cloud. I, 144.
— Se fait amener une religieuse. I, 145.
— Soupe chez le maréchal d'Estrées. I, 151.
— Est un grand politique. I, 159.
— Plaisante M. de Simiane. I, 162.
— Ce qu'il dit à Dubois. I, 187.
— Se moque de tout. I, 188.
— Attrape le duc de Vendôme. I, 190.
— Va voir l'Infante. I, 196.
— Est malade. I, 207.
— Veut faire continuer la régence. I, 210.
— A de gros mots avec le premier président. *Ibid.*
— Reconnaît ses bâtards. I, 213.
— Craint Dubois. I, 214.
— Va à la procession. I, 218.

ORLÉANS (le duc d'), régent de France; exile le duc de Noailles. I, 221.
— Donne de mauvais conseils à Louis XV. I, 231.
— Marie ses enfants. I, 233.
— A beaucoup d'esprit. I, 248.
— Plaisanterie sanglante contre lui. I, 251.
— Ne va point au service de sa mère. I, 255.
— Va au bal de l'Opéra. *Ibid.*
— Se querelle avec son fils le duc de Chartres. I, 262, 263.
— Ce qu'il dit à la princesse d'Auvergne. I, 272.
— Ce qu'il dit au comte de Charolais. I, 275.
— N'a plus de maîtresse en titre. I, 276.
— Ses soupers. *Ibid.*
— Ce que lui dit le duc de Mazarin. I, 277.
— Est le maître, quoique n'étant plus Régent. I, 287.
— Nommé premier ministre. I, 297.
— Sa mort. I, 306.
— Son éloge. I, 307, 308.
— Son habileté politique. I, 307.
— Est accusé d'avoir voulu détrôner le roi d'Espagne. I, 309.
— Détails sur ses derniers moments. I, 311, 312.
— Sa politique. I, 311.
— Correspond avec Law. I, 316.
— Profondeur de sa politique. I, 317.
— Sa mort affreuse. I, 318.
— Son cœur mangé par un chien. I, 319.
— Sa politique. I, 320.
— Sa mort prévue par le chirurgien du Roi. I, 321.
— Sa pompe funèbre. I, 325.
— Son épitaphe. I, 326.
— Où il mettait ses trésors. I, 331.
— Voulait gouverner l'Espagne. I, 371.
— Voir encore : I, 39, 40, 41, 88, 92, 116, 235, 237, 377.
— Sa politique sage au sujet du jansénisme. II, 307.
— Son bâtard archevêque. III, 31.
— A rendu au Parlement le droit de faire des remontrances. VI, 416.

ORLÉANS (Françoise-Marie de Bourbon, duchesse d'), femme du Régent; sa mort; ses funérailles. IV, 347, 348.
ORLÉANS (Louise-Élisabeth d'), fille du Régent. III, 206.
ORLÉANS (Louis, duc de Chartres, puis duc d'), fils du Régent. I, 129, 161.
— Ses galanteries. I, 184.
— Résiste à son père le Régent. I, 263.
— Est amoureux de mademoiselle de La Roche-sur-Yon. I, 283.
— I, 306, 313, 315, 320, 324, 326, 327.
— Sa maison. I, 329.
— Se marie. I, 347.
— I, 400, 401.
— Se marie. II, 63.
— Sa grande dévotion. II, 90.
— Fait une retraite à Sainte-Geneviève. II, 153.
— II, 307. — III, 10, 55, 76, 239.
— Intervient dans le procès de Huchet de La Bédoyère. IV, 60.
— Sa mort, son portrait, ses funérailles. V, 155 et suiv.
— Se donne la discipline. VIII, 268.
ORLÉANS (la duchesse d'), princesse de Bade, femme de Louis. I, 363, 365. *Voy.* Chanson.
— Son accouchement I, 387.
— Accouche et meurt; ses funérailles. I, 437, 439, 440.
ORLÉANS (Louis-Philippe, fils de Louis, duc de Chartres, puis duc d'). II, 359.
— III, 14.
— Voyage en Flandre. III, 282.
— III, 288, 289.
— Combat à Dettingen. III, 453.
— Se conduit mal à l'armée. III, 477.
— III, 478, 479, 522.
— Fait une scène à milord Melfort. V, 119, 120, 121.
— Devient duc d'Orléans. V, 156, 157.
— V, 291, 316, 352, 359, 396.
— Proteste de son attachement pour le Parlement. VI, 257.
— VI, 262, 266.
— Fait inoculer son fils. VI, 294.
— Se rend à l'armée de Westphalie. VI, 532.

ORLÉANS (Louis-Philippe, duc d'); se distingue à Hastembeck. VI, 547.
— VII, 63.
— Assemble les princes du sang. VII, 326.
— Ses propriétés autour du Palais-Royal. VIII, 69.
— Fait inoculer ses enfants. VIII, 92.
— Dénonce le Parlement de Toulouse. VIII, 124.
ORLÉANS (Henriette de Conti, duchesse d'), femme de Louis-Philippe; a la petite vérole. VI, 10.
— Sa mort. VII, 126.
ORLÉANS (le chevalier d'), bâtard du Régent. I, 190.
— Grand prieur de France. III, 544.
— Sa mort. IV, 310.
ORLÉANS (l'abbé d'). *Voy.* Saint-Albin.
ORLÉANS, ville janséniste. II, 130.
— V, 340. — VI, 65.
ORMESSON (d'); fait un discours sur la constitution *Unigenitus*. IV, 222.
— Son discours est critiqué. IV, 223, 224, 225.
— V, 22.
— Fait un beau discours sur le danger du schisme. V, 185, 186.
— Fait un discours au Parlement. V, 228.
— V, 355. — VI, 28.
— Fait un beau discours. VI, 53, 135, 162.
— Reçu président à mortier. VI, 164.
— Fait un beau discours. VI, 316.
— VI, 570.
— VI, 575.
ORMESSON-D'AMBOILE (d'). VI, 175.
ORMESSON DE NOIZEAU (d'); prend la charge de président à mortier. VI, 128.
ORNOY, chantre de Notre-Dame. VI, 129.
ORRY, contrôleur général des finances. II, 143.
— III, 54, 197.
— Fait venir des blés à Paris. III, 236.
— Est généralement haï. III, 240.
— Tombe malade. III, 345.
— Causes de sa maladie. III, 356.

ORRY, contrôleur général des finances ; prend d'habiles mesures financières. IV, 25.
— Quitte le contrôle des finances. IV, 105.
— A la réputation d'un honnête homme. IV, 110.
— Sa mort. IV, 268.
ORRY DE FULVY, frère du contrôleur général ; perd vingt mille louis au jeu. III, 159.
— IV, 166.
— Sa mort. V, 47.
ORRY DE VIGNORY ; son histoire. II, 93.
ORSINI, cardinal ; élu pape. I, 358.
OSMONT, libraire ; condamné au carcan. II, 20.

OSSONE (le duc d'), ambassadeur d'Espagne. I, 168.
OSTENDE ; assiégé par les Français. IV, 73.
— Pris. IV, 75.
OUDENARDE ; pris par les Français. IV, 65.
OUDRY, peintre du Roi. VIII, 266.
OURAGAN à la Jamaïque. IV, 28.
— Dans le Hanovre. V, 351.
— A Paris. VI, 235.
OUVRIERS ; sont malheureux. I, 53.
— De Paris ; ne travaillent plus pendant le *Système* de Law. I, 351.
— Se coalisent. *Ibid.*
ORAGE à Paris. III, 92.

P

Pacte de famille. VII, 196, 197, 407, 424.
PACTE de famine. III, 178.
— V, 115. — VII, 282, *note.*
— *Voy.* Blé, Émeutes, Pain.
PAGEAU, avocat. II, 187.
PAGES DU ROI. I, 117.
PAILLÉ, avocat. II, 187.
PAIN ; est très-cher. I, 398, 399.
— On n'en trouve pas. I, 402, 403.
— Vaut six sols la livre. I, 410.
— La cherté en est attribuée au ministère. I, 411.
— On crie vengeance à cause du pain. I, 441.
— *Voy.* Émeutes.
— Très-cher en 1739. III, 178.
— Très-cher à Paris en 1740. III, 217.
— Arrêts du Parlement qui le concernent. III, 218.
— La ration en est diminuée à Bicêtre. III, 219.
— Est toujours cher. III, 236.
— On en cache le prix au Roi. III, 46.
— Sa cherté n'empêche pas le luxe. III, 276.
— Augmente de deux sols par livre. IV, 270.
— Très-cher en 1751. V, 115.
— Est cher. V, 218.
— Vaut trois sols la livre. V, 296.
— A trois sols. V, 313.

PAIRIE de France. III, 31.
— V, 316.
— Détails sur son histoire. V, 319.
— Ses droits d'après le Parlement. VI, 272.
— Ses droits, définis par le Parlement. VII, 328, 329.
PAIRS de France ; sont conseillers-nés du Parlement. V, 131.
— Convoqués au Parlement. V, 303.
— Les six grands. V, 319.
— Ont à délibérer sur l'autorité du Roi. V, 320.
— Ne peuvent être jugés que par le Parlement. V, 329.
— Ecclésiastiques. VI, 265.
— VII, 61.
— Leur serment. VII, 116.
— Veulent se séparer du Parlement. VIII, 33, 35.
PAIX ; on annonce qu'elle va se faire (1736). III, 48.
— Ses conditions. III, 49.
— Publiée en 1739. III, 180.
— D'Aix-la-Chapelle ; annoncée à Paris. IV, 297.
— Ses conséquences. IV, 298.
— IV, 308, 309, 316, 319, 320, 337.
— Publiée dans Paris. IV, 350, 351.
— Avec l'Angleterre, en 1762 ; les préliminaires en sont signés à Fontainebleau ; à quelles conditions ? VIII, 59.

INDEX.

PAIX de 1763 ; célébrée par des fêtes. VIII, 62.
— Signée à Paris chez le duc de Bedford. VIII, 65.
— Publiée à Paris en 1763. VIII, 82.
PAJOT D'ONS-EN-BRAY. III, 133.
PAJOT DE VILLERS. III, 135.
PALAIS-ROYAL ; les maisons voisines du Palais-Royal sont revendiquées par le duc de Richelieu. III, 197.
— V, 171.
— Le feu y prend. VIII, 67.
— Fermé à neuf heures. VIII, 143.
PALATINE (la princesse) ; sa mort. I, 260.
PALISSOT, auteur des *Philosophes*. VII, 249, 250.
Paméla, roman. VIII, 158.
PAMPHLETS jansénistes. II, 55.
— *Voy. Rapsodies*.
PANGE (de), trésorier des guerres. VII, 422.
PANIERS ; portés sous les jupes. II, 37, 41.
PANTINS ; joujoux à la mode. IV, 211, 212.
PAPE (le) ; écrit à Louis XV. I, 224.
— Écrit au Roi. II, 145.
— Ce qu'il pense des billets de confession. VI, 126.
— Envoie un bref au Roi. VI, 389.
— (1756) ; son éloge. *Ibid*.
— Benoît XIV ; envoie son portrait à la Sorbonne. VI, 535.
— Brouillé avec tout le monde en 1751. VII, 400.
— Écrit au Roi au sujet des jésuites. VIII, 10.
PARABÈRE (madame de). I, 104, 133.
PARDAILLAN-D'ANTIN (de), commandant de frégate. III, 304.
Parallèle de la conduite du clergé et du Parlement, brochure brûlée par le bourreau. VIII, 28.
PARC-AUX-CERFS ; détails sur cette maison. V, 360 et suiv.
— V, 372, 373. — VI, 263. — VII, 426.
PARC civil du Châtelet. V, 420.
PARENT, conseiller des Enquêtes. II, 421.
PARI de cheval. I, 229, 230, 422 et suiv.
PARIS, ville ; luxe qu'on y déploie. I, 84.

PARIS ; ruiné par le *Système* de Law. I, 96.
— On y craint un grand malheur. I, 106.
— Est plein de jansénistes. II, 115.
— Est inondé. III, 243.
— Le peuple en est doux. III, 246.
— Il y règne un grand luxe. III, 276.
— Il y a des Autrichiens de cœur. III, 337.
— S'amuse avec des pantins. IV, 211 et suiv.
— Veut faire ériger une statue à Louis XV. IV, 387.
— S'apitoie sur des malheureux condamnés à mort par le Parlement. IV, 456.
— On y est mécontent. V, 226.
— Ne demande que trouble. VI, 11.
— Tous les esprits y sont anglais. *Ibid*.
— Ce qui s'y passe lors de l'assassinat du Roi. VI, 433.
— On y dépense beaucoup malgré la misère. VII, 326.
PARIS (le diacre) ; enterré à Saint-Médard. II, 65.
— Son portrait. II, 167, 168, 169, 404.
— Ses miracles recommencent. II, 167.
— Ses miracles condamnés par l'archevêque. II, 170.
— Fait un miracle étonnant pour les molinistes. II, 171.
— Sa *Vie* condamnée au feu. II, 200.
— Son frère ne veut pas qu'on l'exhume. II, 247.
— Son anniversaire à Saint-Médard. II, 261.
— L'accès de son tombeau est interdit. II, 357.
— Anniversaire de sa mort. II, 401.
— Anniversaire de sa mort. III, 19.
— Médecin malgré lui. III, 70.
PARIS, vicomte de Muire, frère du diacre, conseiller au Parlement. II, 247.
— Son enterrement. III, 98.
PARIS (les frères) ; sont exilés. I, 44.
— I, 90, 203.
— Leur histoire. I, 219.
— I, 261, 278, 343, 429.

Paris (les frères); font diverses combinaisons financières. IV, 371.
— VIII, 132, 146.
Paris du Vernet ou Duverney; origine de ce surnom. I, 219.
— I, 441. — III, 513. — IV, 105.
— Contribue à la fondation de l'École militaire. V, 13.
— VIII, 333.
Paris de Montmartel. IV, 5, 105, 263.
— Ses spéculations financières. IV, 272.
— Fait de nouveaux systèmes de finances. IV, 312.
— VIII, 142.
Paris, évêque d'Orléans. V, 340, 341.
Paris la Montagne. I, 219.
Paris (madame); vend son fonds de filles. V, 159.
Parisiens; il faut les amuser. I, 192.
— Font des feux de joie pour la disgrâce de M. le Duc. I, 428.
— Aiment à voir les supplices. II, 69.
Parlement d'Angleterre. III, 237, 400.
— Délibère au sujet du prince Édouard. IV, 100.
— VI, 202.
— Comparé au Parlement de Paris. VII, 229.
— D'Aix; juge le père Girard. II, 201 et suiv.
— Condamne un mandement de l'archevêque d'Arles. II, 356.
— V, 270.
— Rend un arrêt contre un curé. V, 398.
— Fait une vive opposition au gouvernement. VI, 10 et suiv.
— Prend un arrêté relatif à l'archevêque de cette ville. VII, 9.
— Ordonne la représentation des statuts des jésuites. VIII, 26.
— De Besançon; plusieurs de ses membres sont arrêtés. VI, 515.
— S'oppose à la levée d'une taxe. VII, 126 et suiv.
— Est exilé. VII, 127.
— S'oppose à la levée des taxes. VII, 133, 134 et suiv.
— Le Roi veut se mêler seul des affaires de cette Cour. VII, 260.

Parlement de Besançon. VII, 261.
— Envoie des députés au Roi. VII, 278.
— Ses députés sont reçus par le Roi. VII, 288.
— Ses membres sont toujours en exil. VII, 299.
— VII, 309, 310.
— Son affaire est arrangée par le Roi. VII, 358.
— Refuse d'enregistrer les édits du lit de justice. VIII, 103.
— De Bordeaux; s'oppose à une mesure prise par l'intendant. VI, 304.
— Cesse ses fonctions. VI, 325.
— Ses remontrances au sujet des arrêts du Conseil. VI, 328.
— Cesse ses fonctions. Ibid.
— Fait des remontrances. VI, 500, 501.
— Demande le retour de l'exil pour deux de ses membres. VII, 9.
— Ordonne la représentation des statuts des jésuites. VIII, 26.
— Adresse au Roi des remontrances très-hardies. VIII, 100.
— Ses remontrances sont supprimées. VIII, 101.
— Proteste contre la publication des édits du lit de justice. VIII, 104.
— De Dijon. VI, 233.
— De Douai; nommé Parlement de Flandre. IV, 50.
— De Grenoble; proteste contre les édits du lit de justice. VIII, 104.
— De Metz. III, 431, 486.
— De Paris; s'oppose à la refonte des monnaies. I, 9.
— Rend un arrêt contre Law. I, 10.
— Se rend au Louvre pour un lit de justice. I, 12.
— Membres du Parlement enlevés la nuit. I, 16.
— Reste fermé deux jours. I, 17.
— Demande une audience au Roi. I, 18.
— Envoie des députés au Régent. I, 22.
— Refuse d'enregistrer un édit relatif à une banque royale. I, 23.
— Supprime un manifeste du roi d'Espagne. I, 30 et suiv.
— Proteste contre un arrêt du Conseil. I, 35.

INDEX.

PARLEMENT de Paris ; envoie une députation au Roi. *Ibid.*
— Est joué par la Cour. I, 37.
— Demande la réouverture de la banque de Law. I, 46.
— S'oppose à la suppression des rentes sur la Ville. I, 50.
— Est transféré à Pontoise. I, 52.
— Attaqué par les agioteurs. I, 54.
— Occupé par des troupes. I, 54, 55.
— Se rend à Pontoise. I, 56.
— Chansonné sur son exil à Pontoise. I, 61.
— Délibère sur la constitution *Unigenitus*. I, 67.
— Comment il est installé à Pontoise. I, 69.
— S'ennuie beaucoup à Pontoise. *Ibid.*
— Est un corps respectable et impuissant ; pourquoi ? I, 70.
— Empêche la confiance par son opposition. I, 71.
— Ne peut s'opposer au Régent. *Ibid.*
— A bien agi contre le *Système*. I, 75.
— Transféré à Blois. I, 80.
— On parle de le supprimer. I, 81.
— Se réconcilie avec le cardinal de Noailles. I, 82.
— Ne va pas à Blois. *Ibid.*
— Enregistre la déclaration pour la Constitution. I, 88.
— Assiste à un mariage. I, 91.
— Se brouille avec le Régent. I, 103.
— Se montre sévère pour les grands seigneurs. I, 109.
— Fait des remontrances au Roi. I, 117.
— Se venge du Châtelet. I, 178.
— Fait un compliment à l'Infante. I, 198, 199.
— S'oppose à l'augmentation des droits de justice. I, 211.
— Ses remontrances sur les droits de justice. I, 217.
— Réclame des voleurs mis à la Bastille. I, 220.
— Est convoqué à la majorité du Roi. I, 259.
— Instruit le procès de M. Leblanc. I, 375.
— Ordonne des feux de joie. I, 436.

PARLEMENT de Paris ; rend un arrêt contre le duc de Crussol. II, 7.
— Est accessible aux sollicitations. II, 27.
— Délibère sur une requête des curés. II, 85.
— Supprime un bref. II, 91.
— Fait brûler un livre. *Ibid.*
— Examine la déclaration du Roi sur la bulle *Unigenitus*. II, 102.
— Enregistre la constitution *Unigenitus*. II, 107.
— Délibère sur le lit de justice. II, 108.
— S'assemble pour les mercuriales. II, 111.
— Discute sur une lettre du Roi au premier président. II, 111 et suiv.
— Proteste contre une lettre du Roi. II, 114, 115.
— Sa doctrine au sujet des excommunications. II, 116.
— Mandé à Fontainebleau. II, 118.
— A une audience du Roi. II, 119.
— Réprimandé. II, 121.
— Supprime une proposition des jésuites. II, 122.
— Condamne l'abbé Baudry. II, 123 et suiv.
— Est traité sèchement par le chancelier. II, 143.
— Prend fait et cause pour les avocats contre les évêques. II, 145.
— Condamne au feu un libelle anonyme. *Ibid.*
— Condamne une lettre de l'évêque d'Apt. *Ibid.*
— Condamne au feu les *Nouvelles ecclésiastiques*. II, 146.
— Rend un arrêt contre l'évêque de Laon. II, 149.
— Condamne au feu un écrit contre Gilbert de Voisins. II, 169.
— Présente des remontrances au Roi. II, 177, 178.
— Fait une requête d'appel sur un miracle. II, 190.
— Menacé d'excommunication. II, 192.
— Ce que lui dit le chancelier. II, 193.
— Prépare un arrêt de maximes générales. *Ibid.*
— Un de ses arrêts est rayé par ordre du Conseil. II, 195.

PARLEMENT de Paris; délibère sur la radiation d'un arrêt. II, 216 et suiv.
— Ouvre une lettre de cachet. II, 219.
— Envoie une députation à Marly. *Ibid.*
— Compromet son caractère. II, 220.
— Est mécontent des avocats. II, 221.
— A combattu le *Système* de Law. II, 227.
— Réflexions sur sa conduite vis-à-vis du cardinal de Fleury. II, 228.
— Déclare qu'il défendra les anciennes lois du royaume. II, 235.
— Est avili par le Roi. II, 239.
— Juge une bande de voleurs. II, 252.
— Envoie une députation à Compiègne. II, 263.
— Il lui est défendu de s'assembler, pour les affaires de l'Église. II, 267.
— Désobéit aux ordres du Roi. II, 268.
— Est mandé à Compiègne. *Ibid.*
— Se rend à Compiègne et il est mal reçu. II, 271.
— Plusieurs de ses membres sont exilés. II, 272, 273.
— Conséquences qu'entraîneraient les violences du pouvoir contre lui. II, 274.
— Décide qu'il ne tiendra pas d'audiences. II, 275.
— Détails sur ses origines. II, 277.
— Se met au-dessus des menaces de suppression. II, 280.
— Décide d'interjeter un appel comme d'abus d'un mandement. II, 281.
— Surseoit à un appel comme d'abus. II, 282.
— Fait une cacade. II, 283.
— Demande le rappel d'exil de deux de ses membres. II, 289.
— Il s'y passe de grands débats à l'occasion d'un appel comme d'abus. II, 290 et suiv.
— Interjette un appel comme d'abus contre l'archevêque de Paris. II, 292.
— Plusieurs de ses membres sont exilés. II, 293.
— Délibère s'il donnera sa démission. *Ibid.*

PARLEMENT de Paris; ses députés sont malmenés par le Roi. II, 294.
— Envoie des démissions au Roi. II, 298.
— Mandé à Compiègne. II, 299.
— Histoire de sa démission sous Louis XV. II, 304, 305.
— On veut lui enlever les appels comme d'abus. II, 307.
— A toujours réprimé les injustices des évêques. II, 308.
— Délibère sur ses débats avec la Cour. II, 309 et suiv.
— Travaille à des remontrances. II, 315 et suiv.
— *Mémoire* touchant son origine. II, 319 et suiv.
— Dissertation sur son histoire. II, 320.
— Remet des remontrances au Roi. II, 322.
— Délibère sur une thèse de Sorbonne. II, 323 et suiv.
— Condamne au feu le *Mémoire* sur son origine. II, 325.
— Tient séance au Châtelet. II, 328.
— Mandé à Marly. II, 330.
— Fait d'itératives remontrances. *Ibid.*
— Sa compétence dans les appels comme d'abus. II, 331.
— Détails sur son histoire. II, 333.
— On parle de sa suppression. II, 336.
— Proteste contre une déclaration du Roi. II, 339 et suiv.
— Supplie le Roi d'avoir égard à ses remontrances. II, 341.
— Est mandé à Versailles. II, 342.
— Proteste contre le lit de justice de Versailles. II, 346.
— Est très-loué à ce sujet par les Parisiens. II, 347.
— Cent quarante de ses membres sont exilés. II, 349.
— Représenté dans une caricature. II, 361.
— Ses membres exilés reviennent à Paris. II, 363.
— On lui applique une prophétie d'Isaïe. II, 367.
— Envoie des députés complimenter le Roi. *Ibid.*

PARLEMENT de Paris; ses députés soupent chez les ministres. II, 368.
— Ils confèrent avec le cardinal Fleury. II, 369.
— Ses députés sont reçus dans le cabinet du Roi. II, 371.
— Est réconcilié avec le ministère. II, 372.
— Interdit la soutenance de deux thèses. II, 379.
— Prix de ses charges. II, 385.
— Poursuit le livre de l'*Amour de Dieu*. II, 395.
— Condamne divers écrits. II, 400.
— Condamne les écrits molinistes. II, 402.
— S'opposera toujours à la Constitution. II, 406.
— Supprime deux mandements. II, 432.
— Examine une taxe. II, 444.
— Poursuit les convulsionnaires. III, 1.
— Arrête qu'il sera fait des représentations. III, 7.
— A une querelle avec les avocats. III, 22, 33 et suiv.
— Supprime une lettre pastorale de l'archevêque de Cambrai. III, 29.
— Ne peut pas retirer le titre de pair de France. III, 31.
— Poursuit un refus de sépulture arrivé à Douai. III, 60.
— Proteste contre une évocation au Conseil d'un refus de sacrements. III, 61.
— Peut délibérer malgré le premier président. III, 62.
— S'oppose aux prétentions du premier président. *Ibid.*
— Décide qu'il maintiendra son droit de délibération. III, 76.
— Réclame contre l'arrestation de Carré de Montgeron. III, 92.
— Demande que M. de Montgeron lui soit remis. III, 95.
— Travaille à des remontrances sur un mandement de l'archevêque de Cambrai. III, 98.
— Juge le procès du duc d'Orléans et de la princesse de Modène. III, 99, 100.
— Est mandé à Versailles. III, 101.

PARLEMENT de Paris; est tuteur du duc de Penthièvre. III, 115.
— Supprime le bref de canonisation de saint Vincent de Paul. III, 121.
— Est critiqué dans une estampe. III, 130.
— Fait des remontrances au sujet de M. de Montgeron. III, 136.
— On lui retire les affaires de l'Université. III, 151.
— Refuse d'enregistrer un bref du Pape. *Ibid.*
— Supprime un mandement de l'évêque de Laon. III, 215.
— Rend deux arrêts relatifs au pain. III, 218.
— Prend des mesures pour prévenir une disette. III, 249.
— Prétend connaître de toutes les affaires d'administration. III, 255.
— Refuse de jeter l'eau bénite à la duchesse de Bourbon. III, 286.
— Intervient dans les affaires de tutelle du prince de Condé. III, 296, 297, 298.
— Fait des remontrances au sujet du dixième. III, 308.
— Est mécontent au sujet du mariage du Dauphin. IV, 17.
— Enregistre diverses taxes. IV, 24.
— A la police des bestiaux. IV, 29.
— Défend les nouvelles à la main. IV, 40.
— Envoie au Roi une députation en Flandre. IV, 43, 44.
— Règle les fêtes pour l'entrée du Roi. IV, 77, 78.
— Supprime un mandement de l'évêque d'Amiens. IV, 221.
— Déclare qu'il veut empêcher un schisme. IV, 223, 224.
— Se rend à Versailles et y est très-mal reçu. IV, 228.
— Enregistre divers édits bursaux. IV, 289.
— Rédige des remontrances sur des édits bursaux. IV, 367.
— On y parle très-vivement contre le vingtième. IV, 369.
— Décide d'enregistrer les édits sur le vingtième. IV, 370.
— Enregistre un édit relatif à la justice. IV, 372.

PARLEMENT de Paris; informe au sujet des émeutes pour les enlèvements d'enfants. IV, 434.
— Poursuit l'information au sujet des émeutes. IV, 441.
— Fait comparaître les accusés dans l'affaire des émeutes. IV, 453.
— En condamne trois à mort. VI, 454, 455.
— Fait des difficultés sur des lettres de M. de Machault. IV, 498.
— Rend compte au Roi de l'affaire du sieur Coffin. V, 2.
— Informe contre le procès-verbal de l'assemblée du clergé. V, 19.
— Veut qu'on mange des œufs en carême. V, 26.
— Fait des remontrances sur un refus de sacrements. V, 27.
— Fait des remontrances sur une création des rentes. V, 50, 51, 52.
— Comment il est reçu par le Roi quand il porte des remontrances. V, 52.
— Enregistre des édits sur la création des rentes. V, 54.
— Fait des représentations au Roi sur les finances. V, 61.
— Est en querelle avec le Conseil d'État. V, 65.
— Se plaint de la conduite du Roi à son égard. V, 73.
— Les autres Cours en sont jalouses. V, 77, 78.
— Envoie au Roi une députation solennelle, au sujet de l'hôpital général. V, 81, 82, 83.
— Refuse d'enregistrer un édit relatif à l'hôpital général. V, 86.
— Reçoit des lettres de jussion au sujet de l'édit sur l'hôpital général. V, 89.
— Fait un nouveau règlement pour les avocats. V, 95.
— Est mandé à Versailles au sujet de l'hôpital général. V, 121, 122.
— Le Roi lui défend de s'occuper de cette affaire. V, 124.
— Cesse ses fonctions. V, 125.
— Reçoit l'ordre de reprendre ses fonctions ordinaires. V, 129.
— Veut délibérer malgré le Roi sur l'affaire de l'hôpital général. V, 130.

PARLEMENT de Paris; n'est, suivant le Roi, qu'une Cour de justice. V, 133.
— Arrête que ses registres ne pourront être déplacés. V, 134.
— Reprend ses fonctions ordinaires. V, 137.
— On veut le mortifier. V, 154.
— Poursuit le curé Bouëttin, pour refus de sacrements. V, 177 et suiv.
— Est invité au service de Madame Henriette. V, 179.
— Deux de ses arrêts sont cassés par le Conseil. V, 181.
— Ne peut se mêler des matières de foi. V, 182.
— Décrète Bouëttin de prise de corps. V, 186.
— Le Roi en a besoin dans bien des occasions. V, 189.
— Mandé à Versailles. V, 191.
— Ses devoirs d'après M. de Maupeou. V, 194 et suiv.
— Adresse au Roi des remontrances très-importantes sur les affaires religieuses. V, 196.
— Doit maintenir les maximes politiques du royaume. V, 199.
— Agit de concert avec le Roi. V, 208.
— Enregistre la réponse du Roi. Ibid.
— Défend de refuser les sacrements. V, 209.
— Arrêt mis sous verre. V, 210.
— Restaurateur du repos public. V, 211.
— Met la main à l'encensoir. V, 214.
— Informe contre des curés de Paris. V, 217, 219.
— Désobéit au Roi. V, 221.
— Offre sa démission au Roi. V, 223.
— S'attribue un grand pouvoir. V, 227.
— Tient une assemblée secrète, sur une réponse qu'il doit faire au Roi. V, 229.
— Poursuit des refus de sacrements. V, 230.
— Reprend ses fonctions. V, 233.
— Envoie une députation à Marly. V, 234.
— Ne tient pas son autorité de la nation. V, 236.
— Est applaudi par le peuple. V, 237.

PARLEMENT de Paris ; ses membres se laissent gagner par la Cour. V, 238.
— Poursuit des refus de sacrements. V, 243.
— Décrète des curés d'Abbeville de prise de corps. V, 245.
— Attaqué dans un sermon par l'évêque d'Amiens. V, 246.
— Condamne au feu une lettre de l'évêque de Marseille. V, 253.
— Poursuit divers écrits et divers ecclésiastiques. V, 254.
— Dénonce une lettre de l'évêque d'Amiens. V, 256.
— Supprime le livre de l'*Apologie*. V, 257.
— Supprime une thèse. V, 258.
— Est accusé d'encourager les esprits forts. V, 260.
— Condamne au feu la requête des sous-fermiers. V, 261.
— Condamne au feu un manifeste du clergé. V, 263.
— Décerne cinq décrets contre des ecclésiastiques. V, 265.
— Rend un arrêt contre des curés d'Abbeville. V, 269.
— Attaqué dans un sermon à Saint-André-des-Arts. V, 270.
— Poursuit des refus de sacrements. V, 274.
— Rend un arrêt très-vif contre le clergé. V, 282, 283.
— Conteste l'autorité du Roi. V, 285.
— Poursuit un curé de Tours. V, 286.
— Détruit ce qu'ordonne le Roi. V, 287.
— Délibère au sujet de l'autorité du Roi. V, 289.
— Condamne divers écrits. *Ibid.*
— Soutient le présidial de Tours. V, 290.
— Supprime deux écrits. V, 291.
— Condamne au feu divers écrits. V, 294.
— Veut faire publier un monitoire. V, 301.
— Condamne au feu l'écrit *Ira Dei*. *Ibid.*
— Instruit l'affaire de la sœur Perpétue. V, 303 et suiv.
— Arrête de convoquer les pairs. V, 305.

PARLEMENT de Paris ; saisit le temporel de l'archevêque de Paris. V, 308.
— Enjoint de donner les sacrements à la sœur Perpétue. *Ibid.*
— Invite le Roi à venir à l'assemblée des pairs. V, 309.
— Envoie une députation à Versailles. V, 311.
— Décachète un paquet du Roi. *Ibid.*
— Délibère sur le contenu. *Ibid.*
— Demande un jour pour une députation au Roi. V, 314.
— Se prétend le droit de convoquer les pairs. V, 315.
— Arrête que les ducs et pairs seront convoqués. V, 318.
— N'a aucun égard aux ordres du Roi. V, 319.
— Ne reconnaît pas le chancelier pour son supérieur. V, 320.
— Discute les droits du Roi. *Ibid.*
— Invite le Roi à l'assemblée des pairs. V, 321.
— Fait des remontrances au Roi. *Ibid.*
— Ne reconnaît personne entre lui et le Roi. V, 322.
— Cède au Roi et sursoit à la convocation des pairs. V, 324.
— Se rend auprès du Roi. V, 327.
— Ne veut pas seulement connaître des procès. V, 331.
— Décrète deux curés d'Abbeville de prise de corps. V, 340.
— Poursuit un curé d'Orléans. *Ibid.*
— Rend un arrêt contre l'évêque d'Orléans. V, 341.
— Prie le Roi de faire retirer un arrêt du Conseil. V, 345.
— Travaille à des remontrances. V, 349.
— Condamne au feu une consultation de canonistes. V, 351.
— Ordonne des informations sur un refus de sacrements. V, 352.
— Travaille à l'affaire de l'évêque d'Orléans. V, 353.
— Le public est content de sa fermeté. V, 355.
— Condamne au feu un mémoire sur une thèse. *Ibid.*
— Fait enregistrer d'autorité un de ses arrêts à la Sorbonne. V, 358 et suiv.

PARLEMENT de Paris; condamne au feu un écrit contre les jansénistes. V, 359.
— Informe contre l'évêque d'Amiens. V, 363.
— Lit et corrige ses remontrances. *Ib.*
— Fait un règlement sur l'édit de 1682. V, 364.
— Sa compétence dans les affaires des sacrements. V, 365.
— Lit et corrige définitivement ses remontrances. V, 366.
— Attaque le Roi dans ses remontrances. V, 368.
— Décrète d'ajournement le procureur du Roi de Tours. V, 369.
— Ordonne aux gens du Roi de faire exécuter ses arrêts. V, 371.
— Envoie une députation à Versailles. V, 377.
— Arrête qu'il restera assemblé, tous services cessants. V, 379.
— Cesse ses fonctions. *Ibid.*
— Refuse d'obéir à des lettres de jussion. V, 380.
— Est exilé. V, 381 et suiv.
— Son exil est très-préjudiciable à Paris. V, 389.
— Ce que font ses membres dans leur exil. V, 391, 393, 394.
— Supprime des remontrances apocryphes. V, 393.
— Sa place à Notre-Dame. V, 416.
— Une partie est exilée à Soissons. V, 434.
— Manque à ses devoirs en cessant ses fonctions. V, 438.
— Autorise la vente des œufs en carême. VI, 13.
— Est blâmé par Barbier. VI, 31.
— Ses membres sont rappelés à Paris. VI, 42.
— Ses membres rentrent à Paris. VI, 49.
— Rentre en fonctions. VI, 53.
— Est acclamé par le peuple. *Ibid.*
— Délibère sur une déclaration du Roi. VI, 53 et suiv.
— Enregistre cette déclaration en la modifiant. *Ibid.*
— A manqué à ses devoirs envers le public. VI, 56.
— Est complimenté par les Cours souveraines. VI, 57.

PARLEMENT de Paris; envoie une grande députation à Versailles. VI, 58.
— Enregistre une réponse du Roi. VI, 61.
— Fait un arrêt de règlement, pour accélérer les procès. VI, 62.
— Ordonne d'administrer un malade. VI, 65.
— Rend un arrêt contre le chapitre d'Orléans. VI, 67, 69.
— Fait sa rentrée. VI, 72.
— S'assemble pour les mercuriales. VI, 75.
— Poursuit un refus de sacrements à Saint-Étienne-du-Mont. *Ibid.*
— On s'y querelle au sujet de l'archevêque. VI, 78.
— Donne ordre d'administrer la demoiselle Lallemant. VI, 83.
— Fait des représentations sur une création de rentes. VI, 87.
— Demande au Roi la suppression du vingtième. *Ibid.*
— Veut partager l'autorité souveraine. VI, 88.
— Fait des informations sur l'affaire du chapitre d'Orléans. VI, 90, 91.
— Rend compte de tout au Roi. VI, 91.
— Prend des mesures contre divers ecclésiastiques. VI, 93.
— Demande la suppression du vingtième. VI, 95.
— Examine et désapprouve un discours du Roi. VI, 98.
— Est divisé par des hostilités intestines. VI, 100.
— Informe contre le curé de Sainte-Marguerite. VI, 100, 101.
— Et contre le porte-Dieu de cette paroisse. VI, 103.
— Sévit contre les prêtres du second ordre pour refus de sacrements. VI, 105.
— Donne ordre d'administrer mademoiselle Coffin. VI, 107.
— Somme l'archevêque de mettre un terme aux refus de sacrements. VI, 108.
— Délibère sur diverses affaires ecclésiastiques. VI, 110.
— Autorise un prêtre à demander les sacrements. *Ibid.*

INDEX.

Parlement de Paris; décrète de prise de corps et bannit divers ecclésiastiques. VI, 113.
— Établit la législation de l'appel comme d'abus. VI, 117.
— Donne ordre d'administrer mademoiselle Lebreton. *Ibid.*
— Envoie demander à l'archevêque l'autorisation de manger des œufs en carême. VI, 119.
— Décrète de prise de corps trois prêtres de Saint-Étienne-du-Mont. VI, 125.
— Fait subir un interrogatoire au sieur Colbert, chanoine d'Orléans. VI, 126.
— Condamne au feu une lettre de l'archevêque d'Auch. VI, 135.
— Bannit le curé de Sainte-Marguerite. VI, 137.
— Dénonce au Roi l'opiniâtreté de M. de Beaumont. *Ibid.*
— Reçoit cinq ducs et pairs. VI, 141.
— Cite le curé de Saint-Médard. *Ibid.*
— Déclare qu'il y a abus dans les actes du chapitre d'Orléans. VI, 143.
— Déclare qu'il y a abus dans la constitution *Unigenitus*. VI, 144.
— Défend aux évêques de parler de la Constitution. VI, 145.
— Condamne au feu la *lettre aux évêques*. VI, 146.
— Mande à son banc les curés de Paris. *Ibid.*
— Confirmé dans sa compétence sur la juridiction ecclésiastique. VI, 151.
— Blâmé par le Roi. VI, 153.
— Prépare des remontrances. VI, 154, 155.
— Donne un ordre à l'évêque de Troyes. VI, 156.
— Envoie une députation à Versailles. VI, 157.
— Se dit dépositaire des droits de la souveraineté. VI, 159.
— Ses registres ne sont pas exacts. *Ibid.*
— Décrète un capucin de prise de corps VI, 160.
— Ordonne à la Sorbonne d'enregistrer un arrêt relatif à des thèses. VI, 162.
— Bannit à perpétuité des vicaires de Sainte-Marguerite. VI, 164.

Parlement de Paris; condamne un diacre aux galères perpétuelles. VI, 166.
— Fait enregistrer d'autorité un arrêt par la Sorbonne. VI, 168.
— Est approuvé par le Roi. VI, 170.
— Est attaqué dans un écrit imprimé. VI, 177.
— Décrète divers ecclésiastiques de prise de corps. VI, 177, 178.
— Rend un arrêt contre la Sorbonne. VI, 180.
— Condamne deux écrits au feu. VI, 181.
— Acquitte cinq chanoines d'Orléans. VI, 182.
— Supprime une thèse de Sorbonne. VI, 186.
— Est prorogé. VI, 192, 193.
— Condamne à diverses peines le chapitre d'Orléans. VI, 194.
— Envoie une députation au Roi. VI, 202.
— A une querelle avec le Grand-Conseil. *Ibid.*
— Prépare des remontrances au sujet du Grand-Conseil. VI, 207.
— Enregistre deux édits. VI, 208.
— Informe contre un refus de sacrements. VI, 217.
— Présente des remontrances au Roi. VI, 221.
— Défend aux bailliages d'enregistrer une déclaration du Roi. VI, 222.
— Se prétend aussi ancien que la monarchie. VI, 223.
— Attaque l'autorité souveraine. *Ibid.*
— Doit sanctionner toutes les lois par l'enregistrement VI, 224.
— Il est question d'y supprimer plusieurs charges. VI, 234.
— Rend un arrêt contre la juridiction du Grand-Conseil. VI, 239.
— Rend un arrêté méprisant pour le Grand-Conseil. VI, 244.
— Interdit un procureur du Roi. VI, 245.
— Supprime des écrits. *Ibid.*
— Jugé par madame de Pompadour. VI, 251.
— Convoque les pairs à l'occasion d'un arrêt du Grand-Conseil. VI, 254.

Parlement de Paris; est mandé à Versailles. VI, 255.
— Envoie des députés au Roi au sujet de la convocation des ducs et pairs. VI, 257, 258.
— Ne reçoit d'ordres que du Roi directement. VI, 259.
— Ses députés attendent le Roi très-longtemps à Versailles. *Ibid.*
— Fait une querelle au premier président. VI, 260.
— Explique les motifs de la convocation des pairs. VI, 264.
— Va en députation à Versailles. VI, 267.
— Sa conduite en 1615. VI, 268.
— Ses représentations au Roi sur la défense faite aux ducs et pairs de se rendre à la convocation. VI, 271.
— Bannit un prêtre à cause d'un sermon. VI, 278.
— Supprime divers écrits. *Ibid.*
— Délibère au sujet du Grand-Conseil. VI, 282.
— Délibère sur des thèses de Sorbonne. VI, 284, 285.
— Délibère sur la défense faite aux princes et pairs de se rendre à la convocation. *Ibid.*
— Rend un arrêt de règlement contre le Grand-Conseil. VI, 287.
— Décrète des prêtres de prise de corps. VI, 290.
— Supprime ses propres arrêtés. VI, 290, 291.
— Supprime divers livres. VI, 291.
— Condamne une instruction pastorale de l'évêque de Troyes. VI, 293.
— Se contredit, suivant sa passion, quand il parle du Roi. VI, 294.
— Poursuit quatre chanoines d'Orléans. VI, 305.
— Fait examiner les règlements de la Sorbonne. VI, 306.
— Annule un décret de la Faculté de Théologie. *Ibid.*
— Mande les officiers de la Sorbonne à sa barre. VI, 317.
— Ses divers arrêts contre la Sorbonne. *Ibid.*
— Continue ses poursuites contre la Sorbonne. VI, 318, 319.
— Rend un arrêt relatif au syndicat de la Sorbonne. VI, 322.

Parlement de Paris; ordonne un compulsoire des registres de la Sorbonne. VI, 322, 323.
— Dit au Roi que l'on surprend sa religion. VI, 329.
— Se ligue avec les autres Parlements du royaume. VI, 330.
— Est leur chef. *Ibid.*
— Rend un arrêt contre l'évêque de Troyes. VI, 332.
— Modifie les édits. VI, 333.
— Examine des édits bursaux. *Ibid.*
— Informe contre un mandement de l'évêque de Troyes. VI, 335.
— Condamne au feu un mandement de l'évêque de Troyes. VI, 339.
— Défend son droit des remontrances. VI, 342.
— Fait des remontrances au Roi sur divers objets. VI, 343.
— Pourquoi il siége au Palais. VI, 345.
— Envoie une députation à Compiègne. VI, 347.
— Fait des remontrances au sujet de divers impôts. VI, 350.
— Accusé de vouloir s'emparer de l'autorité souveraine. VI, 351.
— Délibère au sujet du lit de justice de Versailles. VI, 353.
— Se rend au lit de justice de Versailles, et y assiste sans opiner. VI, 355.
— Fait des remontrances au sujet du Parlement de Bordeaux. VI, 358.
— Proteste contre le lit de justice. VI, 359.
— Condamne au feu les réflexions d'un avocat. VI, 360.
— Ordonne de pourvoir à l'élection d'une supérieure des Sœurs hospitalières du faubourg Saint-Marceau. VI, 363.
— Ses remontrances au sujet du Parlement de Bordeaux. VI, 365.
— Informe contre un mandement de l'archevêque. VI, 372.
— Supprime la lettre de l'archevêque d'Auch au Pape. VI, 373.
— Condamne au feu divers écrits. VI, 378.
— Arrête de faire des remontrances au Roi. VI, 394.
— Félicite le Parlement de Bordeaux. VI, 395.

INDEX. 515

PARLEMENT de Paris; rend un arrêt contre l'évêque d'Orléans. VI, 397.
— Supprime un bref du Pape. VI, 400.
— Prend un arrêté relatif aux brefs des papes. VI, 402.
— Délibère au sujet du lit de justice. VI, 406.
— Une grande partie de ses membres donnent leurs démissions. VI, 409 et suiv.
— Réclame le jugement de l'attentat de Damiens. VI, 437.
— Le procès de Damiens lui est attribué. VI, 443.
— Juge à la Grand'Chambre le procès de Damiens. VI, 449.
— Seize de ses membres sont exilés. VI, 459.
— Supprime un écrit. VI, 462.
— N'est plus composé que de quelques magistrats de la Grand'Chambre. VI, 469.
— Condamne au feu les arrêts de la Grand'Chambre. VI, 470.
— Demande un confesseur pour Damiens. VI, 492.
— Discussion sur ses attributions politiques. VI, 501.
— Condamne Damiens à mort. VI, 502.
— Rend un arrêt contre la famille de Damiens. VI, 510.
— Condamne au feu les *Réflexions sur l'assassinat du Roi*. VI, 511.
— Rend un arrêt relatif aux procureurs. VI, 513.
— Instruit diverses affaires relatives à celle de Damiens. VI, 514.
— Plusieurs de ses membres sont pensionnés par le Roi, pour le procès de Damiens. VI, 516.
— Vend le procès de Damiens au profit de ses commis. VI, 517.
— Le Roi rend les démissions des conseillers. VI, 560.
— Va en grande députation à Versailles. *Ibid.*
— Est mandé à Versailles. VI, 565.
— Le Roi rend les démissions de ses membres. VI, 566.
— Reprend ses fonctions ordinaires. VI, 568.
— Remercie le Roi. VI, 569.

PARLEMENT de Paris; demande le rappel de ses membres exilés. VI, 569.
— Louis XIV y crée diverses charges. VI, 571.
— Forme une Chambre des Vacations. VI, 573.
— Ordonne d'exécuter la déclaration du Roi. VI, 576.
— Condamne divers écrivains aux galères. VI, 577.
— Rend un arrêt relatif aux livres. VI, 578.
— Enregistre un édit portant création de rentes viagères. VI, 602.
— Condamne au feu des extraits de Busembaum. VI, 608.
— Agite diverses questions relatives à la discipline intérieure. VI, 609.
— Ses membres ne peuvent rester en bonne intelligence entre eux. VI, 610.
— Veut exclure plusieurs de ses membres. VI, 612.
— Ses gardes. VI, 614, 615.
— Informe contre un mandement de l'évêque d'Auxerre et contre un sermon. VII, 4.
— Supprime divers écrits. VII, 9.
— Se borne à rendre la justice. VII, 14, 15.
— Exclut quatre de ses membres. VII, 22.
— Enregistre des édits bursaux. VII, 25.
— Supprime l'apologie de Busembaum. *Ibid.*
— Est rétabli dans la connaissance des affaires de l'hôpital général. VII, 30.
— Supprime *la Réalité du projet de Bourg-Fontaine*, libelle. VII, 38, 39.
— Poursuit le curé de Saint-Nicolas. VII, 42.
— Informe au sujet d'un prétendu complice de Damiens. VII, 56.
— Est confirmé dans le droit de convoquer les pairs. VII, 62.
— Décrète un porte-Dieu de prise de corps. VII, 64.
— Casse une ordonnance sur les pigeons. VII, 74.
— Enregistre des édits bursaux. VII, 66.

PARLEMENT de Paris; modifie un édit sur le don gratuit. VII, 87.
— Condamne un prêtre aux galères. VII, 112.
— Bannit divers ecclésiastiques. VII, 118.
— Informe contre divers ouvrages. VII, 120.
— Nomme des examinateurs pour l'*Encyclopédie*. VII, 126.
— Ordonne la destruction de plusieurs ouvrages, entre autres l'*Encyclopédie*. VII, 128.
— Est hostile aux philosophes. VII, 129.
— Poursuit l'affaire du Parlement de Besançon. VII, 135.
— Va en grande députation à Versailles. VII, 140.
— Ce qu'il pense de la liberté de la magistrature. VII, 150.
— Limites de son pouvoir d'après Louis XV. VII, 152, 153.
— Rédige des remontrances au sujet du Parlement de Besançon. VII, 167, 168.
— Délibère sur une réponse du Roi relative au Parlement de Besançon. VII, 172.
— S'assemble pour des édits bursaux. VII, 178.
— Reçoit des lettres de prorogation. VII, 183.
— Fait des remontrances sur des édits bursaux. VII, 183.
— Prie le Roi de retirer des édits bursaux. VII, 185.
— Assiste à un lit de justice en 1759. VII, 186.
— Fait des remontrances importantes à l'occasion du lit de justice de 1759. VII, 187, 188, 189.
— Fait des remontrances sur des édits bursaux. VII, 218.
— Veut vérifier les registres de la Chambre des Comptes. VII, 227.
— Décide de ne point enregistrer deux édits bursaux. *Ibid.*
— Fait des remontrances au Roi au sujet de divers impôts. VII, 229.
— Se plaint au Roi de n'être pas écouté. VII, 231 et suiv.
— Ne reconnait que les impôts qu'il a enregistrés. VII, 235.

PARLEMENT de Paris; porte un grand coup à l'autorité souveraine. VII, 237.
— Informe contre des convulsionnaires. VII, 253.
— Délibère sur les affaires du Parlement de Besançon. VII, 264.
— Envoie une grande députation au Roi. VII, 266.
— Proteste contre l'ordonnance relative aux armoiries. VII, 290, 291.
— Travaille à des remontrances sur l'ordonnance relative aux armoiries. VII, 293.
— S'oppose à un second édit sur les armoiries. VII, 298.
— Délibère sur l'affaire du Parlement de Besançon. VII, 309.
— Décide de convoquer les ducs et pairs. VII, 313, 314.
— Définit les droits de la pairie. VII, 328, 329.
— Fait des représentations et rend un arrêt au sujet du non-payement des rentes. VII, 340, 341.
— Juge le procès du père La Vallette. VII, 349, 350, 351, 352, 353, 354, 357.
— Condamne des convulsionnaires. VII, 361.
— Condamne les jésuites dans l'affaire du père de La Vallette. VII, 362.
— Condamne au feu un mémoire sur l'excommunication. VII, 366.
— Remet au Roi les statuts des jésuites. VII, 371.
— Prie le Roi de fixer le montant de ses dépenses. VII, 384.
— Proteste contre le lit de justice de 1761. VII, 387.
— Enregistre une déclaration du Roi relative aux jésuites. VII, 390.
— Rend deux arrêts foudroyants contre les jésuites. VII, 391.
— Ses arrêts contre les jésuites sont suspendus pendant un an. VII, 398.
— Réclame auprès du Roi à ce sujet. *Ibid.*
— Condamne un livre du père Tiercelin. VII, 400.
— Fait examiner les livres des jésuites. VII, 401.
— Enregistre les lettres-patentes relatives aux jésuites. VII, 404, 405.

PARLEMENT de Paris; décrète divers ecclésiastiques de prise de corps. VII, 420.
— Condamne un garde du corps à mort pour un mensonge. VIII, 6, 7, 8.
— Délibère relativement aux jésuites. VIII, 8.
— Fait fermer divers collèges et maisons de jésuites. VIII, 13, 14, 16, 17.
— Prend un arrêté relatif à l'édit sur les jésuites. VIII, 27.
— Ordonne la mise sous scellé des biens des jésuites. VIII, 38.
— Décrète un vicaire de Saint-Médard de prise de corps. VIII, 40.
— Condamne au feu une brochure contre La Chalotais. VIII, 41.
— Fait faire l'inventaire dans les maisons des jésuites. VIII, 41, 42.
— Fait brûler l'*Émile* de Rousseau. VIII, 45.
— Rédige des remontrances au sujet des impôts. VIII, 71.
— Proteste contre le lit de justice de 1763. VIII, 73, 75.
— Se donne des peines inutiles dans ses remontrances. VIII, 86.
— Fait d'itératives remontrances au sujet des finances. VIII, 87.
— Sa résistance peut conduire à une révolution. VIII, 88.
— Rend un arrêt relatif à l'inoculation. VIII, 92.
— Adresse au Roi de troisièmes remontrances au sujet du lit de justice. VIII, 101.
— Rend un arrêt relatif aux clercs. VIII, 103.
— Enregistre des édits bursaux. VIII, 114, 115.
— On lui adresse une lettre anonyme. VIII, 115.
— Annule un décret de prise de corps rendu contre le duc de Fitz-James. VIII, 124, 127, 128.
— Sa politique au sujet de l'union des Parlements. VIII, 126.
— De Rennes ou de Bretagne. I, 95, 211. — V, 340.
— Rend un arrêt fort sage sur les querelles religieuses. V, 350.
— Prépare des remontrances. V, 351.

PARLEMENT de Rennes ou de Bretagne; a une affaire avec l'évêque de Nantes. VI, 66.
— Enregistre la déclaration du 2 septembre. VI, 71.
— Fait des remontrances au sujet du Parlement de Paris. VI, 575.
— Ordonne la représentation des statuts des jésuites. VIII, 26.
— De Rouen, dit aussi de Normandie. I, 211.
— Le Roi lui donne ordre de cesser une procédure. V, 396.
— Fait des remontrances. *Ibid.* et suiv.
— Enregistre des lettres-patentes. V, 397.
— Décrète un curé de Verneuil. *Ibid.*
— Les arrêts sont cassés par le Conseil. *Ibid.*
— Condamne l'évêque d'Évreux à l'amende. V, 403.
— Décrète ce prélat d'ajournement personnel. V, 404.
— Est contraint de biffer sur ses registres ses arrêts contre l'évêque d'Évreux. V, 404 et suiv.
— Rétablit ces arrêts sur ses registres. V, 405.
— Est mandé à Versailles. V, 409.
— Ce que lui dit le Roi. V, 411.
— Ce que dit au Roi son premier président. V, 413.
— Reçoit l'ordre d'enregistrer la réponse du Roi. V, 415.
— Hostile au Grand-Conseil. VI, 216.
— VI, 221.
— Envoie des remontrances au Roi. VI, 298.
— Ce qu'il fait au sujet des bailliages de Coutances et de Bayeux. VI, 301, 302.
— Envoie des députés au Roi. VI, 303.
— Le duc de Luxembourg fait rayer ses registres. VI, 309.
— L'un de ses arrêts est biffé sur ses arrêts. VI, 313.
— Arrête de faire des remontrances au Roi. *Ibid.*
— Cesse ses fonctions. VI, 314.
— VI, 321.
— Prend un arrêté au sujet de ses remontrances. VI, 324.

PARLEMENT de Rouen; on vend ses remontrances à Paris. VI, 336.
— Soutient l'unité des Parlements. VI, 345.
— Délibère sur des lettres-patentes du Roi. VI, 345.
— Désobéit formellement au Roi. VI, 346.
— VI, 365.
— Fait des remontrances en faveur du Parlement de Paris. VI, 575.
— Refuse d'enregistrer un édit sur le troisième vingtième. VII, 258.
— Soutient une lutte très-vive contre le gouvernement. VII, 263, 264, 268, 269, 272, 273, 274, 275.
— Fait de belles remontrances. VII, 269.
— Proteste contre les inculpations dont il est l'objet. VII, 279.
— Écrit au Roi. VII, 280.
— Enregistre des édits bursaux. VII, 282.
— Reçoit une lettre du chancelier. VII, 316 et suiv.
— Déclare qu'il y a abus dans la constitution des jésuites, et leur ordonne de se dissoudre. VIII, 10.
— Ordonne la représentation des statuts des jésuites. VIII, 26.
— Refuse d'enregistrer l'édit relatif aux jésuites. VIII, 29.
— Fait des remontrances au sujet des dettes de l'État. VIII, 91.
— Fait d'énergiques protestations au sujet de l'envoi qui lui est fait du duc d'Harcourt. VIII, 96.
— Triste tableau qu'il fait de la situation du pays. VIII, 102, *note*.
— Donne sa démission. VIII, 115.
— De Toulouse; fait des remontrances. V, 9.
— Adresse des remontrances. V, 262.
— V, 266.
— Rend un arrêt contre un jésuite. V, 398, 399.
— Fait des remontrances. VI, 245.
— Ses remontrances au Roi. VI, 377.
— Condamne au feu le livre d'un jésuite. VI, 582.
— Fait des remontrances sur l'exil du Parlement de Besançon. VII, 311.
— Refuse d'enregistrer les édits du lit de justice. VIII, 104.

PARLEMENT de Toulouse; ce que le duc de Fitz-James fait contre lui. VIII, 105.
— Enregistre par ordre des édits du Roi. VIII, 122.
— Ses membres sont mis aux arrêts. VIII, 123.
— Décrète le duc de Fitz-James de prise de corps. *Ibid.*
PARLEMENTS (les) de France; à qui ils présentent leurs remontrances. V, 406.
— Représentent les anciens États. V, 414.
— De province; unis contre le Grand-Conseil. VI, 243.
— On parle de leur suppression. VI, 403.
— Rôles qu'ils s'attribuent dans l'État. VII, 187.
— Leur union en un seul corps. VII, 261.
— Leur prétendue unité réfutée par le chancelier. VII, 317, 318 et suiv.
— Leurs devoirs d'après Louis XV. VII, 342.
— Comment ils veulent que les impôts soient employés. VIII, 102.
— Sont en grande fermentation. VIII, 112.
— Sont partout en fermentation. VIII, 121.
Parlementaire, nom donné à une secte. VI, 509.
PARME (la duchesse de); accouche. V, 24.
— VI, 578.
PARODIE d'*Hippolyte et Aricie*. VIII, 182.
PARTIS; comment il faut les abattre. I, 28.
PASQUIER. II, 119.
— Conseiller. VI, 101.
— Interroge Damiens. VI, 450.
— VII, 180.
PASSAW (combat de). III, 448.
Pater (le) commenté. VIII, 145.
PATHOUIN - D'BUILLET, avocat. V, 248.
— VI, 445.
PATINO, ministre d'Espagne. III, 53, 56, 57.
PATOUILLET (le père); on lui vole ses papiers. VI, 441.

INDEX.

PATROUILLES du régiment des gardes. VI, 439.
PAULET, vicaire. II, 111.
PAULETTE (droit de). I, 239.
PAULMY (le marquis de). V, 110.
— Est nommé ministre d'État. VI, 471.
— Son éloge. VI, 473.
PAUVRES; sont expulsés de Paris. III, 249.
— On fait une loterie pour eux. III, 256.
PAVIE; prise par les Espagnols. IV, 91.
PAYEMENTS de l'État; suspendus en 1759. VII, 194.
PAYEURS des rentes de la ville de Paris. VII, 424.
PAYS D'ÉTATS; ne veulent point payer le vingtième. IV, 416.
— Quels ils sont? V, 16.
— Ne veulent pas payer le vingtième. V, 331, 332.
PAYSANS; mangent de l'herbe en Touraine III, 178.
PECQUET, commis des affaires étrangères; mis à la Bastille. III, 221, 223.
PEINE DE MORT; appliquée pour des menaces de coups de bâton. II, 157.
— Édictée contre les écrits clandestins. VI, 523.
PEIRENC DE MORAS père, grand agioteur; sa mort, sa fortune. II, 362.
— VII, 107.
PEIRENC DE MORAS fils, ministre des finances. III, 109.
— VI, 45, 46.
— Sa fortune; son histoire. VI, 277.
— Nommé contrôleur général des finances. VI, 328.
— Est nommé ministre d'État. VI, 471.
— Ministre de la marine. VI, 474.
— VII, 54.
— Est nommé premier président du Grand-Conseil. VII, 106, 107.
— Renonce à la présidence du Grand-Conseil. VII, 113.
— Objet d'une plaisanterie. VII, 219.
PELISSIER, complice de Cartouche. I, 224.
PELISSIER (mademoiselle), chanteuse. II, 100.
— De l'Opéra. II, 140.

PELISSIER de l'Opéra. II, 155 et suiv.
PELLETIER, conseiller au Châtelet. VI, 22, 23.
PENSIONS payées par l'État; règlement qui les concerne. VI, 159, 160.
PENTERRIEDER (le baron de). II, 46.
PENTHIÈVRE (le duc de). III, 115, 522, 573.
— Gouverneur de Bretagne. IV, 193.
— VI, 27, 63.
PENTHIÈVRE (la duchesse de). VI, 8.
PENTHIÈVRE-TOULOUSE (la duchesse de). VI, 27.
PÉRARD, accoucheur de la Reine. IV, 170.
PERPÉTUE (sœur); on lui refuse les sacrements. V, 302.
— Remercie le Parlement. V, 316.
— Enlevée par ordre du Roi. V, 323.
— V, 327, 330.
PERSE; grande révolution dans ce pays. IV, 269, 270.
PERSÉCUTIONS; fortifient les sectes. V, 183.
PERTH (le duc de), grand convulsionnaire. VI, 103.
PERTH (la duchesse de); on lui refuse les sacrements. VI, 100 et suiv.
— Est administrée par le curé Coquelin. VI, 104.
— VI, 128, 139.
PERUSSAULT, confesseur du Roi. V, 172.
PESTE en Auvergne. I, 155.
— De Marseille. I, 95, 301.
— En Provence. I, 131, 255.
PÉTARD. V, 286.
PÉTIGNY, valet de chambre. IV, 445.
PETIT DE MONTEMPUYS; sa ridicule aventure. I, 448 et suiv.
PETIT-PIED (l'abbé). III, 6.
PETIT-PONT; incendié. I, 1 et suiv.
PETITE POSTE; établie à Paris. VII, 170.
PETITE VÉROLE à Paris. I, 302, 303.
— II, 223, 224, 359.
PEZÉ (le marquis de). I, 259. — II, 338.
— Sa mort. II, 518.
PHALARIS (la duchesse de). I, 312.
PHELIPPEAUX, archevêque de Bourges. VI, 554.
PHÉNOMÈNE dans le ciel. I, 446.

PHILIPPE V, roi d'Espagne; remonte sur le trône. I, 371.
— Voy. Roi d'Espagne.
— Sa mort. IV, 166.
PHILIPPE (don), Infant; son mariage avec Madame Première. III, 182.
— III, 153, 350, 473.
PHILIPPE, général français. III, 448.
— Lieutenant général. IV, 125.
PHILISBOURG se rend aux Français. II, 480.
PHILOSOPHES; le Parlement fait brûler leurs livres. VII, 129.
— Vont voir les convulsionnaires. VII, 222.
— Quels sont leurs ennemis. VII, 248.
Philosophes (les), comédie. VII, 842, 249, 250, 256.
PHILOSOPHIE; profite du jansénisme pour répandre ses systèmes. V, 198.
PHYSIONOMIES; sont le sujet des amusements de la Cour. VIII, 259.
PIAT (l'abbé), recteur de l'Université. III, 164, 178.
PICARDIE (régiment de). III, 448.
PICHON, jésuite, publie un livre sur la communion. IV, 284.
PICQUIGNY (le duc de). VI, 36.
PIERRE III, empereur de Russie. VIII, 50.
PIERRON, substitut. V, 203, 366.
PINET, serpent de l'église Saint-Paul; condamné aux galères. VII, 112.
PINON, conseiller; trompé par sa femme. II, 163.
— VI, 300.
PINSON (la femme); condamnée au fouet. V, 141.
PINTEREL, curé de Vanvres; donne un certificat à un âne. V, 28.
PITT, ministre anglais. VII, 412, 413.
PIZZIGHITONE; pris par les Français. II, 442.
PLACARDS contre le gouvernement. I, 403.
— Contre la constitution *Unigenitus*. II, 110.
— Sont punis de mort. VII, 89, 90.
— Affichés dans Paris. VII, 92, 94.
PLACE Royale. III, 107.
— Louis XV. VIII, 77, 78, 79.
— Vendôme. I, 38.

PLAISANCE; maison de campagne. III, 513.
PLAISANCE. Voy. Bataille.
PLÉLO (le comte de). II, 466.
PLÉNEUF (madame de). I, 344.
PLÉNIPOTENTIAIRES du congrès de Soissons. II, 45.
— Français au congrès d'Aix-la-Chapelle. IV, 276.
PLUIE à Paris. I, 394.
PLUIES continuelles en 1740. III, 213.
— Générales en Europe en 1740. III, 243.
— Continuelles en 1751. V, 41, 42.
— Continuelles en 1758. VII, 74.
Point de vue de l'Opéra, brochure. VIII, 308.
POISSON (madame), mère de la Pompadour; son histoire. IV, 32.
— Sa mort; son épitaphe satirique. IV, 115.
POISSON, frère de madame de Pompadour. Voy. Marigny.
POLICE de Paris; recherche d'un assassin. I, 267.
— Prend des mesures de sûreté dans Paris. I, 344.
— Ses rapports au ministère. VIII, 129 et suiv.
— Comment elle procède à une arrestation. VIII, 141.
POLICHINELLE; se moque du Parlement. V, 352.
POLIGNAC (le cardinal de); exilé à son abbaye. I, 27.
— I, 88.
POLITIQUE générale de l'Europe en 1732. II, 375.
— En 1736. III, 49.
— En 1739. III, 152. Voy. Affaires générales de l'Europe.
POLITIQUE du Régent. I, 41.
POLOGNE; affaires de ce pays en 1733. II, 383, 386, 387, 423, 424, 427, 430, 431, 439, 471. — III, 15.
POMEREU, exempt de police. I, 309, 310.
POMPADOUR (le marquis de). I, 22, 340, 341.
POMPADOUR (le marquisat de). IV, 3.

POMPADOUR (madame d'Étioles, marquise de); est créée marquise et présentée à la Reine. IV, 84.
— Se conduit bien à l'égard de la Reine. IV, 97.
— A un grand crédit. IV, 106.
— Achète le marquisat de Crécy-en-Brie. IV, 149.
— Joue très-bien la comédie. IV, 231.
— Se retire à Choisy. IV, 243.
— A tous les talents. IV, 279.
— Voltaire lui adresse des vers. IV, 280.
— Fait bâtir le château de Bellevue. IV, 315.
— A une jolie voix. IV, 338.
— A cinquante mille écus de rente. *Ibid.*
— Va à la campagne pendant la Semaine sainte. IV, 359.
— Est hostile à de Maurepas. IV, 362.
— Fait bâtir le château de Bel-Air. IV, 389.
— Va voir la mer. IV, 390.
— Vers à sa louange. IV, 392.
— Donne tous les emplois. IV, 483.
— On veut la faire renvoyer à l'occasion du jubilé. V, 26.
— Console le Roi. V, 164.
— V, 166.
— Son appartement à Versailles. V, 173.
— V, 176.
— Reçoit un brevet d'honneur. V, 295.
— Se rend maîtresse de toutes les places. V, 360.
— V, 374.
— Perd sa fille unique. VI, 36.
— Détails sur sa fortune. *Ibid.*, 36, *note.*
— Perd son père. VI, 37, 38.
— Possède l'hôtel d'Évreux. VI, 69.
— Protége l'abbé de Bernis. VI, 191, 326, 423.
— N'a plus de rapports intimes avec le Roi. VI, 246.
— Ses talents comme artiste. *Ibid., note.*
— Se met dans la dévotion. VI, 247.
— Nommée dame du palais de la Reine. VI, 247, 248.
— Parle très-éloquemment; sa conversation avec le président de Mainières. VI, 248 et suiv., *note.*

POMPADOUR (marquise de); reçoit le Roi à souper. VI, 262.
— Assiste au lit de justice de Versailles. VI, 355.
— Amie du prince de Soubise. VI, 548.
— Ne quitte pas Versailles. VI, 464.
— Travaille à arranger les affaires du Parlement. VI, 533.
— Donne le ministère à l'abbé de Bernis. VI, 540.
— On lui attribue une caricature. VI, 552.
— A travaillé à rétablir le bon accord entre le Roi et le Parlement. VI, 575.
— Sollicite un commandement pour le prince de Soubise. VI, 603.
— Se mêle de toutes les affaires. VII, 17.
— Ses rapports avec Voltaire. *Ibid., note.*
— Annonce au Roi la bataille de Crevelt. VII, 65.
— Sa politique. VII, 76.
— Protége M. de Contades. VII, 189, 190.
— Plaisantée par Souvré. VII, 220.
— Prend possession du marquisat de Ménard. VII, 270.
— Froideur de son tempérament. *Ibid., note.*
— Passe sur le pont d'Orléans. VII, 283.
— Vers à ce sujet. VII, 284.
— Est contre les jésuites. VII, 400.
— Les courtisans vont la voir en grand nombre. VIII, 77.
— Fait une belle illumination. VIII, 84.
POMPONNE (l'abbé de). II, 327.
PONS, prêtre; marqué en place de Grève. VII, 112.
PONTCARRÉ (de), prévôt des marchands. VIII, 79.
PONT-CARRÉ DE VIARME (de). V, 423.
PONCET DE LA RIVIÈRE, évêque de Troyes; refuse les sacrements. VI, 93.
— On saisit ses meubles. *Ibid.*
— Ses meubles vendus par autorité de justice. VI, 97.
— Publie un mandement. VI, 105.
— VI, 323.

44.

PONCET DE LA RIVIÈRE, évêque de Troyes ; publie un mandement contre le Parlement. VI, 334.
— Se plaint d'être persécuté. VI, 339.
— Est exilé à l'abbaye de Murbach. VI, 340.
— Refuse de partir pour cet exil. VI, 344, 345.
— Y est contraint. VI, 347.
— Adresse une lettre au clergé de France. VI, 376.
— Reste exilé à Murbach. VI, 586.
— Prononce l'oraison funèbre de Madame Infante. VII, 226.
PONTCHARTRAIN, terre de M. de Maurepas. VI, 386.
PONT-MARIE. III, 251.
— D'Orléans. VII, 283.
— Tournant des Tuileries. V, 290.
PONT DE VEYLE ; ne veut pas être de l'Académie. VIII, 196.
PONTOISE, séjour du Parlement pendant son exil. I, 69.
— V, 388, 410.
POULIER DE RUBELLES, conseiller. III, 344.
PORT-ROYAL des Champs. II, 57.
— III, 379.
PORTAIL, président. I, 14, 371, 372.
— II, 102.
— Quitte le Parlement à la suite d'une discussion. II, 112, 113.
— II, 205, 206.
PORTAIL fils. II, 329.
— Est trompé par sa femme. IV, 139, 140.
PORTAIL (madame) ; vit dans le libertinage IV, 140.
— Se retire au couvent. *Ibid.*
Portail du Parlement, jeu de mots. II, 289.
PORT illégal de décoration ; comment il est puni. IV, 375, 376.
PORTIER ; enlevé de vive force. IV, 140.
PORTRAIT du diacre Pâris ; vendu dans Paris, et saisi. IV, 167, 168, 169.
PORTUGAL. III, 10.
— Affaires de ce pays en 1760. VII, 301.
POSTE aux lettres. *Voy.* Lettres.
POSTE (petite) établie à Paris. VII, 415.

POSTES ; données à bail. III, 133.
— Sont mises en régie. III, 135.
POTHOUIN, avocat. I, 236.
POTIER, jurisconsulte ; sa mort. IV, 413.
POUILLÉ, général de France. V, 145.
POUPÉE de vingt mille livres. I, 198.
PRADES (l'abbé de) ; soutient une thèse mal sonnante. V, 146 et suiv.
— Condamné par la Sorbonne. V, 149.
— Défenseur de la religion. V, 151.
— Censuré. V, 152.
— V, 160.
— Se réfugie en Prusse. V, 174.
— Se retire auprès du roi de Prusse. VI, 1.
— Se rétracte. VI, 38.
PRADINES, prêtre ; banni pour trois ans. VI, 278.
PRAGMATIQUE-SANCTION, affaire de la succession d'Autriche. III, 226.
PRAGUE ; pris par les Français. III, 315.
— Occupé et défendu par les Français. III, 360, 361, 363, 371, 372, 381, 382, 384, 386, 392.
— III, 399.
— Évacué par le maréchal de Belle-Isle. III, 405.
— Belle retraite de l'armée qui évacue cette ville. III, 412.
— Occupé par le prince Charles de Lorraine. VI, 532.
— VIII, 135.
— *Voy.* Bataille.
Précis des motifs des modifications du Parlement, brochure. V, 81.
PRÉDICTION. *Voy.* Prophétie.
PREMIERS gentilshommes de la Chambre. III, 8, 279.
PRÉPARATIFS de guerre en 1760. VII, 248.
PRÉSÉANCE (questions de). I, 248.
— Entre les duchesses et les femmes de qualité. II, 252 et suiv.
PRÉSIDIAL de Troyes. V, 347.
— L'un de ses arrêts est cassé par le Conseil d'État. V, 365.
— Condamne un mandement de l'évêque de cette ville. VI, 400.
— Est excommunié. *Ibid.*
PRÉSIDENCE du Grand-Conseil. VII, 106, 113, 114.

INDEX. 523

PRÉSIDENT du Parlement (premier); grand train qu'il mène. I, 69.
— II, 217.
— Refuse de faire registrer une protestation du Parlement. II, 118.
— Justifie le Parlement auprès du Roi. II, 120.
— Va trouver le Roi. II, 224.
— II, 226, 227.
— Rend compte d'une visite au Roi. II, 235.
— Adresse un discours au Roi. II, 370.
— II, 371, 405.
— N'a pas le droit d'empêcher le Parlement de délibérer. III, 62.
— Importance et limites de son pouvoir. III, 63.
— Adresse un discours au Roi. V, 328, 329.
— V, 238.
— Est mandé à Versailles. VI, 29.
PRÉSIDENTS des Enquêtes. VI, 571.
— Des Cours souveraines; titres qu'on leur donne. VI, 281.
PRESSY (de), évêque de Boulogne-sur-Mer. VII, 353.
PRÊTRE battu par un duc. I, 291.
PRÊTRES interdits. V, 28.
— Jansénistes; administrent les sacrements malgré l'interdiction. VI, 106.
PRÉVOST, avocat. II, 187.
— V, 257.
— Hué au Palais. VI, 412.
PRÉVOST, agent de change; assassiné. I, 335.
PRÉVOT, prêtre de Saint-Leu. V, 298.
PRÉVOT de l'île, à Paris. I, 253.
— De l'Ile-de-France. V, 418.
— Des marchands; a la police des rues inondées. III, 245.
— Ses profits sur les fêtes publiques. IV, 220.
— Élu en 1760. IV, 460, 461 et suiv.
— De Paris; cérémonial de son installation. I, 252.
— I, 254.
PRÉVOTÉ de l'hôtel. VI, 436.
PRÉVOTÉS; sont réunies aux bailliages. IV, 372.
PRIE (la marquise de), maîtresse du Régent. I, 261, 307, 411, 433.

PRIEURÉ de Sainte-Catherine, à Paris. VI, 26.
PRIMAT des Gaules (le). VI, 613.
— De Pologne. II, 386.
PRINCE (titre de); à qui il appartient. V, 377.
— V, 391, 401, 403.
PRINCES du sang; leurs intrigues. I, 263.
— II, 2.
— Attaqués dans un écrit. II, 41.
— Assistent aux lits de justice. II, 343.
— Font campagne. II, 428.
— V, 157, 391, 401, 403, 407. — VI, 211.
— Le Roi leur défend de se rendre au Parlement. VI, 256, 257.
— S'assemblent chez M. de La Monnaie, avocat. VI, 261.
— Présentent une requête au Roi. VI, 262.
— VI, 265.
— Assistent à l'instruction du procès de Damiens. VI, 514.
— VI, 532, 481.
— Se plaignent de n'être pas écoutés. VIII, 178, 179.
PRINCES légitimés. I, 320. — III, 115.
Princesse de Navarre (la), comédie de Voltaire. IV, 16.
PRINCESSES du sang. IV, 173. — V, 376.
PRISE de corps; entraîne pour les curés l'interdiction. V, 188.
PRISONNIER inconnu; conduit à la Bastille. III, 462.
PRISONNIERS; se révoltent au For-l'Évêque. V, 136.
— De la Bastille. I, 247.
— Se sauvent de la Conciergerie. I, 274.
— Du Châtelet. II, 328, 329.
— Les évêques d'Orléans ont le privilége de les délivrer. VII, 37.
PRIVILÈGE des évêques d'Orléans pour la délivrance des prisonniers. Ibid.
— De la librairie. V, 3, note.
PRIX de diverses denrées. V, 127, 128.
PROCÉDURE par contumace. VI, 118.
PROCÈS du duc d'Orléans et de la princesse de Modène. III, 84, 87, 99, 100.

PROCÈS de La Bourdonnaye. V, 17.
— Du sieur Lhomme et de mademoiselle Mazarelli. V, 45, 47.
— De Damiens; à qui en appartient l'instruction. VI, 436.
— Comment on y procède. VI, 437-440.
— VI, 475.
— Vendu au profit des commis du greffe. VI, 517.
— Fait à un cadavre. VII, 355, 356.
— Des administrateurs du Canada. VIII, 118.
— Célèbres. *Voy.* Huchet de La Bédoyère fils.
PROCESSION pour un miracle. I, 404.
— Des captifs. II, 74.
— Du 15 août. V, 407.
— Des cordons bleus. VI, 28.
— Des Augustins. VI, 176.
— Du Saint-Esprit à Versailles. VI, 424.
PROCESSIONS à Paris. I, 217, 218, 395, 396 et suiv.
— De Sainte-Geneviève. I, 396 et suiv.
— II, 66.
— A Port-Royal-des-Champs. II, 528.
— Générales pour le froid. III, 206.
— Du jubilé. V, 40, 41.
PROCOPE (le café). VI, 475.
PROCUREURS de Paris. V, 441.
— Reçoivent l'ordre de reprendre leurs fonctions au Parlement. VI, 456.
— Vont à l'audience de la Grand'-Chambre. VI, 458.
— Ne veulent point faire leur besogne. VI, 460, 461.
— Continuent toujours de se récuser. VI, 472.
— Reçoivent l'ordre de faire leur métier. VI, 512, 513.
— Font toujours de l'opposition. VI, 518.
— Entravent le cours de la justice. VI, 524.
— Reprennent leurs fonctions. VI, 569, 578.
PROCUREUR du Roi; accusé de concussion. I, 176.
Progrès du jansénisme, écrit séditieux. VI, 478.

PROJET de paix attribué à Walpole. III, 16 et suiv.
PROMOTION d'officiers généraux. IV, 276, 277.
PROPHÉTIE d'Isaïe; appliquée au Parlement. II, 367.
— Faite par madame de Boismêlé. I, 124.
PROPHÉTIES extraordinaires faites par une femme au roi Stanislas. II, 392.
— De Nostradamus. I, 205. — III, 515. — IV, 17, 151.
— *Voy.* Saint-Fargeau.
PROPOS contre le Roi; punis de mort. VII, 89.
PROSCRIPTION du jansénisme proposée au ministère. II, 208, 210.
PROSTITUTION dans Paris. VIII, 169, 170, 177, 263, 284, 317.
PROTESTANTS; sont les alliés des jansénistes. V, 189.
— Des Cévennes; abandonnent leur pays. VI, 19.
— De La Rochelle en 1757. VI, 585.
— Veulent faire revivre leurs anciennes prétentions. VIII, 293.
PROVENCE (le comte de); sa naissance. VI, 218.
— On lui forme une maison. VIII, 43.
PROVENCE; envahie par les Autrichiens. IV, 198, 202, 205, 209, 213.
Pucelle (la), poëme de Voltaire. VI, 577.
PUCELLE (l'abbé). II, 85.
— Grand janséniste. II, 104.
— II, 107, 119, 219, 267, 271.
— Chansonné. II, 279.
— II, 352, 366, 400.
— Sa mort. IV, 7.
PUISSANCE ecclésiastique; poussée à des excès surprenants. II, 146 et suiv.
— Ses limites suivant Barbier. II, 147.
— Des princes dans les matières religieuses. II, 150.
— Temporelle; attaquée par les évêques. II, 386.
PUYSIEUX (le marquis de). IV, 190.
— Nommé ministre des affaires étrangères. IV, 213, 214.
— IV, 276, 450. — VI, 327.

Q

QUADT (de), lieutenant général. III, 263.
QUARTIER latin; est janséniste. II, 129.
QUÉBEC; pris par les Anglais. VII, 198.
QUERELLES religieuses; comment on pourrait y mettre fin. V, 224.
QUEUE de robe portée aux princesses. V, 376.
QUESTION; comment on la donne en Suède. IV, 255.
— En présence de qui elle se donne. VI, 493.
QUESTION aux brodequins. VI, 502.
QUESTIONNAIRE; ses gages. VII, 26, note.
QUEUDEVILLE, vicaire. II, 397.
QUESNEL (le père). II, 54.
QUILLET, conseiller; est mis à la Bastille. VI, 22.
— En sort. VI, 52.
QUINAULT (mademoiselle), actrice. VIII, 274.
QUINCAMPOIX (rue); pendant les affaires de Law. I, 34.
QUONIAM (mademoiselle), danseuse. II, 415, 416.

R

RACINOUX (de), maître des requêtes, I, 224.
RADIS des jardins de la princesse de Bade. I, 359.
RADONVILLIERS (l'abbé de), VIII, 46.
RAFFIAT, assommeur; son supplice. III, 401.
RAMBOUILLET. II, 12.
RAMBURES (le marquis de). I, 227.
RAMEAU, musicien. VIII, 275.
RANÇON de prisonniers de guerre. IV, 8, note.
RANDON (le duc de), lieutenant général en Franche-Comté. VIII, 103.
RANTZAU (le comte de); son duel. II, 6-7.
Rapsodies gauloises, pamphlet. III, 23.
RASTIGNAC (de), archevêque de Tours, IV, 364.
RAVAILLAC; par qui jugé. VI, 438.
RAVIGNAN (le marquis de). II, 471, 478. — Officier distingué. III, 263.
RAVOT d'Ombreval, lieutenant de police. I, 333.
RAUCOUX. *Voy.* Bataille.
RÉAGGRAVE; ce que c'est. V, 302.
Réalité du projet de Bourg-Fontaine, libelle. VII, 38-39.
RECEVEURS particuliers des rentes de l'Hôtel de Ville. VII, 236.
RECTEURS de l'Université de Paris. II, 38. — III, 163, 175.
— Font une procession. VI, 496.
Réflexions d'un avocat sur les retranches du Parlement. VI, 36, 351.
Réflexions sur l'assassinat du roi; Brochure. VI, 496, 495, 511.
Réflexions pour les évêques de France, condamnées au feu. II, 394.
REFONTE des monnaies. I, 8 et suiv., 125.
REFUS de baptême. V, 248.
REFUS de sacrements. II, 154, 394, 405. — III, 59, 137.
— Est autorisé par la simple opposition à la bulle *Unigenitus*. III, 215-216. — IV, 373, 374. — V, 184 et suiv., 202, 209, 231, 242, 243, 254, 259, 270, 271, 274, 281, 285, 297, 301, 302, 304, 330, 340, 343, 346, 359, 397.
— A Troyes. VI, 91.
— A Sainte-Marguerite. VI, 100, 8, 65, 107, 108, 116, 125, 170, 217, 290, 419. — VII, 64, 202, 335, 353, 417. — VIII, 40.
— A Saint-Domingue. VIII, 254.
REFUS de sépulture. II, 95. — III, 59.
— De service funèbre pour un curé janséniste. VI, 141.

RÉGENT (le). *Voy.* Orléans (le duc d'), régent.
RÉGENT (le), diamant. I, 242.
RÉGENCE d'Angleterre en 1751. V, 49.
RÉGICIDE; doctrine de Mariana à ce sujet. VII, 415.
RÉGICIDES; par qui ils doivent être jugés. VI, 436.
RÉGIMENT de Bourbonnais. II, 435.
— de Champagne. II, 442.
— Sa conduite à la bataille de Parme, II, 473.
— Sa lettre au sujet du duc de la Trémoille. II, 483, 508.
— Des gardes françaises. II, 452.
— De la marine; est mécontent; pourquoi. VIII, 253.
— De Navarre; fait des merveilles à Corbach. VII, 268, 269.
— De Picardie. II, 442.
— Sa belle conduite à la bataille de Parme. II, 473, 477.
— De Poitou. III, 531.
— De Rochechouart. III, 451.
— Du Royal-Roussillon. II, 450.
— De la Calotte. I, 207, 447. — II, 23.
REGISTRE des barrières. V, 420.
REGISTRES du Parlement; il y en a de trois sortes. V, 122, 123.
— Des prisons. II, 329.
RÈGLEMENT sur la conduite des magistrats III, 344.
— Sur la vente des grades. VIII, 55.
— Pour les fermiers généraux. VII, 155.
Règlement général de troupes. VII, 46.
Règlement de l'Opéra, pamphlet. VII, 277.
REGNAUT (l'abbé). VII, 2.
REINACH (île de) III, 467.
REINE (la) de France, Marie Leczinzka, arrive en France. I, 400, 401.
— Son voyage de Strasbourg à Paris. I, 406 et suiv.
— Son portrait, 407.
— Donne des espérances de grossesse. I, 424.
— Est très-malade. I, 439.
— Est grosse. II, 1.
— Accouche de deux filles. II, 10.
— Son accouchement. II, 47.
— Va à Notre-Dame. II, 49 et suiv.

REINE (la) de France; va à Sainte-Geneviève. II, 53.
— Accouche d'un Dauphin. I, 76.
— Accouche du duc d'Anjou. I, 125.
— Accouche d'une fille. II, 253.
— N'est maîtresse de rien. II, 337.
— N'a aucune part dans les affaires. II, 389.
— Son élévation au trône lui est prédite. II, 392.
— Accouche d'une fille. II, 406
— Fait une fausse couche. III, 15.
— Accouche d'une fille. III, 87.
— Ce qu'elle dit à madame de Mailly. III, 138.
— Va voir le cardinal de Fleury. III, 141.
— Se rend à Metz auprès du roi. III, 535.
— Rentre à Paris. III, 557.
— Sa toilette. III, 559.
— Dîne avec madame de Pompadour. IV, 84.
— Donne le voile à madame de Rupelmonde. V, 109, 268.
— Ses dames d'honneur. VI, 248.
— A un confesseur jésuite. VI, 249.
— Assiste au lit de justice de Versailles. VI, 355.
— Protége les jésuites. VII, 368.
— Montre du froid à madame de la Tournelle. VIII, 201.
— Se réjouit de la mort du cardinal de Fleury. VIII, 225.
— Son chagrin à cause de la grossesse de madame de la Tournelle. VIII, 265.
— D'Espagne (Mademoiselle d'Orléans); met ses jupes sur sa tête. I, 368.
— Revient en France. I, 384.
— Est très-fière. I, 402.
— Sa maison du Luxembourg. II, 24 et suiv.
— Se retire aux Carmélites. II, 25.
— D'Espagne, douairière; sa mort. III, 354.
— Ses honneurs funèbres. *Ibid.*
— Douairière de Portugal; sa mort. VI, 62.
— de Naples, accouche en 1751. V, 24.
— De Pologne; sa mort. VI, 602.

RÉJOUISSANCES publiques pour le rétablissement du Roi. I, 148 et suiv.
— l'our la *Saint-Louis*. I, 153, 201.
— Pour la naissance du Dauphin, Louis de France. II, 77.
— Pour la guerre d'Italie. III, 514.
— Pour la prise de Menin. III, 519, 520.
— Pour la prise d'Ypres. III, 525.
— Pour le rétablissement du Roi. III, 541, 545, 546, 547.
— Pour l'accouchement de la Dauphine. IV, 167.
— Pour le mariage du Dauphin (1747). IV, 219.
— Pour la paix de 1749. IV, 351, 352.
— Pour l'accouchement de la Dauphine en 1750. IV, 465, 466, 467.
— Pour la naissance du duc d'Aquitaine. V, 416.
— Pour la naissance du duc de Berry. VI, 48.
— Pour le rappel du Parlement. *Ibid.*
— Pour la prise du fort Saint-Philippe. VI, 335.
— En divers pays de l'Europe pour la conservation du Roi. VI, 482.
RELACHE des théâtres dans les deuils. VII, 130.
RELIEURS, condamnés au carcan. VI, 577.
RELIGIEUSES hospitalières du faubourg Saint-Marceau. VI, 362.
— De la Merci. II, 74.
— D'Orléans, privées des sacrements pendant dix ans. VI, 170.
Religion du siècle, livre. VIII, 224.
Remarques sur l'ouvrage de M. de la Chalotais. VIII, 31.
REMBOURSEMENT des charges du Parlement. VI, 537, 558.
— De divers offices. VII, 241, 242.
REMONTRANCES du Parlement; détails sur leur rédaction. V, 349, 350, 368.
— Ne doivent point être présentées par les gens du Roi. V, 370.
— Il est défendu de les publier. VIII, 99. *Voy.* Parlement.
Remontrances des Comédiens français au Roi. V, 408.
Remontrances au Parlement, écrit janséniste. II, 390.

Remueuses des princes; quelles sont leurs fonctions. IV, 472.
RENAUD (le Père), confesseur de madame de Mailly. VIII, 255.
— Est interrompu par des femmes dans un de ses sermons. VIII, 260, 261.
RENNES (ville de), incendiée. I, 94.
— *Voy.* Parlement.
RENTES françaises, les étrangers en ont beaucoup. VIII, 76.
— Héréditaires au denier vingt. VI, 357.
— Sur la Ville réduites. I, 80, 50, 316, 393. — II, 53.
— Viagères sur l'Hôtel de Ville. VI, 95.
— Sur l'État. I, 447.
— Émises en 1749. IV, 371.
— Viagères, créées en 1751. V, 50.
— VI, 81, 85, 86.
— Les édits qui les créent sont enregistrés au Parlement. VI, 31.
— Créées sur les gabelles. VII, 36.
— Créées en 1758. VII, 108.
— Créées en 1759. VII, 218.
— De l'État, exemptes d'impôt. VII, 255.
— Trois pour cent, créées en 1760. VII, 255.
— Viagères; ne sont point payées. VII, 340.
— Viagères, créées en 1761. VII, 421, 25, 242.
— Les porteurs sont tenus de fournir des certificats de vie. VIII, 104.
REPNIN (le comte), général russe. IV, 282.
RÉPONSE supposée du Roi à un Mémoire du clergé. VI, 201.
RÉPUBLICAINS, nommés pour la première fois à Paris. V, 253.
REQUÊTE du chapitre d'Orléans, VI, 195.
Requête des sous-fermiers du domaine. V, 259, 261.
REQUÊTES de l'Hôtel. V, 387.
— Du palais; commissions des officiers. VIII, 56.
— *Voy.* Enquêtes.
RESNEL (la marquise de), huée par le peuple. II, 259.
RETRAITE de Prague. III, 412.
RETZ (le duc de). I, 227.

RETZ (duchesse de); ses désordres. I, 228.

RÊVE satirique attribué au roi. III, 266.

REVENUS de l'Etat, mangés d'avance. II, 337.

RÉVÉRENCES à Versailles; ce que c'est. V, 170, 171.

RÉVOLUTION prévue par Barbier en 1763. VIII, 88.

— Annoncée dans un sermon. VIII, 90.

REVUE dans la plaine des Sablons. VI, 530.

— Des gardes françaises. VI, 304.

REZZONICO, élu pape. VII, 73. *Voy.* Clément XIII.

RHINOCÉROS; vient pour la première fois en France. IV, 356.

RHUME très-dangereux à Paris et à Reims. II, 382.

RIBOU, acteur. IV, 497.

RICARD, assassine un coquetier. VI, 493.

— Se déclare complice de Damiens. *Ibid.*

— Condamné à mort. VI, 550.

RICHARD (l'abbé), conseiller. VII, 22, 32.

RICHELIEU (le duc de); reçu à l'Académie française. I, 90.

— Se bat avec M. Leduc. I, 128.

— Veut voir le diable. II, 9.

— Ses équipages de guerre. II, 428.

— II, 463.

— Commande l'armée de Dunkerque. IV, 108.

— Attaqué dans une pièce de vers. IV, 113.

— Arrive à Gênes. IV, 267.

— Ses succès à Gênes. IV, 283.

— Ses galanteries avec madame de La Popelinière. IV, 326.

— Veut faire renvoyer la Pompadour. IV, 359.

— Plaide contre des propriétaires de maisons. V, 171.

— V, 333.

— Fait connaître une jeune fille au Roi. V, 373.

— Va tenir les États de Languedoc. VI, 6.

— Perd un procès contre les propriétaires des maisons voisines du Palais-Royal. VI, 197.

RICHELIEU (le duc de). VI, 211.

— Commandant des côtes de la Méditerranée. VI, 230.

— S'embarque pour Port-Mahon. VI, 295.

— A une ovation à la Comédie italienne. VI, 335.

— Prend le commandement de l'armée de Westphalie. VI, 551.

— Est représenté dans une estampe satirique. VI, 552.

— Chansonné. VI, 555.

— Fait capituler le duc de Cumberland. VI, 579.

— Rejoint le prince de Soubise après la bataille de Rosbach. VI, 595.

— Se rend auprès du Parlement de Bordeaux. VIII, 101.

— Est campé en Hanovre. VII, 3.

— Quitte son commandement de l'armée de Hanovre. VII, 4.

— S'enrichit par les exactions. VII, 16.

— Ses dettes. *Ibid.*

— Gouverneur de Bordeaux. VII, 55.

— A beaucoup pillé. *Ibid.*

— Entre à Bordeaux comme gouverneur. VII, 64.

— Part pour la Flandre. VIII, 184, 185.

— Sert les galanteries de Louis XV. VIII, 188.

— VIII, 206, 207, 209, 210, 214, 248.

RICOEUR. *Voy.* Assassin de Jorry.

RIEUX (le président de); se ruine avec la Camargo. III, 342.

RIGNOUF, conseiller à la Cour des Monnaies. VI, 88.

RIOM (le comte de); se bat en duel. II, 170.

RIOM (ville de). V, 289.

RIPPERDA (le comte de). I, 430.

ROBES à queue. V, 376.

ROBECQ (le prince de). II, 24.

ROBECQ (la princesse de). VII, 249.

— Sa mort. VII, 266.

ROBERT, conseiller. II, 261.

— Exilé. II, 293.

— Mis à la Bastille. II, 338 et suiv.

— *Voy.* Lettre supposée.

ROBINET, chanoine. VII, 2.

ROBO (comte de). V, 424.

ROCHARD, avocat à La Rochelle. I, 156.

ROCHART, acteur. VI, 67.
ROCHE, pénitencier de Notre-Dame. VI, 322.
ROCHECHOUART (Louis-Paul, duc de); sa mort. II, 223.
— VI, 141.
ROCHECHOUART (de), évêque de Laon. VI, 265, 518, 538. — VII, 422.
ROCHER, assommeur. III, 411.
ROCOZEL (les); prennent le nom de Fleury. III, 204.
ROGER DE MONTUCHET; est mis à la Bastille. V, 436.
— Sort de la Bastille. VI, 52.
ROHAN (le cardinal de); entre au Conseil. I, 188.
— III, 204.
ROHAN-ROHAN-SOUBISE (le prince de). V, 154.
ROHAN-CHABOT (le chevalier de). II, 159.
ROHAN (les princes de); prétendent aux honneurs de princes du sang. VII, 345.
ROI d'Espagne; renonce à la couronne de France. I, 155.
— Rend une ordonnance somptuaire. I, 327.
— Abdique. I, 335.
— Sa mort. I, 371.
— Outragé par le renvoi de l'infante. I, 388.
— On lui attribue un manifeste. I, 394.
— Devient fou. VII, 99.
— A le titre de grand inquisiteur. VII, 400.
— De France (le); peut avoir une maîtresse et faire ses pâques. III, 167.
— Ne peut pas juger des matières de foi. V, 182.
— Indépendant de toute autre puissance. V, 200.
— Est un souverain absolu. VI, 114.
— Son autorité doit être sans bornes. VI, 139.
— Renferme en lui tout droit de justice. VI, 244.
— Ne peut rien sans l'enregistrement du Parlement. VI, 258.
— Ne reconnaît pas d'autres seigneurs que lui-même. VI, 282.
Rois de France; sont seigneurs de Gênes. IV, 207.

ROIS de France; leur pouvoir. VII, 281.
ROI de Portugal; est l'objet d'une tentative d'assassinat. VII, 98, 99.
— Comment il découvre ses assassins. VII, 117.
— Des Romains. III, 227.
— Son élection en 1751. V, 11, 12.
— V, 297.
ROI DE PIERREFITTE; faussement accusé et reconnu innocent. VI, 124.
ROLLAND DE CHALLERANGE. VI, 49, 448.
ROSBACH. Voy. Bataille.
ROLLIN; proteste en faveur de l'appel contre la Constitution. III, 174.
— Est sur le point d'être exilé. III, 177.
ROMANS (mademoiselle de), maîtresse de Louis XV. VII, 426, 427.
Romains (les) du Châtelet. V, 444.
ROME; on ne s'y occupe pas de la Constitution. V, 218.
ROMIGNY, syndic de la Sorbonne. II, 378.
ROQUEFEUILLE (de), chef d'escadre; sa mort. III, 501.
ROQUELAURE (de), évêque de Senlis. VII, 380.
ROQUEMONT (de), commandant du guet. VII, 379.
ROSELLY, acteur. IV, 497.
ROTISSET DE ROMAINVILLE (mademoiselle). V, 160. — VIII, 339, 340.
ROUCY (le comte de); est fait duc de la Roche-Guyon. III, 102.
ROUCY (la comtesse de); est jetée par les fenêtres par des filles de joie. I, 59.
ROUEN. V, 212, 396.
— On y craint des troubles. VI, 304.
— Voy. Parlement.
— Voy. Parlement de Rouen.
ROUGE; la Dauphine en met. IV, 14.
ROUGEAU, président des Enquêtes. V, 37, 38.
ROUGEOLE, à Paris. I, 330.
ROUILLÉ; nommé secrétaire d'État. IV, 363, 366.
ROUILLÉ (de); nommé secrétaire d'État de la marine. V, 85.
— Quitte le ministère de la marine. VI, 43, 44.
— Nommé surintendant des postes. VI, 540.

ROUILLÉ, comte de Joux. III, 133.
ROUILLÉ DE MESLAY. I, 69.
ROULANT, prêtre janséniste. VII, 202, 217.
ROUSSEAU (Jean-Jacques). VII, 248.
— Débats qui le concernent. VIII, 45.
ROUSSEL, assommeur. III, 401.
ROUSSELET, avocat. II, 187.
ROUTTE (le père), confesseur de Montesquieu. VI, 122.
ROY, poète. II, 73.
— Fait des vers contre Voltaire. IV, 280.
ROYAUTÉ; ce que c'est, depuis Louis XV. VIII, 151 et suiv.
ROZY, voleur. I, 220.
RUPELMONDE (le marquis de). IV, 34.

RUPELMONDE (la marquise de); prend le voile. V, 109.
RUSSES; sont soldés par l'Angleterre. IV, 282.
— Marchent sur la Prusse. VI, 542, 543. Voy. Guerre d'Allemagne.
RUSSIE; affaires de ce pays en 1751. V, 42, 43, 44.
— Affaires de ce pays. III, 212.
— Affaires de ce pays à la mort d'Anne. III, 230.
— Il s'y fait une révolution. III, 238.
— Ses affaires sont arrangées. III, 241.
— III, 302.
— Il s'y fait une grande révolution. III, 320. Voy. Élisabeth Pétrowna.
— Révolution dans ce pays. VIII, 50.

S

SABAT, janséniste. II, 527.
SACRE de Louis XV. I, 243.
SACRE d'un évêque à Versailles. VII, 118.
Sacré Cœur de Jésus, confrérie. VII, 4.
SACY (de), jésuite, confesseur de madame de Pompadour. VI, 247, 263.
SAHAY (bataille de). III, 349.
SAILLANS (de). I, 423 et suiv.
SAILLY (l'abbé de). VI, 72.
SAINTE-AGATHE, communauté de femmes. V, 302, 323, 324, 325.
SAINT-AIGNAN (de), ambassadeur. I, 24. — IV, 386.
SAINT-ALBIN (de), bâtard du Régent, archevêque de Cambrai. I, 72, 166, 213, 302. — III, 7.
— Porte plainte d'un arrêt du Parlement. III, 21.
— III, 29, 30 et suiv.
— Publie un mandement contre les avocats. III, 306.
SAINT-ANTOINE (abbaye de). VII, 299.
SAINT AUGUSTIN; son tombeau à Pavie. II, 48.
SAINTE-BARBE (collège de); fermé pour cause de jansénisme. II, 128.
SAINT-BENOIT, église de Paris; aventure extraordinaire qui y arrive. VII, 322.

SAINT-CAST. Voy. Bataille.
SAINT-CLOUD. V, 291.
SAINTE-CROIX (le chevalier de); fait une belle défense à Belle-Isle. VII, 354.
— Rend Belle-Isle aux Anglais. VII, 375.
— Récompensé pour sa brave défense de Belle-Isle. VII, 381; applaudi par le public. *Ibid.*
SAINT-CYR (l'abbé de). VI, 475.
SAINT-CYR (mademoiselle de); est à la recherche d'un père. I, 356.
SAINT-DOMINGUE (île de). V, 175.
SAINT-ESPRIT descend sur le Parlement. VI, 160.
SAINT-ÉTIENNE-DU-MONT (paroisse de). V, 255.
SAINT-FARGEAU; ses prophéties sur le Roi. II, 9.
SAINT FÉLIX, invoqué pour la petite vérole. V, 351.
SAINT-FLORENTIN (le comte de); nommé ministre d'Etat. V, 85.
— Est fait duc. VII, 78.
— Est créé chevalier de l'ordre du Saint-Esprit. VI, 326.
— Nommé à la maison du Roi. IV, 363, 365, 366.
— Ses attributions comme ministre de la maison du Roi. VII, 412.

INDEX.

SAINT-FLORENTIN (le comte de); nommé chancelier de la maison de la Reine. III, 423.
— On lui donne le département de Paris. VI, 469.
— Donne audience au Louvre. VI, 486.
— III, 515. — V, 410. — VI, 187. VIII, 307.
SAINTE-FOIX; fait jouer une pièce aux Français. VIII, 316.
SAINTE-GENEVIÈVE; église; on se prépare à la rebâtir. VI, 96.
SAINT-GENIÈS (le marquis de). I, 22.
SAINT-GEORGES (le chevalier de); reconnu roi d'Angleterre. VI, 551.
SAINT-GERMAIN-LE-VIEUX (église de). I, 67.
SAINT-GERMAIN-DES-PRÉS, abbaye. V, 15.
SAINT-GERMAIN, fille galante. VIII, 149.
SAINT-GERMAIN (le comte de), lieutenant général. VII, 4, 69, 72.
SAINT-GERMAIN (le prétendu comte de). VII, 256.
SAINT-GUENET (de), évêque de Saint-Pons. VI, 392.
SAINT-HILAIRE; se bat en duel. II, 340.
SAINT-HUBERT, petite maison du Roi. VI, 533.
Saint-Joseph, couvent. VI, 514.
SAINT-LAZARE (ordre de). VII, 359.
SAINT-LOUP, couvent d'Orléans. V, 340.
SAINT-LUBIN (le président de). VIII, 267.
SAINT-MARCEL (faubourg). II, 169.
SAINTE-MARGUERITE, paroisse; est abandonnée par tous les prêtres. VI, 109.
SAINT-MARTIN (de), conseiller au Parlement. I, 16. — II, 218.
Saint-Martin-des-Champs (église de). I, 395.
SAINTE-MAURE (le comte de); ce qu'il propose au Régent. I, 145.
SAINT-MÉDARD (cimetière de); fermé par la police. II, 242.
— On y affiche des vers satiriques. II, 247.
— III, 19, 20. *Voy.* Jansénisme à Paris.

SAINT-SEVERIN-D'ARAGON (le comte de); nommé ministre plénipotentiaire. IV, 281. — V, 125, 126.
SAINT-SIMON (le duc de), ambassadeur en Espagne. I, 160, 161, 168.
SAINT-SIMON (de), évêque de Metz. VI, 416.
Saint-Sulpice (église de). II, 333.
SAINT-SULPICE (madame de); son aventure avec de jeunes seigneurs. I, 113.
— Est chansonnée. I, 114, 117.
SAINT-VALERY-SUR-SOMME. II, 356.
SALABERRY (l'abbé de). III, 115.
SALLE des Machines aux Tuileries. VIII, 69.
SALLE de spectacle de Bordeaux. VI, 304.
Sancy, diamant. II, 51.
SANDENITZ (le). IV, 190.
SANDRIER; meurt assassiné. I, 212.
SAPIN extraordinaire. V, 351.
SARRON (le président de). II, 117.
SARTINE; est nommé lieutenant général de police. VII, 208. — VIII, 118.
Sauvegardes; rapportent beaucoup aux généraux. IV, 135.
SAUVÉ (madame), femme de chambre du duc de Bourgogne, raconte une aventure mystérieuse. V, 111.
— Est mise à la Bastille. V, 113.
— Son histoire. V, 113, 114.
SAVERNE; prise et ravagée par l'armée du prince Charles. III, 332.
SAVINES (le marquis de). III, 263.
SAVOIE (le duc de). IV, 397.
SAXE (le comte, depuis maréchal de). I, 180. — II, 92.
— Commande l'assaut de Prague. III, 316.
— S'empare de Prague et d'Égra. III, 360.
— Bat les troupes de la reine de Hongrie. III, 389.
— III, 392.
— Se plaint au Roi du maréchal de Maillebois. III, 393.
— Commande dans le haut Palatinat. III, 443.
— Commande en chef sur la Moselle. III, 484.
— Se rend à Dunkerque. III, 495.
— Commande en chef l'armée de Flandre. III, 529.

SAXE (le comte, depuis maréchal de). Part pour l'armée de Flandre. IV, 30.
— Ses opérations en Flandre. IV, 35.
— Gagne la bataille de Fontenoy. IV, 36.
— Honneurs que lui accorde le Roi. IV, 51.
— Son mariage. *Ibid.*
— Ses opérations en Flandre. IV, 67.
— Assiége Ath et le prend. IV, 90, 92.
— Assiége Bruxelles. IV, 125.
— Se brouille avec le comte d'Argenson. IV, 123.
— Revient de Flandre à Paris. IV, 132.
— A une ovation à l'opéra d'*Armide*. IV, 133.
— Le Roi lui donne Chambord. IV, 134.
— Prend possession de Chambord. IV, 138.
— Part pour l'armée de Flandre. IV, 142.
— Ne s'accorde pas avec le prince de Conti. IV, 175.
— Loué par le Roi. IV, 189.
— Gagne la bataille de Raucoux. IV, 190 et suiv.
— Admiré par les officiers. IV, 195.
— Reçoit une ovation à l'Opéra. IV, 198, 199.
— Est à Chambord. IV, 209.
— Nommé maréchal général. IV, 215.
— Vers en son honneur. IV, 216.
— Part pour l'armée de Flandre. IV, 234, 235.
— Donne des bals à Bruxelles. IV, 241.
— Gagne la bataille de Lawfeld. IV, 249 et suiv.
— Mène avec lui une gondole pleine de filles. IV, 278.
— Parle à tout le monde. *Ibid.*
— Se dispose à assiéger Maëstricht et le prend. IV, 292 et suiv., 297.
— S'est enrichi dans la guerre. IV, 319.
— Fait la revue de ses hulans. IV, 323.
— Fait de grandes réformes dans l'armée. IV, 355.
— Réside à Chambord. IV, 475.

SAXE (le comte, depuis maréchal de); sa mort. IV, 488, 489.
— Ses hulans. *Ibid.*
— Meurt épuisé par des filles. V, 6.
— Vers en son honneur. V, 7.
— Fait la cour à la Czarine. VIII, 137.
— Régale une actrice. VIII, 235.
— Aimé du public. VIII, 331.
— Est ennemi de M. de Coigny. VIII, 326.
— Critiqué par un officier. VIII, 337.
Sceaux, ville. IV, 15.
SCEAU tenu à Arnouville. V, 59.
— Tenu par Louis XV. VI, 489, 490.
SCEAUX de l'Etat. II, 11, 12. — V, 4.
SCELLÉS; formalités à suivre quand on les lève. VI, 22.
SCHISME de Tours (le). V, 291.
SCHULEMBOURG, général autrichien. IV, 91.
SCULPTEUR du Roi. VI, 132.
SÉCHELLES (de), conseiller d'Etat, contrôleur général. III, 367. — VI, 277. — VIII, 137.
SÉCHERESSE à Paris. I, 302. — VI, 28.
SECCHIA. *Voy.* Combat.
Secours; ce que c'est dans les convulsions. VII, 251.
SECOUSSE, curé de Saint-Eustache. II, 267.
SECTAIRES du dix-huitième siècle; abusant des filles. II, 527.
SECTE religieuse; formée à Paris par des demoiselles. VII, 81.
SECTES religieuses. *Voy.* Convulsionnaires, jansénistes, multipliants.
SECRÉTAIRE d'Etat des affaires étrangères; poste important. III, 67.
SECRÉTAIRES d'Etat; sont l'objet d'une plaisanterie rimée. III, 132.
SECRÉTAIRES du Roi. VI, 199.
— Augmentation du prix de leurs charges. VI, 208.
SÉGAUD (le père); apostrophé pendant son sermon. III, 165.
SÉGUIER, avocat général. VI, 128, 164.
— Aime les filles; aventure qui lui arrive. VI, 226.
— Va trouver le Roi. VI, 279, 280.
— Fait de beaux discours. *Ibid.*

SÉGUR (de), lieutenant général ; assiégé dans Lintz. III, 331.
— Capitule. III, 336, 449.
— Fait une belle retraite. IV, 34.
— Est chansonné. VIII, 298.
SÉGUR (de), prévôt de Paris. VI, 119.
SÉGUR (de), évêque. III, 10, 11.
SEIGNEURS (grands) ; font le commerce d'épicerie et autres. I, 108, 109.
SEIGNEURS (jeunes) ; adonnés à un vice infâme. I, 425.
SEIGNEURS de la Cour ; exilés pour débauche infâme. I, 227.
SEINE (mademoiselle de), actrice. III, 8.
— Sa lettre à l'Académie française. III, 9, 577.
Seine, fleuve ; charrie des glaçons. I, 415.
— Très-grosse en 1749. IV, 346.
— Déborde en 1751. V, 33.
SEKENDORF (de), général allemand. III, 365.
Séminaire des Trente-Trois. VI, 263, 264.
SENEZ (l'évêque de), Jean Soanen ; condamne la constitution Unigenitus. II, 19, 21 et suiv. Voy. Soanen.
SÉNOZAN (de). III, 15.
SÉRAFIN, assassin. Voy. Labadie.
Sermon des Cinquante, satire. VII, 284.
SERMON hardi prêché devant le Roi. II, 456.
— De l'évêque d'Amiens, supprimé par le Parlement. V, 252.
— Contre le Parlement à Saint-André-des-Arts. V, 270.
— Séditieux à Riom. V, 289.
SERVANDONI, peintre et artificier. III, 184. — VIII, 145.
SERVICE funèbre de Madame Henriette à Saint-Denis. V, 180.
— Du duc d'Orléans. V, 239.
— De la Dauphine. IV, 179, 200.
— De Philippe V, roi d'Espagne. IV, 205.
— De quatre curés de Saint-Médard. VII, 22.
— Pour le roi d'Espagne. VII, 221.
— Pour Madame Infante. VII, 226.
— Du duc de Bourgogne. VII, 361.
— De la reine d'Espagne. VII, 379, 380.
SERVIETTE du Roi. I, 269.

SEVERT ; interroge Damiens. VI, 450.
SICILE. I, 30.
SIÉGE de Gibraltar. II, 2.
SIGORGUE, professeur de philosophie. IV, 377.
SILHOUETTE (de) ; nommé contrôleur général des finances. VII, 138, 139, 140.
— Nommé ministre d'État. VII, 169.
— Quitte le contrôle des finances. VII, 206.
— Objet d'une plaisanterie. VII, 220.
— Son épitaphe. VII, 319.
— VI, 498. — VII, 164, 182, 200, 202.
SILVA, médecin. III, 123.
SIMIANE (M. de). I, 162.
SIX corps des marchands de Paris ; sont parrains avec madame Feydeau. IV, 75.
SOANEN, évêque de Senez. III, 160. Voy. Senez.
— Sa mort. III, 258.
SOBIESKA (la princesse). I, 349.
Société de l'Histoire de France ; publie Barbier d'une manière incomplète. I, 11.
SONGE satirique. IV, 418.
SOPHIE (Madame) ; vient à Paris pour la première fois. VII, 378.
SORBONNE (la) ; se met sous la protection du Parlement. I, 148.
— Accepte la Constitution. II, 84.
— Examine une thèse supprimée. II, 380.
— Présente un mémoire au Roi. III, 21, 126.
— Condamne l'abbé de Prades. V, 149.
— Bafouée dans une pièce de vers. V, 151.
— Condamne un président de thèse. V, 174.
— Refuse d'enregistrer un arrêt du Parlement. V, 357 et suiv.
— Délibère sur la thèse de l'abbé de Prades. VI, 2.
— Délibère sur un arrêt qui condamne des thèses. VI, 164.
— Refuse de l'enregistrer. VI, 165.
— Ses règlements examinés par le Parlement. VI, 306.
— Est contrainte par le Parlement d'enregistrer un arrêt. VI, 308.

SORBONNE (la); reçoit l'ordre du Roi d'exécuter le règlement de 1729. VI, 310.
— Est soutenue par le Roi contre le Parlement. VI, 315.
— Est mandée par le Parlement. VI, 316.
— Délibère sur un avis du chancelier. VI, 603.
— Enregistre, par voie d'obéissance, la déclaration relative au silence sur la Bulle. VI, 604, 605.
— Envoie une députation au Roi. VI, 606.
— Voy. Parlement.
— Ne tient plus d'assemblées. VII, 1.
— Déclare ne pouvoir exécuter la loi du silence. VII, 13.
— Prétend ne pouvoir se dispenser de parler de la Constitution. VII, 16.
— Enregistre une lettre de cachet. VII, 22.
— Reçoit l'ordre de faire passer les thèses. VII, 33.
SORBONNE (docteurs de); vont trouver M. de Saint-Florentin. VI, 495.
SORCIER; qui fait apparaître des fantômes. VIII, 332.
SORCIÈRE des charniers de Saint-Eustache. IV, 357.
SORCELLERIE; punie en 1758. VII, 113.
SORE. Voy. Bataille.
SOUBISE (Charles de Rohan, prince de); épouse mademoiselle de Carignan. III, 314.
— Donne à souper à Louis XV. IV, 456.
— Donne une fête. V, 22, 23.
— V, 402, 407.
— Commande l'armée de Westphalie. VI, 518.
— Quitte l'armée et y retourne. VI, 539.
— Perd la bataille de Rosbach. VI, 594, 595.
— Sot et ambitieux. VI, 596.
— Objet de plaisanteries. VI, 602.
— Revient à Paris. VII, 17.
— Nommé ministre d'État. VII, 136.
— Nommé au commandement en chef. VIII, 14.
SOUBISE (le prince de), fils du prince de Rohan; sa mort. I, 355.

SOUBISE (la princesse de); paye des complaisants. VI, 539.
SOUBISE (mademoiselle de). Voy. Condé.
SOUBISE (le cardinal de). VI, 134.
— Meurt d'épuisement. VI, 327.
SOUFFLOT, architecte. VIII, 68.
SOUPER du Roi à l'Hôtel de Ville. IV, 81.
— Du prince de Soubise. IV, 457.
— Donné aux Capucins par le comte d'Argenson. V, 106.
— A Saint-Cloud. V, 292.
SOUPERS de Louis XV. II, 338.
SOURCHES (le marquis de), grand prévôt. VI, 434.
Sous-fermes; ce qu'elles rapportent. IV, 396.
— Réunies à la ferme générale. VI, 198.
SOUVERAINETÉ ROYALE; ce qu'elle est d'après Louis XV. VII, 151 et suiv., 173.
SOUVRÉ (le marquis de); dit la vérité à Louis XV au sujet des pairs. III, 246.
— Fait un bon mot. III, 247.
— Disgracié pour un bon mot. VII, 220.
SOYER, avocat. II, 187. — III, 306.
SPADASSINS qui soutiennent des filles. VIII, 143.
SPECTACLES; très-fréquentés pendant le carême. V, 360.
STAINVILLE (le marquis de); envoyé de Toscane. IV, 13.
STAINVILLE (le marquis de), fils de l'ambassadeur. IV, 173.
STAINVILLE (le comte de). Voy. Choiseul (le duc de).
STAIRS (le comte de), général anglais. III, 352, 383, 384, 455.
— Fait un mémoire sur l'état de la France. VIII, 140.
STANISLAS (Leczinski); élu roi de Pologne. II, 423, 424. Voy. Pologne.
— Comment il s'échappe de Dantzick; curieux détails. II, 489 et suiv.
— Chansonné. II, 435, 139, 382, 387, 391, 419, 436, 437. Voy Prophétie.
— III, 15.
— Prend possession de la Lorraine. III, 49, 50, 55, 83.

INDEX.

STANISLAS (Leczinski); arrive à Versailles. IV, 85. — V, 293.
— Vient à Paris. VIII, 261, 262.
STANLEY, ambassadeur d'Angleterre. VII, 408.
STATHOUDER héréditaire en Hollande. IV, 266.
STATUE de Louis XV. IV, 387. — VI, 27.
— Est dressée sur la place de ce nom. VIII, 65.
— Plaisanteries à cette occasion. *Ibid.*
— Est inaugurée. VIII, 80.
STATUE en porcelaine du roi de Pologne. VI, 344.
STATUTS SYNODAUX d'Amiens. V, 254.
— Du diocèse de Sens. V, 288.
STATUTS des jésuites; le Roi veut les examiner lui-même. VII, 369.
— Sont collationnés ou analysés au Parlement. VII, 370, 381, 382.
Statuts de l'Opéra, pamphlet. VIII, 263.
STICOTTI (Agathe); son mariage. IV, 55 et suiv.
STUART (Henri); nommé cardinal d'York. IV, 256.
SUBLEYRAS, peintre. VI, 536.
SUBSTITUTS du procureur général; ont une contestation au Parlement. VI, 280.
SUCCESSIONS collatérales; sont frappées d'un impôt. IV, 289, 290.
SUCRE; est très-cher en 1747. IV, 215.
— Ce qu'il vaut en 1748. IV, 313.
SUÈDE; on y découvre une grande conspiration. IV, 256, 419.
— Constitution politique de ce royaume. VI, 336.
— On y découvre une grande conjuration. VI, 336.
— S'allie avec la France, et attaque la Russie. III, 301.
SUÉDOIS; battus par les Russes. III, 313.
SUICIDE de Bans. I, 293.
— De La Fresnaye. I, 420.
— Du prince de Courtenay. II, 121.
SUICIDES des femmes. I, 284.
SUICIDÉ; traîné sur la claie. VII, 355.
SUPERSTITION du peuple de Paris. I, 1 et suiv.

SUPPLICE du comte de Horn. I, 34.
— Du juif Lévi. I, 87.
— D'un faux monnayeur. I, 154.
— D'un laquais. I, 170.
— De la pendaison sous les aisselles. I, 226.
— D'un voleur. I, 262.
— De Ricœur. I, 271.
— De La Pezelle. I, 346.
— De deux émeutiers. I, 399.
— Du cuisinier de M. Le Guerchois. I, 419.
— De Deschauffours. I, 426.
— De La Haye. I, 443.
— De Nivet. II, 69.
— De Le Beer. II, 125.
— De Joinville, dit la France; condamné pour un délit non exécuté. II, 157, 158.
— D'un exempt de robe courte. III, 86, 87.
— De Mauriot. III, 147, 148.
— De Bourgeois. III, 330.
— Des assommeurs. III, 401.
— Des partisans de Charles-Édouard. IV, 177.
— De lord Lovat. IV, 181.
— Du comte de Kelmarnok. IV, 181.
— De lord Balmerino. *Ibid.*
— De deux individus, pour vice infâme. IV, 441.
— Du feu, pour vice infâme. IV, 447.
— De trois malheureux pris dans les émeutes pour les enlèvements d'enfants. IV, 455.
— De Masson, voleur. V, 247.
— De Labadie. V, 347.
— De Ruxton. VI, 72, 122.
— De Dufrançay. VI, 123.
— De La Lescombat. VII, 178, 179.
— De Damiens. VI, 499, 500, 507, 514. — VIII, *Appendice.*
— De Ricard. VI, 550.
— De Moriceau de La Motte. VII, 89.
— Des assassins du roi de Portugal. VII, 122, 124.
— De de La Chaux. VIII, 6, 7, 8.
SUPPLICES; attirent une grande foule à la Grève. I, 175.
— On y bat des mains, comme au théâtre. VI, 179.
SUSPENSION des payements de l'État, en 1759. VII, 194.

SYNDICS des libraires. VI, 470.
— Font des perquisitions. VI, 494.
SYMONNET, conseiller de Grand'-Chambre. II, 417.

SYSTÈME de Law; gens qu'il a enrichis. I, 84.
— Ses résultats. I, 351. — II, 362.

T

TABAC; imposé de quatre sols par livre. VII, 89.
TABAGO (île de). IV, 361, 403.
TABLE du Roi. IV, 395.
TABLEAU des avocats. II, 161.
TABOUÉ, avocat. II, 239.
TAILLES; l'exemption en est suspendue. VII, 158.
— Comment levées pendant la guerre. VII, 159.
TALHOUET; mis à la Bastille; pourquoi. I, 273, 274.
— Son procès. I, 277, 279, 300.
— I, 258, 298.
TALLARD (la duchesse de); gouvernante des enfants de France. V, 111, 112.
TALLEMONT (la princesse de); est la maîtresse du prince Charles-Édouard. IV, 326.
TALON (la famille). II, 124.
TALON; président à mortier. II, 197.
— Sa mort. III, 499.
TAMPONNET, docteur en théologie. VI, 318.
Tancrède, tragédie. VIII, 14.
TARLO (le comte de); son aventure singulière. II, 391.
TARTARIN, avocat. II, 133, 162.
TAVANNES (le cardinal de). VI, 538.
— VII, 48.
— Président de l'assemblée du clergé. VII, 106.
TAVORA (le marquis de); l'un des assassins du roi de Portugal. VII, 123, 124.
TAVIGNOT (mademoiselle). II, 394.
TAXE des boues à Paris. VI, 612.
— Sur les huissiers priseurs. VII, 64.
— Sur les offices. VII, 86.
— Sur le tabac. VII, 89.
— Sur le luxe. VII, 225. *Voy.* Impôts.
Te Deum au son du tambour. I, 152.
— Chanté par des acteurs. II, 58.
— A Notre-Dame; cérémonial. III, 558, 559.

TEINTURIER (le père); prêche devant le Roi. II, 456.
— V, 5.
TEMPÉRATURE de Paris. I, 135.
TENCIN (le cardinal de). III, 160.
— Objet d'une plaisanterie très-vive. III, 170.
— Va à Rome. III, 179.
— Assiste au conclave. III, 204.
— Est fait archevêque de Lyon. III, 220.
— Condamné comme simoniaque. III, 379.
— Chansonné. III, 418.
— II, 21, 500. — III, 293, 376, 377, 390.
— Donne sa démission de ministre d'État. V, 48. — VI, 121.
— Est vanté outre mesure. VIII, 134.
— Son habileté politique. VIII, 138, 139, 166, 172, 174, 202, 210, 216, 217, 225, 226, 243, 295, 296.
TENCIN (madame de), chanoinesse. III, 293.
TERRASSON, avocat. I, 119.
TERRAY, maître des Requêtes. IV, 358.
TERRAY, médecin. IV, 358.
TERRAY (l'abbé). VII, 417.
TERRIER, censeur royal. VII, 79.
— Est destitué. VIII, 137.
TERRE du tombeau de M. Pâris. II, 410, 510.
TERRE; on dit qu'elle s'est rapprochée du soleil en 1749. IV, 346.
TERRES; sont abandonnées sans culture. VI, 377.
TERRIER de Bordeaux. VI, 305.
TESSÉ (le maréchal de). I, 384.
TÊTE humaine cuite au lard. III, 277.
TÊTE de mort (la fille à). I, 131, 132.
THALAN (la duchesse de). VI, 4.
THAMAS KOULI KAN, shah de Perse. III, 301. — IV, 269.
THAILORD (le lord). IV, 91.
THÉÂTRE des Italiens. VIII, 157.
— Français; changement important qui y a lieu. VII, 161 et suiv.

THÉATRE de Choisy. VII, 367.
THÉATRES; ne jouent pas pendant le jubilé. V, 84.
THÉODORE; se fait déclarer roi de Corse. III, 56.
— Débarque en Corse. III, 144, 145.
— Est pris à Naples. III, 158, 159.
— On ne peut le joindre. III, 220.
Théorie de l'impôt (la). VII, 323, 324.
Thérèse la philosophe, brochure. IV, 377.
THÈSE de Sorbonne; dénoncée au Parlement. II, 123, 323.
— Moliniste soutenue en Sorbonne, et supprimée. II, 378.
— De l'abbé de Fleuri. III, 58.
— Religieuse de l'abbé de Prades. V, 146 et suiv.
— Du père Danir. V, 258.
— Soutenue aux Carmes de Lyon. V, 345, 355, 357.
— De Sorbonne. VI, 161, 284.
THÈSE sorbonique. VI, 179, 180, 181.
THIANGES (le commandeur de). II, 424.
THIROUX D'ARCONVILLE, président aux Enquêtes. VI, 449.
THOMAS (le grand), charlatan du Pont-Neuf. II, 81.
THOMÉ, avocat. V, 205, 241.
THORÉ, avocat au Conseil. III, 139.
THUROT (le capitaine), fameux corsaire. VII, 197.
TIERCELIN, jésuite; ses livres sont condamnés. VII, 399, 400, 401.
TINGRI (le prince de). I, 187. — II, 66. — III, 3.
Tir à l'oie. I, 155.
Titon et l'Aurore, opéra. V, 360.
TITON, conseiller. II, 272, 352, 403, 404.
— Vit avec des filles. VII, 23, 388, 396. — VIII, 9.
TITRE de prince. *Voy.* Prince.
TITRES de noblesse. VI, 282.
TOILES de coton; édit qui les concerne. VII, 184.
TOILES peintes. VII, 236.
TOILETTE de Mesdames de France. IV, 394.
TOINARD. VIII, 284.

TOMBEAU du diacre Pâris; on y répand de l'huile. III, 19. *Voy.* Miracles, Saint-Médard et Terre.
TONNERRE; tue les hommes d'un poste français. III, 368.
TONTINE établie en 1733. II, 445.
— En 1759. VII, 218, 219.
TONTINE pour le mariage du Dauphin. IV, 12.
TORCY (le marquis de). I, 162. — III, 67.
TORGAU. *Voy.* Bataille.
TORTONE; prise par les Français. IV, 83.
TOULOUSE (le duc de). I, 13.
TOULOUSE (le comte de). I, 316.
— Ministre de la marine. II, 18.
— III, 76.
— Sa mort. III, 115.
TOULOUSE (la comtesse de). III, 66.
— Est fort amie du Roi. III, 376.
TOULON, ville. VIII, 133.
TOUR de Montgomery; préparée pour recevoir Damiens. VI, 442, 443.
— VI, 450.
TOURAINE; ravagée par des orages. III, 92.
TOURNAY; assiégé et pris par les Français. IV, 35, 42.
TOURNELLE (Chambre de la). VI, 438. *Voy.* Parlement.
TOURNELLE (la marquise de La). III, 155.
— Chansonnée. III, 418.
— Créée marquise de Châteauroux. III, 474. *Voy.* Châteauroux.
TOURNEVILLE (mademoiselle de). IV, 405.
TOURNON (mademoiselle de). V, 376.
TOURNY (l'abbé de); présente un mémoire à l'assemblée du clergé. VII, 105, 106.
TOURNY (de); intendant de Bordeaux. VI, 304.
TOURS, ville. V, 271, 280, 369.
TOURTEREL (de), ingénieur; fait un mémoire contre le duc de Noailles. II, 247, 283.
TOUSSAINT, avocat; auteur du *Livre des Mœurs*. IV, 301.
TRAINEAUX à Paris. II, 61.
TRAISNEL (le marquis de). I, 434.
TRAITÉ de Cambrai. I, 389.
— De Séville. II, 87, 155.

TRAITÉ de Vienne. II, 154, 155.
— De commerce avec la Hollande. III, 305. — IV, 122.
— De Dresde. IV, 121.
— De Versailles. VI, 320, 366.— VII, 244.
TRAVERS, avocat. V, 248.
TREFONTAINE, directeur de l'Opéra. IV, 388.
TREMBLEMENT de terre à Palerme. I, 445.
— De Lisbonne. VI, 218, 219.
— Sur divers points de l'Europe. VI, 219.
— Général en Europe. VI, 225.
— A Paris. VI, 263, 299.
— A Montdidier. VI, 300.
— En Sicile. VI, 405, 581.
TRÉMOILLE (le duc de La). II, 447, 474, 481, 482, 483, 484.
— Donne quelques nuits à sa femme. III, 58.
— Sa mort; accident arrivé à son cadavre. III, 170, 171.
— Son convoi. Ibid.
TRÉMOILLE (le duc de La), fils du précédent. III, 279.
TRESMES (le duc de), gouverneur de Paris. I, 49.
TRÉSORIER des aumônes du Roi. V, 165.
TRÉSORIERS de France; ont une contestation avec la Chambre des Comptes. VI, 311. — VII, 292.
TRÉSORIERS de France à Bordeaux. VI, 330.

TRIANON. IV, 421.
TRIBUNAL des maréchaux de France; juge le comte de Maillebois. VII, 49.
TRIBUNAUX; cessent de juger après l'exil du Parlement. V, 387.
TRIPLE alliance. I, 311.
Troisième vingtième, impôt. VII, 184, 234.
TRONCHIN, médecin. VI, 294.
— Donne de plaisants remèdes. VI, 295.
TRON, ambassadeur de Venise. IV, 236.
TROYES, ville. V, 346.—VI, 97, 113.
TRUDAINE, prévôt des marchands; disgracié. I, 44. — V, 48.
TRUMEAU (la fille); condamnée au fouet. V, 141.
TUBOEUF, conseiller. VI, 443.
TUILERIES; on s'y promène la nuit. I, 136.
— III, 154, 548.
TURCS; sont disciplinés à la française. III, 186.
TURENNE (le prince de), colonel général de la cavalerie. III, 209, 419.
— IV, 123.
TURGOT; nommé prévôt des marchands. II, 74.
— III, 191.
— Quitte sa place. III, 213.
TURQUIE; est en grand progrès. I, 206.
TUTELLE du prince de Condé; affaires auxquelles elle donne lieu. III, 294 et suiv.

U

UHLANS du maréchal de Saxe. IV, 323, 324, 325, 489.
UNIVERSITÉ de Paris; s'oppose à l'enregistrement de la constitution Unigenitus. I, 62.
— III, 151.
— Présente une requête au Parlement. III, 163.
— Interjette appel de la Constitution. III, 164.
— Son billet d'enterrement. III, 169, 170.

UNIVERSITÉ de Paris; tient une assemblée aux Mathurins. III, 174.
— Comment elle délibère. Ibid.
— Révoque son appel de la constitution Unigenitus. III, 175.
— Soixante de ses membres protestent contre l'acceptation de la Bulle. III, 177.
— Est plaisantée dans une pièce de vers. V, 108.
URSULINES de Saint-Cloud. VIII, 40.
UXELLES (le maréchal d'). I, 445.

V

VACHES; on les dit ensorcelées à Paris. IV, 23.
VAGABONDS; expulsés de Paris en 1720. IV, 436.
— En 1750. IV, 480.
VAILLANT; se donne pour le prophète Élie. II, 527.
— Illuminé. III, 1.
VAISSEAUX; offerts au Roi par divers corps de l'Etat. VII, 422, 423, 424.
VAISSELLE royale. I, 243.
— D'argent; portée à la Monnaie. VII, 199, 200, 201, 237, 238.
— Lettres-patentes qui en règlent la remise. VII, 203, 204.
— D'or. VI, 64. — VII, 115.
VALDEK (le prince de). IV, 155.
VALENTINOIS (le duc de). VI, 141.
VALENCE (madame de). VIII 341.
VALET de chambre (le) de l'archevêque de Paris. II, 286.
VALLAT, orfévre; est assassiné. V, 343.
VALLIÈRE (de), lieutenant général d'artillerie. III, 457, 519. — VI, 331.
VALLERY (terre de). III, 196.
VALORY, ambassadeur en Prusse. VI, 375.
VANDIÈRES (M. de). Voy. Marigny.
VAN-HOEY, ambassadeur de Hollande. IV, 161, 262.
VARIN, trésorier du Canada. VIII, 118.
VARLET, fille publique; est volée par Gaulard. III, 224 et suiv.
VASSENAER (de), ambassadeur hollandais. IV, 126.
VATAN, prévôt des marchands. I, 433.
— III, 213. — IV, 140. — VIII, 243.
VAUCHER, assommeur. III, 401.
VAUDEVILLE; en grande vogue à Paris. VIII, 206.
VAUDREUIL (de), major des gardes. IV, 383.
VAUDREUIL (le marquis de), gouverneur du Canada. VIII, 118.
VAUGRENANT (de), ambassadeur en Espagne; on lui vole sa cassette. III, 53.
— IV, 364.

VAUJOUR (le duc de). III, 173.
VAURÉAL (l'abbé de), évêque de Rennes. IV, 364. — V, 333. — VII, 121.
VAUVRAY (de), maître des Requêtes; est coupable de malversation. III, 114.
VEAU D'OR; trouvé en Lorraine. VII, 44.
VELCHS, Irlandais; agent du prince Édouard. IV, 158.
VENDOME (le prince de). I, 190.
VENGEANCE d'une demoiselle sur un officier. I, 213.
VENTADOUR (abbé de); est nommé recteur de l'Université. III, 164. Voy. Soubise (cardinal de).
— Fait accepter la Constitution par l'Université. III, 174, 175, 176.
— Fait un discours en latin. III, 147.
— III, 175.
— Va à Rome. III, 204.
VÉNUS passe par le disque du soleil. VII, 375.
VERNEUIL-SUR-PERCHE. V, 397.
VERNEUIL (mademoiselle de), bâtarde de M. le Duc. III, 231.
VERNON, amiral; attaque Carthagène. III, 283.
— Est repoussé. III, 287, 289, 290.
VERNOUILLET (madame de); interrompt un sermon du Père Renaud. VIII, 264.
VÉRON, échevin. IV, 75.
VERS sur le gouvernement. I, 435.
— Contre M. Hérault. II, 30.
— De Voltaire sur Adrienne Lecouvreur. II, 96.
— Sur l'avocat Daunard. II, 138.
— Sur le juif Du Lis. II, 141.
— Sur des filles d'Opéra. II, 166.
— Sur le cardinal de Fleury. II, 179.
— Contre le père Girard, jésuite. II, 180, 181.
— Sur le monde renversé. II, 200.
— Sur les avocats. II, 229.
— Affichés à la porte de Saint-Médard. II, 246.
— Sur la Cadière. II, 247.
— Sur la Grand'Chambre. II, 304.

VERS sur le molinisme. II, 304.
— Sur le cardinal de Fleury. *Ibid.*
— Contre Samuel Bernard. II, 427.
— *Voy.* Chansons.
— Contre un loyaliste. III, 97.
— Contre d'Aguesseau de Fresne. III, 314.
— Sur la reine de Hongrie. III, 332.
— Latins sur la guerre de 1742. III, 360.
— Contre le gouvernement français. 367.
— A la gloire de Louis XV. III, 514.
— Sur la duchesse de Châteauroux. III, 571.
— Sur le maréchal de Richelieu. IV, 115.
— Sur madame Poisson. IV, 115.
— En l'honneur du maréchal de Saxe. IV, 199, 216.
— Sur les pantins. IV, 212.
— Contre M. de Bernage, prévôt des marchands. IV, 220.
— De Voltaire pour la Dauphine. IV, 279.
— De Voltaire pour madame de Pompadour. IV, 280.
— De Roy contre Voltaire. IV, 280.
— Sur madame de La Popelinière. IV, 329.
— Sur la paix d'Aix-la-Chapelle. IV, 339.
— Contre les Français, à propos du prince Édouard. IV, 340.
— Sur les gardes françaises. IV, 341.
— Sur l'évêque Boyer. IV, 343.
— Contre le Roi, 377.
— Vers à la louange de madame de Pompadour. IV, 392.
— Contre madame de Pompadour. IV, 495.
— Sur le maréchal de Saxe. V, 7.
— Sur le curé de Vanvres. V, 23.
— Sur madame de Mailly. V, 35.
— Sur l'Université de Paris. V, 108.
— Contre la Sorbonne. V, 151.
— Sur Bouëttin. V, 209.
— Sur les quatre B. V, 209.
— Contre l'archevêque de Paris. V, 302.
— De l'opéra d'*Hésione*, appliqués à l'archevêque de Paris. V, 380.
— Contre le duc de Villars. V, 406.
— Adressés à M. de Maupeou. VI, 64.

VERS sur le lit de justice. VI, 418.
— Contre Frédéric II. VII, 164.
— Sur le pont d'Orléans et madame de Pompadour. VII, 284.
— Sur le cardinal de Fleury. VIII, 140.
— Sur Chassé, chanteur. VIII, 131.
— Contre Voltaire. VIII, 140, 155.
— Sur le cardinal de Tencin. VIII, 170.
— Sur Marivaux. VIII, 204.
— Sur le cardinal de Fleury. VIII, 224.
— Contre l'archevêque de Sens. VIII, 235.
— Sur madame de Mailly. VIII, 253.
— Sur la duchesse de Châteauroux. VIII, 255.
— Sur la milice. VIII, 277.
— Sur M. Amelot. VIII, 283, 290.
— Sur le duc d'Ayen. VIII, 320.
— Sur Maupertuis. VIII, 329.
VERSAILLES; a besoin de réparations. I, 210.
— Aventure dans la chapelle du château. II, 409, 410.
— Fêtes qu'on y donne pour la réception de la Dauphine. IV, 15.
— Le feu y est mis par des fusées. V, 99.
— *Voy.* Escalier.
VERTHAMONT (le président de); sa mort. III, 119.
VIANDE; est très-chère à Paris. I, 337, 351. — IV, 29.
VICAIRE de Saint-Etienne-du-Mont; banni pour trois ans. V, 271.
— De Riom; banni. V, 289.
— De Saint-Jean en Grève. V, 297.
VICAIRES de l'empire (grands). III, 227.
VICE; triomphe publiquement à Paris. I, 144.
VICE INFAME; est de plus en plus commun. I, 425.
— I, 361, 362.
— Individus qui en sont coupables. I, 426.
— I, 445. — II, 1.
VICTOIRE (Madame), fille de Louis XV; sa naissance. II, 406.
— Son portrait. IV, 291.
— Vient à Paris pour la première fois. IV, 393.
— VII, 377, 378, 408.
— Tombe malade. V, 439.

INDEX.

VICTOR-AMÉDÉE II, roi de Sardaigne. II, 204, 225, 440.
VIEL, recteur de l'Université. II, 57 et suiv.
VIENNAY (de). II, 239.
VIEUX-PONT (madame de), grande janséniste. III, 116.
VILLARET, historien. VIII, 36.
VILLARS (le maréchal de). I, 259, 313.
— Va au Parlement. II, 396, 397.
— II, 430, 435.
— Sa campagne d'Italie. II, 437, 439, 443, 444, 446, 459, 465.
— Sa mort. II, 468.
— V, 405.
VILLARS (la duchesse de) ; dame d'atours. III, 386.
— A une académie de beaux esprits. VIII, 328.
VILLEFORT (le chevalier de). VIII, 193.
VILLEMEUR (de) ; prend le commandement de l'armée de Hanovre. VII, 16.
VILLENEUVE (de), évêque de Montpellier ; donne ordre aux prêtres de son diocèse de consommer toutes les hosties. VI, 172.
VILLENEUVE (le marquis de), ambassadeur. III, 208.
VILLEQUIER (le marquis de). VII, 116.
VILLEROI (le maréchal de). I, 59.
— Est disgracié et exilé. I, 231, 232, 234.
— I, 297, 360.
VINCENNES. VI, 509.
VINGTIÈME (impôt). IV, 367, 406, 416.
— V, 331. — VI, 356.
— Des biens ecclésiastiques. V, 271.
— Militaire (impôt). VI, 333.
VINTIMILLE (de), archevêque de Paris ; condamne un mémoire des avocats. II, 146, 147.
— Interjette appel comme d'abus. II, 149.
— Condamne les miracles du diacre Pâris. II, 170.
— Remet un mémoire au Roi contre les avocats et le Parlement. II, 181, 182 et suiv.
— Chansonné. II, 284.

VINTIMILLE (de), archevêque de Paris ; menace d'excommunier le Parlement. II, 191, 192.
— Condamne les *Nouvelles ecclésiastiques*. II, 262.
— II, 80, 82, 111, 378.
— Sa mort. IV, 131.
— Son enterrement. IV, 132.
— *Vint-il-mille*, calembour sur l'archevêque. II, 83.
VINTIMILLE DU LUC (madame de), maîtresse du Roi ; sa mort. III, 308, 309.
VIRGILE, traduit par Desfontaines. VIII, 333.
VIRION (le comte de). I, 22.
VISA des bénéfices faits dans le système. I, 136, 153, 159, 202, 211, 214, 216, 218.
VISÉ (de), capitaine aux gardes. IV, 243.
Vision de l'abbé de Bernis, satire. VII, 284.
Vision de M. Palissot, pamphlet. VII, 256.
VISITES de police dans Paris. II, 389.
VIVRES ; sont très-chers. I, 53, 373. V, 83.
Vœu de la nation, écrit supprimé. VI, 278.
VOISENON (l'abbé de) ; est bien avec mademoiselle Lemaure. VIII, 268.
— On se moque de son opéra. VIII, 269.
VOL d'actions à la Banque. II, 92.
— Des papiers de l'ambassadeur de France en Espagne. III, 53.
— Dans l'église des Bernardins V, 247.
VOLS dans les églises ; comment ils sont punis. II, 422.
— Commis par les gens de Cour dans les finances. VII, 199.
— Commis sur les dépenses du Roi. VII, 186, et *note*.
VOLEUR ; réfugié à Saint-Méry. II, 63.
— Pris dans le cloître Notre-Dame. II, 63.
— Pris dans la Grand'Chambre. II, 421.
— Fouetté. V, 425.
VOLEURS ; déguisés en religieux. I, 154.

Voleurs; les prisons en sont pleines. I, *Ibid.*
— Complices de Cartouche. I, 176.
— Sont nombreux à Paris. I, 178.
— Dénoncent des agents de police. I, 220.
— Ont boutique à Paris. I, 221.
— Pendus. I, 226.
— Dévalisent les fidèles à Notre-Dame. I, 422.
— Bande de trente-cinq voleurs. II, 253.

Voltaire; ses vers cités. II, 97.
— Bâtonné. II, 159.
— Son poëme de Fontenoy. IV, 42.
— Reçu à l'Académie française. IV, 145.
— Sa réception à l'Académie. IV, 148.
— Fait des vers pour la Dauphine. IV, 279.
— Et pour madame de Pompadour. IV, 280.
— Est disgracié. IV, 281.
— Va à Berlin. V, 336.
— Est avare. V, 337.
— Perd la faveur de Frédéric. V, *Ibid.*
— Attaqué dans des vers. VIII, 140.
— N'est pas aimé. VIII, 145.
— Sa conduite est sévèrement blâmée. VIII, 146.
— Attaqué dans une épigramme. VIII, 155.
— Quitte la France. VIII, 156.
— Fait la cour à M. de Marville. VIII, 159.
— Écrit au chevalier de Mouchy, au sujet de *Mahomet*. VIII, 197.
— Lettre qui lui est adressée par le cardinal de Fleury. VIII, 198.
— Se loue de M. de Marville. VIII, 202.
— Fait la cour à M. de Marville. VIII, 204.

Voltaire; le public ne l'aime pas. VIII, 211.
— Ses relations avec le roi de Prusse. VIII, 213.
— Demande à faire le panégyrique du cardinal de Fleury. VIII, 227.
— Ce qu'on dit de sa candidature à l'Académie. VIII, 228.
— Écrit à l'évêque de Mirepoix. VIII, *Ibid.*
— On le ménage à cause du roi de Prusse. VIII, 262.
— Ne peut faire jouer une comédie. VIII, 268.
— Ce qu'il dit à madame de La Tournelle. VIII, 270.
— Est piqué contre le chancelier. VIII, 273.
— Frédéric II lui donne une terre en Prusse. VIII, 301.
— Madame Du Châtelet va le rejoindre à Bruxelles. VIII, 309.
— Déclame contre la France. VIII, 324.
— Va à Londres. VIII, 327.

Vougny (l'abbé de); dénonce l'agiotage sur les blés. V, 313.

Voyer (le marquis de), maréchal de camp, fils du comte d'Argenson. V, 110.

Vrevin (de), conseiller; exilé. II, 233.
— Conseiller II, 299, 352.

Vulsanges (l'abbé de), grand janséniste. VII, 40.

Walpole, ministre anglais; on lui attribue un projet de paix. III, 15.
— Fait voler des papiers diplomatiques. III, 53.

Willmanstrund (bataille de). III, 313.

Wissembourg (combat de). III, 524.
— Emporté d'assaut par les Français. III, 526.

Wurtemberg (le prince de). IV, 312, 313.

X

Xavier de Saxe (le prince). VII, 37, 58.

Y

York (le duc d'), frère de Charles-Édouard. IV, 87.
— Se rend à Dunkerque. IV, 110.
— Se rend auprès de Louis XV. IV, 161.

Ypres; assiégé par Louis XV. III, 520, 521.
— Pris par Louis XV. III, 521.
Yves (le père), capucin; auteur d'un traité d'astrologie. VI, 337.
Yvon (l'abbé). V, 150.

Z

Zinzindorf (le comte de). II, 487.

FIN DE L'INDEX.

Paris. — Imprimerie P.-A. BOURDIER et Cie, 30, rue Mazarine.

ERRATA
DU JOURNAL DE BARBIER.

Tome Ier, page 6, note 3 : né à Paris en 1664; *lisez* : 74.
— page 13, note 4 : troisième fils légitimé de Louis XIV; *lisez* : troisième enfant légitimé.
— page 29, note 1 : étoit une branche cadette; *lisez* : étoit la branche cadette.
— page 129, note 2 : Nogaret de la Villette; *lisez* : Nogaret de La Valette.

Tome III, page 91, note 1 : donné en 1638 par Louis XIII; *lisez* : Louis XIV.
— page 180, note 1 : sur le port Saint-Landi ; *lisez* : Saint-Landry.
— page 183, note 1 : celui de la bonne année du cardinal Dubois; *lisez* : de la bonne amie.
— page 205, note 1 : mademoiselle de Montpensier, nièce du Roi; *lisez* : cousine du Roi.
— page 214, sommaire : spéculation sur les blés; *lisez* : spéculations.
— page 238, note 1 : mais sa faveur excita la jalousie de Biren, qui le fit exiler en Sibérie. Renversé lui-même l'année suivante, il fut banni à son tour, et alla remplacer Biren. *Lisez* : mais sa faveur et ses succès excitèrent la jalousie de Biren. Il parvint une première fois à triompher de ce rival, et le fit exiler en Sibérie; mais renversé lui-même l'année suivante, etc.
— page 320, note 1 : Antiochus Cantimir; *lisez* : Antiochus Cantémir.

ERRATA.

TOME III, page 329, note 2 : le duché de Toscan; *lisez* : le duché de Toscane.

— page 419, note 4 : institué par Henri IV; *lisez* : par Henri III.

— page 468, note 1 : né à 1631; *lisez* : né en 1631.

TOME IV, page 12, note 2 : Laurent Tontin qui, en 1635, obtint de Louis XIII; *lisez* : Laurent Tonti qui, en 1553, obtint de Mazarin.

— page 101, sommaire : Bernard des Rieux; *lisez* : de Rieux.

— page 111, 13ᵉ ligne du texte : en 1745; *lisez* : en 1645.

— page 205, 29ᵉ ligne du texte : Gratz; *lisez* : Grasse, quoique Barbier ait écrit : Gratz.

— page 207, 31ᵉ ligne du texte : *Ibid.*

— page 239, sommaire : contre Madpas; *lisez* : contre Madras.

— page 246, 17ᵉ ligne du texte : on faisoit le cerf; *lisez* : un faisoit le cerf.

— page 353, 18ᵉ ligne du texte : elles ne sont pas les gazettes; *lisez* : elles ne sont pas dans les gazettes.

— page 455, 35ᵉ ligne du texte : par un peu de N de la part des magistrats; *lisez* : par un peu de soin.

TOME V, page 153, note 1 : fils du régent et père de Philippe Égalité; *lisez* : fils du régent et grand-père de Philippe-Égalité.

— — même note : son fils sur un échafaud; *lisez* : son petit-fils.

— — même note : son petit-fils dans l'exil; *lisez* : son arrière-petit-fils.

— page 266, note 1 : il y avait en France douze parlements, non compris celui de Paris; *lisez* : y compris celui de Paris.

(L'erreur que nous signalons ici ne doit pas être attribuée à M. Chéruel. Les parlements de Flandre et de Douai ont été comptés pour deux, mais à tort, attendu que, sous ces deux noms différents, c'est toujours la même cour.— Il faut effacer le nom de M. Chéruel.)

— page 293, note 1 : madame d'Ormesson; *lisez* : de Montesson.

— page 402, note 2 : Louis-François-Joseph de Bourbon-Conti née, etc.; *lisez* : né.

TOME VI, page 188, note 1 : qui en représenteraient aujourd'hui plus de quatre cent mille; *lisez* : plus de quatre cents.

— page 309, note : la traduction en appendice à la fin de ce sixième volume; *lisez* : à la fin du huitième volume.

ERRATA.

TOME VII, page 53, 6e ligne du texte : M. le président Du Mazy, qui étoit à Chartres; *lisez :* qui étoit à Chartret.

— page 55, 27e ligne du texte : l'affaire de l'homme de Chartres; *lisez :* de Chartret.

— page 66, 31e ligne du texte : M. le comte de Conti; *lisez :* M. le prince de Conti.

— page 90, 2e et 3e lignes du texte : par sentence du 30 août dernier, il a été ordonné qu'ayant fait droit, etc.; *lisez :* par sentence du 30 août dernier, il a été ordonné qu'avant faire droit.

— page 107, 8e ligne du texte : chef du conseil de madame la Dauphine; *lisez :* chef du conseil de madame la duchesse.

— page 372, 3e ligne du texte : ce qui s'étoit passé à Versailles; *lisez :* à Marly.

FIN DE L'ERRATA

www.ingramcontent.com/pod-product-compliance
Lightning Source LLC
Chambersburg PA
CBHW070839230426
43667CB00011B/1862